［英］尼尔·弗格森（Niall Ferguson）◎著

喻春兰◎译

世界战争与西方的衰落 上

THE WAR OF THE WORLD

SPM

南方出版传媒

广东人民出版社

·广州·

推荐语

这是弗格森自《战争的不幸》以来写得最好的一部著作。

——《纽约书评》

弗格森在《世界战争与西方的衰落》中对军事—工业化屠杀进行了一次全景式的道德分析。

——《时代》周刊

弗格森在2004年40岁时就被《时代》周刊评为100位最具影响力的人物之一。即使是弗格森的批评者，也认为，从他那令人敬畏的能力来看，此书是一本有价值的重磅历史分析书。

——《书签杂志》

在阐述他那“西方的衰落”观点时，弗格森在许多前沿领域，向许多学者发起了挑战，而且运用了大量的文献资料——从战争小说到人口数据，再到他常年关注的债权市场。他的最终结论——世界战争是西方的自杀，带着对某种可能发生之事的无奈思绪，而且甚至可能就是爱德华·吉本关于“一个亚洲的世纪即将到来”的焦虑。

——《书目》

一部原创而深刻的著作，最具挑战性和争论性的历史，没有人能忽视。

——《泰晤士报》

这是一次由一个历史学家来解释“人类对人类不人道”的令人称奇的尝试。

——《国际先驱论坛报》

弗格森洋洋大观的巨著，将第二次世界大战作为一种关于种族冲突、帝国终结、战后东方胜利的宏大理论本身进行重新评估……他是一个熟练的会讲故事的人，他对过去一个世纪最血腥的岁月包括绥靖政策进行了引人注目的分析和缜密深刻的思考。

——《纽约客》

他对残暴行为的描述，将引起读者的同情和恐惧……（他的）统计资料内容翔实，持之有据。

——《独立报》

这本引人深思的、引人入胜的，而且令人爱不释手的书……促使读者去思考匣子以外的东西。

——《图书馆杂志》

引人入胜的……可读性非常强的而且使人思考的书。

——《财经时代》

《世界战争与西方的衰落》是一次对20世纪军事—工业化大屠杀的一次巨大的、雄心勃勃的、全景式的和道德上的分析……从一本以“战争”为题的书来看，本书其实并不是一本军事史，而是关于一个世纪的武装冲突、专制独裁、迫害和内部倾轧中的有关政治、经济、公共财政的力作。例如，它写的是斯大林的专制政权对所谓的富农、德国人对波兰人、日本人对中国人进行的掠夺、驱逐和残害，以及伴生的群体性强奸。其中描述了犹太人、中国人、波斯尼亚人和卢旺达人，以及其他人的痛苦岁月……

——《纽约时报》

前　言

在这部2006年出版的十年磨一剑之作中，尼尔·弗格森对20世纪的历史特别是前半段历史进行了全面回顾，对20世纪人类的野蛮行径进行了全面分析，阐述了经济波动、帝国衰落、心理变态的独裁者以及有目的、有系统的种族暴行是如何导致两次世界大战和他所说的“仇恨的历史岁月”中的大屠杀的。

《纽约时报》将该书评为2006年最有名的100本书之一，而《国际先驱论坛报》将此书称为“由一个历史学家来解释人类对人类不人道的令人称奇的尝试”，《泰晤士报》称这是“一部原创而深刻的著作，最具挑战性和争论性的历史，没有人能忽视”。《纽约书评》同样给出了高度评价:“这是弗格森自《战争的不幸》以来写得最好的一部著作。”

本书出版后，连续半年高居美国畅销书人文类排行榜榜首。弗格森在美国电视台4频道连续展播讲解该书内容，引起公众和国际社会的高度关注。

在有史以来最为非凡的20世纪，人类进入了社会产品极大丰富、经济发展极为迅速、科技革命极为彻底、生活水平极大提高的全球化、现代化阶段。然而，在这样一个美好的新世纪，正如作者所说:“1900年以后的100年，毫无疑问是近现代史上最为血腥的世纪，比起先前的任何时代，无论是从相对意义上还是绝对意义上来说，都要血腥得多。重要的是，比起任何时代在地缘政治冲突中丧生的人数，在两次世界大战中，惨遭杀害的人口所占的比例，要大得多。”——这是为什么?

为什么这个世纪会成为人类历史上最血腥的世纪，包括残酷的两次世界大战、严酷的冷战和无数次地区性冲突，致使千百万军人与平民丧生?

为什么有西方大国在战场上完全背弃了欧洲启蒙主义时代已经达成共识的人道主义的“战争公约”，变成了肆意践踏人的生命与尊严甚至嗜血如命的战争机器，进而导演了人类历史上人为的、最惨绝人寰的大屠杀?

为什么这样一个原本美好的时代变成了一个致命性的充满战争与冲突的世纪，

成为一个经济飞跃与战争冲突比肩而行的矛盾世纪？

弗格森超越传统的军事分析范畴，从民族冲突、经济波动和帝国衰落等多个角度对此进行了有益于人类的探索，为我们理解20世纪人类遭受毁灭性打击的原因做出了令人深思与回味的回答。比如，在解释帝国衰落导致战争时，他认为，20世纪伊始，哈布斯堡王朝、土耳其帝国、霍恩佐伦王朝和罗曼诺夫王朝相继崩溃，造成昔日帝国辖区混乱不堪、流血冲突无法得到遏制。这同样适用于中国清王朝崩溃前后日本发动的侵华战争、1947年印度独立以后爆发的印巴冲突、比利时殖民统治垮台以后刚果和卢旺达等国的部族残杀。弗格森经常批评美国政府未经慎重考虑，仓促推翻萨达姆政权，造成今日伊拉克陷入战乱，也是出于同一理论。又如，弗格森指出，破坏国际战争公约，把军事行动变成野蛮的强奸行为，德国人是始作俑者。他在揭露纳粹屠杀德国犹太人的暴行时，还对惨绝人寰的南京大屠杀进行了详细的描述，并将其描述成令人发指的“南京大强奸”。

重要的是，作为一个西方知识分子，弗格森沿用斯宾格勒关于“东方的崛起、西方的衰落”的观点，郑重地对西方世界提出了警示：“我们将继续是我们自己的最大敌人。除非我们看清了导致上一场世纪冲突的力量——导致民族冲突以及为摆脱经济危机的帝国之间争斗的黑暗力量，这些黑暗力量否定了我们的共同人性。这些力量，仍然在我们的内心躁动。”

这是一本经典、权威的20世纪世界战争史，同时，它那引人入胜的叙述和发人深省的警示所具有的无与伦比的震撼力，将穿透未来的年代！

目录（上册）

引　言

第一部分　巨型列车的相撞

第二部分　帝国—国家

世界战争与西方的衰落

引　言

这些房屋被烧成了废墟，轻轻一碰，便坍塌了下去，灰烬四溅；树木都烧着了，发出“噼里啪啦”的声音……于是你意识到，这时，正是星期一，在曙光初现的时候，一股螺旋气流急速上升，变成了一股令人恐惧的激流，席卷着这座世界上最大的城市，猛烈地朝着大车站周边那人头涌涌、躁动不安的人群冲去……他们可曾想到：这些浪潮可能会使他们遭到灭顶之灾吗？

——威尔斯（H. G. Wells）：《世界大战》[1]

致命的世纪

20世纪前夕出版的威尔斯（H. G. Wells）的小说《世界大战》（1898年），不仅是一部科幻小说的开山之作，也是一篇达尔文主义的道德寓言，而且同时还是一部具有非凡的远见卓识的作品。在这本书出版之后的20世纪，威尔斯那原本想象出来的梦魇般的场景，变成了全世界各大城市的现实——不只在他小说的诞生地伦敦，而且在布列斯特、贝尔格莱德和柏林，在士麦那、上海和首尔。

> 侵略者离城郊越来越近。居民们却还没有意识到他们的处境有多危险，迟疑地拿起那些不怎么管用的武器。但侵略者拥有的，却是致命性的武器：装甲车、火焰喷射器、毒气、飞机。他们对士兵和平民等都不加区别地、无情地使用这些武器。这座城市的防御能力明显不足。当侵略者越来越靠近的时候，到处都弥漫着恐慌。人们在混乱中逃离家园，成群结队的难民挤满了公路和铁路。侵略者屠杀他们的任务完成得很轻松。人们像牲口一样被杀害。最后，剩下的是一幢幢冒着浓烟被烧成了废墟的房屋、一堆堆干瘪干瘪的尸体。

威尔斯踩着他新买的自行车在宁静的沃金和彻特西游逛时，设想了上面所提到的毁灭和死亡。当然（他的想象力真是了不起），他将火星人作为肇事者。但是，当这种场景后来变成了现实时，对这些毁灭和死亡负责的，不是火星人，而是人类。为了使他们所犯下的屠杀罪行显得冠冕堂皇，他们常常在受害者的身上贴上“外国人”或“次人类”的标签。这不是在20世纪一个世界与另一个世界之间发生的一场战争，而是就在这个世界发生的一场战争。

1900年以后的100年，毫无疑问，是近现代史上最血腥的100年。这100年比起先前的任何时代，无论是从相对意义上还是绝对意义上来说，都要残暴得多。尤其值得注意的是，两次世界大战中惨遭杀害的人数，比起之前任何一次具有相似规模的地缘政治冲突中丧生的人数，都要多得多（见图Ⅰ.1）。尽管几个世纪以来两个“超级大国”之间的战争越来越频繁，但两次世界大战的激烈程度（每年战斗中的死亡人数）和集中程度（各国每年战斗中的死亡人数），都是独一无二、前所未有的。[2]无论用什么标准来衡量，第二次世界大战都是人类历史上最惨绝人寰的蓄意大屠杀。然而，尽管这也引起了历史学家们的关注，但在他们看来，这两场世界大战不过是人类在20世纪发生的众多冲突中的两次而已。死亡人数很可能超过百万之多的地区冲突，全世界至少有十场。[3]其中，在战争中，对平民进行种族灭绝或“政治谋杀”所造成的死亡人数超过百万的有：第一次世界大战期间的青年土耳其政权，20世纪20年代到50年代的苏维埃政权、1933—1945年之间的德国国家社会主义政权，更不用说金日成在朝鲜、波尔布特在柬埔寨实施的暴政。[4] 在两次世界大战之前、期间和之后，还没有哪个地方、哪一年没有发生过大规模的、有组织的暴力冲突。

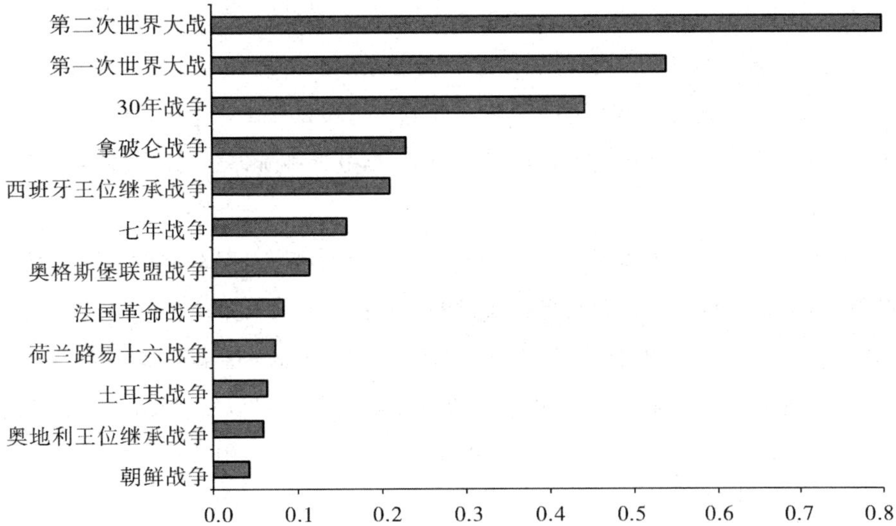

资料来源: Adapted from Levy, *War*, table 4.1.

图 Ⅰ.1　战场上死亡的人数占世界人口的百分比

为什么、是什么使得这个世界在 20 世纪尤其是从 1904—1953 年的 50 年里变得如此血腥？这个时代显得格外残暴，这看起来似乎是非常矛盾的。毕竟，1900 年后的 100 年，是人类取得了史无前例的进步的 100 年。用术语来说，据估计，全球平均人均国内生产总值——大约相当于个人的平均收入水平，在货币价值波动的情况下，在 1500—1870 年之间只是增加了 50%，但在 1870—1998 年之间，却增加了 6.5 倍。换句话说，年复合增长率，1870—1998 年间的比 1500—1870 年之间的增长了近 13 倍。[5] 到 20 世纪末，由于巨大的技术进步，人类知识的增长[6]，与以往任何时代的人相比，人的寿命都要长，生活质量都要高。在世界大部分地区，由于营养水平的提高、传染性疾病的控制，人类成功地避免了大量的人在成年前便死去的现象。英国人的寿命，1990 年为 76 岁，而 1900 年仅为 48 岁。[7] 婴儿死亡率是过去的二十五分之一。人不仅寿命更长，长得也更高、更大。[8] 老年人减少了病痛。1990 年代，美国 60 岁的人，慢性病患者大约是 20 世纪初的三分之一。[9] 越来越多的人能够逃离像卡尔·

马克思和弗里德里希·恩格斯所说的"过着白痴式生活的农村"。从 1900—1980 年，世界上生活在城市里的人口翻了一番多。[10]由于工作效率的提高，人们的闲暇时间比过去多了 3 倍多。[11]那些利用业余时间角逐政治代表、重新分配社会财富的人取得了巨大的成功。1900 年，差不多有五分之一的国家被认为是民主国家，而在 1990 年代，这个数字上升到了一半以上的水平。[12]政府不再仅仅提供基本的用于防御的公共商品，新型福利国家已经成功地做到了在 1944 年报告中所提到的"消除物质匮乏、疾病、无知、贫穷和游手好闲"。[13]

在取得了如此巨大进步的情况下，要解释 20 世纪战争格外残暴的原因，就不能仅仅简单地说，是因为人们居住得越来越近，或者是因为武器的杀伤力越来越强。[14]毫无疑问，在人们聚居的城市中扔下炸弹进行群体性大屠杀，肯定比在人们散居的农村用刺刀来一个个地刺杀要容易得多。但假如这些原因足以解释得通的话，那么，20 世纪末应该会比 20 世纪初和 20 世纪中期更加残暴。在 1990 年代，世界人口首次超过了 60 亿，是第一次世界大战时的 3 倍，但实际上，在 20 世纪的最后十年，武装冲突却明显呈下降趋势。[15]有历史记录以来，显然是在 20 世纪的前半个世纪、在两次世界大战期间和两次世界大战结束之时所发生的军事斗争次数最多，所导致的死亡人数也最多[16]。而且现在的武器明显比 1900 年具有更大的毁灭性。然而，20 世纪某些最残暴的暴力行为，却是通过使用最原始的武器如步枪、斧子、刀子和大砍刀等来实施的（这种现象，20 世纪 90 年代在中非最为普遍，20 世纪 70 年代在柬埔寨也很普遍）。埃利亚斯·卡内蒂（Elias Canetti）曾试图想象出这样一个世界：在这个世界里，"所有的武器都被销毁了，在接下来的战争中，只允许人们用嘴咬"。但即便是这样，在这样一个完全解除了武装的世界里，难道我们就能保证不会有灭绝种族的大屠杀吗？为理解 20 世纪这 100 年来人类遭受毁灭性打击的原因，我们有必要寻找谋杀者背后的动机。

在我还是个学生的时候，我就在历史教科书上读到过有关 20 世纪暴力产生原因的各种解释。有人认为，它们与经济危机有关。似乎经济大萧条和经济衰退可以解释发生政治冲突的原因。人们最偏爱的一个解释，是将魏玛期间德国失业率上升与纳粹党所获支持率的提升、希特勒政权的"攫取"联系起来，而且认为这可以解释第二次世界大战爆发的原因。但我心中产生了这样一个疑问：难道经济的快速增长，不会与经济危机一样，有时也会引起社会动荡吗？那时，人们普遍认为，20 世纪的理论都是关于阶级冲突的理论，认为革命是暴力的主要根源之一。但事实上，与所谓的无产阶级和资产阶级之间的斗争相比，难道不应该多关注一下种族差异并把它作为主要的原因之一吗？另一种看法认为，20 世纪的问题，是各种极端版本的政治意识形态所造成的后果，特别是法西斯主义（极端的民族主义），以及早些时候各种邪恶的“主义”，特别是帝国主义。[17]但是，像宗教之类的传统体制起了什么作用？其他明显的非政治性却导致了暴力冲突的思想和假说又起了什么作用呢？究竟是谁发动了 20 世纪的战争？当我还是个小男孩的时候，在我所阅读的书籍中，主角总是这些民族国家：英国、德国、法国、俄国、美国等。但当时的情况并非如此。难道上述所有这些国家或其中一部分国家不是在某种程度上具有跨国性而非固守本土吗？难道它们不是帝国而是一般的国家（states）吗？最重要的是，旧的历史书把 20 世纪的历史讲成了一部长期的、令人痛苦的、但最终西方取得了令人皆大欢喜的胜利的历史。英雄们——西方民主国家们，都面临着一伙坏人（德国人、日本人、俄国人），但最终正义战胜了邪恶。两次世界大战和冷战，就这样成了全球舞台上的道德剧。* 但，果真是这样子吗？而且，西方真的打赢了这场发生在 20 世纪的百年战争了吗？

现在，让我再用一些较为严格的术语来表达一个“小男孩”的一些初步想法。我认为，历史学家们关于 20 世纪暴力的传统解释是必要的，但还不够。技术上发生的变化，特别是现代武器的杀伤力增加了，这一点毫无疑问是重要的，但它们只是反映了人们想要更有效地杀人的更深层的欲望。事实上，20 世纪武器的杀伤力和暴力的发生率之间，并不存在相关性。

经济危机解释不了长达一个世纪以来的所有暴力动乱。正如已经指出的那样，根据现代史学上最为人熟知的因果链，也许是大萧条导致了法西斯主义的崛起和战争的爆发。然而，在仔细审视之后，就会发现这种貌似令人心悦诚服的说法是站不住脚的。并非所有的受经济大萧条影响的国家都变成了法西斯政权，也并非所有的法西斯政权都发动了侵略战争。纳粹德国在欧洲发动战争的时间，恰恰是在它的经

---

* 道德剧，流行于 15—16 世纪，剧中人物代表着善与恶的化身，旨在倡导善行。——译者注

济从大萧条中得以恢复之时。苏联，战争开始时站在希特勒的一边，它并没有受到世界经济危机的影响，但最终动员和失去的军人，比其他任何参战国都要多得多。因为从整体上来说，20 世纪的战争根本没有一般规律可言。有些战争是在经济增长之后开始的，有些战争是产生经济危机的原因而不是经济危机的结果，而一些严重的经济危机并没有导致战争。马克思主义者长期以来都认为第一次世界大战是资本主义危机的结果，但一般人都不这样认为。一般人以为，第一次世界大战突然终结了一段非同寻常的、相对的高增长与低通胀全球经济一体化时期。[18]

当然，可以这样说，战争发生的原因与经济无关。埃瑞克·霍布斯·鲍姆（Eric Hobs Bowrn）称“短暂的 20 世纪”（1914—1991 年）是“宗教战争的时代，虽然最激进和最血腥的宗教都是 19 世纪老式的、世俗的意识形态”[19]。在意识形态谱系的另一端，保罗·约翰逊（Paul Johnson）将 20 世纪的暴力归咎于“道德相对主义的兴起，个人责任感的减少，（以及）犹太基督教的价值观为人们所摒弃”[20]。然而，新的意识形态的兴起或旧的价值观的式微，从它们本身来说，还不能被视为 20 世纪暴力的根源，尽管这对于了解极权主义的思想渊源有着重要的作用。[21]在近代史上的大部分时间里，一直都有人在兜售某些极端的信仰系统，但只是在某些时候和某些地方，这些极端的信仰体系才被人们广泛接受并据此采取了行动。反犹太主义是这方面一个很好的例子。同样，将战争责任推给少数几个疯子或几个坏人，是想要重复托尔斯泰在《战争与和平》中所指出的错误。自大狂式的人物可能会下令人们去侵略俄国，但那些人为什么会服从他的命令呢？

将 20 世纪发生暴行的原因归咎于现代民族国家的崛起，同样也是不能令人信服的观点。尽管在 20 世纪，国家动员民众的能力得到了前所未有的提高，但这种能力现在（而且过去也都）很容易成为达成和平目的的很好手段，就像这种能力也能成为达成暴力目的的手段一样。20 世纪 30 年代，国家当然比以往拥有更强的“社会控制力”。他们雇用大批公务员、税务官员和警察，提供教育、退休金，而且在某些情况下还提供医疗补贴和失业保险金。他们管理着他们实际上似乎并没有拥有的铁路和公路。要是想把每个身体健全的成年男性公民都征召入伍的话，他们也能做得到。[22]然而，在 1945 年以后的几十年中，所有这些能力都得到了进一步提高，但发生大规模战争的频率却在减少。事实上，总体而言，恰恰是这些无所不包的福利国家，在20世纪50年代、60年代和70年代，才是最不可能卷入战争的国家。恰恰就像改变了近现代国家的一场早期的革命战争一样[23]，很有可能是全面战争造就了福利国家，培养了这些国家在规划、领导和管理等方面的能力。没有这些能力，《贝弗里奇报告》或美国总统约翰逊的《大社会》的出现是无法想象的。因此，肯定不是这些福利国家挑起了全面战争。[24]

国家如何管理，这个问题很重要吗？政治科学家们认为：在民主与和平之间存在着联系，理由是民主国家倾向于不再互相进行战争。这种观点越来越受到人们的欢迎。[25]当然，以此为基础，那么，20世纪民主的持续勃兴，应当会减少战争的发生频率。国家之间的战争可能减少了，然而，至少有一些证据表明，继20世纪20年代、60年代和80年代民主化浪潮之后，内战的次数、导致国家分裂的战争次数却增加了。[26]这将把我们带到一个中心点。如果单纯地从国与国之间的战争角度来考虑20世纪的冲突，就会忽视在国家内部发生的有组织的暴力。其中最臭名昭著的例子，当然是纳粹及其合作者对犹太人发动的战争，将近有600万人丧生。同时，纳粹还试图灭绝其他各种社会群体，认为他们的“生命没有价值”，特别是德国的精神病患者和同性恋者，还有被占领的波兰中的社会精英以及辛提人和罗姆人中的社会精英。总之，这些人中，有300多万遭到了杀害。在这些事件发生之前，斯大林在苏联境内对少数民族施以暴行，处决或监禁数以百万计的俄国犯人或仅仅是涉嫌持不同政见的俄国人。大约400万非俄国人被流放到西伯利亚和中亚，估计至少有160万人因为遭受种种困苦而死亡。[27]在苏联，在1928—1953年之间，政治暴力的受害者，最低估计的总人数也达2100万。[28]然而，种族灭绝[29]发生的时间要早于极权主义。正如我们将会看到的，强迫安置的政策和过去几年土耳其帝国针对基督教少数民族的蓄意屠杀，根据1948年对种族灭绝一词的定义，确实到达了种族灭绝的地步。

总之，20世纪极端暴力行为是非常多样化的。这不仅仅是武装人员之间发生冲突的问题。第二次世界大战造成的总死亡人数中，至少有一半是平民。有时，他们是种族隔离的牺牲品，是以种族或者阶级作为依据而被挑选出来作为屠杀对象的。有时，他们是滥用暴力的受害者，英国和美国的空中力量在整座城市的上空进行狂轰滥炸并将其夷为平地。有时，他们是被外国侵略者所杀害。有时，他们是被自己的邻居所杀害。那么，很显然，要解释这种大规模屠杀的原因，就需要超越传统的军事分析的范畴。

要解释20世纪极端暴力的原因，特别是在解释为什么在某些时候会发生这么多暴力事件的时候，尤其是在解释在20世纪40年代初在某些地区特别是中欧和东欧、满洲和朝鲜发生这么多的暴力事件的时候，在我看来，有必要先界定三个名词，即民族冲突、经济波动和帝国衰落。民族冲突——某些族群之间社会关系的严重撕裂，特别是十分顺利的融合过程有时会中断。民族冲突受到了20世纪种族差异理论中的世代沿袭原则传播的极大刺激（即使该原则在政治领域的影响力正在逐渐减弱），受到了多民族混居的“边疆”地区政治分裂的极大刺激。经济波动——经济增长率、价格、利率和就业等方面变化的频率和幅度，连同所有相关的社会压力和张力。帝国衰落——在20世纪初以来一直主宰着世界的多民族的欧洲帝国的解体，欧洲帝国面对新的“帝国”如土耳其、俄国、日本和德国的崛起时所受到的挑战。这也是我将“西方的衰落”看作20世纪最重要的发展趋势时所指的意思。虽然美国在第二次世界大战结束后强大起来了，并达到了其作为无冕帝国的顶峰[30]，但与老牌的欧洲帝国相比，还差得远。

基因库

赫尔曼·戈林（Hermann Göring）明确地将第二次世界战争称为“伟大的种族战争”[31]，并非完全没有道理。许多当代人的确都经历过这场战争。那时人们对种族差异观念的重视程度，如今看起来似乎相当怪异。现代遗传科学已经表明，人类是非常相似的。在我们的DNA中，毫无疑问，我们是起源于同一个物种，这个物种可以追溯到10万—20万年之前的非洲，最近6万年前才开始扩散，扩散到了各新大洲——用进化论的术语来讲，只不过一眨眼的工夫。与种族身份相关的差异是表面上的：色素沉着（那些祖先生活在靠近赤道的人，皮肤的黑色素细胞就会较黑）、面貌（欧亚大陆东端的人眼睛较细、鼻子较短）和头发类型。在皮肤的下面，我们都非常相似。这是我们人类共同起源的反映。[32]诚然，地域上的分散，意味着人类群体的形成，时间长了，就会形成明显的体格差异。这就是中国人看起来与苏格兰人不同的原因。但是，单纯的“物种”——更准确地说，“隔离屏障”的发展使得跨种族繁殖不可能——没有时间来将智人作进一步细分。[33]实际上，遗传记录明确显示，尽管表面上存在差异，尽管在距离上存在障碍、相互不了解，但不同的“种族”自古以来就一直相互交融繁衍。路易·卢卡·卡瓦利—斯福扎（Luigi Luca Cavalli-Sforza）及其合作者们的研究成果显示，大多数欧洲人都是那些从中东地区向北、向西迁徙而来的农民的后代。DNA 记录表明，历史上曾有过很多次这样的移民浪潮，土著游牧民族汇入其中，相互交融。[34]罗马帝国后期，伟大的“流浪群体”（Völkerwanderungen）留下了类似的基因遗产。需要特别注意的是，这是近代移民浪潮的结果，而这又与 15 世纪后期的“新大陆”发现及其随后的征服、殖民和娶妾时代相关。今天的生物学家们称这一过程为“种族扩散”。[35]19 世纪的种族主义者就谈到过“异族通婚”。诺埃尔·考沃德（Noël Coward）简单地称之为“融合的冲动”。但这种现象，到莎士比亚写《奥赛罗》（奥赛罗的异族婚姻的失败，更多的是由于他听信谗言而不是因为他的肤色所造成的）和《威尼斯商人》（这个剧本也触及到了这个问题，尤其是在波蒂亚考验她的求婚者的时候）时，已经是一个司空见惯的现象。

今天，对于研究人类基因组的人来讲，这些结果很容易理解。非裔美国人基因的五分之一到四分之一可以追溯到欧洲人身上。至少夏威夷一半居民都具有“异族”的祖先。同样，如今的日本人的 DNA 显示：早期来自朝鲜的定居者与日本本土人之间存在通婚现象。大多数犹太人男子身上发现的 Y 染色体，都同中东地区其他男子身上的染色体相同。尽管巴勒斯坦人、以色列人互相仇视对方，但他们在基因方面并非存在很大的差异。[36]著名的进化论者理查德·莱沃丁理（Richard Lewontin）精准地计算出了以下结果：对于一般人来说，人体大约 85% 的基因变异，发生在个体之间，只有 6% 发生在种族之间。影响肤色、头发类型和面部特征的各种基因变异，只是每个人 DNA 中数以十亿计的核苷酸中占比微不足道的一部分。对于一些生物学家来说，严格地讲，这意味着：人类根本就不存在多个种族。[37]

也许有人更愿意说，人类种族正处于融合的过程中。20 世纪 60 年代及其后一代美国社会科学家记录了战后美国种族之间互通婚姻的兴起，把它描述成美国生活中最重要的融合方式。[38]尽管“多元文化主义者”已经做了大量的努力，以挑战民族融合应当时时、处处都成为少数民族的目标这样的观念，但日益上升的通婚率至今仍被广泛地视为消除种族偏见、减少种族冲突的重要指标。用美国两位著名社会学家的话说，“异族通婚率……是衡量不同族群间的互相接受度以及社会融合的一个很有效的指标”。在美国目前的统计中，人们把美国人分为四个“种族”类型：黑人、白人、土生美国人和亚裔人或者太平洋岛人。据此，在美国，每20个孩子中就有一个是混血出身，他们的父母不属于同一种族类型。异族夫妻在1990—2000年间翻了四倍，达到了150万对。[39]

然而，在整个20世纪，人们都在重复着这样的想法和做法：似乎他们身体上明显的“种族”特征就意味着属于不同的物种，并把这种人或那种人当做某种程度上的“次一等的人”。当“种族扩散”悄悄地发生以至于甚至在某些场合人们都感觉不到它在发生时，在另一些场合，种族间的关系却被视为十分危险。那么，我们该如何解释这个核心的问题：当所有人在生理方面都如此相似时，不同族群的人有将对方看做是外族人的意愿吗？因为正是这种意愿，才是20世纪最残暴的暴行发生的主要原因。假如种族根本就不存在，那么戈林所谓的“伟大的种族战争”怎么会发生呢？[40]

两种进化限制论有助于解释人们为什么要坚持认为种族之间存在着差异。第一种是当人口很少而且居住地离得很远时，当生活曾处于“孤独、贫穷、忙碌、原始、寿命短”的状态时，就像我们的种族99%的时间都曾处于这种状态那样，人们强烈的动机是狩猎或者采集足够的食物，并繁衍生息。人们组成了部落，因为合作增加了个体做成这些事的机会。然而，为了获得稀缺的食物资源，相互接触的各个部族不可避免地会展开竞争。因此，冲突可能以掠夺的形式出现——用暴力手段掠夺另一个部落的基本生活资料，大肆屠杀不属于自己部落的陌生人以消除潜在的繁殖对手。[41]因此，一些新达尔文主义者认为，男性的基因决定了他们会保护族人，战胜“他者”。的确，当一个好战的部落成功地打败了另一个部落后，他们并不一定会理性行事，而是将敌人全部杀掉。鉴于人的繁衍生育的重要性，占有敌对部落处于生育年龄的女性及其食物的做法才更为合理。从这个意义上讲，当被俘的女人成为获胜者的性伴侣，会促使部落间发生暴力冲突的进化论逻辑也会促进异族通婚。

但是，也许还存在一种生物性以制衡强奸外族女性的冲动。因为人类和其他物种身上的证据显示：大自然也未必赞成物种基因非常不同的成员相互之间进行交配。毫无疑问，在人类社会中，人们有充分的生物学意义上的理由禁忌乱伦。因为与同胞实行族内通婚，可能会增加其后代遗传基因异常的风险。[42]在家谱分离程度小得惊人的情况下[43]，只能与基因上和地理上都隔离很远的人成功地生下孩子的狩猎群体，将无法世世代代繁衍下去。这是肯定的。有说服力的经验性证据表明：伴随着程度小得令人称奇的基因分离，人类实现“最佳繁殖”的目的达到了。比起一个完全无关的陌生人，将第一代表姐妹（表兄弟）作为伴侣，实际上存在一种生理上的偏好。过去犹太人中表兄妹之间结婚的比例很高，现在的圣马力诺人依然以同族婚姻为主，可由表亲结婚引起的基因异常却少得很。[44]相反，一个中国女人嫁给一个欧洲男子，血型不能匹配的几率却相对要高，以致通常只有第一个孩子可以存活。最后，使迅速增加的人口形成有明显区别的面部特征，这本身肯定是很重要的。一些进化论生物主义者主张，这是“基因漂流”的结果而不是“性选择”的结果——换言之，是文化引起的，而且在某种程度上来说，对亚洲人的细长眼睛、欧洲人的长鼻子的偏好，迅速而精准地强化了这些使人与人之间相互区分开来的特征。人以类聚，物以群分。那些被“他者”吸引的人，本身在性偏好上可能就不正常。

另一个族间通婚的障碍可能是，不同种族也许存在着一种“社会生物”功能，起着维系松散性裙带关系的作用，以维系整个大家族的完整性。这种裙带关系根源于我们内心再繁殖自身基因的愿望。这种愿望不但直接地通过性来实现，而且间接地通过保护我们的表兄弟和其他亲戚来实现。[45]与其他种族成员相比，人类似乎很容易相信传统意义上的自己的种族成员（肤色、头发类型、长相）——尽管人们究竟能够在多大程度上用进化论的术语来解释得清楚，又能在多大程度上用反复灌输的文化偏见来解释清楚，显然是令人怀疑的。[46]总之，尽管现代社会人的流动和交往都是史无前例的，但这些因素也许有助于解释为什么种族似乎一直在相当缓慢地解体。最近有关“微卫星标记”方面的研究，向严格的生物学上的种族并不存在这样的观念发出了挑战，说明美国人把自己分为白人、非裔美国人、东亚人和西班牙人只是从遗传学的某些方面来说是可分类的。[47]要抓住的关键点，是在我们在种族间实行通婚的先天能力和可识别的基因差异之间存在着重要的紧张关系。种族差异，也许在基因方面来讲很小，但人类似乎天生就已经将重要性强加在它们身上了。

也许有人反对，说历史学家，特别是现代历史学家，不应该过分关注进化生物学。可是，难道他应该关注的不是文明人的活动而是原始人的活动吗？

当然，“文明”是我们对那些优于狩猎群居部落的人类组织形式的称谓。随着4000—10000年前全面的农业社会的到来，人口的流动性减少了；同时，更加可靠的食物供应，意味着他们的部落规模的壮大。耕种者、武士、牧师和统治者之间的劳动分工得到了发展。然而，文明部落的定居点总是容易受到那些没有建立定居点的部落的武力袭击，一般来说他们几乎不会说是不打扰就离开，而且无一例外地都把注意力集中在营养品和适婚女人上。即使过了很长的一段时期之后，在多数人享受着定居生活所带来的幸福时，仍然没有办法保证定居的团体之间能够和平共处。在地理上相隔遥远的文明体可以相互友好地进行贸易往来，允许国际劳动分工的逐渐出现，但仍然存在着一个文明向另一个文明开战的可能性，因为驱使他们发动战争的动机与史前时期是相同的：剥夺用以维持生命和繁殖的资源。[48]历史学家的确只能研究那些足够复杂的、保持长久记录的人类组织，但无论我们研究的组织行政结构有多么复杂，都不应该对隐藏在最文明的人身上那些基本的本能视而不见。这些本能将打开时间的锁链，而且再一次打开1900年以后的时间锁链。它们是第二次世界大战如此残暴的主要原因之一。

种族大迁徙和定居点

“两国人从没有相遇过，”美国人类学家梅尔维尔·J. 赫斯科维茨（Melville J. Herskovits）曾经写道，“但他们血浓于水。”[49]然而，血浓于水不过是两个不同种族的人相遇时的众多选择之一而已。少数民族可能清楚地知道通婚的目的，在所有或者某些方面（语言、宗教信仰、穿着、生活方式）[50]会融入到多数民族中去。另一种选择是，种族间通婚会持续，至少会持续一段时间，但一个或者两个种族无论如何都不会保留甚至采用有明显区别的文化或者民族身份。这里有一个重要的区别。鉴于“种族”具有身体上与生俱来的特征，这些特征是父母用DNA的形式遗传到孩子身上。“民族”是一种在家庭、学校和修道院中反复被灌输的语言、习惯和礼仪的复合体。将基因混杂的人口分成外貌体征相似但在文化上有差异的民族群体是完全有可能的。这个过程可能是自愿的，但也可能会建立在高压统治的基础上——尤其是在那些与宗教信仰的某些重要变化有关的地方。一个或者两个民族群体也许选择和其他民族分开居住的形式，多数民族会坚持让少数民族居住在边界清晰的地区，或者少数民族也会由于自身的原因而这样做。这两个族群也许会真的忽视对方的存在，或者也可能对对方抱有幻想，这些幻想也许会导致内乱或者单方面发起的大屠杀。

不同民族群体之间会互相开战，或者一方会屈服于另一方的驱逐。一个族群把另一个族群完全毁灭的种族灭绝大屠杀，便属于极端的例子。

如果少数民族要是不同化就面临这样的危险，那么，即使在根本不存在生物学意义上的种族差别的情况下，为什么还要坚守民族身份呢？尽管与一个世纪前相比，世界上现存的种族群体的数量肯定要少，仍在使用的语言（living languages）的门类也肯定在减少；尽管全球市场和民族国家都在致力于促进文化统一，但许多少数民族文化已经证明正在显著地恢复之中。的确，迫害原来有时是为了强化被迫害者的自我意识。传播一种传承下来的文化本身也许是令人愉快的。当听到自己的孩子吟唱着我们的父母教给我们的歌时，我们也会很高兴。一种更具功能性的解释，是种族群体能够在新兴市场中提供有价值的信任网络。[51]当然，这种网络的最明显代价，是他们巨大的成功可能招致其他种族群体的敌意。一些“市场占主导的少数民族”尤其容易被种族隔离甚至被剥夺所有权；他们那严密的网络团体在经济上是牢固的，但在政治上却是脆弱的。[52]今天，亚洲部分地区的中国散居民[53]就是如此。这也同样适用于第一次世界大战之前土耳其帝国时期的美国人、第二次世界大战前中东欧的犹太人。然而，因为他们自身也有例外（苏格兰人毫无疑问是一个在英帝国市场中占主导地位的少数民族，但也同样招致了些许敌意），所以需要加上两个先决条件。第一，脆弱的少数民族在经济上的重要性，也许比不上它在政治上的。不仅仅是富裕的少数民族遭受迫害，也决非所有的欧洲犹太人都富有。纳粹德国对辛提人和罗姆人进行毁灭性打击的时候，他们是欧洲最穷的人。关键的因素可能是他们缺乏正式和非正式的政治代表。第二，如果一个种族群体注定要被剥夺政治权、财产权和生存权，那它就不能武装得太好。彼此都拥有武器的两个种族群体，与种族灭绝相比，会更容易发生内战。[54]

相对来说，少数民族群体的相对规模，不是那么重要。历史上确实存在过多数民族人口成为少数民族暴力迫害的牺牲品。在“犹太人定居点”（Pale of Settlement）[55]，在犹太人口占绝大多数的犹太人城市中，这里的人在20世纪前半期就一再发现：人口数量并不总是意味着安全。作为种族冲突的一个指标，相对不重要的，是种族人口的同化程度。也许有人认为，如果仅仅因为难以将一个被高度同化了的少数民族区分出来并隔离起来的话，那么，只要社会高度一体化，冲突就会减少。然而，悖论却是：同化的迅速兴起（例如通过族间通婚率来衡量），实际上也可能会引起民族冲突。

在所有的例子中，举一个最重要的例子，那就是，中东欧民族融合实际上在20世纪20年代就非常先进了。在许多混合定居的地方，跨越民族障碍的族间通婚率达到了相当高的水平。20世纪20年代后期，差不多每三桩婚姻中就有一桩是一个德国犹太人和一个非犹太人结为连理。在一些大城市，这个比例上升到每两桩中就有一桩。在澳大利亚、捷克斯洛伐克、爱沙尼亚、匈牙利、波兰部分地区、罗马尼亚和俄国（见表Ⅰ.1），这个比例大体上都相似。当然，这可以认为是成功同化和融合的指标。然而，就是在这些地区，在20世纪40年代，发生了一些最残忍的民族暴行。接下来的一种假设便是：在20世纪中叶，出现了一股明显的反同化趋势的潮流，而且尤其反对族间通婚。这引起了强烈的不良反应。

表Ⅰ.1　20世纪20年代，欧洲国家、地区和城市中包含一或两个犹太人伴侣的异族婚姻占全部婚姻的百分比

每100对夫妇中异族婚姻的百分比		每100对夫妇中异族婚姻的百分比	
卢森堡	15.5	斯洛伐克	7.9
巴塞尔	16.1	高加索—俄国	1.3
斯特拉斯堡	21.2	**匈牙利**	20.5
德国	35.1	布达佩斯	28.5
布鲁塞尔	35.9	的里雅斯特	59.2
巴伐利亚	35.9	**波兰**	0.2
黑森	19.9	波森	39.2
符登堡	38.1	伦贝尔	0.5
巴登	26.4	布加勒斯特	10.9
萨克森	43.5	**苏联（欧洲部分）**	12.7
柏林	42.7	俄国（欧洲部分）	34.7
马格德堡	58.4	列宁格勒	32.1
慕尼黑	47.3	基洛沃格勒	8.8
美因河畔的法兰克福	30.4	乌克兰	9.6
汉堡	49.1	白俄罗斯	6.1
奥地利	20.9	**拉脱维亚**	3.3
维也纳	19.8	**立陶宛**	0.2
捷克斯洛伐克	17.2	**爱沙尼亚**	13.5
波西米亚	36.3	维尔纳	1.2
摩拉维亚—西里西亚	27.6		

注：除了的里雅斯特（1921—1927）、波兰（1927）、伦贝尔（1922—1925）、苏联

（1926）、俄国（1926），列宁格勒（1919—1920）、基洛沃格勒（1921—1924）、乌克兰（1926）、白俄罗斯（1926）、立陶宛（1928—1930）、爱沙尼亚（1923）和维尔纳（1929—1931），所有数据都是1926—1929年期间或1930年的。

这种可能性使我们心生不安，但绝不会令我们吃惊。毕竟，我们已经在自己所处的时代看到了这种强烈的、产生不良反应的例子。在20世纪90年代，卢旺达图西人和胡图人两个民族之间发生了惨绝人寰的种族屠杀，尽管两者之间相互通婚的现象普遍存在。民族冲突也同样发生在波斯尼亚，尽管过去几十年里他们的通婚率也很高。这就提醒了我们，民族之间的行为，并不都是线性的。在有些地方，各民族成员能和平地混居，而在另一些地方，却存在着血腥的大屠杀。最具有谋杀性质的种族暴行也可能有性的成分在里面。比如1992年，塞尔维亚军队由于对波斯尼亚穆斯林妇女实施强奸以使她们生出"小切特尼克人"，从而被指控发动系统性的强奸战役而遭到起诉，被指控的罪行便是种族灭绝。这仅仅是众多恐吓伊斯兰教妇女逃离家园的方式之一吗？或者也许是上面所述的原始冲动的一种表现—— 通过使妇女怀孕、杀害男人而达到根除"他者"的目的？把强奸妇女作为一种暴行与故意杀害男人区分开来，当然是过于简单了。针对少数民族成员的性暴力，尽管经常受到了虐待狂性幻想的刺激、色情的刺激，但也受到了"灭绝主义分子"种族主义的刺激。从一开始就要抓住的关键点是，这种在种族冲突中遭到谴责的"仇恨"，并不是一种很容易表达出来的情绪。[56]更确切地说，我们邂逅时光，而且我们又一次遭遇了容易爆发的矛盾情绪，遭遇了一种令人反感而又富有魅力的混合情感，这份情感长期以来对美国白人和非洲美国人之间的关系都赋予了某些特征。[57]在回忆起从1904—1953年这段"仇恨的岁月"时，我希望把注意力集中到那种人类情感非常危险的复杂性之上。

种族的文化基因

如果"种族"不是一个基因意义上的概念这一说法能够很容易站住脚，那么历史学家必须处理的问题就是：为什么"种族"在现代社会中一直都是一个力量强大的、充满暴力的且备受关注的词汇？答案不言自明。从已经发生的事件中，从有关进化的生物学文献中，都能找到答案，这就是：种族主义——一种表达得非常清楚的种族差异。种族主义是那些被理查德·道金斯（Richard Darkins）赋予某些特征的“文化基因”中的一种。[58]具有讽刺意味的是，生物学意义上的种族观念，不仅已经成功地再生了其自身，还成功地保持了其自身的完整性，并且在确认种族身份方面，比种族自身所声称的要成功得多。

在古代和中世纪，没有谁的身份是不可以转换的。一个人要想成为一个罗马公民是可能的，即便他一生下来就是一个高卢人；一个人要想成为一个基督徒也是可能的，即便——特别是一开始——他一生下来就是一个犹太人。同时，在种族意义上不易察觉的但又不可调和的敌对民族之间的血仇可能会延续很多年，甚至长达几个世纪。[59]后来，人类历史上不可改变的种族身份的概念产生了。1492 年，西班牙人驱逐犹太人，是根据血统而不是根据信仰来确定犹太人的身份，这是非常不正常的。[60]即使在 18 世纪，在葡萄牙帝国时期，一个黑白混血儿都可以通过向皇权支付标准的费用而获得一个白人所享有的合法权利和特权。[61]正如众所周知的，第一个试图表面上科学地把人种分为生物学意义上的不同种族的人，是瑞典植物学家卡罗鲁斯·林奈（*Carolus Linnaeus*，又称卡尔·冯·林奈）。在他的《自然系统》（*Systema Naturae*）一书中，把人分为美洲智人、亚洲智人、非洲智人、欧洲智人。像他的许多模仿者一样，林奈根据人的外貌、气质和智力，把欧洲人置于进化树的顶端，接下来（在林奈的举例中）是美洲人（“坏脾气的……顽固的、满足的、不受约束的”）、亚洲人（“严厉的、傲慢的、充满欲望的”），最后不可避免地，在底端的——是非洲人（“狡猾的、迟钝的、愚蠢的”）。林奈认为，欧洲人深受“习惯”的影响，非洲人深受“随意”的影响。到美国内战爆发时为止，这种思维方式一直流传甚广。唯一的争议是，种族差异是否反映了人类是从一个共同的祖先逐渐分支繁衍，还是正如人种多元发生学家所坚信的，根本就不存在这样一个共同的祖先。[62]到 19 世纪末，种族理论家们设计出了一些更加精细的分类学方法，这些方法大部分都以头颅大小和形状为基础，但基本范畴没有发生变化。英国优生学者弗朗西斯·高尔顿（Francis Galton）在他的《遗传天才》（Hereditary Genius）（1869 年）中设计了种族智力 16 点刻度表，把古代的雅典人放在顶端，而把澳大利亚土著人放在最底端。[63]

这是人类思维方式的一次深刻转变。先前，人们总是相信，权力、特权和财产权以及与之相应的社会义务，毫无疑问都是可以继承的。1900 年仍然统治世界许多地区的王朝就是这一原则的体现。甚至代偶然兴起的共和政体，如尼德兰、美国和法国，也都企图保留与财富有关的继承性原则，甚至包含职位和社会地位。在 18 和 19 世纪，新的政治学说兴起。一种理论断言，权力不应该有继承性，领导人应该由民众选举产生。另一种理论呼吁人们拆除特权继承大厦，在法律面前人人平等。第三种理论主张：社会财富不应该由少数富裕家庭的精英所垄断，而应该根据个人的需要重新分配。然而，尽管民主主义者、自由主义者和社会主义者提出了这些主张，但种族主义者断言：继承原则适用于人类活动的每一个领域。种族主义理论家声称，不仅是肤色、长相，而且智力、性向、性格，甚至是道德、犯罪都会通过血统而一代接一代地遗传。这是近代史上的又一个主要悖论。即使当继承原则不再主导职位和所有权的分配时，它也赢得了作为一种能力和行为的推论性因素的地位。人们不再能顶替他们父亲的工作职位，在 20 世纪的某些国家，也不再能继承父亲的房产，但能继承他们的特性，就像继承他们父母种族祖先的传奇故事一样。

然而，关键的问题是，究竟应该在多大程度上容忍不同种族进行族间通婚？对一些人来说，“通婚”似乎是不可避免的，许多思想家甚至逐渐把它视为理所当然的——无论如何，是早期人类学关于婚外制理论[64]给了人们深刻的启示，同时，也启发人们越来越深刻地理解遗传性疾病和有点被夸大的表亲结婚的危险。然而，人们对这种现象所做出的反应是谴责，而且是越来越多的谴责。例如，爱德华·郎格（Edward Long）在他的《牙买加历史（1774 年）》中发现：“（那里的）欧洲人……太容易误入歧途、太容易放纵感官上的愉悦。由于这个原因，有人向一些黑色或者黄色肤色的人求婚。一桩混合种族婚姻就这样产生了。”[65]阿瑟·比诺伯爵（Arthur, comte de Gobineau）在他的关于《人类种族不平等之论文》（1853—1855 年）中重复了林奈关于三种典型人种的划分理论，把雅利安人（白人）视为优等人，而且，像往常一样，将所有的伟大历史成就全都归功于雅利安人。但阿瑟·比诺伯爵提出了一个新的观点：雅利安人的血液因与其他种族的人通婚而被稀释之日，也就是西方文明衰落之时。他也认为，智力上占优势的白种人与感性的黑色和黄色人种相融合是不可避免的。因为前者基本上是男性肌肉型的，后者基本上是女人型的。然而，种族间的通婚并没有什么令人反感的地方。“这种产品，它自身再生产得越多，混血得越多，困惑增加得就越多。这趋向于无限性。人太多时，就没有机会建立起任何均势……这种人仅仅是种族无政府主义的一个可怕的例子。”[66]

对“种族无政府主义”的仇视，以其最极端的方式，产生了歧视、种族隔离、迫害、流放，最后就是企图使其种族灭绝。许多年以来，否认这种持续的种族歧视现象的存在，把一个特殊的事件——国家社会主义者对“犹太人问题”的“最终解决”办法，采取独特的、空前绝后的“大屠杀”方式，—— 作为一个特殊问题（sui generis）来对待，[67]似乎成了历史学家的义务。然而，本书的一个主要假设是：20世纪中叶德国反犹太人主义是一种总体现象（尽管绝不是普遍现象）的一个极端事例。正如我们将看到的，在声称犹太人正在全面地试图“污染德国人民的血液”的过程中，希特勒和其他国家社会主义分子的思想体系没有任何新意。这种思想不仅成了隔离和流放的基础，也是最终施行全面屠杀的基础，这也没有什么独特性。众所周知的“大屠杀”主要的突出特点，并不是它那种族灭绝的目标，而是这样的一个事实：实施大屠杀的政权，拥有所有发展资源工业化经济的国家，拥有受过良好教育的社会。

这并不是说，这场大屠杀的所有罪犯，都是由于害怕通婚才杀人的，尽管也有大量的证据显示：这的确是许多纳粹头子的强烈动机。在那些积极参与屠杀的人中，有许多人的动机，主要是出于原始的物质贪欲。其他人，在道德层面不过是资本主义机器上的齿轮而已，他们个人并不具有“累积性的激进”行为。一些罪犯也是些普通人，他们不过是在群体性压力下或者在系统的军事野蛮行径中行事[68]；另一些罪犯都是没有道德的技术官僚，醉心于自己信奉的科学理论；还有些罪犯是身陷不道德的世俗宗教之中的、被洗脑的年轻人。[69]无论如何，我们都需要意识到，种族主义世界观对第三帝国来说是根本的世界观[70]，它根源于一种特殊的人类生物学观念——一种独特的“文化基因”，这种基因在20世纪初就在全世界成功地复制了自身。“文化基因”甚至能被传播到十分遥远的而且似乎不吉利的地方。在19世纪后期，阿根廷被人们普遍视为一个欧洲犹太人移民的理想目的地，因为那里不存在反犹太人主义。然而，早在1900年代早期，像胡安·阿尔西纳（Juan Alsina）和阿图罗·雷纳尔·奥康纳（Arturo Reynal O'Connor）等作家就曾警告说，犹太人会对阿根廷文化产生道德上的威胁。1910年，《面包和荣誉》杂志上的劳工犹太复国主义者如此感叹道：

就在几年前我们可以把阿根廷作为一块以色列的新土地，一块对我们慷慨地敞开大门的土地。在那里，我们能享受共和国所给予它所有居民的同等自由，没有国籍或者信仰的区别。但现在呢？我们周围的气氛，充满了对犹太人的仇恨，仇视的目光来自各个角落，来自四面八方，随时伺机进攻我们……所有的人都反对我们……而且这不仅仅是对犹太人的仇恨，它是一场未来运动的预兆，这个预兆（在别的地方）以反犹太人的名义早就众所周知了。[71]

血的边界

为什么有的地方会发生大规模的种族冲突，而有的地方却不会？为什么中东欧的种族冲突要比南美多？这个问题的一个答案是，在世界的某些地方，某种特殊的种族身份和政治结构之间存在着异常错位。举个最典型的例子，中东欧的种族地图，是一张真正东拼西凑出来的地图（图 I. 2）。在北部，仅点出几个最大的群体，就有

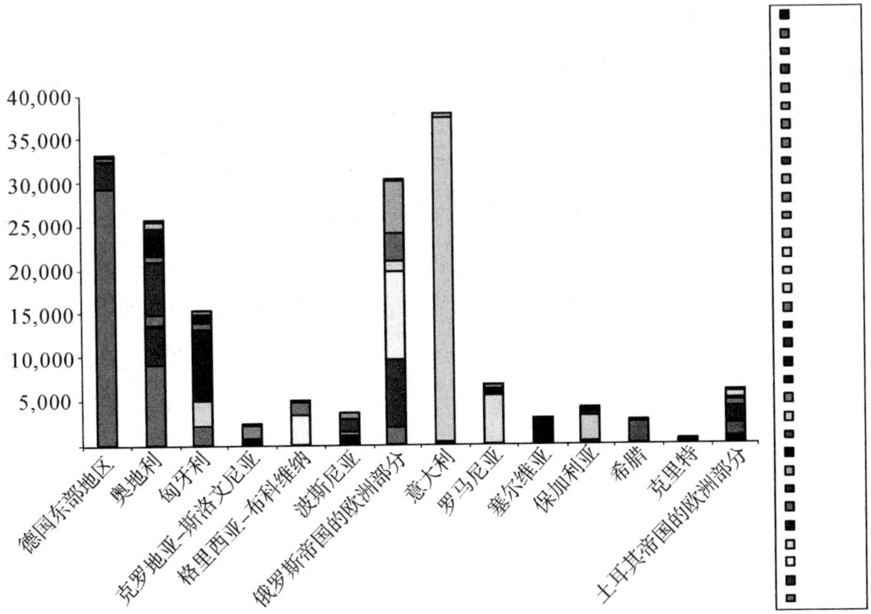

图 I. 2　1900 年前后中东欧地区的民族群体

立陶宛人、拉脱维亚人、白俄罗斯人和俄国人，这些人的语言都不同；在中部，有捷克人、斯洛伐克人和波兰人；在南部，有意大利人、斯洛文尼亚人、马扎尔人、罗马尼亚人，而且在巴尔干半岛上，有斯洛文尼亚人、塞尔维亚人、克罗地亚人、波斯尼亚人、阿尔巴尼亚人、希腊人和土耳其人。分布在这一地区的，是讲德语的居民。语言是区分这些不同种族群体的众多方式之一。讲德语方言的人，有些是清教徒，有些是天主教徒，还有些是犹太教徒。讲塞尔维亚—克罗地亚语的人，有些是天主教徒（克罗地亚人），有些是东正教徒（塞尔维亚人和马其顿人），有些是伊斯兰教徒（波什人）。保加利亚人，有些是东正教徒，其他的（波马克斯人）是伊斯兰教徒。讲土耳其语的，大多数是伊斯兰教徒，少数人是东正教徒。

在19世纪前，中东欧的政治地理，就一直与其那种非常不同的非均质的定居模式保持着一致性。这一地区被几个大王朝帝国所瓜分。大多数民众都忠于当地的王朝，而与此同时，也会对遥远的帝国君主表示忠诚。许多人的身份认同并不能进行严格的分类，他们能说一种以上的语言。澳大利亚人口统计学家指出，“母语”和“日常使用的语言”之间存在着差别。大多数斯拉夫人都继续在这片土地上劳作，就像他们在19世纪获得解放前当农奴时那样。与此相对照的是，中东欧城镇里的人种与周边农村地区的人种，存在非常明显的差别。在北边，德国人和犹太人在城市里占主导地位，就像他们过去在都柏林盆地那样。再往东，就是俄国人、犹太人和北极人居住的城镇。亚得里亚海海岸的城镇，居住的是意大利人；巴尔干半岛的城镇，居住的是希腊人或者土耳其人。在所有这些城镇中，最引人注目的是那些世界性的贸易中心，在这里，没有一个民族占据着主导地位。在许多例子中，可能引用得最多的，一个是萨洛尼卡（Salonica），一个是希腊起源的土耳其港口——现在的塞萨洛尼基（Thessaloniki），在这两个城市，犹太教徒比基督教徒和伊斯兰教徒稍微多一点。每一个宗教团体依次分成小群体或者按语言分成不同的次群体：有讲西班牙语的犹太人，还有阿什肯纳兹犹太人（Ashkenzim）*；信基督的有希腊人、保加利亚人和马其顿人，有些人讲希腊语，有些人讲瓦克几语（Vlach），有些讲斯拉夫语；还有上万种伊斯兰教徒：苏非派（Sufis）、贝克塔什派（Bektashis）和梅拉维斯派（Mevlevis），还有从犹太教皈依而来的纳什板迪派（Naqshbandis）和马明派（Ma'min）的伊斯兰教徒。[72]

然而，1800年之后，随着民主国家作为一种理想的政治组织的出现，这些非均质的安排开始被打破。一些相当大、组织良好的大型民族，到20世纪早期已经建立了自己的民族国家，如希腊、意大利、德国、塞尔维亚、罗马尼亚、保加利亚和阿尔巴尼亚等，尽管这些国家的边境内仍然居住着少数民族，边境外还居住着离散的犹太人族群。[73]马扎尔人作为低级伙伴，在奥匈帝国的范围内几乎享有一切独立的特权。捷克人希望争取到一定的政治自治权。波兰人也会梦想着以已经丧失主权的三个帝国的代价来换取他们丧失的主权，但许多小民族却缺乏凝聚力，不能团结一心地组建起一个国家。一些民族只是因为人数太少而不能组成一个国家，比如索布人、文德人、卡舒巴人、瓦拉几人、教人（Székelys）、卡帕西亚—拉辛人（Carpatho-Rusyns）和拉迪诺人（Ladins），另一些民族因为居住得太分散，也没能组成一个国家，如辛提人和罗姆人（有时也被误导性地称为“吉普赛人”）。还有一些人，只希望在土耳其外围建立国家，他们是犹太人和亚美尼亚人。[74]

民族国家的模式在中欧和东欧地区实践得越多，发生大规模冲突的可能性就越大。混合居住的现实——一个将定居点的人和各种散居人拼凑在一起的复合体，这与同质化的政治单元理想之间的差异，实在太大了。随着国家边境起着越来越重要的作用，风险也就越来越大。而且，多样化的出生率，只能增加那些惧怕少数民族

---

* 犹太人亡国后流落各地，主要分为两大支：一支为Sepharad即希伯来文“西班牙”之意。另一支为Ashkenaz；Ashkenaz为希伯来文“德国”之意。前者分布在西班牙、葡萄牙、中东及北非。他们的祖先跟随着阿拉伯人的势力进入伊比利亚半岛，受回教影响颇大；后者则散居于东西欧，受基督教熏陶。两者的语言、习俗、教义迥异，相互排斥，互不通婚。1492年西班牙驱逐境内犹太人，25万犹太人被迫转赴东欧及土耳其帝国。结果，本来只占犹太人三成的Ashkenzim（阿什肯纳兹犹太人）到了19世纪，变成多数（八成）。这些在波兰、立陶宛、俄国的阿什肯纳兹犹太人多年后在纳粹时期，很多移居美国，以至今天在美国的600万犹太裔美国人似乎都是阿什肯纳兹犹太人。——译者注

地位上升的人的焦虑。在理论上，可以想见：在一个新成立的国家中，所有不同的民族群体，将同意在一种集体身份中使他们的差异最小化，或在一个平等的联邦中分享权力，但结果很可能是：一个多数民族群体将把自己定为国家及其资产的唯一的（或至少是高级的）业主。国家的职能越多——这些职能在1900年以后在跨越式增加，将这个或那个少数民族排除在公民利益之外的诱惑也就越多，而与此同时，以税收或其他费用的形式使得少数民族的居住成本大为增加。

因此，20世纪40年代，许多大规模屠杀发生的地点，都恰恰在那些混居地区——在那些比如叫着“Vilna/Wilna/Vilne/Vilnius”，“Lemberg/Lwów /L'viv”和“Czernowitz/Cernauti/Chernovtsy/Chernivtsi”名字的小镇，这绝不是一个巧合。许多纳粹领导人都来自1871年德意志帝国东部边境以外的地区，也绝不是一个巧合。[75]举几个例子：阿尔弗雷德·罗森堡（Alfred Rosenberg）——《20世纪的神话》的作者和纳粹种族政策制定的关键性人物，就出生在爱沙尼亚的雷瓦尔/塔林。[76]希特勒政权的农业部长达林·瓦尔特（Walther Darré）——一个移民到阿根廷的德国人儿子，早在东普鲁士繁殖马匹的时候就构建了他的种族理论。[77]政权的内阁成员赫伯特·贝克（Herbert Backe）便出生在格鲁吉亚的巴统，他母亲家早在19世纪就在那里的小村庄定居。[78]鲁道夫·荣格（Rodolf Jung）在德国波希米亚飞地伊格拉、伊赫拉瓦长大，是唯一来自边疆但做了高官的党卫军人。[79]值得注意的是，上西里西亚的布雷斯劳、弗罗茨瓦夫，是在1935年公开支持纳粹立法禁止异族通婚的地区之一。[80]奥地利人和苏台德地区的德国人为反犹太人的报纸《攻击者》做出了不成比例的贡献。[81]至少有两个负责波希米亚和贝乌热茨死亡集中营的纳粹党卫军军官，是所谓的波罗的海和波西米亚的“德裔人”。[82]

然而，中欧和东欧地区是20世纪最致命的“屠杀空间”。世界上还有些地区还具有它的一些重要特征：多民族的人口，打破了人口统计学平衡，引起了政治分裂。最近的一个地区，便是在欧亚大陆另一端的满洲和朝鲜半岛，这会越来越清楚，在20世纪后半期，正如本书“结语”部分中所探讨的，发生激烈冲突的地区转向了印度支那、中美洲、中东和中非。但是，如果要准确地把握50年间世界战争独有的突出性质，就必须将注意力集中在前面两个最重要的地区。

波动（动荡）和不满

为什么极端暴力活动只发生在特定的时期内？答案是：种族冲突与经济波动存在着相关性。要想解释社会和政治不稳定的原因，仅仅看经济危机发生的时间是不够的。产量和收入的快速增长，就像快速通缩那样，也同样会引起社会的不稳定。[83]历史学家们很少提到，其实，波动性对经济是有利的。这种措施，意味着在一段特定时期内特定指标的变动会呈现标准差。在整个 20 世纪，国内生产总值的可靠估值，可惜只为少数几个国家所采用。然而，价格和利率方面的数字更容易获得，而有了这些数字，精确地测量国家的经济波动幅度就在某种程度上有了可能。

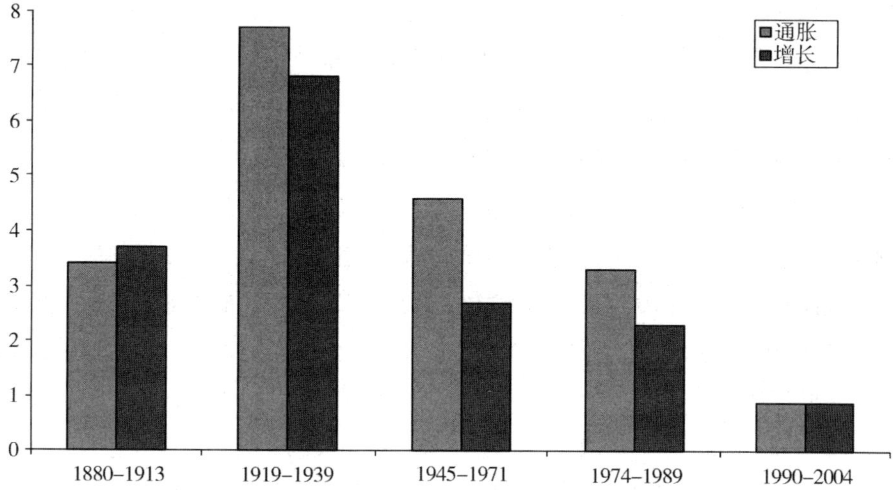

图 I. 3　波动性：1880—2004 年西方七国通胀和增长的标准差

一个简单的、可验证的命题是，经济波动与社会政治压力和紧张相关。富有启发意义的是，在 1919 年和 1939 年，西方七大工业经济强国（加拿大、法国、德国、意大利、日本、英国和美国）的经济增长和价格波动达到了峰值，并在第二次世界大战时期稳步下降（见图 I. 3）。长期以来，经济史学家们专注于经济周期和各种振幅波的研究，而忽略了繁荣和萧条的频率和振幅的变化。然而，这个问题，恰恰从过去到现在一直都是至关重要的问题。如果经济活动与一年四季一样具有规律性，经济行为者的期望会适时地做出相应的调整，那么，我们对于经济的迅速增长或意外衰退，便会与对于夏季和冬季来临那样习以为常。但是，恰恰是20世纪经济生活的不可预测性，使得约翰·梅纳德·凯恩斯（John Maynard Keynes）所谓的雇主、贷款人、投资者、消费者以及尤其是政府官员身上的“动物精神”发生了巨大的变化。*

在过去的一百多年，经济体制结构和运行经济体制的人的哲学思想发生了深刻变化。在1914年之前，商品、资本和劳动力的国际流动性的自由程度是前所未有的，直到最近才被追平了一部分。[84]各国政府才刚刚开始关注安全、公正，才刚刚开始提供基本的公共产品。央行至少在一定程度上开始通过制定规则，以黄金来固定本国货币的价值，从而从长远来说保持了价格的稳定性，尽管在增长中存在着我们直到今天都还不习惯的高波动性。这些东西在第一次世界大战期间及其之后都发生了急剧的变化，见证了政府作用的显著扩大、固定汇率制度即众所周知的金本位制度的崩溃。[85]对于许多当代人来说，国际市场上的各种力量，在商品、工人和资本等优化配置方面，在政府应朝着什么方向努力方面都存在着冲突，例如，在保持或提高工业的就业水平、稳定初级产品的价格或改变收入和财富的分配等方面。[86]然而，保护性关税、赤字财政、税收和浮动汇率，一般会产生加大经济波动的意外后果。虽然计划经济过去运行得更好一些，但巨大的代价却是效率和自由。虽然有记录显示：在第二次世界大战结束20年后，福利国家和计划经济国家均有显著的改善，但各国政府只是从1979年后朝着自由市场经济方向发展之后，才取得保持物价相对稳定、保持经济增长的成就；只是在1990年以后，一些评论家才谨慎地提出了“波动死亡”（death of volatility）这一概念。尽管下面这些事实还有待观察：这在多大程度上代表着国际经济体制的优越性？在国家层面采取稳健的财政和货币政策究竟有多成功？而且在多大程度上仅仅是一次幸运的但很可能是挥霍的西方人和节俭的亚洲人

---

* 凯恩斯在其所著的《货币、就业与利息通论》一书中，将宏观经济波动归因于投资者所具有的“动物精神”。在凯恩斯看来，“动物精神”是一种非理性的心理现象，容易受各种环境因素的影响，而具有不稳定的特征。以今天的眼光看，凯恩斯所强调的“动物精神”已然属于行为经济学分析的范畴。也正因为此，阿克洛夫（Akerlof）曾认为：“凯恩斯的《通论》是……对宏观行为经济学最伟大的贡献。”——译者注

之间的短暂联姻?[87]

应该强调指出，这种风格化的叙事，适用于几个有限的样本国家，并适用于在一定程度上任意确定的时期。就像即将要阐明的那样，把西方七大工业经济强国的表现作为世界经济的整体表现的代名词，会是错误的。两次世界大战之间，极端严重的通货膨胀和通货紧缩、经济增长和经济紧缩，在不同的欧洲国家之间差别非常大。从20世纪50年代起，非洲、亚洲和拉丁美洲经济体系的波动，则存在着完全不同的趋势。

经济波动的问题很重要，因为它往往会加剧社会冲突。经济危机刺激政治主导群体把负担转嫁给他人，这看来似乎非常明显。随着国家对社会经济生活干预的加强，这种带有歧视性的再分配机会会明显激增。在经济总体上困难时，把某一特定群体排除在公共福利制度之外，还有什么会比这个办法来得更容易？或许不那么明显的是，社会经济经过快速发展时期之后，社会混乱可能还会紧随而至，因为没有几个国家有能力均匀地分配经济增长利益。事实上，经济高增长时期的少数几个胜利者，很可能就成为随后经济下滑时期遭受惩罚的目标。

参照欧洲犹太人这一众所周知的例子，就有可能再一次将这一点阐明清楚。传统地来看，历史学家们长期以来都试图借鉴19世纪70年代末及80年代经济大衰退的历史经验来解释在德国和其他国家的反犹太人党派获得选举胜利，以及反犹太人民粹主义者在美国偶然获得选举胜利的原因。然而，农产品价格下降——这一时期的特点——只做出了部分解释。经济增长并没有受到抑制，股票市场也不是没有从19世纪70年代的暴跌中恢复上涨。那些受困于传统手工艺和小规模农业等相对萧条的经济部门的人，与那些更好地受益于国际经济一体化和不断增多的金融中介而呈现明显繁荣行业的人相比，心情是非常愤怒的。一般来讲，突如其来的、激烈的突发事件，如股市泡沫和股市萧条，比起长期的价格和产量趋势，会对人们产生更大的影响。经济波动深刻地影响着社会和政治，这被证明是20世纪反复出现的特征。

帝国—国家

如果不将20世纪的暴力放在帝国范围内来看的话，那是相当令人费解的。因为它在很大程度上是1900年后出现的主宰这个世界的多民族大帝国衰退和崩溃的结果。在世界战争中，那些参战国的一个共同特点，几乎都毫无例外地是：他们要么是帝国，要么试图成为帝国。此外，细细追究起来，这个时期自称国家或者联邦的许多大型政体，实际上早已是帝国了。苏维埃社会主义共和国联盟是一个千真万确的帝国，当今的俄国联邦事实上仍然是一个帝国[88]；大不列颠及爱尔兰联合王国（1922年以后只有北爱尔兰），过去和现在的全部意图和目的，都是为了成为大英帝国，为简洁起见，通常被称为“英国”[89]；19世纪五六十年代创建的意大利，是一个皮埃蒙特帝国；1871年的德意志帝国，在很大程度上是普鲁士的一部分。当今两个人口最多的民族国家，都是帝国合并的结果。现代印度是莫卧儿帝国和英国统治的继承人；中华人民共和国现在的边界，实质上是清朝皇帝勘定的。甚至美国，都可以说是一个“帝国共和国”，有人说它一直都是帝国。[90]

帝国问题之所以重要，是因为：第一，这些经济体的巨大规模才能使战争有打起来的可能。大多数民族国家人口中，能够参军的男性人数是有限的。然而，一个帝国所受到的限制少得多。在其众多的职能之中，最核心的，就是要对从众多民族中征募来的大批军队进行动员和装备，然后通过征税或增加贷款来支付这些军费。它能利用的资源远远超过一个民族国家。因此，正如我们将会看到的，20世纪大战，许多都是在帝国旗帜下由众多民族的士兵参加的。斯大林格勒和阿拉曼只是众多例子中的两个典型。第二，帝国之间的节点——边远地区和它们之间的缓冲地带，或者是它们争夺控制权的战略要地，发生的暴力战争一般会比帝国中心地带多。[91]波罗的海、巴尔干和黑海之间重要的三角地带是一个冲突地区，不仅因为它是个民族混居区，而且还因为它是连接那里的霍亨索伦王朝、哈布斯堡王朝、罗曼诺夫王朝和奥斯曼王朝的交会地区，是四大帝国构造板块之间的断层线。满洲和韩国在远东地区处于类似地位。随着20世纪的主要燃料——石油价格的上涨，近东的波斯湾也占据着类似的地位。第三，由于帝国往往与经济秩序的建立联系在一起，国际商业一体化的盛衰与他们地位的升降有着密切的联系。[92]经济困难和经济机会都可能决定着帝国扩张的时间和方向，决定着一个帝国的生存期，也决定着后殖民地发展的性质。[93]最后，各帝国大为不同的预期寿命，可能会为发生暴力战争的时间提供一条线索，因为战争总是在帝国开始的时候、特别是灭亡时候出现得更多。

没有像老一代经济史学家那样去认真研究商业活动的经常性周期，便假设帝国或大国的兴衰存在一种与之相适应的可预测的规律性，是一个错误。相反，最引人注目的一点是，历史学家已经认定：大约有70个帝国，他们统治的时间顺序，连同空间范围，都存在特别的波动性。最长寿的第二个千年帝国——神圣罗马帝国，可追溯到查理曼在800年加冕时期，直至1806年被拿破仑灭亡。在中国，明朝（1368—1644年）及其继任者——清朝，统治的时间超过了500年，就像哈里发王朝（750—1258年）那样。奥斯曼帝国（1453—1922年）统治了不到500年，只是到过去半个世纪前才显示了崩溃的迹象。哈布斯堡王朝和罗曼诺夫王朝的帝国时间都存在了300多年，都相继在第一次世界大战结束时寿终正寝。莫卧儿王朝统治了近200年，其中很大一部分地区是如今的印度。在几乎同一时期，埃及（1250—1517年）的马穆鲁克王朝和波斯（1501—1736年）的萨非王朝也统治了200年左右。对西欧的海上帝国，很难给出更确切的日期，因为这些起源地点和持续时间都各不相同，但西班牙、荷兰、法国和英国等各大帝国据说都大约统治了300年，葡萄牙帝国的寿命更接近500年。应该指出，这些帝国的历史，显示了一条相同的轨迹：上升—最兴盛—衰弱—消亡。帝国可能会经历上升—衰弱—然后再上升的历史过程，只是在某种极度震惊中做出反应时（即遇到突发性事件时）才崩溃。

相比之下，20世纪所产生的帝国，都是比较短命的。苏联的布尔什维克政权（1922—1991年）持续了不到70年，这的确可以算得上是一个忽略不计的记录。德意志帝国的俾斯麦政权（1871—1918年）历时47年。日本的殖民帝国，可追溯到1905年，也仅仅持续了40年。所有现代帝国中，最朝生暮死的（短暂的）是阿道夫·希特勒所谓的“第三帝国”，在1938年前还没有超出其前任的边界，并在1944年年底时还撤退至边境之内。从字面上看，第三帝国历时12年；作为真正意义上的帝国，它其实差不多仅为6年。[94]然而，尽管——或者说因为都短命，但20世纪的帝国在死亡和毁灭方面，却有特别的能耐。为什么会这样呢？答案就在于：新帝国所崇尚的权力集中、经济控制和社会同质性，都达到了空前的程度。

20世纪的新帝国，并不满足于老牌帝国所特有的有些凌乱的、随意的行政安排——帝国的法律和地方的法律相混杂、权力下放以及赋予某些土著群体以一定的社会地位。它们继承了19世纪国家建设者们对整齐划一的贪得无厌的胃口。从这个

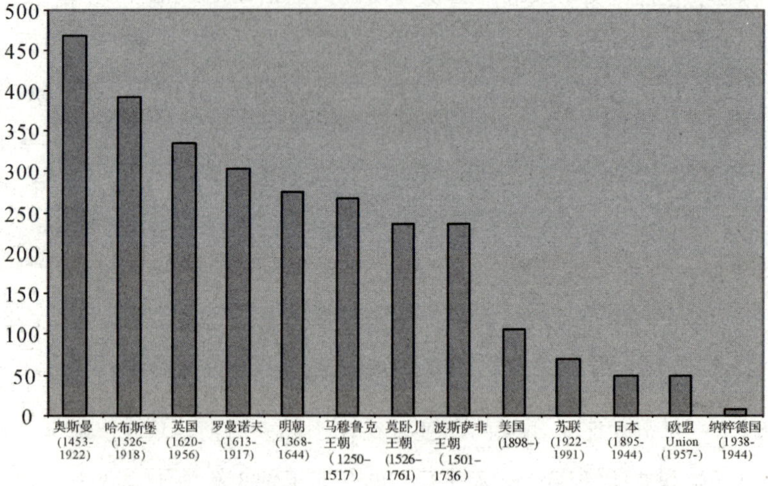

图Ⅰ.4　早期和近代帝国的大致存续时间

意义上说，与过去意义上的帝国相比，它们更喜欢“帝国—国家”。新帝国在使用武力方面，完全不受传统的宗教和法律的约束。它们坚持认为要建立新的社会组织以代替现存的社会结构。它们很乐意去破除旧的政治制度。更重要的是，它们把冷酷无情作为美德。在追求其目标的过程中，它们将向整个人类开战，无论是在国内还是在国外，而不仅仅是向某一特定的敌对国家中的那些全副武装的、受过军事训练的军事代表们开战。希特勒指责英国在对待印度民族主义者问题上过于软弱，就完全是新一代即将登基的新皇帝典型。这有助于解释为什么 20 世纪的大动荡总是如此频繁地发生在新帝国的边缘，也有助于解释为什么这些极端渴望国运永固、长盛不衰的帝国—国家，总比其试图取代的那些老牌帝国的寿命都要短得多。

西方的衰落

20 世纪的故事，有时被诠释为西方的胜利，甚至连篇累牍地被称为“美国的世纪”。人们经常将第二次世界大战作为代表美国的力量和美德的极点，作为“伟大的一代”所取得的胜利。[95] 在 20 世纪的最后几年，冷战的结束，导致福山（Francis Fukuyama）做出“历史的终结”和西方自由民主资本主义模式的（如果说不是英美的话）胜利的著名论断。[96]然而，这似乎从根本上误解了过去100年的发展轨迹，事实上，这种轨迹显示了世界向东方重新定向的某些东西。

在1900年，的确是西方在统治世界。从博斯普鲁斯到白令海峡以及更广大的地区，几乎所有的、当时众所周知的“东方”，都是以一种或者另一种形式处于西方帝国统治之下。英国长期统治印度，荷兰长期统治东印度群岛，法国长期统治印度支那，美国人刚刚占领了菲律宾，俄国渴望控制满洲。所有帝国主义国家都在中国设立了寄生的前哨。一句话，东方已经被征服。尽管这个征服过程所涉及的艰难谈判、统治者与被统治者之间的妥协，比以往所承认的要多得多。[97]西方人统治超过世界一半人口的亚洲人是引人注目的。当我们谈起“西方”时，我们心目中占优势的国家仅占全世界人口的五分之一（见图I.5）。

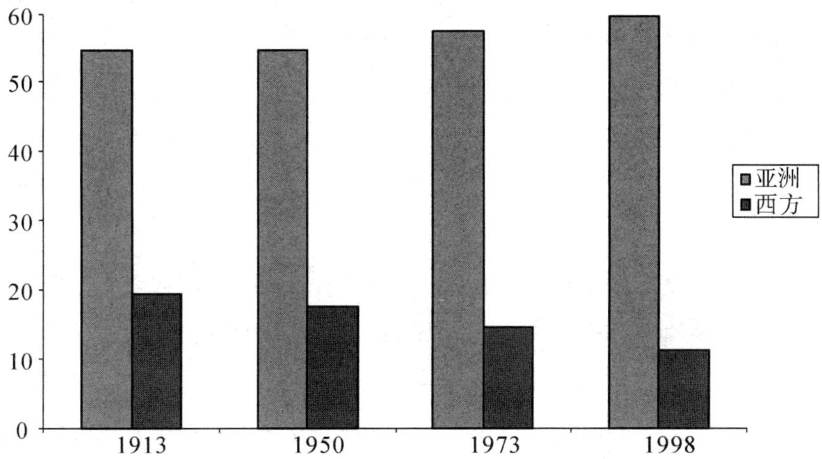

图I.5　西方和亚洲：世界人口所占的份额

注：西方这里定义为欧洲列强（奥地利、比利时、法国、德国、意大利、荷兰、葡萄牙、西班牙和英国），再加上麦迪逊所要求的“西方的保护国”：澳大利亚、加拿大、新西兰和美国。我决定不把拉丁美洲视为西方保护国，也不把俄国及其帝国计算在内，尽管有争议说欧洲的俄国人应该包括在内。

西方之所以能统治东方，并非因为科学知识本身，而是因为科学知识被系统地应用到了生产领域和毁灭领域。1900 年科学知识的应用，使西方的生产总量占了全世界一半以上，而东方差不多只有四分之一。西方统治东方，也是缘于亚洲各个帝国没有使经济体系、法律体系和军事体系实现现代化，更不用说东方人的精神生活此刻与过去没什么大不同，仍停留在旧时代。民主、自由、平等，事实上，还有种族，所有这些概念均源自西方。从牛顿到爱因斯坦所取得的几乎所有的重大科学突破，也都来自西方。[98]深受马克思影响的历史学家们往往做出这样的错误假设：1900 年左右，东方社会的落后，是西方帝国“剥削”的结果。这在很大程度上是一种臆想。相反，正是它们的落后，才使得欧洲的统治成为可能。[99]

只有当 1900 年西方统治的范围得到了确认时，20 世纪真实的叙事弧（narrative arc）才显示其本来面目。这不是“西方的胜利”，而是欧洲帝国的危机，最终的结果，是亚洲国家的必然复兴和西方的必然衰落。渐渐地，从日本开始，亚洲社会开始了自身的现代化进程或者说是在欧洲统治下的现代化进程。在这个历史进程中，欧洲和亚洲之间的收入差距开始缩小。有了这样的缩小，西方的相对衰落就变得势不可挡了。这只不过是世界的重新定向。它纠正了东西方之间在 1500 年之后失去了的长达 4 个世纪的平衡。[100] 20 世纪的历史学家不能忽略这个巨大的而且正在进行中的现世转变。

当然，如果只是东方“西化”本身，我们仍有可能抱有西方会取得最终胜利的幻想。然而，没有哪一个亚洲国家——即使是明治时代的日本——变成一个欧洲民族国家的副本。相反，多数亚洲国家的民族主义者坚持认为他们的国家必须现代化，只接受那些适合自己目标的西方模式的某些方面，并保留其传统文化的重要组成部分。这是不足为奇的。他们把许多西方文化看作是帝国主义的化身，并且要求人们不要模仿。当然，关键的一点，世界的重新定向，总是不能而且过去也没能在没有冲突的情况下取得成功。因为西方列强并不想放弃它们对亚洲人民及其资源的统治权。即使欧洲人和美国人在 1942 年遭受日军全面打击的情况下，他们联手反击，企图达到恢复西方统治的目的，结果并不理想。直到 1991 年苏联解体，欧洲在亚洲的最后帝国才可以说倒下了。从这个意义上来说，将 20 世纪解释为不是西方的胜利而是西方的衰落，将第二次世界大战看作决定性的转折点，似乎是合理的。因为西方帝国在东方的垂死挣扎，与发生在中欧和东欧地区的任何战争事件一样，都是非常血腥的。特别是在反对西方发展模式上，人们的反应非常强烈，从而唤起了许多国家如日本、中国、朝鲜、越南和柬埔寨人民的斗志。然而，西方再也无法行使它在1900年时曾经享有的权力。从这个意义上来说，这就是衰落。但在东方出现的挑战这种权力的许多东西，都明显是从西方思想和制度中继承过来的，尽管这种继承经过了文化融合的过程。

50年战争

民族同化与融合过程中所隐藏的不稳定性，把一些人当成外来人的媒母（meme，即文化基因）恶意地进行重新安置，边远地区混居的各民族情绪易被煽动的特点，20世纪中叶经济生活的长期波动，老牌的多民族帝国与短命的帝国—国家之间针锋相对的斗争，都以西方主导地位下降过程中产生的动荡为标志。所有这一切，都是下文将要探讨并详细阐述的主要议题。

正如已经阐明的，故事的中心是我们所知道的第二次世界大战这类事件。但是，只有当我企图为之前写过的关于第一次世界大战的书再写一部恰当的续集时[101]，才逐渐体会到要阐述清楚是多么困难。我必须再写一本书，从1939—1945年按年代顺序排列以便约束自己，把重点放在今天广为人知的陆海空三军冲突上。我开始自问：第二次世界大战真是这么回事吗？把它看成是多次地区性的冲突，会不会更准确？毕竟，开始于1939年的冲突，只是一场发生在波兰、纳粹德国和苏联之间的欧洲战争，英国和法国只是语言多于行动地偏袒被侵略的一方。波兰的西方盟友并没有真正加入战争的行列。直到1940年，德国才在西欧大陆赢得了短暂性的胜利。1941年，即使在德国和英国之间爆发战争的初期，希特勒对他的前盟友斯大林发动了一场完全不同的战争。与此同时，墨索里尼做起了意大利帝国统治非洲和巴尔干地区的白日梦。所有这一切，与日本在亚洲发动的战争完全无关，这场战争是在1937年开始对中国发动的（如果说不是在1931年发动的话）；另一场战争是德国对英国、荷兰和法国等帝国，1942年年中赢得了胜利；还有一场是德、意、日与美国打，这是一场注定要失败的战争。同时，这些国家之间的战争在爆发之前、期间和之后，尤其是中国、西班牙、巴尔干地区、乌克兰和波兰，各种内战泛滥成灾。就在想象中的同质性的第二次世界大战结束后不久，新的暴力浪潮就横扫了中东和亚洲，历史学家们常常委婉地称之为“非殖民地化”。内战和瓜分，给印度、印度支那、中国和朝鲜带来了创伤。在朝鲜，自相残杀的战争升级为以美国为首的联军和信奉共产主义的中国之间的跨国战争。此后，由两个大国代理了这场战争。全球冲突的场地发生了变化，从中欧、东欧和满洲、朝鲜到拉丁美洲、印度支那和次撒哈拉非洲，我称之为“第三次世界大战”。

因此，可以说，20世纪30年代后期和40年代初期，有组织的暴力事件不断增多，所以这段时期是整个20世纪的缩影。即使谈论起“第二次三十年战争”，目的也是为了刻意地把战争的规模说小一些，因为事实上，真正的全球性冲突始于1914年的10年前、终于1945年的8年后。霍布斯·鲍姆那将1914—1991年之间的历史称为一个“短暂的20世纪”的令人着迷的观点也行不通。在另一方面，苏联帝国的崩溃，说明了在冷战期间处于休眠状态的种族冲突再次复苏，至少这次不是在巴尔干地区，因而是重新恢复历史，而不是终结历史。最后，我选择了世界大战的两个日期：1904年，即日本第一次对欧洲在东方的统治进行有效打击的那年；1953年朝鲜战争结束后，以书面形式沿着美苏两个大国勘定的“三八线”，再次在大国之间划出了一条横贯朝鲜半岛东西的休战线，这堪比在中欧地区所修建的那幅铁幕。

历史学家总是渴望结束，渴望一个他们结束叙事的日子。但是，在写这本书时，我开始怀疑：我在本书中所描述的“世界战争”是否真的可以被视为世界大战。我不敢奢望它会像威尔斯的科幻小说《世界战争》那样成为流行文化的人工制品，不时有新的文化内容推出[102]，但我这部以编年体方式写就的《世界战争》应该会顽强地拒绝死亡。似乎只要人类在阴谋毁灭他们的同胞——只要我们还有点害怕，但又有点渴望看到我们雄伟的大都市变成一片废墟，那么，这种战争就会一而再、再而三地爆发，从而对年代学的新领域展开挑战。[103]

世界战争与西方的衰落

第一部分
巨型列车的相撞

1. 帝国和种族

那个年代，人类经济增长过程中的一首非同寻常的小插曲，于1914年8月结束了！

——约翰·梅纳德·凯恩斯（John Maynard Keynes）[1]

与19世纪最后20年里那石油般平滑的精神状态不同，突然，整个欧洲出现了一种发烧般的狂热……人们成了英雄的狂热崇拜者，普通人成了社会信仰的狂热信徒；人们有信仰但也多疑……人们梦想着古代的城堡、绿树成阴的小道……而且也梦想着草原、广阔的视野、锻造轧钢厂……一些（人）投身于……这个崭新的、然而也是人迹罕至的世纪，而另一些人则在旧的世纪里拼死一搏。

——罗伯特·穆齐尔（Robert Musil）[2]

一九零一年九月十一日

1901 年 9 月 11 日，对于一个健康的、受过良好教育的、有些银行存款的白人来说，这个世界还不至于太糟。18 年后，英国经济学家约翰·梅纳德·凯恩斯在其著作《和平的经济后果》中，也许带着一种怀旧的、具有讽刺意味的复杂心情，回顾了他所属的那个阶层过去所享受的生活，他们“生活成本低廉，遇到的困难最少，方便、舒适、优雅，胜过以往最富有的、最有权力的君主”：

> 伦敦居民可以用电话购物，在床上喝着早茶，全世界的各种商品以他认为合适的数量和合理的价格，及时地被投递到他的家门口。他可以在同一时刻，以同样的方式，用他的财富投资于自然资源和世界上任何一家新成立企业，毫不费神、毫不麻烦地分享其未来的成果和收益。也许他可以决定加倍地增强其财富的安全性，充分信任想象力所及或信息所推荐的任何一个大洲、任何一个城市的任何人。

不仅凯恩斯笔下的伦敦城居民可以购买全世界的产品，将他的资本投资于全球范围内的证券市场，也可以以前所未有的自由和安逸的方式在地球上旅行。

> 如果他想的话，他可以立即安全、便宜、舒适地穿过任何国家或气候带，不需要携带护照，也无需办理其他手续；他可以差遣他的仆人到银行附近的办公室去取那种看似方便携带的贵重金属；他还可以预订国外的住处，不需要了解那里的宗教、语言或习俗；他一路携带着他的财富，还会因为没有受到什么打扰而感到大为委屈和惊讶呢。

但最关键的一点，正如凯恩斯所看到的，就是他“把这种状态看作正常的、确定的、永久的，除了朝着进一步改进的方向前进外，任何的偏离都是异常的、令人反感的，也是可以避免的”。这个全球化的初级阶段，是一首田园诗，事实上：

> 军国主义和帝国主义，种族对抗和文化对抗，垄断、限制和排斥等方案和政治信条，就是要把蛇带到天堂上。不过，从报纸上的娱乐栏目看来，这些东西根本就不会对社会和经济生活的正常进程、对实际上几乎要完成的国际化产生任何影响。[3]

回顾那个黄金时代的《泰晤士报》，以便公允地印证凯恩斯那著名的回忆是有意义的。正是在两架被劫持的飞机撞击世界贸易中心双子塔的一个世纪前，"全球化"的确是一个现实，尽管"全球化"这个不雅观的词那时还不为人所知。那一天——一个阳光明媚的星期三，凯恩斯的伦敦居民用喝一次早茶的功夫，便从加迪夫（Cardiff）订购了一麻袋煤炭，从巴黎订购了一双孩子的手套，或者从哈瓦那订购了一盒雪茄。如果他计划要参观苏格兰的松鸡场的话，他也可能购买了一套"布雷多尔防水而又透气性好的射击服装"（斗篷和苏格兰短裙）。或者如果他有多方面的兴趣的话，他也可能订购了一本莫里斯·C. 姬氏（Maurice C. Hime）的《学生的不道德行为》来看一看。他可能已经投资美国在伦敦上市的50个上市公司中的任何一家公司，其中大部分钱用来投资铁路，如丹佛和里奥格兰的铁路（其最新的业绩当天见报）；或者，如果他喜欢，他还可能投资了其他7个股市中的一个，这些股市也会定期出现在《泰晤士报》的封面上。如果他有旅行的冲动，那他或许已经为自己预订了P&O轮船半岛公司的航班，这是第二天要开往孟买和卡拉奇的轮船，或购买其他23家P&O公司的、接下来10周都计划向东部航行的轮船，更不用说36家其他船务公司提供的从英国到地球任何角落的服务。纽约在召唤吗？马尼托轮船航班明天就出发，他也可以等待汉堡到美国航线的更豪华的弗斯特·俾斯麦（Fürst Bismarck）号游轮，13日即从南安普敦出发。布宜诺斯艾利斯对于他来说更有吸引力吗？他不想看看自己城市的大国家电车公司是怎样使用——或者说是耗费——他的钱吗？好极了！去多瑙河，周五就从阿根廷出发，现在还有一些客舱。

一句话：这个世界，是他的牡蛎。然而，正如凯恩斯所知道的，这只牡蛎并非没有毒性、没有杂质的。那年9月11日，《泰晤士报》头版刊登的是一篇"满怀希望"的报道——结果证明是徒劳的希望，因为这一天，美国总统威廉·麦金利（William Mckinley）正在出现生命复苏的迹象。五天前他被无政府主义者莱昂·乔尔戈什

（Leon Czolgosz）刺杀。（“总统的身体棒极了。”有人引述他的主治医生的话说。事实上，麦金利9月14日去世了）这次袭击，提醒美国公众去关注那些至今在国内没有注意到的威胁。该报的纽约记者报道说，警方在全市对所有已知的无政府主义者展开了搜捕，虽然阴谋刺杀总统的计划据可靠消息称是在芝加哥酝酿的。在那里，两名无政府主义的领袖爱玛·高曼（Emma Goldman）和亚伯拉罕·伊萨克（Abraham Isaak）被逮捕了。

“我只是尽了我的责任。”乔尔戈什解释说。其中，他的意思是，无政府主义者的责任是在已经建立起政府的地区杀死统治者、发动战争。“我想，”他在被领到电椅跟前时，补充说，“这将对劳动人民有好处。”[4] 消息称，总统的身体状况正在好转，罪犯的帮凶们遭到了围捕。这些消息，对于正在用早餐的读者来说，可能是一个安慰，就像它前一天对股市起到了安慰作用一样。虽然如此，但他已经知道，政治暗杀政治领导人正在变得越来越频繁，真是令人担忧。[5] 无政府主义的意识形态和恐怖主义的做法，正是凯恩斯1919年所遗忘的全球化花园中的两条“蛇”。

“军国主义和帝国主义、种族对抗和文化对抗等方案与政治信条”讲的是什么？1901年9月11日有充分的证据。在南非，英国人和布尔人之间的激烈争夺持续到第二年年底。来自英国的指挥官基奇纳（Kitchener）勋爵表示乐观。在会议前一周，根据他的最新报告，布尔人67人被打死，67人受伤，384人被俘，另有163人投降。相比之下，《泰晤士报》报道说有18个英国士兵死亡，其中只有7人是敌对行动的受害者。从战场上传来的盈亏的账户数据表明，英国之所以取得了军事胜利，是因为采取了一项非常成功的措施。不过，尽管《泰晤士报》没有提及，但这一次英国打击敌人的手段是极端残酷的。布尔人的农产品供应被中断，布尔人的妻子儿女们被逐出家园，并被关进生活条件恶劣的集中营；仅在这一阶段，囚犯中便有大约三分之一的人由于卫生条件差和疾病而死亡。此外，基奇纳还下令围起一道铁丝网、修建呈网络状分布的碉堡，阻止布尔人的通信联络。直到战争结束，这些措施都没有使《泰晤士报》的社论作者放弃发表意见：

> 要通过诉诸野蛮残酷的行为，让（布尔人）将战争拖延下去，并使它升级……也不会提高母国在其女儿国——帝国伙伴们心目中的地位……整个国家都

> 赞成我们一定要完成我们在南非的任务。应该毫不犹豫地制订政策并采取必要措施，以最快的速度、最完整的胜利来结束这场战争。[6]

只有开普敦的一名记者，由于对英国的严厉政策感到有些不安，明确地发出了这样的警告：

> 铁棒就是铁棒，没有必要用天鹅绒包裹起来。的确，这将是一个错误。然而，挥动它的人应该记住：这样行使权力，与一个英国绅士的风度是决不相称的……荷兰人的政治观，决不会因为个别英国人给了他们机会来怀疑我们与生俱来的统治能力而有所改变。

英国人“与生俱来的统治能力”在非洲其他地区也正经受着考验。同一天的《泰晤士报》发表了针对乌干达佤—南迪（Wa-Nandi）部落和冈比亚“无法无天精神”团体的严厉批评，其原因是这两个团体涉嫌与两名英国官员的死亡有关。《泰晤士报》的编辑们赞同国内保守派普遍认同的观点，认为是由于军事上战线过长（或者不如说是由于人员配备不足）。这似乎很清楚。不然的话，如何解释他们呼吁把18世纪的军事复兴作为“帮助保卫国家是每个人的义务这样一条原则的体现”[7]呢？

令人不安的另一个原因是，大陆各大国之间的关系，此时显然都处于剑拔弩张的状态。驻巴黎的《泰晤士报》记者报道说，俄国沙皇尼古拉二世即将访问法国。他访法的目的有二：第一是沙皇要来为最近将在巴黎市场上发行俄国债券铺平道路；第二，沙皇的用意，是要向法国人保证，他的政府会遵守法俄结成军事同盟时所做的承诺。无论哪种解释，都是正确的。该报记者看到了巴黎和圣彼得堡之间和谐中透露出来的危险。由于德国在1871年吞并了阿尔萨斯—洛林，他指出：法国是“当今欧洲唯一提出了一定要求的国家，也是唯一不能够、也不应该承认欧洲和平时代必将到来的国家……如果迫于形势并激发了爱国主义热情，那它将会做些什么呢？在它的领土上填补那业已存在的裂痕，这是个问题吗？……没人知道，或者说没人能知道。”然而，沙皇的访问，最可能引起的后果，将是促使德国巩固与奥地利和意大利的关系，建立敌对联盟，而本来最近他们之间因德国进口关税问题产生了一些分歧，关系有些紧张。法俄结成“两国同盟”的可能性太大了，这肯定会增加对德意奥“三国同盟”宣战的危险性：

> （该报记者悲观地总结道：）本人无法对那些在任何时候都可能联合起来的因素作任何推论，因为采取行动的时间还没有到来，而且也不是马上就会到来。目前，那些不属于结盟方的国家有时间等待，并在做出决定之前继续进行调停。[8]

尽管沙皇在赴法国的途中正在拜访他的表兄弟——德国皇帝的消息被半官方性质的《北德意志报》郑重其事地说成这象征着俄国和德国政府共同致力于维护欧洲和平，使我们那富于想象力的读者可能从中获得些许安慰，但法国和奥斯曼帝国政府关系恶化的消息，却使人轻松不起来。该消息促使《泰晤士报》推测，苏丹正在考虑把“正在兴起的泛伊斯兰运动”作为反对法兰西帝国和英帝国的一种可能动用的武器。在巴尔干地区，也有令人担忧的理由。该报报道了奥匈关系略有改善的迹象，但指出：

> 这两个大国在巴尔干地区各自的影响力是（照抄原文）基于不同的因素。俄国的影响力是建立在种族社会、共同的历史记忆、宗教和地缘相邻的基础上；而奥匈帝国的影响力则主要表现在经济……领域。最近几年，没有发生什么削弱这两个大国的影响力的事情。这两个大国都保持着原有的地位……[9]

在和平主义者眼中，1901年的世界，当然并不完全是凯恩斯回忆录中的伊甸园。在格拉斯哥举行的世界和平大会第十次会议上，R. 斯宾塞·沃森（R. Spence Watson）大声呼吁：“听着！听着！现在……是他们所知道的最黑暗的时代！”在进入主题之前，沃森不仅谴责“在南非发生的可怕的战争，什么屈辱的事都有”，而且“基督教国家正在贪婪地攫取中国的利益，这是史无前例、前所未有、最可恨的贪婪[10]。”——这暗示着当时的国际远征军镇压中国的义和团运动。《泰晤士报》同一版上有一则广告，就对远征军打击义和团的动机提供了某种证明。

> 中国战争的战利品。——在处理战利品之前，最好将它交给一个专家来评估一下。拉金先生，新邦德街104号，东方艺术品估价与购买店。[11]

从各方面情况来看，社会主义者也可能已经对凯恩斯心满意足地声称“人口的大部分……对自己的生活状态感到合理的满足”及“任何能力和性格方面的得分都在平均值之上的人都有可能流入社会中上层”[12]表示质疑。在9月11日的一周前，《泰晤士报》报道说，有1471人死于伦敦，相当于年出生人口的1.69%，其中包括“7个天花病人，13个麻疹病人，14个猩红热病人，20个白喉病人，27个百日咳病人，17个因肠道感染引起发烧的病人，271个腹泻、患痢疾的人以及4个霍乱病人……”与此同时，在威尔士卡尔菲利（Caerphilly）附近的兰夫拉达奇煤矿的20名矿工在瓦斯爆炸中死亡。隔海相望的爱尔兰，7个木匠联合协会的成员遭到了逮捕并被指控犯有“阴谋、袭击和胁迫罪”，原因是他们曾领导过一次要求提高工资的木工罢工运动。该报道说，在伦敦登记为“乞丐”的，还不到10万人。迄今为止，还没有“老年养老金计划……对那些过去做出过贡献的人给予国家层面的援助”[13]。事实上，在英国，最好的脱贫办法，表现在地理位置上，而不是社会阶层的流动上。《泰晤士报》的记录表明，从1891—1900年，超过72.6万人从英国移民出去。假如他们真的已经得到了“合理的满足”，会有那么多人移民吗?

帝国

1901年的世界，是一个帝国的世界，但问题是它们正在衰落而不是正在强大。

最古老的大清帝国和奥斯曼帝国，都是相对松散的实体。事实上，一些观察家认为，它们都似乎处于解体的边缘。它们的财政制度，长期以来都主要是建立在由农村外围向都市中心转移的半封建基础上。其他收入来源变得越来越重要，尤其是征收海外贸易的关税，但到19世纪末，这些收入都基本上被挥霍掉了。在中国，这个过程是相当快的。19世纪40年代开始，厦门、广州、福州、宁波、上海等众多中国港口都处于欧洲人的控制之下。起初，这些港口是作为板着面孔的苏格兰人企图建立的印度鸦片大市场的桥头堡。结果，总共有100多个这种“通商口岸”，欧洲公民在这些地区享有“治外法权”，即居住在这些叫“特许区”或者“定居点”的地方，完全享受中国法律的豁免权。[14]帝国海关当局，虽然名义上是中国的一个政府部门，但实际上都配备了外国官员，并由阿尔斯特（Ulster）人罗伯特·赫德（Robert Hart）爵士所管理。土耳其的许多税项，也由一个叫做“欧洲公共债务理事会”[15]的机构，用同样的方式进行征收。这个机构成立于1881年，并由外国债券持有人所操控。这些令人触目惊心的对主权的侵犯——香港和上海外滩的上海银行那些豪华办公室、伊斯坦布尔公共债务当局的建筑，都清楚地反映了当时这两个帝国在财政和军事上的衰落程度。为购置它们自己制造不了的现代武器装备并进行基础设施建设，中国和土耳其政府向欧洲支借了巨额贷款。国内的中介根本无法竞争得过欧洲银行所提供的贷款数量和条件，这些欧洲银行通过伦敦、巴黎和柏林的债券市场，能更广泛、更深入地利用合资公司的更多储蓄。而这两个帝国的收入来源如海关关税等，自己无法征收而落入了外国人手中。而且，这种状况一般都发生在军事上遭遇挫败之后。19世纪70年代的土耳其和19世纪90年代的中国在遭受到军事挫败之后，情况都是如此。这证明，仅仅购买西方的硬件，并不足以赢得战争。

因此，到1901年，难怪如此多的西方人都预料这两个古老的帝国会走上萨非帝国和莫卧儿帝国之路。后两个帝国在18世纪由于欧洲经济影响力对其产生了致命的削弱作用而瓦解。然而，这样的事情并没有在中国和土耳其发生。相反，无论是在中国还是在土耳其，新一代主张政治现代化的人掌权后，受到民族主义的鼓舞，决心要避免遭受前东方帝国的命运。1908年在伊斯坦布尔上台的青年土耳其党，与三年后推翻清朝最后一个皇帝的中华民国的共和主义者一样，都面临着同样的挑战：如何将一个松散的、衰落的帝国建设成为一个强大的民主国家？

奥地利和俄国帝国也出现了有点相似的趋势，尽管1900年时还不是那么明显。虽然这两个帝国与亚洲国家的社会基础相似，但它们在18世纪在财政收入和作战能力方面都已经实现了现代化。不过，这两个帝国都正在疲于应对工业化战争在技术和政治方面所形成的挑战。在中欧地区，较小的哈布斯堡王朝的实力，主要被它的民族多样性及众多的小王国削弱了。至少有18个民族分布在5个不同的王国、2个大公国、1个侯国、6个公国和6个其他种类的领土单位里。以德语为母语的人，还不到总人口的四分之一。由于实行的是非集权制，所以在军事开支方面，这些小王国拼命地追赶奥匈帝国等其他大国。这使得帝国社会稳定，但也使得它衰弱不堪。在卡林西亚（Carinthia）出生的小说家罗伯特·穆齐尔（Robert Musil）敏锐地抓住了发展迟缓的帝国在当代的意义：

> （奥匈这两个帝国）没有谋求世界市场或是世界霸权的野心。在这里，一个是在欧洲的中心，处在世界旧轴的焦点位置，“殖民地”和“海外”这样的词，迄今为止，听起来是那么的不真实、那么的遥远。……一个，军费开支巨大，但仅仅足以保证其成为大国中第二弱的一个。[16]

虽然这两个帝国会定期对内部改革发起辩论，但自1867年以来，已经将大部分权力分配给了一个多元化的奥地利和以马扎尔人占多数的匈牙利。这样一个“二元论”，产生了无数非正常现象，就像在“kaiserlich-königlich（k. k.）”和“kaiserlich und königlich（k. & k.）”之间那不可思议的神秘区别一样，使得穆齐尔为这个国家取绰号为“Kakania”：

> 在文件上，它自称“奥匈君主国”；然而，在口头上，人们一提到它，就是指奥地利。也就是说，它为人所知的，是过去人们所叫的名字：作为一个国家，它庄严地宣誓过要放弃帝国，同时在感情上要保留君主国的形象；作为一种与宪法同样重要的感情标志，法规并不是生活中真正严肃的标志。根据其宪法，它是自由的，但其政府体制，却是君权神授式的。政府体制是君权神授式的，但对生活的总体态度是自由的。在法律面前，所有公民都是平等的，当然，并非每个人都是公民。政府有议会，这使得人们能够充分地利用好以往通常缺失的自由，但也有紧急权力法案，通过它，当权者有可能不通过议会就可以行使权力。而且每当人们都才开始为专制主义感到欢欣鼓舞的时候，皇室就会下令：现在必须再次回归到议会政府。民族斗争……是如此激烈，以至于每年都有几次要造成国家机器卡壳，直至完全停止运行。但是，在休战间隙，在政府和政府之间的狭小空间内，每个人都同别人相处得很好，表现得好像什么问题都没有一样。[17]

捷克人对自己在波希米亚地区处于二等地位感到特别恼火。他们在1907年引入男性公民普选投票权之后，能够对他们的不满进行更为直接的政治表达，但某些类型的哈布斯堡联邦制计划从来没有得到过实施。对于脆弱的语言拼凑物——奥地利来说，德国化从来就不是它的选择。最有可能实现的是，继续把德语作为指挥军队的语言，尽管结果被捷克作家雅洛斯拉夫·哈谢克（Jaroslav Hašek）在《好兵帅克》中情不自禁地嘲讽了一番。[18]与此相反，持续不断的匈牙利运动，即把王国内占近一半人口的非匈牙利人“匈牙利化”，却激发了非匈牙利人民族主义者的情感。如果时代的趋势是走向多元文化的国家，那么，维也纳将应该是全世界羡慕的对象；从心理分析到脱离联邦，其世纪之交的文化场景，就是为民族团结繁荣的好处做了一个精彩的广告。[19]但是，如果时代的趋势是朝向单一的民族国家发展，那么，二元君主国（the Dual Monarchy）的未来前景，实在渺茫得很。当讽刺作家卡尔·克劳斯（Karl Kraus）将奥匈帝国称为一个“世界毁灭的实验室”（Versuchsstation des Weltuntergangs）时，他内心所想到的，正是多层次的政治组织（被克劳斯概括为一个“aristodemoplutobürokratische Mischmaschn”）与一个多元种族社会之间的关系正在变得日益紧张。[20]这正是穆齐尔在把奥匈帝国描写成“只不过是现代世界一个特殊缩影的案例”时想要达到的目的：因为“在那个国家……每个人不喜欢与其他人友好相处，这在很早以前就已经像水晶一样透明”[21]。光是对年老的弗朗西斯·约瑟夫皇帝的崇敬，还不足以支撑住帝国这座精致的大厦，甚至最终还有使它分裂开来的可能。

如果说奥匈帝国社会稳定但衰弱不堪，那么，俄国则强大但社会不稳定。“这里有一根无形的线，像蜘蛛网，而且这根线恰好是出自皇帝陛下亚历山大的第三颗心脏。还有另一根线通过所有的部长们，通过总督阁下，再到各级官员，再到我，甚至再到最低等的士兵，”警察尼基弗雷奇（Nikiforych）向年轻的马克西姆·高尔基解释说，“每样东西……连同其无形的力量，都是由这根线联系起来的，并且绑在了一起。”[22]与奥匈帝国的分权一样，俄国的集权，似乎同样是为了履行维持与西方欧洲列强军事力量均势的任务。此外，俄国选择了“俄国化”，在其庞大的帝国范围内对其他少数民族强行推行俄语。这对于俄国族数量上占大多数的大俄国帝国来说，完全是出于战略考虑。俄国人口约占帝国总人口的45%。[23]是俄国的经济，似乎对沙皇和他的部长们构成了最大的挑战。尽管俄国在19世纪60年代便废除了农奴制，该国的农业系统在组织上是公有的，也可以说，更类似于印度而不是普鲁士，但是，力图建立一个新的节俭的自耕农阶层——有时也被称为富农——所取得的成功是有限的。从狭义的经济角度来看，通过促进农业生产和出口的金融工业化战略取得了成功。从 1870—1913 年，俄国经济增长年均率大约为 2.4%，高于英国、法国和意大利，仅稍落后于德国（2.8%）。[24]从 1898—1913 年，生铁产量增加了一倍以上，原棉消费量增加了 80%，铁路网络增加了 50% 以上。[25]在军事上，也一样，以国家为主导的工业化似乎也正在发挥作用；俄国对陆军和海军的开支赶上了其他欧洲帝国。[26]难怪德意志帝国首相特奥巴登·冯·贝特曼·霍尔维格（Theobald von Bethmann-Hollweg）不无担忧地说道："在未来几年，俄国不断增长的要求和巨大的发展力量，势不可挡。"然而，粮食出口的优先次序（以支付俄国迅速增长的外债利息）和迅速增长的人口，制约了普通俄国人获得物质利益，他们中有五分之四的人都生活在农村。[27]废除农奴制给农民带来的希望——他们将获得土地，还将获得自由，现在却都令他们失望了。虽然人们的生活水平几乎肯定会上升（如果税收中获得的财政收入都是指导价的话），但这并没有平息人们普遍的不满情绪。其原因，法国旧体制下的任何一个学生也都能够解释得清楚。不满的农民，僵化的贵族体制，激进但无能为力的知识分子，以及拥有数量庞大而情绪不稳的大众的都市，这些正是历史学家阿列克斯·德·托克维尔（Alexis de Tocqueville）曾在 1780 年代的法国所感受到的革命的火焰随时都可能点燃的因素。一场充满期待的俄国革命正在酝酿之中。

在海外，西欧帝国在性质上完全不同。三个世纪的商业、征服和殖民化，使他们成了独特的全球分工的受益者。在这个"帝国主义"的心脏—— 这个词在 19 世纪 50 年代后期就开始被滥用了[28]，只有为数不多的几个大城市综合了政治、商业和工业等功能。这些大城市本身都是人类物质进步的里程碑，即使它们东边的贫民窟暴露了这种进步成果在分配上的不公。从伦敦、巴黎、阿姆斯特丹、汉堡等城市向外辐射的线路——航运、铁路、电报线路，都是西方帝国权力的经络。定期往返的轮船连接着欧洲的各个港口。这些轮船奔波于各大海洋之间，定期往返于各大湖之间，忙碌地穿梭在各大河流的上下游之间。在每一个上六分之一下乘客和装卸货物的港口，都有火车站。这些车站是维多利亚时代的第二大网络。铁路上，一列列轰隆隆的蒸汽火车按照严格的、详细的时间表沿着铁路有节奏地运行着。由铜和橡胶而不是铁组成的第三大网络，使得以电报的形式快速地发布各种命令有了可能。帝国的工作人员要遵从的命令、帝国的商人要履行的合同，都可以采用电报的形式。甚至教皇的命令，也可以用电报与认真宣传西欧信条的数以千计传教士沟通，并向异教徒传播有益的知识。这些网络把整个世界捆绑在一起，似乎要“消灭距离”，从而创造真正的全球性的商品、生产、劳动力和资本市场。反过来，正是这些市场，汇聚了原本居住在美国中西部草原和西伯利亚草原的人、种植在马来亚的橡胶和锡兰的茶、孕育在昆士兰的羊群和潘帕斯草原的牛群、从金伯利挖出的钻石以及从兰德大裂缝挖出来的黄金。

有时，人们讨论起全球化来，似乎它是一个由私人代理——公司和非政府组织所带来的自发过程。经济史学家潇洒地用图表来表示跨越边境的商品流、人员流和资本流那令人眩晕的增长。贸易、移民和国际贷款达到了与全球产出密切相关的水平，这种情况即使到了20世纪90年代也是见所未见的。[29]单一货币体系——黄金标准，最终被几乎每一个主要经济体所采用，从而使后人在回顾1914年之前的几十年时，将其视为“黄金”岁月。这从经济角度来说，这的确是一个黄金时代。在1870—1913年之间，世界经济增长的速度比以往任何时期都要快。然而，如此高水平的国际经济一体化，要是在没有帝国的情况下出现，是不可想象的。我们应该牢记的是，欧洲帝国所有的殖民地：奥地利的、比利时的、英国的、荷兰的、法国的、德国的、意大利的、葡萄牙的、西班牙的、和俄国的，合计起来，覆盖了世界陆地面积的一半多，管辖着全球人口的一半多。这是一场前所未闻的政治全球化。当这些帝国采取一致行动时，就像他们从19世纪70年代起在非洲、从19世纪90年代起在中国那样，是容不得有半点反对意见的。

表1.1　1913年的帝国

	领土（平方英里）	人口
奥地利	115，882	28，571，934
匈牙利	125，395	20，886，487
比利时	11，373	7，490，411
非洲	909，654	15，000，000
法国	207，054	39，601，509

（续上表）

	领土（平方英里）	人口
亚洲	310，176	16，594，000
非洲	4，421，934	24，576，850
美洲	35，222	397，000
大洋洲	8，744	85，800
德国	208，780	64，925，993
非洲	931，460	13，419，500
亚洲	200	168，900
亚太地区	96，160	357，800
意大利	110，550	34，671，377
非洲	591，230	1，198，120
荷兰	12，648	6，022，452
亚洲	736，400	38，000，000
葡萄牙	35，490	5，957，985
亚洲	8，972	895，789
非洲	793，980	8，243，655
西班牙	194，783	19，588，688
非洲	85，814	235，844
俄国（欧洲部分）	1，862，524	120，588，000
俄国亚洲部分	6，294，119	25，664，500
英国	121，391	45，652，741
印度	1，773，088	315，086，372
欧洲	119	234，972
亚洲	166，835	8，478，700
澳大利亚与太平洋诸岛	3，192，677	6，229，252
非洲	2，233，478	35，980，913
其他	4，011，037	9，516，015

（续上表）

	领土（平方英里）	人口
美国	2，973，890	91，972，266
非毗连的领土	597，333	1，429，885
菲律宾	127，853	8，600，00
土耳其（亚洲部分）	429，272	21，000，000
土耳其欧洲部分	104，984	8，000，000
日本	87，426	52，200，679
亚洲	88，114	3，975，041
中国	1，532，420	407，253，080
全世界	57，268，900	1，791，020，000
欧洲的帝国	29，607，169	914，321，559
欧洲的帝国（%）	52%	51%

注：人口总数为约数，因为一些殖民地人口的数字显然是估算出来的。

西方帝国对殖民地的杀手锏，当然是武力。但假如他们主要依靠武力胁迫的话，他们对殖民地的统治本来维持不了那么长时间的。他们最坚实的基础，是能够通过自己的殖民定居点，与土著人开展合作，创建各自规模不同的统治模式，从而形成了一种“帝国的分形几何”[30]。这意味着一个体面的英国旅客可以自信地在地方绅士俱乐部喝下午茶或杜松子酒，不管他是在南非德班、达尔文还是在大吉岭；这还意味着在英国维多利亚时代后期的官员们完全是靠得住的，因为他们掌握了当地语言和法律的工作知识，不管他们是在圣基茨、塞拉利昂还是在新加坡。尽管每个国家的领土都在欧洲人和地方精英之间保持着自己独特的平衡，这首先取决于当地的气候和资源对欧洲移民的吸引力。但到1900年为止，一种虚假的、一致性的认识出现了，它以社会等级制度那种精致的体系为模型，外国人误以为这是一个阶级体系，但英国人自己把它理解为一种分类，一种对世袭地位和庄严授勋的、精致的、某种不成文的分类。[31]

1901年建立的所有帝国，都在努力把非做不可的事装成是出于好心才做的。从1876—1903年德里的帝国觐见大典（the Delhi Durbars）到全维也纳庆祝弗朗西斯·

约瑟夫皇帝生日的盛大游行，他们举行的是表现种族多样性的丰富多彩的庆祝活动。英帝国的理论家如弗雷德里希·卢吉（Frederick Lugard）开始提出这样的主张："间接的统治"——将大量权力有效地下放到地方首领和王公手中——比亲力亲为的"直接统治"好。即使如此，西方帝国，像它们的东方伙伴一样就要寿终正寝了，是明摆着的事，就像吉卜林（Rudyard Kipling）在他最好的诗集《退场赞美诗》（*Recessional*）（1897 年）中所预言的那样。到 19 世纪末，英国人控制遥远的殖民地的维护成本在不知不觉地增加，而利益却在减少，这些利益无论如何还是流向了相对少数的富有的投资者。[32]莫泊桑（Guy de Maupassant）的《贝尔—阿米》（*Bel-Ami*）（1885 年）生动地描述了政治精英在金融市场和帝国主义扩张期间所扮演的那种不太光彩的角色：

她这样说道：

> "哦，他们做了某些非常聪明的事，非常聪明……这真的是一次绝妙的运作……一个向丹吉尔派遣探险队的计划在两个人之间达成了，就在拉罗什当上外相的那一天，他们一直在逐步整体收购摩洛哥债券，债券已经下跌到了 64 或 65 法郎。他们做了许多非常精明的买卖，利用……不会引起任何怀疑的黑幕交易商。他们甚至成功地愚弄了罗斯柴尔德，使他惊讶地看到了这样一种对摩洛哥股票的稳定需求。他们的答复是要提及所有有关经销商的姓名，所有人都不可靠，都计穷智尽。这消除了大银行的疑虑。所以，现在我们将派遣一支探险队，而且一旦我们取得了成功，法国政府就将保全摩洛哥的债务。我们的朋友将赚取 5000 万或 6000 万法郎。你明白这是如何运作的吗?"……
>
> 他说："这真的是非常聪明。那个虱子拉罗什，我将跟他一起得到它。无赖！他最好小心点……为了它，我要让他的公使流血!"然后，他开始思考。后来，他更加平静地说："但是，我们应该利用它。"
>
> "你仍然可以购买债券，"她说，"只需要 72 元。"[33]

诚然，给国内和某些殖民地赋予更多的公民权，并不一定预示着非殖民化——如果这样的话，那么大英帝国会在它存在的过去半个世纪里真正地受人欢迎。但是，当大都市的选民显然对社会保障更感兴趣时，民主化的确使得人们更加难以为在和平时期维护帝国安全方面的大宗开支提供合理的辩护。[34]只有在战争时期，当英国人发现他们征服布尔人要进行艰苦的斗争的时候，公众才是可靠的，才能团结在国旗之下。而且当胜利的代价变得清晰可见时，那种情绪甚至会迅速转变成失望。这一点，即使是最热情的帝国主义者也能敏锐地意识到。从 1900 年起的 10 年间，有 72.6 万人离开了英国，72% 的人没有去大英帝国的其他地区，而是去了美国。《泰晤士报》不安地承认未来数年的大问题是:[35]

> 要巩固帝国，使分散在世界各地的英联邦和殖民地与古老的帝国——它们的共同起源和家庭之间形成有机的、重要的联系，要将所有殖民地臣子们有助于满足帝国（在南非）的需要的高尚冲动，转变成一个牢不可破的工作联盟。
>
> 然而，就像该报所承认的，“这个问题的解决，并不会不加考虑就提出来”。

异族通婚

大英帝国的世界曾经是一个种族大熔炉。无论是在加勒比地区、在美国还是在印度，英国商人和士兵都没有后悔与土著妇女睡过觉或者在许多情况下迎娶过土著妇女。与土著同居一直是哈得逊海湾公司员工的标准做法。这种行为一直受到其所在的东印度公司的积极鼓励。1778 年东印度公司决定：凡是一名士兵和他的印度妻子所生的孩子在接受洗礼时都能获得五个卢比作礼物。[36]在塞拉利昂，解放奴隶的英国殖民地创始人也没有反对过异族通婚。[37]当然，对于那些在新世界里的非洲人及其后裔仍然是奴隶的人来说，情况又有所不同，但跨种族繁殖依然在持续着。托马斯·杰斐逊绝不是唯一一个利用职权使人们获得性满足的人。到殖民时期结束为止，北美至少有 6 万名“混血儿”。[38]

“种族扩散”（Demic diffusion）在其他帝国有过之而无不及。在那里，定居者一般都是单身男子而不是整个家庭。在巴西，早期的葡萄牙定居者、土著和巴西的非洲奴隶之间的性关系比较开放，但大部分人都是仅限于同居。[39]在西属美洲，情况也大致相同。到 1605 年，西班牙裔秘鲁历史学家加西拉索·德·拉·维加（Garcilaso de la Veqa）试图给“克里奥”（Creole）一词下一个准确的定义，他不得不杜撰一些诸如“Quarteron”或“Quartratuo”的词，以表达克里奥人（西班牙人和印第安人结合生下的孩子）和西班牙人与克里奥人所生的孩子之间的区别。荷兰人在亚洲定居的时候，也毫不犹豫地与土著同居（尽管这种做法在南非的布尔人中并不普遍）。[40]从加拿大到塞内加尔，再到马达加斯加，梅蒂人（métis，法裔和第一民族的后代。）几乎是大多数法国人殖民定居的一个副产品。[41]一位法国殖民地作家——梅德里克-路易-埃利·莫罗·圣-梅里（Médéric-Louis-Elie Moreau de Saint-Méry）在1797年出版的一本书中写过，仅在圣多明戈岛就居住着13种不同肤色的人。[42]

然而，到1901年，却出现了一种世界性的反“通婚”的巨大声浪。早在1808年初，所有的“欧亚人”（Eurasians）就已经被排除在东印度公司的军队之外。1835年，通婚在英属印度被正式禁止。作为种族隔离总进程中的一部分，1857年兵变的后果，是对待种族间性关系的态度更加强硬了。尽管并不是很公正，但这种现象通常被归咎于白人妇女在印度的日益增多，其影响力也越来越大。[43]正如吉卜林、萨默塞特·毛姆（Somerset Maugham）等作家和其他人所写的大量故事所证实的，[44]种族间的融合在继续，但他们的后代却都遭受着别人毫不掩饰的轻蔑目光。[45] 1888年，在印度，为英国军队提供性服务的官方妓院遭到取缔，而在1919年颁布的《克鲁通告》（*the Crewe Circular*），明令禁止大英帝国境内的所有官员拥有本地情妇。[46]到这个时候为止，通婚意味着堕落的观念，犯罪率在本土人和白人的血液相混合的人中所占比重较高的观念，为外籍人士普遍接受。[47]在整个帝国，也有越来越多（主要是幻想出来的）的人遭受着假想出来的、当地男性对白人女性形成性威胁的困扰。这一主题可以在英国统治印度时所出版的两部最流行的小说作品中找到。一是E. M. 福斯特（E. M. Forster）的《印度之行》（A Passage to India），另一部是保罗·斯科特（Paul Scott）的《皇冠上的宝石》（The Jewel in the Crown）。为阻止印度法官审理包括有白人妇女在内的案件，引发了一场激烈的运动。到1901年，种族隔离成为大英帝国多数地区的规定。这在南非表现最为明显。然而，荷兰定居者从一开始便禁止自由民和黑人之间通婚。他们的后裔是后来推动立法的驱动力。1897年，布尔人的德兰士瓦共和国禁止白人妇女与黑人男子有婚外交往，而且这成为了好望角殖民地（1902年）、纳塔尔和奥兰治自由邦（1903年）以及邻近的罗得西亚的立法样板。[48]

在许多方面，伪科学仅仅为这样的手段提供了一些难以理解的理由。像“社会达尔文主义”的观点，在禁令颁布后很快就产生了。人们从达尔文的理论中，错误地推断出种族之间或者说种族优生*必须为生存而斗争，认为通婚会导致身心退化。这一点在英国的北美殖民地和美国特别明显。从英国人来到北美洲定居的最早期开始，就制定了有关不鼓励通婚、并限制黑白混血儿权利的法律。[49]早在1630年，在弗吉尼亚州，异族婚姻就已经是一种可惩罚的罪行。到1662年，便正式立法禁止。而此前一年，美国马里兰殖民地便通过了一项类似的法律。[50]北美其他5个殖民地也通过了类似的法律。在美国建国一个世纪后，至少有38个州禁止异族通婚。六分之一1915年，28个州保留了这些法规，其中10个州竟然在宪法中有禁止通婚的条例。甚至还有人企图在1912年12月修改联邦宪法，“永久性地”在“美国境内”禁止“黑人或者有色人和高加索人之间通婚”。当然，各项法规和宪法条款的语言随着时间的变化而变化，出现了禁止使不同种族间性关系合法化、禁止对种族的纯洁性形成新的威胁等说法。白人和黑人的定义变得更加精确。根据移民类型，有好几个州扩大了禁令范围，包括“蒙古人”、“亚细亚印度人”、中国人、日本人、越南人、菲律宾人和马来人。量刑差异也很大。有些州的法律只是宣布异族通婚无效，剥夺婚姻的合法权利；有些州对违反规定的人，最高处监禁10年的刑罚。然而，潜在的动机，似乎惊人地一致和持久。

法律禁止阻止不了大量混合种族人口在北美洲的出现。然而，正是这种社会现实似乎使人们增加了（如果说不是实际上使人们产生了的话）对异族通婚的忧虑，从而引起了人们对这个问题的关注，当时产生了大量的、多少有些耸人听闻的文学作品。[51]1850年在费城发表的《人类的种族》（*The Races of Men*）一书中，罗伯特·诺克斯（Robert Knox）强调了这样的观念：“种族融合”不能带来任何好处；“白黑混血儿”是“自然的畸形产物。”[52]在通婚方面，最有影响力的人是多元发生说论者和

* 种族优生（racial hygiene），是一种由政府挑选出最强健、聪明和有道德的人来培育下一代的制度。过去为达成此目的的手段包括放逐、隔离、强制绝育，或甚至灭绝各种不同的性别障碍、人种、身体残疾、犯罪记录和宗教信仰的人。最初由德国优生学家阿尔菲德·普洛兹（Alfred Ploetz）在1895年提出，后被纳粹利用作为种族屠杀的依据，清洗欧洲犹太人、共产党员、吉普赛人、同性恋者、政治异议者、智障和精神障碍者的关键角色。战后，这些行为普遍被斥为残酷、暴虐。种族优生是伪科学。——译者注

哈佛大学教授瑞士裔美国人让·路易斯·鲁道夫·阿加西（Jean Louis Rodolphe Agassiz）。在1863年8月，阿加西被塞缪尔·格里德利·豪（Samuel Gridley Howe）——林肯政府的美国自由民调查委员会负责人问及是否“非洲种族……将是在这个国家要持续存在下去的种族还是要被吸收、稀释以及最后被白人消灭”时，阿加西回答说，政府要“设置一切可能的障碍来阻止种族融合，以防混血儿增加”：

> 混血儿是一项与反人性一样恶劣的原罪，就像是文明社会中的乱伦，是玷污人的纯洁性的原罪……我提不出解决我们困难的自然的解决方案，种族融合的观念都会让我产生一种非常厌恶的感觉，我认为这是一种人类自然情感的性变态……应该不遗余力地去弄清楚哪些是与我们较好的天性相抵触的，哪些是与更高级的文明和更纯洁的道德相抵触的东西……想象一下这在未来所造成的差异，为共和国和我们的文明总体上的前景考虑，如果从此以后在美国定居的，不是从同一宗祖国家传承下来的男性人口，而是由混合种族生养的羸弱的后裔，一半印度人，一半黑人，身上流淌着白人的血……后果令我不寒而栗……当其血液被允许自由地流入到我们后代的血液中的时候，我们怎样才能消除较低等级的种族带给我们的耻辱呢？[53]

在对废除奴隶制进行广泛辩论的同时，人们对混血儿在力量、道德和繁殖力方面的争论尤其激烈。有些权威人士提出了“杂交优势论”，而另一些人，尤其是医生和所谓的“黑人学主义者”如乔赛亚·诺特（Josiah Nott）就坚持认为这是人类的倒退。1864年，两个反对废除奴隶制的记者发表了题为《异族通婚：应用于白人和黑人之间的种族杂交理论》，滑稽地认为杂交使种族繁殖能力更强，并认为这是南方军队取胜的关键，从而引起了轰动。[54]实际上，解放奴隶的大部分反对者相信的是［用著名的古生物学家和进化生物学家E. D. 科普（E. D. Cope）的话说］：“混血儿不如白人，而且在某些方面它还不如黑人，特别是在强健的体质方面，黑人还拥有健壮的体格。”[55]在乔赛亚·诺特看来，异族通婚将最终导致人类的灭绝，因为这样的夫妻所生出来的孩子将不会生育或将生育不育的后代。[56]“混血儿”也被怀疑会对社会秩序构成威胁。社会学家爱德华·拜伦·路透（Edward Byron Reuter）认为，黑白混血儿们——一个“对社会不满和心理不稳定的群体”，要对“所谓种族问题的敏感局面负责”。[57]还有引人注目的一点，就是后来在亚瑟·丁特尔（Arthur Dinter）那臭名昭著的小说《血液的原罪》（*The Sin Against the Blood*）（见第七章）所塑造的人物形象，可以在美国小说如罗伯特·李·达勒姆（Robert Lee Durham）的《南方的呼唤》（*Call of the South*）（1908 年）中找到，其中，总统自己的女儿生下了一个皮肤黝黑的孩子。[58]

因此，尽管南北战争之后便废除了奴隶制，南部各州还是迫不及待地建立了种族隔离政策体系，其中关于禁止通婚和交往的条例发挥了关键作用，[59]但北方正式禁令的缺失，绝不意味着对种族间关系的容忍。[60]哥伦比亚大学人类学教授博厄斯（Franz Boas）另类地建议将异族通婚（虽然仅限于“白人男子和黑人妇女”之间）作为减少种族间紧张关系的方法。[61]很少人赞同他的观点。事实上，正如默达尔（Gunnar Myrdal）在《美国的困境》（*An American Dilemma*）（1944）中所指出的，当种族之间的正式障碍正在被拆除之时，对种族问题忧虑似乎反而增加了。[62]混血夫妇总会遭受白人社会的排斥，[63]而且，只要最高法院赞成州立法禁止异族通婚，混血夫妇就仍然会是极少数。[64]美国对种族融合的忧虑，在 19 世纪末和 20 世纪初，随着来自东欧和南欧的新移民浪潮的到来而增加。尽管事实上至少在第一代，新移民们都会实行非常严格的内婚制。[65]然而，以一种最极端的方式来反对跨种族婚姻的，并不是在美国，而是在欧洲，而且最令人吃惊的是，是在德国。

犹太人“问题”

乍一看，仇视异族通婚也不应该表现为反犹太人主义，这很奇怪。在所有民族中，没有什么人在行动上，至少在原则上会超出犹太人进行族内通婚的界线。《托拉》（*The Torah*）在这一点上的规定是相当明确的：

> 上帝将把你带到这片你将拥有它的土地上。在你的面前，有许多民族。你将狠狠地打击他们，并彻底摧毁他们；不与他们签订任何形式的盟约，也不要怜悯他们。你不能与他们结婚。你的女儿也不嫁给他的儿子，他的女儿也不能嫁

给你的儿子。违反了的话，严厉的天谴将很快就会到来。胆敢嫁给不同信仰人的女儿，会被正式宣布死亡。[66]

一些（虽然不是全部）犹太社区非常严格地遵循着这道禁令。例如，在英国，19 世纪 30 年代之前，在 17 世纪晚期重新建立起来的小犹太社区就很少有族外婚姻。当时，纳坦·罗斯柴尔德（Nathan Rothschild）的女儿嫁给亨利·菲茨罗伊（Henry Fitzroy），就酿成了巨大的家庭悲剧，引起了社区居民的震惊。[67]事实上，英国在 1901 年以前，犹太人和外邦人之间通婚率仍然非常低，尽管犹太社区规模较小。[68]在维多利亚时代的犹太人中，反对异族通婚的可能要比非犹太人多得多，这样说并不过分。然而，这并没有阻止在英国文学中流露出来的人们对犹太人性欲望的忧虑。[69]一个早期的例子，是法夸尔（Farquhar）写的剧本《一对竞争对手》（*The Twin Rivals*），其中放荡的摩押先生——一个伦巴第街富有的犹太人，秘密把他的房子转赠给了一位年轻的姑娘，她即将为他生下他的私生子，他希望把这个孩子作为犹太人来养育。荷加斯（Hogarth）的小说《妓女的进步》（*The Harlot's Progress*）被西奥菲列斯·西伯（Theophilius Cibber）在 1733 年改编为戏剧，进一步拓展了犹太人好色的主题。[70]还有更多的犹太私通者和好色之徒可以在菲尔丁（Fielding）的戏剧《镇上的露茜小姐》（*Miss Lucy in Town*）或者在斯莫列特（Smollett）的《罗德里的随意》和《陌生的皮克》中找到。[71] 18 世纪的讽刺之地，成了 19 世纪初的浪漫之所。半遮半掩的好色之徒和他美丽的（也许二者可相互调换）女儿这一“流浪的犹太人”形象，是人们熟悉的小说中的人物形象，如斯科特的《艾芬豪》（*Ivanhoe*）和约翰·高尔特（John Galt）的《流浪的犹太人》（*Wandering Jew*），更不用说乔治·艾略特（George Elliot）相对温和的《丹尼尔·德龙达》（*Daniel Deronda*）。[72]相比之下，到 19 世纪末为止，在英国文学中的犹太人，变得与“拐卖妇女为娼”一词更加相关，成了卖淫的委婉语。[73]

德国人的经历不同。因为来到海外的时间要比英帝国的人晚得多，德国人采取“科学的”种族主义的时间，也相对较晚。直到 1898 年，高宾诺（Gobineau）的论文集《论种族不平等》德文翻译版才出版。[74]而且，由于很少德国人移民到热带殖民地，他们才更有可能把进口的社会达尔文主义理论[75]和“种族优生学”[76]应用到犹太人——离得最近的、可识别的“外来”人种身上，而不是用到非洲人或亚洲人身上。作曲家理查德·瓦格纳（Richard Wagner）举了一个很好的例子，来说明种族“媒母”蔓延到德国的途径。1880 年，瓦格纳阅读了高宾诺的法语原著，并立即采用了混合婚姻会降低德国人种族纯洁性的观点。他还颇为离奇地追溯到三十年战争时期德国妇女遭到入侵军队强奸一事。在瓦格纳看来，德国和犹太人的血液混合是特别有害的。换句话说，早在 1873 年，即瓦格纳在阅读高宾诺的论文集之前，便拒绝接受“混合婚姻是解决（犹太人）问题的方法”这种设想，认为“那样就不会再有纯种的德国人了，因为金发德国人的血液不够强大，抵制不了这种渗透。我们能看出诺曼人和弗兰克人是怎样成为法国人的，犹太人血液的腐蚀性远远大于罗马人的”。[77]其他人也遵循着类似的推理逻辑。在《作为一个种族、风俗和文化问题的犹太人问题》（*The Jewish Question as a Question of Races*，*Customs and Culture*）（1881 年）中，柏林哲学家和经济学家欧根·杜林（Eugen Dühring）——高宾诺的另一名追随者，哀叹“犹太种族的性格特征，正在德国人身上生根”，并呼吁要禁止混合婚姻，以保护德国人血液的纯洁性。[78]西奥多·弗里茨克（Theodor Fritsch）在《反犹太人的问答》（*Anti-Semitic Catechism*）（1893 年）中警告说，德国人要保持其血液的“纯洁性”，就要避免接触犹太人。他的《十诫》（*Ten Commandments*）新版本有以下观点：“用犹太人血液来污染你们人民的高贵形象，要视为犯罪。要知道，犹太人的血液是毁灭不了的，犹太人的血液以犹太人的方式，为所有的后代铸就了身体和灵魂。”“要在你的内心深处警惕犹太人。”另一个人警告说，没有一个德国人可以肯定：他的所有祖先都抵制住了犹太人的污染。[79]德国种族主义思想的著作之一——《十九世纪的基础》（*The Foundation of the Nineteenth Century*）（1898 年），事实上是英国人休斯顿·斯图尔德·张伯伦（Houston Stewart Chamberlain）写的。他在 20 多岁时移民到德国，并娶了瓦格纳的一个女儿。张伯伦也认为，德国面临着要在种族同种或种族“混乱”之间做出选择的问题。泛日耳曼联盟的领导人海因里希·克拉斯（Heinrich Class），是另一个认为“混血儿”在德国社会中起着有害的作用。[80]

德国人的一些反犹太主义文学，是粗制滥造的煽情文学。就像在英国一样，德国也存在着有关犹太人在组织卖淫方面发挥了带头作用的耸人听闻的指控。在一本名叫《犹太人妓院》（*Brothel Jews*）的小册子中，据称犹太人认为“我们的处女堕落、女童贸易、妇女教唆绝不是原罪，而是她们为她们的耶和华所做出的牺牲；这些观念同样适用于她们在促进退行性疾病和瘟疫的传播方面”[81]。德国犹太女性主义者如伯莎·帕彭海姆（Bertha Pappenheim）徒劳地指出，“在拐卖妇女为娼的交易”的受害者中，有许多人本身就是来自东欧的犹太女孩。[82]大约在这个时候，诱奸或强奸非犹太妇女的淫荡的犹太人的刻板印象也在德国漫画中首次亮相。[83]那些竭力声称犹太人血统是“贵族血统”的作品，则以一种不同的方式引起了轰动。著名的《半高卢人》（*Semi-Gotha*）和一本贵族手册上的一篇打油诗《哥达人的历书》（*Almanach de Gotha*）的作者们声称：最近有一千多个老贵族和最近才封为贵族的犹太家庭成员通过婚姻部分或完全地犹太化了。[84]然而，这种混淆视听，却是在更加阴险地暗示着要激进地“解决”所谓的“犹太人问题”。在《犹太人和印度日耳曼人》（*Jews and Indo-Germans*）（1887）一书中，东方学家保罗·德·拉加德（Paul de Lagarde）赋予了犹太人以“衰变的承载者”的特征，把他们比作“旋毛虫病和杆菌”。在这种情况下，最好的办法是通过“手术治疗和药物治疗”的手段去“灭绝”他们。[85]在1895年德国国会的辩论中，反犹议员赫尔曼·艾尔沃特（Hermann Ahlrwardt）把犹太人称为“霍乱杆菌”，并呼吁当局“铲除”他们，就像英国人在印度消灭“暴徒”那样。[86]早在1899年，反犹太人的德国社会改革党便呼吁，要采取“完全隔离”的形式并且（如果自卫需要的话）最终消灭犹太人的措施，作为“最终解决”“犹太人问题”的方案。[87]种族卫生学奠基者阿尔弗雷德·普勒茨（Alfred Ploetz）的《日耳曼联盟》（*German League*）也呼吁要“灭绝人口中的没那么有价值的人”。[88]

这些声明，完全会使人联想到希特勒的死亡集中营。然而，应该强调的是，发生在世纪之交的对抗趋势也很明显。正如人们经常说到的，在1901年某些试图预测未来会发生一场大屠杀的人，本来不太可能把德国选为该对此事负责的国家。犹太人没占到德国人口的1%，而且这一比例在接下来的20年里还下降了。[89]无论是从绝对意义还是从相对意义上来说，在俄国西部各省（见第二章）和奥匈帝国的东部地区，特别是加利西亚（中欧）、布科维纳和匈牙利本身，犹太人社群都要大得多。罗马尼亚就更不用说。应当指出，美国当时已经拥有世界上最多的犹太人口。1900年左右，在58个有犹太人的欧洲城市中，只有3个超过1万犹太人的城市在德国：柏林、波森、布雷斯劳，而且只有波森的犹太人超过了总人口的5%。[90]此外，同化的进程，德国的要比俄国和奥地利的要快得多。1875 年，犹太人和非犹太人之间的婚姻方面的法律障碍被废除了，[91]从而使德国与法国、英国、美国、瑞士、丹麦、荷兰和比利时保持一致。[匈牙利紧接着在 1895 年也废除了。而在奥地利，规定一方或另一方有义务改变宗教信仰，或两者都必须登记为“没有忏悔”（confessionless）。在俄国帝国，与犹太人结婚仍然是非法的。][92]结果是惊人的。在 1876 年，大约 5% 的普鲁士犹太已婚人士把非犹太人作为配偶，到 1900 年，这一比例已上升到 8.5%。从整体上来讲，德意志帝国的这个比例从 1901 年的 7.8%，上升到 1914 年的 20.4%。[93]这些统计数字必须小心使用，因为混合婚姻的固有概率，必须是相关的两个相对大小的群体产生的结果；如果其他条件相同，这样的婚姻过去是、现在也是更可能发生在犹太社区相对较小的地方。[94]然而，令现代研究人员惊讶的是这样一个事实：在德国，通婚率最高的地方，也是犹太人最多的地方，即柏林、汉堡和慕尼黑等大城市。到 20 世纪初，大约 5 个已婚的汉堡犹太人中，就有一个把非犹太人作为其配偶。柏林位列其后（18%），其次是慕尼黑（15%）、法兰克福（11%）。[95]在布列斯劳，异族通婚率也在明显上升。[96]这些数字在奥匈帝国均明显较低。即使在维也纳、布拉格和布达佩斯，也是如此。而在加利西亚和布科维纳，几乎没有混合婚姻。[97]在美国，与同时代的德国相比，异族通婚也少得多，反映了美国大部分犹太移民都来自民族融合较少的东欧地区。事实上，直到 20 世纪 50 年代，美国犹太人才像德国 20 世纪初那样子与异族通婚。[98]瑞士和英国在这方面也比较少见。只有丹麦和意大利的犹太人社区有比较高的通婚率。[99]在波森出生的社会学家阿瑟·鲁平（Arthur Ruppin）眼中，这种趋势对柏林和汉堡的犹太社区“继续存在构成了严重威胁”。另一方面，他观察到，异族通婚的蔓延，揭穿了这样一些反犹太人的谎言：“犹太人血液破坏了纯种的‘雅利安人’种族，两个种族的人在生理上的反感是如此强烈，以致他们之间的婚姻都不自然……缔结婚约的双方，肯定是两人之间是否存在身体反感的最好法官！”[100]

由于异族通婚所养育的后代的数量已相当之多，反犹太主义者在呼吁要制订反犹太人的歧视法律时，就不得不小心谨慎地界定犹太人的概念，即使与一些反犹分子的恐惧相反，混合婚姻夫妇所生子女的平均个数明显少于“纯”犹太人或基督徒婚姻夫妇所生子女的个数。[101]仅在普鲁士，到 1905 年，就已经有超过 5000 对混合夫妇；到1930年，有3万—4万对。[102]在20世纪头30年，混合婚姻夫妇所生的儿童人数，达到了6万—12.5万之多。[103]事实上，只有极少数这样的子女是作为犹太人来抚养的，[104]尽管这与种族主义的观点无关。泛日耳曼主义领导人海因里希·克拉斯（Hernrich Class）1912年制定的标准是：凡在1871年德意志帝国建立时信仰犹太教的人，都是犹太人，而且他们的后代也都是犹太人。“因此，例如，一个在1875年便皈依了新教的犹太人，他孙子的女儿嫁给了一位非犹太人，比如说一名官员，仍将被视为是犹太人。”[105]他觉得有必要在法律条例中写上这么一条，因为这个事实本身意义重大。

也不是德国的政治文化特别欢迎反犹太主义，尽管反犹政党在19世纪八九十年代获得到了短暂的成功。世界上没有任何地方比德国更广泛地接受了马克思关于平等和世俗的观念（马克思自己就是一个与非犹太人结婚的叛教者）。到1912年，德国社会民主党在这个国家无能的议会里、在国会大厦里成为了最大的党。诚然，一些德国社会主义者并不是完全没有受到反犹太主义的影响，他们继承了1848年那一代人关于取消“资本主义”和“犹太人”分类的主张。然而，德国社会民主党领导人一贯反对种族歧视观念。在美国，一个接一个州纷纷引入有关禁止异族通婚的法律，甚至制定宪法禁令的时候，德国国会还否决了一项在德国殖民地引入类似法律的提案。[106]事实上，在德意志帝国的统治下，犹太人在法律上没有受到任何歧视。此外，他们也像在欧洲其他地区一样，在德国接受同样优质的高等教育，获得专业培训。事实上，正如我们将会在俄国看到的，犹太人更有可能会遭到歧视并成为沙俄暴力的受害者。这正是为什么在世纪之交这么多犹太人离开俄国帝国移民到德国、奥匈帝国以及更远的西部地区的原因。事实上，人们确实不可能理解在整个20世纪，而不仅仅是在这一次向西逃亡的情境中，犹太人究竟发生了什么事。向西逃亡，通常伴随着传统的犹太人习俗的削弱，其中最明显的，是在同族结婚方面。[107]

对于一些德国的犹太人来说——不仅包括亚瑟·鲁平，而且包括费利斯·泰尔哈珀（Feliz Theilhaber）以及其他人，异族通婚的增加只是“犹太宗教总衰败”的一个表象。这种衰败也表现在叛教、自杀、低生育率和身体或精神堕落方面。[108]的确，鲁平越来越相信，融合意味着犹太教的消亡，从而使他皈依了犹太复国主义。[109]但是，在别人眼中，异族通婚事实上就是犹太人“问题”的最好答案。在鲁平于1874年所写的小说《在废墟间》（*Between the Ruins*）中，出生在普雷斯堡的犹太人利奥波德·康珀特（Leopold Kompert）讲述了一个犹太教男孩和一个基督教女孩之间的爱情故事。他把这个女孩作为融合的象征、迷信和偏见的解毒剂。[110]正如奥地利社会民主党奥托·鲍尔（Otto Bauer）所说的那样，“所有的犹太人问题”最终会由于“恋爱中的年轻男子的意愿和年轻女子的选择”[111]而得到解决。在异族通婚的其他德国人中，还包括犹太复国主义阿道夫·布鲁尔（Adolf Brüll）。他相信，军队中的“雅利安人”基因的注入，将强化东欧犹太人的特征。[112]用奥托·魏宁格尔（Otto Weininger）（他自己皈依了基督教）的话说：“配对本能是消除人与人之间界限的伟大消除剂，而犹太人，出类拔萃，是消除这种界限的断路器。”[113]甚至一些反犹太人士也屈服于这种本能。19 世纪晚期的德国政治评论家威廉·马尔（Wilhelm Marr）——《犹太人对日耳曼人的胜利》（*The victory of Jewry over Germandom*）（1873 年）的作者，赞成使用“反犹太主义”一词。为回应尼采的观点，马尔担心“前途和生命本身属于犹太人；而日耳曼人，则只有过去和死亡”[114]。然而，在题为《在亲犹太主义的内部》（*Within Philo-Semitism*）的自传体散文中，马尔承认，在他还是个波兰青年时曾在学校结交过一个犹太女友。他还回顾了在大西洋轮船上同两名犹太女青年调情的情景。马尔一生结过三次婚。三位妻子的身份分别是：一个是犹太叛教者的女儿，一个是“半犹太人”，第三个是“全犹太人”。[115]正如鲁道夫·劳温斯坦（Rudolph Loewenstein）所说：“在反犹太主义的潜意识中，性因素是其中一个最强烈的、不被承认的动机。”[116]总之，日耳曼人和犹太人之间，存在着一种被称为“又爱又恨”的关系。那些反对通婚、生育和叛教趋势的人，认为犹太人“问题”至少在德国正在通过自愿解散的方式回答问题本身。这样说并非不合情理。

反犹主义经济学

几乎是多余地说，在 1901 年，反犹主义不仅仅是出于对通婚的恐惧，经济不满也同样是一个重要原因。正是中欧犹太人（Ashkenazim）在 18 世纪和 19 世纪早期获得解放所产生的结果——特殊的社会流动性和地理流动性，为制订反犹政策创造了重要条件。那些认为罗斯柴尔德家族通过操纵证券交易获取非法利润的人，对种族卫生学并不是特别感兴趣。法国人阿方·图斯内尔（Alphonse Toussenel）——《犹太人——划时代的国王》（*The Jews, Kings of the Epoch*）（1847 年）的作者，就是个激进分子、左派人物，对犹太银行家发挥主导作用的、图斯内尔所谓新“金融封建主义”[117]感到愤怒。马克思本人写了一篇《论犹太人问题》（*On the Jewish Question*）的评论文章，认为资本家，不管他有什么样的宗教信仰，都是“真正的犹太人”。[118]法国社会主义者皮埃尔-约瑟夫·蒲鲁东（Pierre-Joseph Proudhon）和俄国无政府主义者米哈伊尔·巴枯宁（Mikhail Bakunin），都曾把犹太人叫作“寄生虫”[119]，以表达类似的敌意。犹太金融家的无良形象，充斥着 19 世纪欧洲国家大多数文学作品，不仅在古斯塔夫·弗雷塔克（Gustav Freytag）的《借方和贷方》（*Soll und Haben*）中，而且在巴尔扎克的《纽沁根银行》（*La maison Nucingen*）、左拉的《钱》（*L'Argent*）、安东尼·特罗洛普（Anthony Trollope）的《我们现在的生活方式》（*The Way We Live Now*）等作品中。例如，左拉笔下所描述的贡德曼，就是个名副其实的“银行国王，是交易所和世界的主人……他知道（所有）的秘密，他就像上帝呼风唤雨那样，只要他高兴，随时都能叫市场涨跌……黄金之王”[120]。爱德华·德拉蒙特（Edouard Drumont）写作《犹太人的法国》（*Jewish France*）（1886 年）的灵感，来自四年前倒闭的联邦兴业银行。德拉蒙特和其他人企图将责任推到罗斯柴尔德身上。[121]对奥古斯特·希拉克（Auguste Chirac）和其他无数人来说，第三共和国完全被“犹太人的金融”[122]所控制。

在德国，19 世纪后期政治上最成功的反犹分子，是那些像奥托·博克尔（Otto Böckel）那样的人，他们把火力集中对准了犹太人在经济中的作用。他的这本小册子《犹太人：当代王者》（*The Jews: Kings of Our Time*）（1886 年），到 1909 年就售出了 150 万册。他将早期法国人的争论应用到黑森农民的趣味上，这些农民是他那反犹人民党的主要成员。[123]博克尔本人在 1887—1903 年期间是德国国会议员。在反犹运动的顶峰时期，即 1893 年，在德国国会中 17 个自封的反犹太人席位中他还占有一席。[124]这时候，作为金融家的犹太人正在受到攻击。尽管值得注意的是，在德国，31% 最富有的家庭是犹太家庭；在普鲁士所有的百万富翁中，22% 是犹太人。[125]德国的专业人员、企业家或企业领导人员中，犹太人都非常多。犹太人在德国总人口中所占的比例可能还不到 1%，但到 20 世纪 20 年代末，德国每 9 个医生中就有一个是犹太人，每6个律师中就有一个是犹太人。报纸编辑、记者、戏剧导演和学者，大多是犹太人。[126]实际上，只是在德国的精英职业群体之一——军官中，他们的人数不是那么多，显得代表性不足。[127]因此，反犹太主义有时只不过是平庸者的嫉妒罢了。不过，犹太人在德国的影响力在逐步增强，并且，越来越多的犹太人在19世纪末和20世纪初从东欧移民到德国。[128]到1914年，在德国，大约四分之一的犹太人被定义为“外国人”或者“东方人”（其中包括那些来自上西里西亚和波森等边疆省份的人）。他们相对较为贫穷，信仰东正教，讲意第绪语。所谓的“东部犹太人”（Ostjuden）[129]在德国犹太人和非犹太人中引起了相同的反应：不安、近乎厌恶。

犹太人在专业方面的成功，在奥匈帝国表现得更加突出，这些人在城市中占了较大的比例。[130]他们不仅仅在维也纳的知识界表现突出，而且在布拉格的商界也起着主导作用。东部犹太人移民的数量，维也纳的也比柏林的要多得多。正是在经济不满的基础上，出现下面这样的情况就一点都不奇怪：泛日耳曼主义者格奥尔格·李特尔·冯·斯科纳（Georg Ritter von Schönerer）和基督教社会主义者卡尔·卢埃格尔（Karl Lueger）等反犹分子才在战前的奥匈帝国获得了政治上的成功。[131]恰恰是卢埃格尔，在1897—1910年期间担任维也纳市长，在社会同化非常迅速的情况下，在他宣称“我决定谁是犹太人”时最完美地概括了实施反犹主义的遇到的挑战。当内维尔·拉斯基（Neville Laski）——当年的英国犹太人代表委员会主席在20年后访问维也纳时，奥地利商务部长高兴地解释说，卢埃格尔的反犹主义是“科学的，因为卢埃格尔说：‘当我说他是一个犹太人时，他就是一个犹太人’……他因此避免了陷入反对有用的犹太人的反犹主义”。[132]

这表明，经济上的反犹主义激起了与种族上的反犹主义非常不同的政策反响。Kauft nicht von Juden! ——“不要购买犹太人的东西!”是早在1876年德国天主教杂志《日耳曼尼亚》（*Germania*）上的口号。[133]三年后，由牧师变成为反犹煽动者的阿道夫·斯托克（Adolf Stoecker）呼吁人们把犹太人排除在教师队伍和司法部门之外。[134]这些建议，对于那些无法与同时代的犹太人抗衡的非犹太的小商人、专业人士和白领雇员特别有吸引力。德国国家学术工作者协会通过在其规则和条例中插入一个所谓的“雅利安人段落”，从而成为最早明确地排除犹太人会员的德国协会。许多学生联谊会，包括一些传统的自由兄弟会也把犹太人排斥在外。当伯恩哈德·福斯特（Bernhard Förster）和马克斯·利伯尔曼·冯·索南伯格（Max Liebermann von Sonnenberg）散发一份请愿书，要求把犹太人排除在德国某些部门的公务员队伍之外的时候，在他们收集到的225000份签名中，就有4000份是大学生签的。[135]值得注意的是，一位学者——历史学家海因里希·冯·特赖奇克（Heinrich von Treitschke）在1879年杜撰了这样一句话："犹太人是我们的不幸！"[136]

学术界人士大部分都是泛日耳曼联盟的成员。1908年后，该联盟的领导人海因里希·克拉斯，成为威廉二世时代最极端的反犹分子。克拉斯在其匿名写的《如果我是德皇》（*If I were the Kaiser*）（1912年）一书中，为限制犹太人的经济机会，提出了一系列引人注目而且令人不安的建议：

1. 德国的边界应该关闭，以阻止更多的犹太移民进入德国。
2. 没有德国国籍但居住在德国的犹太人，应该"立即并毫不手软地"被驱逐出境。
3. 获得了德国国籍的犹太人，包括基督教信徒和异族婚姻夫妇所生育的后代，在法律上应被界定为外国人。
4. 犹太人应该被排除在一切公职之外。
5. 犹太人不应该被允许在陆军或海军服役。
6. 犹太人应当被剥夺公民权。
7. 犹太人应当被排除在教育和法律专业之外，还应该排除在戏剧导演之外。
8. 犹太人记者应该只被允许为那些明确界定为"犹太人"的报纸工作。
9. 犹太人不应该被允许经营国有银行。
10. 犹太人不应该被允许拥有自己的农地或用农地做抵押贷款。
11. 犹太人应缴纳两倍于日耳曼人的税款，"以补偿他们作为种族上的外国人（Volksfremde）所花费的保护费"。[137]

值得注意的是，克拉斯把这些"冷酷残忍的"手段作为经济增长的后果，而不是作为经济危机的后果。1834年建立的德意志关税同盟，才使得犹太人在德国的地位有了上升的可能性，因为犹太人"天生就是懂得进行金钱交易和货物贸易的民族”，比日耳曼人更懂得如何利用扩大了的自由市场：

> 作为所有这些因素的结果，作为其他经济环境的东道主，商业机会以前所未有的方式在增加。日耳曼人还在慢慢地适应新的环境……的确，可以说，迄今为止，所有的社会阶层都还不太习惯于生活在这样的环境中——人们尤其要考虑的是小城镇上的中小型企业、几乎所有的农业。犹太人则完全不同……（因为）他们的本能和精神倾向就是商业。对他们来说，太平盛世已经来到；现在，他们可以最充分地发挥他们的才能了。[138]

且不说别的，克拉斯的描述恰恰说明，种族偏见引起的动荡既可以由经济危机引起，也可以由经济增长引起。

德国侨民

1901 年，对离散在外的犹太人来说，一场即将发生的深刻变革只是初露端倪。在全世界 1060 万犹太人中，有 70% 都是居住在中欧和东欧的阿什肯纳兹犹太人（德系犹太人），其中 300 多万居住在俄国境内。我们将会看到，这些人有强烈的向西移民的动机，并且正在数十万、数十万地向西迁移。在纽约，在伦敦东区，在柏林、布达佩斯和维也纳，形成了充满活力的犹太新社区。但是，这并不意味着在中欧和东欧已有的犹太社区在减少。如果单从人口统计上来讲而不是从其他方面来讲的话，在这些地区，犹太人人数在继续迅速地增长。更准确地说，犹太人像 20 世纪初其他许多事物一样，也正在全球化。同时，类似的进程正在改变另一群散居者——德国侨民。在整个 19 世纪，德国人数以百万计地——也许有多达 500 万人——向美国中西部迁徙，并在美国中西部建立了大型的、令人自豪的德国人社区。但同时，早先的德国侨民正在拼命地屈服于相对衰落的现实。

1901 年，有 1300 多万德国人生活在德国东部边境以外的地区，大约有 900 万居住在奥地利，大约有 400 万生活在更加遥远的东部地区，主要在匈牙利、罗马尼亚和俄国。在波罗的海沿岸、波兰、加利西亚（中欧）、布科维纳，以及波希米亚和摩拉维亚，都有大量的德国人社区。在斯洛伐克、匈牙利、特兰西瓦尼亚和斯洛文尼亚也还有很多德国人。这些定居点的分布，并非仅仅局限于哈布斯堡王朝的土地上。在意大利北部还有提洛尔德国人在俄国境内，沃里尼亚、比萨拉比亚、锋布鲁迪，普鲁特河和德涅斯特河河口附近，以及伏尔加河南部沿岸，也都有德国人。从在20世纪30年代和40年代被纳粹宣传家言过其实的宣传中抢救这些大多消失了的社区的历史，不是一件容易的事情。[139]然而，毫无疑问，这些社区的建立，有许多可以追溯到几个世纪以前。在10世纪晚期，根据匈牙利的伊什特万一世的旨意，德国定居者第一次来到了位于匈牙利西部。* 在12世纪，当特兰西瓦尼亚萨克森人**被鼓励在特兰西瓦尼亚定居时，这个过程再次重复出现。在那里，他们建立了克劳森堡、赫尔曼施塔特和比斯特里察等城镇。大约在同一时间，德国人社区也开始在斯洛伐克，尤其是在普雷斯堡（现在的布拉迪斯拉发）、卡斯绍（现在的科希策）和斯皮什（现在的斯皮什卡），以及在斯洛文尼亚，尤其是在莱巴赫（现在的卢布尔雅那）地区涌现。这些定居点通常具有战略意义，意欲沿着基督教东征的路线建立强化定居点。这种情况在波罗的海沿岸最为明显。到1405年，条顿骑士团的领土扩大了，从易北河一直扩大到纳尔瓦湾。托伦、马林堡、梅梅尔、柯尼斯堡（今加里宁格勒），就是按照这种顺序建立起来的。[140]然而，德国人来到东欧扎根的同时，也在军事上扎下了根。波兰的许多城镇，如卢布林和伦贝格（利沃夫）等，都是建立在13世纪、14世纪德国法律规范的基础上。[141]虽然柯尼斯堡的大部分地区经常性地受到20世纪战争的蹂躏，但今天，在托伦，德国的建筑遗产依然依稀可见，更不要说在布拉格。在布拉格，德意志最古老的大学是神圣罗马帝国皇帝查理四世在1348年建立的。

尽管经历了几个世纪的风暴和紧张，德国人在中欧和东欧的地位，如果说没有占主导地位的话，那也可以说开始享有特权了。不仅德国的王朝，而且德国士兵和德国官员管理着该地区众多大帝国中的两个。他们是波罗的海地区的大地主。他们是布拉格和切尔诺维茨的官员和教授。他们耕种着特兰西瓦尼亚最肥沃的土地。他们劳作在雷希察和阿尼纳的矿上。[142]然而，迁入这些社区的移民并没有一直大规模地

---

* 伊什特万一世是匈牙利的第一位国王，原为异教徒，后受洗成为基督徒。1000年圣诞节即匈牙利王位，使匈牙利进入德意志模式。——译者注

** 他们事实上是弗兰肯人，而不是萨克森人。——译者注

持续下去，并没有完全取代原住民。德国移民的人数，总体上来讲还是比较少的，在12、13世纪每年只有大约2000人。[143]到15、16世纪，德国对波兰的影响已经明显减弱。在17、18世纪，瑞典和俄国先后制止了德国使波罗的海东部殖民化的行动。在18世纪，哈布斯堡王朝努力使德国人（“士瓦本人”）在巴纳特、布科维纳和巴尔干地区得到重新安置，只能部分地延缓其影响力减弱的倾向。被叶卡捷琳娜大帝吸引到伏尔加河沿岸和黑海沿岸的德国殖民者，被有效地切断了与祖国文化的联系，就好像穿越了大西洋一样。[144]在19世纪下半叶，非德裔人口略高的出生率使德国侨民的规模进一步相对减小了。更重要的是，斯拉夫农民大规模地从农村迁移到传统上属于德国人的城镇，对德国人形成了敏感的“人口压力”[145]。以布拉格市中心为例，从1880—1900年，由于捷克人的涌入，讲德语的人从21%减到了仅8%。[146]褐煤矿所在的布吕克斯镇，讲德语的人从过去的89%降到了73%。[147]像波希米亚东北部的陶特瑙（特鲁特诺夫）、摩拉维亚的里格劳（伊赫拉瓦）等德国社区就更加孤立，开始把自己看作是“语言岛屿”（Sprachinseln，语言飞地）。这样的人口和社会变化，有助于解释为什么散居德国境外的德国人会产生文化上的、政治上的脆弱感。在陶特瑙工作的德国工人，在1904年成立了德国工人党。1913年该党领袖宣布了他们的主要目标，是“维护和增加（德国人的）生存空间（Lebensraum）”，以抵制捷克半人、人形怪物（Halbmenschen）（半人）构成的威胁。这实际上是德国人对1898年成立的捷克国家社会党所做出的一个反应。[148]

德国领土最东面，也出现了类似的人口趋势。那些在东普鲁士、西普鲁士、波森和上西里西亚的普鲁士省定居的德国人，也对一些现象深感不安，比如，帝国边境出现的波兰移民工人季节性膨胀的现象，如果说不是永久性膨胀的话。（年轻的马克斯·韦伯就是对这个问题展开了他的第一个社会学研究）梅梅尔（东普鲁士）、但泽（西普鲁士）、布朗伯格（波兹南）和布雷斯劳（下西里西亚）等地的情况，与那些在奥匈地利东部地区的德国人并非完全不同。[149]关键的一点是，德国少数民族聚居的东部许多地区，也是犹太人定居点较为密集的地区。具有讽刺意味的是，从后来发生的事件来看，这些边缘地区的德国人和犹太人之间的关系，有时接近于共生。两个族群的人都比斯拉夫人更喜欢在城镇生活。他们还讲德语的变体，因为东欧意第绪语“shtetl”（字面意思是“凌晨镇”，等同于德语Städtl）主要是一种德语方言，与特兰西瓦尼亚萨克森人的语言一样，并没有脱离高地德语（High German）* 的范畴，尽管加利西亚（中欧）意第绪语的字符经常使用希伯来语字母。波希米亚和其他哈布斯堡王朝西部土地上的犹太人所讲的德语化的意第绪语，更加接近于德语。在布雷斯劳，犹太人是德国自由派知识分子骨干；只有不到一半人严守教规而且许多人事实上皈依了基督教，不再视自己为犹太人。[150]在布拉格，大约有一半犹太人是讲德语，并认为自己是德国社区的一部分。实际上，他们在某种意义上确实是德国社区的一部分，因为在布拉格，讲德语的犹太人的人数，差不多占德国人的一半。[151]正如一位出生于布拉格一个著名的专业技术家庭的犹太人所说："如果有人说我们不是德国人，我们想他肯定是疯了。"在加利西亚（中欧），同化也常常意味着德国化，尽管德国人只占人口的一小部分（0.5%）。[152]虽然宗教哲学家马丁·布伯（Martin Buber）出生在维也纳，但他是由在加利西亚（中欧）的祖父母养大的，先在伦贝格，然后在维也纳、莱比锡、柏林和苏黎世学习——一次德语的知识行程，导致他最终接受了哈西德教派（犹太教正统派的一个分支）和犹太复国主义[153]。作家卡尔·埃米·弗兰佐斯（Kart Emil Franzos），一个曾在埃尔兰根学医的塞法迪犹太人的儿子，在加利西亚（中欧）的佐特科村（Czortków）长大，并在被誉为"德国天堂的院子"的切尔诺维茨学习，且在那里成为了"条顿尼亚"学生联谊会成员。像弗兰佐斯这样的彻底德国化了的犹太人，加利西亚（中欧）和布科维纳可能有点像他那最有名的系列故事和连环画《半亚洲人》。像许多人一样，文学道路引导他一路向西——维也纳、格拉茨、斯特拉斯堡，最后来到了柏林。[154]

传统上，是捷克人，而不是日耳曼人，同化了不受信任的讲德语的犹太人。[155]是波兰人，而不是日耳曼人，在他们的圣周巡游仪式期间将犹大的肖像放到了绞刑台上。[156]是白俄国人，而不是日耳曼人，在看到木偶剧院中醉酒的哥萨克击败了犹太财主时发出了哈哈大笑声。[157]只是到了19世纪之交，日耳曼人和犹太人之间的亲密关系才开始疏远了。然而，从19世纪90年代中期开始，先是维也纳的日耳曼人，接着是布拉格的日耳曼人，开始在一些大型的自愿组成的协会，如在体操俱乐部和学生联谊会等，对其成员实行种族排斥。[158]一个典型的例子是，在伦贝格，举行了一场最臭

---

* High German：直译为高地德语，意为标准德语。——译者注

名昭著的对犹太人妓院主的审判，人们用大量的原材料打扮那些犹太人，使他们看起来显得更加色迷迷。[159]同样，呼吁限制犹太移民，甚至完全驱逐犹太移民，在柯尼斯堡比在科隆可能争取到更多的掌声。[160]正是在但泽定期出版的刊物《反犹分子的镜子》中，卡尔·帕施（Karl Paasch）提议：要么灭绝要么驱逐出境，这是最简单的解决犹太人“问题”的方法。[161]正是在布拉格，爱因斯坦的教授任命被推迟，原因是他的“犹太人出身”——大约6年后，划时代的《狭义相对论》出版了。正是在切尔诺维茨，犹太移民增加了，比例超过了30%，卡尔·弗兰佐斯（Karl Franzos）关于犹太人和外邦人注定为悲剧的爱情故事似乎很有意义。[162]在这些故事里，似乎再次变成了受围攻的“日耳曼人”东征，解决犹太人问题的办法可能在于融合、特别是在于异族通婚的想法，几乎没有得到过人们的认可。因为在这里，是日耳曼人而不是犹太人，开始害怕解体。

一个闪光的世界

1901年，世界经济一体化是前所未有的。在这一点上，凯恩斯显然是正确的，就像他看到了一体化一旦被中断，要恢复起来是多么困难一样正确。他的以下观点也是正确的：经济的相互依存与前所未有的经济增长有关，虽然我们现在可以看到，实际上这在地区和国家之间的表现存在着显著差异（见图1.1）。美国的人均国内生产总值的增速比中国的快18倍，而且英国的人均国内生产总值的增速比印度的快两倍。也许更令人震惊的是，从《泰晤士报》一位读者的角度来看，英帝国差不多所有对手的经济增长速度，比它自己的都要快大约一倍半。

然而，令我们富足而健康的白人男子在浏览晨报时所忧虑的，倒不是经济前景，而是世界上的帝国和种族极有可能发生冲突。在芝加哥被逮捕的两个无政府主义者，都是根据其姓氏便判断出他们都是犹太人，难道这仅仅只是巧合吗？有没有使南非发生的战争迅速结束而不让布尔人永远受苦的方法呢？法国人和德国人，更不要说俄国人和奥地利人，注定迟早要彼此再次发动战争吗？是什么样的社会问题驱使这么多年轻的英国人到海外寻找财富呢？是正如基督教卫理公会会议所担心的一样，是该国的道德品质正在被“世俗主义”、“冷漠主义”和“非礼”侵蚀了吗？是正如

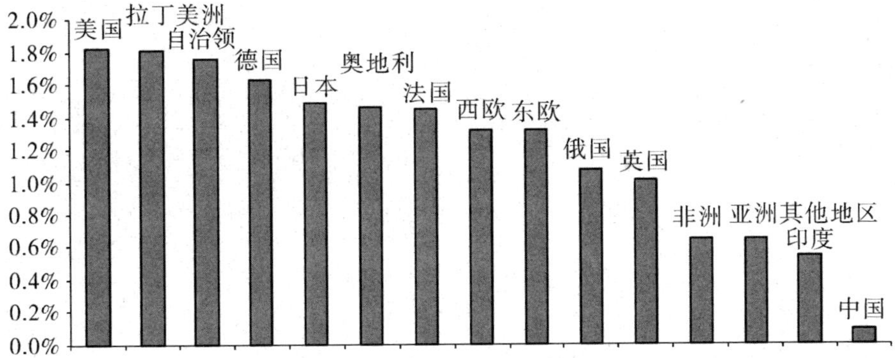

资料来源：Maddison, *World Economy*, table B-21.

图 1. 1.　1870—1913 年人年均国内生产总值年均增长率

在阿姆斯特丹举行的犯罪人类学会议上所指出的“堕落……是犯罪的首要原因”吗？所有这些新闻的议题，肯定不“只是为了娱乐”。他们令人信服地表明：尽管这个世界闪闪发光，但从根本上来说，还不是一个黄金时代。

谁在当时弄得最明白？是穆齐尔（Robert Musil）回想起的那些人，那些对这个世界“点燃发热”——从新世纪开始，新思想特别活跃——做出主要贡献的人，他们在人数上是不成比例的，这就是犹太人或来自中欧和东欧的犹太人子女。这并不完全令人吃惊。阿尔弗雷德·爱因斯坦的物理学、西格蒙德·弗洛伊德的精神分析学、雨果·冯·霍夫曼斯塔尔的诗歌、弗兰兹·卡夫卡的小说、卡尔·克劳斯的讽刺小说、古斯塔夫·马勒的交响乐、约瑟夫·罗斯的短篇小说、亚瑟·施尼茨勒的戏剧，甚至是路德维希·维特根斯坦的哲学——所有这一切，不仅要归功于犹太教这样的信仰，而且要归功于那个特定氛围——无数人受教育程度都较高，时代和环境都允许少数民族之间迅速同化，思想充分自由，而又意识到其自己个人和集体困境的脆弱性。[163]每个国家都以它不同的方式，成为 20 世纪末全球一体化与传统教派之间障碍拆除相结合的受益者。每个在这个“怪胎”上繁荣起来的国家，都是一个“Kakania”——一个建立在语言、文化和民族的多样性基础上的帝国，依靠上了年纪的老皇帝们的牵引力，如此脆弱地凝聚在一起，就像把相对论搬用到政治领域中一样。这确实是如凯恩斯所说的“一段非凡的插曲”。可惜，这种情况没能持续下去。

2. 东方快车

要阻止俄国革命，我们所需要的，是一场小小的胜利战争。

——维亚切斯拉夫·普列韦（Vyacheslav Pleve）

1895年9月，沙皇尼古拉二世收到了一件不同寻常的礼物：一幅由德国艺术家赫尔曼·纳克福斯（Herman Knackfuss）所画的油画。这幅油画是在德皇威廉二世所画的素描基础上创作而成的，名为《黄祸》，描述了七名戎装女性在山顶上紧张地凝视着即将到来的风暴。肖像上贴着一张邮票，充分反映了德皇毫不含糊的想法。每个女性都象征着一个欧洲大国。由于其中一个的盾牌上有英国国旗，一下就能认出那是英国。一个巨大的白色十字盘旋在她们头顶的天空中。一个长着翅膀的天使，手执银光闪闪的利剑，冷冷地指着风暴云。从云中可以看到，一尊盘腿佛正端坐在其中，若隐若现。电闪雷鸣，轰击着平原上这座布满尖塔的城市，大火正在肆虐。为了让人们理解这则寓言的含义，德皇本人在随附的信件中做了解释。他坦陈这幅油画描述了以下这么一种情景：

> 由各自的守护神所代表的欧洲强国被从天国派来的大天使召集在一起，团结一心，共同抵制佛教徒、异教徒和野蛮人的侵略，以捍卫基督教。它重点强调所有欧洲强国都要联合起来，共同抗敌。[1]

在原画的一边，威廉写上了一句恳求的话："欧洲各国，保卫你们最神圣的财产。"他心目中的财产，就是他们共同的基督教遗产。"黄祸"显然是指亚洲的"异教徒和野蛮人"。其言下之意是：如果要继续征服亚洲的话，欧洲各大帝国和美国就要团结起来。在赠送油画《黄祸》之前的几个月，德皇就一直在敦促沙皇与他采取一致行动，"使亚洲大陆变得文明起来，并保护欧洲免受大黄种人的侵略"[2]。

德皇的幻想很快就变成了现实。仅仅在五年之后，德国真的与奥匈、英国、法国、意大利、俄国、美国，应该指出，还有日本，结成了军事同盟，共同镇压了义和团运动。这是一场 1898 年在贫穷的山东省刚刚兴起、相信太平盛世的反基督教运动。义和团（"正义与和谐的拳头"，原文意思如此），直接将怒火集中到欧洲传教士身上，杀害了数十名传教士。后来，在慈禧太后的支持下，他们开始围攻在帝国的心脏——首都北京的西方大使馆，击毙了德国公使。[3]"这可能是，"威廉在德国远征军出发时宣称，"西方和东方之间一场大战的开始。"这唤起了他对公元 5 世纪匈人的记忆，敦促他的军队要"使德国这个名字让中国人记得 1000 年，再也不敢蔑视德国"：

> 你们必须挽回过去所犯下的严重错误所造成的损失……继承普鲁士坚定不移的光荣传统！显示自己是个基督徒……为世人树立一个刚强而守纪的榜样！……绝不原谅，决不做囚犯。落在你们手中的人，就是倒在你们剑下的鬼！[4]

在 19 世纪末，没有什么比消灭义和团更能象征西方对东方的统治了。义和团对武术和万物有灵的魔法深信不疑，然而，这对他们战胜装备精良的八国联军毫无裨益。[5]八国联军解除了对北京使馆的围攻之后，策划了一次穿过紫禁城的国际"大游行"，只在午门为不久前去世的维多利亚女王举行追悼会之前暂停了一下，为大英博物馆“获得”了一些满族祖先的牌位。然后，他们在山西、内蒙古和满洲里等地进行惩罚性的搜捕行动。例如，在保定，涉嫌参与传教士死亡事件的当地官员，由军事法院审判并公开斩首的；寺庙和部分城墙都遭到了象征性的炸毁。在山西省省会太原，该省巡抚由于支持义和团而被处决；* 纪念“殉道”传教士的公共纪念碑被竖立起来。这些既有政治性意义，也有象征性意义。在 1901 年签署的《辛丑条约》中，欧洲列强获得了在清帝国首都保留自己军队的权力；巨额的赔偿（6750 万英镑）也被强加到中国政府的身上；武器进口暂停了。如果真像记者乔治·林奇（George Lynch）所说的，这是一场两种文明之间的战争，那么哪一个是赢家，似乎毫无疑问。然而，这场胜利被证明带有欺骗性。事实上，西方联合霸权大厦的第一道裂痕就要出现了。

虽然德皇错误地间接提到阿提拉对罗马的劫掠在一定程度上破坏了效果，但他对“黄祸”的隐晦描述，暗示着东方以前对欧洲的入侵：7 世纪摩尔人对西班牙的征服，12、14 世纪蒙古人成吉思汗和帖木儿的金戈铁马，17 世纪奥斯曼帝国对维也纳的围困。这是所有欧洲人的一个共同噩梦。这一噩梦可能在 20 世纪一再重做。俄国无政府主义者米哈伊尔·巴枯宁警告欧洲各个帝国要警惕他们在亚洲的“大比赛”：“由于亚洲有数亿人，这些阴谋最可能引起的后果……是唤醒那个迄今为止还在沉睡的亚洲世界。亚洲将再一次超过欧洲。”哲学家和诗人弗拉基米尔·索洛维约夫（Vladimir Soloves）看见“从远东飘来了一朵乌云”，还有“数不清的、贪婪的蝗虫群”。在《敌基督短篇故事》中，他预言，日本人和中国人将联手侵略和征服整个欧洲，并将占领英吉利海峡。德米特里·马明-西毕雷亚克（Dmitri Mamin-Sibiriak）在短篇故事《最后的一瞥》中警告说：“一次真正的洪水……黄脸的野蛮人……将席卷欧洲大陆。”这种忧虑在英国也出现了。牛津历史学家查尔斯·皮尔森（Chartes Pearson）警告说：“我们一觉醒来，会发现我们自己……被我们视作贱民的人、侍候我们的人推倒在一边。”虽然亚洲“还不是那么文明”，皮尔森警告说，但它更有“活力”，“精力更充沛”。“未来将有一个‘黄种人’的问题要解决，也许就是‘黄祸’。”掌控着清朝帝国海关的罗伯特·赫德（Robert Hart）勋爵写道：“这是一定的

---

* 此处作者所述有误。山西巡抚毓贤于 1900 年 9 月被革职，发配新疆。1901 年 2 月被清廷斩于甘肃兰州。——译者注

事，就像太阳明天照常升起一样确定。”[6]

然而，实际上，威胁亚洲乃至世界其他地区安全的，是“白祸”。在历史上，从来还没有哪一场群众运动能比得上从1850—1914年之间的欧洲人口外流。在这期间，共有超过3400万欧洲人移民，而仅从1901—1910年，就有接近1200万人移民。当然，这场运动的大部分横跨了大西洋，也有部分从西欧往美洲迁徙。这种迁徙从16世纪初就开始了，并一直延续下来，这时达到了高潮。[7]从1900—1914年，150万人离开英国来到了加拿大，其中大部分人在那里永久定居。将近400万意大利人和100多万西班牙人也离开了欧洲，其中大部分去了美国或阿根廷。然而现在，欧洲移民向东迁移的比例上升了。特别是苏格兰人和爱尔兰人，还纷纷迁往澳大利亚和新西兰；第一次世界大战前夕，每五个英国移民中就有一个去澳大拉西亚（Aastralasia）*；在20世纪中叶，每两个中就有一个。[8]来自英国、荷兰和法国的定居者，也忙着在马来亚、东印度群岛、印度支那安家落户，成为种植园主。与此同时，越来越多的中欧与东欧犹太人在西奥多·赫茨尔（Theodor Herzl）这样的犹太复国主义领导人的支持下，迁移到了巴勒斯坦，希望在那里建立一个犹太人国家。[9]最后，正如我们将看到的，数量庞大的俄国人也纷纷向东迁徙，迁到了中亚、西伯利亚及其以外地区。这场运动自始至终在很大程度上都是自愿性的，不同于17、18世纪数百万非洲人被强迫运到拉丁美洲和加勒比地区的种植园。然而，在1900年，来自印度和中国的数百万契约劳工也在迁移中，来到欧洲人拥有和管理的种植园和矿山工作，他们的处境只是稍微比奴隶制时期的奴隶要好一点点。[10]亚洲人本来希望大量地迁移到美洲和大洋洲，但在19世纪后期，因受到强加于日本和中国移民身上的诸多限制而无法成行。[11]

这次规模宏大的大迁徙，是对“推力”和“拉力”的组合所做出的一个反应，一些是经济的，一些是政治的。许多跨越大西洋或绕道到达南非、澳大利亚和新西兰的移民，之所以移民，只是因为这里的土地比欧洲的便宜，劳动能得到更好的回报。[12]少数人之所以离开欧洲，是为了逃避种族迫害或宗教迫害。在沙俄的犹太人尤其如此（见下文）。在新的世界，人口密度不仅比欧洲的要低，而且他们也更加宽

---

* 澳大拉西亚（Australasia）一般指澳大利亚、新西兰及附近南太平洋诸岛。——译者注

容，至少在某些方面是这样。然而，我们不应忽视帝国的政治结构在大规模移民中所起的作用。那些在 1900 年前后离开欧洲的移民，大部分都是到那些殖民统治了长达三个世纪的地方去。从波士顿到布宜诺斯艾利斯，从旧金山到悉尼，前几代殖民者建造的城市，是欧洲城市的复制品，语言和法律基本上类似于“原来的国家”，许多风俗习惯也都沿袭了下来。即使是欧洲人定居受限制的地区，比如印度，本来已经人口稠密，而且气候对欧洲人没有吸引力，帝国也会保证欧洲人获得一条相对安全的通道。在印度，英国人的人口数量从未超过总人口的 0.05%[13]，但力量非常强大，他们不仅统治着国家，而且主导着经济。东亚的许多大港口，正如我们所看到的，也由拥有特权的少数欧洲人管理。

我们一般认为，19 世纪的帝国主要是海上帝国。但是，他们能够同样轻松（如果不是更加轻松的话）地跨过大洋两岸广袤的土地。到了 19 世纪末，沙俄不仅在欧洲获得了西方帝国的地位，将领土范围扩张到了芬兰、波兰和乌克兰，而且获得了一直延伸到波斯边界的高加索众多殖民地，并变成了一个横跨哈萨克斯坦、满洲，直至朝鲜边境和日本海的巨型中亚帝国。欧亚大陆的各个民族，一个接一个地被征服。事实上，到 1900 年，非俄国人占沙皇帝国领域总人口的 44%。[14]在 1858 年，利用英国战胜中国取得了第二次鸦片战争胜利和太平天国起义爆发的机会，俄国攫取了中国境内阿穆尔河*以北的大片土地；中国也被迫割让了乌苏里江和日本海之间的大片土地。正是在这里，俄国人建立了其主要的太平洋港口——符拉迪沃斯托克，从而成为了“东方的统治者”。[15]

也许没有什么比巨大的跨西伯利亚铁路更能突出地象征着俄国在亚洲的强权。这条全长 6000 英里的铁路，从莫斯科到符拉迪沃斯托克，通过伏尔加河的雅罗斯拉夫尔、乌拉尔的叶卡捷琳堡和贝加尔湖的伊尔库茨克，最后到达朝鲜半岛北部的太平洋沿岸。到 19 世纪和 20 世纪之交，它差不多就已经建成了。在 1897 年，又开始修筑最后的延长线——从满洲到符拉迪沃斯托克。通过大幅度缩短欧洲和亚洲之间的行车时间，从几年到几天，这条横跨西伯利亚的铁路，大大加速了俄国在中亚和东亚的殖民进程。从 1901—1910 年，至少有 250 万俄国人在西伯利亚开始了自己的

---

* 即黑龙江。——译者注

新生活。这是一片从乌拉尔山脉一直延伸到太平洋的广袤的亚洲北部地带。尽管西伯利亚后来成了著名的政治犯关押地，但其中只有少数移民是被迫去那里的。许多被流放到西伯利亚的人，竟然对他们的发现感到惊喜。1897 年，弗拉基米尔·乌里扬诺夫（Vladimir Ulyanov）——一个在学生时代就接受了社会主义思想的世袭贵族，因为卷入了革命斗争联盟而被判处在西伯利亚为期三年的“行政流放”。他发现在米努辛斯克区的生活相当愉快。“人人都发现，我今年夏天长胖了，皮肤变成了棕褐色，现在看起来完全像个西伯利亚人。”他高兴地给他的母亲写信道，“这里的狩猎和农村生活完全适合您！”[16]在不狩猎、射击和钓鱼的时候，列宁——这是他后来喜欢被人称呼的名字——就自由地阅读，写下了大量文章。他甚至可以结婚，并把他的妻子和岳母带来与他一起生活。

再往东，俄国人就居住得相当分散。在 1859—1900 年间，在阿穆尔河沿岸只有九万人。事实上，西伯利亚边界地区，所有的俄国人加起来也不过五万。[17]就像 1900 年许多亚洲的港口一样，符拉迪沃斯托克也是一个多民族城市，阿穆尔湾岸边有唐人街，有部分俄化了的朝鲜人社区、日本人的小型企业和妓院。[18]近五分之二的人口，是俄国人所说的“黄种人”。在殖民地边界上，异族通婚是件稀松平常的事。用一个游客的话来说：“俄国女人不反对找一个中国人做丈夫，俄国男人也会娶一个中国女人做妻子。”这种异族通婚也发生在欧洲男子和日本女人身上[19]。但是，这种异族通婚只发生在明确的种族等级范围内。[20]符拉迪沃斯托克的一份报纸提到：要把“打蛮子（中国人）”作为“我们的习俗。只有懒人才不会对殴打中国人上瘾。”[21]在西伯利亚边界与中国交界的哈巴罗夫斯克，据说典型的俄国居民居住在：

> 由中国劳工修建的房子里……炉子是中国砖砌的……厨房里的中国男孩做好……喝茶的准备。这家的主人喝着中国茶，吃着中国面包店制作的面包。这家的女主人穿着由中国裁缝量身订制的衣服……在（这个）院子里，一个朝鲜男孩正在劈柴。[22]

火车站的此情此景，使外国旅客想起了英属印度：

> 然而，英国军官带着优越感，迈着自信的步伐，走来走去，而印度人……却要为他们让路……代替这一场景的是：俄国军官干干净净、英俊潇洒，在站台上散步，而……畏畏缩缩的中国人和卑躬屈膝的朝鲜人……在为他们腾挪地方……俄国人是白人、文明的西方人，他们的步伐，是征服者的步伐。

每当有繁重的工作时，中国工人也是必不可少的，这并不仅限于铁路建设和造船业。1900 年，在符拉迪沃斯托克的造船厂中，十名工人中就有九名是华人。然而，俄国管理者们为维护俄国人的统治地位，在驱逐多余的亚洲人时，丝毫不会感到半点内疚。1900 年 7 月，在镇压义和团的时候，有 3000 到 5000 名中国人被活活淹死在布拉戈维申斯克。他们是被哥萨克和当地的俄国警察挥舞着皮鞭，被强迫着泅渡宽阔、湍急的阿穆尔河回到对岸的中国这边时被淹死的。[23]没有船，那些抵制或拒绝渡河的人，就被枪杀或被军刀刺死。这鲜为人知的事件，是 20 世纪许多大屠杀的预兆，充分暴露了俄国人对全体亚洲人民的蔑视。[24]正如托木斯克的州长尼古拉 · 岗达提（Nikolai Gondatti）在 1911 年所解释的那样："我的任务是，确保这里有很多的俄国人、很少的黄种人。"[25]

虽然俄国人在亚洲的势力范围已经相当大了，但他们并不满足。俄国远东军司令叶夫盖尼 · 伊万诺维奇 · 阿列克塞耶夫（Evgenii Ivanovich Alekseev）海军上将和作战部长阿列克谢 · 尼古拉耶维奇 · 库罗帕特金（Aleksei Nikolaevich Kuropatkin）领导下的那些颇有影响力的人物都主张：至少要将中国北部的满洲——清朝祖先的家园，纳入到沙皇帝国的版图中来；不仅要确保跨西伯利亚铁路延长到符拉迪沃斯托克，而且要将俄国人迁往从中国租借来的辽东半岛上，并永久性地在旅顺口（今旅顺）派驻海军。义和团运动为俄国吞并满洲部分或全部地区的计划提供了变为现实的机会。1900 年 7 月 11 日，在圣彼得堡，俄国政府向中国大使发出警告说，必须将军队派遣到满洲去，以保护该地区的俄国财产。三天后，当俄国人不顾中国人威胁说要对阿穆尔河上航行的过往船只开火的时候，敌对行动开始了。在三个月内，整个满洲落入了 10 万俄国军队的手中[26]。"我们不能就此罢休。"沙皇写道，"满洲从南到北都必须由我们的军队占领。"[27]库罗帕特金表示同意：满洲必须成为"俄国的殖民地"。[28]阻止俄国完全接管的唯一障碍，是其他欧洲列强的反对。仅此一点，就使得圣彼得堡谨慎行事。[29]他们承诺撤军，但拖延时间，迫使中国人承认既成的事实，哪怕不是在法律上获得主权。俄国人的力量，首先是他们技术上的优势，令他们得意忘形，但他们的优势，并不是一种由上天赋予白人的永久性垄断。事实上，什么都阻止不了亚洲人采取西方的经济和政治组织形式，也不可能阻止他们复制西方的各种发明。第一个懂得怎样做的亚洲国家，便是日本。

对马岛

自 1868 年恢复皇权，15 岁的明治天皇在京都被拥立，成为东京政权的新傀儡以来，日本就一直致力于在经济、政治和军事方面迅速实现现代化。天皇成了一个普鲁士式的君主。神道教被改成了国教，像北欧民族主义的新教那样建立了许多庙宇。以武士著称的封建武士被改造成了带有欧洲风格的军官，义务兵取代了他们的随从。日本还建立了全新的政治和金融体制。[30]在 1889 年，一部基本上以普鲁士宪法为蓝本的宪法获得了通过。日本的财政和货币制度也进行了改革；此时，它拥有了一家中央银行，还发行了一种基于英国黄金标准的货币。此外，随着纺织品产量的增长，著名的财阀企业集团的出现，日本农村经济已经开始出现了工业化的要求。甚至在服装样式上，日本领导人来到西方，文官们神情肃穆，身穿黑色的罩袍，武官们身穿紧身的蓝色卡其布制服。然而，这种转变的设计者，如伊藤博文（Ito Hirobumi）、山县有朋（Yamagata Aritomo）和松方正义（ Matsukata Masayoshi）等，远非盲从的西化者。相反，他们试图利用西方体制来促进日本的发展。这是一个包含在口号（“富裕的国家，强大的军队”）中的方案，他们相信，日本的“精华”只能通过拥抱西方科学才能得以保存。其目的不是要使日本成为西方的附庸，恰恰相反，是要使日本能够抵制西方的统治。新的明治（字面意思是“文明”）宪法，也许可以盖上“普鲁士制造”的印章，就像新的海军看起来像是英国的、新的学校看起来像是法国的一样。天皇及其大臣们也许还会跳交际舞，甚至违反日本的传统礼仪像西方人那样大笑，但是其根本目的，是要永远地抹去欧洲人脸上的笑容。要做到这一点，那就要赢得战争。

1895 年，日本同中国交战。日本人取得了如此迅速而广泛的胜利，以至于欧洲观察员既印象深刻又倍加警觉。俄国、法国、德国等国政府慌忙要求中国以更多的赔款和其他经济让步作为交换，迫使日本放弃对福摩萨岛（指现在的台湾岛）的领土要求，[31]尽管有效地承认了日本是对中关系中“不平等条约”体系的平等参与者。因此，日本在1900年参与了八国联军对义和团的镇压。[32]没有人比库罗帕特金对这场“黄祸”感到更震惊的了。他坚信，在20世纪，亚洲将会发生“基督徒对非基督徒的伟大斗争”。他在1903年访问了日本后，向沙皇报告说：“我对（日本）的飞速发展感到很惊讶……毫无疑问，日本人在文化上的先进程度堪比俄国人……整体而言，日本军队作为一支有效的战斗部队令我震惊。”[33]库罗帕特金担心的是，这支军队对旅顺口构成了直接威胁。旅顺口距离圣彼得堡非常遥远，但离东京非常近。

1903年，沙皇任命阿列克塞耶夫海军上将为远东“总督”，沿着鸭绿江部署俄国军队。这激怒了日本人。日本人明白：自己对朝鲜进行殖民统治的野心受到了直接威胁。因此，他们提出了一个折中的瓜分方案：如果日本在朝鲜的利益得到了承认，那么俄国可以保留其在满洲的统治地位。俄国的反应是不屑一顾。正如旅顺口《新边疆区报》的编辑所说的：“日本还不是一个可以给俄国发出最后通牒的国家，而且俄国不会接受像日本这样的国家发出的最后通牒。”[34]在1904年2月5日，驻圣彼得堡的日本大使发出了这样的最后通牒。四天后，双方在仁川港首次交战。那天晚上，日本海军在旅顺口突然发动了鱼雷袭击，击沉了“太子号”战列舰和“帕拉达号”巡洋舰。第二天，日本再一次在仁川给俄国军舰以进一步打击。这些袭击——事先没有发出任何正式的宣战声明，一开始便受到了质疑，然后在俄国引起了人们的愤怒。一首歌颂瓦良格号战舰全体官兵的激动人心的爱国歌曲，很快就谱写了出来。这些官兵曾在仁川港遭到了15艘日本军舰的封锁，但官兵们拒绝投降。

我们就要离开安全的码头奔赴战场，
奔赴威胁中的死亡。
我们将为我们的祖国死在公海上，
黄面鬼正在那里等待着我们上战场！
……
既不要墓碑也不要十字架说明我们在何处安葬，

我们为俄国光荣的国旗而阵亡。
海浪将会赞美
英勇的瓦良格沉船。[35]

沙皇及其大臣们决心竭尽全力进行报复。库罗帕特金被任命为远东海军司令，海军上将斯捷潘·奥西普维奇·马卡罗夫（Stepan Ossipovich Makarov）被派往旅顺负责海军事务。6月，还决定派遣俄国帝国海军的骄傲——第二舰队，从波罗的海基地，毫不夸张地说，开往世界的另一端。圣彼得堡人民充满着必胜和复仇的信念。正如一位俄国军官所说，虽然“日本军队不再是一群亚洲的乌合之众，但绝不是一支现代化的欧洲军队”。对俄国军队来说，只要“用我们的帽子”打，便足以使日本人乱作一团。[36]新闻界将日本描述成一只弱小的黄疸猴子（makaki），在俄国母亲巨大的拳头面前仓皇逃窜；或者将它比作一只东方的蜘蛛，一顶巨大的哥萨克帽子便足以使其粉身碎骨。根据普林斯·S. N. 特鲁别茨科伊（Prince S. N. Trubetskoi）——莫斯科大学哲学教授的说法，俄国正在保卫整个欧洲文明，反击“黄祸——用现代技术武装起来的蒙古人的新群体”。基辅大学的学者们倾向于把这场战争描绘成一场基督教十字军反对傲慢的蒙古人的战争。与第二舰队一起航行的画家瓦西里·韦列夏金（Vasilii Vereshchagin）也有同样的感受。[37]

证明种族先天优越的观念是骗人的，这在20世纪已经不是最后一次了。俄国海军远征军前进的速度慢得惊人，这不是因为它的司令部总司令——海军上将济诺维·彼得罗维奇·罗热斯特文斯基（Zinovy Petrovitch Rozhestvensky）在私下相信他注定会失败。由于担心会再一次受到日本人的突然袭击，俄国人在北海错误地向多格尔岸边的英国拖网渔船开火，击沉了一艘渔船，也使自己的巡洋舰“极光号”受到了重创。他们的船上满载着煤炭和其他供应物资，在海上缓慢地航行，仿佛在期待着日本舰队驶向下一个煤站。事实上，日本在8月份就已经取得了满洲海岸的海军优势。与此同时，日军占领了首尔并在仁川登陆（1904年2月），有效地占领了朝鲜半岛；日军随即向鸭绿江（4月）、凤城（5月）推进，并给俄国军队以沉重的打击。继日本第二军在关东登陆后，俄国在旅顺口的卫戍部队发现自己处于日军的包围之中。整个1904年的下半年，双方都在进行激烈的交战，到12月5日，在日军占领了俯瞰旅顺港的一座重要山头之后，战争到达了高潮。尽管日本人伤亡惨重，但他们终于在1905年1月2日占领了旅顺口。两个月后，在遭受日军一次又一次血腥的正面打击之后，库罗帕特金被迫放弃了奉天（沈阳）。等俄国舰队到达现场时，战争都已经结束了。这个时候，海军上将罗热斯特文斯基那注定失败的预感，真的变成了现实。在1905年5月27—28日，海军上将东乡平八郎指挥下的日本舰队，将俄国舰队的三分之二——147000吨海军硬件、近5万名水手，送到了朝鲜海峡的底部。

在耻辱中返回俄国之后，库罗帕特金只能痛苦地反思他所谓的世界历史的转折点了：

> 战斗才刚刚开始。1904—1905年在满洲所发生的事，只不过是与近卫军的遭遇战……只有形成维护亚洲和平对于欧洲所有国家来说都具有重要意义这样一个共识……才能避免“黄祸”。[38]

然而，从许多方面来讲，日本人取得了胜利，靠的是欧洲的方式而不俄国的方式。他们的军舰更现代，军队的纪律更严明，大炮更厉害。[39]对于列夫·托尔斯泰——俄国文学泰斗来说，日本的胜利看上去就像是西方唯物主义取得了势不可挡的胜利。相比之下，沙皇制度却突然看起来倒像是“亚洲的”，推翻的时机已经成熟。现在，日本人似乎可以将注意力集中到获得成为一个强大的国家即成为一个殖民帝国不可或缺的其他配件上来。

对这一地区非常感兴趣的各大西方帝国，根本不同情俄国所遭受的耻辱。另一方面，他们急于限制日本获得所要求的战利品，毕竟日本人打赢了。因此，在1905年9月在缅因州朴次茅斯海军基地签署《日俄和平条约》的谈判过程中，他们敦促日本满足于非正式的而不是正式的权利。俄国承认日本在朝鲜地区“巨大的政治、军事和经济利益”，但朝鲜本身要保持独立。日本人租借了包括旅顺在内的辽东半岛，并以现金补偿代替的形式获得了俄国在南满的经济资产，尤其是南满铁路公司，但在政治上，满洲仍然是中国领土的一部分。[40]在日本，并非每个人都对这些收益都感到满足。激进的民族主义者成立了一个反和平的协会，东京、横滨和神户发生了骚乱。然而，最重要的一点，是西方各大帝国显然有义务平等地对待日本。日本在

1910年吞并朝鲜时，没有人提出严肃的反对意见。同时，从日本商人的角度来看，“平等地对待”使他们有机会利用其天然优势，在地理和文化两个方面开发潜力巨大的中国市场。

然而，日俄战争深刻的地缘政治含义，远不止这些。首先，战斗的激烈程度——尤其是在沈阳的战事比上个世纪的任何战事都要大得多，预示着新的冲突地区已经出现，其潜在的不稳定性堪比中欧和东欧地区的。这里是另一条巨大的断层线，在满洲和朝鲜之间，在黑龙江和鸭绿江之间，过度扩张的俄国帝国遇到了新的、实力强大的日本帝国。在新的世纪，这一地区的地震强度，堪比那些发生在欧亚大陆的、在易北河和第聂伯河之间的西方冲突区的。第二，沈阳发生的军事地震，随之而来的是军事海啸。如果说西方在新世纪到来之际仍然统治着东方，那么日本在对马岛的胜利，则标志着这种统治的减弱。

毕竟，欧洲人并没有先天的优势。这一发现，就像一个巨大的浪潮，冲击的，不仅是俄国，而且是整个西方世界。

马克思主义东渐

同年1月，正当军事灾难在远东地区发生的时候，在俄国首都圣彼得堡，军队向和平示威游行的工人及其家属开枪之后，不满情绪引发了革命。游行队伍的领导者，是一位名叫格奥尔基·加朋（Georgi Gapon）的教父。尽管他后来是作为革命者而被处以绞刑的，但他本人并不是一名革命者。然而，“血腥的星期天”（1905年1月22日）的后果，是罢工、暴乱和叛乱的浪潮席卷全国，使俄国真正的革命者暴露了身份。他们大多数人都是流亡者，这对他们来说似乎是一个千载难逢的机会。在1905年，圣彼得堡由一种新型机构进行有效的管理——一个由当地工厂员工选举出来的（苏维埃）工人代表议会。在每个代表议会中，有一个引人注目的社会主义新闻工作者，他的名字叫利昂·托洛茨基（Leon Trotsky）。

对托洛茨基来说，海军在对马岛的失败，是对沙皇制度的一封起诉书。“俄国舰队不复存在了。”他宣称，“（但）并不是日本人摧毁了它，相反，而是沙皇政府……并不是人民需要这场战争，相反，是执政当局需要它。执政当局梦想攫取新的土地，并希望借机扑灭人民血液中那愤怒的火焰。”三天后，又重新恢复了和平，沙皇政府极不情愿地颁布了宪法，第一次产生了一个代表性议会——国家杜马。托洛茨基公开撕毁了宪法。他写道，该政权是“亚洲皮鞭和欧洲股市的恶意组合”。俄国的社会主义者们所希望的，不仅仅是一个施舍式的君主立宪制国家。他们所憧憬的，是一场工人阶级——无产阶级领导的革命，不仅要推翻沙皇政权，而且要推翻整个西方的帝国主义体系。

然而，托洛茨基的言辞并没有给沙皇政府的多数派留下多少印象。左派内部本身存在着严重的分歧。作为孟什维克（少数）社会民主党的成员，托洛茨基遭到了布尔什维克党的领袖弗拉基米尔·乌里扬诺夫——四年后他自己改名为列宁——的强烈质疑。[41]更重要的是，不论马克思关于无产阶级的阶级斗争学说对圣彼得堡大工厂里的工人多么有号召力，但并没有在绝大多数的俄国人中（主要是在农民中）引起多少共鸣。1905 年革命的形式有多种，马克思只预见了少数几种。他一向都认为革命如果不是在传统的巴黎市中心爆发的话，就一定在兰开夏郡或鲁尔烟囱区和贫民窟爆发。因为水手们所吃的肉里竟然有蛆，愤怒的水手登上了波特金号战舰，升起了红旗。同时，在遥远的沃洛科拉姆斯克，农民组成了自己的“马尔科沃共和国”，宣布从圣彼得堡独立出来。[42]在其他地区，农民掠夺和焚烧了地主的住宅，或砍伐了地主的森林。正如其中一个在博布罗夫县（沃罗涅日）洗劫了彼得罗夫房屋的人所解释的那样：“有必要掠夺和焚烧。而且，这些东西将不会归还给地主，这些土地将会分给农民。”在普龙斯克县梁赞镇警察局局长报告说，农民们在说：“现在，我们都是绅士，我们都是平等的。”[43]

还有另一个困难。作为出生在雷伯（列弗）布龙施泰因一个富裕的乌克兰地主的儿子，托洛茨基本身就是犹太人。他的家庭来自波尔托瓦（Poltova）附近的一个村落。对许多俄国人来说，这就足以使他成为一个嫌疑分子。的确，许多人坚持认为，俄国人之所以被日本人打败，是犹太人阴谋策划的结果。据 S. A. 尼卢斯（S. A. Nilus）的说法，一个假想的、被称作“犹太公会”的犹太理事会对日本人进行了“催眠”，使他们相信自己是以色列的部落之一。尼卢斯坚持认为，犹太人的目的，是要“使俄国大地上洒满鲜血，并被鲜血所淹没，然后就轮到欧洲，连同……重新崛起的中国黄色游牧部落一起”[44]，都要来对付俄国。内政部大臣维亚切斯拉夫

·普勒韦（Vyacheslav Pleve）坚持说：“俄国绝没有革命运动；只有政府敌人的犹太人。”[45]部长理事会主席谢尔盖·维特（Sergei Witte）伯爵持同样的观点，他引用别人的话，把犹太人作为“引起我们万恶的革命的众多邪恶因素之一”[46]。

正如我们所看到的，没有哪个国家比俄国帝国拥有更多的犹太人口。从中世纪起，阿什肯纳兹犹太人就开始向东迁移，从德国迁到波兰，以逃避神圣罗马帝国的歧视和迫害。在15、16世纪，他们又进一步向东迁徙，进入了立陶宛大公国，而且尽管1648年乌克兰叛乱期间发生了针对他们的暴力行为，他们继续向东迁徙、定居，一直持续到18世纪。随着波兰被瓜分，人口密度最大的犹太人定居地区处于俄国人的统治下，尽管（正如我们所看到的）在已被奥地利攫取的加利西亚、被普鲁士攫取的波森还有大量的犹太人。然而，俄国的300万犹太人，被明显地当作沙皇的二等公民。1791年，叶卡捷琳娜二世建立了犹太人定居点。犹太人不能居住在犹太人定居点之外，虽然直到1835年它的边界才被精确地勘定下来。犹太人定居点由俄国控制的波兰和15个州（省）组成：科夫诺、维尔纳、格罗德诺、明斯克、维捷布斯克、莫吉廖夫、沃里尼亚、波多里亚、比萨拉比亚（1881年后占领）、切尔尼戈夫、波尔塔瓦、基辅（除基辅城本身之外）、赫尔松（除尼可拉耶夫镇之外）、叶卡捷琳诺斯拉夫和塔夫里达（除雅尔塔和塞瓦斯托波尔之外）。犹太人不准进入俄国腹地，更不用说居住。[47]在今天看来，犹太人定居点从拉脱维亚和立陶宛一直延伸到广阔的地带，经过东部的波兰和白俄国，到西部的乌克兰和摩尔多瓦。事实上，居留规定也有例外。1859年第一批成为行会成员的犹太商人——其社会地位最高，连俄国商人也渴望像他们那样——被允许在俄国居住，并在全国各地进行贸易，就像犹太人的大学毕业生和（1865年之后的）艺术家那样。[48]因此，犹太商人社区遍布所有主要的俄国城市：圣彼得堡、莫斯科、基辅和敖德萨。还有一些犹太人非法地居住在犹太人定居点以外的地区，但他们会定期遭到地方当局“搜查”（犹太人住在基辅的一个特征）。

对他们的居住地区进行限制，也只是沙皇政权对犹太人实行的众多限制之一。从19世纪20年代起，直到19世纪60年代，就像所有的俄国人一样，犹太人要服的兵役期长达25年。这一制度，对贫穷家庭的儿子们造成了不成比例的沉重负担。[49]这是一场旷日持久的将犹太人转换为基督教徒运动的一部分。年轻的犹太义务兵一旦从家里搬出来，便有可能会受到各种压力而放弃自己的信仰。[50]改变信念的犹太成年人，还能得到许多“恩惠”，包括旨在鼓励犹太男子与妻子离婚的奖励。[51]如果他们像大多数人那样顶住了这些压力，那就不得不支付一项猪肉特别税。那些猪肉是符合犹太教戒律的屠夫所杀的猪身上的。他们被禁止雇用基督徒做佣人。他们虽然获准进入高中和大学，但受配额限制。甚至在犹太人定居点，这些学生都不能超过 10%。他们也不能担任地方议员，即使在那些犹太人占人口大多数的城镇，也不能担任。[52]

几个世纪以来，对犹太人的普遍仇视，一直向东蔓延，直至整个欧洲。这种仇视，传到俄国时，已相对较晚。例如，人们诽谤说，犹太人在逾越节杀害基督教儿童，并把他们的血液混进没有发酵的面包中进行烤制。这样的诽谤，似乎起源于 12 世纪的英国；到 15 世纪，这一诽谤传到了讲德语的中欧地区；到 16 世纪，传到了波兰；到 18 世纪，传遍了从立陶宛到罗马尼亚的整个东欧地区。人们都信以为真，并坚信不疑。[53] 1840 年，大马士革出现了国际社会关注的“血液诽谤”案件。[54]但是，这种指控直到 19 世纪后期才在俄国出现。俄国历史上也没有出现过对犹太社区采取赤裸裸的暴力行动的现象。一般俄国人听说的“大屠杀”——字面意思为“肆虐的雷声”，从中世纪起就已经成了西欧人和中欧人生活的周期性特征。1819 年，法兰克福的犹太人社区遭到了洗劫，甚至还出现了类似于大屠杀的现象。1911 年，南威尔士的特里迪加罢工矿工洗劫了犹太人商店。俄国领土上最早有文字记载的大屠杀即 1821 年、1849 年、1859 年和 1871 年发生在敖德萨的大屠杀，其实是这座城市中的希腊人所为。[55]

大屠杀发生在各种不同的环境中，针对的是各种各样的“低贱的”少数民族。[56]不过，大约 1900 年前后，犹太人定居点的生活有四个独有的特征，有助于解释反犹太人的暴力事件在那里爆发的原因，即使这样的暴力事件在其他地方似乎正在逐渐消失。首先是犹太人口在城市的迅速增长。[57]例如，在伊丽莎白格勒（Elizavetgrad），人口在 19 世纪从 574 人增加到了 23967 人，占总人口的 39%。在叶加特林诺工业城镇，犹太人从 1825 年占全市人口的 10%，增长到 1897 年的 35%。从 1864—1874 年 10 年间，基辅人口增长了近一倍，但在同一时期，其犹太人口增长了 5 倍。这些案例并不是非典型的。发生大屠杀的许多地方（尽管不是全部），犹太人在城市人口中所占的比例都很高（见表 2.1）。

表 2.1　1881—1882 年发生大屠杀的主要地点

主要地点	屠犹数量（人）	犹太人所占的人口比例（%）
赫尔松	52	
伊丽莎白格勒		39
阿纳尼耶夫		50
奥德萨		35
基辅	63	
基辅		11
波多利亚	5	
巴尔塔		78
叶卡捷琳诺斯拉夫	38	
亚历山德罗夫斯克		18
波尔塔瓦	22	
卢布纳		25
切尔尼戈夫	23	
涅任		33
沃里尼亚	5	
塔夫里达	16	
别尔江斯克		10

资料来源：Goldberg，‘Die Jahre 1881-1882’，pp. 40ff.

因此，把以俄国人口为主的犹太人定居点犹太人视为少数民族是十分错误的。相反，犹太人定居点是一个由不同民族组成的大拼盘，那里不仅居住着犹太人、俄国人，而且居住着波兰人、立陶宛人、乌克兰人、白俄国人、德国人、罗马尼亚人以及其他民族的人。事实上，在伊丽莎白格勒，犹太人在多民族混居人中是人口最多的一个民族，尽管所占的人口总数还不到五分之二。虽然在叶卡捷琳诺斯拉夫俄国人比较多，但也只占总人口的 42%，只比犹太人略多一点。乌克兰人约占人口总数 16%，其余大部分都是波兰人和德国人。事实上，1897 年的人口普查显示，该城市的人口，包括地处欧洲部分的俄国各省的本地人，也包括来自 10 个高加索省，也包括来自10个中亚省和7个西伯利亚省的人，更不要说还有来自其他26个国家的人。[58]这有助于解释为什么犹太人定居点的犹太人一般不局限于居住在聚居区。虽然有时犹太人住所也有差别，但这些差别并不是强迫隔离的结果。相反，倒是存在着一种高度的社会融合，尤其是高收入群体之间的社会融合。富裕的犹太家庭，如基辅的布罗德斯基家族，都是受到尊重的地方知名人士，他们并非只是对自己的宗教社区进行慷慨的慈善捐助。在叶卡捷琳诺斯拉夫，犹太人也是地方精英的组成部分。[59]

第二个，而且不无关系的问题是，一些（不是全部）犹太人在俄国的统治下取得了非凡的经济成就。19世纪后期是一个蕴藏着巨大经济机会的时期，沙皇政权废除了农奴制，开始实施农业改革和工业化的宏伟计划。国际和国内的贸易都获得了前所未有的蓬勃发展。犹太人定居点的犹太人虽然在法律形式上被排除在拥有土地所有权之外，但与他们邻近的非犹太人相比，他们受过较好的教育，认识更多的字，会做更多的算术，不失时机地抓住了呈现在他们自己面前的商业新机。到1897年，在俄国人控制的波兰，在所有的商人和制造商中，犹太人占了73%，并在城市东部地区确立了主导地位。[60]几乎在同时，犹太人仅约占基辅人口的13%，但占全市商人的44%，掌握着大约三分之二的商业份额。[61] 1902年，叶卡捷琳诺斯拉夫的人口刚刚超过了俄国总人口的三分之一，但在第一行会的商人却占了84%，在第二行会的商人占了69%。[62]这并不是说，所有犹太人定居点的犹太人都是富商。许多人继续充当着农民与市场经济之间或旅店人员与工匠之间传统的“中间人”角色。[63]相当多的犹太人都遭受着贫困的煎熬。著名的东欧犹太人的文化之都——维尔纳（今维尔纽斯）的“有害”地下室，和据称为波兰的曼彻斯特的罗兹工业区中“拥挤”的贫民窟，令一位1903年考察过犹太人定居点的英国议员感到震惊。在犹太人定居点范围内，犹太社区财富的两极分化，实际上是引发大屠杀的一个关键因素。这样的大屠杀，可能起源于商业精英的财富，但结果几乎总是针对穷人的财产和穷苦的人。

第三个，并且是关键的因素——这在当时是非常夸张的，却是不可否认的——是犹太人不成比例地卷入了革命政治之中。托洛茨基绝不是一个特例。诚然，犹太女子赫西尔·赫尔夫曼（Hesia Helfman）仅仅在暗杀亚历山大二世中发挥了次要的作用，但这次暗杀行动是1881年大屠杀的催化剂。然而，毫无疑问，犹太人在领导

1905年革命的各左翼政党和革命组织中任职人数过多，而当年的大屠杀就是针对1905年革命的。例如，在1907年召开的俄国社会民主党第五次代表大会上，犹太人占了布尔什维克代表的11%，占了孟什维克代表的23%。在总共338个代表中，有59位代表来自社会主义犹太工人联盟。在代表大会中，会议代表中有29%是犹太人，而那时，犹太人仅占俄国总人口的4%。[64]在发生基希讷乌大屠杀之后，社会主义犹太工人联盟所发表的言论，并没有消除人们对革命运动所持有的具有犹太人特色的怀疑态度。一张意第绪语广告传单明确地将反对资本主义和沙皇与打击反犹太主义联系起来："带着仇恨，带着三重诅咒，我们必须为俄国独裁政府、整个反犹太人的犯罪团伙、整个资本主义世界纺织寿衣。"[65]

最后，在19世纪后期，传统的反犹太教已经变为更加"现代的"反犹太主义，这种新的反犹太主义与席卷19世纪西方的种族主义意识形态尽管并不完全相同，但却是相联系的。在《卡哈尔之书》中，一个被命名为布拉夫曼的叛教者首先声称存在一个具有邪恶力量的秘密犹太组织。[66]这种阴谋论，对于俄国人民联盟这样的新组织具有极大的吸引力。他们将反独裁与反暴力的反犹太主义结合起来。就是这个联盟组织在圣彼得堡的报纸《旗帜之镜》（*Russkoye Znamya*）上大放厥词——摩尔多瓦的反犹太主义者帕渥拉兹·克鲁舍万（Pavolachi Krushevan）发表了伪造的《锡安长老议定书》（1903年）。随后，在俄国军队许可发表的情况下，有一系列文章以《我们不幸的根源》为主题而被转载。[67]虽然《议定书》在战火连绵的岁月里造成更大的有害影响，但这些文章是沙皇俄国在战前为恶意酝酿有害偏见所做出的独特贡献。曾几何时，俄国的统治者深信，"犹太人问题"是能够通过强迫改变信仰这样的权宜之计而得到解决的。新的阴谋论者更加明确地表示，只要这样做，就足够了。用《旗帜之镜》的话说，便是：

> 政府的职责是要把犹太人当成一个对人类生命有威胁的民族，就像狼、蝎子、蛇、毒蜘蛛和其他生物种类，因为其对人类的贪婪而注定要灭亡，而且其毁灭将得到法律的许可……必须将犹太人置于逐渐消亡的境地中。[68]

正如我们所看到的，这样的语言在德国的反犹太圈子中并不罕见。但是，是在俄国帝国，语言首先导致了行动。

大屠杀

1881 年的大屠杀，通常被视为人们对沙皇亚历山大二世遭到暗杀所做出的反应。官方下令对犹太人进行报复的谣言在广泛流传。然而，这并非巧合。暴力发生时，复活节刚过，这历来就是基督教和犹太教之间关系紧张的时刻。[69] 4 月 15 日，复活节后第三天，在伊丽莎白格勒，一个喝醉了酒的俄国人咎由自取，被人从犹太人的小酒馆里抛了出来。这件事成了催化剂。在一片“意第绪人在打我们的人民”的叫喊声中，聚集的人群开始袭击市场上的犹太人商店，然后冲进了犹太人的住所。在伊丽扎维格勒，很少人有人伤亡，尽管一个上了年纪的犹太男子后来被发现死在一个小酒馆里，但酒馆显然遭到了恶意的破坏和抢劫，“许多房屋的门和窗都被打烂了”，而且“大街……被散落的羽绒覆盖着，被砸烂的家具阻塞住了”。在随后的几天里，在兹纳缅卡、高尔塔、亚历山大里亚、安兰维和别列佐夫卡，也爆发了类似的暴力活动。4 月 26 日至 28 日期间，在基辅，最严重的暴力事件发生了，大量的犹太人被杀害，20 起强奸案被报道了出来。然后，暴力又一次蔓延到邻近地区。[70]在随后的几个月里，针对犹太人的袭击事件在犹太人定居点的南半部各地都时有发生。[71]在敖德萨，从 5 月 3 日开始，针对犹太人的袭击持续了四五天。6 月 30 日，在佩列亚斯拉夫（Pereyaslav）发生了新的大屠杀，并持续了三天，尽管波尔塔瓦总督本人亲临了现场。[72]总之，在 4 月至 8 月之间，当局统计的大屠杀有 224 起。虽然总死亡人数只有 16 人，但财产损失数额巨大。[73]但大屠杀并没有结束。圣诞节那天在华沙发生了大屠杀。1882 年复活节期间，在比萨拉比亚、赫尔松和切尔尼戈夫又发生了针对犹太人的袭击；在 3 月底，在巴尔塔发生了一场特别的暴力屠杀，其中 40 个犹太人死亡或受重伤。[74]

是什么使得被过去的历史学家们用一次浪潮或一次疫情等不同词汇描述的针对犹太人的袭击事件接二连三地发生呢？过去常常有人说，这些暴力事件是政府煽动起来的。[75]有些人遣责内务部部长尼古拉·伊格那提耶夫（Nikola Ignatiev），有些人遣责当局的专制统治者——东正教主教总检察长康斯坦丁·鲍勃多诺斯特赛夫（Constantine Pobedonostsev)，还有些人谴责新沙皇本人。[76]然而，鲍勃多诺斯特赛夫命令神职人员宣传反对大屠杀，[77]而且很显然，亚历山大三世也对所发生的事件表示遗憾。[78]诚然，沙皇政府认为，大屠杀已经使针对犹太人的经济不满合理化，犹太人被说成正在“剥削……原住民”，从所谓“非生产性劳动”和商业垄断中牟利，这些被冠以“攫取”之名。[79]沙皇意识到俄国的反犹太人情绪“绝没有发泄完”，因为“这些意第绪人把自己弄得太令俄国人反感，并且只要他们继续剥削基督徒，这种仇恨就不会减少”[80]。但这些评论几乎成了官方责任的证据。毫无根据地指控犹太人剥削，反映了当局在试图为公众的行为开脱罪责。其他官员紧张地拿出证据来证明，是无政府主义者煽动了大屠杀。[81]用部长理事会主席罗滕（Reutern）伯爵的话说：

> 今天，他们枪杀和掠夺犹太人，明天他们就会枪杀和掠夺所谓的富农。他们在道义上与犹太人是一样的，唯一不同的只是他们信仰正统的基督教。然后，商人和地主可能就是下一个目标……面对……当局的不作为，我们可以预料，在不久的将来，最可怕的社会主义事业将获得发展。[82]

在现实中，屠杀在很大程度上似乎已经成了一种自发现象，在经济波动的多民族地区容易发生暴力活动。如果说大屠杀存在煽动者的话，那他们很可能是犹太人的经济对手：俄国的工匠[83]和商人[84]。肇事者通常都是些失业者。[85]许多人是酗酒者，绝大多数是男性。在 4052 名被捕的暴徒中，只有 222 人是妇女。[86]但除此之外，肇事者都以其社会的多样性而著称。官方的调查指出：“办事员、酒吧和酒店服务员、技工、司机、仆役、受雇于政府的日班劳动者以及休假的士兵——这些人全都参与了大屠杀运动。”在基辅，一位目击者看见，“年轻男孩、工匠和劳工……组成了一个人数众多的‘赤脚旅’”[87]。在伊丽莎白格勒，暴徒中有 181 名居民、177 名农民、130 名前士兵、6 名“外国人”和一个荣誉贵族。详细的职业数据只保留了 363 名被捕者的：102 名非技术工人、87 名日日劳动者、77 名农民和 33 名佣人。[88]农民当然发挥了作用，许多人真诚地相信，新沙皇颁布了一道“打败犹太人”的圣旨。在切尔尼戈夫，一些村民对此深信不疑，要求当地的土地官给出书面保证：如果他们没有打败当地的犹太人，将不会受到惩罚。[89]然而，农民们发挥的主要作用是，在大屠杀后去掠夺犹太人的财产。他们拉着空空的大车而不是带着武器到达现场。一般来说，更有可能参与实际暴力活动的是农民工，如许多大俄国的失业者当时在乌克兰找工作的人，[90]或者最近从与土耳其的战争中回国的复员军人。

理解暴力蔓延方式的关键，在于铁路工人所起的作用。正是他们将沿着犹太人定居点的某些主要铁路线路进攻犹太人的主意传播到了各地：从伊丽莎白格勒到亚历山大里亚，从阿兰维到蒂拉斯波尔，从基辅到布罗瓦里、科诺托普和日梅林卡，从亚历山德罗夫斯克到奥列霍夫、别尔江斯克和马里乌波尔。[91]铁路似乎已成了现代皇权的筋骨，这是建设跨西伯利亚铁路的原因，现在也可能成为扰乱公共秩序的传导机制。而几乎同样重要的，是地方当局在这方面不作为。官方报告指出："当针对犹太人的暴力呈现在他们眼前时，当地非犹太居民表现出的是完全的冷漠。"[92]这种冷漠，加上警力长期短缺，给了暴徒们放手屠杀的机会。[93]在伊丽莎白格勒，总人口有43229 人，警察却只有 87 名。[94]更糟糕的是，当地警察局局长两天都没有采取任何行动。[95]总之，1881 年的大屠杀说明：这种发生在地方上的种族骚乱，可能会在现代通讯在场、现代警务不在场的情况下传染性地蔓延。

在大屠杀发生之后，政府确实采取了行动惩处肇事者。在参与 1881 年大屠杀的人中，共有 3675 人被捕，其中 2359 人被判刑，从而戳穿了屠杀是由官方煽动的谣言。[96]然而，沙皇及其各位大臣在很大程度上疏忽了所任命的地区咨询委员会，其中许多人都建议放宽对犹太人实施的住所和其他限制。相反，一个关于犹太人的官方委员会却在 1882 年 5 月 3 日引进了所谓的"临时法律"，禁止犹太人在农村地区或村庄建立新的定居点，也禁止犹太人在星期日和基督教节日开业经营。将犹太人大规模地驱逐出农村的计划被认真地讨论过，尽管最终未获通过。[97]总之，犹太人的处境在发生了针对他们的攻击后越来越糟糕，而不是越来越好。对那些对大屠杀负有责任的人进行惩处，也没能阻止随后几年在各地零星爆发的反犹暴力事件。[98]正如我们已经看到的，许多俄国的犹太人对此所做出的回应是向西方迁移，迁往奥地利、匈牙利、德国、英国、巴勒斯坦，当然，首先是美国。

1903—1906 年所发生的事件，性质是完全不同的。这发生在俄国第二次大屠杀事件，呈现了四个不同的阶段。它开始于 1903 年 4 月 19 日比萨拉比亚的基希讷乌，再次发生在东正教复活节之时。催化剂是典型的"血液诽谤"，导火索是一具小男孩的尸体被发现。反犹报纸《比萨拉比亚人》声称，这名男孩是当地犹太人用来杀人祭神的牺牲品。在随后发生的暴力活动中，数百间商店和房屋被抢劫或被烧毁。然而，这一次，有更多的人被杀害了。仅在基希讷乌就有 47 名犹太人失去了生命，而且这还只是这次暴力活动四个阶段中的第一个。[99]第二阶段正值日俄战争开始，即所谓的动员大屠杀阶段，一般都发生在一些军队准备开往的东部地区。[100]在 1904 年有 40 次，接着在 1905 年 1 月至 10 月初有 50 次。[101]第三阶段，也是最严重的暴力阶段，在 10 月中旬随着革命的高潮而到来。10 月 17 日，即在沙皇发表《十月宣言》的那一天，奥德萨的犹太人再次受到袭击，至少有 302 人死亡。[102]一天后的 10 月 18 日，基辅爆发了暴力冲突，就像在 1881 年那样，犹太人的财产遭到了巨大破坏——从床上用品里掉出来的羽毛再一次散落在大街上，但这一次，也有人遭到了杀害。[103]10 月 21 日，叶卡捷琳诺斯拉夫的形势急转直下。从 10 月 31 日到 11 月 11 日，各地共发生了 660 场大屠杀，800 多名犹太人被杀害。[104]最后一个阶段，发生在 1906 年 6 月的（波兰）比亚韦斯托克和三个月后的谢德尔采。前者，有 82 名犹太人被杀害。不仅这些大屠杀的猛烈程度远远超过了 1881 年发生的暴力（可能造成总共多达 3000 名犹太人死亡），而且在地域上要广泛得多。就连远在西伯利亚的伊尔库茨克和托木斯克也发生了针对犹太人的暴力事件，尽管就像 1881 年一样在犹太人定居点最北部的省份并没有发生暴力事件。

有什么不同吗？毫无疑问，有一个在重复中不断升级的因素——那些对 1881 年所发生的暴力活动仍有记忆的人很快就意识到，这种暴力活动会更加迅速地从对财产的侵犯转变为对人身的侵犯。但更重要的是这样的事实：这一次，社会主义犹太工人联盟成员和犹太复国主义者将一些犹太社区组织起来进行“自卫”反击。基希讷乌的情况是这样，戈梅利的情况也是这样。在敖德萨还发生过激战。[105]然而，在一场革命危机的背景下发生了这样的事件，这才是问题的关键。与 1881 年不同的是，因为这次可以确信，这些大屠杀是真正的政治事件。尼古拉二世告诉他的母亲说，大屠杀代表“全体忠诚的人民”，是对“社会主义者和革命者的鲁莽”所做出的愤怒反应……而且，由于 9/10 的滋事分子都是犹太人，人民的所有愤怒，就都是针对他们的。[106]这一分析为许多外国观察家所接受，尤其是英国外交官——英国驻圣彼得堡大使查尔斯·哈丁（Charles Hardinge）、英国议员塞西尔·斯普林—赖斯（Cecil

Spring Rice）以及驻莫斯科总领事亚历山大·默里（Alexander Murray）等。[107]另一方面，犹太组织把大屠杀说成是由官方煽动的。这种观点得到了不止一代学者的响应。无论哪一种观点，都不完全正确。正如我们所看到的，当局当然会夸大犹太人在革命中所起的作用。在俄国人中，有90%的人信奉社会主义，而在犹太人中，信奉社会主义的人的比例，远远低于这个数字。另一方面，内政部长本人提供的假证据也被曝光。[108]事实上，在基希讷乌大屠杀发生后不久，普列韦似乎采取了一些措施，如与犹太复国主义领导人西奥多·赫茨尔（The oclor Herzl）举行了会谈，并与东欧犹太人援助联合外交委员会负责人吕西安·沃尔夫（Lucien Wolf）举行了会议，以缓和犹太人定居点的局势。[109]

那么，要怪谁呢？煽动者是一个狂热的反犹太人的混合体。如帕沃拉齐·克鲁舍万（Pavolachi Krushevan），除了出版《长老锡安议定书》外，还是煽动大屠杀的《比萨拉比亚人》的编辑。[110]又如像非正规的"黑帮分子"等反革命国民军，他们拿起了武器镇压革命。[111]有证据表明，凶手袭击犹太人，正是因为他们认为他们自己是革命的。在基辅，例如，领导大屠杀的人喊道："这是你的自由！还以为是你的宪法和革命！"然而，很少有证据表明，犹太人社会主义者站在犹太人的一边。这一点，可以从我们目前所拥有的关于大屠杀的社会根源那些有限的证据中推导出来。在基辅，像1881年一样，对犹太人的家园、商店进行抢劫的，主要是由"淘气鬼、流浪汉和各种流氓"干的，其中大多数是青少年。[112]然而，在其他地区，流氓无产阶级的渣滓也被收编到工人阶级队伍来，打着布尔什维克和孟什维克的旗号行事。据犹太人自卫组织的一名成员回忆，敖德萨的暴徒包括了几乎俄国的所有社会阶层……不仅有赤脚乞丐，而且有工厂工人、铁路工人、农民、车站站长……在叶加特林日诺，暴徒据说包括"小资产阶级、农民、工厂工人、日班劳动者、不值日的士兵和学生"[113]。此外，当地警察也参与了这些暴力活动，他们怂恿暴徒朝犹太人自卫队开枪，有时甚至参与洗劫犹太人的住宅。[114]在动乱发生后，三名基辅警察包括一名上校被停职，并被指控失职，尽管他们从来没有出现在审判台前，而且该上校在1907年就被恢复了职务。[115]如果这么多不同的社会群体都想攻击和谋害犹太人，那么"俄国的革命是一种'社会两极分化'的结果"这个旧观念，就会看上去相当值得质疑。[116]种族的两极分化，可能是一个更准确的描述。

针对犹太人的暴力活动，毕竟不是沙皇体制固有的种族冲突的唯一表现。波兰人、芬兰人和拉脱维亚人，都已成为帝国政权统治下最积极地以“俄国化”为目标的少数民族。他们对这场革命所做出的反应，可以预见，是努力争取政治自治。他们也都在社会民主党派内有太多的代表。同旧秩序关系最密切的少数民族，在波罗的海沿岸各省的德国贵族，都是1905年被猛烈攻击的目标。大约140座（爱沙尼亚）库尔兰庄园被拉脱维亚的农民洗劫一空，夷为平地。[117]简而言之，俄国社会主义者可能用阶级语言谈话，但其他俄国人，或者准确地说，那些生活在沙皇俄国西部边疆多民族地区的人，都是用民族语言来回应。1905年的大屠杀，证明是震级逐步扩大升级的系列地震中的第一次，最终要在20世纪前半叶摧毁犹太人定居点定居点。这些地震暗示着将要发生更多的暴力冲突。

俄国转向西方

1905年革命中，社会主义者和民族主义者之间的分歧，有助于沙皇政权的重新稳固。截至1905年12月结束时，苏维埃被关闭。托洛茨基随着苏维埃的其他领导人被关进了监狱。

沙皇及其大臣们可能指望从1905年事件中学会深谋远虑。为避免再次失败和另一场革命，他们可能干脆选择避免另一场战争。但他们的假设似乎一直都是：未来与他们帝国的对手进行战争将是不可避免的。正如总司令A. A. 基里耶夫（A. A. Kireyev）在1900年的日记中所写的：“我们像其他强国一样，努力扩大我们的领土面积，扩大我们在道德、经济和政治等方面‘合法’的影响力。这是万物的秩序。”他最担心的，正如他九年后所说的，是“我们变成一个二流国家”。[118]最主要的事情是，下一次，俄国必须更好地武装起来，而且必须为祖国而战斗。由于害怕这场新的革命可能会带来危险，沙俄政府开展了大规模的重整军备计划。[119]然而，这一次，他们建造的铁路，不是向东通向亚洲，而是向西，通向德国及其盟友奥匈帝国。毫无疑问，这些铁路的主要功能将不是运送商品，而是运送军队。

欧洲的各大帝国，而决不仅仅是沙皇俄国，都是通过修建数万里的铁路轨道来扩大和巩固他们的权力。然而，1881年和1905年的种族冲突已经说明，铁路可以像传送有序一样传送着无序。1914 年的夏天带来了新的启示，因为有数百万人通过铁路被运输到了整个欧洲。突然变得清晰起来的是，各大帝国将乘坐列车走向灭亡。然而，对于战争来说，没有可预见的铁路时间表，不会像 A. J. P. 泰勒曾经主张的那样。当列车来临时，战争使大部分人惊讶不已。从这个意义上来说，欧洲主宰时代的终结，恰似一起最可怕的列车相撞事故。

3. 断层线

现在，战争来临了，这表明我们还没有用四肢从我们历史的野蛮阶段爬行出来。我们已经学会了穿吊带裤，写高明的社论，并制作巧克力牛奶，但是，当我们必须严肃地解决一座欧洲富庶的半岛上几个部落共存的问题时，除了大规模屠杀之外，我们绝望了，竟然想不出一个别的办法。大规模屠杀。

——托洛茨基[1]

1914 年 6 月 28 日，一名患有结核病的名叫普林西普的 19 岁波斯尼亚青年，实施了历史上最成功的恐怖行动。那天他开枪射出的子弹，不仅致命地击中了奥匈帝国哈布斯堡王朝继承人斐迪南大公的颈动脉，而且还触发了一场战争，摧毁了奥匈帝国，把波斯尼亚—黑塞哥维那从奥匈帝国的一个殖民地变成了一个南斯拉夫新国家的一部分。实际上，这些都是普林西普希望精确达到的目标，即使他不可能会预料到他的成功射击会影响深远。然而，这些只是他行为的预期后果。由他引发的战争，并没有局限于巴尔干地区，还在整个欧洲北部地区和近东地区留下了一道宽阔而丑陋的伤疤。就像一个庞大的屠宰场，战场吞噬并屠宰着地球上每一个角落里长有四肢的年轻生命，据称总数达到近1000万人。这次大战产生了新的、可怕的人类毁灭方法，带有十分强烈的威尔斯式的科幻小说色彩：坐在装甲车里全副武装的武装骑兵、致命的毒气云、隐形的潜艇舰队。炮弹像雨点般从空中落下，被击沉的船只杂乱地堆挤在大西洋底。这场战争比欧洲任何一场大战持续的时间都要长，长达四年零三个月。而且，除了推翻哈布斯堡王朝，它还推翻了其他三个王朝：罗曼诺夫王朝、霍亨索伦王朝和奥斯曼王朝。即使到宣布停战时，战争也没有停止；1918年后，战争向东部肆虐，似乎想要避开和平的缔造者们的掌控。

第一次世界大战改变了一切。1914年夏天，世界经济在许多方面都获得了蓬勃发展。与我们今天所知道的相地，这时商品、资本和劳动力流动性达到了很高的水平。跨大西洋海上电缆和电报从未像现在这样繁忙过，因为资本和移民都在流向西部，而原料和制成品都在被运往东部。从字面上来说，战争“击沉”了全球化。作为德国海军行动的结果，近1300万吨船舶沉到了海底，其中大部分都是被U型潜艇击沉的。国际贸易、投资和移民全都崩溃。在战争结束后，那些从根本上仇视国际经济一体化的革命政权产生了。计划取代了市场，自给自足和贸易保护取代了自由贸易，货物流量减少了，人员和资本的流动都不存在了。欧洲帝国对这个世界的统治——政治视野下的全球化——遭受到了影响深远的、尽管不至于致命的打击。普林西普射击的回音，震撼了整个世界。

然而，在20世纪早期，正如我们在不幸的麦金利总统的案例中所看到的，政治暗杀决非罕见的事件。他的继任者——西奥多·罗斯福，也险些遇刺。在1900—1913年期间，不少于40位政治家和外交官遇刺身亡，其中包括4位国王、6位总理和3位总统。仅在巴尔干地区，就有8次成功的暗杀，受害者包括2位国王、1位王后、2位总理和1位土耳其陆军总司令参谋长。[2] 为什么这一次特殊的政治谋杀会产生如此严重的后果呢？

部分答案是，大公遭到暗杀时，正行驶在世界上最大的断层线之一——地理上的西方和东方、政治上的东方和西方之间致命的历史边界上。从15世纪起，到19世纪末，波斯尼亚和邻近的黑塞哥维那一直是奥斯曼帝国的一部分。其许多居民皈依了伊斯兰教，以便更好地为他们的土耳其统治者服务，并从奥斯曼帝国统治中充分获取利益。但波斯尼亚从来就不是一个完全的伊斯兰国家，它还有大量信仰东正教的塞族人、信仰天主教的克罗地亚人，更不要说还有大量瓦拉几人、日耳曼人、犹太人和吉卜赛人。[3] 对于一个维多利亚时代的访问者来说，波斯尼亚和哈布斯堡王朝统治下的克罗地亚之间的萨瓦河似乎是欧洲和亚洲之间的分界线。[4] 其他人把流经萨拉热窝的米尔捷卡河作为分界线，或把穿过维舍格勒向东流的德里纳河看作分界线。事实上，随着奥斯曼帝国地位的长期下降，整个波斯尼亚成了一个有争议的边界。1908 年，奥匈帝国正式吞并了波斯尼亚。对于波斯尼亚，奥匈帝国自 1878 年柏林会议以来，一直都享有松散的宗主国地位。[5]六年后斐迪南考察萨拉热窝时，参观了新帝国所占领的土地，划拨了一笔相当大的款项，用于投资建设新的道路、铁路和学校，而一支数千人的奥匈军队仍然必须驻扎在那里维持秩序。[6]

地质断层线的麻烦是，就像地球构造板块互相之间躁动不安一样，这些地方，就是地震发生之地。在 1914 年以前，以帝国著称的地缘政治板块正在向萨拉热窝转移。土耳其正在让位，奥地利正在向前推进，俄国也是这样。俄国泛斯拉夫主义者对奥地利吞并波斯尼亚感到震惊。A. A. 基勒耶夫将军对政府默认新闻界所做出的的反应感到屈辱。“羞耻！羞耻！”他在日记中写道，“不如死了好！”[7] 然而，奥地利的主要对手，并不是严格意义上的帝国，而是一个民族国家，尽管也是一个带有帝国野心的国家。这，便是塞尔维亚。

相对来说，民族国家在欧洲历史上其实是一种新生事物。在 1900 年，在欧洲大陆很多地区占主导地位的，仍然是哈布斯堡、罗曼诺夫和奥斯曼等历史悠久的多民族帝国。大不列颠及爱尔兰联合王国是另一个这样的实体。一些较小的国家也是多民族、多种族的，例如比利时和瑞士。许多小侯国和大公国，像卢森堡和列支敦士登等，尚未有自己明确的国家身份，但都拒绝被更大的政治单位吸收合并。只有当大规模的移民在增加而不是在减少种族融合时，这些东拼西凑的政治结构才具有实际意义。然而，在政治民族主义者眼里，它们理应退出历史舞台，未来应该属于单一民族的国家。法国也提供了一种国家建设的模式。它曾把瑞士政治哲学家让-雅克·卢梭尊奉为人民主权的先知。一个共和国就是在不断反复的革命和战争中铸就再铸就的。到1900年，法国似乎在一个单一的“法兰西思想”中包含了所有古老的区域特征。奥弗涅人、布列塔尼人和加斯孔人等所有人都认为自己是法国人，他们同样都是通过标准化的学校教育和军事训练培养出来的。[8]

民族主义似乎首先对欧洲的君主制产生了威胁。然而，在19世纪60年代，皮埃蒙特王国和普鲁士王国通过将国家原则与他们自己的自我保存和自我扩张的本能结合起来，创建了新的民族国家，其结果——意大利王国和德意志帝国——无疑是非常不完善的民族国家。对于西西里人来说，皮埃蒙特就好像是法国人那样陌生。加富尔和加里波第取得胜利后，除了局部还有一些小规模的反对南方人的殖民战争外，意大利迎来了真正的统一。与此同时，许多德国人居住在俾斯麦的新帝国边界之外。历史学家所谓的德国统一战争，实际上是把说德语的奥地利人从以普鲁士为主的小德国（Kleindeutschland）中排挤了出去。在大多数民族主义者眼中，一个不完善的民族国家根本就不是一个民族国家。在19世纪后期，其他国家的人民谋求按照意大利和德国的模式来发展。有些人——特别是爱尔兰人和波兰人，更不要说孟加拉人和印度其他各民族，都把民族国家看作被毫不留情的帝国征服的替代物。少数人，如捷克人，则满足于在帝国的现有结构内寻求更大的自主权，继续获得哈布斯堡王朝的关照，唯恐遇上比它更坏的国家。塞族人的情况则不同，在1878年召开的柏林会议上，他们同保加利亚人和黑山人一起，摆脱了奥斯曼帝国的统治，获得了民族独立。到1900年，他们的野心是效仿皮埃蒙特和普鲁士，以“南斯拉夫”民族统一体的名义进行扩张。但是，他们如何达到这一目标？一种明显的可能性，便是通过战争，也就是意大利和德国所采用的方法。但形势对塞尔维亚是不利的，成败难以预料。（就像1912年时塞尔维亚与黑山、保加利亚和希腊组成联军时那样）战胜摇摇欲坠的奥斯曼帝国，或者（在第二年这些国家因瓜分战利品而发生争吵时）战胜互相竞争的巴尔干半岛上的各个国家，都是同一件事。同奥匈帝国较量，对于塞尔维亚来说，纯粹是一个更大的挑战。奥匈帝国不仅是一个更加强大的军事对手，而且也是塞尔维亚出口的主要市场。

巴尔干战争既显示了巴尔干民族主义的实力，也暴露了它的局限性。它的实力在于它的野蛮，它的弱点是它的不团结。战争的残酷性给年轻的托洛茨基留下了深刻的印象。作为《思想报》的记者，托洛茨基曾亲眼目睹了这场战争。即使是巴尔干战争之后的和平也是残酷的，以一种异乎寻常的方式，这种方式将成为20世纪反复出现的特征。在民族主义者眼里，迄今为止，获得外国的领土是不够的。现在，人和边界，都不得不移动。有时，这些移动是自发性的，就像希腊人、塞尔维亚人和保加利亚人在1912年那样，穆斯林逃往了萨洛尼卡；1913年，保加利亚人逃离了马其顿，以逃避希腊军队的入侵；希腊人选择离开了根据《布加勒斯特条约》而割让给保加利亚和塞尔维亚的马其顿地区。有时，人们遭到驱逐是蓄意的，就像1913年希腊人从西色雷斯、1914年从东色雷斯和安纳托利亚部分地区被驱逐出境那样。土耳其战败之后，达成了一个人口交换协议：48570个土耳其人、46764个保加利亚人跨越土耳其和保加利亚的新边界，相互朝着不同的方向迁徙。[9] 这种交换的目的，是要将民族混居的民族地区改变成对民族主义者想象极具吸引力的单一社会。这样做，对一些地区的影响是巨大的。1912—1915年间，在希腊，马其顿人口增长了三分之一左右，穆斯林和保加利亚的人口分别减少了26%和13%；西色雷斯人口减少了80%，东色雷斯的穆斯林人口增加了三分之一。[10]对于许多欧洲其他地区少数民族社区来说，这些影响明显是恶劣的。

短兵相接的战争替代方式，就是要通过恐怖活动创建一个新南斯拉夫国家。在波斯尼亚被吞并之后，紧接着，一些新的组织纷纷成立，誓言在巴尔干地区抵抗奥地利帝国主义，想尽一切办法解放波斯尼亚。在贝尔格莱德，有民族自卫组织（国防军）；在萨拉热窝，有姆拉达波克（青年波斯尼亚）。1911年，一个更加极端和高度保密的组织成立了：Ujedinjenje ili Smrt（不统一就死亡），也称“黑森林卢卡（黑手）”，它宣称的目标是使塞尔维亚成为“统一的塞尔维亚山麓”。其印章上印着：

> 一只有力的手臂高举着一面展开的旗帜。在旗帜上，有一个颅骨，还带着十字交叉摆放的骨头。旁边有一把刀、一枚炸弹和一只装着毒药的小瓶子。周边，在一个小圆圈内有下列题词，从左读到右，为“不统一就死亡”。[11]

这个黑手组织的领导人，是德拉古·迪米特里耶维奇（Dragutin Dimitrijevic）上校，绰号叫“Apis”（蜜蜂）。他是塞尔维亚军队的七名创始人之一。迪米特里耶维奇培训了三名年轻的恐怖分子，执行一项既定的自杀性任务：趁奥匈帝国王位继承人访问萨拉热窝时行刺。刺客内德利克·察布里诺维奇（Nedjilko Cabrinovic）、特里夫科·格拉贝茨（Trifko Grabez）和加夫里洛·普林西普带着四支勃朗宁 M 1910 左轮手枪、六枚炸弹和氰化物，被送出了边境。[12]好像是为了吸引他们，大公决定在第 14 世纪科索沃战役周年纪念日访问萨拉热窝——这是塞尔维亚民族历史上最为神圣的一天，即圣维杜斯日（Vidovdan）。

普林西普出生并成长于波斯尼亚西北部克拉伊纳镇贫穷的波斯尼格拉霍沃村，许多方面的条件都可以使他成为典型的人肉炸弹：一个狂热地信仰塞尔维亚民族主义事业的学生，一个对奥地利占领者在狂饮烈酒、在萨拉热窝妓院寻欢作乐的情景感到十分震惊的农民。他对他们的胆大妄为见得越多，与邻国塞尔维亚人一道把奥地利人赶出波斯尼亚、并使波斯尼亚成为一个新南斯拉夫国家一部分的愿望也就越强烈。正如他后来在接受审判时所说的，他是“一个南斯拉夫的民族主义者，目的是为了实现南斯拉夫各民族的统一，而且我不在乎什么样的国家形式，但必须摆脱奥地利人的统治。[13]……我们认为，应不择手段……以恐怖手段来实现统一”。他说，他的目标，就是“干掉那些阻挠统一的人，干掉那些作恶的人”。他可能本来更愿意通过常规战争来达到目的的，很可惜，在 1912 年，他因为“年纪太小、身体太弱”[14]而遭到塞尔维亚军队的拒绝，没能入伍。

在这个要命的早晨，普林西普及其战友在沿着阿佩尔码头到城市中央的滨江大道游行的游行队伍中选好了自己的位置。[15]起初，暗杀进展得似乎并不顺利。察布里诺维奇向斐迪南的敞篷车投掷了一枚手榴弹，但手榴弹从车顶上反弹掉到了地上，炸伤了车后面的两个人和大约 20 名的旁观者。大公的司机见此情景，准备加速开往安全的地方，但斐迪南坚持回去察看受伤者的情况，然后再按计划去往市政厅。之后，他决定去看望那些被炸弹炸伤的人。在赶往医院的途中，紧张的司机拐错了弯，向左拐进了弗朗茨约-瑟夫大街。在这里，正在买午餐的普林西普突然发现自己与既定目标面对面。他的视线模糊了，“内心充满了一种独特的‘兴奋’感”。他用枪瞄准了大公等人并开了枪，致命性地击中了大公的喉咙和他怀孕的妻子——索菲亚伯爵夫人的腹部［其实他本来是以军队统帅奥斯卡·波蒂奥雷克（Oskar Potiorek）将军为目标的］。这一天，是皇储夫妇结婚 14 周年的纪念日。

他们的使命完成了，普林西普和察布里诺维奇两个人都试图自杀，但他们所携带的氰化物胶囊被氧化了，结果没死成。普林西晋还试图开枪自杀，但被制止住了。[16]在审判中，当普林西晋被问及其行为的预期后果时，他回答说："我从来没有想过暗杀后会爆发一场战争。"这是坦白还是虚伪呢？历史学家们一般都认为，这是两者必居其一的事。似乎难以置信的是，普林西晋在开枪行刺的时候，没有丝毫即将引发一场地震的感觉。然而，我们应该记住的是，地震是不容易预测到的。第一次世界大战也是这样。虽然斐迪南的暗杀被证明是"引爆点"——正巧造成了整个欧洲帝国的构造板块痉挛似地移动，带来了致命的刺激，但这在当时并没有立即明确地显现出来。虽然现在看来，第一次世界大战作为一个事件早就有定论，但直到我们关注到了某些在当代人看来属于小概率的事件时，我们才能真正理解它。

战争的冲击

总体上，历史学家们一般都把第一次世界大战前的几年，描述成一段关系"日益紧张"和"危机不断升级"的时期。他们说，在 1914 年的夏天，战争并没有爆发，而是在数年甚至数十年之后才逐渐爆发的。他们对事件追溯方式的一个颇为典型的例子，是 11 卷有关官方历史的系列图书，即从 1926—1938 年出版的《关于战争起源的英国文件，1898—1914 年》。每卷的标题对战争的起源提供了一个明确的叙事框架，还向前延伸了 17 年：

I. 英国孤立的结束

II. 英日同盟和英法协约

III. 协约国的考验，1904—1906

IV. 英俄之间的关系，1903—1907

V. 近东：马其顿问题和波斯尼亚的被吞并，1903—1909

VI. 英德之间的紧张局势：军备和谈判，1907—1912

VII. 阿加迪尔危机

VIII. 仲裁、中立和安全

IX.　第 1 部分：巴尔干战争：前奏曲。的黎波里战争

第 2 部分：巴尔干战争：阿拉伯国家联盟和土耳其

X. 第 1 部分：战争前夕的近东和中东

第 2 部分：和平的最后几年

XI. 战争的爆发

几乎所有关于战争起源的书，都是在这种叙事框架内而有所不同。有些作者在时间上追溯得更早。最近有一位德国历史学家把战争的爆发描绘成连续九场外交危机的最后一场：1875 年的法德“战争一触即发”的危机、1875—1878 年的东部危机、1885—1888 年的保加利亚危机、1886—1889 年的布朗热危机、1905—1906 年的摩洛哥危机、1908 年的波斯尼亚危机、1911 年的阿加迪尔危机和 1912—1913 年的巴尔干危机。[17]纪念碑式的英国第一次世界大战新史第一卷把 1871 年德意志帝国的成立作为战争起源的基础，特别是重点强调了 1897 年后英德海军的军备竞赛。[18]有关欧洲大陆战争前军备竞赛方面的研究，一直集中在战前十多年。[19]有些重点研究奥匈帝国政策的作者，往往从战争开始的倒计时、甚至更晚的时间才开始描述。[20]但今天，很少人会严肃地声称，这场战争是 1914 年夏天的一个“晴天霹雳”。

冲突逐渐到来的观点，正好与 1914 年夏天的前几年人们便一直预言将会发生战争的观点相一致。在这种观点看来，敌对行动真正爆发的到来，更多地是作为一种安慰，而不是一场震惊。[21]左派预测了几十年，认为军国主义和帝国主义最终会产生全面的危机；右派几乎一致把战争描绘成进化论斗争的有益后果。如今，人们广泛认为，欧洲社会在战争开始之前的很长一段时间便做好了准备。[22]帝国主义、民族主义、社会达尔文主义、军国主义等有关阐述第一次世界大战原因的著作，在图书馆里真是汗牛充栋。一些人强调国内政治危机，另一些人强调国际体系的不稳定性，大家都一致认为战争具有深刻的根源。但问题是，众多不断升级的危机在很大程度上是被历史学家们建构起来的，目的不是为了把过去还原成 1914 年实际上的样子，而是为了寻找与在随后四年里所发生的大规模战争相称的战争起源。解决这一问题的一个方法，是更加仔细地审视其他同时代人对待历史学家们再熟悉不过的外交危机的态度。这样做的目的，只是为了说明，历史在很大程度上被后见之明的可疑的益处所歪曲。事实上，第一次世界大战是一场震惊，而不是一场期待已久的危机。

只有历史地看待第一次世界大战，人类才能对它的来龙去脉做出准确的判断。正因为如此，这场战争的后果才如此令全世界震惊。正是这种意外而不是意料，引起了最大的不安。

如果说还有社会团体对预测世界战争的打法具有浓厚兴趣的话，那就是战前世界上最大的国际金融市场伦敦城里那些为满足自己的需要服务的投资者和金融家们。原因是显而易见的：在这样一宗战争事件中，他们要丢掉大笔的买卖。在 1899 年，华沙金融家伊万・布洛赫（Ivan Bloch）估计：“战争的直接后果，将必定引起证券（价格）的全面下跌，要跌 25% 到 50%。”[23]记者诺曼・安吉尔（Norman Angell）在 1910 年的畅销书《大幻想》（*The Great Illusion*）中，也类似地指出了大国之间爆发冲突的消极后果。[24]两位作者均表示，希望这种考虑能使得一场大战如果不是不可能爆发的话，那爆发的可能性也将减少，但是投资者，尤其是持有欧洲各大国家所发行的债券的投资者，几乎无法把它视为理所当然。因此，我们可以料想，导致这样一场战争似乎更可能爆发的任何事件都会对投资者信心产生明显的影响。然而，似乎伦敦人，包括一些信息灵通的金融家在内，直到很晚才看出世界大战确实是迫在眉睫了。

1914 年，纳坦・梅耶・罗斯柴尔德（Nathan Mayer Rothschild）父子公司仍然是伦敦著名的公司。自从 N. M. 罗斯柴尔德在滑铁卢战役前后使整个家族发了大财以后，伦敦的罗斯柴尔德通过与其在巴黎和维也纳的堂兄弟保持密切的联系，垄断了债券市场长达近一个世纪之久，在第一次世界大战前夕，罗斯柴尔德家族已经拥有 3500 万英镑的资本，所有的钱都是家族的钱。工作伙伴在管理这一庞大的投资组合，这其中有很大一部分是他们持有的欧洲政府债券。这是最安全的投资方式，也是罗斯柴尔德最熟悉的一种方式，因为他们早已成为伦敦市场上新发行的债券主要承销商。欧洲战争爆发，与任何人相比，他们都将必定会遭受最多的损失，不仅是因为这样的战争几乎肯定会分裂他们的三个家族，使巴黎的家族或许还有伦敦的与维也纳的对立起来。1914 年战争爆发时，他们几乎完全陷入了惊慌之中。在 1914 年 7 月 22 日，罗斯柴尔德勋爵告诉他在巴黎的亲戚，他“有充分的理由相信，除非俄国支持塞尔维亚，否则后者将忍辱含垢。而俄国的倾向是保持沉默，那里的环境并不利于它采取进一步的行动”。[25]第二天，他写道，他预计“各种有争议的事项都将得到解决，而不需要诉诸武力”。[26]在获悉奥地利发出最后通牒的详情后，他还盼望着塞尔维亚人将“满足奥地利的所有要求”。[27] 7月27日，他表示：“人们普遍认为奥地利对塞尔维亚的要求是相当合理的，如果塞尔维亚采取任何草率、鲁莽的行动，就可能被看作容忍一次残酷的谋杀行动，这将引起各个大国的不满。”他相信英国政府会“不遗余力……千方百计地维护欧洲和平”。[28]“很难表达出任何非常肯定的观点。”6月29日他对他的法国亲戚说，“但我认为我可以说，我们相信，（法国人的观点）……是错误的，即他们认为德国皇帝用心险恶，并且在做黑幕交易……由于某些条约和义务的约束，如果奥地利受到俄国人的攻击，那他（德皇）就一定会援助奥地利，但这是他最不希望做的事。他和沙皇“为了和平，将通过电报直接协调”。德国政府衷心希望任何一场战争都“本土化”。[29]到了7月31日晚上，罗斯柴尔德仍然继续相信“在伦敦盛传的谣言，说德皇（正在）利用他在圣彼得堡与维也纳的所有影响力，找到一个解决办法，既不使奥地利人反感，也不使俄国人反感”。只是到了这个时候——最后一刻，才有迹象表明，他理解了事态的发展。

罗斯柴尔德绝不是反应格外迟钝。7月22日——萨拉热窝暗杀事件发生三个多星期后，《泰晤士报》发表了似乎是第一篇用英语表述的暗示性报道，阐述了巴尔干地区危机产生负面经济后果的可能性。该报道在第19页，内容如下：

被外国政治新闻所压制的证券交易美国股市尾盘反弹

> 在开放的市场中，各大证券市场充斥着奥匈帝国和塞尔维亚之间的关系日趋紧张的新闻，从而被蒙上了一层阴影……由于近东地区的形势日趋严峻，（证券交易所）人员目前的注意力，似乎被阿尔斯特危机所吸引……由于国内和国外的前景暗淡，人们投资的意愿呈总体下降趋势。[30]

不过，在其7月24日版，《经济学人》杂志关注更多的是“阿尔斯特事件悬而未决”，而不是巴尔干地区的事件。[31]这份杂志的8月1日版，清楚地表达了伦敦方面对武装干预的一周里所发生的事件有多么震惊：

> 在精心设计的国际信贷制度遭受一连串见所未见，甚至无法想象的打击后，

> 金融世界处于摇摇欲坠的状态……没有什么东西传播的范围会如此广泛，并且在世界范围内迄今为止也闻所未闻。没有什么比这……更清楚地证明：现代文明和战争不可能混合。价格的崩溃，不是由一场爆发了的小规模战争引起的，而是人们担心欧洲某些大国之间会发生战争的结果。[32]

这里的关键词，是"担心战争"。尽管奥地利在7月28日便已经对塞尔维亚宣战，即使迟至这个阶段，其他大国是否将卷入进来还不能肯定。迟至8月1日——到那时俄国已经开始作全国总动员了，《纽约时报》的头版标题仍然过于乐观——"沙皇、德皇和英国国王了仍可能正在商洽和平事宜"。

金融市场的数据，特别是政府债券价格的变动，有力地强化了这样的印象：战争的到来，对于那些有强烈参战动机的人来说，是一个意外的惊喜。世界公认的五个大国——英国、法国、德国、俄国和奥匈为支持战争都发行了大量的有息债券。而且一旦再次爆发大规模的欧洲冲突，它们也完全可能再次采用这种方法，再多发行一些这样的债券。1905年，五个大国发行的债券占伦敦市场主权固定收益证券的近60%。由法国、俄国、德国和奥地利发行的债券，占了债券总数的39%或所有外国主权债务的49%。[33]这些债券的市场常规报价的利率——用专业术语讲，叫收益率，使我们能推断出在随后几年至1914年在内并包括1914年投资者对战争预期的变化。

1914年之前，政治事件对投资者具有特别重要的意义，因为比起详细的经济数据，关于政治事件的消息，更容易定期获得。现代投资者一般都会看各种经济指标，如财政赤字、短期利率、实际的和预期的通货膨胀率以及国内生产总值的增长率。他们迷失在这些信息中，迷失在财政的、货币的和宏观经济运行等一系列措施等等这些每天都要见报的信息之中。然而，在过去，用于对违约风险、未来通货膨胀和经济增长做出判断的经济数据还是比较少的。在第一次世界大战之前，欧洲主要经济体的投资者拥有关于某些商品价格、黄金储备、利率和汇率的完整而及时的信息，但年度财政预算数据几乎没有，而且关于国民产出或收入方面也没有定期的或可靠的数字。在非议会君主制国家，甚至年度预算的数据也并不是总能得到，或者如果它们被公布出来，也有可能不能相信。相反，投资者更倾向于从政治事件中推断出财政和货币政策未来的变化。政治事件会在私人信件、报纸和电报机构中定期披露出来。他们的推论中，最具影响力的基础是以下三个假设：

1. 任何战争将破坏贸易，所以对于各国政府来说，税收都将减少；
2. 直接参与战争，将增加国家开支，减少其税收，导致大量新的借贷；
3. 战争对私营部门的影响，将使得参战国家的货币当局难以保持将纸币兑换成黄金的兑换性，从而增加通货膨胀的风险。

在此基础上，任何似乎会增加战争爆发可能性的事件，应该都会对债券市场产生明显的影响。战争意味着新债券的发行，换句话说，会增加债券的供给，从而使现有的债券价格下降。战争也意味着纸币供给的增加，从而使得大部分以债券为主的存量货币的购买力下降。一个预料到会爆发大战的理性投资者，将会在这样的预期影响下抛售债券。如果金融市场预料到了1914年战争的到来，那么我们应该预见性地看到债券价格的下降或债券收益率的上升（因为收益率主要是债券的市场价格除以债券的利息）。

然而，与记录一场世界战争的方法不同，在未来几年直至1914年7月，大多数金融市场的指标，都在暗示着投资者风险在降低。因为在19世纪40年代到19世纪70年代期间内引起债券价格大幅波动的政治事件，在随后的20年里似乎变得越来越无足轻重了。[34]国际债券市场的波动性也显著降低。一旦投资者意识到一场大国之间的战争是一种现实的可能性时，债券价格也会大幅下跌。但值得注意的是，这种情况没有发生，直至1914年7月的最后一周，确切地说，是奥地利向塞尔维亚发出最后通牒、要求塞尔维亚合作调查萨拉热窝暗杀事件的一周之后。最后通牒是7月23日发出的。7月22日—7月30日（报价发布的最后一天）之间，统一公债价格下跌了7%，法国公债价格下跌了不到6%，德国国债价格下跌了4%，奥地利和俄国债券价格的跌幅大约为德国的两倍之多。即便如此，这些绝不是前所未有的市场走势。原因很简单：伦敦市场7月31日收盘时，危机的严重程度尚未充分显现出来。假如市场继续开放，所有的证券价格将进一步大幅下跌。直到7月31日，经过三天的犹豫不决，俄国才开始总动员，德国政府向圣彼得堡和巴黎发出了最后通牒。8月1日，德国对俄国宣战，两天后对法国宣战。英国直到8月4日才决定进入战争状态

——这一决策遭到了罗斯柴尔德和《经济学人》编辑们的强烈反对。在这些实力强大的利益团体的人士眼中，7 月 22 日—7 月 30 日所发生的事情，预示着欧洲大陆的大国之间要发生战争的可能性急剧增加；“世界末日”仍未被视为必然会到来，即使在市场被迫关闭时也是如此。

表 3.1　欧洲大国的债券价格，1914 年 7 月至 12 月

								百分率变化	
	7 月 8 日	7 月 22 日	7 月 27 日	7 月 30 日	8 月 20 日	9 月 18 日	12 月 19 日	7 月 22 日-7 月 30 日	7 月 22 日-12 月 19 日
统一公债 2.5%	75.8	75.5	72.5	70.0	70.0	68.8	68.5	-7.3%	-9.3%
奥地利 4%	84.5	84.5	82.0	76.5			65.0	-9.5%	-23.1%
法国 3%	82.5	81.0	77.5	76.5				-5.6%	
法国 3% *	83.0	81.3		82.5		73.7	70.6	1.5%	-13.2%
德国 3%	76.0	75.0	73.5	72.0				-4.0%	
俄国 5%	102.5	102.5	98.0	93.0		90.5	93.5	-9.3%	-8.8%

* Bordeaux prices.

随着战争爆发的可能性突然增加，早已被布洛赫、安格尔和其他人士所预见的金融危机以惊人的速度呈现在眼前。所发生的一切，是国际金融危机蔓延的一个经典案例。维也纳和布达佩斯的证券市场在经过一个多星期的下跌之后，在 7 月 27 日星期一关闭了，圣彼得堡两天后也关闭了市场，到星期四，《经济学人》竟然仍然认为柏林和巴黎股市实际上只是在名义上关闭了。[35]欧洲大陆股市的关闭，在伦敦引起了双重危机。首先，那些向伦敦支取了商业汇票的外国人发现汇款更难了；那些接受了外资票据的英国银行在票据到期时，突然面临着总体性的拖欠。同时，伦敦银行有大量的资金从欧洲大陆的基金中撤出，有人大量抛售外国证券。7 月 27 日，罗斯柴尔德勋爵紧张地向其法国表兄弟报告说：“所有的外资银行，特别是德国的各大银行今天从证券交易市场中兑换了大量的现金，而且……各个市场一度十分消沉，相当多弱势的投机商正在进行零利润抛售……”[36]正如《经济学人》所说的，伦敦成为“整个欧洲大陆清仓的垃圾场”。[37]7 月 29 日，在结算银行拒绝满足那些捉襟见肘的证券交易所的客户需求时，交易有效地停止了，第一批公司开始倒闭。第二天，有消息透露，著名的股票经纪人德伦堡公司（Derenburg & Co.）已经“被锤了”（宣告破产了）。这与英国央行把贴现率从 3% 提高到 5% 的决定一道，加重了人们心中的阴影。31 日上午，被《经济学人》称为“最后霹雳”的是联合证券交易所关闭，这是继英国央行决定提高贴现率至 8% 之后发生的事。[38]没有必要在这里详细地叙述政府当局为避免整个金融市场崩溃所采取的后续措施。[39]至 7 月 31 日，关键的问题是，危机已经导致了伦敦股票市场的关闭，并一直关到 1915 年 1 月 4 日。没有什么比这些证据能更好地证明：战争的爆发会对经济产生巨大的冲击。

联合证券交易所的关闭，只能掩饰已经爆发的危机，但不能阻止危机的爆发。市场关闭时，同期录得的价格分离的债券价格（基于正常渠道之外进行的重大交易）清楚地说明了这一点。12 月 19 日，奥地利债券的报价比危机前 7 月 22 日的水平低 23%。法国的统一公债，差别是 13%；英国的统一公债和俄国债券（令人惊讶地）都刚好是 9%。然而，这仅仅是开始阶段的结果。在战争过程中，大量新发行的债券，以及通过票据贴现所 money creation，正如专家所预测的，导致了所有参战国家的债券收益率持续上升。[40]要不是对交战国的资本市场施加了各种管制的话，这些波动会大得多。这些管制使投资者很难坚持他们在战前持有的各个国家的债券，这些管制也通过中央银行的全面干预保持了债券价格的稳定。[41]即使这样，减持量和价格下跌也还是很大。[42]统一公债的价格从高峰到低谷，在 1914—1920 年之间下跌了 44%。法国统一公债的情况与此相似（价格下跌了 40%）。此外，英国和法国是出现在战争胜利一方的两个大国，其余三个国家均遭受了失败、爆发了革命。布尔什维克政府拖欠了俄国人的债务，而德国和奥地利革命后的政府通过通货膨胀大幅减轻了实际的债务负担。尽管所有的统一公债持有人都得救了，他们可以合理地希望其政府在战争结束后恢复其投资价值（就像自乔治一世统治以来，英国在战争之后所做的那样），但结果却更糟糕，大大超过了最悲观的战前评论家们曾经预见的。对于罗斯柴尔德来说，战争的影响是毁灭性的。仅在 1914 年，其损失接近 150 万英镑，这是他有史以来最大的一笔损失。1913—1918 年，伦敦共同出资人的资本减少了一半以上。直到 1914 年 7 月的最后几天，金融市场似乎没有考虑过这一事实，向我们透露了一些关于第一次世界大战起源的重要信息。用《经济学人》上的话来说，伦敦城似乎直到7月31日才在“须臾之间”理解了“战争”的含义。[43]

尽管这场危机发生的形式不同，华尔街的情况也大致相同——《纽约时报》谈到了一场“大火”[44]。在那里，捉襟见肘的欧洲人希望美国铁路证券公司清算其持有的股份（其中20%掌握在外国人手中），这有可能会引发一次甚至比1907年的大“恐慌”更为严重的金融危机。有趣的是，事实上，整个1914年夏天，纽约黄金外流情况严重，显然是由于俄国致力于在圣彼得堡进行黄金收储所致。但在奥地利向塞尔维亚发出最后通牒的消息传来之后，流出的黄金量更是达到了顶峰。英镑兑换美元的汇率上涨，因为投资者拼命地寻求急需的资金以汇回欧洲；那些正常利用美元的疲软从事套利工作的人，都因为战时运输保险费的急速上涨而望而却步。自然，欧洲的抛售影响了美国股市的价格，在奥地利发布宣战消息五天后，美国股市下跌了3.5%。事实上，就在同一天，就像伦敦做出关闭交易所的决定一样，在财政部长威廉·麦卡杜（William McAdoo）极力敦促之下，美国做出了关闭纽约证券交易所的决定。的确，在户外的新街市场，非官方的报价表明，市场可能还没有完全崩溃（到10月底，各国股市分别再下跌了9%）。但是，这只是因为非官方市场太小，还不足以使欧洲人意识到他们想抛售的所有东西，又因为麦卡杜正在尽力将紧急货币注入美国银行系统，以避免因纽约市拖欠其庞大的债务可能引起的亏损，而且他通过创立一个战争风险保险局，鼓励美国向欧洲出口货物，让流入大西洋彼岸的黄金再流回来。要是没有这些紧急措施，华尔街必定会出现银行倒闭浪潮，这一浪潮之大，甚至会超过七年前的。[45]

为什么金融市场会陷入措手不及之中？在最后一点关于大国战争的记忆消退之后，难道投资者只是在战争爆发前才低估了一场战争对其债券投资组合造成的潜在影响？当然，一种可能性是金融家们是现在广为人知的“幻想战争是短期的”第一批受害者。他们阅读伊凡·布洛克（Ivan Bloch）和诺曼·安吉尔（Norman Angell）的书，这两人都认为，大战所付出的前所未有的代价，将会使得人们放弃打这样一场战争，如果这场战争不是可以不打的，那么至少也是短暂的。在1914年11月1日，法国财政部长里博（Ribot）认为，战争将在1915年7月结束。英国统计学家埃德加·克拉蒙德（Edgar Crammond）持有同样的观点。[46]值得再说一句的是，几乎同样乐观的是，比他们聪明得多的约翰·梅纳德·凯恩斯在1914年8月10日兴奋地向比阿特丽斯·韦伯（Beatrice Webb）解释说：

> 他非常肯定地认为，战争不可能会持续一年以上……这个世界，他解释说，是极其富有的，但幸运的是，其财富具有不能为战争目的而快速变现的性质：以资本装备的形式制造对战争无用的东西。当所有的财富枯竭了的时候——他认为这将需要大约一年时间，大国们将不得不谋求和平。[47]

然而，这位年轻人幼稚的乐观态度并没有得到伦敦人的广泛认同。这或许有助于解释当他离开剑桥突然向财政部提供他的战时服务时，为什么他同银行家们之间的冲突会如此激烈。罗斯柴尔德家族完全了解他们所面临的危机大小。“战争的结果……是未知数。”罗斯柴尔德勋爵在7月31日说道，“但无论结果如何，参战者随之而来的牺牲和痛苦是巨大而深重的。在这种情况下，灾难会比以往所见过的或者所知道的都要大。”[48]8月1日，《经济学人》的编辑们提心吊胆地预测：“一场规模空前的巨大战争，对现代文明所造成的生命损失和财产损失之多，真是难以估量，而且恐怖是如此的骇人听闻，以至于超过了我们的想象。”[49]几乎没有证据表明，伦敦人预料这场战争会在“圣诞节前完全结束”。

可能是技术层面的经济因素，导致战前波动性和风险溢价的减少。或许，随着越来越多的国家加入金本位制，投资者不再担心国际货币危机，尽管这样说的证据并没有说服力。也许全球金融一体化正在通过扩大国际资本市场而降低金融风险，尽管结果也同样极有可能增加金融危机的风险。也许多数国家战前的财政状况真的有所改善，但投资者仍然预料到战争会产生巨额赤字。[50]可供选择的方案，可能是通过扩大国家资本市场，从而使市场产生增强投资者信心的流动性。在19世纪后期，世界上所有发达国家都创办了大量的新储蓄机构，第一次允许小储户间接地进入债券市场。这类机构的“国内偏见”（像在英国一样，经常在法律上得到了强化），无疑会产生拉低国内债券收益率、减少市场波动的影响。[51]然而，我们不能排除投资者真的把欧洲战争的爆发作为1880年后这一段时期极不可能发生的事情——确实，直到1914年7月的最后一个星期。

即使对那些具有丰富的财务知识的人来说，第一次世界大战看上去也真的是令人惊讶。就像站在断层线上的人那样，投资者知道地震很可能会发生，并了解其后果将是如何的严重，但地震发生的时间不可能预料得到，因而超出了正常的风险评估范畴。距离上次大地震的时间越长，想得到下一次地震的人就越少。如果这种观点是正确的话，那么关于第一次世界大战的起源，传统的历史观就纯粹是过分地将其宿命化了。远非“距离灾难还有很长的路要走”，实事是，这条路是一次短道滑行。这样的结论，并不支持那些人把第一次世界大战看作不可避免，大战是大国之间根深蒂固的相互竞争所导致的后果—— 一场命中注定的大灾难。[52]但是，它肯定与第一次世界大战的爆发是一个可以避免的政治错误这样的观念相一致。[53]

英国统治下的和平的终结

为什么1914—1918年的第一次世界大战本来不应该是一场震惊？一个答案是，同代的人比在后维多利亚统治时代的人更有信心，他们相信这个世界上最大的帝国能够控制欧洲大陆危机对全球造成的影响。这完全情有可原。回过头来看，我们现在知道，1914年大英帝国在许多方面是不自量力的，一些同时代的人也这样想。然而，长期以来，英国海军一直占有绝对优势，可能使投资者低估了大英帝国的脆弱性。对投资人来说，英国统治下的和平看上去很真实，这就是为什么在贷款利率仅比那些统一公债高几个基点的情况下，都愿意把钱借给那些英国统治下的新兴市场的原因。[54]在任何情况下，和平不仅仅是英国军事或财政实力的一个功能，也建立在大国成功外交的基础上。像“力量的平衡”和“欧洲的合奏”这一类概念，都在很大程度上被战争玷污了。确实，这场战争本身是由一个有缺陷的“秘密外交”制度所引起的，成了美国国际主义者的信条。然而，1914年7月调停失败的国际机构，实际上在整个上个世纪，在为避免大国之间爆发战争方面所作的努力，都做得相当不错。

1833年，德国历史学家利奥波德·冯·兰克（Leopold von Ranke）在写作时采取了对这个世纪怀着希望的态度来展开叙述。他说，悲观主义者可能会认为：“我们这个时代，只有趋向于解体这样的趋势和压力。它的意义似乎在于终止统一，遵守中世纪以来保留下来的各项制度。”保守主义者可能会沮丧地发现，“那种朝着伟大的民主思想和制度发展的不可阻挡的趋势，必然会导致我们正在亲眼目睹的伟大变革”。然而，兰克是乐观的：

> ……远不止仅仅满足于否定，因为我们这个世纪还产生了最积极的成果。它已完成了一次伟大的解放，不是在解体意义上的解放，而是在建设性的统一意义上的解放。
>
> 首先，这个世纪不仅造就了各大强国，而且使所有国家、宗教和法律的信条得到了更新，使每个国家得到了复兴。我们这个时代的特征，恰恰在于这一事实……（各个国家和各个民族的）团结，都取决于每个国家和民族的独立自主……一个国家要完全主宰另一个国家，将会使它变成一片废墟。这种现象的出现，将破坏每个国家的本质。真正的和谐，来源于独立自主的发展。[55]

兰克曾对各个大国之间达成相互平衡，从而避免像拿破仑统治时期那样一个大陆国家主宰其他国家的能力充满了信心。他的信念没有错。在1814—1907年之间，7次（宗主国或首相的）代表大会和19次（外交部长）会议，就19世纪的主要外交问题进行了讨论，并在很大程度上解决这些问题。[56]虽然当时没有像我们这个时代那种维护国际秩序的标志性机构，但事实上，这些定期举行的首脑会议，与今天的联合国安理会常任理事国所起的作用是大同小异的。他们签署了条约，斡旋后也达成了共识，虽然并没有阻止战争的爆发，但他们对战争起到了制约作用，以至在维也纳会议和萨拉热窝遇刺案之间的100年，都没有一次欧洲危机升级为全面的、涉及所有大国的冲突。这绝非一项小小的成就。[57]

当然，从1815—1914年这些年间，并不是真正的和平时期。欧洲各帝国发动了多场战争，妄图统治亚洲、美洲和非洲。然而，欧洲本土上相对来说几乎没有发生什么战争。根据一项估计，在拿破仑战争和第一次世界大战之间的整个时期，仅发生了21场战争，而且这些战争，几乎都以地理范围有限、持续时间短和造成的伤亡少而著称。19世纪，与之前的三个世纪和之后的一个世纪相比，确实好多了。[58]如果把较小的殖民冲突都包含在更广义的战争定义中的话，就可以看出，大多数战争都发生在欧洲以外的地区。一个例子是，从1789—1917年之间爆发的270场战争，发生在欧洲的不到三分之一。其中，只有28场是民族国家之间的战争，与此相对照的是，争取民族独立的战争有28场，内战有19场。[59]在另一个数据库中，在总共184场战争中，仅计算那些每年伤亡人数超过1000人的冲突，发生在欧洲的总共只有51场。[60]19世纪并不是和平的黄金时代，回想起来，它有点类似于1914年的那个年代，但没有再次爆发像1793年和1815年之间那样的彻底颠覆了欧洲的那种战争。

尽管关于战争主题的作品汗牛充栋，但对各大帝国花在武装部队的军费或动员男子参军等军国主义进行专题研究的并不多。从1870—1913年，只有俄国的国防开支年均超过了国民生产总净值的4%，英国、德国和奥地利的军费开支都仅占3%多一点。[61]同一时期，只有法国和德国招募了平均超过其人口1%以上的人参军，分别为1.5%和1.1%。[62]只是事后一想才明白，原来欧洲就像一个武装营，正在热切地期待着总动员。

萨克森—科堡

在1914年夏天，人们理所当然地认为不会爆发战争的另一个原因，是欧洲名义上的统治精英呈现出一种特别的一体化现象。当然，弗朗西斯·斐迪南大公就是一个哈布斯堡家庭成员，但在德国盘根错节的占统治地位的皇朝谱系上，他也是一名精英成员。自17世纪以来，德国各个皇朝多数时候都掌握着欧洲的统治权。

除了瑞士、法国（第三共和国除外）和零星的城市国家以外，在1815—1917年期间，几乎所有的欧洲国家，不是帝国、王国、公国，就是大公国，国家元首的职位都是世袭的，而非选举产生的。在实行多少有些开明的专制主义的俄国和实行自由君主制的挪威之间，存在着各种各样的、令人眼花缭乱的政体形式。然而，没有哪个国家完全剥夺了这种世袭权力，也没有哪个国家废除了政府的重要机构——皇家法院。[63]此外，这些人除了在国内拥有政治权力之外，即使在其他方面受到了节制，但在任免权上的权力仍然是很大的。他们都曾在国家间的关系领域内发挥着独特的作用。尽管存在工业化和其他一切与现代化相关的现象，但皇朝政治依然重要。为争夺石勒苏益格公国和荷尔斯泰因公国以及西班牙王位的继承权，战争爆发了。这里，之所以以这些国家为例，不仅仅是因为它们为坦率的政治家们提供了国家建设的方便借口。当注意力集中到19世纪所有王朝中最重要的一个王朝即萨克森—科堡身上时，许多关于这种想象中的现代仍然明显是早期现代的说法，就变得明显了。

萨克森—科堡王朝的兴起，可以追溯到拿破仑战争时期，而且可以在奥古斯塔（Augusta）的日记中找到踪迹。[64]奥古斯塔是科堡公爵弗朗西斯·弗雷德里克（Francis Frederick）的第二任妻子，并从1806年起成为公爵的遗孀。在拿破仑打败了神圣罗马帝国并创建了莱茵联邦时，科堡是面临亡国威胁的德国的一个小公国之一。但奥古斯塔的后代设法在法国与俄国之间的夹缝中生存了下来，并因此获得了合理的回报。迫于俄国的压力，1807年科堡公国得以恢复，长子欧内斯特（Ernest）继承了爵位。奥古斯塔的孩子们的婚姻都很好。除了一个女儿外，其他的人都与王室联姻，为自己保留了王室身份，或者为他们的孩子取得了王室身份。一个女儿嫁给了俄国亚历山大一世的兄弟，另一个嫁给了符腾堡国王，第三个嫁给了英国的肯特公爵——乔治四世的兄弟之一。但是，奥古斯塔的幼子利奥波德（Leopold）才是萨克森—科堡财富的真正创造者。1817年11月，利奥波德遭遇了人生的重大挫折，他的第一任妻子夏洛特公主——英国乔治四世的女儿因难产去世。仅在18个月后，他再次结婚，但当时的环境已经发生了变化。在此之前，他连接受希腊王位的提议都没怎么认真考虑过，[65]却在1831年成了比利时国王。

正如1863年的《泰晤士报》所指出的，萨克森—科堡的历史表明："一次成功在多大程度上会导致另一次过上王子般生活的成功。"他们

> 能够优先在欧洲得到一个职位，这在过去，德国人几乎连做梦都不敢想。（他们）分布得很远很广，他们的家族来到了这片广袤的大地上。他们在英国创建了一个新的皇家王朝。女王是利奥波德姐妹的女儿，她的孩子是利奥波德的外甥。科堡王朝统治了葡萄牙；他们与奥尔良王室关系密切，尽管奥尔良王朝垮台了，并且与他们自己国家的主要家庭保持着较为密切的联系。在长达30年的时间里，利奥波德王子一直统治着欧洲众多小国中最重要的一个，他的长子娶了奥地利皇室的一个女大公。[66]

此外，维多利亚和阿尔伯特共同养育的九个子女，除了一人之外，都是与皇室

成员结的婚。维多利亚女王的女婿们，包括后来成为普鲁士国王、德国皇帝的普鲁士的弗雷德雷克，石勒苏益格—荷尔斯泰因的克里斯蒂安王子，还有巴腾堡的亨利，其兄弟亚历山大后来成为了保加利亚王子。女王的儿媳，包括丹麦的亚历山德拉公主和沙皇亚历山大二世的女儿、沙皇亚历山大三世的妹妹玛丽公主。除了乔治五世之外，维多利亚的孙子孙女们，包括：苏菲，她嫁给了希腊国王康斯坦丁；德皇威廉二世；普鲁士的亨利王子；伊丽莎白，她嫁给了谢尔盖——沙皇亚历山大三世的弟弟；亚历山德拉，她嫁给了俄国沙皇尼古拉二世；玛丽，她嫁给了罗马尼亚国王斐迪南一世；玛格丽特，她嫁给了瑞典国王古斯塔夫·阿道夫六世；维多利亚·欧仁妮，她嫁给了西班牙国王阿方索十三世；还有莫德，她嫁给了丹麦的卡尔，即后来的挪威国王哈康七世。到1893年尼古拉二世第一次访问英国时，一次家庭团聚已经到了像是一次国际首脑会议那样的地步：

> 我们走进了查林克罗斯。在那我们遇到了伯蒂叔叔（未来的爱德华七世）、阿利克斯姨妈（丹麦的亚历山德拉）、乔治（未来的乔治五世）、路易斯、维多利亚和莫德。
>
> 两个小时后，阿帕帕（丹麦的克雷斯坦九世）、阿马马和瓦尔德马叔叔（丹麦王子）抵达了。这么多家庭成员聚在一起，真是太好了。
>
> 4：30，我到克拉伦斯宫去看玛丽姨妈（萨克森—科堡公爵阿尔弗雷德的妻子），并在花园里与她、阿尔弗雷德姨父和杜茨基（他们的女儿——维多利亚·梅利塔）一道喝茶……[67]

最后结婚的恩斯特·路德维希继承黑森—达姆施塔特的大公地位时，嘉宾们包括：一个皇帝和一个皇后、一个未来的皇帝和一个未来的皇后、一个王后、一个未来的国王和一个王后、七个王子、十个公主、两个公爵、两个公爵夫人和一个侯爵。他们都是亲戚。[68] 1901年，维多利亚女王去世的那一年，不仅她的那些亲戚团成员登上了大不列颠及爱尔兰王国的王位宝座，而且还有亲戚登上了奥地利-匈牙利、俄国、丹麦、西班牙、葡萄牙、德国、比利时、希腊、罗马尼亚、保加利亚、瑞典和挪威的王位宝座。

就在越来越多的平民担心异族通婚会产生那想象出来的恶果的时候，欧洲王室精英们不得不担心相反的情况——近亲繁殖的危险。1869 年，维多利亚女王就主张最好要“把新的、健康的血液输入给它（皇室），但所有国外的王子彼此都是亲戚。当我能继续同众多的家族成员缔结成外部联盟时，我确信，新的血液，将会在道义上也会在身体上巩固王位”[69]。1885 年她曾写信给亚历山大·冯·巴腾堡，为另一孙女即维多利亚·莫雷塔既定的婚姻进行辩护。她说：“如果没有新鲜血液偶尔注入王室，这些种族在身体和道德上都将会退化。”[70]系统的近亲繁殖真的会产生医学上的缺陷，这也是千真万确的。凝血障碍病——血友病通过该皇室家族遗传并给男性分支（因为血友病致病基因在 X 染色体中）带来了悲剧性的后果。在维多利亚的后裔中，至少有九名血友病患者：她的第八个儿子阿尔班尼公爵利奥波德、她的孙子黑森的腓特烈·威廉、她的女儿贝阿特丽斯的儿子利奥波德，她的孙女艾琳的儿子瓦尔德马和亨利，她的孙女亚历山德拉的儿子阿列克谢、她的孙女爱丽丝的儿子鲁波特、她的孙女维多利亚·欧仁妮的儿子阿方索和冈扎罗。卟啉症，也是皇家的遗传病，从乔治三世一直遗传到维多利亚的大女儿维姬和德皇威廉二世的妹妹夏洛特。[71]

然而，皇家血缘关系的好处是显而易见的。除了欧洲大陆的统治者们进行家族内的通婚，还能想出什么更好的办法来制止那 19 世纪躁动的民族主义趋势吗？到 1892 年，维多利亚女王愉快地接受了威廉·詹纳爵士让她放心的劝告，威廉·詹纳爵士向她保证：“没有危险，也没有排异，因为他们（维多利亚·梅利塔和恩斯特·路德维希）是如此强壮和健康，玛丽姨妈也是如此。他说，与他们联姻，只会使他们之间的关系更加稳固、更加健康。”[72]两年后，在他与她的另一孙女订婚后，维多利亚女王非常高兴地当上了未来沙皇尼古拉二世的“奶奶”。[73]当未来的爱德华八世出生两个月后，维多利亚便迫不及待地将曾孙命名为阿尔伯特，仿佛要在家族成就上盖上印章：

> 这将是科堡支脉，就像以前的金雀花王朝、（欧文·都铎）的都铎王朝、斯图尔特王朝和乔治一世的不伦瑞克王朝——他是詹姆斯一世的曾孙，而且这将是科堡王朝——保留不伦瑞克和所有其他将要进入的、正在加入的王朝。[74]

因此，这才是真正的欧洲，这是理解欧洲皇室的关键。传统的民族身份，与一个基本上为多民族的君主制是不相容的。例如，维多利亚女王总是把她的家族看作“我们亲爱的科堡家族”，并把“萨克森—科堡看作皇室正确的姓氏。她喜欢她的孩子们讲德语和英语，因为她的心脏和情感”，用她自己的话说，“纯粹是德国的”。例如，她为她的女儿海伦娜取了一个典型的德国人名字——伦琴。“德国元素，”她宣称，“是我想在我们可爱的家中得到珍惜和珍藏的东西之一。”[75]“我的心，”1863 年她对比利时国王利奥波德说，“完全是一颗德国心……”[76]，但她也可以很轻易地说自己是英格兰人、苏格兰人，甚至是印度人的化身。沙皇尼古拉二世以同样的方式，总是用英语写信给他那出生于德国的妻子，就像他用英语给德皇写了许多动情的信一样。比利时王后能讲一口流利的匈牙利语，因为她是奥地利的一个女大公；她丈夫的父亲是德国人，母亲是法国人。作为这种世界主义的结果，从字面上看，欧洲皇室就是他们自己的。尽管这个家族遍布整个欧洲大陆，但各个分支通过通信和频繁的聚会而团结在一起。一个国家对另一个国家的国事访问，是 19 世纪外交的一个组成部分。但在这些正式访问的背后，却是一些真正的家庭聚会。偌大的皇室中，成员之间甚至相互知道各自的昵称。巴腾堡乔治王子，在尼古拉二世写给其妻子的信中，是“乔治·巴特”，而她总是喜欢称希腊国王为“希腊乔治”。对于维多利亚女王来说，保加利亚王子亚历山大永远都是“亲爱的桑德罗”。

如果各个朝代的成员彼此继续联姻的话，这一系统就能得到保留。但哪怕与最大的非皇家贵族结婚，也都将会打破魔术般的皇家圈，因为贵族家庭成员是国家的重要精英成员。维多利亚女王的女儿路易斯嫁给阿盖尔公爵的儿子时，这种匹配显得是那么的不同寻常，以至于必须由女王出面来为其符合宪法规定做辩护。但是，当她的女婿——黑森—达姆施塔特的路德维希在他的第一任妻子即维多利亚女王的女儿爱丽丝死后，考虑“迎娶离过婚的俄国小姐”时，她与他划清了界线。亚历山大三世怨恨巴腾堡的亚历山大的原因，是巴腾堡家族是贵贱联姻（非皇室），而且他迫使亚历山大放弃了保加利亚的王位。* 当弗朗西斯·斐迪南大公违抗他的叔叔弗朗西斯·约瑟夫皇帝的旨意，娶了霍泰克伯爵夫人苏菲亚时，就没有在家族中得到过

---

* 贵贱联姻，是指地位高的子弟如王子娶地位低的女子，女方须保持其平民身份，子女亦不得继续父亲的财产、头衔等。——译者注

真正的原谅。的确，老皇帝把这对夫妇在萨拉热窝惨遭暗杀视为神灵对这种失检行为的一种惩罚。维也纳的哀悼，似乎都是在敷衍了事。1907 年，由于类似的原因，德皇威廉二世有效地制止了腓特烈·威廉王子娶冯伦多夫伯爵夫人保拉的贵贱联姻。与同胞皇室成员的婚姻是规则，例外只会在极端情况下出现，那就是当唯一的选择是独身的时候。

所有这一切的结果，是特殊的家族谱系盘根错节。只举一个例子：维多利亚女王曾富有感染力地指出，西班牙王后玛丽亚·克里斯蒂娜，是“已故的弗雷德里克大公和伊丽莎白女大公（比利时的玛丽的姐姐）的女儿”。她的祖父，是著名的查尔斯大公，他的妻子是拿骚的一位公主，是海伦的二表妹，也是莉莉的二表妹。[77]希腊王子克里斯托弗，有一棵同样令人费解的家庭树：“我的父亲是希腊国王乔治一世，他原来是丹麦王子，英国王后亚历山大的弟弟……我的母亲是俄国女大公奥尔加，她是康斯坦丁大公的女儿，是沙皇尼古拉一世的孙女。”[78]这种孕育于多民族中的精英，在某些方面引起了敌意，这一点都不奇怪。在紧接着倒霉的亚历山大·冯·巴腾堡在保加利亚冒险之后，赫伯特·冯·俾斯麦[79]——萨克森—科堡的最强劲对手的儿子，半严肃地抱怨道：“在英国皇室及其最近的脉络中，有一种对纯正的家族原则的崇拜，而维多利亚女王被视作科堡家族所有分支的一位绝对首脑。这与遗嘱修改附录相联系，显示了自古以来的顺从关系。”[80]真正使萨克森—科堡如此成功的，也真正使俾斯麦王朝如此恼火的，是他们在社会和政治倾向上主张广泛的自由（这是与英国人相联系的使他们区别于其他德国王朝的东西，逐渐为俾斯麦的铁血政权感到非常懊悔的王朝，即汉诺威王朝）。将萨克森—科堡王朝与 19 世纪 40 年代的罗斯柴尔德[81]家族进行比较的法国善辩者，无意中揭示了其中的原委：因为这两个南德国王朝彼此有一种共生的关系。[82]俾斯麦由于受到维多利亚女王女儿的影响，又与她的丈夫、运气不佳的腓特烈三世同名，感到非常沮丧，于是便竭力离间他们的儿子与所谓的“科堡阴谋集团”之间的关系。

然而，如果把这作为 1914 至 1918 年战争即将爆发的先兆的话，那将是错误的。诚然，威廉二世对他的英国亲属关系感到非常矛盾，例如，1889 年，威廉二世和威尔斯亲王都在维也纳，当威廉二世听说亲王号召将阿尔萨斯和洛林收回法国后，便拒绝会见威尔斯亲王。当事实证明原来威尔斯亲王的意思被歪曲了之后，德皇还拒绝道歉。丹麦王子克里斯蒂安解释说："德皇刚上任不久，对他自己和自己做正确事情的能力还不太自信。因此，他经常担心有损自己的尊严，并且他特别敏感，以免他年长的亲戚把他称为'侄子'，而不是'皇帝'。"[83]不过，在事后看来，这种小口角显示了战争的前兆。在 1914 年的前几年，德皇实际上为改善德国与俄国的关系付出了真诚的努力。俄国是德国的军事谋划者们和外交官们都害怕的一个国家。他积极怂恿沙皇在满洲运用强硬策略，并向他保证说，如果战争来临，德国一定会给予支持。[84]1904 年，德皇被请求成为沙皇儿子的教父。对于这一请求，他热情地表示欢迎。[85]在 1909 年，当他把他的复活节礼物送给沙皇时，他谨慎地指出：这是"一个永不消失的爱和友谊的标志……我们相互关系的象征"[86]。

在那年夏天的危机中，突然变得清晰起来的是，像他的萨克斯—科堡的亲戚们一样，一旦决定开战，德皇也缺乏军事和政治方面专业人员。王朝家庭关系再也无法制止全副武装的各民族展开一场战争，这是君主立宪制的现实。但是，这场战争是否真的会爆发，没有人能完全肯定，直到君主们被推翻。即直到他们被推翻，仍然存在着某种皇族之间妥协的可能性。英国驻圣彼得堡大使想知道"最后是否有可能求助于沙皇尼古拉，请他呼吁奥地利皇帝在俄国可以接受范围内限制奥地利的行动"。[87]德国派出了德皇的弟弟亨利亲王前往伦敦，看看能否争取乔治五世保持中立。君主们自己的行事方式，都好像是他们真的有实力来阻止这场战争的爆发。"我曾对尼基说起过这件事，"国王的妹妹奥尔加回忆道，"而他回答说，威利是一个令人讨厌的人，也是一个喜欢出风头的人，但是他绝对不会发动战争。"[88]"威利"和"尼基"都竭力使战争本地化，德皇采取了敦促奥地利人"就停留在贝尔格莱德"的方式，沙皇采取了拖延在俄国进行总动员的时间的方式。事实上，即使是在敌对行动已经爆发之后，这两个主权国仍然在继续寻求一种妥协。英国驻德国大使威廉·戈森爵士有点不情愿地承认道：

> 当然，（德国的情况）很多都是真的，也就是说，特别是在最后，德国（包括皇帝）还在尝试着说服他们在维也纳继续讨论，并接受爱德华·格雷的建议……德皇和其他人都在维也纳做工作，这肯定是真的——而且德国的情况，简单来说就是，虽然德皇应沙皇的请求正在维也纳做工作——俄国开始动员了，或者

> 更确切地说，是下达了动员令……做最后的事情，我听到的是，俄国已通知帝国政府：没有人告诉沙皇德皇正在维也纳做工作——他们已经要求需要三个多小时的时间来考虑德国的要求。当然，直到写到这儿的时候，德皇还没有下达动员令……加高（德国的外交大臣）告诉我，德皇感到相当的沮丧，德皇还说他作为一个“和平皇帝”的时代被终结了。[89]

“为阻止这场战争爆发，你和我都尽了最大的力量。”乔治五世7月31日写信给尼古拉二世时说，“但很可惜，我们失败了，我们担心了这么多年，这场可怕的战争终于还是来了。”[90]他心目中的“我们”，当然是指泛欧亲属集团。几乎所有的君主都属于这个组织，它本身似乎就一直是一个反对战争的堡垒。如今，在巴腾堡的玛丽感到遗憾的时候，世界主义的时代结束了。从今以后

> 俄国的女沙皇（虽然出生于德国）是一个俄国人，就像比利时的皇后——一个出生在巴伐利亚的公主是个比利时人一样；萨克森—科堡—哥达公爵夫人玛丽是个德国人，虽然她出生于俄国，却通过婚姻成为了英国王妃。奥尔巴尼公爵夫人，虽然出生时是瓦尔德克的一个公主，但却是一个英国人，而且她的儿子是一个英国王子，通过继承萨克森—科堡公爵的爵位而成为了一个德国人，并在第一次世界大战期间，仍然是德国人。在那段痛苦的时期，我常常会这样想：你们去说好了，你们这些幸运的德国人，你们的血液与外国人的血液，始终没有混合在一起！[91]

她提到的萨克森—科堡公爵，是指查尔斯·爱德华——维多利亚女王众多孙子中的一个，虽然在英国接受的教育，但他在1900年继承了公国，在战争期间的大部分时间里，他都穿着德国的制服，尽管（在他的要求下）一直在东部前线。在战时的氛围中，科堡支脉在1917年更名为“温莎”支脉，巴腾堡也改成了蒙巴顿。欧洲地震震动着每个社会阶层，但欧洲大陆各大首都的皇家精英们所受到的震动是最大的。战争不是他们引起的，虽然现在仍然有人声称是他们引起的，但他们也无力阻止这场战争的爆发。

将军们的战争

早在1914年7月30日上午，驻圣彼得堡的德国大使打电报给柏林，汇报了他刚刚与俄国外长S. D. 萨佐诺夫（S. D. Sazonov）举行的一次长时间会谈。谈话的大意是，尽管“存在引发一场欧洲大火的危险”，但俄国保卫塞尔维亚的军事动员“再也不可能收回了”。从萨佐诺夫的话谈内容来看，在暗杀事件发生后，奥地利政府对塞尔维亚政府提出了不可接受的要求。（奥地利人坚持认为，他们的官员应该作为代表，参与塞尔维亚对导致大公遭受谋杀的阴谋调查，并在他们的要求遭到塞尔维亚人拒绝后宣战）德国大使明确指出了“这种军事动员自动生效的后果，也就是说，这里的动员必将导致德国和奥地利结成同盟的后果”。但萨佐诺夫的态度是坚定的：“俄国不能眼睁睁看着塞尔维亚陷入困境。这里的政府能够执行这样一项政策而又不严重地危害沙皇的安全。”德皇对这份电报的评论，对第一次世界大战的起源提供了一个迷人的、非正统的解释，值得加以详细引用。在发出了一连串越来越愤怒的、也越来越无奈的感叹（“废话!”“啊！正如我所怀疑的!”）之后，他终于爆发了：

> 轻佻和软弱必将把这个世界拖进最可怕的战争之中，这场战争最终的目标就是毁灭德国，因为毫无疑问，英国、俄国和法国之间已经达成了协议——在打牢了通过奥地利向我们开战的基础之后，将以奥地利与塞尔维亚之间的冲突为借口，发动一场针对我们的灭绝战争。因此，英国外交大臣爱德华·格雷（Edward Grey）对德国驻伦敦大使普林斯·李奇诺斯基（Prince Lichnowsky）提出了一个玩世不恭的观点：“只要这场战争只限于在俄国和奥地利的领土上打，英国就将坐视不管。只有当我们和法国联合起来参战的时候，它才会被迫对我们采取积极的行动。”也就是说，要么我们可耻地背叛我们的盟友，让他们成为俄国的牺牲品，从而打破三国同盟，要么我们将因为忠于我们的盟友而受到三个协约国的打击和惩罚。借此，他们将以全面参与摧毁我们的方式使他们的嫉妒心得到满足。这种用心真的完全是赤裸裸的，肯定是由爱德华七世深思熟虑地加以巧妙设计，由英国和法国和圣彼得堡之间的会议做出决策并加以贯彻执

> 行，最后由乔治五世得出结论并生效的。而且，一个愚昧的、无能的同盟，就这样为我们设下了圈套。因此，著名的德国“包围圈”，终于变成了一个确凿的事实，尽管我们在政治和外交上努力防止这个包围圈的形成。这个网突然从我们的头上撒了下来，而且英国因为持之以恒地制订反德国的世界性政策而可笑地获得了最辉煌的成功，这方面我们已经证明自己无可奈何。而正当我们孤独地在网中蠕动的时候，她还在政治和经济方面对我们扭紧了绞索，从而破坏我们对奥地利的忠诚。一个伟大的成就使他羡慕得要命，以至于他要以毁灭为结果！爱德华七世在死后比我还活着还要强大，而且还一直有人相信英格兰可以通过这样或那样轻飘飘的手段便被战胜或者被安抚！她总是坚持不懈地追求着她的目标……直到达到这一目标为止。而我们走进了网中……!!! 我所有的警告，我所有的请求，都无济于事。现在，英国的所谓向它致谢的时机已经来了！从我们忠实的、脆弱的且年迈的奥地利皇帝的困境中，我们又被带入了这种境地，即在披着正义的虚伪外衣的下面，是为英国提供了消灭我们所需的借口，换言之，即打着帮助法国在欧洲实现著名的“权力平衡”的旗号，也就是说，按照英国反对我们的喜好打出全欧洲所有国家这张牌！[92]

乍眼看来，是不是有什么东西刺激了他，使他歇斯底里地发表了这通长篇大论呢？但很少历史学家会认为有。多年来，人们形成了这样的共识，即德国政府蓄意将 1914 年巴尔干危机变成了一场世界战争。[93]但这肯定是以偏概全，没有充分地表达出所有欧洲帝国所承担的共同责任。一方面，奥地利政府在大公遭到谋杀之后要求塞尔维亚赔偿损失，这几乎是无可指责的。他们向贝尔格莱德发出的最后通牒，是一再推迟后才于 7 月 23 日发出的，主要是要求塞尔维亚当局与奥地利合作，共同就暗杀案件展开调查。如果将各方面的情况都考虑进来的话，这并不是不合理的要求，即使这意味着对塞尔维亚主权的侵犯。毕竟，塞尔维亚就是我们今天所说的一个无赖政权，其统治者是在 1903 年从前任国王手里通过血腥政变而上台的。前任国王亚历山大·奥布勒诺维奇（Aleksandar Obrenovic）不是被别的什么东西而是被“蜜蜂”谋杀了。[94]即使刺客未经塞尔维亚政府批准，但“蜜蜂”被派往萨拉热窝，贝尔格莱德当局也肯定知道一些他们的蛛丝马迹。正如《经济学人》8 月 1 日所报道的：

> 这是公平的……要求，……大不列颠碰到类似的情况也应该会这样做。例如，假如阿富汗政府阴谋在印度西北部发动了一场叛乱，而且最后，假如阿富汗刺客杀害了威尔士的王子和王妃呢？复仇的呼声肯定会更高，而且我们可以确信的是，与维也纳向贝尔格莱德发出最后通牒相比，难道伦敦或加尔各答会对坎大哈采取更为温和的措施吗？[95]

以今天的视角来看，欧洲唯一与恐怖主义的受害者站在一边的、打击恐怖主义支持者的大国，是德国。

的确，当德皇第一次通知奥地利大使时便说德国将支持奥地利，并明确表示："哪怕在奥地利和俄国之间会引发一场战争"，[96]也会支持奥地利。但是，以俄国的不干预作为条件而提供的支持，是没有什么价值的。为什么俄国人也非常强烈地要求站在塞尔维亚的一边进行干预呢？他们对贝尔格莱德政权没有真正的影响力。他们的动机纯粹是一个声望问题——相信如果他们允许塞尔维亚蒙羞，这将被解释为：在对马岛的灾难发生之后不到十年的时间内，俄国又遭受了另一次失败，更不要说还有奥地利吞并了波斯尼亚这件事。正是在此基础上，萨佐诺夫与俄国总参谋长尼古拉·亚努什克维奇将军一道，说服了犹豫不决的沙皇下令对庞大的俄国军队进行总动员。俄国的总动员，明确地暗示不仅要保卫塞尔维亚，也意味着要入侵德国东部。[97]

毫无疑问，德国的将军们热切地抓住了战争的机会，但推迟了自己的总动员，只是为了表明：俄国人是侵略者。然而，德国担心俄国1905年后重整军备，并非完全没有道理。有充分的理由担心，他们的东部邻国正在加紧步伐，军事上正在变得不可战胜。这就是为什么德国总参谋长赫尔穆特·冯·毛奇（Helmuth von Moltke）坚持认为："我们再也找不到一个像现在这样有利的时机：法国和俄国都还没有完成自己的军事组织扩张。"[98]正如他在萨拉热窝暗杀事件发生前六个星期向加高（Jagow）所解释的那样：

> 俄国将在未来两三年内完成军备武装。敌人的军事优势是如此之大，以至于

> 他都不知道我们如何应对。在他看来，为了战胜敌人，只要我们仍然能多少经受住考验，那么除了发动一场防御性战争，别无选择。[99]

就像“多少”这个词所表明的那样，德国人并不乐观。早在1906年，毛奇曾亲自警示德皇说，下一场战争将是“一次旷日持久的、令人疲惫的战争”，将“彻底耗尽我们自己的人力，即使最终我们会取得胜利。”他在1912年写道，“我们必须做好准备，为一场长期的战役，其中有许多硬仗、有许多持久战要打。”[100]1914年5月，他在与奥地利总参谋长弗朗茨·康拉德·冯·霍占多夫（Franz Conrad von Hotzendorf）讨论这个问题时，也同样感到沮丧：“我将尽我所能。我们的优势并不比法国人多。”[101]无论如何，“越快越好”，并不仅仅是毛奇一个人的口号。他的俄国对手——亚努什克维奇在沙皇批准总动员之后威胁说，要“砸碎他的电话”，以避免皇室发生政变的危险。众所周知，德国已经对法国北部虎视眈眈了多年，这是一个回避法国东部边境重大防御工事的办法。但是，法国的将军们一点都不希望发生战争，他们把这种伤害所带来的道德建设利益的考量放在首位。只是在德国人打败了他们的俄国盟友时，他们才无意于袖手旁观。但一旦敌对行动开始，他们也只是计划通过阿尔萨斯—洛林入侵德国南部。

德皇错得最离谱的是，他相信对德国的围剿是经过协约国周密计划好的。首先，是英国人策划的。实际上，无论是爱德华七世还是他的继任者乔治五世，都没有考虑过这件事。所有的政治家，不论是自由党还是保守党，也都没有策划过。相反，自由党外交大臣爱德华·格雷爵士被他的同僚制止了，没有对法国做出任何有约束力的承诺，更不用说对俄国。英国几乎没有做任何军事准备，就直接卷入了一场发生在欧洲大陆的战争中。1914年7月的最后一周，对于英国人而言，一场不必把他们卷入其中的大陆冲突开始了。用《经济学人》编辑的话说，对于巴尔干地区的“争吵”，“没有我们为阿根廷和巴西之间的或中国和日本之间的所做的多、关注的多”。[102]

然而，德国人打算在去往法国的途中经过比利时的事实，把英国政府逼入了窘境之中。比利时的中立，在某种程度上受到了国际法的保障——这是包括德国在内的所有欧洲帝国在1839年签署的一项条约。塞尔维亚可以是一个无赖政权；比利时，连同它的萨克森—科堡王朝及其战略意义上的重要位置，则是另外一码事。它的中立地位，是各大国之间差不多保存了一个世纪之久的欧洲和平协议的组成部分。当国际法遭到公然践踏的时候，难道国王陛下政府、所有的自由派内阁会袖手旁观吗？而且，不管有没有法律，难道他们准备看到德国击败法国、在英吉利海峡沿岸建立德国海军基地这样的前景吗？另一方面，英国可动用的地面部队——六个师外加一个装甲师，真的能使一场欧洲战争有什么不同吗？从 1910 年起就开始担任军事行动主任的亨利·威尔逊坦率地承认，六个师的兵力实在是“太少了”。[103] 事实上，直到 1911 年，人们还在假设：一旦欧洲战争爆发，英国远征军将重点部署中亚地区的战斗。换句话说，人们仍然理所当然地认为，这场战争的敌人将是俄国。在西欧，任何针对德国军队的英国干预行动，都将需要动用英国的全球性帝国的所有海军、金融和人力资源，这是显而易见的。这种局面只可能出现在战争拖延的情况下。

正如 20 世纪一再重复出现的那样，利害攸关的重大事件总是让英国的政治家们感到相当的困惑。8 月 2 日，星期天，当内阁会议时间超过了午餐时间（其时，内阁成员大多数时间都宁愿一直呆在乡下）时，讨论显得出奇地令人费解。那些主张中立的人特别地（和不正确地）提出：德国人将只是从比利时的一部分国土上经过一下而已。那些支持干预的人——他们属于决定性的少数人，只是一味地赞同首相赫伯特·阿斯奎斯的观点，他认为“袖手旁观”将是可耻的。也许更令人信服的观点是，他们指出，不干预将使该政府垮台，并让反对派上台，而反对派无论如何都会发动战争。令阿斯奎斯和他的同事们不得不感到尴尬的是，他们并没有真正明确地表达自己的意思。这是一场德国人可能胜出的欧洲大陆战争呢？还是一场结果没人能预料到的世界性战争呢？在多次支支吾吾之后，他们选择了后者。[104]

对于银行家们来说，这场战争是一场灾难，犹如晴天霹雳。对于外交官们来说，当通信、交谈和会议等这些日常议程都不能正常进行的时候，这是最后的手段。对于将军们来说，这似乎是一件迫在眉睫的事情，因为拖延只能使对方受益。他们全都还在做梦，梦想着国际关系是一桩家族事务的统治者们，如今也突然感觉到无能为力，好像革命已经爆发了一样。但那些推翻他们的统治者的人，对于自己所正在做的事情，也只有一个模糊的概念而已。

巴尔干地区正在移动的地球板块，如今引发了一场将会动摇所有伟大的欧洲帝国基础的全球性大地震。突然间，欧洲工业经济体的大量资源发生了转向，从生产变成了销毁。在五天时间内，有1800列专列奔向南方，开往南安普敦，每三分钟就有一列到站，一天16个小时都是如此。14条法国铁路，每一条铁路每天都行驶着56列火车。每隔10分钟，就有一列德国火车越过莱茵河到达科隆。法国和德国各自动员了大约400万人，得花上几天的时间，才能把他们运送到指定的铁路终点站。然而，与那些希望战争削弱左派力量的人的期望相反，在这场战争最终通过正在进行的群众性动员而得到强化之前，革命的力量早就已经在发挥作用了。更令人不安的是，已经在1905年俄国大屠杀中有所表现的，且在1912—1913年巴尔干战争中表现出来的种族冲突的新形式，以合法的战争方式逐渐为各个国家自己所采用。这一地缘政治地震的单纯影响，是要给西方的主导地位造成就算不是致命也是沉重的打击，而在此之前，西方的主导地位似乎一直让人感到高枕无忧，直至1914年7月的最后一周。

4. 战争蔓延

"Für Menschenleben geht's bei uns nicht an.（对于我们来说，人的生命不在考虑之列。）"

——一个德国战犯对瓦尔莱特·阿斯奎斯（Violet Asquith）所说的话，1914年10月[1]

我们不是在向人类用力地投掷手榴弹。

——雷马克：《西线无战事》（*All Quiet on the Western Front*）[2]

世界大战

1914年夏天爆发的这场战争，很可能成为一场世界战争。即使在这场冲突开始之前，英国专家们都像海上战争指挥官费雷德瑞克·斯特迪（Frederick Sturdee）爵士一样，非常清楚这场战争的性质："我们的下一场海上战争，将是世界范围的，甚至比以往任何战争都会更像是一场世界大战。”[3] 毛奇预料到英国人会出兵干预，于是在7月30日夜晚对他的副官说：“这场战争将演变成为一场世界战争。”[4]《泰晤士报》的军事记者查尔斯·阿·科特·雷平顿（Charles à Cout Repington）通常被认为是“第一次世界大战”这一短语的发明者。他的贡献在于：他意识到，这很可能远非是一场战争而已那么简单。这场冲突的全球化，是英国卷入其中的一个必然结果。一个控制着地球陆地面积的四分之一、控制的海上运输线的比例甚至更高、但只有一小支“令人藐视的”欧洲陆军部队的大英帝国，在本质上注定会发动一场全球性战争。

当然，假如就像在1870年那样德国人在短短数周内便打败了法国的话，这场战争本来不会变成一场世界战争的，但是，历史不可能重演。当然，德国战略家们面临的主要问题是，他们不得不在（至少）两条战线上作战。长期以来，人们一直认为，对于这个问题他们只有一个答案：毛奇的前辈阿尔弗雷德·冯·施利芬（Alfred von Schlieffen）总参谋长制定了一个迅速包围法国军队的计划。[5] 德国历史学家格哈德·里特（Gerhard Ritter）对该计划做了经典的描述，其资料来源是施利芬退休后所起草的一份私人备忘录。该计划准备调动德国右翼部队先向巴黎西部再向巴黎南部进军，从后面打击法国军队并一举“歼灭”他们。为最大限度地暴露敌人的弱点，施利芬的计划设想：德国人有可能会从洛林撤军，所以要修造一道旋转门；在法国人去收回洛林时，德国人将从背后向法国北部挺进。然而，最近的历史发现表明，总参谋部的这个常规性的“游戏”（Generalstabsreisen）记录和其他战前演习计划，不是施利芬在任时所计划的。德国鉴于人力资源有限，将目标改为“通过战斗打败前线边境上的法国军队，然后突破法国的要塞防线”。[6] 事实上，他甚至本来计划让法国人先行动，然而再迎面还击。在这种情况下，只有在进行一场持久的第二次战役之后，法国人才能被打败。施利芬后来的包围巴黎的计划，就这样成了他退休后起草的一个设想。其假设前提是，假如德国建立一支更为强大的军队，就能实现这一目标。然而，一个现代坎尼式（Cannae，在这次战斗中，汉尼拔包围并歼灭了更多的罗马人）的战争梦想，对于施利芬的继任者是一个诱惑，因为德国军队力量似乎太小，难以在法国和俄国两条战线上同时作战。一支小而精的英国远征队加入法国军队的可能性，似乎不过是要使关于是否派出德国右翼部队经过比利时的争论更加激烈而已。致命的缺陷是，有关部队被要求走得太远。亚历克山大·冯·克拉克

（Alexander von Kluck）的第一军——其中包括84000匹马，每天需要200万磅饲料——不得不每天平均行军仅为14.4英里，每天如此，一直持续了三个星期。

一个方面，德国人很快就要达到消灭敌人的目标了。到1914年12月底，法国死亡总人数被证实为26.5万。事实上，到9月10日，他们各种伤亡已经达到了38.5万人。不仅如此，法国人还失去了十分之一的野战炮、50万支步枪。最糟糕的是，他们的重工业生产能力，如今有很大一部分都处于敌人的控制之下。让人不解的是，为什么这些重大损失并没有导致法国彻底崩溃——就像1870年所发生的、1940年将要再次发生的那样？随着危机的到来，人们必须充分信任那位头脑冷静的法军总司令约瑟夫·霞飞（Joseph Joffre），特别是信任他对那些已经衰老的或不称职的法国指挥官进行无情清洗的做法。不过，最主要的是，时机对毛奇不利，原因很简单：一旦法国军人乘坐的列车达到了目的地，他们就可以比德国军队更迅速地做好部署。8月23日，在毛奇右翼的三支德国武装组成了24个师，面对着的是只有17个半师的协约国军队，但到了9月6日，协约国军队增加到41个师。就在这期间，一个决定性的胜利机会消失了，如果说这个机会曾经存在过的话。在马恩，毛奇的赌博输得一败涂地。他自己都精神崩溃了。[7]

在西部，德国人的困难因自己的东方盟友对他们所提出的许多意外要求而增加了。柏林和维也纳之间的协调严重不足。“现在是时候了。”1914年8月1日驻维也纳的德国武官宣布：“现在，两军总参谋部要绝对坦诚地就动员、在偏远地区集合的时间地点以及部队精确的实力等问题进行磋商。”可是，到这时已经太迟了。奥地利人原本想要打塞尔维亚人，但也被迫转而来打俄国人。俄国人在加利西亚被击溃，损失了35万人。奥地利军队本来也是要崩溃的，就像他们在1859年和1866年那样，但俄国人没能充分利用国内的优势。他们的铁路网络在东线两个主要战场缺乏横向联系。他们还被强行安插著名的P. I. 波斯托维斯基（P. I. Postoviskii）将军，绰号为“疯狂的毛拉（Mulla）”。当德国人在坦能堡（Tannenberg）遭遇俄国人时，他们使俄国人遭到了一场坎尼式的失败。在西方失败了的东西，在东方成功了。

这些战斗场面，是为随后的僵局而设的：在英国增援部队抵达之前，德国人未能在西线打垮法军的士气，但同时被迫又要在东线支持奥地利军队——总之，未能赢得这场战争，但仍然在战术上和行动上比那轻易打不败的对手们要更有效一些。

为什么德国人战败了？

1914年7月后，战争在世界各地蔓延。从德国人开始，各方都试图通过在欧洲以外的战场上赢得胜利，以打破欧洲的战略僵局。早在7月30日，德皇本人便定了调，他呼吁"我们在土耳其、印度的领事、代理人等，（向）……整个伊斯兰教世界开火，激烈反抗这个可恨的、说谎的、丧尽天良的店主之国*；因为如果我们要流血牺牲的话，那英国也至少会失去印度市场。"[8] 这不仅仅是德国皇室的豪言壮语。三个半月后，德国的新盟友土耳其苏丹出现了，谢赫伊斯兰（Sheikh-ul-Islam）发出了一份法特瓦（fatwa），宣布对英国及其盟国发动圣战。这份法特瓦迅速被翻译成阿拉伯语、波斯语、乌尔都语和鞑靼语，向什叶派和逊尼派穆斯林发出。鉴于世界上大约有2.7亿穆斯林，其中就有1.2亿在英国、法国或俄国的统治之下，这可能会是一个号召发动圣战（ijhad）的革命性呼吁。

然而，在世界战争面前，德国人受制于三个不可克服的缺陷。在海上，他们只是人数多。诚然，与英国的皇家海军相比，他们在许多方面已经取得了技术优势。德国人在无线通信方面处于领先地位。相反，英国坚持用尼尔森时代的信号发出信息，使远方的敌人解读不了，但在雾中战斗时，分散的舰队却不容易识辨。整体而言，与他们的英国对手相比，德国战舰射击更准确，装备更优良，军官也更加训练有素。英国人在德国人面前，总是无能为力。例如，拉尔夫·西摩（Ralph Seymour）曾多次在日德兰半岛对重要信息进行断章取义；又如，海军作战处处长托马斯·杰克逊（Thomas Jackson）上尉，对于误读或忽略一些重要情报就特别拿手。战争开始时，德国人还创造了较多令人惊奇的业绩。1914年10月28日，被驶离槟榔屿岛的SMS埃姆登用鱼雷炸毁了船只的俄国指挥官，肯定没有为这个全球性冲突的新时代做好准备。当时，在船甲板上只准备好了12发子弹，但在甲板下面，却有60名中国妓女。

---

* 店主之国被认为是拿破仑用来贬损英国的词，指它不配与法国交战。但实际上是亚当·斯密在《国富论》中首先使用，指英国是一个"被店主统治的国家"。——译者注

然而，对于德国人来说，要在取得海上胜利，形势是极端不利的。他们在马尔维纳斯群岛失败之后，被迫将海军力量集中在欧洲，让水面舰队做好决战准备。他们希望在北海打仗，并在东大西洋（常在沿爱尔兰海岸）部署潜艇。丘吉尔曾说，第一海务大臣——海军上将约翰·杰利科（John Jellicoe），是“唯一一个无论在哪一方，都会在一个下午的工夫就会输掉战争的人”[9]。其实，杰利科是一个很好的指挥官，但也没有好到足以在一个下午就能赢得这场战争。皇家海军企图轰炸并占领加利波利半岛，结果却令人沮丧地失败了。（“没有人能承受得了这么大的威力和火力。”英国舰队指挥官在靠近黑海海峡时就这样认为。但他错了，土耳其的大炮和地雷轻易地就承受住了）幸运的是，没有输掉这场战争就足够了，因为有利时机在英国、其的帝国和其的盟友这一边。它们拥有更多的资源，所以能够更好地经受住中止贸易所带来的损失。在关键性的主要目标证明无法得到之后，贸易成为了海上战争的第二个目标。值得注意的是，英国皇家海军的首次战争行动——8月5日——英国参战之后的第一天，就切断了德国所有的国际电报电缆，这些电缆线沿着大洋底面直通到法国、西班牙、北非和美国。与德国军事设计者相比，英国人更清楚地知道怎样赢得一场世界大战的胜利。他们开始从文字上切断敌人同全球经济的联系。他们也更快地懂得了情报的重要性。德国海军在战争开始以来一直使用三个主要代码。截至1914年底，英国人便破解了这三个代码，并且在整个战争的过程中，都能够读懂所截获的德国电台发出的信号。尽管英国的军情五处没能成功地破坏敌方的间谍网络，但德国海军情报局所取得的成果，在价值上根本就没有可比性。[10]

也许同样重要的是，英国人比德国人更清楚地懂得我们现在所谓的世界舆论对于赢得这场战争的重要性。对德国人进行有效的海上封锁，只有通过无视国际协定才能做得到。像1908年的《伦敦宣言》，其中对如何对待战时中立的运输问题做了明确规定，但英国上议院拒绝批准该宣言。这一点，连同皇家海军骚扰被认为同德国进行贸易的中立船只的残酷方式，都并没有打算要赢得外国朋友的支持。不过，英国人善于将人们的注意力转移到海上德国的劣行上来。对于他们来说，德国人没有看到，当他们事先毫无警告地炮击英国港口或者责令其潜艇击沉商船时，他们自身所遭受的损失与其敌人的一样多。英国和美国的媒体最喜欢利用的故事，是比如被德国人骇人听闻地炸成碎片或被淹死的妇女和儿童等。正如德国前殖民部国务卿伯恩哈德·登伯格（Bernhard Dernburg）在西塔尼亚号战舰被德国潜艇击沉不久后所总结的："美国人民看不到这种10万人的场面：……德国儿童渐渐地陷入了忍饥挨饿的困境中，这是英国实施海上封锁的结果。但他们看得到的是：在被德国鱼雷炸成的残骸之中，一个溺水儿童悲惨的面容。"[11]究竟为什么128个美国人本来得到了授权，被允许在一场世界战争期间乘着英国的船舶不受伤害地跨过大西洋，这一点从未完全弄明白。而德国人没有把这一点作为重点。他们制作纪念奖章以庆祝西塔尼亚号的命运这样的举动，迅速地被伦敦记者抓拍并被迅速地加以复制，作为反映德国人邪恶的样板。

由于英国皇家海军未曾出现过真正意义上的重大失误，结果，海上战争成了定局。同样令人绝望的是，德国人企图煽动反对协约国帝国主义的世界性起义。一个如果要在美索不达米亚白白死去那就会死得像英雄英勇的人——伟大的战略家科尔马·冯·德·戈尔茨（Colmar von der Goltz）坚持认为：

> 目前的战争非常明显，只是漫长历史发展的一个开端，其结果是，经受住英国失去世界地位的考验……（和）经受住有色人种反对欧洲殖民帝国主义革命的考验。[12]

然而，在这场战争失败很久以后，这些事都没有发生。事实上，这些事直到德国在第二次世界大战中战败才发生。从短期来看，各个大国促进非殖民化的努力，就像他们无果而终那样可笑。民族志学者利奥·弗罗贝纽斯（Leo Frobenius）徒劳地试图说服阿比西尼亚的皇帝伊亚苏五世（Lij Yasu）站在德国的一边。更加荒谬的是，德国探险队到阿富汗的阿米尔地区探险，其中15名成员伪装成一个杂技团，经过君士坦丁堡时，身上带着W. 约翰斯顿（W. Johnston）和A. K. 约翰斯顿（A. K. Johnston）的世界地图。英国在这场大博弈中由于经验丰富，德国的这些探险都没有成功。但在非洲，德国军队能够令人惊讶地坚持长期作战，并给对方造成了大量的伤亡，这是事实。在东非，英国损失的总人数已超过10万，绝大多数都是黑人官兵和搬运工。[13]但关键究竟是什么呢？德国的目标，是要钳制那些本来可以部署在欧洲的殖民地士兵。但在非洲战场作战的人，其实没有几个人会被派往欧洲。无论如何，大部分仗都在德国的殖民地打，特别是在德国的东部非洲（坦噶尼喀湖）。西南非早在 1915 年 7 月就向南非投降了。其他国家——多哥兰和喀麦隆，在战争结束之前，就落入了协约国手中。

德国的第三个缺陷，是财政。与德国相比，由于英国拥有大量的金融机构，加上伦敦金融市场在国际上卓越的地位，英国能以更低的利率借到更多的钱来资助战争。它能向国内的公众借，而且如果需要的话，还可以向英国央行借；它还能向国外借，不仅向它的帝国自治区和其他自治领借，而且还能向美国借；它也能慷慨地把钱借给它那些不讲什么信用的大陆盟友。[14]伊万・布洛赫(Ivan Bloch)和诺曼・安吉尔(Norman Angell)等主战专家假定：一场 20 世纪战争所需要的巨额费用，会很快导致参战国破产。然而，1918 年，英国国家债务占国内生产总值的比率，并没有比 1818 年的高出多少。“成功意味着信用。”1916 年，劳尔・乔治（Lloyd George）宣称：“金融家们毫不犹豫地将钱借给一个迅速发展的公司。”[15]就过去来说，这是事实，但他忽略了这样的事实：即使在英国战争形势恶化的时候，金融家们——在纽约摩根大通银行领导下的金融大亨们，一般都不大可能不借。[16]按当时，协约国实在是太强大了，不可能会失败。这对于美国的出口来说，意味着一个超级大客户。到 1916 年为止，商品出口量已上升到占美国国内生产总值的 12%——是战前的两倍，而且事实上，在 1869—2004 年之间的任何一年中，这个百分比都是最高的。大约 70% 出口到欧洲的货物，都流向了英国及其盟友。[17]即使是没完没了的德国超限战，在 1917 年 4 月之前也没有把美国拖进战争中来，英国如果没有在军事上得到美国支持的话，那在财政上肯定得到了它的支持。正如 1917 年 3 月 5 日美国驻伦敦大使所指出的，另一种选择，就是断绝跨大西洋贸易，“这对于美国和欧洲来说，差不多同样糟糕”[18]。这些指责总统伍德罗・威尔逊（Woodrow Wilson）“将美元符号放到美国国旗上”的美国参议员如内布拉斯加州的乔治・诺里斯（George Norris）之流，并非完全偏颇，尽管 1917 年 4 月美国出兵干预的目的，很显然主要是想给自己在和平会议上争得一席之地。像华盛顿的其他许多人一样，威尔逊误以为协约国很快就要取得胜利，而没有料到美国军队中大量人都得去打仗。[19]

因此，作为一场世界战争，1914—1918 年的这场战争德国本来就打不赢。然而，作为一场欧洲战争，其结果是没有确定性的，更何况这场战争决定胜负的地点是在欧洲，尽管这一切都发生在公海或在殖民地边缘。例如，英国全部伤亡人数中的92%，是在法国造成的。从这个角度来看，到欧洲来打仗的人来自全世界。而且只有从这个意义上来说，这场战争才算得上是一场世界大战。1914 年，英国在印度的军队比在欧洲的要多。因此，来自旁遮普省的士兵们很快就发现自己陷入了法兰德斯齐膝盖深的泥泞中。来自全大英帝国各地——来自加拿大、澳大利亚、新西兰和南非的志愿者加入到部队中来。法国也部署了来自北非和西非的殖民地军队。截至战争结束时，已有超过400 万美国人加入这些部队。同样的，俄国军队在沙俄帝国全境内征募士兵。事实上，主要是各方都极尽所能，把手极力伸向远离国家心脏地带的地区，才会使欧洲战争规模如此之大、持续时间如此之长。

事实上，发生了多场欧洲战争：第一场是在比利时和法国北部一带打，第二场是在从波罗的海贯穿加利西亚到布科维纳一带打，第三场是在奥地利和意大利之间的阿尔卑斯山脉一带打，第四场是在巴尔干和黑海海峡一带打。可以这样说，轴心国赢得了这些战争中的第二、第三和第四场，打败了俄国人、罗马尼亚人和塞尔维亚人，击溃了卡波雷托的意大利军队（1917 年 10 月—11 月），击退了英国对加利波利的侵略。但他们没能赢得第一场战争，或者说，只有当他们开始在西线打输了的时候，他们在其他战场上的阵地才开始崩溃。当时，西线是关键。从 1914 年底到1918 年初，在那里，这场战争看起来像是陷入了僵持状态。从本质上讲，它是一场巨大的包围战，在最初的进攻停止之后，法国和英国军队没能成功地设法使德国人从他们所挖的战壕中转移出来。包围战并不是什么新战术。不过，这次是第一次真正意义上的工业化包围。火车载着人，不断地往返于前线，好像他们是轮班上岗的工人一样。在那里，他们花在修建和维护战壕、地道和防空洞上的时间，通常比打仗还要多。这是一项建设性的工作，但最终的目的，却是为了毁灭。对于那些将地道挖到敌军阵地的隧道工兵来说，战壕工事就是一种采矿，但工业化战争的本质，是火炮的使用。火炮的大小、移动性和准确性及其爆炸的破坏力，都意味着大量的士兵会被其他身处远方的人打死。士兵唯一的活动，就是侍候大炮和开炮。正是他们发射的炮弹，造成了西线绝大多数人员伤亡，但并没有赋予任何一方以决定性的优势。就这样，这场战争正如许多同时代的人所说的那样，像一架巨大的“机器”，咀嚼着军人和弹药，就像咀嚼着大量原材料一样。消耗战略、“拖垮对方”的战略，似乎是结束这场机械化大屠杀的唯一方法，因为直到 1918 年，几乎所有的突破，都因为双方距离太近而不可持续。

战友们

在西线，相互对峙的士兵们都是从明显相似的社群中招募来的。双方都有产业工人和雇农。双方都有贵族高级官员和中产阶级下层官员。双方都有天主教徒、新教徒和犹太教徒。任何人要从战壕的记录中找到国民性的根本差异，都将是徒劳的。没有什么东西能比前军人所写的四篇小说更好地说明这一点：亨利・巴比塞（Henri Barbusse）的《在火力之下》（*Under Fire*）、埃里希・玛利亚・雷马克（Erich Maria Remarque）的《西线无战事》，弗雷德里克・曼宁（Frederic Manning）的《财富的中间部分》（*The Middle Parts of Fortune*）和埃米利欧・卢苏（Emilio Lussu）的《撒丁岛之旅》（*Sardinian Brigade*）。四篇小说几乎都以同样的方式描绘了在部队服役的经历。例如，四位作者认为，他们各自军队内部的差异，要比对立的两军之间的差异大得多。"我们是哪个民族的？"巴比塞问他的同胞法国兵，"所有的民族。我们来自四面八方。"在他的部队中，一个战友来自科隆，另一个来自塞特，还有一个来自布列塔尼，还有一个来自诺曼底，还有一个来自普瓦图，等等。曼宁（他本人是澳大利亚人）几次都对本该是他战友的"苏格兰混蛋"的不可理喻性发表了评论。雷马克小说的主要人物——聪明伶俐的凯特，显然是一个波兰名字的缩写，他的全名是凯特金斯基（Katczinsky），而嘉顿（Tjaden），显然是德国北部人。

同样，双方都讨厌国内"偷懒的人"。"不只有一个国家，这不是真的。"巴比塞小说中的主人翁渥巴特在对巴黎进行了一次不愉快的造访之后宣布，"有两个。我告诉你，我们已经被分割成了两个国家：一个在前线，在那里……一个在后方，在这里。""他们才不管他妈的我们生活得怎么样呢。"曼宁小说中的马特罗痛苦地说道，"我们在他妈的法国各地到处东跑西颠，而那些提出要打仗的人却闲坐在家里，用手撑着通红的下巴说，要是年轻二十岁，他们也会这样做。"《西线无战事》中的保罗・鲍默在回家休假时遇到他的前校长的时候，也有同样的感受。有关各方的所有人都讨厌看到卢苏的评论员将前线生活描写得很浪漫的新闻通讯。"表面上看来……

我们听到号声后便发起进攻，而那场战争，对于我们来说，是一首歌曲、一场胜利，让我陷入长久的极度兴奋中……我们这里才能知道这场战争的真相，因为它就在我们眼前。”

英国人、法国人、德国人和意大利人也同样对他们打仗的目的出言不逊。下面是巴比塞的法国兵关于这个问题的一些观点：

“这是一件令人讨厌的事，”翁渥巴特说。

“但是，我们被严密监视。”巴戈抱怨道。

“你不得不参战。”帕雷迪斯说。

“为什么？”马塞罗木然地问道。

“没有理由的，因为我们必须得这样做。”

“没有任何理由。”兰姆斯同意。

“不，有理由。”科康说，“那就是……嗯，其实，有很多。”

“安静点！最好是没有理由，因为我们不得不这样。”

“即便如此，”布莱尔发出一个空洞的声音说道，“即便如此，他们也想杀死我们。”

“开始，”提拿特说，“我想得太多，翻来覆去，想得累死了。现在，我不再想了。”

“我也不再想了。”

“我也不了。”

“我从来没有尝试过。”……

“你只需要知道一件事，这件事便是，波黑人就在那里，他们正在挖战壕，可他们千万别挖通。而且有一天，他们甚至将不得不离开——越快越好。”贝特朗下士说道。

曼宁小说中的士兵做了类似的诠释。官员们可能会谈论有关“自由，一场为你的国家而战的战斗，一场为你的子孙后代而战的战斗，一场……但我想知道的是，我们正在为什么而战斗……”：

“我们为保卫我们付出了心血才得到的东西而战。”梅德雷直截了当地说。

“为甜蜜的性交而战。”威普·斯马特说道……

“我不是为得到许多血腥的衣服而战。”梅德利，明智地说，“我是为我自己和我的民族而战。是德国人挑起了这场战争。”

“告诉你，”威普肯定地说，“还有数以千计的可怜的兽奸者，在那里，在德国的防线上。因为我不知道，我们确实不理解，这到底是怎么回事。”

“那么，这帮下流胚究竟为什么打仗啊？”梅德利愤怒地问，“他们为什么不呆在家里？……”

“有句名言说得好，这根本就不关我们的事。我们不想掺和到那帮家伙的争吵中。”威普回答。

一名男子暗示说：“对于我们来说，如果有些部队在英格兰登陆，这将是一件血腥的好事，让他们看看战争是个什么样子。”

另一个补充说，他“并不是为他妈的比利时打仗呢。我的一片面包，其中一个坏蛋居然要收我5个法郎”。

在《西线无战事》中，关于战争起源的辩论，没有很大的不同。“这事想起来很有趣。”波马的一个朋友克罗普说，“我们出来保卫我们的家园。然而，法国人在那里也在保卫自己的家园。我们哪边是对的？”嘉顿问及战争是怎么开始的，有人告诉他：“通常是当一个国家严重侮辱另一个的时候。”“一个国家？”他回答，“我不明白。一座德国的山不会侮辱一座法国的山，或一条法国的河流或一片法国的森林，或一片法国的麦田。”

最能使战士们团结起来战斗的，是条件恶劣的环境：冬天的冷、夏天的热、防空洞的潮湿、恶臭的尸体；而最主要的，是对死亡的恐惧。这使他们不得不努力战斗。曼宁对普通士兵的生活做了很好的总结：“从一场血淋淋的灾难中逃离了出来，却又进入到另一场当中，直到我们崩溃为止。”人们采取了各种各样的手段来防止普通士兵士气涣散，一些是官方认可的，一些是不认可的。当然，军事训练和纪律是重要的，虽然动用死刑的频密程度，比通常认为的要少得多。在英国，总共只有269名士兵因逃跑而被执行枪决，而在德国，只有18人。[20]与保持士气同样重要的关键，是与其让官兵们在炮火的攻击面前无力地畏畏缩缩，不如严格限制他们在前线待的时间，而且只是偶尔要求他们进攻一下——一种具有代表性的普遍经验，几乎像泻药一样普遍。期间有交通运输、操练、休息、训练、疲劳、休假。这就是“当兵”的现实：立刻就会感到乏味、麻醉般地心不在焉——就像卢苏评论的那样，与日常生活相比，即使与在正常情况下数以百万计的矿工所过的那种生活相比，当兵的生活也不会更糟糕。各方的军人都冲着这些如睡眠、温暖、食品、尼古丁、酒精和性去打仗，尽管这并不是都能拥有。在《财富的中间部分》中，曼宁的主人公伯恩每次从索姆河战役趺趺撞撞地回来后，尽管他热得口渴得要命，但他所做的第一件事几乎总是吸烟。后来，由于深受他朋友谢姆的梦魇折磨，他点着了“必须要抽的卷烟”。身受重伤者，得到的是香烟，吸烟吸到断气为止。

更重要的是酒精。从战场上归来的军人所要做的第二件事，就是在吸过烟后喝些威士忌。事实上，伯恩时不时一回回地喝酒比赛，“直喝到满满一皮囊”。他和他的战友们垂涎于威士忌。他们不要白葡萄酒，尽管他们也开始痛饮法国葡萄酒，但他们看不起这种酒。他们喝廉价的“香槟酒”来犒劳自己。所有这些饮料，都根据其效力来衡量优劣。英国士兵们的最大愿望，显然是醉酒。他们的法国同行们同样渴望喝酒，但渴望葡萄酒的味道更甚于其醉人的效果。他们抽香烟多于雪茄，但他们对抽烟上瘾感到津津有味。雷马克笔下的士兵们也渴望酒、啤酒、嚼烟草。正像卢苏作品中的意大利上校所解释的，酒精是“这场战争跳动的精灵……这就是为什么军人们智慧地把它称之为‘汽油’的原因……这是一场餐厅对餐厅、木桶对木桶、酒瓶对酒瓶的战争”。

与酒几乎同样重要的，是食物。从法国兵不耐烦地等待他们的午餐（《在火力下》），到德国人对他们的食物盒子所表现出来的幼稚的喜悦（《西线无战事》），战壕里的生活全都围绕着消化问题。德国战壕里的幸福，是四盒龙虾罐头或一只偷来的鹅。事实上，保罗·鲍默及其伙伴们花了更多的时间来谈论追加粮食供给的问题，而不是对敌斗争的问题。引人关注的是，雷马克发出了这样的信号：随着他作品中的人物食物供应质量的下降，德国的战争力在削弱。

性，不可避免地成为最容易得到肉体快乐的方式。巴比塞作品中的人物之一，单恋一个漂亮的农家女孩，但只能是在他意外发现了她的尸体时，才向她伸出了自己的双手。在另一边，男人们同样对“费力地用双手抱着一个在厨房干活的有弹性的大个子乡下姑娘，并把她弄上床”这样徒劳的幻想津津乐道。然而，在这四篇小说中，真实情感的满足采取了我们现在所说的男性情谊的形式。人们常常认为，这是部队凝聚力真正的关键所在：不是爱国主义，甚至也不是“帽徽”上对队伍的忠诚（“他们可以说他们血腥的场面是什么样的……但我们是一个他妈的好暴徒”），而是“伙伴”——在最小的作战单位里对朋友忠诚，“伙伴情谊取代了友谊的位置，”伯恩宣称，“这是不同的：它有自己的忠诚和情感，而且我不能肯定的是：它不会偶尔升华为一种友谊从来不会触及的情感强度。”正如曼宁所表述的，现实很少会与戏剧节目单相同。在前线部队中，伙伴情谊是很脆弱的，不仅有突然的死亡，而且还会有晋升或调动。马特罗观察后发现：“一旦你得到了一个小伙子的一点点青睐，这血腥的军队就会变成最糟糕的地方。”即使伯恩的临时缺席——在整齐的房间里做秘书工作，也破坏了他与马特罗和谢姆的友谊。不过，几乎可以肯定的是，与指挥官相比，伙伴情谊对保持士气的贡献更大。曼宁作品中的人物，没有一个同情逃兵米勒，因为他犯了丢下战友的大罪：

> “如果他又回到了铺位上，你会做什么吗?”伯恩问。
>
> “一枪崩了这个混蛋。”马歇尔说。他连嘴唇都气白了。

正如他们郁闷的队友威普所说：“我们就在‘这儿，不能离开，下士。’我们就在这儿，自从来到这儿，我们正在为自己而战，为彼此而战。”巴比塞笔下的士兵和雷马克笔下的弗郎特谢·韦恩都或多或少地表达了相同的情绪。每当听到保罗·鲍默朋友的声音，他都会感到一种“令人吃惊的温暖”：

> 这些声音……猛然把我从那种我几乎屈服了的、伴随着死亡恐惧的可怕孤独中拉了出来……这些声音，比我的生命更重要，比消除恐惧更重要，它们是最强大和最有保护性的东西：那就是我好朋友的声音……我属于它们，它们也属于我，我们大家都有着同样的恐惧，过着同样的生活，而且我们以坚强而又单纯的方式互相依存。我想把我的脸嵌进去，那些声音、那寥寥数语便能救我的

命。这些声音和话语，将是我的依靠。

这种“大范围兄弟般的”情谊——在现实中是短暂的，但在精神上却是永恒的，是真的很普遍。

在所有这些方面，西部前线敌我双方的军队就像相互的镜像一样。事实上，《在火力下》快结尾的时候，一名受伤的法国飞行员叙述了从空中看到的战壕里那令人印象深刻的景象，使这一点更精确：

……在德国佬和我们自己人之间，我可以辨认出那两群相似人群，他们在近得似乎就要碰在一起的这些平行线上：一群人，一个运动的中心，并且在它的周围，他们看起来像黑色沙子颗粒散落在灰色的沙子颗粒上。他们现在没有动；似乎并不像是一个警报！……然后我明白了。那天是星期日，两支勤务部队出现在我的眼前：祭坛、祭司和信众。我飞得越靠近，看得就越清楚：这两堆人群是相似的——完全相似，相似到了可笑的程度。其中一个仪式——无论你喜欢哪一个——都是另一个的影像。我觉得我好像在看着一对双胞胎。

战壕里的仇恨

参战者之间所有的相似之处，让之前和之后的许多作家感到奇怪：为什么一方的军人不会与另一方的军人产生兄弟般的情谊？部分英国和德国军人也只是在1914年圣诞节那天在无人地带一起踢了一场足球，作为一次非正式停火的一部分，这相互友好的举动也因此闻名遐迩。鲜为人知的事实是，在一段较长的时期内，一种“活着且让别人活着”的制度在前线某些“宁静的”防御地段产生了。[21]然而，为了国际兄弟起见，军人将最终放弃他们对国家的忠诚。但这种情况并没有在西线出现。为什么会这样呢？

答案是，随着战争的继续，相互的仇恨增长了，使战斗人员忘掉了共同的根源和面临的共同困境。巴比塞作品中的提罗尹尔反映说：“德国军官，噢，不，不，不，他们不是人，他们是怪物。他们真的是一种特殊的、讨厌的害虫，老伙计。你可以称他们为战争的微生物。你看到他们不断地靠近自己，那些可怕的非常僵硬的东西，薄如指甲，但长着个牛犊样的脑袋。”在《在火力下》的高潮中，在那惨烈的攻势中，敌人变成了“私生子”：

> “你打赌，伙计，没有听到他说了些什么，我的刺刀便刺在他的肚子上，刺得如此之深，以至于我拉都拉不出来。”
>
> “好吧，我在战壕底部找到了四个人。我对他们喊话，叫他们出来，他们每出来一个，我就一下把他撞倒。我的肘子都撞红了。我的袖子都粘在肘子上了。”
>
> “我处理了他们中的三个。我像一个疯子一样出击。哦，我们到达这里的时候，就像只禽兽。”

同样，他们打败仗后，《财富的中间部分》中的战士们更加仇恨敌人。“恐惧依然存在，”曼宁写道，“是巨大的恐惧和不安，但也似乎是被打成了一种精致的情感点，而且变得与仇恨区分不开了。”马特罗的死，几乎使伯恩发疯了，他杀气腾腾地奔跑在德国的战线上：

> 三名男子向他们跑来，把双手举得高高的，尖叫着。他用肩头扛起步枪，扫射起来。他内心的痛变成了深仇大恨，他的内心充满着带有欢欣的残酷，而且他再次开枪射击，又再次……伯恩再次奋力向前，气喘嘘嘘，并用一种快要窒息的声音嘟囔着：
>
> “杀了这帮坏蛋！杀了这帮他妈的血腥的猪！杀了他们！”

正如曼宁所承认的，这种血的欲望有一种令人获得快感的东西。他甚至说那是一次“令人心醉神迷的战斗”，通过比较，他认为，甚至“那令人心醉神迷的肉体之爱……都没有这么强烈”。他指出，某种类型的士兵“在杀人的过程中，都是愉快地抓住、杀死，并发出欢愉的哼哼声”。伯恩自己

> 被一种胜利的狂怒“狂热地推向前”……（他）立刻变成了上帝最悲惨和最崇高的创造物。他的努力和愤怒……使他喘着气，发出呜咽声，但内心却中了某种快乐的、奇怪的毒，再一次，他的心思都集中到了一个坚硬的发光移动点上。极度的痛苦和极度的快感相遇了，而且也一致了。

这非常接近于雷马克在《西线无战事》中对战斗场面的描写，保罗·鲍默和他的战友“变成了危险的动物”：

> 我们不是在打仗，我们是在保卫我们自己，使自己免于毁灭……我们愤怒得发狂……我们毁灭他人，我们杀死他人，目的是为了自救和报仇……我们对他人的感情全部失去了。当别人进入我们的视野中时，我们都几乎认不出对方……我们是没有感情的死人，是能利用某种诡计、某种危险魔术的人，是能继续奔跑、继续厮杀的人。

阵地被人占领的法国人惨遭杀害，肝脑涂地。他们的脸被挖战壕的工具劈得一分为二，或被枪托砸碎了。进攻者和被进攻者，都同时变成了野兽。

没有什么会比在第一次世界大战期间对待敌军俘虏态度上的变化，更能说明前线的仇恨强烈到何种程度。有关战争的法律规定表明，投降者必须得到优待。根据《海牙公约》，杀俘虏是犯罪。同时代的人也清楚地理解让俘虏活着的实际好处：不仅可以通过审讯收集情报，而且可以达到宣传的目的。英国电影《索姆河战役》，大部分场景都由被俘的德国人的影片镜头组成的。约克中士俘虏了 132 名德国人，是 1918 年美国战争宣传的重点之一。[22]给予俘虏人道待遇，也在对敌宣传上发挥着重要作用。在战争快要结束的时候，人们付出了持续的努力来传达这样一个观念：如果德国人投降的话，将会受到优待——事实上，将会比他们在自己的战线上要过得好。数以万计的传单投掷到德国人那边，其中有些不外乎是协约国战俘营生活条件的广告。英国官方的摄影师们，去抓拍了“受伤的、极度不安的德国战俘”正在获得饮料和香烟的场景。[23]美国人甚至还为投降的德国人设计签了名的欢乐卡，然后寄给他们的亲属。卡片上写着：“不要为我担心。这场战争对我来说结束了。我吃得很好。

美国军方给战犯提供的食物与给它自己士兵的一模一样：牛肉、白面包、马铃薯、豆类、李子、咖啡、黄油、烟等。”[24]

但是，在西线，通过培植一种“决不当俘虏”的文化，双方很多士兵都被禁止投降，这是从消耗战中自发产生的暴力循环的一部分。[25]由杀害俘虏的人提出的主要理由，骇人听闻地揭示了这场战争爆发的原始冲动。

在某些情况下，俘虏会因为袭击过平民而遭到报复性杀害。德国是第一个在战争开始几周便跨过了这道门槛，当时他们的部队因为受到据称是穿着平民服装的法国狙击手的袭击而进行了残酷的报复。在比利时、洛林和瓦斯戈，整座整座村庄被夷为平地，男人一律被就地枪决，尽管事实上是：这些“袭击”中，有许多其实是以扣动扳机寻乐的德国人干的，或者是由法国正规部队实施的合法行动。总之，大约有 5500 名比利时平民被杀害。与对当地居民实行恐怖统治的系统政策相比，心情紧张的受害者们更害怕侵略者，害怕到了近乎于偏执的地步。这些“暴行”确实发生了。一个来自斯图加特的名为培佐得（Pezold）的内科医生，在日记中记录了比利时阿尔隆村平民的命运，120 多名村民因涉嫌狙击和骚扰德国伤员而遭到枪杀：

> 他们被拖着腿并被抛成了一堆，而下士们用左轮手枪打死那些还没有被步兵打死的人。整个死刑执行过程被一个牧师、一个女人和两个年轻女孩亲眼目睹，他们是最后被枪杀的人……[26]

当然，这样的事件，在协约国的宣传中是耸人听闻的。除了枪杀平民，德国人还被指控犯下了强奸罪和杀婴罪。早在 1915 年 2 月，B. C. 迈亚特（B. C. Myatt）——英国远征军的“老卑鄙者”之一，在日记中写道：

> 我们知道，我们正在经受着这些可怕的苦难，要保护我们家中所爱的人免遭到这些德国猪的酷刑和强奸。他们在法国和比利时做了这些可怕的事情，如斩断儿童的双手，割下妇女的乳房，可怕的事情（原文如此）。[27]

一名澳大利亚士兵在 1917 年 8 月描述了一名军官怎样在一个掩体里用枪打死两

名德国人、一名伤员的经过：

> 德国人要求他给点酒给他的战友喝。“好。”我们的军官说，“我就给……一种饮料，接着。”他对着两个德国人扳动了左轮手枪，打空了里面的子弹。这是招待野蛮人的唯一方法。我们招募士兵的目的，就是要消灭野蛮人，杀死那些婴儿……[28]

德国也是第一个从空中轰炸敌方城市的国家。飞行在士嘉堡和伦敦上空的齐柏林式飞机，是一个新时代的象征。在这个时代，死亡将像雨点一样从天空落下，落在手无寸铁的城镇居民身上。这些攻击行为也招来了报复。一名英军士兵回忆起一位朋友是如何不得不制止杀害一名被俘的德国飞行员的：

> 他试图弄清楚这个德国飞行员是否在（伦敦）上空投掷过炸弹。他说：“如果他去过那里，我就毙了他！他永远都别想离开。”他也应该这样做过。生活对于你来说毫无意义。生命处于危险之中，并且当你俘获了一伙臭气熏天的德国佬时，你对他们的战友和所有的阿谀奉承都不会有同情心。[29]

但首先，是德国人间歇性地使用无限制的潜艇战争来打击商船和客运船舶，从而激起了另一方军人的仇恨。“一些（投降的德国人）跪在地上爬，”一名英军士兵回忆说，“双手高高举起，手上拿着一个女人或一个孩子的照片，但这些人都被杀害了。兴奋消失了。我们残酷地杀戮，因为尽可能多地、冷血般地大开杀戒是我们的责任。我多次想起卢西塔尼亚*。我真的祈求过（复仇）的日子快点到来。当我有了这样的机会时，我杀了我希望杀的、命运允许我杀的那么多。”1915 年 5 月，前卫雕塑家亨利·戈迪耶—泽斯卡（Henri Gaudier-Brzeska）从西线写信给埃兹拉·庞德（Ezra Pound），描述了最近与德国人打的一场小规模前哨战的情况：“我们也抓获了十名俘虏，而且我们刚才得知失去了卢西塔尼亚。”“他们是被（步枪）枪托打死的，

---

* 卢西塔尼亚号是一战时期少数维持运营的横度大西洋的班轮之一，人们认为其速度足以保证她躲避德国潜艇的袭击。但却真的被德国潜艇击沉了。——译者注

在士官和士兵之间进行了为时十分钟的论文后（原文如此）。"[30]

更多的时候，俘虏是由于附近的敌对行动而遭到报复性杀害的。这种行为模式在战争开始时时有出现。德国士兵杀害法国的俘虏，因为法国士兵也曾杀害了已经投降了的德国人。[31] A. 阿肖特·克莫里（A. Ashurt Moris）在 1915 年 6 月 16 日的日记中，记录了他亲自杀死一名投降者的经过：

> 正在这时，我看到了一个野蛮人，相当年轻，他跑下战壕，举着双手，看来是被吓坏了，他大声求饶。我当即向他开了枪。看到他向前倒下，我真是太高兴了。一名叫林肯的军官对我的行为非常恼火，但我们取得的战绩冲淡了一切别的东西。[32]

据皇家韦尔奇步兵兵团列兵弗兰克·理查兹（Frank Richards）回忆，他看到他团里另一名男子与六名俘虏一起沿着曼宁路往下走。几分钟后，他又回来了，用"两枚炸弹"结束了"这场游戏"。理查兹将他的行动归咎于这样的事实："他好朋友的牺牲，使他感到非常不安。"[33]虽然有时是自发性的，但这种行为似乎一直得到一些现役军官的怂恿，他们相信"决不做俘虏"的命令强化了侵略，而且因此使他们部队的战斗力大为提高。[34]早在 1914 年 9 月，干掉法国俘虏的口头命令就已经下达到了一些德国部队。但这种事情对于德国人来说没有什么特别。在索姆河战役前夕，一位英国陆军准军的话——"你可以抓俘虏，但我不希望看到他们"，被一名士兵听到了。高地轻步兵团第 17 团里另一名军人想起了以下这个命令，即"对敌人要毫不留情，而且决不要抓俘虏"。[35]伦敦的苏格兰列兵阿瑟·哈伯德（Arthur Hubbard）也得到了"不管他是否受伤"都不要抓俘虏的严厉命令。他"最重要的工作"，他回忆说，"就是在我切断了电线之后，用枪对准从深深的防空洞里走出来的三个德国人，打光了枪里的子弹。他们流了很多血，子弹从他们的身体里穿过。他们大声求饶，但我有我的命令，他们对我们这些穷小子也不会有什么感情。"[36]在日期为 1916 年 8 月 17 日克劳德·雅克布将军从最近的战斗会议笔记里可以看出，他敦促第二军决不要抓俘虏，因为他们妨碍扫荡。[37]据亚瑟·伦奇（Arhur Wrench）说，在对第三伊普尔发动进攻之前，营部命令中包含了这样的话："'禁止抓俘虏'（字上面打一横线），上面打上一条横线意味着‘你想怎么做就怎么做’。”[38]

有时，下达杀死俘虏的命令，仅仅是为了避免护送他们回到囚禁处所带来的不便。正像陆军准将将军 F. P. 克罗泽（F. P. Crozier）说的：“英国士兵是仁慈的小伙子，而且有把握这样说，尽管吸大麻（宣传），在法国很少做得过分，除了偶尔杀死俘虏外，因为他们懒得把俘虏护送到自己那边的战线上去。”[39] 1917 年 4 月，戈登高地的约翰·尤金·克龙比（John Eugene Crombie）下令在所占领的战壕里用刺刀杀死一名被俘者，因为这是“从军事角度的权宜之计”。[40]在实践中还采用了更多的假论据。一名在埃塔普勒的指导员告诉剑桥郡团第一营列兵弗兰克·巴斯（Frank Bass）：“记住，孩子们……每抓一个俘虏，便意味着一天的口粮没了。”[41]都柏林近卫步兵第 10 连的吉米·奥布赖恩（Jimmy O'Brien）回忆说，他的牧师［一位英文名为桑顿（Thornton）的牧师］告诉他说：

> 现在，孩子们，我们明天上午就要行动了。如果抓了俘虏，你的口粮就将减少一半。因此，不抓俘虏直接杀死他们！如果你抓了俘虏，他们就要用你的口粮来养活。因此，你将只有一半的口粮配给。答案是：别抓俘虏。[42]

1915 年 6 月 16 日，一名荣誉大炮公司的列兵查尔斯·塔梅斯（Chartes Tames）在进攻伊珀尔附近的贝尔瓦德之后，描述了这样一件事：

> 我们在掩体下面待了八个小时，对于我来说，更像是一场梦。这一次，我们绝对是疯了。冲锋结束后，一些家伙看起来十分疯狂，在我们进入德国战壕时，人们发现数以千计的德国人被我们的炮火消灭了。很多德国人都出来求饶。不用说，他们都被就地枪决了。这是我们能够给予他们的最好的饶恕。皇家苏格兰军捕获了大约 300 名俘虏，军官们要求他们与俘虏们一起分吃他们的口粮。想到这些军官当时没有与他们在一起，于是，苏格兰士兵立即把所有的俘虏都枪杀了，并且叫道：“你们都去死吧，都下地狱去吧……”接着，五分钟内，德国人的血流得满地都是，而且深深地渗进了地面……[43]

然而，杀死俘虏这种最极端的形式，基于唯一的德国好人是死了的德国人这样的观念，从而被合理化了。1916 年 9 月 26 日，米德尔塞克斯团第 12 营在蒂耶普瓦勒的时候，弗兰克·麦克斯韦上校命令他的人不准抓俘虏，因为“所有德国人都应该被消灭”。10 月 21 日，麦克斯韦尔给他的营部留下了临别赠言。在赠言中，他赞扬他的部队“开始学会对待德国人的唯一方式就是要杀死他”。[44]用列兵斯蒂芬·格雷厄姆的话说：“在部队中，人们对德国人形成了这样的看法：他们是一种像疫鼠一样的害虫，必须予以消灭。”一位自称是坎贝尔市长的人告诉新入职的士兵：“如果一个肥胖的、滋润的野蛮人大叫‘饶恕’，并提起他的妻子和九个孩子，那就用枪对着他这儿——两英寸足够了，并结果了他。如果你放了他一马，那他就是那种有九个满腔仇恨的孩子的人。因此，不要冒险。”[45]

这样的态度可能在西线扎下了根。在那里，双方的种族分歧其实是相当少的。这样的事实表明：在全面战争的残酷条件下，仇恨是多么容易激发起来。在其他战场，那里的种族差异越大，毫无约束的暴力潜力也就越大。

要准确地计算出杀害战俘的频率是不可能的。显然，只有少数投降者投降后遭到了杀害。同样显然的是，并非所有得到了命令准许这样做或者觉得可以这样做的人，都参与了杀害战俘。[46]德国士兵几十万人被俘，特别是在战争的最后阶段，并没有遭到虐待。但与遭到杀害的俘虏人数相比，投降很危险这样的感觉对官兵们产生了更为重要的影响。人们放大了这些事件：这些事件变成了战壕神话。德国报纸《明镜》报在 1915 年 1 月 29 日的头版以漫画的形式描绘了这样一件事：米歇尔向汤米冲了过来，汤米举起了双手，然后汤米向前进中的米歇尔开枪，米歇尔扼住汤米的喉咙，他用枪托把他打扁了，叫道：“我把你变成一块英国牛排。”米歇尔因此获得了铁十字勋章奖励。[47]在现实生活中，这类事件往往并不是不合作的、投降的结果，而是表里不一的结果。它让人一个劲地继续开火，却不知道他的战友们已经放下了武器。但但战壕学问偏爱耍花招。那些以这种方式牺牲了士兵的部队，不太可能在将来还会抓俘虏。当列兵杰克·阿什利（Jack Ashley）在索姆战役被捕时，他的德国抓获者告诉他：英国人杀死了所有的俘虏，德国人也“应该这样做”。[48]

投降者

第一次世界大战证实了19世纪军事理论家卡尔·冯·克劳塞维茨（Carl von Clausewitz）所说的名言的确是真理，即：抓获敌人，而不是杀死敌人，才是取得战争胜利的关键所在。[49]尽管德国及其盟友造成的重大的死亡人数困扰着协约国，但彻底的胜利并没有变成现实。人口统计学显示：法国和英国每年都差不多会有足够的新义务兵来填补部队人口减员造成的缺口。然而，事实证明这是可能的，即首先在东线，然后在西线，让敌人如此大规模地投降，以至于他们的作战能力将遭到严重削弱。1917年，大规模地投降（和开小差），是俄国军事失败的关键。总体而言，超过一半的俄国伤员当了俘虏——差不多占俄国所动员的全部人口的16%。奥地利和意大利也以这种方式损失了相当多的军人，分别占所有伤亡人数的三分之一和四分之一。奥地利军人中，有四分之一最后当了俘虏。意大利军队在卡波雷托的大规模投降，差一点使意大利从战争中摆脱了出来。[50]英国人运气最差的时候——从1917年11月至1918年5月，被俘的人数有了大幅增加。仅在1918年3月，英国被俘的人数就大约有10万，超过了前几年所有战斗中被俘人数的总和。[51]然而，在1918年8月，德国士兵也开始大量投降。1918年7月30日和10月21日之间，英国手中的德国俘虏总人数上升了近四倍。这是这场战争即将结束的真正迹象。[52]值得注意的是，在不定期开放的瑞士市场，外汇交易商也产生了同样的看法。1918年春，当德国人捕获了大批俘虏时，他们买进了马克，而在8月局势发生改变时，则大量地抛售马克。[53]

为什么迟迟不肯投降的德国士兵，到了1918年8月却成千上万地突然开始投降了呢？再次根据克劳斯维茨的说法，最好的解释是士气的崩溃。这主要是由于官兵们都意识到他们无法赢得这场战争。鲁登道夫的春季攻势在战术上曾经起过作用，但未能在战略上起作用，而在这一过程中，德国人付出了高昂的代价。8月7日至8日，盟军在亚眠以外发动的进攻，正如鲁登道夫不得不承认的，“是德国军队开战以来所遭受的一次最大失败”。潜艇战未能将英国打败。在布列斯特之后对俄国领土的占领，纯粹是浪费本已稀缺的人力资源。德国的盟友也开始崩溃。美国人正在法国集结，尽管没有经验，但吃得饱，兵力足。或许最重要的，是英国远征军终于学会了运用步兵、炮兵、装甲部队和空军进行联合作战。在坦克和卡车的数量上，到目前为止，德国人在这场他们自己发起的春季攻势中，也处于令人绝望的劣势之中。[54]德国要取得胜利，如今不可能了。这种观点通过各级军官迅速传播开来，使原本的胶着变成了失败，而不是鲁登道夫在心中描绘的那幅图景。有鉴于此，上文所述的大规模投降，只是士气总危机的一部分，危机还表现在疾病、无纪律、推诿和逃跑等方面。[55]

然而，无论他们的处境是多么令人绝望，德国士兵都认为在战争结束前是可以冒险投降的。而这意味着协约国士兵不得不随时准备抓俘虏，而不是杀死那些投降的人。第13营步枪队中校 R. N. R. 布莱克（R. N. R. Blaker）的证词，说明了这一过程是如何演进的。1918年11月4日，德国部队在洛维尼斯（Louvignies）的阵地上遭到了重弹袭击。期间，布莱克带头侦察敌人的机枪阵地。布莱克在开枪射击了两名德国哨兵后，居然说服了“五个相当惊恐的长得像德国人的人”从他们的防空洞里钻了出来。这令他感到非常惊讶。“我提议他们穿过火力到我方阵地去，”布莱克回忆说，“在稍加犹豫后，他们就不得不这样做。”他在德军第二组机枪组的全体人员身上又重复了这一过程。正在这时，天就要黎明破晓了，布莱克很震惊地看到“四周都是果园和辽阔的草地，敌人向前走着，只是偶尔偷窥一下”。布莱克决定，他“最好把他们都赶出防空洞，”他继续想道，“他们不喜欢出来进入火力密集区，但他们为什么没有向我开枪，天知道”。他成功地把他所能找到的人全都清理出了防空洞，解除了他们的武装，并把他们送回到英国阵线那边去了。强悍的布莱克知道他的人就在他身后不远处，于是他加紧行动。当他碰巧来到一所孤零零的房子前面时，一个决定性的时刻到了：

> 我从后面回来，再绕到前面去，那里没有门。我偷偷往房间里面看，房间的门是开着的。我看见有一群德国人，有些坐着，有些站着。我不知道谁更吃惊——他们还是我。无论如何，我设法比他们稍快一点镇静了下来，提前一步站在门道，左手举着一枚米尔斯炸弹，右手拿着一支左轮手枪，我能想得到的、说得出口的唯一东西是“战友”这个词，于是，我说了。同时，用我的左轮手枪威胁他们。他们似乎不想投降，因此我又重复了一声“战友”，而令我又惊又喜

> 的是，他们——2名军官和28名其他军衔的人，也叫着“战友”。我的想法是，他们正在举行某种会议，因为他们身边没有武装。2名军官和3名其他军衔的军官，竟然都戴着铁十字勋章缎带！

在解除了他们的武装后，布莱克奉劝他们向英国战线方向行进，尽管英国仍然在以密集的火力进攻。此后，他还一举捕捉到了25或30名德国人，包括两名机关枪手和一名迫击炮手。

这一描述，有五点是值得注意的：第一，暂时开了头的东西，很快就会形成自己的惯性。显然，布莱克先前打击的德国部队已经接近于崩溃，他的出现是崩溃的催化剂，开始是一小部分个人，高潮却是一个大集团。第二，在他俘获的人中，至少有一小部分不是新兵，而是经验丰富的群体，他们中有五人佩戴着铁十字勋章。第三，很显然，对于德国人来说，他们在数量上是安全的，因为一个英国军官根本不是那么多德国人的对手。第四，德国军官做出投降的决定具有合法性，并确保所有人服从这一决定，他们的作用是至关重要的。一旦布莱克占了上风，其他人就悄悄地投降了。最后，也许最重要的是，布莱克只是枪杀了那些准备拿枪的德国人，从一开始他就饶恕了那些举手投降的人。（也许更准确地说，他把杀害俘虏这件事委托给了火炮，迫使他的俘虏们穿过火力密集区到英国阵线上来。并不是全部的人都活了下来）很明显，布莱克在某种意义上没有用武器杀死那些向他投降的人。如果愿意，德国军官本来也可以下令他们自己的人活捉他或击毙他；在被完全征服前，他最多只能枪杀其中几个人。但是，德国人有充分的信心，他们选择投降，相信自己将会得到优待。[56]

布莱克的经验，是第一次世界大战结束西线战事的典型方式。通过最后几个星期的战争，德国军队已达到了自然科学家们所说的“自我保存的临界点”。[57]很简单，反对投降的人输了，赞成投降的人赢了。德国军官被打败后，带领其部下变成了俘虏。如果有必要证明的话，这便再一次证明：德国人是被致命性地从前面刺伤，而非背部受伤而亡。

东线战事

虽然最激烈的战斗发生在西线，但第一次世界大战最终几乎没有使莱茵河以西的欧洲各国的领土边界发生太大的变化。最大的领土变化，是阿尔萨斯和洛林回到了法国，但他们早在1871年就已经是法国的了。无论如何，法国遭受了如此重大的人员和经济损失，以至于即使收复这两个地区，似乎都不大可能长久拥有。英国和美国已进行了决定性的干预，但只要德国在比利时和法国的占领一结束，他们就会因失去兴趣而打道回府。从英吉利海峡到阿尔卑斯山一条相当狭长的地带，均遭受到了不同程度的破坏。但是，西线战争所产生的更深远的影响，即在人口、经济和心理上产生的后果，只会慢慢地明显起来。首先，力量的平衡似乎并没有改变。相反，在东线所打的更多的机动战争，似乎差不多要改变易北河东部的一切。

在约瑟夫·罗斯（Joseph Roth）的小说《拉德茨基进行曲》中，有一个令人难忘的段落，这有助于解释其原因。场景是在1914年6月28日晚一个拥挤的旅馆宴会厅。该旅馆在靠近俄国边境的一个偏远的驻军镇上。正如罗斯所说的，这是一个“文明的奥地利人遭受熊、狼甚至更可怕的怪物如虱子和臭虫等威胁的地方”。集结的步兵军官在二元君主制时代具有真正的民族性，每个人都按照他自己的方式，对一封密码电报所传达的王位继承人遭到暗杀的讯息做出了不同的反应。镇长佐劳尔（Zoglauer）敦促舞会立刻停止，骑兵上尉斯戈奇（Zschoch）不同意。“先生们，”一个匈牙利贵族、预备骑兵上尉冯·巴本豪森（von Babenhausen）声称：“波斯尼亚离这儿远。我们不要相信这该死的谣言。就我来说，让它见鬼去吧！”“好啊！”一个匈牙利贵族、纳吉·耶诺（Nagy Jenö）男爵在有一个犹太祖父在博古明（Bogumin）这样的事实驱使下，表现出“匈牙利绅士的所有缺点”，他感叹道：“赫尔·冯·巴本豪森是正确的，绝对正确！如果王位继承人遭到了暗杀，那么，还会有其他继承人！”

与赫尔·冯·纳吉（Herr von Nagy）相比，赫尔·冯·逊尼（Herr von Senny）匈牙利血统比较多。他内心充满了突如其来的恐惧，担心某个有犹太背景的人，可能会在匈牙利民族主义方面胜过他。他站了起来，说：“如果王位继承

> 人遭到暗杀，那么，首先，我们还不知道确切的消息；其次，至少它不关我们的事。”……
>
> 在摩尔达河畔长大的第一中尉金斯基（Kinsky）声称：在任何情况下，对这个君主政体来说，王位继承人一直是一个高度变幻无常的选择……喝醉了酒的鲍贯尼（Battyanyi）伯爵开始对他的同胞说起了匈牙利语……斯洛文尼亚人、（骑兵上校）杰拉西奇（Jelacich）勃然大怒，他讨厌匈牙利人的程度，就像他鄙视塞尔维亚人一样。他热爱君主制。他是一个爱国者……他没有一丁点儿有罪感，（因为）……他两个十几岁的儿子已经正在讨论南部所有地区的斯拉夫人独立问题。

虽然杰莱西理解匈牙利人，但他坚持认为，匈牙利人应该讲德语，其中一个人随即宣布：他和他的同胞“很高兴地听到那个杂种消失了！”特洛塔（Trotta）中尉——一个在索尔弗利诺战役中被封为爵士的斯洛文尼亚人的孙子，醉醺醺地站了起来，对这些毁谤性的言论进行回应。他威胁要一枪打死任何胆敢冒犯死者的话，大叫“安静”，尽管那个匈牙利人的职位要比他的高。本基尔（Benkyö）伯爵命令乐队演奏肖邦的《葬礼进行曲》，但醉酒的客人们还在继续跳舞，乐队也不由自主地加快了速度。外面，暴风肆虐。直到兵步们把那些乐器清理出门外的时候，这场晚会才在《骷髅之舞》中结束。特洛塔决心辞去他的委员职务，他的乌克兰勤务兵决定逃回自己位于伯拉基的家。“再也没有祖国了。它摇摇欲坠，正在分裂。”[58]

在西欧，至关重要的是战略，而不是种族。英国人得出了这样的结论：他们不能让德国人打败法国和俄国，以免对英国的安全构成威胁，就像一个世纪前拿破仑对它产生过的威胁一样。战争来临时，布列塔尼人没有对加斯孔人发动进攻，瓦隆人和佛兰芒人也没有互相进攻。苏格兰人、威尔士人、英格兰人，还有许多爱尔兰人都并肩作战，彼此间并没有严重的厌恶感。只有在爱尔兰，第一次世界大战才表现为一场内战，甚至是一场不那么血腥的冲突，并不像人们有时认为的那样。相反，在东欧，那场战争早就被清楚地理解为多民族帝国和民族混居社会旧秩序的瓦解。在西线，在战争开始阶段，比利时和法国平民都只是暂时性地处在同一条战线上。然而，一旦战线固定了下来，作战区也就被有效地军事化了。此后，通常，平民由于敌人的炮火瞄得不准或他们自己的粗心大意而大量伤亡。东部战线的情况，有很大的不同。在那里，从波罗的海到巴尔干半岛，战争中反复出现的大前进与大撤退这样的特点，将大量的平民有意无意地暴露在战争暴行之中。

可以预见，俄国隔离区定居点的犹太居民，才是最害怕的。在战争开始阶段，至少有 100 名犹太人因为被俄国军队怀疑从事间谍活动而程序简单地被执行了枪决。他们的假设是犹太人不可能忠于沙皇政权。俄国人还有实施了系统化掠夺政策。1914 年 10 月 14 日，在（华沙省）格罗津，4000 名犹太人被赶出了家园，不准他们用任何运输工具运走自己的财物。为回应犹太人关于征用财物的询问，西南前线第四军参谋长发出了以下命令："没收犹太人的所有财产。"在科夫诺地区，15 个当地人目睹了 1915 年 7 月的大屠杀，而在维尔纳地区，19 个犹太人小镇（shtetls）在 1915 年 8 月和 9 月被拆除了。在明斯克、沃里尼亚和格罗德诺，还发生了不少针对犹太人的袭击。在许多村庄，犹太妇女遭到了士兵强奸。[59]

在加利西亚，在战争开始阶段，当俄国人向奥地利境内进发时，犹太人也时时遭到系统化的虐待。布罗迪和伦贝格被俄国军队占领后，立即就发生了多次大屠杀。前者，有 9 名犹太人被杀；后者，有 17 名犹太人被杀。用一名在俄国军队服役的犹太医生的话说："方法到处都相同：一个从未谋面的人，在一阵乱枪扫射之后，接下来便开始抢劫、放火和杀人。"[60]1914 年 12 月 1 日，一位将军对部队小分队成员说：

> 记住，兄弟们，你的头号敌人是德国人。长期以来，他们一直都在吸我们的血，现在还想占领我们的土地。不要俘虏他们，用刺刀刺他们，我会对此负责。你的第二号敌人是犹太人。他们是间谍，他们还帮助德国人。如果你在战场上遇到了犹太人，用刺刀刺他们。我会对此负责。[61]

哥萨克部队的行为，真是臭名昭著。俄国军队的一名犹太士兵描述了众多事件中的一件：

> 当我们旅行军经过一个村庄的时候，一名士兵发现了山上的一幢房子，并告诉我们的指挥官：这很可能是犹太人的家。该军官让他去看了看。他带回了令

人高兴的消息：确实是犹太人住在那里。这名军官命令部队靠近那幢房子。他们打开门，发现了20来个吓得半死的犹太人。官兵们让他们从屋里走了出来，军官命令道："撕了他们！砍了他们！"[62]

另一支俄国部队命令瓦科威斯克（Wolkowisk）附近一个犹太人村落的村民全部脱光衣服跳舞，然后骑在猪的身上，接着，他们开始射杀每十个人中的第十个。1915年4月至10月，俄国人从加利西亚撤退时，总共发生了大约100场大规模屠杀或规模较小的反犹太人事件，这些几乎全都是由士兵煽动起来的。为了不让奥地利人征兵，俄国人还试图带走18~50岁的所有男性人口。被占领地区的犹太人，也被作为一个"不可靠的元素"，被赶到了俄国继续占领的塔诺波尔周边的一小块地区。[63]

正如我们所看到的，针对犹太人的暴行，在战争开始前就已经成为了东欧的一个重要特征。然而，孤立地看待大屠杀，将是错误的。在整个东欧战场，都发生了大量的针对少数民族的袭击。这此袭击，有时是、但并不全是占领军所为。在1914年，加利西亚的德国人在被奥地利人在伦贝尔和普热梅希尔（Przemysl）打败后，加利西亚的德国人被迫逃离了家园。奥地利人撤退时，许多日耳曼人村庄，例如玛丽亚希夫，都被俄国的正规军和哥萨克纵火烧成了平地。在奥古斯特·冯·马肯森（August von Mackensen）将军指挥的援军增援下，德国扭转了劣势，这时，俄国人从这些村庄中抓走了人质并带着他们返回了俄国。与此同时，奥地利人控告许多波兰人和乌克兰人在俄国人占领期间与其合作。[64]类似的情景也发生在布科维纳，这个地方在战争爆发数周之内便遭到了俄国人的蹂躏，并且见证了1916年夏天在俄国的布鲁西洛夫发动进攻的战争场景。[65]在1917年和1918年那样的混乱年代，那时，德国人似乎赢得了东线战争的胜利，波兰和乌克兰独立的期望，使加利西亚各民族之间发生了激烈的战斗。[66]更东边的一些德国人，即使生活在远离前线很多英里的地区，也成了这场战争的受害者。从一开始，俄国司令部总司令尼古·尼古拉耶维奇（Nikolai Nikolaievich）大公和首席总参谋长尼古拉·亚努什克维奇（Nikolai Yanushkevich）将军总是用非常怀疑的眼光打量着俄国西部边境的非俄国人。在这些非俄国人中，不仅有犹太人，而且有德国人、吉卜赛人、匈牙利人和土耳其人，都是在战争期间从帝国的西部省份被驱逐出境的人，总共大约有25万人。[67]

这场战争对巴尔干地区也产生同样的破坏性影响。毕竟，战争是从那里打响的。相对来说，塞尔维亚的损失在整个战争中处于最高水平。并非所有的暴力死亡事件，都是正式的军事交战的结果。在伊沃·安德里奇（Ivo Andric）的小说《德里纳河上的桥》中，令人难忘地描述了1914年战争的爆发对种族混合区维舍格勒的波斯尼亚镇所产生的影响：

> 这些人被分为受迫害者和迫害者。这些野兽，生活在人间，不敢出现，直到法律和习俗的障碍被拆除，现在获得了自由。信号发出后，栅栏就倒了。正如人类历史上经常发生的那样，只要以崇高的利益名义，按照既定的规则，反对特定类型、特定信仰的、数量有限的人，暴力和掠夺行为、甚至谋杀，就都可以心照不宣、理所当然地获得许可。任何一个明眼人、一个睁开了眼睛的人、当时还活着的人，都能看到这个奇迹是如何发生的，以及整个社会是如何可能在一天之内改变的……确实，一直存在着掩藏着的敌意、嫉妒和宗教的不容忍、粗鲁和残酷，但也一直存在着勇气、友谊、一种对尺度和秩序的热爱，这在可忍耐的范围内抑制了所有的这些本能，最终，使它们平静下来，并使它们屈从于共同的普遍利益……人……连同他们所代表的习惯、习俗和风俗一起，一夜之间就消失了，好像一下子就死光了。[68]

在这种情况下，是塞尔维亚的少数民族在奥地利当局的怂恿下遭到了迫害，但穆斯林和犹太社区，有时从字面上看，都陷入了困境。德里奇的小说，表面上是写经常发生的种族冲突，但这些冲突可以追溯到16世纪，那时，奥斯曼帝国当局开始修建这座桥梁。然而，德里纳河上的桥，是为了象征一个像维舍格勒这样的多民族社会和睦相处的能力；它是“东方与西方之间的联系”，在那里，不同信仰和文化的男人，后来，还有妇女，相遇后一起抽烟、喝咖啡、谈天说地。尽管偶尔也会有暴力，但这座桥承受住了奥斯曼帝国衰落压力。只是到了1914年，塞尔维亚人、穆斯林“土耳其人”和德国的“斯瓦比亚人”之间的冲突，才变得不可收拾，而且这座桥梁确确实实被炸断了。

维舍格勒只是被第一次世界大战强行分割出去的许许多多民族城镇中的一个。

用德里奇的话来说，它只是“提供了一种传染病的例子，症状轻微，却有传染性。这种传染病首先在欧洲爆发，然后蔓延到全世界”。[69]诚然，西线在战争中显示了新型工业化水平——见证了大型死亡机器的引进，堪比那些威尔斯在《世界大战》中想象出来的有致命效果的机器，但东线在战争中也见证了同样重要的转变。老牌中欧和东欧帝国的垂死挣扎，消除了士兵和平民之间的老界限。这场战争证明：发动战争，容易；停止战争，难！

5. 民族的坟墓

总体上，多民族大帝国是过去的一种机构形式。那时，物质的力量被抬得很高，民族原则尚未得到认可，因为民主还没有得到确立。

——托马斯·马萨里克（Thomas Masaryk），1918 年[1]

1918 年是伟大的，是可怕的，我们的主啊！但 1919 年甚至更恐怖。

——米哈尔·布尔加科夫（Mikhail Bulgakov）：《白卫队》[2]

第一次世界大战之后的和平，是战争以其他方式的延续。布尔什维克宣布结束敌对行动，却使俄国帝国陷入了野蛮的内战。西方政治家们为轴心国的每一个战败国（德国、奥地利、匈牙利、保加利亚和土耳其每个国家都有自己的开战理由）草拟了和平条约。凯恩斯在《和平的经济后果》中预测，“复仇……都有心无力”。事实证明，凯恩斯仅猜对了一半。他预计《凡尔赛条约》所强加的财政负担，将是战后争论的主要议题。他说，欧洲的“内战”来了，“如果我们的目标是蓄意使中欧变得贫穷的话……如果我们采取这样的观点，即认为德国未来至少有一代人不能享受到哪怕一点点繁荣……一年又一年地，德国必定处于贫穷状态，她的孩子们必定饱受饥饿和羸弱状态……”[3] 然而，欧洲第二次世界大战的原因，至少在凯恩斯心目中，并不是经济，而是领土，或者，更准确地说，是以“民族自决原则”为基础的领土安排和民族混居模式的现实之间的冲突。凯恩斯还预计，首先站出来反对和平条约的，将会是德国人。但事实上却是土耳其人，虽然那里发生的事情预示着很多都是德国后来将要经历的。

通向内战的道路，始于彼得格勒。作为俄国的首都，彼得格勒在第一次世界大战期间由圣彼得堡改名而来，以安抚民族情绪（“圣彼得堡”有太重的德国味）。作为一个知识能力有限的、虔诚的清教徒式的人物，尼古拉二世把统治俄国看作是对内在力量的一种长期考验。他事事亲力亲为，似乎要下决心证明他自称为“一个戴着皇冠的工人”的真实性。“我一个人都做三个人的工作，”他宣称，“要让每个人都学会做至少两个人的工作。”不幸的是，他乐于做的其他两项工作——书记员和园丁，似乎不应是沙皇该有的作为。虽然前线的形势在恶化，但他固执地、一字不漏地阅读每日通讯，有时暂停下来，只是为了扫扫自己门口的积雪。他那出生在德国的妻子——亚历山德拉皇后，不仅没有帮上什么忙，而且整日沉迷于东正教的漫画版本和独裁政治中。“啊，我的爱，”她写信给他（用英语写的，就像他们之间所有的通信那样），“当你终于用你的手拍在桌子上，并且对（您的部长）所犯的错误发出尖叫声时——一个不怕您，而另一个必然怕你…… 噢，我的孩子，要使一个人在你面前发抖，光让他爱你是不够的……要成为彼得大帝、伊凡雷帝、皇帝保罗——在你的统治下把他们压得粉碎。现在，你别笑，顽皮的人。”[4] 这真叫人绝望。最后，尼古拉还拒绝“对自己周围的人大喊大叫”。1916 年 12 月 16 日，这对皇室夫妇身边神秘而腐败的神职人员拉斯普京（Rasputin）被沙皇的表弟德米特里大公（Grand Puke Dmitry）谋杀了。大公受到无能的王子费利克斯·尤苏波夫（Felix Yusupov）和右翼政客 V. M. 普里什克维奇（V. M. Purishkevich）的资助和唆使，相信神甫正在对沙皇和俄国的外交政策产生有害的影响，但情况并没有出现转机。1917 年 3 月初发生兵变后，尼古拉本人遭到了将军们的抛弃，被迫退位，痛苦地抱怨“背叛、怯懦和欺骗”。[5]他和他的妻子都不理解革命为什么说来就来了。事实上，亚历山德拉对革命爆发所发表的评论——一次重大的历史误诊，为她赢得更广泛的“声誉”：“这是一场流氓运动，少男少女们到处乱跑、尖叫，他们没有面包，只好兴奋起来……假如天气寒冷，他们很可能就会待在家里。”[6]

取代了沙皇位置的临时政府，旨在建立一个有自由的宪法和议会机构的共和国。它的前景还不算太差。然而，临时政府领导人决心把这场战争继续打下去，对土地改革等迫切需要解决的问题迟迟不作决策，直到制宪议会被选举出来，从而为更多的极端分子创造机会。布尔什维克实际上一直以来都对这场革命感到惊讶。“这真是令人吃惊!”列宁在苏黎世听闻消息后大声说道。“这太意外了！超乎想象！我们必须回家，但怎么回?”[7]德国最高统帅部回答了这个问题，不仅给他提供了到彼得格勒的火车票，而且通过两个潜伏的名为帕尔乌斯（Parvus）和冈尼斯基（Ganetsky）的中间人，为他提供了颠覆新政权的资金。临时政府犹豫不决，没有逮捕他和他的伙伴。8 月 27 日，在新政权保守派批评家的怂恿下，俄国军队最高司令拉夫尔·科尔尼洛夫（Lavr Kornilov）将军发动了一次未遂军事政变。意外取得的效果，是提高了布尔什维克在苏维埃的支持率。作为一个并存的政府，苏维埃不仅在彼得格勒（如在 1905 年），而且在其他城市不断地发展壮大。两个月后，即 1917 年 10 月 24 日，布尔什维克发动了一场革命。当时，这似乎并不像一个震惊世界的大事件。事实上，在谢尔盖·爱森斯坦（Sergei Eisenstein）后来重拍的电影《十月》（1928 年）里，更多的人受到了伤害。几乎没有人希望这个新政权存续下去。

布尔什维克对其支持者许下这样的诺言：“和平、面包和政权归苏维埃。”和平，结果意味着悲惨的投降。在布列斯特—利托夫斯克，在护卫巴克河的砖砌堡垒里，德国最高统帅部向布尔什维克代表团［为维护革命形象，一个伪装成农民的名为罗曼·斯塔什科夫（Roman Stashkov）的人在中途被吸收进来］提出了割让领土的要求。在谈判期间，负责布尔什维克外交政策的托洛茨基为了拖延时间，采取“不战不和”的态度。他的希望是，如果谈判能将时间拖延得足够长的话，世界革命可能会爆发。[8]德国人所向披靡地向波罗的海沿岸地区、波兰和乌克兰等地推进，一路上几乎没有遭到士气低落的俄国部队的抵抗。德国人似乎很可能就要占领彼得格勒，布尔什维克领导人被迫匆忙地撤退到莫斯科，即后来的首都。在一场激烈的导致左派的社会革命党退出革命政府的辩论之后，布尔什维克不得不签字放弃战前俄国帝国三分之一的农业土地和人口、超过一半的工业和差不多90%的煤矿。波兰、芬兰、立陶宛和乌克兰纷纷独立，尽管这些地区当时仍然处于德国的保护之下。德国人取得了东部这场战争的胜利。他们用来支付列宁返回俄国的钱，似乎获得了可观的回报。

然而，这场俄国革命证明：战争并没有结束，只是发生了突变。在德国东部取得的胜利由于其在西部的失败而变成一纸空文后，东部的战争就变成了一场可怕的内战，就像之前发生在各大帝国之间的那场常规战一样，从许多方面来说，同样付出了很高的生命代价。1918年，流行病席卷全世界。西班牙流感第一次有记录的爆发，是1918年3月在堪萨斯州的陆军基地。好像是要模拟军人们在战场上的相互厮杀，病毒迅速地蔓延到全美国，然后通过拥挤的运载美国部队的船只，又传染到欧洲。截至6月，这场流感已经蔓延到了印度、澳大利亚和新西兰。两个月后，第二次流感浪潮几乎同时袭击了波士顿、马萨诸塞州、法国的布列斯特和塞拉利昂的弗里敦。至少4000万人死于这种流感病毒，其中大多数是通过血液和肺部其他液体造成致命性的积聚，从而引起窒息。具有讽刺意味的是，这不像大多数流感疫情，而是像之前那场战争一样蔓延。1918年，流感造成了大批青壮年死亡。在每100个25岁至34岁的美国男性中，就有一个成了“西班牙小姐”的牺牲品。[9]引人注目的是，全球的死亡高峰期发生在1918年10月和11月。德国人已做好与传播斑疹伤寒的虱子作战的准备，这种伤寒病对东部阵线构成了极其严重的威胁。事实上，当他们占领比亚韦斯托克等城市时，投入了大量资源来扑灭伤寒病。[10]他们像其他人一样惊讶于这种来自西方的意想不到的威胁。有理由相信，这就是德国军队在那几个月内崩溃的一个原因（见图5.1）。

随着战争的结束，苏联式的政府在布达佩斯、慕尼黑和汉堡纷纷宣告成立。红旗甚至飘扬在格拉斯哥市政厅的上空。列宁梦想建立一个“横跨欧洲和亚洲的苏维埃共和国联盟”。托洛茨基宣称：“通往巴黎和伦敦的道路，要经过阿富汗、旁遮普和孟加拉的各个城镇。”[11]即使是遥远的布宜诺斯艾利斯，也爆发了罢工和巷战。[12]

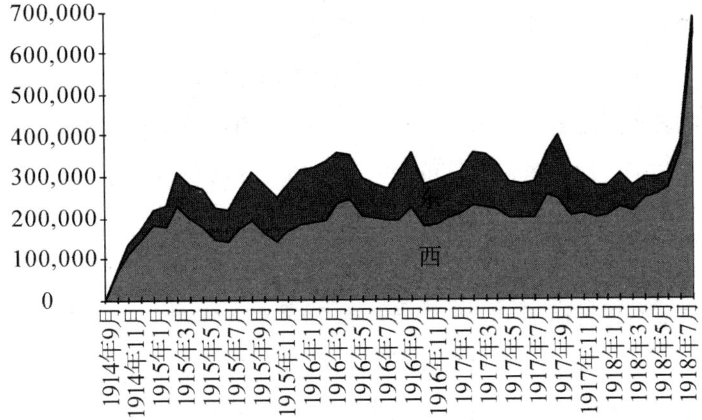

图 5.1 1914 年 8 月至 1918 年 7 月德国士兵感染病毒报告

然而，在俄国本土，布尔什维克的权威在大城市以外并不存在。反抗他们的，是由经验丰富的沙皇军队将军领导的三支反革命武装或“白军”武装：安东·邓尼金的志愿军，一支由许多军官和少数军人组成的活跃在顿河沿岸的军队；在西伯利亚的海军上将高尔察克的军队；在西北部的将军尼古拉·尤登尼奇的部队。此外，白军有外国势力的支持。由捷克和斯洛伐克民族主义者组成的捷克军团站在俄国一边，反对奥匈帝国并在大革命爆发时人数超过了 3.5 万。捷克军团的指挥官决心继续争取独立，决定向东进发，沿着跨西伯利亚的铁路，穿越太平洋、北美洲和大西洋，并增援西部战线。他们带了大约 1.5 万人。当在车尔雅宾斯克的布尔什维克设法解除其武装时，捷克人进行了反击。他们与萨马拉的社会革命党联合起来，帮助他们建立一个立宪成员委员会（即著名的“Komuch”）议会，作为列宁政府的敌对政府。5 月至 6 月，捷克人向东推进，占领了诺沃—尼古拉耶夫斯克、奔萨、塞兹兰、托木斯克、鄂木斯克、萨马拉，最后是符拉迪沃斯托克，与此同时，俄国的前盟友派出远征部队，主要目的是使俄国继续参战。英国的部队在阿尔汉格尔、摩尔曼斯克以及符拉迪沃斯托克登陆，法国派军队开往敖德萨，美国前往符拉迪沃斯托克。同盟国还向白军提供了武器和其他用品。意大利也派出了一支分遣队。日本人趁机从“满洲”渡过阿穆尔河向前进发。原本应该作为革命总部的各大城市，因工厂关闭、食品和燃料供应枯竭而成了一座座空城。1918 年 7 月，当邓尼金号召所有白军在莫斯科集结时，布尔什维克政权看起来很快就要被推翻了。

1918 年 8 月 6 日，白军部队与叛变的捷克军团占领了喀山。布尔什维克第五军损失惨重，被打得溃不成军。乌法陷落了，列宁的出生地辛比尔斯克也很快陷落了。伏尔加河沿岸的另一次撤退，把反革命力量带到尼日尼—诺夫哥罗德（Nizhny-Novgorod）的大门口，打开了通向莫斯科的道路。托洛茨基辞去了外交部长职务，辅佐军事部。他现在面临的艰巨任务，是要鼓舞红军士气，使他们更加勇敢。正如我们所看到的，他是一个记者而不是一个训练有素的将军。然而，这个留着山羊胡子、架着眼镜的知识分子，曾经在巴尔干和西部阵线见证过足够多的战争，知道没有纪律的军队是注定要失败的，意识到光有志愿者是不够的，托洛茨基坚持认为必须招募新兵，同时将前沙皇军士和军官带入了红军队伍——其中许多人过去都被关在监狱里受苦，他们的经验在战胜白军方面起到了至关重要的作用。[13]

托洛茨基有两个优点：第一，布尔什维克控制着中央铁路枢纽，这样可以快速地部署军事力量。托洛茨基在为自己专门设计的装甲车厢里，亲自指挥作战，在战争中行驶了大约 10 万英里。第二，尽管布尔什维克缺少战争经验，但不乏恐怖主义的经验；就像塞尔维亚民族主义一样，在战前数年他们便把暗杀作为一种战术。现在，托洛茨基以军法的名义实行恐怖主义。

托洛茨基抵达喀山时做的第一件事，就是把火车发动机和车厢分离，这是他向部队所发出的信号，表明他本人不打算撤退。然后，他将 27 名逃兵带到伏尔加河沿岸的斯瓦西斯克（Syvashsk）附近，并让人把他们枪杀了。他认为，确保红军招募到的新兵中没有逃兵或逃跑现象的唯一办法，就是在他们的后面放上机关枪，并向那些没有去打击敌人的人扫射。这是托洛茨基提供的选择：在前面可能死亡，在后面必然死亡。[14]他冷笑着说过一句典型的刻薄话："我们必须一劳永逸地让那些天主教徒、教友派信徒对人类生命的神圣性闭上他们那喋喋不休的臭嘴。"[15]拒绝打仗的部队注定将被消灭。这是俄国内战的转折点。在喀山，在争夺伏尔加河大桥所进行的一场更为激烈的战斗中，托洛茨基的战术取得了更加明显的成果。红军占领了这座大桥，并在 9 月 10 日收复了喀山。两天后，辛比尔斯克也落入了红军之手。白军向前推进的信心动摇了。他们发现自己挑战的，不仅是一支迅速壮大的红军，而且有顽抗的乌克兰和车臣做后盾的红军。捷克人厌倦了战斗，捷克军团瓦解了，被赶回了萨马拉，然后被赶过了乌拉尔山。立宪成员委员会分崩离析，高尔察克宣布自己为“最高统治者”——至于是什么最高统治者，他自己也不清楚。11 月底，邓尼金丢了沃罗涅日（Voronezh）和卡斯托诺（Kastornoe）。

这场西线战争的结束，为布尔什维克争取到了很好的时机。它削弱了外国列强干涉的正当性，特别是在他们有自己的左翼暴动需要处理的时候。只有日本人表现出了在俄国领土上保留武装的倾向，并企图对远东地区提出新的领土要求，而让俄国其他地区听天由命。[16]诚然，布尔什维克只控制了前沙皇帝国的一小部分地区。德国人撤出乌克兰，造成了西部权力的真空。这个值得纪念的事情在米哈伊尔·布尔加科夫（Mikhail Bulgakov）的小说《白军卫队》中多有描述。到处都一片混乱，民族主义者、农民绿军、白军和布尔什维克等敌对部队，都在竞相控制农村、减少粮食库存。在乌克兰东南部，一名很会喝酒的名为内斯特·“白特科”·马克诺（Nestor “Batko” Makhno）的无政府主义农民，率领一支 1.5 万人的精干农民军，抗击所有的外来者：德国人、民族主义者、白军、红军。顿河哥萨克支持白军，但不愿远离家乡去冒险；他们的困境是米哈伊尔·肖洛霍夫（Mikhail Sholokhov）《静静的顿河》的核心，其中悲剧性的中心人物——葛利高里·梅列霍夫（Grigory Melekhov）先后与白军、红军和民族主义游击队都打过仗。有一支西伯利亚独立派军队，也在绿白相间的旗帜指挥下前进，加入了“全俄临时政府”，该政府办公室曾设在鄂木斯克的铁路运输车厢里。贝加尔湖东部地区落入了一个名为葛利高里·谢苗诺夫（Grigorii Semenaov）的叛徒军阀手中。真正的内战，不只是发生在白军和红军之间，也发生在红军、绿军和那些拒绝接受布尔什维克关于城市无产阶级专政的观点、拿起武器抵制任意没收粮食的农村居民之间。[17]

不过，从 1918 年 11 月起，这股内战潮流，沿着布尔什维克指明的道路向前推进。1919 年 4 月，高尔察克的军队被打败了。7 月，彼尔姆回到布尔什维克手中。鄂木斯克在 11 月也紧随其后。1919 年夏，邓尼金在乌克兰取得了一些胜利，但在年底丢掉了基辅。尤登尼奇企图夺取彼得格勒，也没有成功，这些在很大程度上要归功于托洛茨基的城市捍卫者们连续作战的能力。他们把战败的白军赶回了爱沙尼亚。同年 6 月，彼特·兰格尔（Peter Wrangel）的高加索军队已占领察里津，但到了 1920

年1月，很明显，这场战争实际上已经结束了，同盟国切断了他们对白军的援助。将军们一个接一个地逃跑了，或者像高尔察克一样，被抓获并被枪决了。1920年夏天，列宁认为有足够的信心向西方输出革命，命令红军进军华沙，并自信地说，有必要“使匈牙利，也许还有捷克和罗马尼亚都实现社会主义”。[18]

1918年夏天的危机，使列宁在“革命的危急关头”掌握了权力。他坚持认为，确保农民将粮食交给红军的唯一办法，就是要对所谓的“富农”进行镇压，杀一儆百。“不费一枪一弹，你如何革命？”列宁问道，“如果我们枪毙不了一个白军卫队破坏者，这算是什么样的伟大革命呢？除了空谈革命、废话连篇，就什么都不是。”[19]他深信，如果不实行“最严厉的革命恐怖”的话，布尔什维克将不会“成为胜利者”。他明确号召“对富农、教士和白军卫队实行大规模的恐怖活动”，“黑市市场商人”将被一律“就地枪决”。1918年8月11日，他在奔萨给布尔什维克领导人写了一封意味深长的信：

> 同志们！富农起义必须毫不留情地予以粉碎……必须抓一个典型。1. 绞死（我是指绞死，目的使人民可以看到）不少于100个有名的吸血鬼。2. 公布他们的名字。3. 没收他们的全部粮食……这样做，目的是为了让数百英里左右的人都可以看到、发抖、知道并且大喊：他们正在杀死，并会继续杀死那些吸血的富农……另附：寻找更强硬的人。[20]

富农是“苏联政府的敌人……吸血鬼……蜘蛛……（和）蚂蟥”[21]。在这种语言怂恿下，大量的富农被杀。

这次革命的极度不安全性（根基未稳），增强了人们的恐惧心理。1918年7月17日凌晨，就在列宁刚刚发完一封用丹麦文写的、上有“前沙皇是安全的”字样的电报后，布尔什维克政委雅科·尤洛夫斯基（Yako Yurovsky）和12人组成的临时行刑队，将关押在叶卡捷琳堡的皇室成员及其剩下的仆人聚集到一所被征用的房子的地下室，在稍做准备后，近距离地对他们开枪射击。托洛茨基曾希望举行一次场面壮观的公审，但列宁决定“不给白军留下一面活生生的旗帜”。[22]不幸的是，因为女人们在衣服衬里藏有大量珠宝，这些珠宝都成了防弹的东西。其中一个刽子手差点被四处弹跳的珠宝所杀。与传说相反，公主安娜斯塔西娅没有活下来，她是被刺刀刺死的。只有一只名叫“欢乐”的皇家猎犬幸免于难。沙皇的其他亲属也被劫持为人质，其中包括尼古拉、乔治、德米特里、帕维尔和加夫里等多位大公，后来其中四人也都先后被枪决了。暴力导致暴力。在处死沙皇一个月后，差点要了列宁性命的暗杀未遂事件，成了加强革命恐怖的理由。

这个新的暴政的核心，是“全俄打击反革命和破坏的肃反委员会”，简称“契卡”。在捷尔任斯基的领导下，布尔什维克建立了一支包括对嫌疑人都进行无情镇压的新政治警察队伍。“契卡”，正如其中一名创始人所解释的，“不是一个调查委员会、法院或法庭，而是一个在内部前线上作战的机构……它不审判，它只打击。它不原谅，它只消灭所有那些被抓住的敌方人员。”[23]布尔什维克的《红星工人报》宣称：“没有怜悯，没有饶恕，我们将数以万计地消灭我们的敌人。让他们数以千计地淹死在自己的血泊中。为了列宁所流的血……让资产阶级的血液、更多的血液、尽可能多的血液……变成洪流。”[24]捷尔任斯基高兴地表示赞赏。在此只举一个例子。1919 年 9 月 23 日，67 名据称是反革命分子的人遭到立即枪决。名单中的第一人，是尼古拉·史契普京（Nikolai Shchepkin），一个 1905 年后建立的国家杜马（议会）的自由派成员。他们的处决通告运用了最强烈的语言措辞，指责史契普京和他所谓的同伙“如嗜血蜘蛛一样隐藏（并）向世界各地编织网络，从红军队伍到中小学校和大学……”[25]1918—1920 年，多达 30 万次这样的政治处决被执行。[26]这些人不仅包括其他党派成员，而且包括布尔什维克的追随者。

这场内战的暴力，不乏血腥之处。双方战俘都惨遭杀戮，有的甚至重伤致残；整个村庄的人也被杀光。科尔尼洛夫本人曾说过为“拯救俄国”，“半个俄国要被烧毁，四分之三的人口要流血牺牲”。[27]他的志愿军在“冰冷的三月”往来于顿河和库班之间，屠杀了数以百计的农民。但这个新政权的真实面目中一个令人不寒而栗的迹象，是第一个集中营的建设。到 1920 年，已经为那些“不可靠分子”修建了 100 多座“改造”集中营。[28]它们的位置都是经过精心挑选的，把犯人置于尽可能恶劣的生活条件之下，如靠近白海的前修道院霍尔莫戈雷这类冰天雪地、人迹罕至的地方。[29]契卡对于如何改造犯人有着不同寻常的想法。在基辅，将一个装满了饥饿的大老鼠笼子捆绑在犯人的身体上，让他们将其捂热。这些老鼠在生吞活剥掉受害者的内脏后才拼命逃走。在哈尔科夫，他们将犯人双手的皮肤用开水烫下来，这便是所谓的“手套把戏”。[30]

革命已经以和平、面包和苏维埃政权的名义取得了成功，结果却意味着内战、饥饿的布尔什维克党中央委员会及其日益强大的分支委员会——中央政治局实行专制统治。那些曾支持布尔什维克、期望建立一个非集权的苏维埃政权的工人们，发现如果胆敢理直气壮地在新成立的、收归国有的工厂中举行罢工活动的话，就会被枪杀。由于通货膨胀，他们实际上拿到手的工资，只是他们战前的很少一部分。“战时共产主义”，迫使饥饿的城市居民铤而走险，冒险到农村去以物换物，甚至把邻居家的门、自己的书籍作为木柴来燃烧。随着征兵制度的实施，越来越多的年轻男子发现自己被征募到了红军队伍中。红军的人数大幅增加，由 1919 年 1 月的不到 100 万，到 1920 年 10 月的超过 500 万，虽然逃跑率仍然很高，特别是在收获季节的前后一段时间。[31]当以前的亲布尔什维克的喀琅施塔得水兵们于 1921 年 2 月发动兵变时，谴责这个新政权破坏言论、新闻、集会等自由制度，将大量的政治对手关进监狱和集中营，使其人满为患：

鉴于现时的苏维埃政权并不代表工人和农民的意愿这一事实，（我们要求）：

以不记名投票的方式重新选举苏维埃，在选举之前在所有的工人和农民中间自由拉票。

工人、农民、无政府主义者和左翼社会主义党派言论自由、新闻自由。

集会、工会和农民协会自由。

不迟于 1921 年 3 月 1 日，召开一次无党派会议，召集彼得格勒市、喀琅施塔得省和彼得格勒省的工人、士兵和水手。

释放社会主义党派的所有政治犯，以及所有同工人阶级和农民运动相关的在押工人、农民、士兵和水兵。

选出一个委员会，负责审查那些被关押在监狱和集中营的人的案件。

废除一切政治部门，因为没有哪一个党可以享受传播其思想观念的特权、为这样的目的从国家获取资金的特权。取代这些部门的，是由国家建立并支持、由地方选举产生的文化教育委员会。

> 解散所有军事单位中的共产主义战斗分队和工厂中的各种共产主义警卫。如果需要这些分队和警卫，可以从军工企业中由工人们选举出来。
>
> 给予农民充分的权利，让他们在土地上从事与其土地相适应的劳动，并且拥有牲畜。他必须以自己的力量维护和管理，而不雇佣劳动力。
>
> 要允许个体劳动进行自由的工艺生产。[32]
>
> 我们要求将我们所有的决议在报刊上广泛发布。

布尔什维克以5万人的部队镇压了这场叛乱。那些没能逃往芬兰的水兵，要么被开枪打死，要么被送到了集中营。难怪老革命作家马克西姆·高尔基至少在一段时间内，对他早些时候欢呼的革命产生了悲观失望的情绪。

1918年发生了另一种传染病——民族主义传染病。第一次，是在沙皇帝国势力范围内，非俄国人迎来了十月革命，并把它作为各民族的春天；第二次是1848年，但进一步向东扩展了很多。在内战混乱的局势中，芬兰、爱沙尼亚、拉脱维亚、立陶宛、波兰、白俄国和乌克兰都纷纷宣布独立——或者说，把《布列斯特—利托夫斯克条约》中所约定的幻想中的独立变成了现实。哥萨克们也渴望建立一个国家，推选了自己的克鲁格（议会）和阿塔曼（首领）。看来，旧的俄国帝国版图很可能将按种族分裂成100片。起初布尔什维克只是顺应潮流，宣布“所有的民族都有从俄国分裂出来的自决权利”。他们渴望从奥地利—匈牙利的战前问题中汲取教训，向几乎所有的少数民族提供了一项真正实施政治自治的措施。[33]乌克兰人建立了自己的苏维埃社会主义共和国，亚美尼亚人、白俄国人与格鲁吉亚人也建立了自己的社会主义共和国。鞑靼人和巴什基尔人在新的俄国联邦内部成为了自治共和国，还有一个令人迷惑不解的、名为“吉尔吉斯（哈萨克）的共和国”。总之，大约有100个不同民族，根据他们的人数和人口密度、他们自己的民族共和国、地区或乡镇的比例得到了当局的承认和授权。犹太人在比罗比詹以及克里米亚和乌克兰南部的17个犹太人乡镇建立了自己的自治区。朝鲜人被允许在波西耶特附近建立一个朝鲜民族区。[34]俄国化政策使托洛茨基的历史垃圾桶内增加了旧政权的残余，从此，非俄罗斯人将被限制用自己的语言接受教育，并被鼓励在布尔什维克政权内确立他们的民族身份。[35]

然而，布尔什维克推举出来的负责执行这一政策的人，虽然他自己本身就是一个格鲁吉亚人，但却未必能保障少数民族的权利。他的名字叫伊瑟夫·维萨里奥诺维奇·朱加什维利（Iosif Vissarionovich Dzhughashvili）——对他的革命家同胞来说，他叫斯大林（意思为"铁人"）。作为"人民民族事务委员"，他一开始就表现出他理解外在形式与内在内容之间的差异。斯大林立刻看出了民族问题正在不断增多，已快要到失控的地步，来自全国各地的种族冲突报告络绎不绝。在波罗的海国家，包括凶猛的拉脱维亚步枪女兵在内的亲布尔什维克军队和德国地主之间爆发了战斗。这些德国地主得到部分好战但未做好打仗准备的德国学生和退伍军人组成的所谓"自由团"的支持。这是一种恶性冲突。双方似乎都"决心要铲除对方"："仇恨占了上风。战斗中没有抓俘虏——这是能够得到谅解的；在胜利中，他们被抓获但随后被杀害，以这种仪式使得胜利的意义更加清楚。"[36]类似的冲突肆虐各地。在高加索，格鲁吉亚人同亚美尼亚人打，亚美尼亚人同阿塞拜疆人打，阿布哈兹人同格鲁吉亚人打。1920 年 5 月，整个远东尼克拉耶夫斯克（Nikolaievsk）镇上的所有日本人——700 个男人、妇女和儿童全部被杀。[37]在哈萨克斯坦，斯拉夫定居者和哥萨克遭到了大规模的驱逐；整座俄罗斯人的村庄被柯尔克孜族人随意地"赶到天寒地冻的地方去了"。[38]

在俄国帝国的所有民族中，人们可能会认为，犹太人是革命的最大获益者。他们原来期待着终结旧政权强加在自己身上的对迁移自由和公民权利的诸多限制。而事实上，新政权结果也证明并不仅仅意味着解放，而是犹太人在俄国的社会进步中获得了前所未有的机遇——前提条件是，放弃他们的犹太教，坚定不移地贯彻该党的路线。成千上万的人放弃了犹太人城镇，奔赴大城市。到 1939 年，莫斯科的犹太居民增加了近 17 倍，而彼得格勒（那时改名为列宁格勒）增加了近 6 倍。托洛茨基和捷尔任斯基只是众多犹太血统的布尔什维克领导人中的两个。[39]然而，在短期内，内战仅仅意味着自 19 世纪 80 年代在犹太人定居点业已存在的暴力迫害的加剧。可以料到的是，有些暴行是白军干的，至少包括一些对 1905 年大屠杀负责的极端民族主义分子。在叶卡特琳诺斯拉夫，邓尼金的军队参与了对犹太人的暴力袭击。那里的反布尔什维克的犹太人抱怨说，他们原来期盼获得白军救助，却遭到了强奸和掠夺。[40]非俄罗斯民族主义者也要对犹太人的袭击事件负责。例如，乌克兰民族主义者还袭击了布拉茨拉夫（波多利亚）、迪米蒂夫（库尔斯克）和基辅的犹太人。肇事者往往将“犹太人”和布尔什维克混在一起，响应 1905 年的反革命号召，并且在整个战争期间理所当然地期盼着中东欧反犹太主义的行动。[41]

然而，布尔什维克军队也参与了对犹太人的袭击。[42]在战争的最后阶段，发生在欧洲多个城镇的工人阶级食品骚乱，其真正目的在于引起店铺抢劫。因为这些犹太人定居点的店铺在大多是属于犹太人的。对价格或缺斤少两的抗议，可以很容易地表现为大屠杀。1917 年，这样的事件发生在卡卢什、基辅、哈尔科夫、罗斯拉夫尔（斯摩棱斯克）和斯塔罗辛尼维（波多利亚）等地。布尔什维克夺取政权之后，博格拉德（比萨拉比亚）和莫济里（明斯克）也发生了类似于大屠杀的事件。1917 年 11 月，在制宪议会选举时，犹太记者伊利亚·爱伦堡（Ilya Ehrenburg）听到一个布尔什维克活动家对一群莫斯科居民说：“凡是反对犹太人的人，给第五张名单投票；凡是赞成世界革命的人，给第五张名单投票。”第五张名单上是布尔什维克的候选人。在切列波维茨，一个布尔什维克领导人挥舞着手枪，高声喊着：“杀死犹太人，挽救俄国！”有人指控说，1918 年 3 月，在格卢霍夫（切尔尼戈夫），苏维埃军队撤退时实施了一场特别残酷的大屠杀。同样，1918 年 5 月大屠杀之前，斯摩棱斯克的红军指导员被指控准备“在对犹太人实施‘圣巴托罗缪大屠杀’”。[43]当红军从布列斯特—利托夫斯克这块被割让的领土撤军的时候，对犹太人进行了类似的攻击。1920 年 11 月，红军第一骑兵军横扫了像罗加乔夫、布列斯特、罗曼诺夫和丘德诺夫等乌克兰城镇上的犹太社区，对犹太人进行了杀戮和抢劫。次年，列宁本人亲自了解明斯克和戈梅利发生的大屠杀情况。在所收到的报告中，他唯一的批复意见是：“存入档案。”[44]截止内战结束时，在俄国南部和乌克兰发生的大屠杀，据说杀害了多达 12 万条生命。[45]

斯大林在采取措施取缔这种行为的过程中，很快就表现出他残忍的一面。他赞成在爱沙尼亚为反布尔什维克分子建立集中营，称这个主意“好极了”。他下令在北高加索地区示范性地焚烧村庄，命令当地的布尔什维克“要绝对毫不留情”。当巴什基尔革命委员会暴露了不忠的迹象时，斯大林下令抓捕其领导人并带到莫斯科审讯。他强迫阿塞拜疆、亚美尼亚和格鲁吉亚并入一个更容易控制的“高加索联邦”。他将车臣人、奥塞梯人和卡巴尔达人合并在一起，在北高加索地区成立一个自治的山区共和国。当他自己的部下、一个年轻的鞑靼人提出建立了一个独立的泛突厥共和国的想法时，他拒绝了。布尔什维克所有对犹政策的目的，是“重新使犹太人口社会化，以便使之在政治上布尔什维克化，在社会上苏维埃化”。[46]民族的自主权，换言之，将坚定地限定在中央集权的一党专政范围内。斯大林在国内的政治手腕如此强硬，以至于列宁决定指责他犯了“大俄国沙文主义”罪。但是，只有当列宁的健康状况在 1922 年 5 月中风后每况愈下时，斯大林才能偏离一个真正的苏维埃共和国联盟的思想。如果完全交给他来做，其他所有共和国只会被收回俄国。到 20 世纪 20 年代中期，摩尔多瓦和卡累利阿建立了新的自治共和国，其主要动机是希望向邻近国家宣传苏维埃制度的好处：这些共和国将成为苏维埃边界以外的自己的国家，就像当年皮埃蒙特曾经属于民族抱负情绪高涨的意大利一样。[47]

在 1918—1922 年期间，大约 700 万人参加过俄国内战。其中，近 150 万人因为打仗、处决或疾病而丧生。[48]但这一数字可能不到这场战争受害者的五分之一。1920—1921 年，十月革命后的社会混乱导致了严重的饥荒。营养不良的难民到处漂泊，寻找食物，死于传染病并传播传染病，其中霍乱和伤寒导致的死亡人数最多。此外，还有天花、鼠疫，更不要说还有性病。性病是困扰着列宁格勒的流行病，占总人口 12% 的人都有性病。单就传染病而言，总的死亡人数就可能超过了 800 万。[49]如果这一估计数字再加上战场上的伤亡人数、政治谋杀和饥荒造成的死亡人数，内战引起的全部死亡人数，接近于第一次世界大战期间全世界的死亡人数。平民的伤亡人数，其中包括受伤人员，超过军人的伤亡人数，为 9∶1。1917—1920 年，据估计，苏维埃各国人口减少到大约 600 万。[50]对于西欧来说，这场战争本来有可能在 1918 年 11 月结束的。但是，对于任何生活在维尔纽斯和符拉迪沃斯托克之间的人来说，第一次世界大战“结束”后的那些年，除了“和平”，便什么都没有。而结果呢？截至 1922 年年底，却建立了一个从波罗的海一直到白令海峡的新俄罗斯社会主义联邦共和国。它与遥远的、较小的白俄国、乌克兰、高加索和远东共和国一道，组成了新的苏维埃社会主义共和国联盟。

地图的重新绘制

维斯瓦河口的港口，是叫它的德国名字但泽（Danzig），还是叫波兰人叫的名字格但斯克（Gdańsk）？但泽原先是一个自由的自治市，过去曾处于条顿骑士团的保护之下。从15世纪中叶到18世纪末，但泽正式被认定为波兰人的领土。但在1793年，它被普鲁士吞并了，并在拿破仑时代有过一段短暂的独立期。后又于1871年成为了德意志帝国的一部分。镇上90%以上的人都是德国人。[51]然而，周边农村的大多数农民，又都是波兰人，或是斯洛文尼亚卡舒比人（Slavonic Kashubes）。

1919年，当西方领导人及其随行人员聚集凡尔赛时，但泽是他们遇到的无数问题之一。他们中伟大的乐观主义者和道德家、在弗吉尼亚出生、长老会培养的伍德罗·威尔逊总统自信地找到了答案。其中，有些是人人熟知的自由派良方，例如自由贸易和海上自由等。其他人提出了战前和战时的建议，如集体安全、军备控制和结束“秘密外交”。从这些办法中，威尔逊塑造了他的国际联盟，连同他那圣经般的《国际联盟公约》。然而，威尔逊计划中的最激进之处，是设想了在民族“自决”基础上重新安排欧洲版图的秩序。从1914年12月起，威尔逊就一直主张，任何和平方案，“应立足于欧洲各族人民的整体利益，而不是立足于将其政府强行建立在外族人基础上的任何民族的利益”。[52]1915年5月，他更进一步明确声称：“每个人都有权选择他们将来生活的国家。”[53]在1917年1月他重申了这点，并在《十四点计划》中的第5点至13点阐述了其含意。[54]据威尔逊《国际联盟公约》原草案，该联盟将不仅保证其成员国的领土完整，而且将有权“依照自决的原则”对未来的领土进行调整。[55]不用说，没有什么新意。英国自由思想家约翰·斯图尔特·密尔就一直主张，单一民族国家是唯一恰当的自由政体。英国的诗人和政治家们时断时续地坚持让希腊人和意大利人获得独立权利，他们只是想得天真。1857年，朱塞佩·马齐尼（Giuseppe Mazzini）试图设想一张理想的欧洲地图时就以民族为基础，想象出了11个国家的有序状态。但是，从来没有哪一位政治家提出要以民族自决作为一个新欧洲秩序的基础。与国联一起，民族自决将要取代主权国家的完整性而处于更优先的地位。主权国家的完整性是自从两个半世纪以来《威斯特伐利亚和约》生效后国际关系的基础。

然而，结果证明，运用自决原则远非易事，原因有二。第一，正如我们所看到的，有至少1300万德国人在战前已经生活第三帝国的东部边界——也许讲德语的人比全欧洲人口的五分之一还要多。如果严格地执行“自决”，德国很可能最终会变得更大，而这当然不是追随威尔逊的和平缔造者们所希望的。因此，从一开始，在对待德国的方式上，就存在着不一致，如果说不是伪善的话：决不会将残余的奥地利划归第三帝国——尽管事实上，在柏林和维也纳这两个革命后的政府都投了赞成票——并且25万南蒂罗尔人其中90%都是德国人根本没有投票决定他们是否希望成为意大利人，但公投意大利人决定北石勒苏益格（划归丹麦）、东上西里西亚（划归波兰）和奥伊彭—马尔默迪（划归比利时）的命运。法国收回了1871年失去的阿尔萨斯和洛林，尽管事实上每10个人中差不多只有1个是讲法语的人。[56]总之，根据《凡尔赛条约》的条款，大约350万讲德语的人不再是德国公民。同样重要的是，根据《圣日尔曼—昂莱条约》的条款，超过320万在波希米亚、南部摩拉维亚和苏台德地区匆忙组成的奥地利省中，有320多万德国人不愿成为一个新国家——捷克斯洛伐克的公民。在新波兰，有差不多75万德国人，还有相同数量的德国人在扩大了版图的罗马尼亚；有50万德国人在新南斯拉夫王国，即后来的南斯拉夫，还有50万在《特里亚农条约》生效之后的小国匈牙利留了下来。[57]

表5.1　根据《凡尔赛条约》德国遭受的领土和人口损失

领土	划归到	面积（km^2）	1910年人口（000）	讲德语的人口	讲德语的人口所占百分比	到1925年为止移居德意志帝国的人数	百分比
波森	波兰	26042	1946	670	34%		
西普鲁士	波兰	15865	965	412	43%		
东普鲁士南部	波兰	501	25	9	36%	468	43%
波美拉尼亚	波兰	10	0.2	0.2	100%		
西里西亚	波兰	512	26	9	35%		
但泽	自由城市	1914	331	315	95%	44	14%
梅梅尔	立陶宛	2657	141	72	51%	15	21%
东上西里西亚	波兰	3213	893	264	30%	90	34%
赫卢钦	捷克斯洛伐克	316	48	7	15%	3	43%

（续上表）

领土	划归到	面积（km²）	1910 年人口（000）	讲德语的人口	讲德语的人口所占百分比	到 1925 年为止移居德意志帝国的人数	百分比
北石勒苏益格	丹麦	3992	166	40	24%	12	30%
奥伊彭－马尔默迪	比利时	1036	60	49	82%	5	10%
阿尔萨斯－洛林	法国	14522	1874	1634	87%	132	8%
共计		70580	6475	3481	54%	769	22%

资料来源：Petzina et al. （eds.），Sozialgeschichtliches Arbeitsbuch，vol. III，p. 23.

民族自决的第二个问题是：没有一个和平调停者把自决理解为要将它应用于自己的帝国，而是只应用于他们打败了的帝国。威尔逊的《联盟条约》第三条原草稿曾明确指出：

> 由于目前的种族条件和愿望或目前的社会和政治关系发生了变化，领土调整……可能在将来会有必要依照自决原则，和……根据有关所有民族的福利和实际利益，由四分之三的代表来做出判断。[58]

这甚至对于在巴黎的其他美国人来说都太过分了。塔斯克·比利斯（Tasker Bliss）将军问威尔逊是否认真考虑过“正在要求国际联盟考虑诸如爱尔兰、印度……独立等等问题的可能性”。[59]他的同事、法律专家大卫·亨特·米勒（David Hunter Miller）警告说，这样一个条款会产生永久性的“不满”和“煽动民族统一主义”。结果，威尔逊的计划草案被扼杀了。第十条款只是如实地重申了旧的《威斯特伐利亚》中的条款：“国际联盟成员抵御外来侵略，尊重和保护领土完整和保持现有联盟所有成员在政治上的独立性。”正如身为外交官的英国历史学家詹姆斯·海德兰—莫雷（James Headlam-Morley）讥讽性地指出的：“民族自决是相当过时的。”他和他的同事“代他们决定该去哪些（国家）……”，尽管实际上他们不能完全忽视在某些有争议地区公民投票的结果。[60]从波兰开始，确实存在将“少数民族权利”写入各种和平条约的严肃意图，这是事实。但是，英国在这里再一次玩世不恭地、自私自利地扮演了一个非建设性的角色。显然，海德兰—莫雷就是一个少数民族权利的怀疑者，就像他是一个民族自决的怀疑者一样。正如他在其《巴黎和平会议实录》中所记载的：

> 授权国际联盟保护所有成员国的少数民族的一些一般性条款……除了要授权它去保护有更严重问题的人如爱尔兰人之外，还要授权它去保护在利物浦的中国人、在法国的罗马天主教徒、在加拿大的法国人，即使这样一项权利的否决在其他地方可能会导致不公正和压迫，那也比让一切听之任之——这意味着否定世界上各个国家的主权——要强。[61]

但泽的命运，说明这一条约以失败而告终。在英国首相大臣大卫·劳合·乔治（David Lloyd George）建议下，但泽及周边地区（总共刚刚超过750平方英里）现在作为一个自由城市的历史地位恢复了，虽然它目前仍处于国际联盟的保护之下；波兰人重新获得了自己的自由港口、邮局和铁路控制权。尽管但泽有自己的货币和邮票，但其外交政策由华沙决定。这只不过是一个更大的地理异常现象的一部分。[62]但泽距离奥得河沿岸的柏林，与维斯瓦河沿岸的华沙差不多远。但靠近但泽西部地区的领土，现归属波兰，因为原先德国的省份西普鲁士和波森被割让给了波兰，而靠近但泽东部地区的领土，即东普鲁士省，仍属于德国。这样，经上西里西亚到但泽的“波兰走廊”，作为德国维斯瓦河和涅曼河之间的狭长地带脱离了东普鲁士。但泽真的成了自由城市吗？或者说它实际上还是波兰的一个俘虏？而且，东普鲁士也是这样的情形吗？为了维护他们的权利，波兰人试图垄断但泽的邮政服务。同时，他们修建了一个竞争性的港口格丁尼亚，从而使商业远离这座自由城市。想要前往德国（包括普鲁士）的但泽人，需要出示一张波兰的过境签证。因这种小摩擦而产生的有害气氛，在君特·格拉斯（Günter Grass）的《但泽三部曲》，即《铁皮鼓》、《猫与老鼠》和《狗的岁月》中得到了完整的表现。最令人难忘的、虚构出来的这场德国灾难的化身——表演技艺惊人的鼓手奥斯卡·马策拉特（Oscar Matzerath）1924

年就出生在但泽，这并不是偶然的。[63]

在全欧洲，在民族国家的理想和多元种族社会的现实之间，都存在着类似的冲突。以前，民族多样性被古老帝国的松散结构所容纳。如今，那些日子已经一去不复返了。如果这种和平要产生可接受的政治单位，唯一的办法是接受这样一个事实，即大多数新兴的民族国家都会有一定规模的少数民族（见图 5. 2）。

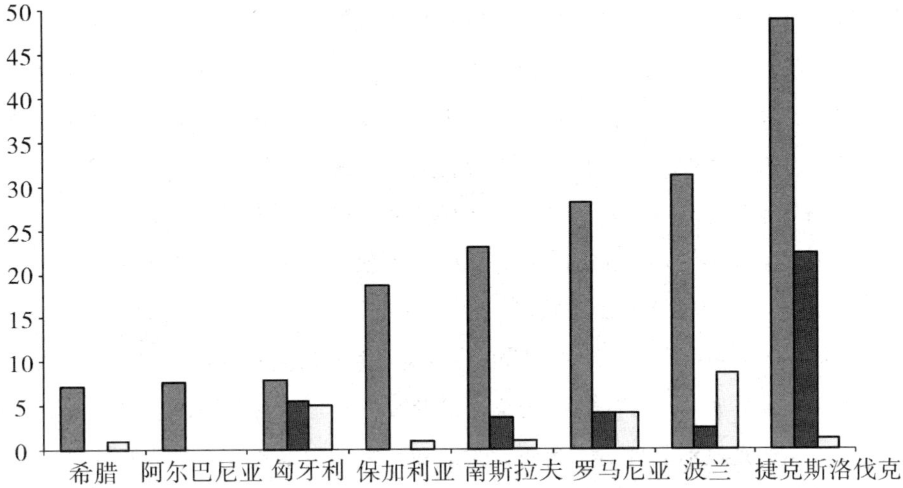

资料来源：*Historical Atlas*, pp.131-148, 171.

■少数民族　■德国人　□犹太人

图 5. 2　1930—1931 年中欧东部国家少数民族的百分比

例如，在新捷克斯洛伐克，51% 的人口是捷克人，16% 是斯洛伐克人，22% 是德国人，5% 是匈牙利人，4% 是乌克兰人。在波兰，大约占人口总数 14% 的是乌克兰人，9% 是犹太人，5% 是白俄国人，2% 多一点是德国人。[64]在所有主要城市的人口中，犹太人大约占了三分之一。[65]罗马尼亚从战争的痛苦中收获了可观的领土红利，（从俄国）获得了比萨拉比亚，（从奥地利）获得了布科维纳，（从保加利亚）获得了南多布罗加，以及（从匈牙利）获得了特兰西瓦尼亚。这样的结果是，该国差不多有三分之一的居民，根本就不是罗马尼亚人：8% 为匈牙利人，4% 为德国人，3% 为乌克兰人。据 1930 年人口普查记录，罗马尼亚总共有 18 个少数民族。在城市地区，非罗马尼亚人明显占大多数。即使是罗马尼亚人本身，也按宗教派别分裂了，分为特兰西瓦尼亚的东仪天主教徒和罗马尼亚腹地里戈（Regat）的东正教徒。南斯拉夫是个超级大杂烩。它起初名叫“塞尔维亚人、克罗地亚人和斯洛文尼亚人的联合王国”，该名字只包含全国17个以上民族中的3个。塞族人梦想建立他们主导的南斯拉夫王国；仿佛是为了更清楚地说明那一点，新的国家宪法于1921年6月28日颁布，这一日是科索沃战争和斐迪南大公遇刺的周年纪念日。[66]实际上，南斯拉夫是一个不安定的混合体，不仅有克罗地亚人、塞尔维亚人和斯洛文尼亚人，而且有阿尔巴尼亚人、波斯尼亚穆斯林、黑山人、马其顿人和土耳其人，更不用说还有捷克人、德国人、吉普赛人、匈牙利人、意大利人、犹太人、罗马尼亚人、俄国人、斯洛伐克人和乌克兰人。保加利亚和匈牙利尽管在《巴黎和约》中失去了领土，但均保留了相当多的少数民族，分别占其人口的19%和13%。仅在这5个国家，就大约有2400万人被视为少数民族群体成员。

《巴黎和约》有时被认为是有缺陷的，因为美国参议院拒绝批准该条约，或者因为它对德国强加了非常严厉的经济赔偿，或者因为它建立在国际联盟基础上的国际集体安全体系的设想不太现实。然而，欧洲和平脆弱的最重要原因，是民族自决与这些少数民族的存在之间的基本矛盾。当然，在一个新兴民族国家中，所有不同的民族群体都将同意在一个新的集体身份中以比较符合社会准则的方式来使他们的差异理想化。这在理论上是可能的。但现实情况往往是，一个占多数的民族群体会声称要成为该民族国家及其资产的唯一所有者；在理论上，应该保护少数民族的权利，但在实践中，新政府无法抗拒地歧视着少数民族。

《巴黎和约》设想中必将带来的和平新时代，一眨眼的工夫就结束了。新波兰国家的边界，是他们自己决定的，暴力与投票或国际仲裁所起的作用同样大。1918—1921年，波兰与乌克兰、德国、立陶宛、捷克斯洛伐克和俄国进行了小规模战争，其结果是波兰进一步向东扩张，比调停者们原计划的向东扩张要远得多。[67]在波兰东部，乌克兰人被排除在政府职务之外，因此，他们是如此敌视这个新波兰，以至于乌克兰恐怖组织很快就活跃起来。相应地波兰当局对这些恐怖活动进行了残酷镇压，从而使边远地区长期处于动荡状态。[68]然而，将这一切都归咎于威尔逊，则过于苛刻。不是他要求在中欧和东欧实行民族主义，甚至在他到达巴黎之前，哈布斯堡帝国便已经分裂了。此外，正如我们所看到的，威尔逊曾设想了一个有权干预和仲裁边界争端的强有力的国际联盟。美国参议院拒绝批准这个使美国永久性地“纠缠”于因种族冲突而四分五裂的欧洲事务机构，这几乎不是他的错；为说服美国公众，他付出了艰苦努力，从而突然中风，使他在担任主席的最后 16 个月完全瘫痪了，这也几乎不是他的错。

在新的战后秩序中，下面这两群人都感到特别脆弱。过去一直在中欧和东欧大部分地区占主导地位的德国人，如今担心遭到新国家的新主人的报复。而且，这种担心是有充分理由的。在比得哥什（原布洛姆贝格）和奥斯特罗沃（原奥斯特罗）的德国人社区，经常遭到波兰暴徒的袭击。[69]在捷克斯洛伐克，德国人被有效地排除在 1919 年选举之外；在与捷克宪兵和军队即所谓的 1919 年 3 月 14 日“卡顿大屠杀”（the Massacre of Kaaden）中，有 52 名德国人被杀，84 人受伤。[70]这并不是说德国人在任何情况下都是无辜的受害者。在许多从德国和奥地利割让出去的领土上，德国人组成了许多交战团，经常武装自卫团体。在布科维纳，德国人的情况颇为典型。作为一个能够自信地说德语的奥地利官员的儿子，格里高尔·冯·雷佐里（Gregor von Rezzori）在切尔诺维茨（现切尔讷齐乌）附近长大成人。他对于家乡以及布科维纳其余地区如今成了罗马尼亚的一部分这一变化感到颇为困惑。他后来回忆说：

> ……一层文明的薄箔，似乎已经被叠加到一个不整齐的、组合而成的民族集团上面，又被人轻易地揭去。……罗马尼亚人在罗马尼亚军事机构保卫下，担任着政府的重要职位，俨然是一位新主人。这些新机构由于新胜利发出了灿烂耀眼的光芒。他们与那些讲其他语言的人基本上处于相互隔离状态，而且现在成了少数民族……过去穿着有腰带的长袖衣服的犹太人、犹太教祭司和穿着硬衣领衬衫的顽固不化的德裔自由民，如今都按当地的传统穿着宽大的灯笼裤、戴着蒂罗尔帽子。

雷佐里的家人开始进行一种内部流亡。如他所说，他们“最终在一个殖民地被他的殖民地主子抛弃了”。他们“不再是任何事物的主人，而是被另一个阶级所接管，过去我们认为自己比他们优越，但如今，他们把我们当作二等公民来对待，因为他们讨厌少数民族依附于他们”。罗马尼亚是“东方的一部分”，而雷佐里一家“肯定地、自觉地意识到：我们是‘西方人’”。[71]当然，在布科维纳，德国人始终都是一个少数民族。约占人口总数38%的是乌克兰人，34%的是罗马尼亚人，只有9%是德国人，尽管这一比例在切尔诺维茨上升到了38%。[72]然而，连同哈布斯堡的官僚和德国的大学，切尔诺维茨似乎一度要成为从“半亚洲”到“德国”（Germandom）的门户。切尔讷齐乌则相反，与一个门户相比，它更带有德国人聚居区的性质。在这里，一个罗马尼亚学生可以不受惩罚地攻击德国人的剧院，破坏席勒的戏剧《强盗》的表演。[73]从主人变成少数民族，代表着地位的急剧下降。

正像德国人的例子所表明的，少数民族遭受的，并非总是暴力迫害。随着20世纪20年代捷克斯洛伐克经济地位的上升——最明显的是，在企图进行“土改”（指选择性地没收和再分配土地）、对企业进行国有化改造时——真正的和想象中的歧视机会也增加了。[74]德语学校被捷克当局关闭，而新捷克语学校遍地开花，甚至在仅有几户捷克人家庭的城镇也建了起来。[75]类似情况也出现在波兰，尽管对乌克兰人和白俄国人的学校的歧视更为严重。[76]从文字记录来看，匈牙利在内战期间，尽管有467所德语小学，但没有一所少数民族中学存在。[77]如果他们掌握的罗马尼亚语不够的话，那么罗马尼亚当局会把讲德语的教师驱逐出布科维纳。这样做的后果，是削弱了一度闻名遐尔的切尔诺维茨大学德国文学系。[78]在捷克斯洛伐克，德裔公务员必须通过捷克语考试。这样做的后果，是削减了一半德裔公务员。[79]在西普鲁士和波森，波兰邮局拒绝投递那些写着老德国地名的信件。[80]本着同样的精神，意大利当局强迫蒂罗尔州的德裔人学习意大利语，同时鼓励意大利人在该省定居。德裔少数民族的政治组织也遭到禁止。例如，1923年，波兰政府禁止了以比得哥什为基地的德语联盟（Deutschtumsbund）。[81]难怪这么多的德裔人选择离开所谓的“失去的领土”，在减少了领土的帝国范围内重新安家落户。到1926年，85%的德国人离开了西普鲁士的各大城镇和波森所在的前普鲁士省。那些留下的，多数都是孤立无援的农民，或者是进行反抗的地主。像奥达·歌德勒（Oda Goerdeler）家族，她在东普鲁士的房地产成了贾乌多沃县的一部分。她回忆说，她所属的德裔社区，“都深受优越感的困扰，而这种优越感以前被认为是理所当然的”。1919年后，他们只好“（自己）打上烙印，以区别于波兰元素”。[82]

然而，在中欧和东欧，最脆弱的少数民族群体——就像在俄国内战时期一样，并不是德国人，而是犹太人。许多国家爆发的民族独立运动，遭到了反犹太人暴力活动的破坏。例如，在斯洛伐克的霍莱绍夫城，两个犹太人遭到了杀害，几乎整个犹太人驻地都被烧毁了。[83]在利沃夫，波兰军队被犹太人在波兰人和乌克兰人争夺这座城市时所发表的中立声明所激怒，疯狂地冲进了犹太人居住区。1918 年 11 月，在赫扎努夫爆发的大屠杀中，犹太家庭和企业遭受了大面积的抢劫和掠夺。在华沙，犹太教堂被焚毁。[84]再往东，在维尔纽斯和平斯克，也发生了大屠杀——因为在分配美国的慈善捐款时犯了罪，35 个人被波兰军队枪决了。而在匈牙利，在布达佩斯的犹太裔社会主义者贝拉·库恩（Bēla Kun）短暂的苏维埃政权被推翻之后，也实施了一次反犹的“白色恐怖”活动。[85]革命运动就这样遭到了破坏，而犹太社区就像一把双刃剑。有时，他们被指控在战争期间偏袒了德国人，有时，被指控在十月革命期间偏袒了布尔什维克。

20 世纪 20 年代，尽管少数民族条约上充斥着漂亮的话语，但暴力让位于歧视。在波兰，星期日成为全民强制休息的一天。不能证明战前居住地的犹太人，被剥夺了波兰国籍。[86]犹太人要想成为学校教师，是非常困难的；要想成为一名大学教授，几乎不可能。[87]国家的资助只提供给波兰学校，而不是犹太人学校。1923—1937 年期间，在波兰大学中，犹太大学学生人数减少了一半。[88]正如一位波兰政治家所说的那样，犹太社群是“一个外来的身体，分散在我们的有机体中，使之产生了一种病态的变异。在这种情况下，不可能找到出路，除非赶走那些外来的人。他们通过人多势众和自己的独特性对我们造成伤害”[89]。民族主义党领导人罗曼·多沃姆斯基（Roman Dwomski）也讲过类似的话。[90] 1922 年 12 月出现的这首诗表达了人们在战后的典型心态：

> 犹太人正在彻底地污染着波兰：
> 它使青年变流氓，使普通人不团结。
> 通过无神论的新闻报刊，它毒害精神，
> 挑起邪恶，煽动分裂，挑拨离间……
> 一个可怕的毒瘤长在我们的体内，

而我们……却视而不见!

犹太人攫取了波兰的商业控制权,
似乎我们都是笨蛋,
他们还欺骗、敲诈和偷窃,
我们对他们还充满着幻想。
我们的惰性增长无限,
而我们……却视而不见![91]

罗马尼亚的情况也好不到哪里去。犹太人不能获得完整的公民身份，除非他们曾经在罗马尼亚服过兵役或父母双方均出生在罗马尼亚。犹太人在罗马尼亚上大学受到限制。[92]布科维纳 1926 年引进了罗马尼亚的学校毕业考试制度，94 个犹太考生中就有 92 人不及格。只有通过行贿，非罗马尼亚的考生才有希望及格。[93]

对于这种歧视，人们可能会做出三种反应。第一是离开。然而，尽管在波兰犹太人政治学中犹太复国主义具有重要意义，但只有一小部分波兰犹太人得出了这样的结论，即只要尽力在这个国家中找到一个犹太人的新“家”，他们的处境就会得到改善，就像如今在巴勒斯坦的英国人一样。即使在 20 世纪 30 年代，就有 8.2 万波兰犹太人移民到巴勒斯坦。正如我们看到的，尽管这也反映了英国人担心持续的犹太移民会对巴勒斯坦内部稳定会产生影响。[94]事实上，只有少数波兰犹太复国主义者致力于要对这块圣地实行有组织的殖民统治，大多数人都只是对在波兰本身取得的成就感兴趣。无论从哪方面来讲，一个西普鲁士人离开波兰去邻近的德国，会比一个犹太人离开波兰去到这个更遥远的圣地，要有办法得多，而且要容易得多。

第二种可能，是撤回到多少有些与世隔绝的犹太社区之内。这种情况，对于那些相对贫穷的讲意第绪语的加利西亚小镇的阿什肯纳兹犹太人来说，是很自然的。他们大多数人仍固守着正统派的仪式和服装，并很有可能选择处于隔离状态。但是这种隔离，并不为他们所独享。艾齐克·曼格（Itzik Manger）——意第绪语诗人领袖，便不讲波兰语，尽管他在华沙生活了多年。用安东尼·斯洛尼姆斯基（Antoni Sloninloski）的话说，有一条“民族的边界，围绕毕兰斯卡（Bielanska）街的某个地方，穿过整座城镇，把斯罗德米西（Srodmiescie）从犹太人街区中隔离开来”。[95]“克拉科夫的犹太人街区，”英国作家休·希顿—沃森（Hugh Seton-Watwon）说，“与基督教徒街区不同，与伦敦西区的阿拉伯城没什么两样。”[96]隔离不仅仅只是一种居住现象。典型的情况是，有一个波兰社会主义党、两个犹太社会主义党——犹太劳动联盟和犹太复国主义的锡安工人党。[97]意第绪语和希伯来文报刊发展强劲，同时，意第绪语和希伯来语学校也与日俱增。[98]富有的犹太人的度假胜地，都与波兰人的不同。[99]在做生意时，他们可能会与波兰人打交道，但关系不会进一步发展，不会深交。在波兰，犹太教不仅是一种宗教，也是一种民族身份。那些根据宗教信仰把自己说成犹太人的大多数人——据1921年的人口普查，占74%——也会按民族说自己是犹太人。[100]

第三种可能是同化。[101]例如，在布兰斯克（Brańsk），犹太人儿童和波兰人儿童在宴会或婚宴上组成同一个乐队演出。[102]在克罗米亚（Kołomyja），波兰人和犹太人之间的友谊十分常见，因此有人说“每个犹太人都有他波兰人的一面”。[103]甚至在卡齐米日边境地区，在克拉科夫的犹太人居住区，都有可能“过着一种与波兰社会相隔绝的生活”，同时“从内心深处吸收波兰文化、波兰诗歌或波兰音乐和艺术”。[104]对于成长于20世纪20年代的那一代波兰犹太人来说，他们中的大多数都有在波兰语学校学习的共同经历。然而，即使那些曾长期追求同化的犹太人，如布达佩斯的匈牙利化的犹太人、布加勒斯特的罗马尼亚化的犹太人或布拉格的德国化的犹太人，都会发现他们所受到的猜疑，只比信仰正统派的犹太人定居点的犹太人稍微少一点。特卢迪·列维（Trudi Levi）的父母均为无神论者，成长于匈牙利和奥地利的边境，能讲一口流利的德语、匈牙利语，但匈牙利当局坚持说，所有的犹太人应该学习希伯来语，即使像列维一家这样已经放弃了宗教仪式的人，也不例外。[105]伊丽莎白·威斯克曼（Elizabeth Wiskemann）惊讶地发现：苏台德地区的德国人到20世纪30年代早期才开始抵制犹太人的商店，不会在战前的波希米亚人发生。[106]许多布拉格的犹太人，只有当他们遇到这样的反犹太主义时，才会意识到他们的犹太人出身。[107]出生于犹太人家庭而长在华沙的亚伯拉罕·罗华（Abraham Rotfarb），表达了被同化的犹太人在战争年代感受到的这种敏感的、令人痛苦的脆弱性：

我有一颗可怜的被同化的灵魂。我是犹太人，也是波兰人，或者说我是犹太

> 人，而逐渐地，在我周围环境和居住地方的影响下，在语言、文化和文学的影响下，我也变成了一个波兰人。我热爱波兰。它的语言，它的文化，以及最重要的，它自由的事实和它独立斗争的英雄气概，都拨动着我的心弦，点燃着我的感情和热情的火焰。但我不爱那个波兰，那个明显毫无理由地恨我的波兰；我不爱那个波兰，那个在我内心和灵魂中哭泣的波兰。这使我陷入了一种冷漠、忧郁和严重的抑郁症状态。波兰夺走了我的幸福，它把我变成了一条狗，一条没有任何雄心壮志的狗，请求着只要求不被遗弃在文化荒漠，哪怕被牵着，沿着波兰文化生活的道路前行都行。波兰把我培养成了一个波兰人，但给我打上了要被驱逐出去的犹太人的烙印。我想成为一个波兰人，你不让我成为；我想成为一个犹太人，但我不知道怎样才能成为。我同犹太人已经疏离了。（我不喜欢自己是个犹太人。）我迷失了。[108]

这两个少数民族在新的战后体制下，才可能成就共同的事业。毕竟，在布拉格这样的城市中，德国人和犹太人之间的关系，其特点早已是共生多于冲突。在整个20世纪20年代，捷克斯洛伐克的犹太人更愿意把孩子送到讲德语的学校而不是讲捷克语的学校。[109]1920年11月布拉格发生骚乱之后，紧接着的报道说，在切布，捷克语的学校被强行关闭，德国人和犹太人都受到了攻击。[110]拉脱维亚的“雷霆十字军”呼吁：“用火与剑消灭每一个德国人、犹太人、波兰人，甚至那些威胁拉脱维亚人独立和福利的拉脱维亚人。”[111]事实上，有些犹太人，像波兰犹太复国主义领导人依扎克·格伦鲍姆（Yitzhak Gruenbaum）等，都真诚地希望德国人和犹太人少数民族结成统一战线。[112]但是，在共同的逆境面前，他们不团结，没有安全感的德国人开始反对更没有安全感的犹太人。先是在1920年，后来又在1923年，一次支持保留上西里西亚的示威游行升级为对犹太人生命财产进行大屠杀、大抢劫式的打击。早在1925年，在布雷斯劳，医生们建立的一个医疗协会便把犹太人排斥在外，并开始竞相抵制犹太医生。[113]格里高尔·冯·雷佐里描述了罗马尼亚人是如何同德国人一样在同一件事上达成一致的：蔑视犹太人。一个罗马尼亚青年，“穿着色彩鲜艳的、绣花无袖短羊皮夹克，粗亚麻衬衫用蓝黄红相间颜色的皮带紧紧地束在亚麻裤子里”；一名德国学生，身穿决斗兄弟会的统一制服（“硬领，军用平顶帽呈一个角度戴在头上，使他看起来很有朝气，兄弟会色彩展示在胸前宽宽的丝带上”）。要是他们相遇了，也许会大打出手。但是，这一次：

> 两者都被一个哈西德派拉比样子的人弄得分心了：他身穿黑色的、有腰带的长袖衣服，皮肤像书呆子那样苍白，在一个狐狸皮帽子下面，有长长的螺旋形侧扣。一个随即使之前的两个对手联合起来的幽灵，高兴地意识到：新来者是他们侵犯的自然目标。

雷佐里回忆说，切尔讷齐乌的其他族群，都“鄙视犹太人，尽管犹太人不仅在经济上而且在文化上起着决定性的作用。犹太人保留传统的价值观，也发展新的价值观”。这不是一种传统的态度，而是一些新的东西。[114]我们看到，在布科维纳并入罗马尼亚之前，德国人和犹太人上同一所学校，成为同一文化协会的会员。[115]战争期间，这种和谐逐渐消失了。[116]在东欧，没有几个村庄里的德国人—犹太人的合作关系有所改善。但在这里，就像东中欧的其他地方一样，各少数民族之间没有团结一致，而是恰恰相反，相互倾轧。

帝国的垂死挣扎

不仅中欧东部地区对和平调停者提出了挑战，在奥斯曼帝国原来的领土，其他多民族社会的命运也不得不由他人来决定。这些多民族社会都不是欧洲的，欧洲大国自然地提出了这样的假设：他们代表其海外帝国的潜在增量部分。1916 年，英国和法国在瓜分奥斯曼帝国的大片领土上达成一致，前者分得了后来的巴勒斯坦、约旦和伊拉克的大部分地区（当时称为美索不达米亚），后者分得了叙利亚和伊拉克的其他地区。《色佛尔条约》使这些瓜分所得得到了确认，并满足了其他战胜国的领土欲望。意大利人得到了包括罗得岛（Rhodes）和卡斯特洛里佐岛（Castellorizzo）的安纳托利亚港口在内多德卡尼斯群岛（Dodecanese Islands）。希腊人拥有了色雷斯和安纳托利亚西部，包括士麦那港（现在的伊兹密尔）。亚美尼亚、亚述和汉志（现在沙特阿拉伯的一部分）将要独立。[117]用公民投票的方式来决定库尔德斯坦和士麦那周边地区的命运。《色佛尔条约》对奥斯曼帝国做了《圣日尔曼—昂莱条约》对哈布斯堡帝国曾经做过的事情。这绝对正确，只是在帝国主义而不是在民族主义的基础上，尽管由于考虑到美国和阿拉伯民族的情感，英国人和法国人所获取的领土都被打上“委任统治”而不是殖民地印记。

不过，这一切的先决条件是，中东可以作为老牌帝国主义构思的被动对象来对待。在现实中，正在中欧和东欧引起这种剧变的相同的民族愿望和民族冲突，也同样在黑海海峡的另一边起作用。所不同的是，在欧洲，这些力量是在慢慢地起作用。《圣日尔曼—昂莱条约》过了将近20年才失效，而《色佛尔条约》则相反，区区数月内便成了一纸空文。

在第一次世界大战爆发之前，在主张统一的民族文化建设的土耳其先知子牙·格卡尔普（Ziya Gökalp）的鼓舞下，土耳其从一个帝国变成了一个民族国家。[118] 1908年，青年土耳其党人——一个像卡尔普这样的知识分子群体和伊斯梅尔·恩维（Ismail Enver）这样的军官群体组成的组织——作为奥斯曼帝国的政治主导力量出现了。他们的团结和进步委员会（CUP），目的在于使帝国实现现代化，从而避免沦为西方在亚洲的另一个附庸，或者由于领土割让得七零八落而蒙受挥之不去的衰亡阴影。到1913年，他们在君士坦丁堡开始掌权执政了。像他们之前的日本人那样，青年土耳其党人把德国人作为自己的榜样。1883—1895年之间，科尔玛·弗雷赫·冯·德·戈尔茨（Colmar Freiherr von der Goltz）担任了苏丹的军事顾问，尽管他的影响主要局限于培训军官方面。[119] 1914年1月，另一位德国将军奥托·李曼·冯·桑德斯（Otto Liman von Sanders）被任命为陆军总监察长。同时，德国银行家被德国政府所引诱，投入了大量资金修建从柏林到君士坦丁堡的铁路延长线，一直修到巴格达。青年土耳其党人后来决定加入到德国一边参战，逻辑上多少是出于这个考虑。在协约国迅速取得胜利的情况下，假如英国政府对俄国做出了秘密承诺，要将黑海海峡移交给俄国，而且他们的目的，是要染指美索不达米亚的油田，这在战略上也并非不理性。

然而，尽管青年土耳其党人嘴上说得很漂亮，但上台后因形势发生了逆转而根本就不是那么一回事。保加利亚人宣布了独立。奥地利人吞并了波斯尼亚和黑塞哥维那。意大利人占领了利比亚。塞尔维亚人及其同盟在第一次巴尔干战争中打败了他们，留下阿德里安堡（埃迪尔内）周围色雷斯的一小块作为帝国唯一的残余部分。这些事实，增加了境内青年土耳其党人对境内非土耳其族人的不信任。反对英国、法国和俄国帝国力量合并的更大的战争危害性在于[120]：把不信任变成了有预谋的杀人。没有什么比这更清楚地显示：帝国统治下生活最糟糕的时候，便是其正要崩溃的时候。一个帝国的衰退和衰亡，比它上升时引起了更多的流血冲突，这在20世纪不是最后一次。

像中欧和东欧的犹太人一样，亚美尼亚人受到了双重伤害。他们不仅是宗教上的少数民族，而且也是大量从事商业的相对富裕的群体。像犹太人一样，尽管不是专门特意要集中在这些地方，但他们确实密集地聚居在奥斯曼帝国的东部边境地区6个省：比特利斯、范、埃尔祖鲁姆、拉泽伊犁、迪亚巴克尔和瑟瓦斯。像犹太人一样，尽管亚美尼亚人更值得信赖，但仍被认为同情奥斯曼帝国历史上最危险的敌人——俄国人。[121]像塞尔维亚人一样，他们也有旨在通过暴力获得独立的极端组织。实际上，以前一直存在着由国家对他们发起攻击的现象。[122]在19世纪90年代中期，奥斯曼当局试图重申作为异教徒的吉玛人或者非穆斯林的亚美尼亚人的从属地位时，非正规的库尔德部队发动了针对亚美尼亚村庄的袭击。[123]美国大使估计被杀害的死亡人数超过了3.7万人。[124]1909年，在阿达纳发生了一起新的暴力活动，尽管这不是青年土耳其党人所为，但这表明了他们要将先前的反亚美尼亚的言论付诸实践。[125]然而，从1915年开始至1918年，针对亚美尼亚人发起的残暴战争，在性质上是不同的，但这种战争如此之多，以至于现在人们普遍承认它们是第一次真正的种族灭绝。在士麦那的美国领事理由充分地宣称，它“在蓄意和旷日持久的恐怖方面以及在程度上，都超过了迄今世界历史上发生的任何一次”。[126]

时至今日，土耳其政府依然拒绝对这次亚美尼亚种族灭绝事件负责。[127]这很奇怪，因为历史证据是相当充分的。像美国驻君士坦丁堡大使亨利·摩根索（Henry Morgenthau）一样，西方观察家们对当时发生的事情撰写了大量报告。内政部长穆罕默德·塔拉特·帕夏（Mehmed Talaat Pasha）发表声明说，所有的亚美尼亚人都要被消灭，因为“那些今天无辜的人，可能就是明天有罪的人”[128]。西方传教士对所目睹的惨状，也写出了令人悲痛的作品。[129]他们的证词，是布莱斯子爵编写的《亚美尼亚人的待遇》战时报告的重要组成部分。布莱斯还调查了1914年德国人在比利时的暴行。[130]可以说，已经或者稍后对土耳其人充满敌意的基督教国家公民有歪曲他们的兴趣。青年土耳其党人坚持认为，他们只是对一支活跃的亲俄国的第五纵队进行了打击报复。[131]这也是苏丹在回应教皇本笃十五世代表亚美尼亚人进行调解时所采取的立场。[132]

然而，土耳其人自己的战时盟国代理人揭露了这些声明是谎言。在亚美尼亚担任土耳其军事总督察的一个南美雇佣军人拉斐尔·德·诺克斯斯（Rafael de Nogales）报告说：该省总督已下令阿迪尔·贾瓦（Adil Javus）地方当局“将亚美尼亚族12岁以上的男性全部消灭”。[133]阿勒颇（Aleppo）的一位德国教师感到非常震惊，因为他看到了“亚美尼亚民族的灭绝”，并写信要求他自己的政府“停止这种野蛮暴行”。[134]根据奥地利在君士坦丁堡军事全权代表约瑟夫·波米恩科斯基（Joseph Pomiankowski）的说法，土耳其人“在小亚细亚正在对亚美尼亚民族实施种族灭绝”。［他用了“Ausrottung”和“Vernichtung”（均为“灭绝”之意）这两个词］。波米恩科斯基拒绝了土耳其政府的说法，他们正在采取行动，以回应对亚美尼亚人蓄意发起的一场叛乱。在他看来，在范和其他地区所谓的“起义”，是那些“意识到这场普遍的血腥屠杀已经开始，并且很快就轮到杀他们了”的亚美尼亚人的“绝望行为”。[135]一位他在奥地利大使馆的同事，提到了土耳其人的“亚美尼亚种族灭绝”。他的大使把这场大屠杀说成是“土耳其政府的一个污点”，为此，土耳其人终有一天会遭到清算。[136]德国大使则相反，不愿表达反对的意见，但德国消息来源证实：群体性谋杀正在实施。[137]甚至有同时代的土耳其人的证词证实了这些报告。一位曾下令将亚美尼亚人驱逐出特拉比松（Trebizond）的土耳其官员承认，他“知道驱逐意味着大屠杀”。[138]

土耳其人所采取的措施是非常有计划的。首先，到了服兵役年龄的亚美尼亚男子全都被应征入伍，他们的政治和宗教领导人遭到逮捕并被驱逐出境。[139]尽管1914年年底仍有一些孤立的事件发生，但在1915年，大部分暴力事件才开始发生。周围的亚美尼亚村庄被烧毁，十岁以上的男孩和男人遭到了屠杀。更多有魅力的年轻妇女遭到强奸和绑架。在莎赖地区的阿卡霍雷克（Akhorik）和其他村庄，亚美尼亚人被围捕起来，带到附近的村庄去枪杀。妇女、儿童和老人被驱赶到波斯边境，常常连衣服都被剥光了。[140]肇事者通常都会洗劫受害人的家园、金钱和其他贵重物品。[141]强奸猖獗。在特拉比松，数百名亚美尼亚人，“15或20人一批，被带出城镇，排队站在事先预备的沟渠前，被枪毙，尸体被扔进了沟渠里”。[142]比特利斯和扎阿尔特的成千上万男人、妇女和儿童的尸体，被丢弃在附近的河流或溪谷里。[143]在1914年11月至1915年，类似的暴行发生在许多地区，以至于一个经过周密策划的、暴力“解决”亚美尼亚人问题的计划是否存在，都得不到认真讨论。同样，对亚美尼亚妇女、儿童和老人的驱逐也组织得很好。开往巴格达的火车，沿途都有数以万计的人搭乘，每一次都有八九十个人挤上车。[144]除了搭乘火车，人们不得不一直步行，直到走掉队丢失为止。[145]对于那些半裸着身体、没有水，还要穿过叙利亚沙漠地区的人来说，“驱逐”便意味着死亡。巴伐利亚神学家约瑟夫·恩格特（Josef Engert）在一份递交给尤金·佩斯利（Eugenio Pacelli）——时任教皇大使和未来的教皇庇护十二世（Pius Ⅻ）的备忘录中，对这些恐怖活动做了总结：

> 大约100万亚美尼亚人死亡……即使是亚美尼亚人有反抗之罪（证据尚未提供，因为某些在前线的德国官员使我确信：是巨大的需要和不断的酷刑，使得亚美尼亚人拿起了武器），但这里的妇女和儿童何罪之有？与男人相比，这些人的命运悲惨得更加骇人听闻：他们数以千计地被抛弃在沙漠和草原上，在那里，留给他们的，只有饥饿、干渴和各种各样的痛苦……数以千计的妇女和女童遭到贩卖……为区区20里拉钱，被人从一个主人手里转到另一个主人手里。他们委身于人，成为妾……男孩被遗弃在土耳其孤儿院，被迫皈依伊斯兰教……土耳其人说“我们必须解决亚美尼亚人的问题”，实际上意味着要灭绝亚美尼亚人。[146]

正如恩格特所明确描述的，强迫改宗事件也发生了，特别是强迫年轻的妇女和儿童改变宗教信仰；叛教和性奴役成为“亚美尼亚人问题”的替代性解决方案，[147]但死亡显然是青年土耳其党人的第一选择。[148]被杀害或过早死亡的亚美尼亚男人、女人和儿童，甚至可能超过了100万，占了战前人口数量的很大一部分，那时总计最多是240万人，但很可能实际上只有接近180万。[149]总之，这些大屠杀与俄罗斯帝国风格的大屠杀相比有过之而无不及。

对亚美尼亚实施的种族灭绝，是社会动乱的一个可怕例子，从而可以理解一个试图从帝国突变为民族国家的多民族国家。阿勒颇（Aleppo）大主教徒劳地抗议说："我们不想与自己的土耳其国家分裂。分裂是不可能的，因为各个民族和各种宗教都是如此混杂在一起，以至于单纯根据民族划分国家是不可能的。此外，各民族在经济上相互依存、相互依靠到了这样一种程度，以至于假如出现了这样的国家，他们就会被摧毁。"[150]任意地采取各种手段毁灭亚美尼亚人——从火车旅行到地狱般的荒野、死亡游行、一排排整齐、瘦弱的尸体——在未来几十年里都得到了模仿和完善，尽管从少数几个德国士兵第一次直接实施了种族灭绝，[151]从而推断亚美尼亚和奥斯维辛之间存在着直接联系是错误的，更不要说德国军人不喜欢用"灭绝"[152]这个术语。

然而，这只是民族冲突浪潮的开始，这一浪潮将从根本上改变爱琴海和黑海之间土地上的社会结构。

在第一次世界大战前夕，安纳托利亚西部和黑海沿岸（即本都）的希腊人口大约为200万。他们的社区非常古老，他们在那里已经有2000多年了，是修建像以弗所（Ephesus）剧院这样雄伟大厦的见证人。在现代，他们继续蓬勃发展，就像任何一位到过人头涌涌的士麦那海滨的游客所见到的一样。可是，早在1915年10月，德国武官向柏林报告说：恩维（Enver）想"在战争期间解决希腊人的问题……他相信他将以同样的方式解决亚美尼亚人的问题"。[153]这一过程始于色雷斯。事实上，对于土耳其人来说，把希腊人描绘成第五纵队更为合理，因为希腊总理埃莱夫·韦尼泽洛斯（Eleftherios Venizelos）强烈呼吁协约国方面对希腊进行干预，虽然国王康斯坦丁一直抵制到1917年6月退位为止。从1915年10月起，一支英法联军出现在萨洛尼卡，这使人们对希腊人中立的信誉产生了怀疑。从萨洛尼卡看，第一次世界大战是第三次巴尔干战争，保加利亚加入到德国和奥地利一边，一起作战，战胜了塞尔维亚。事实上，这是支持瓦解塞尔维亚的立场，协约国已经派遣部队来到萨洛尼卡。但已经太晚，英法联军被包围了，无法——尽管希腊很迟才参战——阻止联军于1917年被罗马尼亚打败。然而，战争的最后阶段，英法联军全面崩溃，就像他们在西线遭到了德国人重创一样。萨洛尼卡阵线的攻势，迫使保加利亚于1918年9月25日求和；六天后，英军在叙利亚打败了土耳其军队后，进军大马士革。10月30日，土耳其投降。

对于韦尼泽洛斯来说，这是一个令人陶醉的胜利时刻。他领导了一一次把土耳其人赶出克里特的起义，从而开始了他的政治生涯；他领导希腊取得了第一次和第二次巴尔干战争的胜利；最后，他还参加了第三次战争，并且再一次赢得了胜利。现在，他看到进一步扩张希腊的机会，可以从爱琴海上的伯罗奔尼撒半岛，一直扩张到安纳托利亚本身。但事实上，是英国政府最初鼓动希腊军队占领士麦那。劳合·乔治的动机，是意在防止意大利人吞并这座城市；发生兵变的意大利军队，在杰出诗人加布里埃尔·邓南遮（Gabriele D'Annunzio）的领导下，已经采取了行动，即无视其他四大成员国的权利，单方面占领了亚得里亚海的菲乌梅。[154]起初，这场战争希腊人占上风，他们提前占领了安纳托利亚。然而，按照古希腊戏剧的优良传统，傲慢很快就遭到了报应。失败的危机导致了土耳其革命。1920 年 4 月，大国民议会在安卡拉成立，会上废除了《色佛尔条约》，一位金发、蓝眼睛、爱喝烈性酒的将军——穆斯塔法·凯末尔（Mustafa Kemal）当上了总统。几乎与此同时，韦尼泽洛斯（Venizelos）政权在雅典垮台，英国、法国和意大利撤销其对希腊远征军的支持。[155]

出生在萨洛尼卡的凯末尔，1915 年在保卫加利波利、抗击英国入侵的战斗中发挥了重要作用。现在，他计划把希腊人赶出安纳托利亚。经过在安卡拉以西 100 英里的埃斯基谢希尔地区的激战，希腊人被打得溃不成军。那些没有投降的人逃之夭夭。当他们向爱琴海方向逃跑时，队伍却迅速壮大，成千上万的希腊平民加入到队伍中来，他们希望在士麦那能找到保护，免受黑海沿岸正在针对希腊人所进行的报复。黑海沿岸的这些人，在某些情况下，就像七年前的亚美尼亚人，被驱逐出境并遭到屠杀。[156]实际上仍然有大量的亚美尼亚居民居住在士麦那，他们因坚决支持李曼·冯·桑德斯（Liman von Sanders）而在战争期间幸免于难。[157]然而，在 1922 年 9 月，凯末尔的军队占领了这座城市。他们封锁了亚美尼亚人居住地，并开始蓄意屠杀 25000 名居民，然后，纵火烧死了那些幸存者。美国领事乔治·霍顿（George Horton）描述了当时的恐怖景象：

> 首先，土耳其平民、城里的本地人，他们是主要的犯罪群体。我亲眼看见这些平民手握猎枪，从基督教徒屋子的窗户里往外观察，随时准备向出现的人射击。这些人就像猎人那样，蹲伏着，并跟踪着他们的猎物……抓捕和杀害亚美

> 尼亚人，或者重拳一击，或者用棍子打，把他们集体赶到农村并射杀，造成了一种无法想象的恐慌……我看到一对年轻的夫妇走向了大海，他们是可敬的、有魅力的一对，男子手上还抱着一个小孩。他们在水中越陷越深，直到海水差不多淹没了肩膀。我突然意识到他们是要投海自尽。[158]

伦敦《每日邮报》记者提供了可能是从《世界大战》一书中直接复印下来的文件：

> 我所看到的……是一面铜墙铁壁，两英里长；遮天蔽日的火帘中隐隐透出……教堂的塔楼、圆顶的清真寺以及平面房屋屋顶的轮廓……大海发出深铜色的红光，而且最糟糕的是，数以万计的难民密密麻麻地挤在狭窄的码头上，走投无路：身后，是火烧眉毛的炽热的死亡；身前，是深深的大海。持续不断的、惊恐万分的叫声，在远至数英里之外的地方都能听得到。[159]

当这些绝望的难民抵达岸边时，他们看见许多外国小型舰队停泊在港口——英国、法国和美国的20多艘军舰，就好像看到了救世主在眼前一样。然而，西方军队无动于衷。（用一个英国外交官的话说）在蓄意摆脱少数民族的“计划”正在实施的时候，国际代表团在袖手旁观，这在20世纪的历史上并不是最后一次。[160]与对源自小亚细亚的希腊文明进行野蛮驱逐相比，也许除了古希腊民主的继承人完全没有采取任何措施来加以制止之外，人们还能想出什么样的符号能更好地代表西方的衰弱呢？

对于感到震惊的、拼命用自己的钱为希腊人和亚美尼亚人购买安全通道的乔治·霍顿来说，士麦那的毁灭，“只是一场贯穿于旧拜占庭帝国始终的、灭绝基督教的持续大屠杀的最后一幕；一次古老的基督教文明的放逐……”[161]这种思想坚持认为：宗教是引发这一切的主要动因。然而，新兴的土耳其共和国并不是一个伊斯兰国家，相反，凯末尔后来刻意倡导政教分离，要朝着议会民主方向发展，正是为了制止一个新兴的伊斯兰主义反对派朝着相反的方向发展。事实上，1915—1922年所发生的种族清洗规模超过了圣战。霍顿本人痛苦地指出：“这里的少数民族问题一劳永逸地得到了解决。”《纽约时报》发现土耳其在性方面的政策，报告说，“土耳其人显然不明白为什么他们不应该把希腊人和亚美尼亚人从他们的国家中赶走，把他们的妇女作为妻妾，如果她们足够漂亮的话。”[162]凯末尔认为没有必要屠杀士麦那所有的希腊人，虽然大量身强力壮的男人被赶到了内陆，沿途遭到土耳其村民的袭击。只是到了10月1日，他才让希腊政府驱散所有的居民。到1923年年底，超过120万希腊人和10万亚美尼亚人被迫离开了他们世代生活的家园。希腊人以牙还牙。1915年，60%的西色雷斯人和29%的马其顿人曾经是穆斯林，到1924年，该数字已下降到28%和0，他们的位置被希腊人占领了。[163]

在血洗士麦那之后，亚美尼亚种族灭绝、对希腊人的大屠杀以及希腊和土耳其人口达成一致的“交流”，都说明了阿勒颇大主教的警告是真理：多民族帝国突变成民族国家的时候，结果只能是大屠杀。为了一个虚假的现代统一性，普通人那最原始、最卑劣的本能似乎以一种部落流血的方式得到了发泄。所发生的事情根本就没有任何有意义的经济理论基础。沿着安纳托利亚的海岸，仍然有可能找到被摧毁的村庄，这些村庄的居民1922年被迫逃离，而且此后再也没有回来。肯定至少有500人曾经居住过的沙扎克村，就在离现在的卡拉布伦度假胜地不远处。凭借其建造良好的石头房屋和陡峭的鹅卵石街道，沙扎克村依然有一股消失了的农村的繁荣气息。如今，它成了一座空城，只有流浪的山羊和海上的大雾来访——这简直就是一座荒芜的纪念碑，纪念一个帝国的垂死挣扎。

民族的坟墓

欧洲大陆古老的多民族帝国，是被他们自己的建筑师毁灭的。就像两列对开的火车的司机一样，彼此刻意地使蒸汽机尽量倾斜，是他们自己导致了1914年这起巨大的火车相撞事故。不过，虽然它以四个王朝的终结、十个新独立的民族国家的创建而结束，但是，战争的结束并不意味着帝国的终结。英法两个帝国在其敌人的滋养下，长得更肥更大了。与此同时，两个腐朽的帝国都能以惊人的速度和暴行重新焕发了生机。一个披着苏维埃共和国外衣的新俄国出现了。一个更加衰弱的土耳其在安卡拉诞生了，放弃了它的旧首都，像布尔什维克也把首都东迁到莫斯科一样。

德国的情况又是怎样的呢？它在1918年惨败中失去的不是一个而是两个帝国，

并且如今发现自己被分成了两个残余的共和国，在七个以上国家分布着散居地。在所有对《巴黎和约》进行批判的批评家中，最有影响力的是凯恩斯。他完全准确地预见到了德国发生严重经济危机的时间。尽管他认为，1922—1923 年恶性通货膨胀在很大程度上是《凡尔赛条约》直接造成的，而不是由于德国的财政和货币管理不善造成的后果，但他的这一观点仍值得商榷。凯恩斯提出的补救措施是清楚的：战争赔款应为相对温和金额的 40 亿英镑，1923 年开始 30 年分期付款。[164] 德国人应该借出钱来，允许自由贸易，鼓励重建经济。这不是一个利他的问题，而是一个开明的利己问题。因为没有德国经济的复苏，中欧就不会有稳定。

“除非她的大邻国们都繁荣有序，”凯恩斯在《经济后果》的最后一章这样写道，“波兰如果只是一味地迫害犹太人而没有工业的话，经济要得到发展是不可能的。”由于俄国仍处于一片混乱之中，唯一的拯救者，是“德国的企业和组织机构”。因此，西方各个大国必须“鼓励和协助德国再次承担起作为东部和南部邻国的财富创造者和组织者的角色”。[165] 另一种选择是，在这场……战争的恐怖淡化得荡然无存之前，反动军队和绝望的革命人士之前将爆发一场内战，而且无论谁是胜利者，这场战争都将破坏我们这一代人的文明和进步。[166]

然而，德国的复兴，对中欧的政治学——对于由调停者们创立的新型国家及其境内的少数民族，意味着什么？如果从奥斯曼帝国向土耳其共和国的过渡都出现了种族灭绝和大规模驱逐，那么，调停者们需要做出哪些努力，才能防止类似事件在中欧和东欧这些七拼八凑起来的民族国家发生呢？德国犹太医生阿尔弗雷德·多布林（Alfred Döblin）简洁地指出：“今天的国家，是民族的坟墓。”[167]

世界战争与西方的衰落

第二部分

帝国—国家

6. 计划

我非常清楚地知道：伟大的计划、伟大的思想和伟大的利益高于一切，而且我知道，我真的不应该将自己个人的问题与您肩负的全人类的历史使命相提并论。[1]

——尼古拉·布哈林（Nikolai Bukharin）给斯大林的最后一封信

我们握着您的手，敬爱的父亲，
因为您给我们带来了幸福。
您是太阳发出的重要光芒，
因而现在农民丰衣足食，
勇士在战斗中更坚强。[2]

——南奥塞梯自治州的工人献给斯大林的诗

不管他是不是一个老布尔什维克，我们都将消灭这样的敌人，我们将毁灭他的亲属、他的家庭。

——斯大林的祝酒辞

从爵士乐到布鲁斯

第一次世界战争一结束，不管是否心甘情愿，世界上大多数国家便都配合着美国的节奏跳起舞来。作为第一次世界大战迟到的胜利者，美国是不容置疑的赢家。尽管美国在1920年就颁布了禁酒令，更早的时候还颁布了有关种族隔离制度等法律规定，但它主张在经济、社会和政治生活中实行新的自由。没有什么东西能比爵士乐更好地反映新自由的矛盾性质。爵士乐是一种起源于密西西比三角洲黑人社区的音乐，随着黑人移民被输送到中西部和东北部的工业城市而传播，并在百老汇演变成一种在长达十年之久的全球性晚会上演出的抒情音乐。[3] 正如F. 斯科特·菲茨杰拉德（F. Scott Fitzgerald）在《了不起的盖茨比》中所暗示的，这次通向享乐主义的飞行适合所有的人：那些在战争期间遭受了苦难并希望忘记苦难的人，当然也少不了那些战后游览战壕并从罪行和虚荣中自己发掘战争题材故事的游客。电影和短裙、鸡尾酒和敞篷汽车、地下酒吧和一根接一根不停点燃的香烟，各种各样的娱乐，纽约、芝加哥和洛杉矶都应有尽有，而且，还不止这些。战后美国人的享乐主义情绪四处蔓延，就像之前的流感一样。曾经简朴的普鲁士首都柏林，也变成了“狂欢中的芝加哥”。在东京，20世纪20年代是色情加怪诞时代，一到晚上，银座便到处都充斥着美国的声音、美国的风格。上海，尤其是尘世的欢乐花园。“再也想象不出比这更加火热的生活了。”英国作家阿道司·赫胥黎（Aldous Huxley）热情洋溢地描述道。他曾沉湎于上海所给予的几乎所有的诱惑中。维也纳出生的约瑟夫·冯·斯登堡（Josef von Sternburg），这位在20世纪20年代导演了包括《黑社会》《街之罪》和《天罗地网》等影片，后来又使玛琳·黛德丽因出演《蓝色天使》和《上海快车》而成为明星的大导演，一到上海，立刻就被上海大世界——一个名不虚传的繁华之地所吸引并感到震惊：

> 在一楼，有赌博台、歌女、魔术师、小偷、老虎机、烟花、鸟笼、风扇、香火、杂技演员和生姜。再上一楼，则是餐厅、12个理发匠和耳垢掏挖师。三楼有杂耍、中草药、冰淇淋店、摄影师和一群新来的雏女。这些女人穿着高领的

修身开叉旗袍，刚好露出大腿……并且，在好奇心驱使下再往前看，是几排暴露在外的厕所……[4]

爵士小号手巴克·克莱顿（Buck Clayton）和他那些哈莱姆的绅士们是美国众多的乐队成员，他们应邀到自称“上海精英的社交圈”的上海逸园舞厅。精英中最放荡的成员，是一个叫蒋介石的年轻人，他与第二任妻子在大东方酒店百货大楼的一翼结婚（重婚）。几年后，1927 年 12 月 1 日，他又再一次结婚，而这一次，娶的是有钱的、受过威尔斯利大学教育的宋美龄。在布满玫瑰的大华饭店里，出席婚宴的有 1000 人。[5]

这一天是 1927 年 12 月 1 日，几天后便是俄国革命胜利 10 周年纪念日。国民党庆祝这一节日的活动却令人遗憾地遭到了破坏，一群破落的俄国流亡者不断用石头和棍棒进攻苏联领事馆。

1927 年 12 月，也是路易斯·阿姆斯特朗和热力五人乐队录制《没有忧伤》和《比那个更热》这两首曲子的月份。在 1921 年和 1929 年之间，美国经济以年均 6% 的速度增长。然而，这样的好时代，主要是为富有的精英阶层在滚滚向前。到 1928 年，美国总财富的 20% 都是由 1% 的纳税人创造的，而其中 0.01% 的人创造的财富超过了 3% 。美国财富的 40% 掌握在 1% 的家族手中，其中 10% 以上的财富属于 0.01% 的人。[6] 这些财富的获取得益于 1919 年和 1929 年股票价格前所未有的上涨幅度，部分地反映了财富的集中度。1921 年 8 月—1929 年 8 月间，道琼斯工业指数增加了 4.4 倍。但是，其他商品价格并没有涨这么多，有些国家的还在下降。那些有幸没有参战的国家，得到了参战双方的恩惠。欧洲如此大量的生产性业务，暂时性地变成了销毁性业务，并使亚洲和美国的生产商拼命地扩大再生产，尽管如此，仍然无法完全弥补战争造成的损失。这是一个全球性的卖方市场。同时，这场战争也引起了通货膨胀，因为政府通过大量发行货币用来填补赤字，从而导致了全球物价攀升。作为大宗商品交易价格典型代表，芝加哥市场的小麦现货价格在 1917 年和 1920 年两次达到了战前平均价格的三倍左右（见图 6.1）。粮食短缺和货币贬值的双重刺激从此结束。

1920—1921 年，全球经济衰退，初级产品和制成品价格大幅下跌，此后，它们的价格就几乎没有恢复性上涨过。小麦的价格，在1925年2月跌到了低谷，一蒲式耳182美分（相比之下，1920年5月是294美分）。到1929年5月，则下跌至102美分。而像钢和铁等这样的大宗商品价格也同时下跌。这一次通货紧缩，是大萧条的序曲。在20世纪20年代，这对于农民来说意味着贫困，但对于那些依靠工业和金融业赚取利润的人来说，却轻松自在。

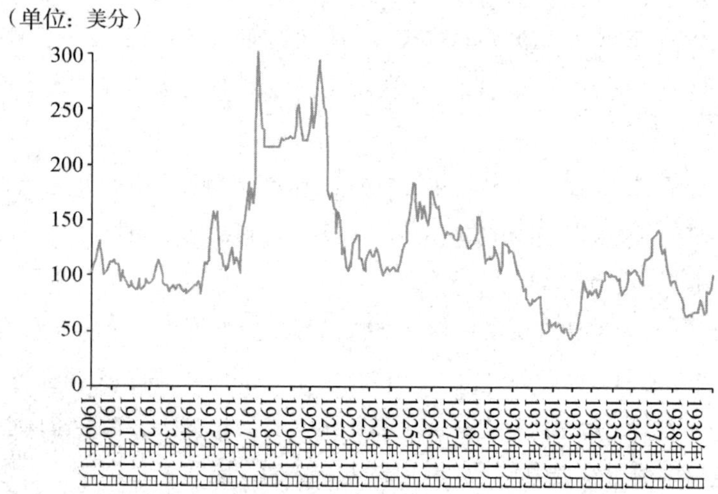

图6.1　1909—1939年芝加哥每蒲式耳小麦价格

1929—1931年的经济大萧条是一场空前绝后的经济大灾难。这场灾难以美国资产价格的崩溃为标志。1929年10月29日——“黑色星期二”，道琼斯工业指数下跌了近12%，这是有史以来单日最大跌幅之一。市场其实从9月3日起就开始下滑，到11月13日，跌幅接近50%。这标志着投资者对美国企业未来盈利信心下滑。而这种下滑，又被进行保证金交易（实际上，用借来的钱）的投机者的恐慌性抛售而放大。市场也曾试图反弹，这种努力一直持续到1930年4月，但结果证明是幻想。从那时起直到1932年7月，市场都在不可逆转地下跌。1932年7月8日股票价格下跌到最低点时，股票市值仅为其1929年最高市值的11%。除了1914年，股市从来没有出现过这样的波动，也极少出现这样的惨跌。（见图6.2）。

与经济大萧条的根源相比大萧条的症状更容易为人们所识别。1929—1933年，

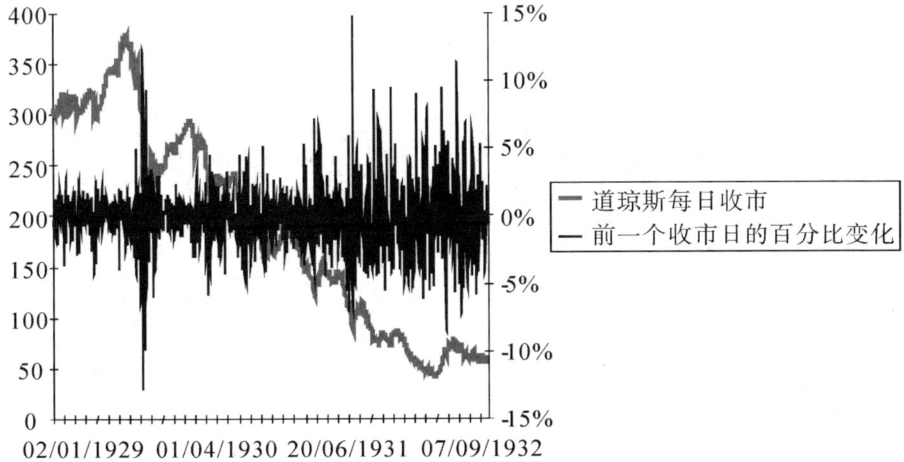

图 6.2　1929—1932 年道琼斯工业平均指数

美国国民生产总值在名义上减少了一半，或者说比发放津贴以补贴价格下降时减少了 30%。第一个受到严重影响的是建筑业，但到 1930 年崩溃蔓延到了农业、制造业和金融业等领域，投资急剧减少。这场资本主义危机并不局限于美国，而是一种全球性的现象，如图 6.3 所示。在 1929—1932 年之间，世界 7 个最大经济体的总产值下降了近 20%。但是，各大主要国家和地区遭受经济大萧条的时间长度和严重程度是不同的。使美国并不是第一个遭受损失的国家。原因之一是美国实行短期资本流回纽约的货币紧缩政策开始对其他国家产生了影响，原因之二是其他国家的央行因其自身原因一直在限制信贷。[7] 阿根廷、澳大利亚、巴西、加拿大、德国和波兰很快就减少了贷款。但是，德国和奥地利遭受了与美国同样严重的通缩，德国的建筑业早在 1927 年就达到了衰退的顶点。

工人失业现象令同时代的大多数人感到非常震惊。“战争即将来临”，经济衰退进入低谷十年后《时代》周刊上的一篇社论说，“失业一直是我们这一代人中最普遍、最恶毒、最具侵蚀性的弊病，它是我们这个时代一种特殊西方社会文明病。”[8] 失业率作为国内劳动力的一个指标，在大萧条前夕，美国的失业率上升至 3.2%，在 1933 年到达高峰，达到了 25%。在 20 世纪 30 年代其他年份，失业率均超过了 15%。

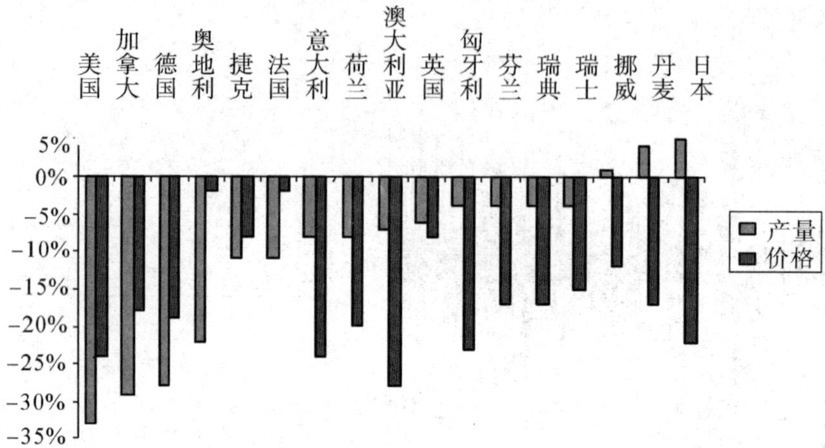

资料来源：Cole, Ohanian and Leung,‘Deflation and the Internation Great Depression’, table 2.

图 6. 3　1929—1932 年产量和价格：累积变化

在失业定义有所不同的德国，1932 年失业率超过了工会会员的 50%。然而，对于许多人来说，同样令人痛苦的是价格的崩溃。这使世界各地大量的农民遭受到毁灭性打击，并造成数以千计的银行由于存款人的储蓄减少而倒闭。事实上，美国银行系统的崩溃加深了这场危机，延长了危机的时间。1929—1933 年，美国 2. 5 万家银行中大约有 1 万家关门大吉。在奥地利、德国、法国、瑞士，也有许多大银行处于危机中。图 6. 3 显示，比起产量锐减，更多国家遭受的是严重的通货紧缩。因此，可以说，大萧条的部分原因是全球金融危机的后果，有些国家的银行遭遇了危机，有些国家的货币遭遇了危机，还有少数倒霉的国家这两种危机都遇到了。[9]

资本主义究竟出了什么问题？当代人总想把这个问题解释清楚。美国总统胡佛是一个自由放任经济学的坚定信奉者，在 20 世纪 20 年代，他明确支持通过促进出口、集体议价、农业合作和商业“会议”的办法来解决经济问题。然而，在胡佛的眼里，政府能做的也非常有限。经济大萧条是一个“世界性”的现象，是由于“原材料……生产过剩”和“过度投机”造成的；随后得到的“报应”，在性质上与 1920 年和 1921 年的相类似。他认为，美国的“基本资产”“没有受到损害”。美国联邦储备委员所需要做的，是继续“以低利率”发放“充足的……贷款”，同时，保持黄金对美元价格的稳定；美国政府所需要做的，是在保持预算平衡的同时加强公共工程建设，尽管并不存在不平衡的预算；而且有必要“节约生产成本”，使“劳动、资本和消费者”共享实惠。胡佛还对大量提高多种产品的关税持支持态度。提高关税长期以来一直都保护着美国的生产者在食品、纺织品和其他基本产品方面免于同外国竞争。遗憾的是，这些措施没有哪一项足以对抗经济信心指数的大幅下跌。相反，政策在三个方面使形势变得更为糟糕。通过拒绝放宽货币政策，美联储未能避免 1930 年和 1931 年那场灾难性的银行倒闭潮，尽管实际上在 1931 年 10 月已提高了贴现率；[10]在尝试运行平衡预算的同时，阻碍了各种逆经济周期的财政刺激；而且旨在实行保护主义的《斯穆特—霍利贸易法案》在 1930 年 6 月颁布、生效，虽然没有大幅提高关税税率，但打击了金融信心。[11]德国在经济方面也不得不采取加息、加税、削减开支和地方保护等同样致命的政策。

毫无疑问，全球经济的结构性失衡，导致了传统应对政策的失效。商品价格和制造业降价的压力，是一个全球性的供应和需求的问题，而不是一个政策问题。战争以硬通货的债务形式加重了美国主要贸易伙伴的负担。以德国的赔款为例赔款只能通过向美国和其他国家提供出口服务的形式来支付。工会力量的增加使劳动力市场比战前更加僵化，因此，价格下降和利润减少并没有引起工资的下降，而是工厂的倒闭和失业。在其 1933 年 3 月 4 日的就职演说中，胡佛的继任者富兰克林·罗斯福给出了一个较好的诊断结果。他认为，“恐慌本身——莫名的、丧失理智的、不合理的恐慌”是经济大萧条的根本原因。投资者的预期已经遭到了严厉的打击，在他们的“动物精神”得到恢复之前，还需要几年时间。然而，事实证明，罗斯福总统在就职演说中提出的这些措施，与胡佛所采取的措施一样，几乎都没有产生什么效果。罗斯福想要提高农产品价格、削减政府开支，这是两项即使在最好的时代都无法实施的计划。他的计划主要是通过要求对银行实行更严格的监管，对公用事业制定全国性规划，对救灾工作实行集中控制等来加强联邦政府的权力。通过政府手段创造的就业机会，只是使失业人数出现了温和的下降。美国政府方面强行所做出的政策调整使形势变得不大相同。在 1931 年，超过 40 个国家采取了金本位的货币政策，但到 1937 年，几乎一个国家都没有了。先是英国，然后是美国——国际货币体系中的这两个支柱，被迫使本国货币自由浮动，允许本国央行把重点放在降低国内利率上，而不用担心他们的黄金储备或资本流动性的变化如何影响到汇率。[12]同时，政府财政赤字上升，这是增加公共支出、收入下降的结果。这刚好发生在凯恩斯的《就业、利息和货币通论》（1936 年）所代表的经济理论取得突破之前，尽管当时只有两个国家为刺激经济而保持了大量赤字。

货币贬值以两种方式刺激经济复苏：一是允许名义利率下降，二是只要人们开始对通货紧缩的预期在减少，也许甚至是预期会出现通货膨胀，就会降低实际利率，减少实际工资。雇佣工人开始看上去好像可能会再次有利可图——尽管失业率的恢复与实际工资变动的关系并不密切，但这暗示着其他的禁令在起作用，特别是在美国。[13]不幸的是，当时风靡世界的保护主义盛行，甚至英国都被说服放弃自由贸易，这意味着宽松的货币和财政政策可能无助于刺激贸易。全球化结束了。货物流动受到进口税的限制，资本流动和其他措施受到外汇管制的限制，劳动力流动受到新的移民限额的限制。事实上，凯恩斯开始相信，经济复苏可能只有在有点封闭的、以自给自足为目标的经济环境中才有可能。在其著作的德文版序言中，他谨慎地提出："该书的主旨是提供输出理论。从整体上来说，与在自由竞争和在很大程度上放任自流的环境下产生的特定的生产和分配理论相比，输出理论更容易适用于极权国家的环境。"[14]

凯恩斯选择了"极权主义"一词，这是发人深省的。尽管极权主义这个词起源于意大利的法西斯主义，[15]但第一个真正的独裁政权在大萧条来到之时已经存在了十多年。通过使美国这个巨人变成跛子长达十年之久，通过损害其贸易伙伴和债务人，经济危机似乎为苏联的计划经济模式平反昭雪了。因为马克思列宁主义曾经预言资本主义因自身无法克服的矛盾而必将灭亡。现在看来，似乎真的就要灭亡。可以理解的是，美国梦越是变成梦魇，就会有越来越多的人被苏联的计划经济——它虽然绝缘于市场变化影响的经济制度，但也同样具有建造纽约的摩天大楼或大规模生产福特汽车那样令人敬畏的技巧——所吸引。作为回报，所有的极权国家都要求对生活的各个方面进行全方位控制。它们打着平等的旗号取消个人自由。在梦里，你才是自由的，才能不受侵扰，而且甚至在梦里，无处不在的该国领导人那半人半神的形象都很可能会来侵扰你。极权主义从按能力分配到按需分配，都像它的口号所说的那样，其目的不仅是要迅速实现工业化，而且还要对资产阶级和其他有产阶级的财产进行"清洗"。

然而，正如乔治·奥威尔后来观察到的，在苏联的“动物农场”，有些动物被证明比其他动物更平等。没过多久，一个如南斯拉夫异见者米洛凡·吉拉斯（Milovan Djilas）后来所称的“新阶层”涌现了，他们由极权主义国家的精英工作人员组成，他们控制经济生活的方方面面，但其自由却不受任何形式的监管或问责，从而使党的特权合理化。特权阶层的人也处于适当的位置上，通过侵吞公款和腐败而使自己富裕起来。还有另一个陷阱。计划经济不仅对工人而且对原材料都有难以满足的大胃口，这些东西，苏联已经从沙皇帝国那里大量地继承了下来，但其他采取极权主义模式的国家就没有这么幸运。在德国和日本，计划经济设定了一套与爵士乐时代摇摆切分音非常不同的政治节拍。到20世纪30年代中期，那里的人不再跳舞了，而是开始行军。

同路人

1931年夏，75岁的剧作家萧伯纳对苏联进行了为期九天的访问。他所看到的，或者说他以为他所看到的，是一个正在建设中的工人的天堂。在他所考察的地点中，有事先计划好的莫斯科－伏尔加运河。修建这条运河的目的，是为了将伏尔加河与苏联首都连接起来，不仅是为了促进内河交通，而且是为了迅速补充和增加的城市供水。与西方领取救济金的队伍形成鲜明对比的是，这里顷刻就挤满了工人。这是一个国家社会主义梦想明显可以实现的象征，而且得到了像萧伯纳这样的西方访问者的热情颂扬。他们看到了未来，而且——与一个显然已经走向消亡的资本主义制度相比——这似乎是奏效的，国家社会主义似乎在起作用。

来苏观光的有南希（Nancy）和华尔道夫·阿斯特（Waldorf Astor），还有锡安的侯爵菲利普·克尔洛（Philipkerr）。在为观光客组织的一场晚会上，萧伯纳习惯性的、具有讽刺意味的情绪发作了，但他很快就在东道主苏联预先准备好的一堆奉承话前面败下阵来。萧伯纳与斯大林本人一起作为观众，他“恢复了……微笑，笑中没有恶意，但也没有轻信……（他）将被称为……一个浪漫的、长着黑眼睛的格鲁吉亚土司”。在列宁格勒的即席讲话中，他热情地宣称：“如果这个伟大的共产主义试验在全世界传播开来，那么，我们的历史将会步入一个新的时代……如果未来真如列宁所预见，那么，我们可能都将微笑着，并期待着那没有恐惧的未来。”“要是我只有 18 岁，”他在返回英国的途中对记者说，“明天我就会来莫斯科定居。”在他匆匆写就的书《俄国的合理化》（1931）中，萧伯纳走得更远。“斯大林忠于职守的程度，在十年前似乎是不可能的，”他狂热地说，“耶稣基督降临了。他不再是一个偶像。假如他现在还活着的话，也能预言到将要发生的事情。”[16]只有这一次，萧伯纳的讽刺意味连他自己都没预料到。

“在一个国家实行社会主义”，是斯大林解决 1924 年列宁去世后布尔什维克党一再分裂这一问题的办法，也是他领导国家的方略。在没有像较发达的西方国家那样丰富资源的情况下，革命政权如何使苏联落后的农业经济社会实现工业化？托洛茨基把世界革命看作唯一的答案。在世界革命没有成为现实时，其他布尔什维克的领导人，特别是布哈林，他倾向于认为，快速的工业化应不再是一个选择方案，工业化的步伐将不得不放缓。斯大林把自己定位于列宁的继任者——压制了列宁对他的临终警告——阻止了这些纯粹的辩论。他坚持认为，快速的工业化在苏联全境内都是有可能实现的；所需要的，是计划和像赢得内战那样的钢铁般的意志。“在一个国家实行社会主义，”斯大林的意思是，他——这个自称“钢铁般意志的人”将要领导一场经济革命。根据第一个五年计划，苏联的产量将增加五分之一。管理者被鼓励要“超额完成其配额”，工人被规劝要像超人那样实行长时间的倒班制，要向英雄矿工和工人突击手阿列克谢·斯达汉诺夫学习。

表面上看，其目的是为了使苏联强大起来，使其能在经济上、军事上与攻击它的“帝国主义”列强平起平坐。然而，斯大林总是非常重视工业化的战略利益，认为它的重要意义仅次于它所暗示的社会变革。通过强制手段将巨大的人力和资源从农村转移到城市，其目的在于迅速扩大据说是革命基础的苏联无产阶级队伍。他成功了。在 1928—1939 年之间，城市劳动力规模增长了三倍。他是如何精确地做到这一点的，这是一些斯大林明星效应的西方崇拜者们宁愿视而不见的东西。正当工人阶级队伍被人为地不断膨胀的时候，大约有 400 万人被“剥夺了权利”，因为他们在革命前就已经是“阶级敌人”。“非劳动者”发现自己被迫从其职位上挤走，被排斥在学校、医院和粮食配给制度之外，甚至遭到家人的排斥。[17]在斯大林的眼中，革命前所残留的所有成分——前资本家、贵族、商人、官员、牧师和富农，连同“他们阶级的所有同情、反感、传统、习惯、意见、世界观等等”一起，[18]仍然会对其政权产生实实在在的威胁。必须撕下他们的假面具，并将他们驱逐出苏联。告发、剥夺公民权利、所有侍者被免职而成为工人、农民，这种情况持续了多年之后，到1935年下半年，斯大林似乎才发出了打击“阶级异己”战役结束的信号——而只不过是把公众的注意力转移到一种新型的“人民公敌”[19]上来罢了。

有时，人们仍然会说，斯大林的做法对于尽快使一个腐朽的国家实现现代化是“必要的”。他在丘吉尔面前也说为集体化付出代价是有充分理由的。[20]但是，人的代价与经济效益相比根本不相称。而这绝不是偶然的。第聂伯罗彼得罗夫斯克的党委书记门达尔·M. 卡他维奇（Medal M. Khataevich）明确地对他的党支部成员说，农业集体化政策表面上只是改善苏联农业的一次尝试，辛比尔斯克其真正目标是要消灭阶级敌人——准确地说，是“要把沙俄时代的富农作为一个阶级来消灭”：

> 你对党和斯大林同志的忠诚，将会以你在农村的工作成效来检验和衡量。没有心慈手软的余地。这绝不是一种娇生惯养的人做得了的工作。你将需要的是强有力的胃、钢铁般的意志。党不会接受任何失败的借口。[21]

不难想象，把任何一个被怀疑为富农的农民进行有计划地消灭的后果，不是经济增长，而是有史以来人为的最大饥荒。党的各级负责人带着命令下到农村，取消了农村的私人财产，对任何积累了多于平均资本额的人进行“清算”，全国陷入了一片混乱的境地。究竟谁是富农？[22]是那些革命之前较富裕的人，还是那些革命后劳动效率比较高的人？“剥削”其他农民究竟是什么意思？是当他们没有发生冲突时借钱给他们吗？许多农民不愿看到自己的牛和猪被没收，宁愿将它们杀掉吃了。到1935年，苏联的总牲畜数减到其1929年的一半水平。[23]但是，在短暂的、纵欲般的狂吃之后，接下来面临的，是长期的、痛苦的饥荒。没有动物肥料，农作物产量下降——1932年的粮食产量与1930年的相比，减少了五分之一。[24]征集粮食以养活苏联的城市人口，使得整个村、整个村的人都没有东西可吃。饥饿的人吃猫、狗、田鼠、鸟、树皮，甚至马粪。一些人钻进地里，吃半成熟的玉米。[25]甚至有吃人的事件发生。在1920—1921年，斑疹伤寒之后，紧接着就是饥荒。估计有1100万人死于一场完全非自然的、不必要的灾难。[26]此外，将近有40万户、近200万人作为“特殊的流亡者”

被驱逐到西伯利亚和中亚地区去了。[27]许多抵制集体化的人被当场枪毙；可能多达350万受害者作为“去富农化”的受害者后来死在劳改营中。[28]这是苏联当局竭力向世界隐瞒的一宗罪行。外国记者的采访受到了限制，他们只能在莫斯科采访。为防止饥荒灾民逃往城市寻求救济，沙皇时期的护照制度恢复了。[29]即使是1937年的人口普查结果也是令人沮丧的，因为普查结果显示，苏联人口总数只有1.56亿人，而按当时的自然增长率计算，本应增加到1.86亿人的。[30]只有屈指可数的几个西方记者，特别是《每日快报》的加雷·琼斯（Gareth Johnes）、《监护人》的马尔科姆·蒙格瑞奇（Malcolmo Muggeridge）、《时间》的皮埃尔·伯兰（Pierre Berland）和《基督教科学箴言报》的威廉·张伯伦（William Chambelin）有胆量如实发布了有关这场饥荒的报道。在莫斯科，记者团中的大部分人，尤其是《纽约时报》[31]的沃尔特·杜兰（Walter Duranty），故意为那些担心触及利益集团会陷入险境的人提供庇护。[32]

同时，在对斯大林主义进行大肆宣传的同时，第一个五年计划使苏联的城市变成了拥挤和嘈杂的场所、巨大的手工作坊，比西方以往任何时候的都要黑暗、邪恶。新的工业大都市，如乌拉尔山脉南部的马格尼的建设，永远都离不开大规模高压政治的胁迫。随着气温在冬季骤降至-40℃，夏季升至40℃，对于那些建造城市的大钢铁厂——目的是要成为世界上最大的单一的加工和成型厂——的人来说，这样的环境已经到了无法忍受的程度。在1929年3月后的许多年里，许多工人都是居住在帐篷里或泥棚屋内。最后，住宅楼竣工时，也只是修建了最基本的设施。即使完工了，新的公寓楼里也没有厨房或厕所，因为工人们只允许使用公共设施。然而，即便是这样的公共设施，也没有修建多少。德国建筑师恩斯特·梅（Ernst May）提出的“线性城市”模式证明完全不适宜于西伯利亚一带没有树木的大草原，这里，大风在长排长排的公寓之间怒吼着。在苏联全境，匆匆忙忙地将人们投入到工业建设中，对这些工人来说，是一种惩罚，这使他们生活在无法想象的拥挤环境中。他们工作场所的条件更糟，工伤率和死亡率都非常高。他们整天生活在大量的有毒空气中（在马格尼，雪都是黑色的，尽是煤烟）。在马格尼生活过五年的美国人约翰·斯科特（John Scott）猜测：“单就在苏联黑色冶炼的战斗中伤亡的人数也比在马恩战斗中的都要多。”[33]几乎可以肯定地说，他的话是对的。在库尔斯克附近的一个村庄，为逃避国内的饥荒一个幸存下来的名叫亚历山大·卢尼渥依（Alexander Luznevoy）的年轻人被他的母亲送到了马格尼。在这里，他过着衣不蔽体、食不果腹的生活。假如他每天完成了8立方米的挖渠任务的话，一天也只能得到600克的面包配额。卢尼渥依很快就意识到，他唯一的希望，是要抓住斯大林体制所给予的社会流动性的机会。他学会了读书，成为了一名车床操作手；他晚上学习，并加入了青年组织共青团，在周末参加志愿工作。后来，他通过诗歌写作而成为了一个作家联盟的成员。[34]

在马格尼，工人们用电线杆和钢板代替真正的棕榈树的枝叶，这恰恰象征着当时到处充斥的荒诞的经济行为。集体化破坏了苏联农业。强制的工业化导致资源利用和配置不当。像马格尼这样的城市，其建设成本远远超过了规划者认可的范围，因为煤炭必须从一千多公里外的西伯利亚煤矿运送过来。在北极地区，单就矿工的住房取暖所需要的燃煤，就占了很高的比例。因此，当时所取得的经济成就，远远小于苏联政权及其众多支持者所声称的。1929—1937年之间，根据苏联官方统计，苏联国民生产总值年增长率在9.4%—16.7%之间，而且人均消费在3.2%—12.5%之间。从数据上来看，这可以比得上20世纪90年代初以来中国所取得的增长。实际上，扣除各种补贴因素，其国民生产总值增长仅接近于每年3%至4.9%，而人均消费增长不超过1.9%，而且也许每年仅增长0.6%——大约为官方数字的五分之一或六分之一。[35]更何况，当人数由于政治暴力事件而急剧减少的时候，人均数字意味着什么？在五年计划的情况下，如果说有任何生产性增长的话——而苏联的官方统计数据显示确有增长——那么，这部分增长是由于为了政治目的而不是为了经济目的而在生产中投入了大量劳动力的缘故。[36]如果一项政策涉及的死亡人数多达2000多万，那么，任何严肃的分析都不能将其视为一个经济上“必要的”政策。[37]在斯大林时期，大约每增产19吨钢材就差不多要死一个苏联公民（见图6.4）。然而，任何人，只要是对斯大林政策的合理性提出质疑，都要冒很大的风险，很可能会惹恼斯大林那群忠实的助手们。卡塔耶维奇（Khataevich）向一个立场不坚定的人解释道：

> ……我不知道你是否已经理解了一直以来所发生的事情。农民和我们的政权之间正在开展一场残酷的斗争。这是一场殊死的搏斗。今年是考验我们的力量和毅力的一年。所发生的饥荒，向他们显示了谁是这里的主人。虽然这场饥荒夺去了数百万人的生命，但集体农庄制度绝不会改变。我们已经赢得了这场战争。

简而言之，极速的工业化，目的都在于要人的命（图6.4）。（由于所涉及的数字存在很大误差，我特意选择了鲁梅尔关于斯大林主义受害人数的最低的估计数。）

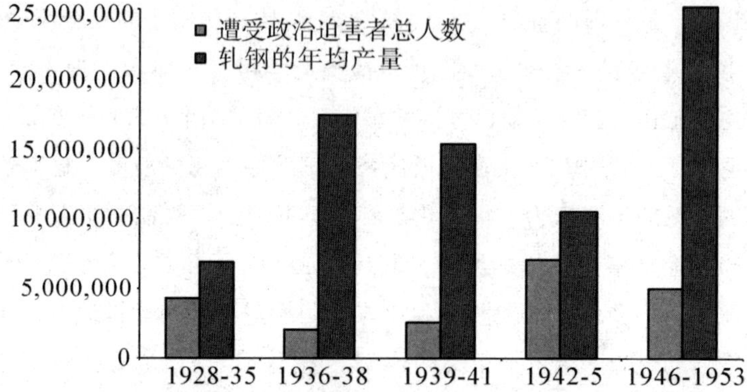

资料来源：Rummel, *Democide*; Mitchell, *International Historical Statistics: Europe.*

6.4 1928—1953 **年苏联遭受政治迫害者人数和苏联的钢铁产量**

像萧伯纳这样容易上当受骗的西方人没有看到的这些才是关键点：计划经济实际上是一种奴隶经济，它建立在政治高压的基础上，其强迫的程度，哪怕是布卢姆斯伯里最黑暗的梦魇也比不上。像20世纪30年代苏联的许多宏伟建筑项目一样，莫斯科—伏尔加运河实际上是由好几万犯人修建的。建设马格尼的劳动力也包括了大约35000名遭驱逐的犯人。在计划经济奇迹的背后，是巨大的监狱和大量的、星罗棋布的像著名的古拉格[38]这样的劳改营。

大监狱区

索洛维茨基群岛是白海上一座几乎不适宜人类居住的、距离北极圈仅90英里的群岛。这里以前有一座修道院，古拉格就诞生于此。当然，十月革命后，这里就变成了一个劳改营。到1919年12月，劳改营就增加到20多个。在一年之内，这个数字增长了5倍。[39]但一开始，对于监禁“阶级敌人”的目的是什么，是改造他们、惩罚他们，还是要杀死他们？人们并不是很清楚。1923年在索洛维茨基修建的集中营提供了答案。最初的目的，只是为了把布尔什维克的敌人尽可能地从政治决策中心排挤出去。但随着政治犯人数的增加，增加得如此如此迅速，以至于契卡的继任者组织——国家政治保卫总局 OGPU[40] 都几乎无法应对。这本身就是一个巧妙的暗示。在索洛维茨基，指挥官纳夫塔立·阿罗诺维奇·弗伦克尔（Naftaly Aronovich Frenkel）本人以前就是一个犯人。[41] 弗伦克尔认识到，不仅要让犯人挨饿或挨冻，而且要让他们为劳改营劳动。[42] 毕竟，他们的劳动是免费的。也没有哪一项任务是所谓的泽基（*Zeki*）可以拒绝执行的。1924 年，索洛维茨基劳改营杂志发出号召："让犯人接受再教育并使他们逐渐适应全面的生产劳动。"[43] 然而，对于弗伦克尔来说，再教育远没有从奴隶劳动中获利来得重要。国家监狱早已人满为患，莫斯科当局只希望劳改营能够自给自足，以减轻负担。到了 20 年代末，索洛维茨基和其他"北方的、具有特殊意义的劳改营"包括林业和建筑业等商业运作迅速地发展壮大起来。

在短短几年里，各种各样的劳改营遍布苏联全境：有矿区劳改营、筑路劳改营、航空建设劳改营，甚至核物理劳改营。犯人所做的工作，应有尽有。他们不仅挖运河，而且捕鱼，还制造从坦克到玩具等所有的东西。[44] 在一个层面上，古拉格是一个殖民体系，使苏联当局得以开发迄今一直被视为不适宜人居的各地区的资源。正因为泽基在战略上是可牺牲的，他们在北极西北部的科米共和国沃尔库塔煤矿挖煤，在黑暗中度过半年时间，另外半年，身上便长满了吸血的虫子。在条件同样恶劣的东西伯利亚一座名为达累斯卓（Dalstroi）的劳改营里，他们淘挖黄金和白金。[45] 然而，这种奴隶劳动制度对规划者来说是如此便利，以至于劳改营很快就在苏俄的心脏地带建立了起来。作家亚历山大·索尔仁尼琴（Aleksandr Solzhenitsyn）将古拉格描述为"一个了不起的国家……虽然地理位置分布在一个群岛上……但监狱和劳改营纵横交错，模式固定，以至于其他农村地区……也都被分割成了一个个城市、一条条纵横交错的街道。"[46] 对于在古拉格内的犯人来说，苏联的其他地区都只不过是一个放大了比例的区——"大（监狱）区（bolshaya zona）"[47] 而已。

在这种庞大的奴隶最引人注目中，最关键的是要确保奴隶们持续的流动性。在如沙赫特审判（the Shakhty Trial，1928 年）、工党审判（the Industrial Party Trial，1930 年）和大维克审判（the Metro-Vickers Trial，1933 年）等审判秀中所指控的所谓间谍和阴谋破坏者，只不过是无数道法律内外程序中最引人注目的受害人而已。通过把那些哪怕只有丝毫怨言的人判处叛国罪或反革命罪，斯大林主义体制不惜将整个苏联军队派驻到古拉格。现在，俄国国家档案馆可以查到的档案，显示出这种系统是如何运作的。伯纳·克劳达（Berna Klauda）是列宁格勒的一个小个子老太太，她可真不像是个颠覆分子。然而，1937 年，她因表达了反政府的情绪而被判处了 10 年徒刑，在彼尔姆的古拉格劳动改造。"煽动反苏"起码可以被判处为政治罪。较为严重的罪行是"反革命活动"，更为严重的罪行是"反革命恐怖主义活动"，最严重的罪行是"托派恐怖活动"。事实上，被指控犯了这种罪行的人，绝大多数都被判刑。如果他们犯了哪怕是微不足道的轻罪，比如，一句冒犯上级的话，一个道听途说来的关于斯大林的笑话，一句对该系统某些方面的怨言，最糟糕的情形是像"投机倒把"（购买商品并重新出售）这样一些微不足道的经济违规行为等等，都要被判刑。其实，真正反对苏联政权的，只有一小部分政治犯。真实的情况是，在 1938 年，接受过高等教育的劳改营犯人只有 1% 多一点，文盲占了三分之一。[48] 到 1937 年，逮捕犯人开始有指标，就像钢铁生产有指标一样。定罪纯粹是为了与惩罚相匹配。犯人变成了纯产出（mere outputs），秘密警察将男犯人称为"账户"，将怀孕的女犯人称为"账簿"。

在古拉格系统发展到顶峰时期，共有 476 个劳改营系统遍布苏联全国各地，每一个都像索洛维茨基一样，由数百个单独的劳改营组成。[49] 总之，在斯大林统治时期，大约有 1800 万男人、女人和儿童被投入到古拉格监狱，经历过以古拉格为主的劳改营体制。考虑到还有 600 万或 700 万被流放的苏联公民，在斯大林统治时期遭受过强制劳动痛苦的人占苏联总人口的百分比接近 15% 。[50]

像索洛维茨基一样，许多劳改营都位于苏联最边远、最寒冷的地区，因此古拉格一度成为殖民地、刑罚地。身体较弱的犯人在运输途中便死掉了，因为封闭的车厢和原用于运牲畜现在用来运送犯人的卡车既没有安装暖气，也不卫生。劳改营的设施极其原始。在新的劳改营中，人们必须自己动手修建营房。那都是一些很小的木屋，他们像塞进罐头瓶里的沙丁鱼一样挤在这些小木屋里。弗兰克尔开了这样的先例：让身体强壮的犯人吃得比身体弱的好，以确保只有强者才能生存下去。劳改营的主要目的不是杀人。杀人，斯大林有专门的处决队。但是，食物不足、卫生设施简陋、住房不够，他们以这样的方式去经营劳改营，死亡率必然非常高。此外，劳改营的警卫们对犯人实施虐待狂式的惩罚，包括让囚犯赤身裸体地长时间待在天寒地冻的室外，从而使大量的犯人死亡。[51]惩罚是任意的、残酷的。大多数警卫生活得并不愉快，被人怂恿着把犯人当成“害虫”“污秽”和“毒草”。政治犯——在囚犯中，他们是布尔什维克“法律意义上的贼”——是劳改营里的主要群体，他们的待遇并没有什么很大的不同。1926 年 12 月 14 日，三名前索洛维茨基犯人给党的中央委员会主席团写下了一封绝望的恳求信：

> ……在对索洛维茨基劳改营进行统治的过程中，滥用权力和暴力……只要是个人，他都难以想象这里的恐怖、专制、暴力和无法无天。来这之前，我们无法想象这种恐怖。而现在，我们与依然在这里的数千人一起，强烈呼吁苏维埃国家管理中心来遏制笼罩在这里的恐怖氛围……前沙皇的劳役制度，99% 都要比索洛维茨基更加人性、公平、合法……人们像苍蝇一样地死去，也就是说，他们死得缓慢而痛苦。……笼罩着索洛维茨基的这种丑恶地滥用权力、野蛮地使用暴力和无法无天所形成的全部压力……都压在了工人和农民的肩上；而其他人，诸如反革命分子、牟取暴利者等等，都腰缠万贯，在这里实行无法无天的统治，在苏联过着锦衣玉食般生活，而在他们身边，身无分文的无产阶级却死于饥饿、寒冷以及累死在日复一日的、每天 14～16 个小时的那累断腰背的劳动中。
>
> 如果你胆敢有什么抱怨或写什么东西（“但愿此事从未发生”），他们就会给你安上企图逃跑或别的什么罪名，将你当成狗一样开枪打死。他们让我们脱光衣服、赤脚站在 －22℃ 的冰天雪地里，并让我们在外面待上一个小时。要完整地描述这里正在发生的所有混乱和恐怖，是很难的……只能举一个例子来说明事实，而且还只是 1000 件事情中的一件：强迫犯人们吃他们自己的粪便……
>
> 可能你会认为这是我们想象出来的，但是，我们以神的名义向你们所有人发誓，这只是大量噩梦般的事实中的一小部分而已……[52]

在以后的数年中，直到 1939 年年末，在送往索洛维茨基的 10 万犯人中，死亡的人数大约达一半之多。然而，高尔基在流放后回到苏联的前三年，即 1929 年 6 月，曾到访过索洛维茨基劳改营。他在《我们的成就》杂志上发表的见闻，把这里写成田园诗一般：健康的犯人、清洁的牢房。[53]

也许没有什么能比140英里的白—波运河（Belomor Canal）更能充分地说明斯大林政权恶魔的性质。白—波运河是在斯大林指示下修建的一条连接波罗的海和白海的运河。1931年9月—1933年8月间，大约12.8万—18万名犯人——其中多数来自索洛维茨基，在弗伦凯尔（Frenkel）领导下，他们用最原始的凿子、手推车和斧头开凿出了这条水路。因此，如此恶劣的条件，如此不恰当的工具，以至于在这个过程中，死去的人达成千上万之多。一年中有6个月地面被冻结，而在很多地方，犯人必须要凿穿坚固的花岗岩。[54]这样的环境是事先没有想到的。而修建这条运河最终的结果，在经济上也几乎毫无价值：运河太窄、太浅，大量的船只无法航行。然而，当萧伯纳的同行、信仰费边主义的悉尼·韦伯和碧翠斯·韦伯夫人（Sidney and Beatrice Webb）获准参观这条竣工后的运河时，却对这一切视而不见。当他们把这条运河写入《苏联共产主义：一种新的文明?》（1935年）一书时，说这条运河“令人愉快地使人想到：国家政治保卫总局的成功，以最热情的欣赏方式被正式地表达出来了，它不仅在工程方面是一个伟大壮举，而且取得了人类再生产的胜利”。韦伯夫妇明确地拒绝接受这样的观点：“……天真地相信，刑事犯的定居点现在被保留了下来，并且数以千计遭到流放的从事体力劳动的工人和技术人员被源源不断地送往这里，从事这种强迫性的劳动，其目的就是要赚取净利润，增加国家收入”，这样的想法，“对于熟悉世界上任何一个国家实行流水作业或囚犯劳动而取得经济效益的人来说”，简直“难以置信”。[55]奴隶制总是有它的支持者，但很少有像他们这么天真的。在高尔基的指导下，36位创作《斯大林命名的白—波运河》这本吹牛书的苏联作家，至少有这样的借口：不说谎的代价可能就是死亡。韦伯夫妇在专制制度的保护下写出了他们的垃圾作品。[56]

在较早期的奴隶制国家，奴隶主和奴隶之间存在明确的分工。但是，苏联的情况并不是这样。那些早上还在驱使他人的人，到下午可能就会发现自己也沦为了阶下囚，或者比这更糟。在斯大林宣布莫斯科－伏尔加运河开挖时，主承包商发表了讲话。紧接着，他就被带走了，而且被处决了。该项工程中，还有200多个管理人员因为拖延了运河的建设工期而被处决。事实上，在历史上还没有哪场革命像俄国革命这样贪得无厌地吞噬着自己的孩子。列宁最先采取定期对党进行“清洗”的做法，将那些“游手好闲者、流氓、野心家、酒鬼和小偷”统统清除出去。[57]像犯了强迫症一样不信任其战友的斯大林，在这方面就走得更远了。在20世纪30年代，那些老布尔什维克们——在革命和内战的关键时刻一直是斯大林的同志，却遭到了残酷的迫害。党的高级官员生活在惶惶不可终日的状态中，不知什么时候就可能会沦为斯大林偏执性格的受害者。一些最忠于党的人，都有可能突然地遭到逮捕并作为最臭名昭著的罪犯被监禁起来。不少忠诚的列宁主义者、十月革命的忠实信徒们，现在都被打成了忠于帝国主义列强的"阴谋破坏者"或与遭到斯大林贬黜和流亡的主要竞争对手相勾结的"托派"（斯大林在1940年谋杀了托洛茨基）。对其他被流放者群体，斯大林表现出了一些怜悯，派他们去草原上挖运河。但对待党内的敌人，他却毫不留情。1933年开始的对腐败或低效率的官员进行的镇压，在列宁格勒党魁谢尔盖·季洛夫1934年12月遭到杀害后（几乎可以肯定是在斯大林的命令下杀害的），升级为一场血腥的、谋杀性的、自保性的大清洗。一个接一个的男人、女人——十月革命中的先锋们，都遭到了逮捕，遭受了酷刑，直到他们被刑讯逼供，招供出一些同志，并检举出更多的同志，然后被枪决为止。[58]在苏联，从1935年1月到1941年6月，差不多有2000万人遭到了逮捕，至少700万人遭到了处决。单就1937年和1938年，被处决的"人民的公敌"的指标就设定为356105人，尽管死亡的人数实际上是该数字的两倍以上。这些指标都被超额完成了。去参观圣彼得堡郊外阴森的列瓦绍沃（Levashovo）森林，就是去参观一个万人坑，至少有2万具被处决者的尸体被秘密地埋葬在那里。

在米哈伊尔·布尔加科夫的小说《大师和玛格丽特》中，魔鬼来到了莫斯科。接下来，是一场可怕的告发、失踪和死亡，任意地、恶意地被人算计，生活秩序完全被打乱了。再没有什么事情比抓住恐怖分子更好的了；比起尼卡诺尔·博索依（Nikanor Bosoy）因为倒卖外汇而被梦魇般地公开审判所形成的超现实的气氛，没有什么场景会比这更让人产生如此强烈的现场感，哪怕你就是坐在莫斯科剧院当综艺节目的观众时，也不会有这种感觉。[59]并非剧中的每一幕都是斯大林导演的，斯大林的作用是营造一种环境，使普通的男人和女人，甚至是一个家庭的成员，[60]都互相检举。今天的施刑者可能就是明天的受害者，他用整晚的时间来惩罚犯人，明天他自己就有可能成了一个犯人。尽管斯大林只是精心策划他本人认识的党的领导人的死亡，但那数以万计被欺侮、被掠夺、被告发的地方官员，都是他所发动的社会力量的受害者。[61]当然，对于西方像萧伯纳和韦伯夫妇这样易受愚弄的人来说，这一切都完全可以谅解。萧伯纳在莫斯科对公开审判所发表的评论，是一个极不协调的混合物，既残酷无情，又温情脉脉。

> 对于那些既没有行政经验又没有财务经验，长期在思想上用卡尔·马克思理论武装起来的、身无分文的、遭到通缉的流亡者而不是政治家的老革命家来说，梯子的顶部，是个非常值得尝试的地方……他们在离开梯子时却不得不将脖子套上绳索……当我们很有上进心的邻居人道地、审慎地清算了大批剥削者和投机者，从而使这个世界诚实的人感到安全的时候，我们不能总是摆出一副道貌岸然的样子。[62]

韦伯夫妇说，在公开审判中，辩护人没有尽力为被指控的人进行辩护，因为他们从来没有接触过盎格鲁－撒克逊的司法制度。被告人是有罪的，并且自认为自己有罪，这就是他们招供的原因。至于言论自由，真的这么重要吗？“所谓的‘只是说说写写而已的自由思想和自由表达’，嘲弄着人类的进步，除非普通的老百姓受到了教育，学会了思考，并被鼓励应用知识，以捍卫联邦的利益……正是这种广泛传播的知识和对公共福利的奉献精神，才是苏联民主的基调。”[63]事实上，在斯大林实施恐怖统治的高峰时期，“公共福利”意味着私人没有一点安全感可言。从字面上解释，没有人感到安全，甚至包括管理内务部的那些人。那些在“枪口下”幸存下来的人，未必都是斯大林主义的遵奉者。像诗人安娜·阿赫玛托娃（Anna Akhmatova），其《安魂曲》很好地表现了失去亲人的痛苦；作曲家德米特里·肖斯塔科维奇（Dmitry Shostakovich），其歌剧《姆岑斯克的麦克白夫人》被《真理报》斥为“乱七八糟，根本不是音乐”。他们还算是幸运的。在被逮捕的人中，有53人是列宁格勒聋哑学会的会员。对这种所谓的“法西斯组织”的指控，是说他们与德国特工密谋，企图用自制的炸弹在十月革命纪念日红场游行时炸死斯大林和政治局的其他委员。他们中的34人中，有4人被枪决，其他人被判处10年以上的劳改徒刑。[64]

屠杀人民

我们一般认为，“阶级”是一种完全不同于种族的概念，因为在今天的西方社会，前者与后者相比，可以更容易地发生变化。然而，界限并不总是那么泾渭分明。在中世纪和近代早期，在大多数欧洲社会，阶级都带有一种世袭属性。今天的印度仍然难以摆脱个人的种姓起源。在20世纪30年代，苏联也一样，阶级被视为具有可继承的特点。如果你的父亲是工人，你就是工人；如果你的父亲属于“阶级敌人”群体中的一员，那么厄运就要降临到你身上，除非你能得到一本伪造的内部护照或与一个体面的无产阶级家庭出身的人结婚。一份当地的苏维埃报纸报道说，38名中学生被开除，因为

> 他们都是世袭的大富农的儿子……在绝大多数情况下，这些富农的儿子们都会煽动民族主义情绪，传播各种色情信息，扰乱学习秩序。……这38个人在校学习时都隐瞒了自己的社会身份，虚假地登记为贫农、中农，有的甚至为农业劳动者。[65]

1935年1月，一份列宁格勒报纸刊登了当地一家医院的一系列关于阶级敌人的报道，这些报道显示当时的气氛还算好：

> 特洛伊斯基是一名前白军军官，一个牧师的儿子。他在医院里找到了避难所。这里的管理人员认为，这个潜在的敌人是“是一个不可或缺的会计师”。挂号员扎博洛斯卡亚、护士阿琵尼可娃和消毒师雪斯帝波娜，也都是牧师的后代。瓦西列娃换了职业，从修女变成护士，也进了该医院工作。另一位修女拉金娜，也学她一样……一位前修道士罗丹成了医生的助手，甚至能代替出诊的医生给人看病。[66]

没有人能逃脱他们或他们的父母在革命前的阶级出身。然而，并不仅仅只有有

产阶级才要被斯大林主义主宰的车轮所辗碎，所有的民族都要在车轮下灭亡。因为斯大林把国家内部的某些民族群体视为不可靠的人，而将他们打成阶级敌人。

外国人和所有与他们有过接触的人，都肯定是嫌疑犯，而不管其意识形态如何。1936 年 1 月共产国际执行委员会 394 名成员中，到了 1938 年 4 月，有 223 人就已经成为了白色恐怖的受害者。68 个德国共产党领导人中就有 41 人在 1933 年后逃离了苏联。那些 1917 年以前在重要时期处于流亡状态的老布尔什维克，以及那些在 20 世纪 20 年代在国外参加革命活动的人，都成了最早遭到清洗的对象。[67]

那些居住在苏联边境的少数民族也几乎同样都是嫌疑犯，因为他们比起在苏俄腹地的人，更有可能与外国人接触。1937 年，新上任的英国驻莫斯科大使馆的三等秘书，是一个名叫菲茨罗伊·麦克莱恩（Fitzroy Maclean）的苏格兰青年。受好奇心的驱使，他游览了中亚最大的城市。与搜集情报相比，他显然对亲眼所见更感兴趣。麦克莱恩不顾当局的旅行限制，坐火车到达巴库。在那里，他偷偷地乘轮船到连科兰的里海港口。第二天早晨，他非常惊讶地看到护卫卡车队经过城镇开往港口方向，每辆车里都装着表情压抑的鞑靼族农民，由内务人民委员会边防部队用带刺刀的步枪押送着。一名当地男子解释说，对他们的逮捕，“莫斯科已经做出了判决，而且这只是苏维埃政府政策的一部分。莫斯科政府认为应该要把一部分人口从一个地方运送到另一个地方，只要那个地方适合他们就行。现在我们离开的这些地方，很可能将会被来自中亚其他地区的农民占领”。[68]麦克莱恩并没有对自己被苏联内务人民委员会边防警察强行带回莫斯科并被逮捕而感到气馁，几个月后他重新上路，乘上了横跨西伯利亚的直达列车，到达了诺维西比尔斯克（Novisibirsk）。在那里，他（再次非法地）坐上南行的列车，达到了巴尔瑙尔。在阿尔泰斯克（Altaisk）火车站，他注意到，许多装牲畜的卡车被拴在他乘坐的火车上，卡车里的这些人乍看起来似乎是中国人，其实是朝鲜人。他们拖家带口，带着财产，正在从远东到中亚的途中，被派往棉花种植园劳动。他们不知道为什么被驱逐出境……后来我听说，苏联当局考虑到将要对日宣战，便非常随意地取消了将大约 20 万朝鲜人运到中亚的计划。

麦克莱恩亲眼所见的，只是现代历史学家最近才重新发现的一个巨大的种族驱逐出境计划中的一段小插曲。1937 年 10 月 29 日，秘密警察负责人尼古拉·叶若夫写信通知人民委员会主席维亚切斯拉夫·莫洛托夫（Vyacheslav Molotov），说在苏联远东地区的所有越南人，一共有 171781 人被驱逐到了中亚。该计划作为确保苏联东部边境安全的方式，从 20 年代中期就开始着手谋划。

朝鲜人只是第一个遭受怀疑的种族群体。巴尔卡人、车臣人、克里米亚鞑靼人、日耳曼人、希腊人、殷古什人、梅斯赫特人、卡尔梅克人、卡拉恰耶人、波兰人和乌克兰人，所有这些不同民族的人，在不同的时期都受到了斯大林的迫害。这项政策因巧妙地混淆了阶级和种族的语言而显得合理。波罗的海的日耳曼人“在他们骨髓里就是富农殖民者”。波兰人被告知：“你们正在被取消富农成分，不是因为你们是富农，而是因为你们是波兰人。”[69]人民内务委员会的一份内参中包含了这个短语：*Raz Poliak*, *znachit kulak*，意为：“如果他是一个波兰人，那么他必定是一个富农。”[70]早在 1930 年 3 月初，成千上万个波兰人家庭从白俄国和乌克兰被驱逐出境，被赶向东方，一方面是因为是他们抵制集体化，另一方面是当局担心他们打算向西移民。[71]1935 年，又开始了新一轮驱逐，超过 8000 个波兰人家庭从基辅等边境地区迁往乌克兰东部。[72]两年后，一项调查介入到据称是“最大的，也许是最重要的波兰在苏联情报部门的阴谋破坏者—间谍网络”，导致至少 14 万人被逮捕，几乎所有的人都是波兰人。或许，在所有的例子中，最引人注目的是乌克兰人。事实上，乌克兰集体化造成的人为的饥荒，是斯大林对他的“乌克兰人问题”[73]的残暴回答。这样说并不过分。反对乌克兰的相对自治早在 1930 年春就开始了。“记住，”斯大林在 1932 年曾严厉地警告说，“在乌克兰共产党内……有不少……腐朽的元素，意识和潜意识的彼得留拉分子（乌克兰民族主义领导人西蒙·彼得留拉的支持者）。”[74]诚然，1932—1933 年大饥荒的影响，不仅仅限于乌克兰，而且波及哈萨克斯坦、北高加索和伏尔加河地区。然而，仔细分析就会发现：饥荒的受害者主要是乌克兰人。[75]这绝对不是一个巧合。在 1917 年选举制宪议会时，不到十分之一的乌克兰人对布尔什维克投了赞成票，而超过半数的票投给了乌克兰人的各党派。[76]达到“破坏乌克兰民族主义的社会基础——土地个人所有制”的目的，实际上是实行集体化的既定目标之一。在那里，推行集体化的速度比俄罗斯的要快。即使是粮食产量下降了，粮食配额却被有意识地增加了。这可以解释为什么在某个地区约有一半的饥荒受害者是乌克兰人，几乎占乌克兰人口的五分之一。[77]斯大林并没有把饥饿看作是一个足以解决乌克兰不忠诚问题的办法。作曲家德米特里·肖斯塔科维奇（Dmitriv Shostakovich）在回忆录中也曾提到巡回演出的乌克兰民歌手是如何被包围并被枪杀的。[78]所有的这一切都是可能的，因为乌克兰实际上已经被当成俄罗斯的一个殖民地。虽然俄国人只占乌克兰共和国人口的9%，但乌克兰党的79%、政府官员的95%，都是俄国人或俄化人。[79]

在集体化时期遭受了极大痛苦的其他种族群体，是库班哥萨克人（the Kuban Cossacks）。他们因抵制集体化政策而从总体上被驱逐到西伯利亚去了。这些人也不是斯大林的“种族清洗”的唯一受害者。[80] 1935 年春到 1936 年春之间，约有 3 万芬兰人被送往了西伯利亚。[81]1936 年 1 月，轮到成千上万的日耳曼人从西部边陲辗转到了哈萨克斯坦。在 1937 年，超过 1000 个库尔德家庭从南部边境地区被驱逐了出去；一年后，轮到伊朗人，他们也有 2000 人遭到了驱逐。[82]到这时，苏联当局已经到了无所顾忌的地步。1938 年 1 月，最初针对波兰人的大清除，开始被政治局扩大到“给予由波兰人、拉脱维亚人、日耳曼人、爱沙尼亚人、芬兰人、希腊人、伊朗人、中国人和罗马尼亚人，既有外国人和也有苏联公民”，以及给予“由保加利亚和马其顿干部组成的间谍和破坏特遣队以毁灭性的打击”。[83]

有时人们以为，苏维埃政权与其他极权主义政权相比，在方法上官僚气息会少一些。然而，俄国的档案里提供的证据表明并非如此。官员们记了一笔详细的分类账，从民族上镇压古拉格的犯人，大概是为了让斯大林和他的追随者监督各种迫害运动。有时这也暗示着：斯大林在“种族清洗”的方法上，没有希特勒那么凶狠。但不同的是数量而非质量。诚然，苏联的劳改营更多地从犯人们身上榨取劳动价值，而不是杀死他们；犯人被分批枪决，而不是采用灭绝劳改营所有人的方式。譬如，特雷布林卡就是这样。然而，我们不应低估斯大林对非俄国人进行迫害而导致的丧生人数，而这种迫害的背景，不是在爆发全面战争的情况下，而基本上是在臆想出来的内战的情况下。作为针对非俄罗斯民族的行动的结果，1935—1938 年之间，约有 80 万人被逮捕、遭驱逐或被处决。在恐怖统治的高峰时期，即 1936 年 10 月至 1938 年 11 月之间，受迫害的民族成员约占所有遭受政治迫害而被逮捕人数的五分之一，但遭处决的人数却占三分之一以上。事实上，在这场反民族的行动中，近四分之三被逮捕的人最终都被处决了。[84]总之，在整个斯大林统治时期，160 多万非俄罗斯民族的成员因为被强迫安置而死亡（见图 6. 5）。

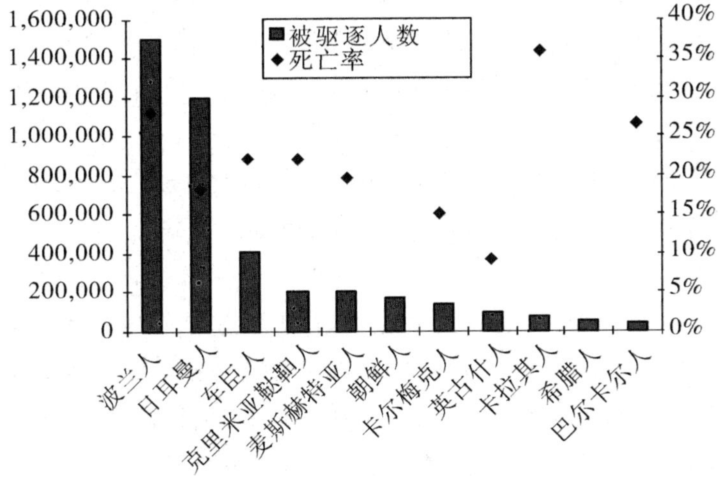

资料来源：Comquest, *Nation Killers*, pp.64, 111; Martin, 'Origins of Soviet Rthnic Cleansing', p.851; Rummel, *Lethal Politics*, table 1.B.

图6.5　1926—1954 年斯大林主义“种族清洗”的受害者基本情况图示

可以说，有一个少数民族，在苏联非常惹人注目——尽管它渴望不那么惹人注目，那就是犹太人。犹太人在沙皇统治下是贱民，但他们在革命岁月里的布尔什维克中发挥了与他们的身份不相称的作用。20 世纪 20 年代是苏联犹太人的一段美好时光，其中许多人都接受了无产阶级专政的新型政治文化。到 1926 年，大约 11% 的犹太贸易联合会成员是党员，而全国的平均水平只有 8%。一年后，犹太人有 4.3% 是党员，而苏联人口中党员率为 1.8%。[85]社会一体化增强的一个指标，便是异族通婚的增加。在乌克兰和白俄国 ——旧“隔离区”的心脏地带，犹太人与不同信仰的人通婚的比例仍然很低：前者不到 5%，后者刚刚超过 2%。但在俄国则相反，这一比例从 1925 年的 18.8% 上升到两年后的 27.2%。[86]从总体上来说，这并不是苏联范围内民族融合趋势的一部分，这是应该强调指出的；在中亚，俄国人与穆斯林基本上没有通过婚。即使是横亘于俄国人和乌克兰人之间的种族障碍，似乎也清除得比较缓慢。日益都市化的犹太社群，也显示了放弃其传统的意第绪语、倡导俄语的迹象。[87]然而，由于这种原住民性质的犹太人在布尔什维克中已经占有很高的比例，他们是为躲避沙皇的迫害而被吸引到共产主义组织中来的，因此，在斯大林的恐怖政策中，受迫害的犹太人的比例也很高。虽然斯大林的偏见本身并没有在战前表现出来，但斯大林迟早注定要把重点放在犹太人身上，把他们作为一个不可靠的种族群体。为什么他们——或其他任何人，就因为他们的民族身份——就应该无限期地排除在他那病态的不信任之外？

在1939年战争爆发之前，事实上早在1933年，这个恶魔般的格鲁吉亚人就暴露了自己的意图。正如列宁所发出的徒劳警告，他将成为“一个死心塌地的‘具有民族主义倾向的社会主义者’，甚至俄罗斯民族的粗俗的恃强凌弱者”。当然，对西方左派而言，苏联共产主义和德国法西斯主义之间似乎总是存在着巨大的差异。到了20世纪80年代，哈贝马斯和其他人都还在热情地信奉这样的信条：在逻辑上，第三帝国不能与斯大林统治下的苏联相提并论。但是，难道斯大林和他的德国同伙在现实中，不恰恰都是极权主义的两张冷酷的面孔吗？斯大林所谓的“在一个国家实现社会主义”与希特勒的国家社会主义之间，除了一个比另一个付诸实施早了几年之外，还存在真正的区别吗？现在，我们可以看到，有多少件发生在第二次世界大战德国集中营中的事情，都预先地在古拉格发生了：用运输牲畜的卡车、对犯人分门别类地加以选择、剃头、非人的生活条件、侮辱性的服装、冗长的叫喊名单、残酷和任意的惩罚以及对判决者和定罪者实行差异化管理。是的，正如我们将会看到的，政权是有很大的不同，但它至少暗示：当十几岁的尤里·奇尔科夫（Yuri Chirkov）抵达索洛维斯基时，迎接他的是“通过劳动，获得自由！”的口号——一个与后来欢迎奥斯维辛集中营囚犯的相同谎言。[88]

7. 歪理邪说

我们想保护生命的永恒基础：我们的民族身份（Volkstum）及其固有的优势和价值……农民、市民和工人必须再一次成为一个德意志民族。（ein deutsches Volk）

——希特勒 1933 年 3 月 21 日在德意志帝国国会开幕典礼上的讲话[1]

我怀着极大的兴趣研究了美国几个州关于防止某些人繁殖的法律，这些人的后代，从概率上而言，都对种族群体没有价值或有所损害。

——希特勒，（来源待查）[2]

领导人讲话

1933 年 3 月，民族情绪是狂热的，但也是充满期待的。该国有魅力的新一届领导人在旋风般地当选之后，对渴望变革的人民发表了讲话。数以百万计的人挤在收音机旁收听了他的讲话。他们所听到的，是对过去的咒骂性的控诉和激动人心的民族复兴的号召。

他用悲观的语调开始陈述该国面临的严重经济困难：

> 货币已经贬值到了不可思议的水平，赋税增加了，我们的支付能力下降了，各级政府都面临着严重欠收，现金贸易中的交易手段冻结了，工业企业枯萎的落叶飘落满地，农民的农产品找不到市场，成千上万个家庭的多年储蓄消失了。更重要的是，庞大的市民群体都面临着严峻的生存问题，他们付出了辛劳却得不到什么回报。

谁的错？对于这个问题，他让他的听众毫无疑问地理解为：是“人类商品交换的统治者……由于他们自己的固执和无能”造成的。但“贪得无厌的货币兑换者”现在要站在“公众舆论的法庭接受起诉”，他们已经遭到了“人类心灵和思想的唾弃”：

> 面对信用的失败，他们只是提议贷出更多的钱。对利润的贪婪又引诱着我们的人民追随他们的错误领导。他们采取了规劝的办法，含泪请求人民恢复信心。他们只懂得利己主义那一代的规则。他们没有远见，而当没有远见时，人类就要灭亡。货币兑换者已经从我们文明庙宇中的高处席位上逃跑了。我们现在可以恢复那座庙宇的古老面目。（掌声）恢复的措施，在于我们能在多大程度上不单纯地追求金钱利润，而追求更崇高的社会价值。

这的确是强有力的语言，但后面还有更多。他将“物质财富的虚伪性”与“从工作中获得的喜悦和道义感”相比较，猛烈地抨击了“以社会地位和个人利益为骄傲的标准”，更不要说“无情的和自私的不法行为”已经成为了财政和政治生活的特色。“这个国家，”为回应更多的掌声，他宣布，“要行动起来，现在，就要行动起来。”

这位新领导人心目中的行动是大胆的，甚至是革命性的。工作机会将由“政府本身通过直接招聘而创造，把这项任务当作我们在战争中的紧急情况来对待”；男人们将安排从事那些“非常需要的项目，以便更有效地利用我们的自然资源”。同时，为纠正他所谓的“在我们的工业中心，人口过度不平衡”的状态，将要进行一次劳动力“再分配”，“为那些最适合耕种土地的人提供更好的土地”。他提出了一整套“交通、通信及其他公用事业的国家计划与管理”体制，提出了“对所有银行和信贷以及投资进行严格监管的措施”，“以终止用别人的钱进行投机的行为”。这些措施，赢得了广大听众的热烈欢呼声。该国的“国际贸易关系”将必须提升到第二位，“以建立一个健全的国家经济体系”。“我们必须行动起来！”他宣称。这时，他把声音放到了最大：

> 一支训练有素的忠诚部队，愿意为共同的纪律而牺牲，因为没有这样的纪律，就不会有进步，就不可能产生什么成果。我知道，我们准备并愿意为这样的纪律而奉献我们的生命和财产，因为它的目标是为了更多人得到更大的利益。这一点，我建议奉献，并承诺：更远大的目标将使我们团结一心，在武装斗争中，唤起我们履行迄今历史上最神圣的义务。有了这样的誓言，我将毫不犹豫地承担起领导我们人民的伟大军队的义务，以严明的纪律来解决我们面临的共同问题。

他还不满足于这样一个军事化国家的构想，在演讲结束时，还对该国新当选的立法机构提出了一个明确的警告：“立即行动起来的迫切要求和需要，可能会要求暂时性地打破……正常的行政和立法权力的平衡。”如果立法机构不迅速地通过他所提出的应对国家紧急情况的措施，那么，他就会要求“动用另一种手段来应对危机——广泛的执行权力，以发动战争来应对紧急情况。我所得到的这种权力，要大到就像我们真的遭到外敌‘入侵’那样大”。这席话，获得了最热烈的掌声。

这个蛊惑民心的政客是谁？谁如此粗暴地将大萧条的原因归咎于腐败的金融家？谁这么大胆地提出采用国家干预的手段解决失业问题？谁明目张胆地扬言如果立法机关不支持他，他就有权依据紧急总统法令行事？谁这么无耻地利用和重复使用

"人民""国家"这些词，以煽动听众的爱国情绪？答案是：富兰克林·罗斯福。上面所引述的所有言论，均来自他 1933 年 3 月 4 日发表的就职演说。

不到三个星期后，另一个选举的胜利者，同样在另一个遭遇了大萧条的国家，发表了一场非常类似的演讲。他的演讲，以回顾该国面临的严重经济困难开始，倡导激进的改革，敦促立法者超越小党派的政治思想局限，最后以激动地号召民族团结而结束。1933 年 3 月 21 日，希特勒在国会所发表的演讲，尽管与罗斯福的就职演说有着许多相似之处，但也确实存在着明显的差别。然而，可以这么说，从 1933 年直到 1945 年，美国和德国选择了完全不同的政治方向，而在 1945 年，罗斯福和希特勒都在岗位上去世。尽管罗斯福含蓄地威胁说，如果国会挡了他的道，他就要解散国会；尽管他在随后三次重新当选，但在他的统治期间，美国的宪法只做了两处小小的改动：选举和行政改革的时间缩短（修订案第 20 条）、酒精的禁令被废除（修订案第 21 条）。新政最重要的政治成果，是极大地加强了联邦政府的权力，而民主却没有因此遭到削弱。事实上，国会拒绝了罗斯福的司法机构重组草案。相比之下，魏玛宪法在 1933 年大选前两三年便开始被废除，从而增强了希特勒的前任对紧急总统法令的依赖性。到 1934 年底，魏玛宪法几乎变成了一纸空文。罗斯福始终在一定程度上受到了立法机关、法院、联邦各州和选民的制约，而希特勒的意志将是绝对的、不受约束的，甚至都没必要取得一致同意或采用书面表达形式。希特勒决定要做什么，就一定要做，哪怕这个决定只是口头上说一说的。他还没有做出决定时，官员们就会朝着他们所认为的他的意愿方向去行事。[3] 罗斯福不得不为三次以上的总统选举而奋斗——努力奋斗，而在德国，却与此相反，民主成了虚假的民主，精心策划的公民投票代替了有意义的选举，国会大厦充斥着纳粹的走狗。基本的政治自由，如言论自由、集会自由、新闻自由甚至信仰自由，则统统都没有了。法律法规也是如此。整个德国社会的各个阶层，首先是犹太人，失去了他们的公民权利和政治权利。财产权利也选择性地受到了侵犯。诚然，美国绝不是 20 世纪 30 年代的乌托邦，特别是对于非裔美国人来说更非如此。南方各州禁止不同种族间发生性关系、禁止通婚的法律规定，为纳粹禁止"雅利安人"和犹太人之间发生性关系提供了模板。然而，以最过分的指标为例，在 20 世纪 30 年代，对黑人的私刑数量（总共 119 例），仅为 20 世纪 20 年代的 42%，为 20 世纪 10 年代的 21%。[4] 无论大萧条对美国造成了什么影响，都没有破坏美国的民主，也没有加剧美国的种族主义。[5]

对照美国和德国对大萧条所做出的反应，说明研究20世纪30年代的历史学家面临的主要困难所在。它们是受经济危机最严重的两个工业经济体。两者都是作为民主国家进入大萧条的。实际上，它们的宪法有很多相似之处。两者都是共和国，都是联邦制，都有直接选举的总统制，都有普选制，都是两院制议会，都有最高法院。然而，一个虽然走到了危险的战争边缘，但其政治体制和公民自由都没有发生重大变化；另一个产生了有史以来最恶劣的政权，远离了现代民主。要试图解释为什么，那也许是20世纪历史上最难回答的问题。

显然，要尽快从大萧条中恢复过来，就要求在所有的国家中实行新的经济政策。到1933年，正如罗斯福所说，他的前任赫尔伯特·胡佛（Herbert Hoover）推行的传统疗法已经失效。任何顽固地坚持综合运用传统的稳健货币（黄金标准）政策与多少有些平衡的预算这两种手段的国家，就注定要经历十年的停滞时间。采取低关税的手段也行不通。然而，促进经济复苏有几种不同的方法。在一极，是苏联的政策，它建立在生产资料国家所有制、国家计划和对劳动力实行无情压榨的基础上。在另一极，是实行货币贬值、适度的预算赤字和贸易保护主义者的帝国海关联盟的英式组合。其他措施，诸如将银行存款保险制度引入到美国等，并没有在自经济秩序方面取得重大突破。大多数国家采取的政策，介于这两个极端之间，实行了宽松的财政和货币政策，增加了国家干预就业、投资和扶贫的力度；采取措施限制商品、资本和劳动力价格的自由流动和/或实行定价制度。关键的一点是，这些新的经济政策与政策本身相比，在不同的国家之间，其政治后果具有巨大的差异性。只有一些国家在实行新经济政策以后，因为实际条件还不具备而导致其政治变成了独裁政权。在讲英语的世界里，存在着各种各样的偏离经济的正统观念而不侵蚀民主的做法。斯堪的纳维亚半岛就是这样。在20世纪30年代，瑞典社会民主党奠定了1945年后欧洲福利国家的基础。具有讽刺意味的是，在其他国家，民主方面出现的偏差，有时会通过严格正统的财政政策来纠正，理由是：议会制度，连同其被立法机关所代表的特殊利益，使得它根本不可能运行平衡的预算。事实上，不平衡的预算对需求提供了一种总体上有益刺激。还应当记住，货币政策的变化并不需要削弱任何民主，因为在经济大萧条之前，大多数国家的央行都没有实行民主负责制。有些国家的银行有独立权，不受议会规定的法律控制。有些国家的银行，尤其是英国的银行和法国的银行，仍然被看作私人公司，它们是向股东而不是向选民负责，即使他们的作用和运作模式都受到法律法规的制约。

此外，只有在少数几个小国家，民主的终结也意味着自由和法治的终结。虽然议会权力的削弱，往往会与加强对少数民族的迫害有关，但实际上，在逻辑上二者并非非此即彼。自麦迪逊（Madison）、托克维尔（de Tocqueville）和穆勒（Mill）等人以来，自由民主的批评家们一直警告要反对“多数民族的暴政”。民主确实有可能导致多数民族对少数民族的歧视（见第4章）。这在东中欧经济大萧条前就已经非常明显。诚然，不受议会监督制约的当权者们，发现自己更容易违反现行的法律或宪法。但是，战争中的政权当局在何种程度上迫害个人或特定的社会群体，差别是很大的。有时，与民选政府相比，独裁者实际上还可能对少数民族会好一些，愿意制止多数民族的偏见。人们普遍还没有认识到，独裁主义的统治者可能会运用暴力阻止偏执的法西斯主义者运动。这在罗马尼亚最为明显，在波兰也一样（见下文）。

最后，只有在极少数几个国家——实行独裁政权的极少数中，议会的权力和法治的终结也意味着侵略性的外交政策。专制政权中的多数民族，其实相对来说，是爱好和平的。

墨索里尼时代

1918年，罗斯福的前任伍德罗·威尔逊（Woodrow Wilson）曾宣布：“民主似乎就要普遍地占据着主导地位了……民主体制的扩散……有望通过将各种各样的政府形式简化为民主政府形式，从而将各种各样的政治形式简化为一种单一的政治形式。”[6] 曾几何时，他似乎是正确的。自19世纪初开始，政治科学家们试图对民主在全球的传播进行量化。他们的计算结果是，在1914—1922年之间，民主国家的数量和民主化的质量都处于明显的高潮时期。在满分10分中得分高于6的民主国家，从22%上升到近37%。民主化的世界平均水平，从7.8分上升到8.7分。这是“威尔逊时代”，其影响真正是全球性的，不仅改变了哈布斯堡王朝的版图，而且导致了欧洲帝国为赢得这场战争而使地球处于躁动的运转状态。[7] 但是，民主的高潮只是昙花一现。1922 年以后的 20 年里，众多的民主国家失败了。到了 1941 年，只有不到 14% 的国家是民主国家，民主化的世界平均水平突然下降到了 6.4 分。1922 年达到的民主化水平，差不多已经有 70 年左右没有再见到了。[8]

民主浪潮兴起与退潮的历史，基本上是欧洲大陆的历史。在讲英语的世界（不包括非民主并且只有部分人讲英语的南非），对民主从来就不存在任何严重的威胁。同时，由于西欧各大帝国在战争中完整地幸存了下来，而且各大帝国的规模还略有增长。在亚洲和非洲，战争之前或之后，几乎都没有民主国家。正如我们将会看到的，日本是唯一一个经历了民主浪潮的亚洲国家。在拉丁美洲，一些国家从过去多少有些民主的政权走向了独裁。比如：阿根廷，那里的军队在 1930 年推翻了激进党总统伊波利托·依里戈延（Hipólito Irigoyen）。危地马拉、洪都拉斯和玻利维亚也都一样。但是，里奥格兰德河以南的大多数国家从一开始就不是民主国家，而且一直都保持着原来的状态。哥斯达黎加，则完全是一个民主国家。少数几个国家，如哥伦比亚、秘鲁和巴拉圭，实际上在战争期间也取得了一点点民主进步。智利在 1924 年发生了军事政变，但卡洛斯·伊瓦涅斯（Carlos Ibáez）将军在 1932 年恢复了原有的宪法。

从欧洲使用得最广泛的、可信度高的定义来看，在 28 个欧洲国家中，几乎所有的国家在第一次世界大战之前、期间或之后，都变成了某种形式的代议政制。然而，到 1925 年却出现了 8 个独裁统治国家，1933 年又出现了 5 个。5 年后，只有 10 个民主国家保留了下来。苏联，正如我们所看到的，是第一个在 1918 年就关闭了制宪议会的国家。在匈牙利，公民权早在 1920 年就受到了限制。刚刚对希腊人进行了痛击的凯末尔（Kemal），1923 年在土耳其有效地建立了一党制国家，而其实行的政教分离政策，并没有遭遇世俗的伊斯兰反对派的挑战。然而，1922 年在意大利发生的事件，表明似乎需要建立一个更为普遍的模式。

贝尼托·墨索里尼（Benito Mussolini）是第一个不仅废除了多党民主的人，而且也是第一个宣布实施一种全新的法西斯政权制度的欧洲领导人。他是一个铁匠的儿子，一个社会主义者，也是两本粗制滥造的无神论的书即《红衣主教》和《老实人约翰·胡》的作者。早在意大利社会党人反对本国参加第一次世界大战之前，墨索里尼就变成了一个民族主义者。罗马的法西斯——一捆象征着国家权力的惩戒笞鞭，已经被各种各样的亲战团体所采用。墨索里尼加入了其中的一个团体。法西斯主义的公式是这样的：社会主义加民族主义加战争。墨索里尼在服过一段短暂而又平凡的兵役之后重操新闻工作旧业——他真正的职业，但他的政治机遇随同和平一道到来了。当布尔什维克发展到都灵的工厂和波山谷（the Po Valley）的乡村的时候，像所有欧洲同行一样，意大利的政治机构感受到了风雨欲来的飘摇。墨索里尼用充满魅力的声音，附和着意大利上一代民族主义者弗朗西斯科·克里斯皮（Francesco Crispi）的主张。在他新组建的“战斗的法西斯”组织中，他在这个由退伍老兵组成的团伙即“黑衫军”中发挥了重要的作用。在1922年10月29日，墨索里尼戏剧性地指挥“黑衫军”发动暴乱进军罗马之前——这几乎是一个偶然的机会而不是一场政变，因为法西斯没有能力以武力夺取政权[9]——他便接到了国王维克托·伊曼纽尔三世（Victor Emmanuel III）组阁政府的邀请。当时，旧自由党对他们可以继续执政充满了信心，但他们低估了墨索里尼对权力的胃口，他一度担任七个部长职位以及总理职位，这完全与他自身对权力的追求欲望相符。新闻界——他唯一有能力控制的部门，开始把他吹捧为一个全能的元首。但是，在表面魅力的背后，总存在着暴力的胁迫。在1924年信仰社会主义的副总理贾科莫·马泰奥蒂（Giacomo Matteotti）遭到谋杀之后（几乎可以肯定是墨索里尼下的命令），政治反对派遭到了镇压。列宁主义者安东尼奥·葛兰西等人被送进了监狱。从此，国家法西斯党便不能容忍竞争对手的存在。报纸编辑们被要求成为法西斯，教师必须宣誓效忠法西斯。议会、甚至工会等机构继续存在，但都是作为摆设，臣服于墨索里尼的独裁统治。

意大利独裁由王室任命，这并没有什么不寻常，其他的独裁者自己就是君主。阿尔巴尼亚总统艾哈迈德·贝伊·佐古（Ahmed Bey Zogu）在1928年宣宣自己为佐格一世（Zog I）国王。在保加利亚，亚历山大（Alexander）国王在1929年攫取了政权。在南斯拉夫，亚历山大（Alexander）国王在1929年发动了一场政变，1931年恢复了议会制，并于1934年遭到了暗杀，此后摄政者保罗（Paul）重新建立了皇家独裁政权。在希腊，国王解散了国会，并在1936年扶植了扬·梅塔克萨斯（Ioannis Metaxas）将军为独裁者。两年后，罗马尼亚国王卡罗尔（Carol）建立了自己的皇家独裁政权。在匈牙利，没有国王，但政治精英们却抱有这样的幻想：该国采用君主制，海军上将米克洛什·霍尔蒂（Miklós Horthy）为摄政王，权力被两个强人以他的名义所瓜分，先是斯蒂芬·拜特伦（Stephen Bethlen）伯爵，后者是霍恩·贡博什（Gyula Gömbös）伯爵。在其他地区，选举产生的总统基本上都废除了议会。安塔纳斯·斯莫汤那（Antanas Smetona）1926年在立陶宛建立了独裁政权。康斯坦丁·帕兹（Konstantin Päts）根据君权神授的原则，成为了护国者并在1934年当上了总统，统治爱沙尼亚长达四年之久。同一年，总理（后来的总统）卡尔利斯·乌尔马尼斯（Karlis Ulmgnis）在拉脱维亚解散了议会。

在其他国家，军队夺取了政权。有“波兰的克伦威尔”之称的约瑟夫·毕苏斯基（Jósef Pitsudski）将军于1926年进军华沙，成为了事实上的独裁者，直到他在1935年去世，此时他的许多权力，虽然不是所有权力，传给了另一名军人出身的人——爱德华·希米格维－雷兹（Edward Smigty-Rydz）。从1917年起直到1923年，西班牙实行的都是君主立宪制。后来，普里莫·德·里韦拉（Primo de Rivera）实行军事独裁统治，自1930年起逐步转型为左派的共和国，包括共产党和社会党人在内的人民阵线联盟达到了高潮。1936年，一个军官小组发动了内战，并得到了人民阵线各党派的支持。在经历了三年痛苦的内战之后，弗朗西斯·佛朗哥（Francisco Franco）将军成为了独裁者，不仅成了德国和意大利武装干涉的受益者，而且成了左派中的各派为削弱对方实力而打起的“内战之中的内战”的受益者。葡萄牙的转型虽然比较顺利，但也与此相类似。在那里，军队在1926年攫取了权力；6年后，财政部长安东尼奥·德·奥里维拉·萨拉查（António de Oliveira Salazar）出任了总理，颁布了一部极权主义的宪法，并为他在翌年变成一个专制的独裁者奠定了基础。恩格尔贝特·多尔富斯（Engelbert Dollfuss）试图在奥地利玩弄同样的伎俩，1933年3月后根据神授君权原则成为了当地的统治者，虽然他在1934年7月遭到了暗杀，但将一个正在发挥作用的独裁专制制度遗留给了他的继任者库尔特·舒斯尼格（Kurt Schuschnigg）。

由于新的独裁政权都强调他们所认为的独特的民族传统，这些独裁政权看起来都非常相似：彩色的衬衫、发光的靴子、军乐、大摇大摆的领导人、流氓式的暴力行为。结果，乍一看，德国版的独裁者与其他所有的独裁者之间或许除了希特勒稍微比他的同行们更为荒谬之外，几乎没有什么区别。迟至1939年，阿尔道夫·希特勒仍允许查理·卓别林将其作为电影《大独裁者》的主要滑稽人物，叫喊着人们难以理解的讲话，摆着荒谬的姿态，像正在玩着一个可充气地球的愚蠢小学生。然而，在现实中，国家社会主义和法西斯主义存在着巨大的差异。如果说几乎所有的独裁政权不是完全反动的话，那么它们在根本上也都是保守的。其权力的社会基础是工业革命前的旧政权残余势力：君主制、贵族、军官团和教会，它们在不同程度上都得到了害怕社会主义的工业主义者和厌烦了民主引起的混乱、已经妥协了的无聊知识分子的支持。[10]独裁者的主要功能是镇压左派：破坏他们的罢工、禁止他们聚会、拒绝倾听选民的声音、逮捕，以及如果认为有必要，杀害他们的领导人。除了没有完全复辟之外，他们采取的为数不多的几项措施之一，便是要建立“公司式的”新机构，以严密控制经济生活，保护忠实的支持者免于遭受变化莫测的市场困扰。在 1924 年，法国历史学家伊利·哈勒维（Elie Halévy）把法西斯意大利描述为“暴政的国家，是一种令旅行者极为愉快的政权，在那里，列车准时到达和离开，没有港口或公共交通工具等方面的罢工”。“资产阶级，”他又加了一句，“喜气洋洋。”[11]正如伦佐·德·费利斯（Eenzo De Felice）在他的自传性鸿篇巨制《忏悔》中所说的，这是个“穿着黑衬衫的旧政权”。即使是墨索里尼年轻时所鄙视的天主教会，根据 1929 年政教协定的条款，都得到了接纳。的确，在一些国家中确实存在法西斯领袖和运动，他们的言论更加过分，并凭空杜撰出民族振兴的愿景，而不仅仅是重申了旧秩序。但是，西班牙法西斯政党——向全国工团议会发起进攻的西班牙长枪党，只是支持佛朗哥保守力量的一小部分人而已。在佛朗哥的关键词中，“传统主义者西班牙长枪党”是最后一个。在其他国家，特别是在奥地利、匈牙利和罗马尼亚，独裁政权采取了行动以节制或至少限制法西斯政党。

只有在德国，法西斯主义在行为上和语言上既是革命的，又是极权主义的；只有在德国，独裁政权才最终导致了工业化式的种族灭绝。法西斯主义运动是大多数独裁者可选择的帮凶，德国的情况也不例外。正如图 7.1 所示，其他的法西斯党派都未能取得像国家社会党所取得的选举成功。从选票的角度来看，法西斯主义是德国一个不相称的现象。将 1930—1935 年欧洲投给法西斯或者其他极端民族主义党派的所有选票加在一起，叫人难以置信的是，96% 的票是讲德语的人投的。

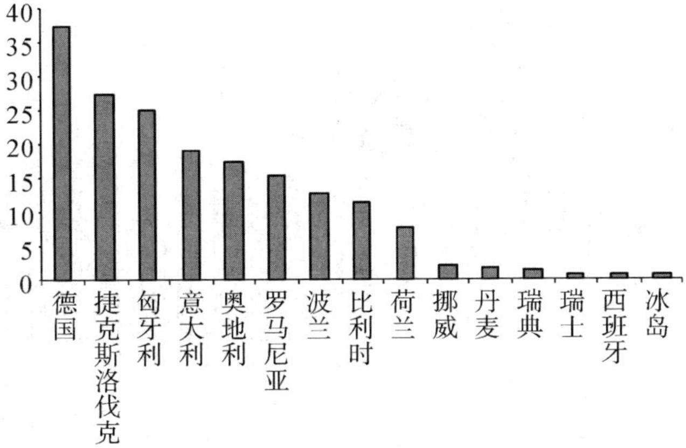

资料来源：Laqueur, *Fascismable 15*; Larsen et al. *Who Were the Fascists*, table 1.

图 7.1　在 1930 年代所举行的全国性自由选举中由法西斯和“半法西斯”所赢得的投票数所占的最大百分比

注：捷克的数字相当于独立的德国和斯洛伐克法西斯主义者的票的总和。

从全球的角度来看，不能轻易地将民主的崩溃归咎于经济大萧条。正如我们所看到的，太多的民主国家在深刻的经济危机中幸存了下来，太多的独裁政权都是在股市大暴跌或者国民生产总值开始小幅下降之后建立起来的。然而，严格地从欧洲的角度来看，一个国家经济困难的程度和给法西斯投票的人数规模之间存在的相关性，人们是很难视而不见的（见图 7.2）。总的来说，遭到最沉重的经济打击的国家，都是那些产生法西斯选民最多的国家。经济危机在中欧和东欧最严重，这些地区也是法西斯主义者政治诉求最多的地区。但关键是，是德国人，包括第三帝国内外的德国人，才是那些最被法西斯主义所吸引的人。或者换一种说法，法西斯主义是一场真正的群众运动，其唯一的变种是德国的国家社会主义。

有两件事，使得德国的经验独一无二。第一件是希特勒本人。他在许多方面的异乎寻常，都是卓别林所不知道的：一个曾经为糊口谋生而出售粗俗明信片的、未被艺术学校录取的人；一个奥地利战场的逃兵，最终成长为一名被授予勋章的巴伐利亚下士；一个喜欢赖床的懒惰的平庸者。他既喜欢瓦格纳（Wagner）的歌剧，又

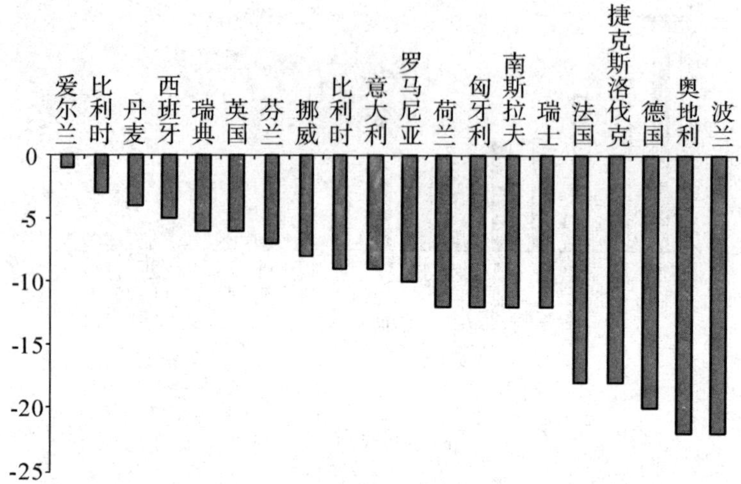

资料来源：Flora et al.(eds.) *State, Economy and Society*, vol.II, ch.5; Kaiser and Radice, *Economic History of Eastern Europe*

图 7.2　大萧条期间真实的生产总值（从高峰到低谷）

喜欢卡尔·梅（Karl May）的牛仔轶闻——他的确是伟大的弗雷德里希（Frederick）和奥托·冯·俾斯麦（Otto von Bismarck）遗产的不可靠的继承人。20 世纪 20 年代初，他在慕尼黑出席罗马尼亚公主的晚宴，“戴着个土匪的帽子，在无尾晚礼服上罩着一件风衣，兜售着一把手枪，并且和平常一样带着他的狗鞭子”。难怪兴登堡（Hindenburg）总统都以为他是波希米亚人。其他人则认为他看上去更像是“一个设法勾引厨师的人”,[12]或者可能是变节的电车调度员。如果不是他的出版商马克思·阿曼（Max Amann）竭力劝阻，希特勒就会给他出版的第一本书取名为《与谎言、愚蠢和懦夫斗争的四年半》，而不是明显比较引人注目的《我的奋斗》。较长的标题，恰恰表现了希特勒某些刻薄、爱斥责人的个性。至于他的性取向，长期以来，人们都在环境和证人基础上做过推测，他可能根本就没有性取向。希特勒只有恨，他什么都不爱。

第三帝国与 20 世纪 30 年代其他法西斯政权之间的第二个关键性的区别，是德国这个国家。在两次世界大战之间，民主失败的大多数国家都相对落后，在 1930 年前后，有一半或以上人口从事农业劳动。事实上，除了两个国家之外，在这个人口比例和民主可能持续的时间之间存在着相对比较密切的负相关性。这就是德国和奥地利。在这两个国家中，从事农业劳动的人口不到三分之一。我们面临的挑战，是要解释像希特勒这一类的病态个体何以能够早在 1933 年便控制了这个对许多人来说都具有深厚文化传统的欧洲国家，并企图控制全世界。

兄弟希特勒

对于许多人来说，在 20 世纪 20 年代，德国是欧洲的合众国：巨大的、工业化的、超现代化的国家。它是欧洲一些最大又最好的公司的发祥地：电力工程巨头西门子、金融巨头德意志银行、汽车制造商奔驰、化工集团 IG 法尔。柏林自夸拥有欧洲最大的电影业，拍摄了根据 20 世纪 20 年代的科幻小说杰作、弗里茨·朗（Fritz Lang）的《大都市》改编的电影，该片导演还拍摄了重要的黑白电影《M》。柏林拥有轰动一时的报业公司，如威廉·鲁道夫·赫斯特（William Randolph Hearst）公司（即《八点晨报》），拥有大型的百货公司如梅西公司（卡迪威商场），拥有像“孩子式的”鲁斯（拳击手麦克斯·施梅林（Max Schmeling））这样偶像级的体育明星。它对大西洋的影响是如此广泛，以至于弗兰兹·卡夫卡（Franz Kafka）认为，即使没有去过那里，也可以写出像《德国式的亚美利加》这样的作品来。事实上，德国在一个重要的方面胜过了美国：它拥有迄今为止世界上最好的大学。与海德堡大学和图宾根大学相比，哈佛大学和耶鲁大学简直就是绅士俱乐部。后两所大学的学生放在足球上的精力要比放在物理上还要多。在 1901—1940 年之间，在科学领域中，有 25% 的诺贝尔科学奖颁给了德国人，只有 11% 颁给了美国人。爱因斯坦并不是在 1932 年移居普林斯顿时才到达他职业生涯顶峰的，而是在 1914 年，他被任命为柏林大学的教授、威廉皇帝物理研究所主任，并且是普鲁士科学院院士的时候就到达了。当时，即使是剑桥大学培养出来的最优秀的科学家，都会觉得有责任在德国履行好工作职责。

然而，还有另一个德国——一个偏狭守旧的、乡巴佬式的德国，不喜欢大都会那狂热的现代主义。从 1918 年 11 月德国在军事上遭受重创开始，这样的大变局使德国遭受了可怕的创伤。[13]战后不久所发生的几乎所有的革命事件，都发生在柏林、汉堡、慕尼黑这些大城市。尽管人们决定在冷清的首都图林根起草共和国新宪法，但魏玛共和国却永远只是一个大都市而已。各省没有太大的变化，与英国的“流浪学者”组织中的帕特里克·利氏·弗莫尔（Patrick Leigh Fermor）1933 年底从莱茵河步行到多瑙河时所见到的情形一模一样。他在第三帝国首先遇到的，是在一个叫威斯特法伦的小镇上一小队穿着褐色军服的队伍，在大广场上举行一场例行游行，然后聚集到附近的小旅馆里喝啤酒，并热情地歌唱。从由圣方济修道士经营的克雷菲尔德贫民习艺所，到一位已故教授所做的深入研究；从一艘莱茵河驳船上所装载的货物，到普福尔茨海姆附近的一个农场，弗莫尔所到之处，所看到的德国，是一个与他的父亲甚至他的祖父在同样的旅行中所看到的，几乎没有什么不同。[14]正如实业家和哲学家瓦尔特·拉特瑙（Walther Rathenall）对日记作家哈里·凯斯勒（Harry Kessler）伯爵所抱怨的：“没有革命。大门都敞开着。狱警们逃走了。囚犯们头晕目眩地站在监狱的院子里，四肢动弹不得，呆若木鸡，都没想到要逃跑。”[15]

魏玛共和国企图完成下面两件不可能完成的事：在创建一个福利国家的同时，根据《凡尔赛条约》的规定支付赔款。这对德国的经济所施加的压力，引起了不是一场而是两场危机：先是 1923 年的恶性通货膨胀，接着是 1929 年急剧的通货紧缩。不足为奇的是，这两场危机削弱了魏玛那本已脆弱的合法性。通货膨胀似乎预示着的，不仅是货币价值的崩溃，而且是战前中产阶级社会（bürgerliche Gesellschaft）所有价值的崩溃。如果长期契约可能被履行成一堆毫无价值的纸商标，那么，法治国家即以法律为基础的国家的价值又是什么呢?[16]至于 19 世纪的德国人如此珍惜的和平（Rube）与秩序（Ordnung），也就所剩无几了。在 1919—1923 年间的每一年，都发生过极左或极右势力发动的未遂政变，更不要说险恶的秘密社团还实施了一连串暗杀，其中一个声称是拉特瑙的化身，他作为外长表现出正在致力于“履行”《凡尔赛条约》。在货币崩溃后不久，许多选民疏远中间偏右和中间偏左的中产阶级党派，不再对那些似乎在魏玛政治中起支配作用的企业和劳工之间的政治交易存在任何幻想。党派分裂和特殊利益集团不断增多。一个缓慢的裂变过程，导致了 1930 年的政治爆炸，当时纳粹的选票数跃居为 1928 年的 7 倍。[17]大萧条时期，许多失业者给纳粹投了票。大萧条也暴露了魏玛体制上存在功能性障碍的特征，似乎太民主了——或者说，组织严密的各利益集团的代表太多，难以应对一场如此深刻而普遍可感知的危机。[18] 但早在纳粹1930年取得大选突破性胜利的七年前，共和国性质的德国在政治上就已经开始解体，在经济上就已经开始破产——那满载如同废纸的现金的手推车，就像征着魏玛共和国的破产。[19]

当然，还有希特勒的替代性人物存在，只是他们没有一个是成功的。古斯塔夫·施特雷泽曼（Gustav Stresemann）主动表示愿意与西方列强达成妥协——以1925年签订的《洛迦诺钓约》为标志，并希望向东方复仇。但是，他在1929年10月3日死于心脏病发作，时年只有51岁。[20]天主教中央党海因里希·布吕宁（Heinrich Brüning）根据总统令成立了政府，梦想恢复君主制，但他的通货紧缩政策使经济进一步衰退。另一位天主教徒，弗朗茨·冯·帕彭（Franz von Papen）为出任总理而背叛了其党派，徒劳地相信他可以比布吕宁做得更好。但无论是他还是他的继任者库尔特·冯·施莱谢尔（Kurt von Schleicher）将军——帕彭曾把他任命为自己的国防部长——都没有得到过任何类似的民众支持，而且虽然布吕宁被德意志帝国国会暂时性地踢出局，但也证明，在缺乏议会多数人支持的情况下，任何人都不可能无限期地统治下去。在1932年7月举行的大选中，纳粹投票支持率飙升到了37%以上。虽然在11月份举行新的选举中，纳粹支持率回落至33%，但这不仅是因为经济复苏的迹象终于出现了，而且是因为纳粹组成的政府到目前为止都很难有什么作为，因为它轻而易举地成为了德国国会中最大的集团。作为一个阴谋家，帕彭说服了兴登堡抛弃施勒尔，并违背总统意愿，任命希特勒领导一个与保守的德国民族人民党结成的联盟——除共产党之外的唯一党派，以获得11月选举中的大量新选票。希特勒于1933年1月30日正式当选总理。[21]就这样，德国民主开始了自我毁灭。假如在社会民主党人和共产党人之间存在着令人瞠目结舌的恩怨的话，那么避免第三帝国命运的唯一办法，是兴登堡亲自关闭国会大厦并查禁纳粹党，但这是他似乎没有考虑过的选择。

表面上，要理解希特勒对德国选民的煽动性是容易的。对于大萧条，他只是比他的政治对手提供了更为激进的补救办法。为解决失业问题，其他人可能提供的是零零星星的办法，希特勒却提出了一整套大胆的公众就业计划。其他人可能会担心，用增加财政赤字的办法支持就业工作，将引发新的通货膨胀。希特勒毫不客气地说，他冲锋队中的打手将会对付那些推高价格的奸商。就像拉特瑙和施特雷泽曼那样，其他人也许会说，德国必须尽力支付赔偿款项，哪怕事实证明这样做是不可能的，或者必须到纽约借钱并借到极限以迫使西方债权人之间出现裂痕，[22]希特勒的主张是违约。当然，这有助于该赔偿制度本身在1932年瓦解。到希特勒上台的时候，德国已经不再履行赔偿义务了，尽管美国人也同意它这样做。这也有助于纳粹招募到颇受尊敬的前帝国银行主席亚尔马·沙赫特（Hjalmar Schacht）这样的人，他在有效地支持希特勒发起反对修改后的赔偿计划即著名的杨格计划运动后，于1930年辞职。* 然而，即使有了希特勒对他们的认可，也需要真正的政治技巧向那些城府相对较深的、形形色色的选民兜售这种非正统的经济解决方案。毫无疑问，纳粹的成功在很大程度上要归功于约瑟夫·戈培尔（Joseph Goebbels）——这个20世纪市场经济的邪恶天才。他把希特勒贩卖给了德国公众，似乎希特勒就是弥赛亚（Messiah）和玛莲·迪特里希（Marlene Dietrich）那令人不可思议的后代。

但是，1930年、1932年和1933年纳粹的竞选活动，受到了前所未有的舆论攻击，包括标准化的群众集会和引人注目的海报，以及振奋人心的歌曲如［《霍斯特—韦塞尔撒谎了》（*the Horst-Wessel Lied*）］，还有对对手的人身恐吓。[23]虽然这种灵感大部分都归功于墨索里尼——他让支持者穿上时髦的制服并致以罗马式的敬礼，但戈培尔了解要手腕和自吹自擂的必要性。一方面，他比明星本人（指希特勒）更清楚地理解有必要根据德国选民的意愿而调整希特勒发出的讯息。

当然，这些策略的成功之处、最令人印象深刻的指标，是在1930年和1932年这两场关键性的选举中，纳粹的票数急剧增加。与过去所声称的相反，在农村，或在北部，或是在中产阶级中，纳粹在整个德国并且在整个社会阶层吸引了选民的大量选票。[24]以大选区为基础进行的分析，忽略了这一点，并且夸大了地区之间的差异。以最小的选举单位（县）为基础的最新研究表明，给纳粹投票的人分布的范围非常

---

* 扬格计划，以美国银行家欧文·D. 扬格（Owen D. Young）的名字而命名，取代了1924年的道斯计划，该计划是以一个美国人查尔斯·G. 道斯（Charles G. Dawes）的名字命名。通过对德国的付款时间进行重新安排，安排为58年半以上，扬格计划使德国的年度支付由原来的大约25亿金马克——即1913年的马克，减少到20亿多一点点。它还取消了赔偿代理人，他们对整个德国的经济政策施加了一种有限的外国控制。但付款减少的数量，比德国人原来所希望的要少得多。——译者注

广。[25]用一张图片表示，每个选区有点类似于德国的国家地图，支持纳粹的热点地区（下萨克森州的奥尔登堡、巴伐利亚的上和中弗兰肯尼亚、巴登的北部地区、东普鲁士的东部地区）遍布全国各地。[26]的确，纳粹得票率相对较高的地区，一般都集中在中北部和东部地区；纳粹得票率相对较低的地区，一般都集中在南部和西部。[27]但更重要的是，在几乎任何一种地方性的政治环境中，纳粹都能够取得一些选举胜利。选举以空前绝后的方式涵盖了德国所有的选区。[28]纳粹的得票率，并没有因为失业率或者工人在总人口中所占的比例不同而有所不同。令共产党领导人感到惊愕的是，在部分地区，为纳粹投票的人居然大部分都是工人阶级，多达五分之二。一些地方的共产党人公然与纳粹共同合作，开拓事业。“噢，是的，我们承认，我们与国家社会党结成联盟，”萨克森州的一位共产党领导人说，“布尔什维主义和法西斯主义有着共同的目标，那就是消灭资本主义和社会民主党。为此，我们有理由不择手段。”[29]是戈培尔在宣传中告诉民众：纳粹所做的一切都是从民众的利益出发，这是他所使用伎俩的一个标志，连彻头彻尾的普鲁士保守党都在一个反马克思主义的联盟中把纳粹视为一个潜在的伙伴。政治上的对手就这样被诱骗，最终达成了后来证明是致命的合作形式。唯一制约纳粹得票数增长的重要因素，是迄今与德国新教徒所支持的党派相比，天主教中央党具有相对较强的适应性。

正如我们已经看到的，其他的法西斯主义者运动，主要是依靠精英人士的支持。纳粹没有必要这样做。尽管所有的注意力都放在兴登堡周围小圈子身上，但他们的阴谋诡计并不是决定性的因素，就像那些 1922 年的意大利精英人士一样。如果说他们起过什么作用的话，那就是他们推迟了希特勒被任命为总理的时间，即 1932 年 7 月选举后他就任的职位。被希特勒所吸引的，并非拥有土地的精英，真正的容克贵族发现他粗俗得可怕（当希特勒与兴登堡总统握手时，一位保守的人士由此联想起了“手中拽住小费的服务生领班”[30]）；也非商界精英，他们也不会毫无理由地担心国家社会主义将被证明是社会主义专属的一匹特洛伊木马；也非军事精英，他们有充分的理由害怕服从一个固执己见的奥地利下士。[31]第三帝国的实力和活力，主要来自是希特勒在更为广大的知识精英面前所表现出来的魅力。拥有大学学位的人，对于顺利建设一个现代化国家和公民社会，才是重要的。

其原因，可以追溯到俾斯麦帝国建立时，或者甚至可能进一步追溯到普鲁士帝国时期的历史。接受过学术教育的德国人都不同寻常地乐意拜倒在一个有魅力的领导人面前。玛丽安·韦伯（Marianne Weber）回忆说，在1918年革命后，她的丈夫——伟大的社会学家马克斯·韦伯（Max Weber）对一手导致德国战败的埃里希·鲁登道夫（Erich Ludendorff）将军这样解释他的民主理论：

> 韦伯：你认为我会把我们现在所拥有的民主（Schweinerei）看作民主吗？
>
> 鲁登道夫：那么，你心目中的民主是怎么样的呢？
>
> 韦伯：在一个民主国家，人民选出了他们所信任的领导者。之后，被选举的人说："现在，闭上你们的嘴并服从于我。"人民和各党派都不再拥有干预领导者事务的自由。
>
> 鲁登道夫：我喜欢这样的"民主"。
>
> 韦伯：再后来，人民能参加判决。如果领导者犯了错误，就让他受绞刑！[32]

听了被认为是德国学术界的一名自由主义者的这堂政治课之后，鲁登道夫后来当上了纳粹的德国国会议员就一点都不奇怪了。可见，专业人士也证明特别容易受到希特勒的蛊惑。在纳粹党卫军中，律师和医生的人数大大地超过了限额，大学生也是这样（与今天相比，那时，他们可都是属于社会金字塔最顶层的人）。对那些肥肥胖胖的中年律师来说，他就是俾斯麦的继承人；对于他们的儿子来说，他就是瓦格纳式的英雄黎恩济（Rienzi）——那个联合罗马人蛊惑民心的政客。"直到最后，在我的内心最深处，我都是属于元首和他那精彩一举一动的。"纳粹律师汉斯·弗兰克（Hans Frank）1937年2月10日同希特勒一起出席了一场音乐会后在日记中这样写道："我们确实是上帝消灭地球上邪恶势力的工具。我们争取以神的名义同犹太人和他们的布尔什维主义作斗争。愿上帝保佑我们！"[33]这样的想法，使得他和许多其他律师从一开始就与非合法性的政权达成了妥协：不经审判地逮捕（从早至1933年6月开始计，就已经有26000人处于"保护性监护"之中）、不经正常法律审判程序被就地处决（从1934年6月"长刀之夜"开始，包括实力超强的救世军领导人在内，大约有85—200人遭到了残酷杀害），而且，当然，还有更加歧视在种族上和社会上属于少数派的人。

以类似的普遍流行方式，艺术家和艺术史学家对纳粹美学以俗艳为主的基调视而不见。尽管希特勒年轻时的涂鸦证实维也纳美术学院过去拒绝录取他是正确的，但他对德国艺术的狂热，使像巴伐利亚州立绘画收藏协会的总干事欧内斯特·巴克纳（Ernest Buchner）博士、像曾被誉为20世纪20年代德国的罗丹的雕塑家阿诺·布勒克（Arno Breker）这样一些人，根本就难以抗拒。1933年5月，像其他数以千计的机会主义者一样，巴克纳加入了纳粹党。不久，他便用元首喜欢的“媚俗”（kitsch）取代“令人堕落的”（现代的）作品。布勒克在这份“浮士德协定”上面签了字。到20世纪40年代，他的作坊大量地生产希特勒的半身像。[34]经济学家们也被吸引到了纳粹主义一边。德国柏林经济周期研究所的统计学家们，对通过国家政策主导的投资而实现充分就业的前景感到兴奋不已；其智利出生的首席执行官欧内斯特·瓦格曼（Ernest Wagemann）同凯恩斯一样，也许在他之前就理解了大萧条所带来的通货再膨胀的必然性。瓦格曼在同布吕宁大吵了一架之后，加入了纳粹，他确信：他们会把经济复苏工作做得更好。有的人则找到了纳粹“实行种族卫生学”政策在经济上的合理性。[35]卡尔·邦定（Karl Binding）和阿尔弗雷德·奥什（Alfred Hoche）在1920年出版了著作《允许消灭毫无价值的生命》（*Permission for the Destruction of Life Unworthy of Life*）一书，试图从养活一个“白痴”的年度开支中计算出“巨大的资本，完全是为了非生产性目的而被从国民生产总值中减掉了”。1945年在一个名为席罗斯·哈林姆（Schloss Hartheim）的贫民窟中找到的这份文件中，有清楚的连续性分析记录。它计算了截止到1951年，杀掉70273个精神病人将获得的经济利益——假设人均每日寿命要花费3.5马克，10年的寿命就要花费885439800马克。[36]许多历史学家也好不到哪去，他们带倾向性地从历史的角度证明了德国向东欧提出领土要求的合理性。[37]

后来，这一切都完成了之后，历史学家弗里德里希·梅尼克（Freiedrich Meinecke）试图解释“德国大灾难的原因”，认为是技术专长使一些受过教育的日耳曼人（不用说，不包括他自己）对歌德和席勒的人文价值视而不见，使他们无法抵抗希特勒的“大众马基雅维里主义”。[38]托马斯·曼（Thomas Mann）的不寻常之处，在于他早在写作《希特勒兄弟》时便能够意识到：整个德国受过教育的中产阶级（Bildungsbürgertum）都拥有一个可怕的弟弟或妹妹，他或她天生就有某种欲望。学术教育不仅没有向人们灌输反对纳粹主义的知识，还使他们更容易地接受它。德国大学的崇高不再！它们的堕落体现在海德格尔的顺从上，这位当时德国最伟大的哲学家跳上了纳粹的乐队花车，在衣领上别上了纳粹党所用的十字记号徽章。

是德国的知识分子比其他国家的同行在这方面表现得更糟糕吗？有可能。然而，其他国家的知识分子从来没有接触过希特勒的超自然磁学——而且，这肯定是关键的因素。因为，如果仔细考察起来，就会发现希特勒向德国人提供的东西，比罗斯福向美国人提供的要多得多。在国家处于紧急状态时，罗斯福谈到了坦率、行动和领导能力。但他在就职演说中强调说，这种紧急状态的性质纯属物质方面的，在精神上和道德上，美国社会没有任何问题。希特勒与此相反，他把德国的经济问题仅仅视为一种更深刻的国家不安定的症状。罗斯福在讲话中 8 次提到了“人民”；希特勒用“人民”这个字眼不少于 18 次。他的作用，不仅是要重新启动经济，而且是要成为国家的救星，通过结成一个 Volksgemein-schaft——一个民族共同体而结束长期以来国家分裂状态的救世主。引人关注的是，希特勒当选总理后的第一次演讲结尾如下：

> 我珍惜这种坚定的信念：最后，数百万今天蔑视我们的人，将终有一天会支持我们，同我们一起欢呼这来之不易的、经过千辛万苦得来的、我们共同创建的全新的德意志帝国，一个崭新的、伟大的、强大的、光荣的、正义的德意志王国。阿门。[39]

这一以救世主自居的主张所引起的回应，在狂热方面是准宗教性的。就像一位救世军中士所解释的那样：“我们的对手……在把我们作为一个与经济党、民主党或者马克思主义政党同等对待的党时，犯了一个根本性的错误。所有这些党派只不过是利益集团，他们缺少灵魂，缺少精神纽带。阿道夫·希特勒作为一个新的政治宗教旗手登上了历史舞台。”[40]纳粹发明了一种仪式，将 11 月 9 日（即 1918 年革命失败和 1923 年啤酒馆暴动失败的日子）作为哀悼日，最后，以开枪、花圈、神坛、血淋淋的遗物甚至纳粹烈士的名录作为仪式的结尾。要加入精英党卫军，就不得不念教义问答书上的这么几行文字：“我们相信上帝，我们相信他创造的德国……和他派给我们的……元首希特勒。"[41]基督教或多或少地被希特勒在形象上和"褐色邪教"的仪式上被公然取代了。正如党卫军杂志《黑衫军团》（*Das Schwarze Korps*）所认为的，基督教的道德基础也必须拆除，"原罪那深涩难懂的教义……事实上，由教会所提出整个原罪概念……对北欧人来说是不能容忍的东西，因为它与我们血统中的'英雄'观念不相符。"[42]

纳粹的反对者也意识到这场运动的伪宗教性质。正如天主教流亡者埃瑞克·沃格林（Eric Voegelin）所说，纳粹主义是"一种意识形态，与社会转型的后启蒙主义相融合，类似于基督教异端在此时此地将人类从罪孽中拯救出来……"记者康拉德·海登（Konrad Heiden）称希特勒"完全是现代大众灵魂的一个碎片"，他的讲话总是在"令人喜出望外的救赎中"结束。一位不愿透露姓名的社会民主党人称纳粹政权为一个"反教会"的政权。犹太出身的语言学家、日记作家维克多的妻子伊娃·克伦佩雷尔（Eva Klemperer）和东普鲁士的保守党弗里德里·热克－马勒兹文（Friedrich Reck－Malleczewen），这两个完全不同的人，却能不约而同地将希特勒比作16世纪新耶路撒冷国王简·凡·莱顿（Jan Van Leyden）的登基：

> 对于我们来说，一个臆想出来的拙劣的失败者，可以说，在阴沟里变成了伟大的先知，而且反对派完全解体了、不复存在了，而世界其他地区都还在震惊和不解中观望着。正如我们……歇斯底里的女性、学校校长，变节的牧师，人渣和来自世界各地的外来者，组成了该政权的主要支持者……一点点意识形态果酱，上面覆盖着淫荡、贪婪、虐待狂以及对权力垂涎欲滴的欲望……凡是不完全接受新教义的人，都被交给了刽子手。[43]

这一切仍留下了这样一个未能回答的问题：在德国，现存的宗教究竟出了什么问题？因为如果国家社会主义是政治性宗教，那么旧政治党派的分裂就不能令人满意地作为其成功的必要前提。在德国的基督教徒中，宗教信仰减少的证据其实是不难找到的：在20世纪20年代，有相当大比例的德国人选择了登记为非教派人士（Knofessionslos）。特别是在德国北部城市，上教堂的人数明显减少了。值得注意的是，与天主教会不同，路德教会在恶性通货膨胀后遭受了非常严重的经济损失。新教牧师的士气低落，许多人被纳粹提出的一个新概念“积极的基督教”所吸引。[44]所有这一切，对于为什么前者比后者更可能在1930—1933年大选中给纳粹投票提供了解释线索。正如我们所看到的，这是纳粹支持者的最引人注目的社会学特征，虽然这里也同样存在巨大的区域差异，并且从这一点去推断出任何比天主教投票模式的惯性力量更强大的东西都将是非常错误的。毕竟，几乎所有的奥地利人都对国家社会主义充满热情，而且他们也几乎全都是天主教徒。况且，几乎所有的法西斯独裁者本身，都是作为天主教徒而培养长大的：佛朗哥、希特勒、霍尔蒂、墨索里尼，更不用说像克罗地亚地安特·帕韦利奇（Ante Pavelié）和本身就是一个牧师的斯洛伐克的约瑟夫·蒂索（Jozef Tiso）这样的众多战时傀儡。

在“民族共同体”的内部

应该强调的是，第三帝国对经济大萧条所做出的反应，在表面上，在很多方面都类似于更为新兴的民主国家。就像在美国一样，第三帝国政府也推行了一项雄心勃勃的公路建设计划，在高峰期所雇用的人数超过了10万。就像在美国一样，纳粹“新政”中包括了要显著增加公共部门的就业人数。沙赫特引进新货币管理制度后不久，便聘用了18000人。沙赫特被希特勒任命帝国银行董事长，后来被任命为经济部长。就像在美国一样，重整军备为德国恢复充分就业提供了重要的推动力。然而，在德国，在希特勒的统治下，重整军备工作立刻就着手进行；而在罗斯福的领导下，美国的军备重整到很晚才开始。不应低估纳粹所取得的经济成就。如图7.3所示，这种成就是真实的，也是令人印象深刻的。没有哪一个欧洲国家的经济得到了如此迅速的恢复——虽然没有哪一个欧洲国家的经济在1929—1932年之间像它那样低迷。希特勒当上总理时，有600多万德国人失业。到1935年6月，该数字已经减少到不到200万人；到1937年4月，不到100万人；同年9月，不到50万人。1939年8月，只有34000名德国人登记为失业者。

这是怎么做到的？这显然不是希特勒的前任通过信贷融资创造就业机会的计划做到的。[45]在大萧条时期，投资已经崩溃了。政府主导经济复苏的方法，是通过大幅增加军备开支和（通常是与防务相关的）基础设施开支——约占1933—1938年固定

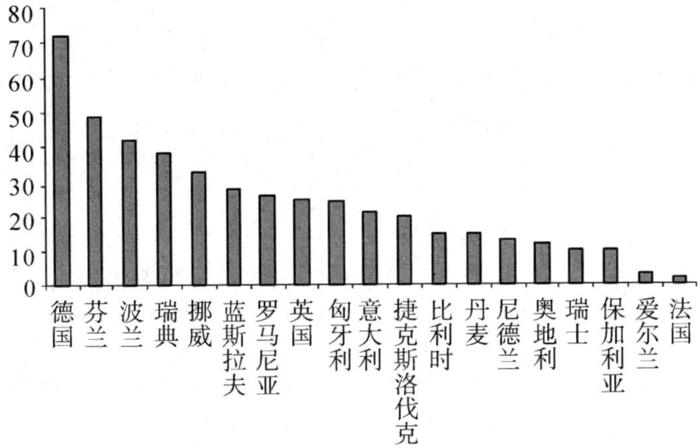

资料来源：Flora et al.(eds.) *State, Economy and Society*, vol.II, ch.5; Kaiser and Radice, *Economic History of Eastern Europe*.

图 7.3　到 1938 年的波谷时欧洲国家的实际国民生产总值

资产投资总额的平均份额，而且，私营部门紧随其后，大约占所有固定资产投资总额的三分之二。考虑通货膨胀因素在内，固定资产投资总额的平均年增长率为29%。[46]公共部门的投资，从魏玛时期才刚刚超过国民收入3%的平均数，增加到1938年则超过了10%，这在很大程度上是依靠运行赤字来提供资金的。1925—1932年间，在纳粹统治下，政府开支总额急剧上升，占国民收入的30%—45%，并且在纳粹统治下节节攀升，尽管在1935年和1936年有过一段短暂的下降，但到1938年达到了53%。然而1933年后，税收没有跟上步伐实现同步增长。1924年后，魏玛赤字一直仅仅平均保持在占国民收入的2.1%。1933—1938年之间，公共部门赤字平均为5.2%（虽然这个数字急剧上升，从1933年不到2%，上升到1938年超过10%）。[47]国内生产总值增长率有显著的增长，年均增长达到11%。私人消费增长缓慢，事实上，这个比例从1932年90%的高峰，下降到仅为59%。凯恩斯计算出的增加投资所产生的收益增长率，显然没有20世纪30年代的德国那么高。收益增长率，引起了为满足总需求所造成的赤字这一连锁效应。这在魏玛时期就已经发出过严重的警告。但是，对于大多数德国人来说，最重要的是，就业率出现了大幅增长。[48]令人难以理解的是，所有这一切都是在没有显著增加通货膨胀的情况下取得的。从

1933—1939 年，消费者物价指数年平均增长率仅为 1.2%。[49]这意味着德国工人既在名义上、也在实际上富裕起来了。在 1933—1938 年之间，每周的净盈余（税后）上升了 22%，生活成本仅上升了 7%。[50]其原因，在于纳粹综合运用了多种手段，继承和扩大了贸易资本流动性、价格的控制权，在于新政府举债的一些资金是通过黑箱操作方式得到支持的，并通过与破坏工会自治相结合，代替了长期以来推行的、在 20 世纪 20 年代就已经阻碍德国经济发展的“工资推动型”的增长方式。换句话说，当凯恩斯说，一个极权主义政权之所以能通过扩张性财政政策实现充分就业，恰恰是因为它能够施加必要的调控时，他是对的。

诚然，通过这些措施所取得成就是有局限性的。这种局限性在国际收支领域表现得最为明显。德国的国际地位，肯定比过去魏玛时期要高。那时，外国资本大量撤离，德国需要不断地支付赔款和外国贷款的利息，从而加重了德国的经济负担，最终在 1931 年引发了一场毁灭性的金融危机。另一方面，沙赫特暂停支付德国所拖欠的长期外债的部分利息（尽管一开始并不是全部），并未能完全解决这样一个根本性的问题：即德意志帝国持续的、不断增长的进口需求，尽管所有人都谈到了自给自足，但增加出口的机会却十分有限，因为存在很多障碍，如在关税方面，就存在不断恶化的贸易条件、固定而又高估了的汇率以及其他诸如与债权国商定的双边结算安排等。[51]以 1913 年的价格计，德国在 20 世纪 30 年代期间贸易赤字规模空前。[52]这不是一种可持续的状态。沙赫特也很清楚这一点，因为他知道，国内生产总值 5% 以上的财政赤字，只能通过发行更多的货币才能达到平衡，从而增加了未来通货膨胀的可能性。在 1934 年年中爆发了一场全面的货币危机，这场危机实际上掏空了德意志帝国银行的货币储备，迫使沙赫特延长德国拖欠所有国家外债的时间。

沙赫特的“新计划”试图通过严格控制进口和补贴出口，节约稀缺的外汇。然而，普通德国民众关心的是什么呢？在 20 世纪 30 年代，对于大多数德国人来说，似乎出现了一个经济奇迹。民族共同体不仅仅是一个被夸夸其谈的概念，它还意味着充分的就业、更高的工资、稳定的物价、贫困的减少、廉价的收音机和带薪的假期。在 1935—1939 年之间，德国的度假营比集中营还要多（这一点很容易被人们忘记），德国工人受到了更好的培训，农民看到了收入的增长。外国人对正在发生的一切也不是无动于衷。美国公司包括标准石油公司、通用汽车公司和 IBM 公司都蜂拥而至，直接投资于德国经济。当然，1938 年，德国人还没有美国人富裕，美国的人均国民收入要比德国的高出两倍左右。[53]毫无疑问，在 1933 年，美国人比德国人富裕。[54]

然而，希特勒的民族共同体，不仅意味着民族团结，它还意味着排斥“外来民族”（volksfremd）这样的社会群体。毫无疑问，大家都知道这指的是哪个群体。从他在政治上还是一个煽动者的那天开始，希特勒就曾多次表达了他对犹太人的仇恨。他把德国在第一次世界大战中战败的原因归咎于犹太人。在《我的奋斗》中，他写下了一段臭名昭著的话，“假如在战争开始阶段，并且在战争期间”，“把 12000 或 15000 个希伯来腐败分子关进了毒气室的话，正如我们数十万最好的德国工人在战场上遭遇的一样，那么，前线数百万人就不会白白地牺牲。相反，及时地消灭 12000 名歹徒，就会挽救 100 万条真正的日耳曼人的生命——德国未来有价值的生命”[55]。他和他的手下最终采用了这种方法，作为他们在第二次世界大战期间对犹太人实行种族灭绝行动的一部分，从而导致许多历史学家把反犹太主义视为第三帝国的定义性特征。正如我们将会看到的，对于希特勒和全国大部分起领导作用的国家社会党党员来说，它的重要性是毫无疑问的。然而，他们为什么要在作为一个整体的德国人内部实施根深蒂固的“灭绝主义的反犹太主义”，依然不得而知。[56]

事实上，第一次世界大战之后，世界上大多数国家都存在少数民族问题，只有为数不多的几个欧洲国家的少数民族问题比德国的少。1933 年，德国的犹太人还不到 50.3 万人，仅占人口总数的 0.76%，况且这个数字在一战后还一直在逐渐减少，因为犹太人的出生率显著下降了，其出生率大约相当于其他民族的一半。[57]这个群体的绝大多数成员几乎完全被同化了，成为德国中产阶级中的律师、医生、学者、商人等。[58]事实上，犹太人在德国的金融、文化和知识精英中所占的比例较大，他们的子女与德国的非犹太人一起上同一所学校，他们同非犹太人生活在同一个社区。雅各布·韦士曼（Jacob Wassermann）在 1921 年的作品中，回忆了他在弗兰肯的菲尔特度过的童年生活，并引起了与他同一时代的大多数德国犹太人的共鸣：

> 就服装、语言和生活模式而言，同化是彻底的。我就读的是一所国家拨款的公立学校。我们住在基督教徒之间，并与基督徒息息相关。进步的犹太人，包括我父亲在内，认为犹太人群体只是在宗教崇拜和传统意义上存在。正在逃避

现代生活强大诱惑的宗教，秘密地、而且不为人知地为狂热分子提供了避难所。传统变成了一个传奇、一个短语、一个空壳。

虽然韦士曼的家人曾一度保留着宴会日和斋戒日的传统，遵守安息日的戒律，并且只吃符合犹太人戒律的食品，“因为对为生计而奋斗变得更加热衷，在新时期，索取的愿望变得更加迫切，连这些戒律也被抛弃了，而且我们的家庭生活与非犹太人邻居相似”：

在宗教社会中，但尽管几乎没有任何痕迹显示犹太人群体或犹太人宗教仍然存在，但我们的社会成员资格得到了承认。准确地说，我们都是名义上的犹太人，而且尽管基督徒敌视、厌恶我们，或者对我们冷眼相待，但对他们来说，他们的态度只是基于对事实的一个词、一个短语、一种说明而已。那么，为什么我们仍然是犹太人？而且，我们的犹太人身份到底是什么意思？回答这个问题对我来说，变得越来越迫切，但没有人能回答得了。[59]

韦士曼的洞见非常深刻，精辟地抓住了20世纪20年代德国的日耳曼人与犹太人爱恨交加关系的矛盾性：

一个非德国人不可能想象德国犹太人那令人心碎的处境。德国犹太人——你必定要把这两个词一起着重强调。你必须把他当作人类漫长的进化过程中的一个终端产品来理解。他的双重热爱和他在两条战线上的挣扎，使他处于绝望的边缘。德国和犹太人：我曾做过一个寓意深刻的梦，但我肯定不能把它清楚地表达出来。我把两个镜子的表面拼在一起；我感觉，在这两面镜子中人的影像，似乎必定要咬牙切齿、张牙舞爪地相互打斗……

我是一个德国人，而且我是一个犹太人。一个尽可能多地、尽可能完全地像另一个人的人；我同时而且不可改变地，既是德国人又是犹太人……这是令人不安的……因为对于双方，我都不断地遇到武器和声音，接受或排斥我的武器，欢迎或警告我的声音。[60]

说日耳曼人—犹太人之间的关系是爱恨交加的关系，绝不是不恰当的。日耳曼人—犹太人同化的一个重要指标，是犹太人和非犹太人之间通婚率的上升。从整体上来说，在德国，犹太人与其信仰以外的人结婚的比例，从1902年的7%，上升到1933年的28%，并在1915年达到了超过三分之一以上的峰值（见图7.4）。[61]虽然汉堡和慕尼黑的通婚率最高，该数字也远远高于柏林、科隆、德累斯顿和莱比锡等以撒克逊人为主的城市以及西里西亚的布雷斯劳的平均水平。[62]亚瑟·鲁平（Arthur Luppin）在收集其他欧洲城市的相关数据时，他只发现了里雅斯特的通婚率较高。尽管列宁格勒、布达佩斯、阿姆斯特丹和维也纳的通婚率也相对较高，但均落后于德国大城市的通婚率。[63] 1939年在164000名仍留在德国的犹太人中，15000人是异族婚姻的伴侣。[64]当纳粹把异族通婚的子女界定为杂种（Mischlinge）时，这些人估计有将近300000人，尽管真实的数字是在60000—125000之间。[65]当不同种族出身的个体之间有这么多爱情证据时，那就根本谈不上有什么根深蒂固的集体性仇恨。更不必说，这些数字还不包括那些有婚外性关系的人。

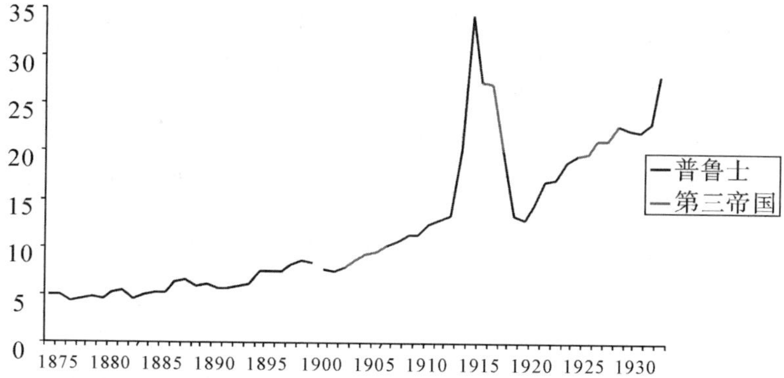

资料来源：Meiring, *Christlich-juedische Mischehe*, table 1.

图7.4　1875—1933年与外族人有婚姻关系的普鲁士/德国犹太人的百分比

日耳曼人-犹太人同化的完美典范，是维克多·克伦佩雷尔（Victor Klemperer）。他出生于1881年，是勃兰登堡犹太教祭司的儿子。与希特勒一样，克伦佩雷尔也曾在第一次世界大战期间在巴伐利亚军队中服过役。1906年，他娶了伊娃·希勒姆尔（Eva Schlemmer），她是一个新教教徒，是大多数新教教徒聚居的普鲁士城镇柯尼斯堡人。像他那一代许多德国犹太人一样，也像他的许多家庭成员一样，克伦佩雷尔在学术上表现优异。1920年，他被任命为德累斯顿理工大学的罗马语言和文学教授。他对犹太教的态度几乎完全是否定性的。当一个名为伊莎科维兹（Isakowitz）的朋友坚持让他庆祝犹太新年时，克伦佩雷尔感到沮丧："这名男子从犹太'会堂'归来，"他在日记中写道，"（我已经有30年没有听到这个词了），他的头脑中充斥着他从摩西五书中读来的东西。一顶帽子压在我的心头上，蜡烛燃烧着。我觉得很痛苦。我属于哪里？属于希特勒裁定的'犹太民族'。我觉得这个伊莎科维兹认同的犹太民族有点像一部荒诞剧，而我只不过是一个德国人或德国的欧洲人。——情绪……极度抑郁。"事实上，克伦佩雷尔婚后已经皈依了新教。[66]整个20世纪30年代，他都坚持认为纳粹才是"非德国人"。"我……为德国感到耻辱，"他在希特勒上台后写道，"我一直真实地感觉自己是个德国人。"[67]

那么，20世纪最大的难题之一，是在人类全部的历史中，在一个同化进展得特别迅速的社会中，最极端的种族暴力都有其根源。希特勒决心把犹太人从民族共同体（Volksgemeinschaft）中排除出去。这意味着要鉴定极少数人、迫害极少数人，而这些人早已与德国社会组织交织融合在一起了。而这可能是关键性的一点。也许，纳粹的反犹太主义，最好被理解为纳粹对日耳曼人-犹太人成功同化所做出的一种反应。用《德国的犹太人问题》（1936年在维也纳出版）的作者彼得·德鲁克（Peter Drucker）的话说："犹太人问题在德国特别敏感，因为在那里，犹太人的同化（Selbstauflösung——字面上的意思是"自我解体"）比其他任何地方推进得都要快。"[68]曾经那么热情地拥抱希特勒的新秩序的马丁·海德格尔（Martin Heidegger），在1925—1928年之间也投身于与他的犹太学生汉娜·阿伦特（Hannah Arendt）之间那场充满激情的爱情之中。难道这，真的仅仅是一个巧合吗？[69]

反血统的原罪

早在1922年2月，希特勒曾就种族通婚这个特殊问题提出了自己的看法："每一个同金发女孩恋爱的犹太人都应该（感叹句：'排成一行前进！'），我不想说'排成一行前进'，但应该有一个法庭来谴责这些犹太人。（鼓掌。）"[70]

在《我的奋斗》中，他以相当大、相当长的篇幅阐述了这个观点。“种族，”他宣称，“不是语言上的，而完全是血统中的。”

> 没有人比犹太人更能明白这句话的含义。他很少重视保护好他自己本民族的语言，但却非常重视保护好他血统的纯正性……虽然他似乎不断地讲到“启蒙”、“进步”、“自由”、“人道”等等，但他亲自对他的种族实行最严厉的种族隔离政策。诚然，他有时也会骗到一些有影响力的新教女信徒，但作为一个原则问题，他总是保持他父系的纯洁性。他毒害了其他人的血统，但保存了他自己血统的纯洁性。犹太人几乎没有人娶过新教妇女；而是新教徒娶犹太妇女。然而，非婚生子女，长得都很像犹太人。特别是那部分地位较高的贵族，则完全退化了。犹太人完全了解这一点，并且因此蓄意地采取了解除他的种族对手——知识分子领导阶层的武器这种模式。他们是多么清楚地知道：即将到来的胜利，即他们与其他民族的成员发生关系，可以被视为某种丑恶的东西。

在一个重要段落中，希特勒沉浸在那些反犹太宣传中、沉浸在被扭曲的性幻想之中：

> 脸上带着撒旦似的微笑、头发被染黑的犹太青年潜伏着，伺机勾引那些毫无戒心的女孩，他用他的精血玷污她，从而将她从她的种族中偷走。他不择手段地试图摧毁他着手征服的那些人的种族基础。正当他亲自有系统地毁灭那些妇女和女孩的时候，对于为其他人大规模地清除血液障碍，他也不会退缩。

希特勒的道德准则是明确的：“一个意识到其血统在种族上纯粹的民族，不可能会遭到犹太人奴役。在世界上，他将永远都是杂种、杂种的主人。”但是，这意味着，犹太人“通过不断毒害个人的方式蓄意地降低种族的纯洁度”的努力，都必须遭到抵制：

> 在保护我们民族的种族基础方面，古老的第三帝国总是掉以轻心，漠视日耳

> 曼人在这个世界上的生命权这个唯一的权利。那些使他们自己成为杂种的人，或让自己成为杂种的人，都犯了原罪，违背了永恒的上帝的意愿。而且当他们被一个更为强大的对手所包围时，这样对待他们，就不存在不公正的问题，而是恢复了正义……单就失去血液纯洁性本身，就永远地破坏了内在的幸福，永远地将人们驱赶到了地狱中，而其后果，这种污染则永远都不可能从身体和精神上清除掉……保持还是不保持血液的纯洁性问题，只要有人类，这个问题就一直会存在。所有真正重要的战前阶段衰变症状，都可以在最后的分析中被化约为种族原因。[71]

尽管希特勒提及了战前“衰变”，但在第二次世界大战期间或战后，他的反犹太主义明显增强了。他谴责维也纳人是“血液亵渎的化身”（Blutschande），“捷克人、波兰人、匈牙利人、罗塞尼亚人、塞尔维亚人和克罗地亚人”与“犹太人和越来越多的犹太人”“令人厌恶地混居在一起”。[72]在这里以及在以后的声明中，希特勒以一种伪道德的语调攻击犹太人的性生活，将个别雅利安人乱伦（Blutschande）的受害者说成“民族共同体”整体上缺乏进取。魏玛时代诸如堕胎、同性恋、卖淫和性病等相对公开的争论，被希特勒用来进一步论证“那些指导民族和国家的人”对“精神生活的犹太化、交配本能的拜金化”的“总投降”。如果不采取补救措施的话，这将“迟早会毁灭我们所有的子孙”。

关键的一点是，当希特勒指责犹太人的目的是要“玷污雅利安种族的血液”时，他想起了当时正处于20世纪20年代所特有的异族婚姻的高潮时期。他也不是唯一一个有这种想法的人。该年代最畅销的图书之一，是阿瑟·丁特尔（Arthur Dinter）的《血罪》，其中讲述了一个年轻女人的血液遭到了致命性污染的故事，因为她的父亲——一个在女性杂志上获取不正当利益的报业巨头——是一个犹太人。她的德国人未婚夫赫尔曼·帕费康（Hermann Kämpfer）在他们那明白无误的犹太人儿子们出生后，逐渐意识到这个“诅咒”那不可磨灭的性质。［“黑色的皮肤……几乎不像个人……（长着）深凹的黑眼睛、长长的黑睫毛……（和）一个像猿猴一样的鼻子。”］[73]当赫尔曼后来娶了一个真正的犹太人做妻子时，同样的事情发生了——仅仅是因为他的新婚妻子曾经同一个犹太人睡过觉！这些经验，是赫尔曼遭到的报应，因为“他对种族那神圣的血液犯下了原罪”。但是，这使他认识到一个令人吃惊的事实：

> 德国党卫军正在有计划地被腐蚀和被毒害！……如果德国党卫军不能有效地摆脱这种状态，而且还把犹太吸血鬼认为是无害的，那就是在允许它不知不觉地贪吃其心脏的血液……在可预见的将来，悲痛将会来到。[74]

丁特尔的书出版后一年之内，印刷了 28 次，发行了 12 万册。[75]到 1929 年，共印制了 25 万册。

在第一次世界大战之后，涌现了众多的研究这一领域的作家，丁特尔只不过是其中之一。奥托·科恩霍特（Otto Kernholt）的《从犹太人到掌权》（1921）最后警告说，作为一个策略，异族通婚的目的，是旨在使日尔曼种族衰弱不堪。[76]民族主义的报章杂志本身对这个问题表示了同样的关注。[77]法兰克福大学反犹太人的《密探》（agents provoca teurs）的编辑据说为了诬陷犹太人学生，在墙壁上涂写了这样的标语：“昨天这个丑陋的犹太人强奸了一名金发小女孩。”[78]另一个常见的指控，可以追溯到 19 世纪 90 年代及以前，那就是犹太人参与了白奴贸易。[79]所有的事情，甚至是霍亨索伦王室的倒台，[80]其原因都可以根据犹太人和非犹太人之间的性关系来解释。至于异族婚姻的影响问题，人们发起了非常激烈的辩论。这种婚姻比近亲通婚是好还是不好呢？[81]如果异族通婚不加禁止，会对德国党卫军的“种族健康”产生什么样的影响呢？[82]

对异族通婚的攻击，需要把性放在魏玛共和国时期这个更大的情境中来看。由于认同了放松反对同性恋的法律限制这场运动，马格努斯·赫斯菲尔德（Magnus Hirschfeld）的性科学研究所为纳粹攻击“犹太人的道德”提供了一个明显的目标。[83]正如纳粹的《民族观察员》报上所说：“犹太人永远都在竭力宣传兄弟姐妹之间、人和动物之间、男人和男人之间发生性关系。”[84]也可能从一些强奸者加谋杀者（Lustmörder）如弗里茨·哈曼（Fritz Harmann）、威廉·格罗斯曼（Wilhelm Grossmann）、卡尔·登凯（Karl Denke）和彼得·库尔滕（Peter Kürten），《杜塞尔多夫的吸血鬼》等等的犯罪行为中，[85]得出一些带倾向性的政治推论。［弗里·茨朗（Fritz

Lang）的《M》中的连环杀手由犹太演员彼得·洛（Peter Lorre）来扮演，也于事无补。］种族之间的性关系是20世纪20年代的新闻。人们围绕着东方犹太的角色是现在被称为色情业的皮条客还是妓女发生了激烈的争论。[86]在塞内加尔、摩洛哥和在其他地区部署的法国殖民军队占领了莱茵兰之后，开展了一场反对所谓的“黑色耻辱”（*Schwarze Schmach*）[87]的新闻宣传活动。画有怪诞的黑人威胁半裸的白人妇女的半色情的明信片和漫画出版了。“我们会默默接受下面的事实吗？”一名姓罗森伯格的博士号召人们对这场运动贡献力量。“在将来，代替漂亮的、身材好的、智力开发得好的、活泼健康的德国白人美妙歌声的，是我们会听到宽阔的头盖骨、扁平的鼻子、丑陋的半人样、梅毒病人、半种姓制度的人在莱茵河畔发出可怕的、喧闹的噪音吗？”大约有500个“莱茵私生子”被界定为异族通婚的事实，绝不是想象的结果。巴伐利亚州内政部部长早在1927年就建议对这些儿童进行消毒，这也表明：限制“外来种族”（Volksfremde）权利的愿望，实际上在希特勒掌权之前就已经存在。[88]希特勒也抱怨“莱茵兰的黑人”和“必然产生私生子的结果”，但也仅仅是把它作为一个更大的“毒害德国人血液”的犹太人阴谋的一个方面。[89]

希特勒同他的高级亲信们一起，似乎真的已经相信，犹太人对德国人构成一个阴险的生物威胁。然而，纳粹在对这个问题的大量宣传中，不考虑自我压抑的因素是不可能的，那些公开反对种族间性关系的人，往往给人留下这样意想不到的印象：这正是他们自己私下的性幻想取向。戈培尔在年轻的时候，同爱尔斯·杨克（Else Janke）订了婚，她是一个有一半犹太血统的小学老师。在1923年恶性通货膨胀期间，杨克帮戈培尔在德累斯顿银行找到了工作，但不愿嫁给他，可能是因为他的脚是畸形的。不久后，她告诉他，她的母亲是犹太人，戈培尔把这件事记录为“最初的魔力消失了”。“最近关于种族问题的讨论一直在我耳边响起，”一次吵架后她写信给他，“我无法忘记，几乎把这个问题看作我们继续共同生活的障碍。我坚信，您会看到，在这方面你的思想毫无疑问走得太远。”正是在这个时候，未来的宣传部长第一次读到斯宾格勒的《西方的没落》，在那里，他发现“犹太人问题的根源……暴露了”。戈培尔与杨克之间的关系破裂后，在日记中首次把犹太人称为“肮脏的猪”“叛徒”和“吸血鬼”。即便是年轻的海因里希·希姆莱（Heinrich Himmler）也承认犹太女人的魅力。[90]没有人例外，甚至希特勒也毫不例外地更加迷恋其他种族的女性。

例如：在 1924 年，他在日记中这样描述他的北欧人原型：* “白黑透红的皮肤、金色的头发、清澈明亮的眼睛和完美的身材、完美的举手投足。” 这是 “这是种族方面血液纯正的女性 ‘理想的形象’”，“是我们德国青年的梦想，男人们随时准备为之去死”。[91]但是，1922 年 7 月，当他在慕尼黑咖啡馆遇到了一个犹太舞女英吉·巴可（Inge Barco）时，希姆莱显然被吸引了，坚持认为她 “绝对与犹太人没有关系，至少到目前为止，我可以这样判断”。[92]还有其他一些例子，实在不胜枚举。例如，路德维希·克劳斯（Ludwig Clauss）——一个第三帝国紧缺的 “种族心理” 专家，爱上了他的助手犹太人玛格丽特·朗德（Margarethe Landé）。[93]

一旦掌权，纳粹便把异族通婚作为宣传的主题定期重复地加以宣传。新闻界攻击犹太人医生，其指控的根据是他们所谓的对 “德国妇女” 好色的 “态度”。[94]在纳粹宣传中，一再提起的，是犹太人通过性接触，想方设法 “污染” 雅利安人的血液。例如，在库尔特·普利沙克（Kurt Plischke）《种族污染者的犹太人》中，呼吁公开点名并羞辱那些 “秘密或公开地与犹太人在一起的日耳曼妇女”；[95]在哥哈特·基特尔（Gerhard Kittel）的《犹太人种族融合的历史前提》中，指责犹太人试图使日耳曼人成为一个 “种族上的杂种”。[96]该信息被人用拙劣的色情腔调编造了一故事：《英吉在犹太人诊所的遭遇》，发表在朱利叶·施特赖歇尔（Julius Streicher）的《射手》（*Der Stürmer*）上：

> 英吉坐在犹太人医生的接待室里。她要等很长时间。她翻看起桌上的杂志。但她太紧张了，只读了几句，脑海里一遍又一遍地回忆起与她母亲的谈话。而且她头脑中一次又一次地萦绕着和她 BDM（德国女子联盟）领导的警告：“日耳曼人不能咨询犹太医生！特别是日耳曼姑娘！很多看过犹太医生的女孩都染上了性病、蒙受了耻辱！” ……

---

* 在文学评论中，一个原始的形象、性格或者模式在文学与思想中一再浮现，从而成为一个普遍的概念或境界。这个名词引自心理学家荣格的 “集体无意识” 理论。原型产生于前逻辑思维，在读者和作者心中唤起惊人而相似的感觉。几个原型象征形象包括蛇、鲸、鹰和秃鹫。一个原型主题是从天真无知到有经验的阶段；原型的几种角色包括拜把兄弟、反叛者、贤明的祖父（母）和有善良心肠的妓女。——译者注

> 门打开了。英吉抬头仰望，那里站着个犹太人，她尖叫了起来，吓得把杂志掉在了地上。她惊恐地跳了起来，眼睛盯着犹太医生的脸。他的脸是一张魔鬼的脸。在这个魔鬼的脸中间，是一个巨大的歪鼻子。在眼镜的后面，有两只有罪的眼睛。他张开厚厚的嘴唇，嘻皮笑脸、龇牙咧嘴地说："现在，我终于得到你了，日耳曼小姑娘！"[97]

1940 年制作的电影中有两部主题类似的历史影片，与反犹太人的纪录片《永远的犹太人》（*Der ewige Jude*）——把东欧犹太人描绘成对身体有害的变态性欲者的邪恶漫画的发行——形成了巧合。在《尤德—苏斯》（*Jud-Süss*）中，在"法院的犹太人"苏斯—奥本海默（Süss-Oppenheimer）强奸了萝西娅·斯图姆（Dorothea Sturm）[由克里斯丁·瑟德鲍姆（Kristine Söderbaum）扮演]，她自杀了。类似地，在《迪尔·罗斯柴尔德》（*Die Rothschilds*）中，犹太银行家罗斯柴尔德被丑化成垂涎女英雄的人——罗斯柴尔德的"雅利安人"对手特纳（Turner）的爱尔兰籍妻子。[98]在展览中，也是把性作为最常见的主题。1940 年 11 月在法兰克福举办的反犹太人展览，说明犹太人"贪婪、毫不节制的性行为和寄生本性"用一张描写"有人看见不来梅附近的维哥萨克犹太人克莱恩与他的雅利安女仆性交"的剪报。[99]另一个例子是弗雷德里希·埃克哈德（Friedrich Ekkehard）的小说《风暴中的一代：1941 年 11 月 9 日的陷阱》，它描述了一支自由军团部队陷入了"令人惊艳"的犹太布尔什维克蛇蝎美人为他们精心设置的陷阱中。[100]就像众多的纳粹反犹太宣传一样，这又是一部色情淫秽作品。

保护血统

纳粹对犹太人采取的第一项具体措施与经济有关，而不是与异族通婚有关。对犹太人的企业和商店有一阵子短暂的抵制——短暂，是因为这引起了国内的无序，也引起了国际社会的愤慨。1933 年 4 月，根据《恢复职业官员法》的规定，包括法官在内的全体犹太人公务员，均被解除了职务。一个月后，便轮到了大学教师。[101]维克多·克伦佩雷尔（Victor Klemperer）便是遭到清洗的人员之一。他在日记中记载了自己的感受：

> 1933年3月10日……所有的一切是如何轻而易举地崩溃的，一切野蛮的禁令和暴力行为真是令人吃惊。而且伴随这一切的，是街道和电台毫无节制的宣传。上周六，我听到了希特勒柯尼斯堡演讲的一部分。我只理解了几个词。但那种口气！真的，就像是一个牧师发出的油腔滑调的、咆哮的、吠叫似的声响，吠叫似的声响……我还能保住我的教授职位多久呢？[102]

事实上，克伦佩雷尔设法在他的职位上多待了两年。然而，1935年5月2日，打击还是来了：

> 星期二上午，事先没有收到任何通知，邮差送来了两份表。"依据《专业技术公务员整治法》第6条，你被解雇了……一开始我觉得有点惊呆了，后来又觉得有点奇怪，真是百感交集，现在，只有痛苦和苦难。[103]

五个月后，雪上加霜的是，他因为是一个非雅利安人而被禁止进入大学图书馆阅览室。随之而来的，是开始慢慢剥夺他的公民权利。当局先后没收了他服兵役的纪念品——他的军刀，还有他的打字机、他的驾驶执照，最后是他的车。被禁止进入公园，他被禁止吸烟。各种各样形式的隔离：犹太人被禁止游泳、洗澡，禁止坐在指定的公园长凳上。而且，更加成问题是的：克伦佩雷尔同一个雅利安女人的婚姻怎么办呢？

虽然阿尔弗雷德·罗森堡（Alfred Rosenberg）和罗兰·弗雷斯勒（Roland Freisler）律师1934年7月对有关犹太人和雅利安人性关系的法律禁令表示了支持，但最高法院驳回了一个1930年娶了一个犹太人、现在要基于种族原因而离婚的雅利安人的请求。[104]然而，第二年，自发采取行动的，显然是纳粹党的积极分子，包括公开侮辱与犹太人睡觉的妇女，以及警察报告说有犹太人雇主对雅利安女雇员进行性骚扰，这些都为政府采取行动提供了线索。[105]1935年7月，内政部长威廉·弗里克（Wilhelm Frick）向登记者发布了一份公告，通知他们"雅利安人和非雅利安人之间的婚姻”将很快“……通过一般法律”来加以规范，并且直到那时，所有的“全雅利安人”和“全犹太人”之间的异族通婚都应当推迟。同月，党卫队保安处的头目莱因哈德·海德里希（Reinhard Heydrich）提出了要求，说：“鉴于德国妇女的异族通婚引起了德国人的不安……异族通婚不仅（应该）在法律上要加以禁止，而且，雅利安人和犹太人之间发生婚外性关系的，也应受到惩罚。”[106]1935 年 8 月在柏林举行的一次集会上，有人打出了一条巨大的横幅：“犹太人是我们的灾祸。妇女和女童，犹太人是你们的祸根。”所有这些，都来自高层的精心策划宣传鼓动。[107]关键性的立法，适时地在 1935 年 9 月之前或期间正式起草。接着，第三帝国的医生负责人格哈德·瓦格纳（Rerhard Wagner）呼吁人们采取行动，防止进一步使德国人私生子化。除了用法律手段剥夺犹太人的公民权、禁止犹太人升纳粹旗帜外，还起草了一项新法律，规定：为保护日耳曼人的血统和日耳曼人的荣誉，不仅禁止“犹太人与日耳曼人或其同类族人”结婚，而且还禁止他们之间发生婚外性关系。犹太人也被禁止“雇用 45 岁以下的日耳曼人或其亲属做佣人”，暗含着犹太人的主人经常沉迷于对其女佣进行性虐待。对“种族污辱”（Rassenschande）这些新罪行的刑罚，包括监禁和苦役。[108]

新的立法得到了热情的实施。1935—1939 年，共有 1670 宗涉嫌“种族污辱”案。[109]在所有案件中，大约有一半出现在以下三个城市：柏林、法兰克福和汉堡。在汉堡，1936—1943 年，有 429 名男子受到指控，其中 270 人是犹太人；共有 391 名被指控的人罪名成立，并被判入狱。[110]总体而言，大约占 90% 的指控被判有罪。[111]起初，就像盖世太保所抱怨的那样，他们的刑罚相对较轻，从 6 个星期至 1 年半不等。但这种情况很快就改变了。在汉堡，有一半人被判处了 2～4 年徒刑，有一些甚至被判了 6 年。一个典型的案例是，那些被发现继续与“雅利安”女人保持长期关系的犹太人，都要被判处两年半徒刑。[112]在其他地方，法院远远凌驾于法律条文之上。在法兰克福，一名 56 岁的犹太教师因为被指控对百货公司两个“雅利安人”妇女进行“性骚扰”而被判处有期徒刑 10 个月，而从审判记录来看，他甚至是否曾对她们过动一根手指头都不是很清楚。一个“雅利安人”，申请娶一个犹太人为妻，尽管在技术上没有任何法律障碍，结果却没有得到同意。[113]为了鼓励这种宽泛的解释，而且也为了避免“对抗法院，用几乎无法克服的困难去证明……有必要讨论最尴尬的问题”，帝国最高法院规定：有关纽伦堡法律“性交的概念……包括所有自然和非自然的性交，即除了性交本身之外，还包括为满足至少其中一个伙伴的性要求而与一个想用其他行为来代替实际性交的异性成员所发生的所有性活动。”[114]

“种族污辱”审判的意义是双重的。这些审判揭示了德国律师和法官愿意将纳粹领导者的粗暴偏见转换成歧视和屈辱的复杂系统，但也说明日耳曼人为自己的目的而将反犹太人的立法工具化了。[115]因为“种族污辱”需要注意的最重要的一点，是他们中的大多数是怎样遭到判刑的，往往不是因为盖世太保调查的结果，而是市民检举告密的结果。

纳粹德国是一个警察国家，在希姆莱及其亲信海德里希的统治下，[116]警力大为加强，但它还是一个警察人数没有超过人口一半的国家。例如，在维尔茨堡，有 21 个盖世太保军官负责下弗兰肯的全部人口，其数量在 1939 年超过了 84 万。[117]克雷菲尔德镇受到了更为严密的监视，那里，大约 17 万人生活在 12 ~ 14 个盖世太保军官的监视之下。[118]在这两个城市，盖世太保不得不紧紧依靠当地人对违反有关法律的举报。幸存的警察档案显示，这些举报是不少的。1933—1945 年间在维尔茨堡调查的 84 例“种族污辱”案件中，有 45 件——超过一半以上，都是源于市民的告密。这些告密的特点，将公众对“犹太人问题”的态度清楚明白地显示了出来。一个犹太男子和一个雅利安人女子被逮捕了，因为她已分居丈夫告他们发生了性关系，原告的主要动机似乎要摆脱他的妻子，但她的情人犹太人在押期间便自杀了。又如，一对显然是“异族”的夫妇因为在一起喝过酒而被报告给了盖世太保，因为该名男子是个金发碧眼的人（双方事实上都是犹太人，所以肯定要受到指控）。[119]在克雷费尔德，盖世太保可能更积极：涉及犹太人的案件所占的比重，从 1936 年之前的不到 10%，到其后大幅增加到大约 30%。这些案件中，约 16% 的人由法院判决；而被盖世太保送到集中营或实行“保护性拘留”的有关个人，案件总数超过了五分之二。然而，即使在克雷费尔德，超过五分之二的针对犹太人的案件都是在战前被告发的，这一比例远远高于其他案件。这表明，告密主要是针对犹太人。[120]

这是否证实这样的论断，即最普通的日耳曼人都是反犹分子？不是的。告密者至多仅占人口的 2%。这意味着，反犹太人的法律是德国某些少数人手中强有力的武器，这些人包括起草并实施法律的毫无道德的律师、执行任务的盖世太保、偷偷地向盖世太保提供有罪信息的丑恶的告密者。然而，这神圣的三位一体中间，有一块巨大的绊脚石。犹太人和外邦人通婚多年所养育的人口，是一个巨大的群体，他们挑衅着那种界线分明的种族分类，因为他们只有一个犹太人父母，或者不到4个犹太祖父母。他们是犹太人吗？有代表性的是，当希特勒的面前摆放着四份《保护德国血统和德国荣誉法》草案时，他挑选了最激进的那个，而且说了句关键性的话："这是对所有的犹太人唯一有效的法律。"这为广义地解释这一新法律创造了可能性，并且受到了纽伦堡普通党员的欢迎。[121]结果，内政部和党部代表就犹太人地位问题进行了无休止的争论。尽管弗里克愿意使那些少于三个犹太裔祖父母的人免遭法律的歧视，但瓦格纳希望将那些只有两位犹太祖父母的人包括在内，以便只有"具有四分之一血统的犹太人"（有一个犹太人祖父母的人）能够得到"帝国公民"的社会地位。根据《帝国公民法》颁布的《第一次补充法令》是在1935年11月颁发的，代表了弗里克的胜利，因为它把犹太人定义为"如果一个人的祖父母四人中全部或者三个是犹太人，则该人在法律上属于犹太人。如果一个人的祖父母中仅有两个或一个是犹太人，则该人属于'混血儿'"。明确地将"犹太宗教社区成员"作为确定祖父母种族的标准的法令，是纳粹种族理论家的贡献。然而，某些只有两个犹太裔祖父母的人，如果他或她早在《纽伦堡法案》之前就属于犹太宗教社会、与另一犹太人结婚，或者存在跨种族婚姻或性关系的问题，仍然可以被归类为犹太人。区分所谓的"第一度"（有两个犹太祖父母的人）和"第二度"（有一个犹太祖父母的人）混血儿的权力，被赋予给了种族专家，他们有权将生理的和宗教的因素考虑在内。[122]有关"混血儿"的法律在1938年12月进一步修订后，人们开始区分那些孩子的"父亲是德国人、母亲是犹太人"的夫妇，那些"父亲是犹太人、母亲是德国人"夫妇和那些没有孩子的夫妇。有犹太男性伴侣的无子女的妇女，"是要着手反对的，就像他们都是犹太人一样"。在这种情况下，人们鼓励非犹太人妻子与其丈夫离婚。[123]但是，官僚惰性最终阻碍了德国大多数混血儿被归类为犹太人。[124]这是一个令理查德·舒伦堡（Richard Schulenburg）之流感到相当沮丧的结果，他是克勒费尔德盖世太保的秘密审判官（Oberkriminalsekretär），希望其管理的民族社区中百分之百地"没有犹太人"。

不用说，《纽伦堡法案》仅仅是纳粹努力保持和加强雅利安种族的生物纯洁性的一部分。犹太人并不是唯一的“外来群体，成为不断升级的歧视的受害者”。《纽伦堡法案》的规定也扩大到了德国 3 万辛提人和罗姆人，即所谓的吉普赛人身上——他们的命运，成为成立于 1938 年的打击吉卜赛滋扰的帝国中央保安局重点关注的对象。精神病患者是第一批根据 1933 年 7 月《遗传病预防法》的规定要接受强制绝育的人。根据该部法律，在 1933—1945 年之间，至少有 32 万人被强制绝育，包括精神分裂症、躁狂抑郁症、癫痫症、亨廷顿舞蹈症、耳聋，甚至畸形和慢性酒精中毒等患者。1935 年，纳粹对该法律进行了修订，允许怀孕 6 个月的精神病妇女堕胎。[125]希特勒还不满足。早在 1935 年年初，他对一位高级纳粹军医说，如果打起仗来，他将开始实施安乐死。事实上，他没有等待战争到来，便着手开始实施了。1939 年 7 月，他开始了后来广为人知的“T- 4 行动”。他说：“重症精神病患者的生命毫无价值，应该得到解脱，这是对的。”在这方面，连同对犹太人的迫害一起，该政权几乎没有受到什么阻力，而是得到了一些积极的支持。在萨克森州，在一项对 200 名弱智儿童家长进行的调查中，“ 如果专家确认这个孩子是个治不好的白痴，你是否同意无痛苦地缩短你孩子的生命?”有 73% 的人对这个问题回答了“是”：实际上有些父母请求希特勒允许其不正常的儿童被杀害。天主教主教克莱门斯·冯·加伦（Clemens von Galen）1941 年 7 月和 8 月宣扬反对安乐死计划，才导致了这种屠杀暂时性地停止。只有少数人公然挑战“你可以杀死‘非生产性’人的原则”。其他的反对者经过仔细研究后，结果只是不喜欢所涉及的程序而已。有些人希望这种杀戮具有正式的合法性——一条恰当的法令和公众的“判决”，其他人（尤其是住在收容所附近的人）只是希望这种屠杀别太显眼。[126]

大清洗（the Volk）存在多方面的风险。1937 年，戈林将此事转交给了人类学、遗传与优生研究所的威廉·阿贝尔（Wilhelm Abel）博士之后，所谓的“莱茵私生子”遭到了盖世太保特别第三委员会强制消毒。[127]同性恋者显然不具有种族价值。在 1934—1938 年之间，在《德国刑法典》第 175 条的检控下，每年受到迫害的人数从 10 人上升到 8000 人。由于犯罪被认为会遗传，那些违反了法律的人，也就成为了“反社会”的人。《反危险累犯法》1933 年 11 月授权对性犯罪者进行阉割。[128]

所有这一切的正面，都是为了鼓励人们用正统的方式培育出正常的日耳曼人。因为种族净化不仅要排除那些被认为是外来种族的人，而且事关种族的健康繁衍。

帝国农业部长瓦尔特·达雷（Walther Darré）在要求保持种马配种平衡时写道："正如用一些纯种公马和母马来培育我们的汉诺威马一样，我们将再次培育纯种的北欧日耳曼人。"[129]纳粹的优生学家想出了各种各样高明的招术来促进雅利安人生育。《减少失业法》（1933年6月）为那些双方都没有工作的夫妇进行结婚贷款，如果妻子生了四个孩子的话，债务就会被取消，其目的是以此使他们买得起耐用消费品。[130]人们向适龄的年轻夫妇提供了一种特别的手册，在方便的家务技巧和食谱之间，夹有一张有用的宣传单——《择偶十诫》：

1. 请记住，你是一个日耳曼人。
2. 如果身体健康，不要处于未婚状态。
3. 保持你身体的纯洁。
4. 作为日耳曼人，选择日耳曼或北欧血统的人作配偶。
5. 在选择配偶时，要摸清他们的宗族情况。
6. 健康是外在美的前提。
7. 只有相爱才结婚。
8. 寻求的，不是一个玩伴，而是婚姻中的合作伙伴。
9. 希望尽可能多地生孩子。

日耳曼人的母亲会得到奖牌，奖牌只颁发给那些作为繁殖雅利安人血统的中介的、超额完成生育配额任务的女人。像一场生育奥运会，母亲是获得金牌、银牌还是铜牌，完全取决于她生育孩子的多少。不用说，犹太人和其他"外来种族"的人，都是不合格的。为了确保夫妻多生育孩子，打算结婚的夫妇不得不去领取被认为在血统上相匹配的结婚证书。这是德国的专业技术人员在第三帝国增强其竞争力的另一种方式。医生可以决定谁适合生育。遗传性健康法院可以命令那些被认为不适宜生育的人绝育，这是一道除了达到预期效果之外、本身既痛苦又危险的程序。而像图林根州种族事务办公室卡尔·阿斯特尔（Karl Astel）这类官员，可以收集到全部人口的种族外貌信息。

然而，尽管有这些利诱，但事实证明，要想繁殖良种，人比马更难。希姆莱非常担心他的党卫军士兵不能顺其自然地被合适的种族类型所吸引：

> 我看到在我们的婚姻申请中（他抱怨道），我们的人，往往完全误解了婚姻的含义。面对这些申请，我常常问自己："我的上帝，这些女性中的每一个人都必须要嫁给一个党卫军人吗？"——这是不幸的，也是疯狂的，在有些情况下，要嫁给一个小个子的东方犹太人、一个小个子的蒙古人是不可能的——因为嫁给党卫军人，对姑娘来说将会是好事。迄今为止，这种情况越来越多，这关系到我们那些魅力四射的美男子们。[131]

为了纠正这一点，他开始干预纳粹党卫军军官的婚姻决策。新入职的军官，不仅要追查纯正的日耳曼血统，一直要追查到上五代，而且他们只被允许与希姆莱认为种族上合适并经他同意的伴侣结婚。他们被劝告至少要生四个孩子，这是"良好和健康的婚姻的最低要求"。纳粹党卫军的孩子要应该接受标准的党卫军人的严峻考验，不是神职人员的洗礼，而且要在希特勒的肖像前，而不是在圣洗池前举行仪式。生七个孩子的将会得到奖励，即帝国领导人亲自任其教父。与传统的社会习俗偏离得更远的是，希姆莱渐渐相信，雅利安人的非婚生子女也应得到鼓励。他提出了"生命之源"方案。该方案旨在让纳粹党卫军军官在一幢大约有 15 个套房兼幼儿园的房子内同一名指定的妇女生育孩子。[132]希姆莱相当明确地指出这一切的目的："为了再次在德国及其周边地区安置北欧种族……从这张种子床开始，直至培育出 2 亿日耳曼族人口。""我们要生孩子，这必须是理所当然的，"他在 1943 年宣布，"从日耳曼人的种族精英中繁殖最多的人口，这必须是理所当然的。在未来的 20 年或 30 年里，我们必须真正能向整个欧洲提供统治阶级。"[133]

当然，并不是每一个纳粹政权的人都赞同上述这种观念，但这并不构成障碍。还有其他人支持种族迫害，其中，雇佣军是一个支持种族迫害的群体。毫无疑问，德国的犹太人很少，但他们总的来说比较富裕。比起直接以雅利安人名义来盗取现金、增加重整军备军费的办法，更简单的办法是什么——或者说，填满纳粹领导者口袋的更简单的办法是什么呢？1938 年 4 月至 1939 年 4 月，犹太人在德国拥有的企业数量下降，从 4 万个减少至 1.5 万个。[134]以前，在德国企业董事会会议室内会有犹太人董事长——公司的创始人或继承人主持召开务虚会议。他们下台后，把自己的位置连同股份一起让出来，让给雅利安人同事。这些雅利安人私下承诺自己只不过是作为企业的受托人，但是，人们不久就会发现，他们很容易把这些承诺忘到九霄云外。1938 年 11 月发生的事件，说明了仇恨和贪婪之间的关系。1938 年，恩斯特·冯·莱斯（Ernst von Rath）——一名德国驻法国大使馆的官员，被一个 17 岁的、名叫赫歇尔·格林斯潘（Herschel Grynszpan）的犹太人暗杀了，其父母是波兰汉诺威人，早已被纳粹驱逐出境。11 月 9 日，在希特勒的煽动下，[135]纳粹暴徒对整个德国城镇上的近 200 座犹太教堂或破坏或洗劫或烧毁，犹太人墓地遭到了亵渎，犹太人遭到殴打。大约有 90 名犹太人死亡，约 3 万人被逮捕并被送往集中营，尽管大多数人后来都被释放了。犹太人在街上遭到殴打的现象堪比 1905 年的俄国大屠杀，其中国家所起的主导作用是巨大的。然而，对戈林来说，暴力也是敛财的机会。在此之后，纳粹向德国犹太社区征收了沉重的 10 亿马克的"集体性罚款"，用于支付所造成的损失，就好像这些损失是犹太人自己造成的一样。在破碎的玻璃之夜——意味着事后散落在街上的玻璃碎片，这是一个带有启示性的时刻，不仅揭示了该政权对犹太人实行暴力政策根源的迫切要求，而且揭示了这些德国的共谋者对犹太人并没有仇恨，而只是冷漠。

敏感的自由派记者塞巴斯蒂安·哈夫纳在 1940 年写道：纳粹反犹太主义"在世界历史上是新鲜事物"，"它企图否定使人类每一物种得以生存下来的团结一致；把原本通常针对动物的人的掠夺性本能，调转来针对自己的同类，使各个民族进入了一场猎犬狩猎的活动中"。

> 纳粹反犹太主义表现出的这种态度是多么荒谬……从表面上看，纳粹的反犹太主义是一个小小的枝节问题，顶多是该场运动中根据个人对犹太人自己的切身感受而出现的一个令人后悔的或者可以接受的微小瑕疵，而"与伟大的民族国家问题相比，这几乎一点也不重要"。在现实中，这些"伟大的民族国家问题"在每天的日常事务中并不重要，只不过是欧洲历史上短暂事业的一件事而已。但纳粹的反犹太主义是一种根本性的危险，它增加了人类灭亡的阴影。[136]

事后看来，我们一定会问自己，为什么像维克多·克伦佩雷尔这样的人没有看出这场即将到来的大灾难？为什么德国的、甚至欧洲的犹太人，不会尽早地逃离，以免遭希特勒带来的可怕命运？事实上，相当一部分人就是这样做的。在 1933 年，大约有 3.8 万犹太人离开了德国，接着，1934 年有 2.2 万人离开了，1935 年有 2.1 万人离开。全国 800 位犹太人教授中，有 200 多人离开了，其中有 20 人是诺贝尔奖获得者。[137]阿尔伯特·爱因斯坦早在纳粹攻击他的“犹太物理学”之前便厌恶地于 1932 年离开了。在“破碎的玻璃之夜”之后，外流的速度加快了。1938 年，有 4 万犹太人离开了德国，这一数字差不多是 1939 年的两倍。到此时为止，自愿离开已不再可能。1933 年，只有不超过 16 万名犹太人留在德国，人数还不到之前的 30%。[138]人们常常忘记纳粹的政策是如何成功地鼓励移民的，要不是沙赫特对那些要离开德国的犹太人还要征收高额税收的话，还有可能会取得更大的成功。正如我们所看到的，纳粹是一种政治宗教，希特勒非常乐于在其中扮演一个先知的角色。他在 1939 年 1 月 30 日在德国国会大厦发表演说时宣布，“如果欧洲内外的国际犹太金融家”，“成功地使世界各国都参加到一场世界性的战争中来的话，其结果将不会是欧洲的布尔什维克化，而是犹太人的胜利，但在欧洲，就是要消灭犹太种族”！[139]然而，正如它的背景所明确表示的那样，这与即将到来的种族灭绝的预言一样，同样是一种威胁，都是旨在迫使更多的犹太人向外移民。

向何处去?

不过，人们不难看出为什么像克伦佩雷尔这样的人选择了留下，因为他认为自己显然是一个德国人。即使到了 1939 年，纳粹是否是欧洲大陆最反对犹太人的人，这一点仍然是不清楚的。在这个阶段，德国也不是世界上独一无二的实行种族歧视的国家。例如，在邻近的波兰，也不乏与纳粹的《民族观察家》相似的报刊。早在 1934 年 8 月，就有作家用纳粹党所用的“卐”字记号作为笔名，在天主教报纸上提出这样的主张：“我们应该把犹太人看作不仅是塔尔穆德的追随者……而且是每个流淌着犹太血液的人……只有那些能够证明在他的家人中至少有 5 代都没有犹太种族祖先的人，才能被认为是真正的雅利安人。”[140]“犹太人对我们来说是如此可怕的陌生，陌生而令人不愉快，他们是人类种族以外的人。”一位《文化报》的投稿人在1936年9月写道：“他们刺激着我们，而且他们所有的特点都刺激着我们的感官。他们那东方人的急躁、好辩、独特的思维方式，他们眼睛的形状，他们耳朵的形状，他们眨眼的样子，他们嘴唇的轮廓，一切的一切。在混血家族中，我们在他们第三或第四代及以后的后代身上，都能找到这些特点的痕迹。”[141]一些民族主义者，如斯特凡·科西茨基（Stefan Kosicki）——一家杂志社的编辑，开始号召对犹太人进行驱逐。其他人，则走得更远。1938年12月，《马利罗兹日报》呼吁：在犹太人用绳子勒死波兰人之前对犹太人发动一场“战争”。[142]国家民主党（“Endek”）领导人罗马·帝莫斯基（Roman Dmowski）预言：将会发生一场将“终结犹太人历史篇章”的“国际性的犹太人大屠杀”。[143]反犹太人的暴力事件也并非纯粹是口头上的。1934年在维尔诺（维尔纽斯），1935年在格罗德诺，1936年在普日蒂克和明斯克（布列斯特）以及1937年在布杰斯克，这些地方都实施了大屠杀。1936年，齐格蒙特·希曼诺夫斯基（Zygmunt Szymanowiski）——华沙大学细菌学教授，对华沙和利沃夫的国家社会党学生的行为感到震惊，那里的犹太学生遭到了他们的殴打。在20世纪30年代中期，有1万~2万犹太人遭到袭击而受伤，可能有多达30个犹太人在袭击中丧生。[144]

无论是天主教会，还是波兰政府，都没有完全纵容这种暴力行为。然而，枢机主教郎德（Hlond）1936年2月的牧师信函，也没有打算减少波兰的反犹主义。“这是一个事实”，他宣称：

> 犹太人反对天主教会，他们沉浸在自由的思想中，并且代表着先锋派运动、布尔什维克运动和颠覆行动的无神论者。犹太人出版社出版的色情图书，对道德方面产生了灾难性影响……犹太人诈骗、放高利贷、参与人口买卖。[145]

当局暂时的权威也几乎没有产生什么效果，尽管《1921年宪法》明确规定禁止种族或宗教歧视。在20世纪20年代，处于前俄国统治下的波兰部分地区不得不忍受新政权不愿废除旧沙皇时代遗留下来的种种限制——许多限制直到1931年仍然在起作用，忍受法律禁止星期日工作所带来的不便。[146]民族团结营始建于1937年，动员人民大众支持毕苏斯基的接班人，旨在以牺牲被宣布为“波兰”外国人的犹太人为代价，在工业、商业和专业技术方面实现“波兰化”。[147]毫无疑问，犹太人在波兰取得了不成比例的成功，特别是在高等教育和专业技术领域。虽然到1931年为止，犹太人还不到波兰人口的9%，但在波兰的大学，犹太人的比例上升到了20%以上。犹太人占波兰所有私人医生的56%，占所有私人教师的43%，占所有律师的34%，占所有记者的22%。[148]官方对犹太商业的抵制行为，导致了犹太人拥有的店铺数量急剧减少。在比亚韦斯托克地区，从1932年占所有商店的92%减少到6年后的50%。[149]通过宗教仪式方面的屠宰禁令，犹太人被赶出了肉类贸易行业；犹太学生在大学教室遭到了隔离，他们被排除在法律专业之外。到1937年和1938年，他们的大学入学率已经下降至7.5%。[150]截至1938年底，政府制定了通过强迫犹太人移民来“解决波兰犹太人问题”的官方政策。[151]但是，这对于像生活在罗兹这样的城市的许多贫困的犹太人来说，生活水平与其他贫困者几乎没有什么两样，他们中有超过70%的犹太家庭就住在一个房间中，通常是住在阁楼或地下室，大约有四分之一的人靠领取慈善援助度日。[152]

反犹主义在罗马尼亚也很盛行。起主导作用的是亚历山大·库扎（Alexandru Cuza）、屋大维·戈加（Octavian Goga）的全国基督教党和科尔内留·科德罗（Corneliu Codreanu）的天使长米迦勒（the Archangel Michael）军团，连同它那被称为铁卫队的绿衫青年组织。像希特勒一样，科德雷亚努能够将犹太人同时等同于共产主义和资本主义，承诺要“在犹太人毁灭我们之前消灭犹太人”[153]。他并不是孤军奋战。在1936年，党的主席齐齐·坎塔库济诺—格兰尼斯鲁（Zizi Cantacuzino-Granicerul）将军，也呼吁“为了祖国的一切”（Totul pentru Tara）要消灭犹太人。[154]对于戈加这样一位职业诗人来说，犹太人都像是“麻风”病人或“湿疹”病人。[155]即使在1937年之前，犹太人就发现自己被逐出了罗马尼亚法律界，犹太学生还受到了骚扰和恐吓。1934年，米哈伊尔·塞巴斯蒂安（Mihail Sebastian）——约瑟夫·埃什特（Isif Hechter）的父亲——一个叛教者、一个完全被同化了的罗马尼亚人，曾写信给布加勒斯特大学哲学教授奈·约内斯库（Nae Ionescu），请他为自己的新书作序。约内斯库的序言包含了下列黑色警报：

> 约瑟夫·埃什特，你生病了。你病入膏肓，因为所有你能做的就是受苦……

> 弥赛亚来了，约瑟夫·埃什特，你没有认出他来……约瑟夫·埃什特，你不觉得寒冷和黑暗包围着你吗？……这是一种同化的幻想，这是许多真诚地相信自己是罗马尼亚人的犹太人的幻想……记住，你是一个犹太人！……你是约瑟夫·埃什特——你以为你是一个多瑙河上的布勒伊拉人吗？不，你是一个犹太人……[156]

在1937年的选举中，极右派取得了旋风般的胜利，戈加出任了一段时间的总理，犹太报纸和图书馆都被关闭了，而且他们在经济方面的机遇也由于引入商业和专业的配额机制而受到了限制。[157]虽然国王卡罗尔取缔了法西斯主义，当他在1938年2月解散议会、建立自己的独裁统治时，逮捕并处决了科德雷亚努和其他12个铁卫队领导人，但这并没有改善罗马尼亚犹太人的处境。[158]到1939年9月，超过25万犹太人被剥夺了公民身份，理由是他们是非法入境者。[159]

其他欧洲国家的情况又如何呢？意大利法西斯起初并没有明显的反犹太主义。然而，在1938年，墨索里尼引进了以纽伦堡法律为蓝本的法律。法国当时仍然是一个民主国家，但也照样存在着反犹偏见。“希特勒比布仑好”，不仅是嘲笑1936—1937年间任法国总理的犹太人社会主义者隆·布仑（Léon Blum），而且也是将人分类的预言。在匈牙利，情况大致相似。一名犹太儿童如果单独行走在松博特海伊的街头时，很可能会被投掷石块。[160]

如果犹太人在欧洲缺乏安全感，他们还能到哪里去呢？英语世界几乎是不欢迎他们的。美国一直是欧洲人的第一大定居国，在20世纪20年代引进了移民配额，移民限制运动的高潮可追溯到19世纪90年代。作为新的扫盲要求、配额和其他管制的结果，每年移民率都在下降，从20世纪初的1.16%下降到20世纪40年代的0.04%。其他国家受大萧条的影响，也紧跟着效仿美国。例如，南非在1930年引进了移民配额，而澳大利亚、新西兰和加拿大到1932年也都引进了其他种类的限制。[161]当然，欧洲的犹太人所需要的，更多的是政治庇护机会，而不是经济机遇。但是，尽管有影响力的大犹太社区存在于所有这些国家，但是有抵消的趋势在起作用。对移民的限制从来都不是一个纯粹的经济问题，而是一个本土出生的非技术工人在面临低工资的竞争对手时要求抬高可开闭的吊桥的问题。种族偏见在将犹太人（连同南意大利人）与来自不列颠群岛、德国或斯堪的纳维亚半岛的前几代人相区分从而将他们定为“下等人”方面也发挥了重要的作用。在英语世界，反犹太主义如果说不是政治现象的话，那也是一种社会现象。比较典型的是，一项允许2万名犹太儿童向美国移民的法案，在1939年，后来又在1940年遭到了美国参议院的否决。

无论如何，20世纪30年代的美国并不是像它自称的那样，是一个种族包容的典范。到了1945年年底，仍然有30个州以宪法或法律的形式，使禁止异族婚姻的条例保留了下来，其中有许多州还在近期扩展或加强了这方面的规定。例如，在1924年，弗吉尼亚州重新定义“白人”，是指“一个没有任何其他血统痕迹的白种人”或“十六分之一的或更少的美洲印第安人的血统，并且……没有其他非白种人血统的人”。[162]从此，甚至连只有一个“黑人”曾祖父母的人，都被划为黑人之列。不仅是非洲裔美国人和美洲印第安人受到了影响，而且有些洲还歧视中国人、日本人、韩国人、“马来人”（菲律宾人）和“印度教徒”（印度人）。在20世纪30年代发生在汉堡的“种族污辱”案件和20世纪30年代发生在蒙哥马利的异族通婚案件之间，并没有什么大不同。[163]在德累斯顿的异族通婚和美国南部各州的异族通婚，是不是有很大的不同呢？[164]答案肯定是否定的。此外，在美国，优生学的影响力增加了对一个新阶层的歧视性法律，不仅类似于20世纪30年代从德国引进的法律，而且也对某些纳粹制定这样的法律也是一种怂恿行为。有不少于41个州运用了优生分类学来限制精神病人的婚姻，有27个州通过了法律，规定对某些类别的人施行绝育手术。血液测试成了对那些希望结婚的人采取的强制性措施。[165]总之，在20世纪30年代，第三帝国远非是世界上唯一实行种族歧视的国家。

当然，世界上有一个特定的区域，其中一部分犹太人受到流传了几十年的犹太复国主义思想鼓舞。这就是巴勒斯坦——一个在1917年被英国占领的犹太人“民族之家”。在1930—1936年之间，8万多名犹太人离开了波兰来到巴勒斯坦，其中许多人都是年轻的理想主义者，决心用公共的基布兹（kibbutz*，又称集体农庄）[166]作为

---

* 以色列的集体居民点，又称集体农庄。在那里，所有的财富都是公有的，所得利润也都再投资于居民点。第一个集体农庄建立于1909年，后来大约有200个，总人口超过10万。成人有私人住所；儿童一般住在一起，集体照料；炊事和用膳都是共同的；定期召开会议讨论事务，当需要做出决策时大家投票表决；工作的分配方式有轮流的、选择的，或者由个人的技能来决定。近几十年来，集体农庄运动逐渐衰退。——译者注

它的建筑用砖，建设一个新社会。[167]正如一个年轻的移民所解释的："在国内，未来没有前景可言。生意不好。假如我毕业了，也看不到任何前景。在这种悲惨的情况下，尽管未来没有前途，我还是要完成学业。……如果有人问我从学校毕业后想做些什么，我也不知道如何回答。在这种可怕的情况下，我就像一个溺水了的人，抓住了犹太复国主义作为救命的稻草。"然而，1936 年，英国对犹太移民实施限制，担心这样（并非是毫无理由地担心）会遭到阿拉伯人的强烈反对。到 1938 年，英国派了 11 个步兵营和一个骑兵团用于维持秩序，以防任何类似的骚乱事件引发全面的内战。[168]

当然，对于像克伦佩雷尔这样彻底德国化了的人来说，移民也正是纳粹所希望的，因为根据定义，他是一个犹太人，而不是一个日耳曼人。克伦佩雷尔并不希望在巴勒斯坦开始新的生活。正如他所说："如果现在要建立一个特定的犹太人国家，那让纳粹把我们扔回到几千年前好了……犹太人问题的解决办法，只能是由那些无中生有的人来解决。而且这个世界——因为现在这确实关系到这个世界——将被迫采取相应的行动。"[169]世界对此事的反应对于犹太人来说并没有什么启发性。到 20 世纪 30 年代后期，犹太人的移民原则几乎都没有受到挑战。唯一的问题，是犹太人应该到哪里去。其他殖民目的地也被考虑到了，例如，去英属圭亚那。1937 年，波兰政府提出将 100 万犹太人要么运往南非——英国表示反对，要么运往法国的马达加斯加，但去过马达加斯加的波兰犹太人得出的结论是，只有不超过 500 个家庭能切实地在那里定居下来。[170]这个花俏而庸俗的移民过程的最低潮，是 1938 年的埃维昂会议，来自 32 个不同国家的代表聚集在一起，他们为拒绝接收更多的犹太难民提出了各自的借口。尽管罗马尼亚的反犹主义也很盛行，希望借道去土耳其或巴勒斯坦，但许多犹太人前往布加勒斯特，。[171]

对于许多人也许多达 18000 人来说，上海是最后的休闲度假之所，仅仅因为这个国际化城市无需入境签证。在那里，对十几岁的布雷斯劳难民欧内斯特·赫普纳（Ernest Heppner）来说，犹太人似乎只不过是"另一群外国人而已"[172]。然而，上海并不是一个安全的避风港。接着要在亚洲发生的事，提前在欧洲发生了。在欧洲，一个独裁政权已经超越了追求国内民族复兴的范畴，一意孤行，决意要进行领土扩张。西方强国已经证明不能像《巴黎和平条约》所要求的那样保护少数民族。这也许并不奇怪，不干涉他国内政的传统，可以追溯到《威斯特伐利亚条约》，甚至连伍德罗·威尔逊也无法打破。但是，当独裁者们挑战1918年后所划定的边界的时候，当他们侵略和占领主权国家的时候，那么，昔日的和平缔造者们又是如何做出反应的呢？

答案是，不惜一切代价寻求和平的持续性，只要这个代价不是由他们自己来付出。

8. 一个偶然形成的帝国

武士道……也许，填补了人类历史上的空白，正如英国宪法填补了政治历史上的空白一样……

——新渡户稻造（Nitobe Inazō）：《武士道》，1900 年[1]

让 6500 万纯正血统的日本人像人那样站起来……你以为他们都发疯了？

——松冈洋右（Matsuoka Yōsuke）：《在国际联盟上的讲话》，1932 年[2]

生存空间*

在20世纪30年代，营地像雨后春笋般到处涌现。在德国，当局为它所要孤立的人建造了集中营，也为那些忠诚它的人建造了度假营。在苏联，当局为那些虽然忠诚却受到斯大林及其追随者怀疑的人建立了劳改营。在美国，大萧条时期，有被称为“胡佛山庄”的营地，它们不是劳改营，而是为那些数以百万计的失业者提供的营地。之所以以倒霉的总统赫伯特·胡佛（Herbert Hoover）的名字命名，是因为他亲眼目睹了大萧条对美国经济的打击。在日本，营地有另一种作用。这一时期，在典型的日本营地里，人们每天早上5:30醒来。他们整天都在不停地劳作，从事的是剧烈的体力劳动，中间几乎没有休息，直到晚上10点熄灯时为止。他们睡在没有暖气的宿舍里，邮件遭到审查，不准喝酒，不准吸烟。但他们不是罪犯，而是军队训练的、将要成为军官的学员。而且，实行这么严厉的制度的目的，并不是要惩罚他们，而是要向他们灌输一种近乎超人般的军事纪律。这些军事训练营是未来之营。截止到20世纪40年代末，从1900—1930年左右出生的、四肢健全的、至少接受过一个营地的军事训练的人，比例奇高。

正如我们所看到的，大萧条在大多数国家引起了经济政策的重大变化，只是在部分国家引起了政治和法律安排方面的重大变化。从根本上改变其外交政策的国家，仍然较少。大多数国家都像英国和美国那样对危机做出了这样的反应：尽可能地寻求解决办法，避免外部冲突。罗斯福在1933年的就职演说中，承诺要将做“好邻居”作为美国的外交政策准则，结束其前任对中美洲和加勒比地区实施的干预，并准备支持菲律宾独立。这种做法并非完全是出于利他主义，而是因为国内解决失业问题的费用飙升，以致对外小规模战争的开支都不能再增加。而大多数专制政权都非常满足于迫害国内的敌人，并在边界上与邻国争吵。对于获取更多的领土，斯大

---

* 生存空间源自德语“Lebensraum”。系德国法西斯侵略扩张理论中的术语，认为国家是一种有生命的机体，要有能满足它生长和发展的“生存空间”，也就是要求不断扩大领土和殖民地。希特勒就是以争取“生存空间”为借口发动了第二次世界大战。——译者注

林没有太大的兴趣，他已经拥有了一个庞大的帝国。军事独裁者如佛朗哥，则更可能发动内战而非国家间的战争，作为一个保守主义者，他知道，国外的战争最终会帮助国内的革命。只有三个国家希望将领土扩张和战争作为获取领土的手段。它们是意大利、德国和日本。它们的帝国之梦，是第二次世界大战期间爆发多次战争的近因。然而，我们将会看到，这些梦想，并不是对大萧条所做出的非理性反应。

为什么只有这三个独裁政权采取了侵略的外交政策并据此采取了行动？传统的答案可能是：他们受其帝国过去沿用的但现在已不合时宜的观念所束缚。所有人都理所当然地追溯他们国家那段独特的历史：墨索里尼唤起人们对罗马人的记忆来为他的非洲冒险辩护，希特勒借口收复条顿骑士团“失去的领土”，日本把“大和民族”想象为不仅仅是中华文明的一个分支。然而，在20世纪30年代，还不存在任何过时的关于帝国的观念。在一个没有自由贸易的世界，帝国为他们所拥有的那些国家和地区提供了各种各样好处。这无疑对英国要成为一个拥有货币和共同关税的巨大英镑集团是有利的。斯大林的苏联如果一直局限在莫斯科大公国的历史边界之内，而没有高加索、西伯利亚和中亚的广袤领土和资源，那将会是个什么样子呢？

对于那些自称“还没有变成强国”的国家来说，当他们把重整装备作为经济复苏的手段时，帝国的重要性就显得更为明显。因为20世纪30年代，如果想要拥有最先进、最新式的武器的话，就需要大量各种各样的重要原材料供应（见下文）。无论是在意大利、德国还是日本自己的边界内，这些东西在数量上都比较稀缺。与此相反，世界上绝大部分可获取的资源供应都存在于四大竞争对手任意一个的边界上：大英帝国、法兰西帝国、苏联和美国。因此，任何国家都不可能期望这些商品的大量进口，它们的供应都被这几个国家垄断了。

“还没有变成强国”的国家，要依赖自由贸易来获得原材料是不可能的。原因有三：首先，由于实施关税保护政策，到20世纪30年代中期，自由贸易已经大为减少；第二，意大利、德国、日本缺乏足够的国际储备来支付他们所需要的进口物质；第三，即使是这三个国家的中央银行储备了大量黄金，也还仍然存在着在重整军备之前，进口就可能受到敌对势力封锁的可能性。因此，有一个领土扩张背后的令人信服的逻辑，希特勒在其1936年8月至9月的备忘录中对此说得非常明确，该备忘录概述了一个新的德国经济的四年计划。

这一重要文件，由希特勒本人起草，一开始就重申他与布尔什维主义相对抗的长远目标，认为布尔什维主义的"本质和目标是用犹太人来消灭和取代迄今为止人类社会的领导阶层，并在全世界传播"。引人注目的是，希特勒指出了他特别关心"马克思主义——通过其在俄国的胜利，已经建立了一个最大的帝国，作为其未来运动的根据地"这一事实的原因。他认为，苏联的存在使布尔什维主义可利用的军事资源急剧增长。由于西方民主国家的衰弱和大多数欧洲的独裁统治相对轻松，所有需要的军事资源都掌握在大国手中，只有三个国家'可被视为坚定的反布尔什维主义者'：德国、意大利和日本。因此，德国政府的首要目标，是必须"发展德国的陆军，使之在最短的时间内，成为世界上在训练、部队的机动性（和）装备方面第一强大的军队"。然而，希特勒接着列举了在德国现有的领土内要实现这一目标所面临的困难。首先，"人口过剩"，德国养不活自己，因为"我们的农业生产产量不再能获得大幅增加"。第二，并且是关键，"我们无法人为地制造某些我们德国所没有的原材料，或找到其他的替代品"。希特勒具体提到了石油、橡胶、铜、铅和铁矿石。因此，"最终的解决办法，在于拓展我们的生存空间，扩大我国原材料或者/和粮食供应的来源。未来终有一天要解决这个问题，这是政治领导层的任务"。然而，德国在军事上目前还没有实力通过征服而获得生存空间。因此，只有通过采取增加国内现有物质的生产（如低品位的德国铁矿石），进一步限制非必要的进口（如咖啡和茶）以及用合成替代品替代基本进口（如燃料、橡胶和脂肪代用品）等多种手段，重整军备才有可能。

希特勒的备忘录，主要是有力地批判了先前由亚尔马·沙赫特（Hjalmar Schacht）支持的"新计划"，它旨在通过一个出口补贴、进口限制和双边贸易协定的复杂系统，以补充德国那几近枯竭的硬通货储备。希特勒断然否决了沙赫特关于放缓重整军备、储备战略原料和硬通货战略步伐的主张。该备忘录对德国工业还是一个赤裸裸的威胁，如果私营部门未能达到政府所设立的目标，国家控制将会加强：

> 思考生产方式并不是政府经济机构的任务。这个问题根本与德国经济部毫不相关。要么我们有今天的私营经济，而且它的任务是花心思去思考生产方式，要么我们假设生产是政府的任务，在这种情况下，我们就根本不再需要民营经

> 济……经济部门只需确定各项任务，企业界必须完成这些任务。如果企业认为自己完成不了，那么，实行国家社会主义的国家就能知道如何解决自身的问题……在苏联已经为此制定了一项庞大的计划的情况下德国的企业必须理解新的经济任务，否则，它们将被证明自身已不再适应这个时代。但如果真是这样，不是德国将要被毁灭，而只能是某些工业家！

然而，在整个报告中最重要的一点是，它设定了时间表。希特勒的两个结论再明确不过了：

> 一、德国军队必须为在四年内开战而做好准备。
>
> 二、德国经济必须适应四年内开战的形势。[3]

对于是否应该将此作为一个纳粹发动战争的具体计划的证据，历史学家们一直争论不休。这当然应该是的。通过果断地批准加快重整军备的步伐，罔顾沙赫特关于另一次赔款危机的警告：希特勒的《四年计划》备忘录，大大地增加了德国将在1940 年处于战争状态中的可能性。用陆军中央行政部弗里德里希·弗洛姆（Friedrich Fromm）少将的话说："重整军备完成不久后，就必须雇用国防军，否则，就会减少战争意愿或降低战争意愿的水平。"[4]一个值得关注的有趣现象是，到 1940 年年底，希特勒对于他提出的自给自足战略到底能够维持多长时间，还是相对现实的。换句话说，最迟到 1940 年，德国将需要开始获得新的生存空间。

生存空间的概念起源于 1890 年代后期，由莱比锡大学地理学教授弗里德里希·拉泽尔（Friedrich Ratzel）首创，并由东方主义者、地缘政治理论家卡尔·豪斯霍费尔（Karl Haushofer）发展，他的学生鲁道夫·赫斯（Rudolf Hess）可能是在 20 世纪 20 年代初向希特勒作了介绍。现在我们也许明白，该主张是建立在对经济发展的前景过于悲观的基础上。与 1939 年相比，自 1945 年以来，农业和工业的生产力使"已经成为强国"和"还没有成为强国"的国家能够养活更多的人口。到了 20 世纪末，与 60 年前相比，意大利的人口密度提高了 17%，英国的提高了 28%，法国的提高了 42%，德国的提高了 64%，日本的提高了 84%。作为非殖民化的结果，所有这些国家在大战的大部分时间里一直都“没有变成强国”（在两次世界大战意义上的强国），但期间，它们的经济增长速度都比部分或全部“已经变成强国”的国家要快得多。显然，“生存空间”并不是如豪斯霍费尔及其弟子们所相信的对于国家繁荣是不可或缺的。然而，在20世纪30年代，该主张具有强大的吸引力，尤其是对德国、意大利和日本。在20世纪30年代，如图8.1所示，德国在世界主要经济体中，人口密度处于第四位，每平方英里363人（英国487人，日本469人，意大利418人）。然而，《凡尔赛条约》使德国本来就不多的殖民地被剥夺了，而英国的殖民地却大为增加，变成了一个巨大的帝国，就像法国那样。正如希特勒从豪斯霍费尔身上所学到的那样，如果生存空间对于人口稠密、国内粮食和原料资源有限的国家至关重要，那么德国、日本和意大利都需要。另一个看待这个问题的方法，是将可耕地与农业就业人口联系起来。如果这样来看，加拿大的先天条件要比德国的好上十倍，比美国的好上六倍。即使是德国的欧洲邻国，也都有更多的“农业空间”：丹麦农民拥有的土地的平均水平比德国的高229%，比英国的高182%，比法国的高34%。诚然，波兰、意大利、罗马尼亚和保加利亚的农民生活水平每况愈下，但在靠近东部的苏联，每个农业工人拥有的可耕种土地，都比德国的高出50%以上。[5]

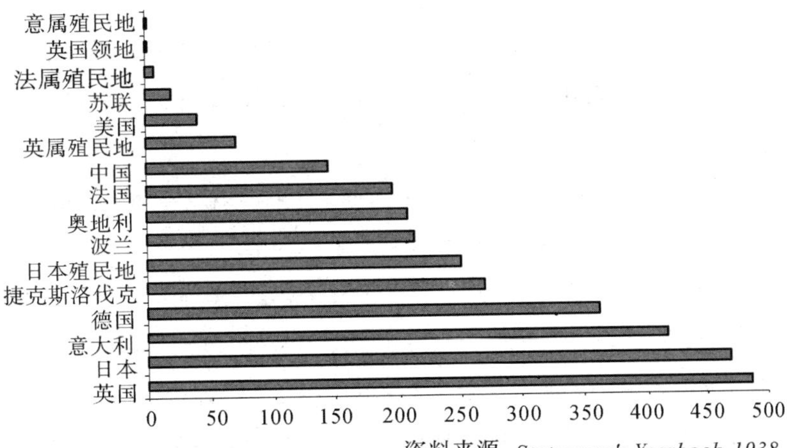

资料来源：*Statesman's Yearbook, 1938.*

图8.1　1938年每平方英里土地上的人口

然而，生存空间还有另一层含义，这层含义虽然没有被经常提起，但实际上更重要。这是任何严肃的军事实力获取战略原料所需要的。在军事技术上发生的变化，彻底改变了全球权力平衡可以说，这种变化甚至比1918年后边界的变化都要大。军事实力问题，不再像在俾斯麦时代那样是一个“铁和血的问题”，或者甚至不再是煤和铁的问题。石油和橡胶变得同样重要。这些商品的生产主要被美国、英国和苏联或在其直接或间接影响下的国家所主导。单就美国来说，其油田几乎占全球原油产量的70%，世界上第二大石油生产国是委内瑞拉（12%）。那时，中东油田还不像今天这样占据主导地位。1940年，伊朗、伊拉克、沙特阿拉伯和海湾国家所占世界石油总产量还不到7%。关键的一点是，所有这些国家的石油产量，都掌握在英国或美国的公司手中，主要是英属波斯、荷兰皇家、壳牌和标准石油的继承人手中。[6] 现代战争问题，也不是一个纯粹的内燃机和橡胶轮胎的问题。现代飞机、坦克和军舰，更不要说枪支、炮弹、子弹和制造所有这些东西所需要的机器、各种各样的钢铁，还有或多或少地需要添加的锑、铬、钴、锰、汞、钼、镍、钛、钨和钒等稀有金属添加剂。这些东西，同样由西方大国和苏联占据着主导地位，甚至垄断了。两者合计，大英帝国、法兰西帝国、美国和苏联几乎拥有世界上所有的钴、锰、钼、镍、钒，大约所有铬的四分之三，所有钛的四分之三，还有一半的钨。如今牢牢地掌握在英国人手中的德国前殖民地西南非，实际上是钒的唯一来源地。苏联，其次是印度，几乎所有锰的产量都出自这两个国家。镍，实际上被加拿大垄断了，钼，被美国垄断了。[7]

因此，德国、意大利和日本缺乏生存空间，就远远不是国弱的问题了。德国国内有丰富的煤炭供应、欧洲最大的钢铁工业，但在20世纪30年代之前，需要进口所有的橡胶和石油。日本100%的橡胶、55%的钢、45%的铁都依赖进口。[8] 在20世纪30年代，日本大约80%的原油是从美国进口的，10%来自荷属东印度。[9] 其他最近的石油来源地是苏联控制的库页岛。意大利也差不多。因此，希特勒的《四年计划》备忘录的重要结果，是在利用国内原材料如煤炭等生产合成石油、橡胶和纤维的新技术方面进行了大量投资，在萨尔茨吉特建立了一个颇具规模的、利用低质量的德国铁矿石炼钢的国营工厂。然而，到希特勒1937年11月5日对他的高级军事领导人发表讲话——一次由上校弗里德里希·霍斯巴赫（Friedrich Hossbach）作总结的会议

——的时候，很显然，这种耗资巨大的内部资源调动，不可能在1943—1945年前达到领导层认为必要的重整军备水平。正是出于这个原因，希特勒把他的注意力转移到了扩大生存空间获得资源的问题上来。这些东西的获得，宜早不宜迟，而且没有必要同西方大国或苏联进行大规模的战争。

他有足够的理由来思考这一点。意大利不必打一场更大范围的战争，就已经在阿比西尼亚获得了新的生存空间[10]。更令人印象深刻的是，日本似乎也走出了“还没有成为强国”的“不光彩的国家类型”的行列。但是，与希特勒和他的追随者向东、意大利向南寻找他们的生存空间不同，日本人向西——中国寻找。

另一个岛的故事

与英国相比，日本除了人口密度高以外，还有很多相似之处。它距离亚洲大陆不远，是一个由众多岛屿组成的群岛，历史悠久，从内战时代起就建立了君主立宪制。就像英国是欧洲的第一个工业国家一样，日本是亚洲的第一个工业国家。这两个国家都是通过生产布匹以及向外国人销售布料而成为经济大国的。维多利亚时代的英国，以森严的社会等级而著称；明治维新时代的日本也是如此。英国通过英格兰教会提议建立了自己的国教；日本人也有他们自己的国教，以神道著称。两种文化都喜欢用看皇帝（或皇后）那样崇拜的眼神看待外面的世界。两种文化都崇尚那些在某种程度上是想象出来的封建时代的武侠符号，并使之浪漫化成第二次世界大战宣传的动力，使西方观察家们都难以拒绝承认这些相似之处。其实，我们更愿意突出两次世界大战期间日本的“他者”身份。然而，忽略这一点，就看不到1905年以后日本人的主要目标在本质上的合理性：要与西方列强平起平坐。对于日本人来说，这意味着在让中国人履行不平等条约的情况下，还要瓜分中国更多的市场份额。英国人已经成为了一个获利丰厚的大帝国，其核心是要完全控制一个虚构出来的莫卧儿亚洲帝国，而且北美洲和大洋洲向他们提供了广阔的生存空间。日本人认为，没有理由不建立自己的帝国，扩大自己的生存空间，将日本帝国建立在清帝国的废墟之上。日本和英国之间最大的不同，只是时间问题。在经济上，至少在人均国内生产总值方面，日本大约落后英国一个半世纪，甚至更多。从战略上讲，日本也只是大致处于英国在18世纪上半叶时的水平。然而，它的对手则无论在数量上还是在实力上，都比汉诺威时代的英国还要弱。

第一次世界大战为日本提供了一个极好的机遇，不仅扩大了重工业产品的生产量，如船舶制造等，而且扩大其在亚洲的"生存空间"。日本人以最小的代价站在协约国一方，获得了德国在山东半岛的前哨——青岛以及北太平洋的马绍尔群岛、加罗林群岛和马里亚纳群岛。除了派遣海军舰艇编队前往地中海外，日本在这场自己不能直接占据优势的战争中几乎未费一枪一炮。它对俄国内战的干预也是如此，这只不是给了日本人一个抢占俄国远东地区的借口。同时，在战争的掩护下，日本迫使中国签署了在经济和政治方面做出了一系列让步的著名的《二十一条》，其中包括将山东半岛的经济权益移交给日本，增加了日本在"南满"和内蒙古东部地区的权利，并延长行使权利的时间以排斥其他国家未来在沿海地区获得优惠待遇，还有给予日本的国有铁路公司和采矿公司各种特权。然而，最过分的是，他们居然要求中国政府任命日本顾问和日本代表，以协助"提高"中国的警力。在英国和美国的支持下，中国拒绝接受后面这些要求，但其余的条款在稍作修改后，基本上都接受了。日本人的选择已经非常明显，就是要发动战争。

现在，日本人的看法是：中国正处于解体的边缘。"在中国发动一场内战或使其政府倒台，可能不会对其他国家产生任何直接影响，"特别大使石井菊次郎（Ishii Kikujirō）曾在1917年对美国国务卿罗伯特·兰辛（Robert Langsing）解释道，"但对于日本，却将是一个生死攸关的问题。中国内战会立即在日本引起连锁反应，中国的崩溃意味着日本的崩溃。"[11]然而，私下里，一些日本领导人越来越觊觎中国，企图将它作为自己所缺乏的重要原料的潜在来源地。西方大国还没有像日本人那样对中国抱有这样的意图。"今天"，英国驻中国大使写道，"我们终于懂得了日本——一个真正的日本的重要性。与第一次世界大战中的世界各大强国相比，它是一个坦率的机会主义国家，更是一个自私的国家。"[12]这是一个非常英国式的表达方式，即日本不应该再独占中国的利益，而应该把中国留给亚洲传统的欧洲各大国来瓜分。英国其他的观察家们更是忐忑不安。海军上将约翰·卢诗华斯·杰利科（John Jellicoe）爵士怀疑，日本最终的目的，是要建立一个"有可能包括中国部分地区、通往东方的门户、荷属东印度群岛、新加坡和马来西亚在内的更大的日本"。[13]

日本人参加了1919年的巴黎和会，位列胜利者之中，但最后离开的时候，却像是战败国一样。用威尔逊总统的话说，在领土问题上，他们没有抱怨的理由。他们继承了德国先前在山东青岛的特权，并分得了太平洋岛屿（即帕劳、马里亚纳群岛、马绍尔群岛和加罗林群岛）的占领权。然而，他们还呼吁要修正宣布世界各种族平等的国际联盟公约。无论是出于对西方民主考虑的伍德罗·威尔逊（Woodrow Wilson），还是一贯奉行“白人至上”移民政策的澳大利亚总理威廉·休斯（William Hughes），都不愿意这样做。[14]对于日本人来说，修正案的失败，犹如一记耳光，虽然日本人夸大了其受伤的程度。近卫文麿（Konoe Fumimaro）王子在谈到伍德罗·威尔逊关于战后秩序的看法时说：“民主和人道主义都是美好的感情，但它们都不过是美国和英国所披着的控制世界大部分财富的外衣而已。”[15]在种族问题上所打的口水仗，预示着日本与西方列强战时同盟的迅速崩溃。1923年，英日同盟解体。双方一致认为，它应由一年前美、英、日、法和意五个海军强国在华盛顿签订的《限制海军军备条约》（又称《华盛顿海军条约》）所取代。[16]现在，许多美国人认为，日本成为了一个潜在威胁，这个威胁之大甚至超过了英国。早在1917年，美国海军将日本确定为美国在未来战争中“最有可能的敌人”。[17]1924年，局势进一步恶化，美国国会在仇视外国人的《赫斯特报》的怂恿下，通过了《约翰逊—里德移民法》，明确地针对日本人。[18]直到当日本违反关于严禁在授权的领土上进行军事设施建设的禁令，把加罗林群岛上的特鲁克建设成为南太平洋的重要海军基地时，西方人的怀疑才得到了确认。[19]

然而，什么都阻挡不了1919年和1941年之间战争爆发的历史脚步。[20]在20世纪20年代，在一个由盎格鲁-撒克逊占主导地位的世界中，日本显示出了跻身西方列强的迹象。根据1922年的《华盛顿海军条约》，日本政府同意将其海军军舰总吨位限制在英国和美国舰队的60%以内，并从青岛、符拉迪沃斯托克和萨哈林岛北部撤军。日本还同意不在南库页岛、福尔摩沙（台湾）或刚获得委任统治的日属太平洋群岛建立海军基地。[21]到1924年，日本陆军和海军力量大幅度削减。日本的总军事开支，从20世纪20年代初占国家预算的42%，削减到1927年的28%，常备军数量为25万人。[22]日本人还签署了所谓的《九国协定》，重申美国确立的在中国实行“门户开放”政策的原则，使中国的政治主权保留得近乎科幻小说中的一样，同时允许发达经济体把它瓜分成一个共享的垄断市场 。日本人并没有坚持要保留对山东的控制权，似乎——用日本陆军的新星之一松井石根（Matsui Iwane）的话说——日本，至少在目前，将“用经济征服代替军事入侵，用金融影响力取代军事控制，在共荣共存、友谊合作的口号下达到我们的目标”。[23]与此同时，日本的国内政治，似乎朝着西方民主国家的政治方向迈进了一步，并在1925年推出了男性公民普选。平民政治家上台掌权，其背后是著名的富商集团——财阀。威胁其地位的各种力量，如农村粮食暴乱、银行恐慌、野心勃勃的将军，都是动荡的战后世界各民主国家领导人所面临的正常威胁。事实上，连续两任首相原隆（Hara Kei）和高桥是清（Takahashi Korekiyo）都曾考虑过取消陆军参谋长一职。这标志着日本政府对这一时期的平民充满了信心。[24]日本经济持续稳步增长，推动了农业和轻工业生产力向前发展。虽然保护关税有利于促进重工业的增长，但日本在20世纪20年代崛起的关键，是纺织品出口。[25]

在两次世界大战期间，英国两个重要的传统机构即王室和军队的权力式微。1936年12月爱德华八世因为与美国的辛普森夫人相恋并要求结婚，遭到以首相斯坦利·鲍德温为首的内阁的拒绝，因而选择退位。[26]

与此同时，由于英国至少在另一个十年内不会发生战争——“十年规则”是1919年引进的，在1932年又得到重申——军队也就不会缺钱花。在日本，却发生了相反的事情。君主制和军事力量均变得更为强大。[27]日本对大萧条所做出的回应，不是像德国那样实行国家社会主义，而是实行帝国军国主义。

1926年12月，身体羸弱的嘉仁（Yasihito）天皇去世，他25岁的儿子裕仁（Hirohito）继位。1921年以来，裕仁一直摄政。裕仁天皇曾在1921年访问过英国，他在那里享受到了比起其他皇室成员来说相对随意的生活方式。他的加冕仪式，与英国皇室的加冕仪式一样精致。在伊势神社度过了最神圣的一夜、与他的祖先太阳女神天照大神（Amaterasu O-mi-kami）作了灵魂的沟通之后，裕仁于1928年11月14日作为一位活神正式得到了重生。[28]两个星期后，作为武装部队总司令的指挥官，这位新神检阅了由35000名士兵组成的帝国军队。具有讽刺意味的是，一个新的时代，著名的昭和（“开明和平”）时代开始了。像大多数君主一样，裕仁根本就不能胜任自己的职位。作为一位海洋生物学者，他待在实验室里比待在朝廷里要快乐得多。他羡慕英国王室享有的“自由”，他们没有义务要像神那样行为处事。但他从来没有怀疑过自己对外的神圣地位，也没有怀疑过自己充分利用最高指挥权来加强对军队——“皇室爪牙”控制的权力。[29]

在日本，军队也存在着紧张气氛。年轻新兵的第一课就是《士兵的符号》，其规定了士兵的七项任务：“忠诚、绝对服从、勇气、忍让、节俭、荣誉和尊重上级。”他们所学的是：服从的价值高于生命本身，原则是“责任重于泰山，死亡轻于鸿毛”。像樱花盛开时就落下那样死去，是光荣的有责任感的青年人应有的精神状态。那些以这种方式死去的人加入神的队伍中，或者其牌位被安放在东京靖国神社里。[30]这与1899年新渡户稻造在《武士道》中为英国和美国读者所详细阐述的武士符号不太相符[31]，如它尊崇正直、仁慈、礼貌、诚实和真诚这样一些品质，这使武士很容易被辨认出来。正如新渡所认为的，武士道精神是英法骑士精神的表兄妹。相反，日本军队从武士道中选择了最狂热地屈从于皇权和军事指挥机构的倾向，包括自杀，在遭遇任何一种耻辱或失败时，剖腹被视为一种解脱痛苦的最好方法。培训的目的，是迫使男性的身体和心理承受能力达到极限。新兵们进行操练，直到他们可以在16秒钟内跑完100米，在6分钟内跑完1500米，跳远近4米，扔手榴弹要扔过35米，全部都要穿着行军服装。一个团要在15天中每天行军25英里，期间仅有4天不行军。[32]严酷的体罚，包括例行的面对面地打耳光，也成为了标准，哪怕只是稍微违反了纪律，就会遭到严惩。[33]正如一位奋力反抗的人所指出的：“正是将他的（作为个体的日本士兵的）服从与凶残结合起来，才使日本军队变得……如此可怕。”[34]

然而，日本军事训练的落后风气在许多方面都与20世纪的战争现实相矛盾。像陆军部军事事务局局长永田（Nagata Tetsuzan）等军官们，曾亲眼目睹了战火对人类的无情，不管士兵们在西线的战壕里是多么的训练有素、精神振奋。他敦促日本通过系统地为未来的总体战争作准备，拟订周密的计划，列举战时需要调动的国家资源清单，吸取德国在第一次世界大战中犯错误的教训。[35]像永田这样研究这些清单的人越多，他们就越认识到日本最根本的缺陷所在。但是，他们从中推断出的，不是需要谨慎和和平，而是需要进行领土扩张，并且要快。

“唯一的出路”

日本开辟新的生存空间最有可能的地方——中国，是一个动荡的国家，它既有古老帝国的残余，又有新生共和国的内核，一个可获取原材料的殖民地。其困境与奥斯曼帝国崩溃后的土耳其有着许多共同之处，但不同之处在于，中国的凯末尔——蒋介石最终失败了，而凯末尔却成功地在土耳其建立了一个稳定的民族主义政权。1911 年，辛亥革命推翻了奄奄一息的清王朝，但建立起来的共和国政权却极不稳定。虽然以孙中山为首的国民党领导了这场革命，并且在国民议会选举中赢得了明显多数的席位，但他被迫让位给军事实力强大的袁世凯当总统。袁世凯镇压了国民党发动的二次革命，但他在 1916 年当上皇帝后不久就死了。日本战时提出的要求，激发了中国人特别是那些受过教育的中国人的民族主义感情。诚然，当《巴黎和约》的缔造者们授权日本继承德国先前在山东的殖民地时，就引起了北京学生的强烈愤怒与抗议，1919 年 5 月 4 日，在天安门广场的示威活动达到了高潮。然而，民族主义运动开始在活跃的国民党和新兴的共产党之间分化。中国似乎处于瓦解的边缘，因为各路军阀势力纷纷割据一方。安福系军阀控制着安徽和福建等省，直隶系军阀控制着河北和北京周边地区，奉天军阀控制着满洲。与此同时，该国最重要的经济中心，都以不同的形式处于外国控制之中，通商口岸和治外法权制度登峰造极。

在 20 世纪 20 年代，中国衰落的程度是怎么形容都不过分的。今天的中华人民共和国，汉族人口占官方人口普查数据中确定人口数的 90%。而 80 年前，中国还不是一个统一的国家。除了其他 50 多个民族和至今仍可识别的 11 种或以上的语言群体外，人们甚至连邻村的居民讲的方言都听不大明白。在 1911 年被推翻的清王朝，一直是满族人在统治，帝国政治的重心一直在北方的北京。但是，在革命时期和内战时期起决定性作用的大部分政治事件，都发生在离南方不远的上海。国民党的改组和中国共产党的成立都在上海，上海的法租界在老城的西部，一个较大的国际社区，带动黄浦江左岸向北岸扩展。具有讽刺意味的是，即使是当时的民族主义者，也都希望得到外国势力的援助。早在 1923 年，孙中山把他的花花公子党羽蒋介石派往莫斯科，请求苏联支援。斯大林派遣了米哈伊尔·格鲁森伯格（Mikhail Grunzeberg）* 带着用马克思列宁主义路线重组国民党的任务来到了中国。[36] 如果没有苏联的支持，国民党能否使广东的势力范围迅速扩大，是值得怀疑的。莫斯科还命令中国共产党

* 即鲍罗廷。——译者注

在“统一战线”中服从国民党的领导。

然而，在国民党内部，苏联的“民主集中制”扎根缓慢，特别是在核心问题上，即如何最好地使中国获得自由这一问题上，各方意见不一。事实上，在孙中山 1925 年去世后不久，国民党就面临着分裂的威胁。作为南京的国民政府主席，汪精卫赞成与外国列强、特别是与日本进行和解。事实上，汪精卫的泛亚洲言论似乎与日本长期担任外长的币原喜重郎（Shidehara Kijūrō）的想法不谋而合。[37]而蒋介石与他相反，企图与莫斯科断绝关系，以一场全面的军事行动来增强中国内部的团结。1926 年，他进行北伐的目的，是以讨伐军阀作为前奏曲，最终是为了打倒帝国主义。不过，一直存在于蒋介石职业生涯中的首要问题是：内部的敌人似乎总是比外国的敌人占优势。[38]1927 年，他刚一结束北方的战役，就会同上海当地的黑帮头目，对上海的共产党发动了无情的袭击，屠杀了数以千计的工会会员和共产党员及疑似共产党员。[39]蒋介石的第二个问题是腐败，他一边呼吁他的中国同胞要遵守四条儒家准则：礼（节制）、义（正确的行为）、廉（诚实）、耻（正直和荣誉），一边容忍国民党统治中的腐败现象。[40]蒋介石最可靠的同伙、上海的流氓“大耳杜”——杜月笙，却被任命为上海禁止鸦片局（禁烟局）局长。[41]

在这种混乱的局面中，在日本和英国的政策之间没有什么选择的余地。虽然英国政客似乎愿意在治外法权问题上做出让步，但他们继续为非作歹。1925 年，上海公共租界中，英国警察打死了 15 名罢工华工，从而使公众的愤怒形成了另一个浪潮。一年后，英国士兵参加了在长江上游万县的一场激战，200 多名中国水兵和人数不详的平民遭到了杀害，而英国死亡总人数只有 7 人。1926 年年底，英国派遣了两万人的部队来到上海，以回应国民党在长江对英租界形成的压力。[42]在中国士兵杀害了多名外国人之后，英国和美国的舰艇炮击了南京。日本人后来也动用了武力。而且在 1927 年 5 月，后来又在 8 月，日本军队被派往山东，企图保护日本的殖民地免受蒋介石军队的骚扰。[43]但是，一旦赢得了内部权力斗争的胜利，蒋介石便不急于与外国列强对抗。日本人似乎对华盛顿条约体系中分给他们的战利品份额感到颇为满意。一个 1930 年左右到上海的游客，肯定会对英国和日本在华利益的共性而不是差异性感到惊讶。[44]

蒋介石政权并非没有实力。在左派只看到了外国剥削的地方，有时也有在外国资金支持下的真正发展。在1927—1936年期间，欧洲投资者投入了大量资金，用于修建新的公路和铁路，总里程达数千英里。然而，中国在财政和军事方面一直都异常羸弱。给予西方投资者的特权，妨碍了中国自身的发展。[45]蒋介石统治下的中国，当然不能容忍外国势力为垄断中国资源而联合起来挑战中国的"门户开放"制度。

如果没有大萧条，平民政治家和财阀有可能继续保持东京的主动权。但是，1928年以后全球贸易的崩溃给日本经济带来了严重打击。尤其是不合时宜地决定于1929年恢复了金本位制（其实它本来对浮动日元是很有意义的），日本大藏大臣井上准之助（In oue Junnosuke）的紧缩财政政策更是使日本局势雪上加霜。贸易环境对日本极为不利，因为相对于进口价格，出口价格暴跌。以数量计算，1929—1931年出口下降了6%。同时，日本原料的匮乏飙升至创造纪录的高度（见图8.2）。失业率上升，大约有100万人失业，农业收入下滑。

资料来源：Yasuba, 'Shortage of Natural Resources', table 3.

■所有矿产 ■农产品

图8.2　1897—1936年日本原料的匮乏（千日元）

作为对这一危机所做出的回应，也存在不进行领土扩张的替代性方案。从1931年12月起当上了大藏大臣的高桥是清（Takahashi Korekiyo）切断了日本经济与正统经济学的松散联系，允许日元浮动，通过向日本银行出售债券来推动政府开支并使债务货币化。在大萧条时期，这些原凯恩斯主义政策的制定，与其他地方尝试的结果一样，都起到了很好的作用。1929—1940 年，国民生产总值以年增长率 4.7% 的速度增加，大大高于同时期的西方经济体，出口量增加了一倍。从理论上说，随着经济复苏步伐的加快，日本本来应该沿着这一道路继续发展下去，控制好预算赤字，并利用其作为亚洲贸易区中心纺织品制造商的相对优势，因为在世界贸易总额中，亚洲内部的贸易额在 1913—1938 年间翻了一番。[46]到 1936 年，日本占中国进口总额的 16%，份额仅次于美国。[47]

然而，军事扩张的支持者们强烈反对和平的商业复苏方案。正如我们所见，能够最大限度地经受住大萧条考验的国家，似乎都是几个最大的帝国：不仅是苏联，而且还有英国，这使得日本在 20 世纪 30 年代毫不犹豫地限制其向帝国市场的出口。[48]日本的主要出口市场是邻近的亚洲国家。在保护主义日益盛行的世界里，这些市场能够确保继续开放吗？西方列强到底会不会迫于国民党的压力而准备放弃不平等条约，这是值得怀疑的。[49]日本严重依赖从西方国家进口机械和原材料。1935 年，日本从大英帝国进口的黄麻、铅、锡、锌、锰占进口总量的一半，进口的橡胶、铝、铁矿石、棉花也差不多占一半，生铁占了其总量的三分之一。[50]日本从美国进口的棉花差不多与从印度、埃及进口的一样多，还从美国进口了大量的废旧金属和石油。同时，日本需要讲英语的经济体作为它的出口市场，大约有五分之一的出口商品到了英帝国市场。用英国左翼记者和《日本的致命弱点》（1936 年）的作者福瑞达·左特利（Freda Utley）的话来说，一个自由的日本只“能在依赖美国的斯库拉巨岩和依赖英帝国市场的卡律布狄斯漩涡之间”游移不定，进退两难。[51]从短期看，帝国主义所增加的军事开支将刺激日本的国内经济，增加三菱、川崎和日产等公司的订单，而从长远来看，有人认为，占领资源丰富的地区，将缓解日本国的国际收支平衡——如果一个帝国都不能保证使原材料降价，那帝国又有什么用呢？同时，日本迫切地需要获得生存空间，以便使其过剩的人口可以向那里移民。用领土扩张政策最有影响力的支持者和实施者之一——石原（Ishiwara Kanji）中将的话来说：

> 我们的国家似乎陷入了死锁状态，而且似乎无法解决人口与粮食等重要问题。唯一的出路……是开发满洲和蒙古……（其）自然资源将足以使（日本）

渡过这场迫在眉睫的危机，并为大跃进式的发展铺平道路。[52]

一方面，这种主张并不完全是凭空捏造出来的，日本面临着一场马尔萨斯危机。1934年，当饥荒在一些农村地区爆发的时候，这场危机似乎变得更加明显了。日本帝国主义致力于解决这个问题。1935—1940年之间，大约有31万日本人移居国外，大部分人都迁移到日本帝国在亚洲不断扩大的版图上去了。这无疑减轻了国内工资和消费方面的压力。[53]然而，在另一个方面，扩张也颇受质疑。很简单，扩张要求增加石油、铜、煤炭、机械和铁矿石的进口，以满足新兴的日本军工企业的需要，从而加剧了本应解决的结构性问题。[54]正如日本的马克思主义者名和东一（Nawa Toichi）所说："日本越是试图增强大量与军事有关行业的生产能力，为扩张政策做准备……它对世界市场和原材料进口的依赖性就越强。"[55]举证说日本帝国主义并没有使本来能够好转的局势进一步恶化的义务，毫无疑问地落到了军国主义者的身上。

皮肤病

有一些帝国是偶然形成的，英国人一直认为他们的帝国就是那样形成的。对中国人来说，日本帝国也是偶然形成的。1931年9月18日，河本末守（Kawamoto Suemori）中尉率领的日本军队炸毁了沈阳北郊五英里处的一小段"南满"铁路。他们一直试图使开往大连的特别快车脱轨，但错过了机会。日本人反诬是中国"土匪"炸掉的，并以此为借口出兵攻占沈阳城，还掌握了沈阳铁路的控制权。他们声称，满洲进入了无政府状态。用1905年后便一直驻守在满洲的日本关东军总指挥官的话说，日本军队"大胆行动，并承担维护全省法律秩序责任"的时候到了。[56]在众所周知的"满洲事变"的数小时之内，日本还占领了营口和长春等；一周后，他们控制了辽宁和吉林等省的大部分地区。在接下来的六年中，同类事件不断发生。

把满洲变为满洲国——一个由关东军在幕后操控的傀儡国家的这种转变，是地方主动而不是中央计划的结果，从而为帝国自发性地进行扩张的趋势提供了完美的例证。自1928年5月济南事变发生以来，其福田宏佑曾（Fukuda Hirosuke）将军以与在山东的中国军队发生冲突的形式，不听从东京发出的命令。从此，在日本的亚洲帝国周边就一直存在着一种违抗日本政府命令而擅自行事的军事模式。在济南事变发生一个月后，河本大作（Kōmoto Daisaku）大佐的关东军引爆了张作霖所乘火车铁轨上的一颗炸弹，希望藉此促成日本人占领沈阳。张作霖是满洲的军阀。[57]张作霖被日本人暗杀后，他的儿子张学良与国民党南京政府结盟，双方建立了更加紧密的联系，极力减少日本在满洲的影响，以回应他父亲的被谋杀。这时，南京正加紧施压以结束治外法权制度，这势必引起人们的关注。满洲事件的催化剂，实际上是一场朝鲜农民权利的争端。日本人唆使他们越过边界向中国移民，在长春附近的小镇万宝山修建他们自己的灌溉沟渠。中朝村民发生的冲突引起了连锁反应，朝鲜和日本都发生了反华暴乱，当然也就引起了中国人的反日情绪，包括处决了一个被指控在蒙古从事间谍活动的日本军官。[58]这一时刻，似乎对如冈莰林次（Ishiwara Kanji）和板垣征四郎（Itagaki Seishirō）等这些关东军军官有利，他们长期以来都一直主张日本要从一个非正式的帝国转变为一个正式的帝国。他们从朝鲜召来了增援部队。这一次，他们又是在未经东京授权的情况下这样做的。下级军官一次又一次地开始在中国的初步行动，反映了他们的训练方式都将重点放在了战略上，而不是战术和具体打法上。[59]

日本海外军队的不服从，提示了一个明显的问题：谁在东京主政？在文件上，仍是平民及其背后的资助者——日本财阀。但国内各种力量正在迅速发生变化。张作霖被暗杀时，首相义一田中（Tanaka Giichi）释放了凶手，让他逍遥法外，只是轻描淡写地责怪他未能为张作霖的包厢提供恰当的安保措施。这是一个权力平衡发生改变的迹象。裕仁天皇在东京不安地看到了关东军及其支持者的荒唐行为。在像前内阁总理大臣西园寺公望（Saionji Kimmochi）这类德高望重的老臣鼓动下，裕仁倾向于节制士兵。[60]然而，是以天皇的名义——或者更确切地说，在他的“最高指挥权”的基础上——日本军事领导人迫切希望获得更大权力。1930 年，在日本海军内部的一支部队，挑战由雄幸滨口（Hamaguchi Osachi）政府做出的签署《伦敦海军协定》的决定。该协定扩大了过去5:5:3 的美国、英国和日本的巡洋舰、驱逐舰和潜艇的艘数比例。[61]同年 11 月，滨口被暗杀。从此，任何胆敢挺身反抗军队的日本政治家，都有性命之忧。不过，将发生在日本的事件描述成一种西班牙风格的日本公告是一种误导。有必要区分关东军中激进的青年军官和总参谋部高层军官之间的区别，这些高层军官事实上与皇帝一样，对满洲的局势感到颇为不安。事实上，总参谋长金谷（Kanaya）将军试图阻止在满洲事变后短短数周内全面接管满洲的行为。这也不是日本军队内部的唯一裂痕。旧的氏族像萨摩（Satsuma）、佐贺（Saga）以及长洲（Chōshū）派系，都纷纷让位于像一夕会（Issekikai）[62]，以及更为险恶的组织如樱花（Sakurakai）协会和血盟团（Ketsumeidan）等新社团[63]，其中有一些协会还聘请了公务员队伍内里的成员。平民政治家们自身也分裂了。首相滨口的继任者若槻礼次郎（Wakatsuki Reijirō）将希望寄托在对中国进行外交妥协上。但是，反对派支持关东军，并谴责若槻是一个懦夫。[64]1931 年 12 月若槻辞职，这是一个转折点。在他之后，在 1932—1945 年之间，一共产生了 14 任首相，但只有 4 人是平民出身，[65]其中两人，包括若槻的继任者犬养毅（Inukai Tsuyoshi），都被暗杀。犬养只是 1932 年被谋害的三位著名的平民出身的领导人之一，另外两位是前大藏大臣和三井财阀的领导人。此后，权力越来越集中在一个核心内阁的手中，在任的大臣们拥有不容置疑的否决权。[66]

乍看起来，应该注意的是，确实存在日本要取代西方帝国在中国统治的迹象。毕竟，难道日本人不比欧洲人更懂得如何开发一块像满洲这样的土地？即使在九一八事变发生后，在中国的日本人数也远远超过了欧洲人，而且有充分的证据表明，作为“非正式的帝国主义”的主要代表人物，他们正高歌猛进，把英国人甩在了后面。日本人在开发新殖民地的过程中，也并非完全一无是处。[67] 1932—1941 年间，日本总共在那里投资了近 59 亿日元。[68]“九一八事变”背后的阴谋家们，对如何把这个地区开发成在“五个民族和谐合作”的基础上“实行仁政的天堂”，几乎都抱有一个乌托邦式的设想。当地人将得到保护，免遭“高利贷、剩余利润和其他一切不公正的经济压迫”。[69]这并非是缺乏诚意的，也还是不容质疑的。将一块被占领的土地，变成一个因政策太激进而不能在国内推行的实验室，这在 20 世纪中叶也不是最后一次。[70]

日本人占领满洲，为什么中国人都不怎么抵制（面对日本人多次侵略领土，中国人所实行的，是一项长达六年的被动性政策）？蒋介石一听到轰炸沈阳的消息后，就奉劝张学良不要用武力来对抗，尽管事实上，他的部队虽然在质量上处于劣势，但在数量上远远多于日本军队。[71]简单的解释是，蒋介石正在继续推行其既定的避免与日本人对抗的政策以保存实力，并做好反共内战的准备。这项政策让他失去了民心，特别是在共产党正在号召全民抗日的时候。事实上，满洲事变促使国民党政权内部产生了危机，迫使蒋介石暂时地退出了政治舞台。另一方面，蒋介石的主要竞争对手汪精卫也不想跟日本人打仗。他的策略是要认真进行谈判，同时提出象征性的抗议。问题是，同谁谈判？一个选择是，恢复同日本外务大臣币原喜重郎（Shidehara）的谈判，希望他能够节制日本的军事力量。[72]另一个选择是，中国可以寻求西方大国的支持，于是人们决定将满洲问题提交国际联盟，并拒绝日本政府在双边基础上进行谈判的要求。不幸的是，对于中国人来说，这很可能是一项错误的决策。迅速与东京的温和派谈判，本来可能将对满洲的损害限制在一定的程度上，但国际联盟并没有立即采取什么行动。

尽管国际联盟在历史上名声不佳，但也不应该把它作为一个彻底失败的组织而解散。在不得不处理的66场国际争端中（其中有4场国际争端导致了公开的敌对状态），它成功地解决了35场，而且完全合理地使20场重新回到了传统的外交渠道上来，未能解决的冲突只有11场。[73]就像它的继任者联合国那样，假如国际联盟是一些大国的联盟的话——应该强调指出，包括那些还不是其成员国的国家如美国和苏联，那么，它还是会起作用的，因为这其中有它们共同的利益。值得注意的是，假如说满洲在20世纪早期是作为帝国断层线的角色，那么1931年的情况就会不同。这时的斯大林对远东一点兴趣都没有，在1935年他主动提出将苏联拥有的中东铁路出售给日本，并且将全部苏军撤回到阿穆尔河。[74]如果苏联对“满洲”不感兴趣，那么就很难理解为什么英国或美国就应该感兴趣，尤其是在这两个国家都面临着严重的财政危机的时候。[75]

1931年9月30日，国际联盟理事会做出了一项决议，要求“（日本）军队撤回到铁路区”。那里，才是他们合法驻扎的地区。但是，这项决议没有明确撤军的最后期限，并且还加上了这样一条警告：只能“按比例地撤军，因为日本国民的生命和财产安全要得到有效保证”。[76]8天后，日本飞机轰炸了满洲的西南前沿城市锦州。[77]10月24日，国际联盟理事会通过了一项新决议，限期日本人在11月16日前撤回。在该月底，日本的地面部队推进到锦州。12月初，在日本代表的建议下，国际联盟理事会决定派遣一个由孟加拉前总督（也是维多利亚总督的儿子）李顿（Lytton）伯爵主持的调查委员会。美国国务卿亨利·L. 史汀生（Henry L. Stimson）还没有等到日本的报告，就警告日本人：美国将拒绝承认东京与中国可能达成的任何单方面协议。在他看来，日本人的行动不仅违反了1928年在巴黎签署的《非战公约》（根据该条约，缔约国郑重承诺要坦率地摒弃将战争作为"一项国家政策工具"的观念），而且也违反了较早签订的《九国协定》中关于保持中国门户开放制度的有关规定。[78]

日本人并没有把美国人的"不承认"放在心上。1932年3月，他们宣布"满洲国"为一个独立的国家，扶植清朝皇帝溥仪作为它的傀儡统治者——这是又一项仅拖延了六个月后就得到东京批准的提议。[79]一周后，李顿提交了他写的长篇报告。该报告驳斥了日本声称"满洲国"是"满洲人"自决的结果，并且谴责日本人"强行攫取和占领……本来无可争议的中国领土"。[80]日本人坚定不移地推行他们的侵略政策。1932年夏，他们轰炸了热河的军事目标。1933年1月，在处于战略地位的山海关又发生了另一起"事件"。几天后，山海关也落入了日本人手中。经过一个星期的战斗，日本便将热河纳入了自己的版图。[81] 1933年2月，国际联盟大会接受了李顿的报告，并几乎一致地赞同他的建议，就给予满洲新的自治地位达成了一致意见。日本再一次被礼貌地要求撤回其军队。同年3月，日本终于宣布退出国际联盟。[82]两个月后，日本人同中国军事代表签订了日本占领满洲和内蒙古的停火协议。日本人还在河北省建立了一个范围相当大的非军事区，并且很快就以非正式的方式在这里统治起来。[83]

有时人们会说，这是20世纪30年代一个要命的历史转折点；绥靖政策开始实行并在1939年达到了高潮，但这误解了满洲危机。这无疑是日本国内政治的转折点。但当时的国际局势是，日本已经达到了其长远目标，也就是能与其他帝国主义列强平起平坐。他们现在有实力在殖民地上进行领土扩张，但只是局限于在其他列强还没有兴趣的地区。当日本试图吞并中国另一个特别的地区——上海——中国绝大部分贸易份额流经的重要港口时，事态就变得非同寻常了。1932年1月~5月，中国十九路军与日本海军陆战队展开了全面战斗，该事件引起了来自英国和美国（以及法国——迄今为止的中立仲裁者）非常不通融的反应，最终导致在维持原状的基础上休战。[84]事实上，随着1932年英国决定放弃10年统治，并恢复对新加坡的设防工作，日本人面临的前景是西方对亚洲委任统治的不断增加，即使在短期内，英国人也有足够的理由避免与日本人进行军事摊牌。[85]因此，日本外务省情报科长英二（Amō Eiji）傲慢地断言：日本在亚洲的垄断权力，类似于美国在美洲的垄断权力——实际上，是亚洲的门罗主义。[86]* 亚洲的门罗主义，起到了一定的作用。迫于日本人的压力，国民党财政部长宋子文——蒋介石夫人的哥哥——未能从国际联盟获得大量的经济援助和贷款以购买美国的棉花。在其他方面，它什么作用也没起到。从 1933 年起，中国人开始依靠纳粹德国的军事和经济援助。希特勒向南京政府派出了军事顾问汉斯·冯·塞克特（Hans von Seeckt）。他曾在《凡尔赛和约》签订后一直负责处理有关德国军队残余人员的事务；在 1936 年，中国与德国签署了贸易协定。[87]在 1935 年由财政部官员弗雷德里克·利斯-罗斯（Frederick Leith-Ross）爵士率领的英国代表团，带着改革中国货币的计划来到了中国。其方法是，通过使中国货币与银本位脱钩，把它固定为英国货币。[88]亚洲的门罗主义是如此之多，日本人也不能完全不顾及以下这种可能性，即美国终有一天会以海军行动作后盾来反击日本政策。日本决定废除 1934 年 12 月签署的《华盛顿海军条约》，这意味着日本人不会满足于海军力量上的势均力敌，也忽视了这种可能性：没有任何条约限制，美国也可以名正言顺地拉大它的海军与日本海军之间的差距。日本也有理由担心，因为在日本决定退出国际联盟仅仅一年之后，苏联就决定加入国际联盟，并在东西伯利亚建立了防御工事。[89]苏俄人对远东地区满不在乎的时期即将结束。

从这个意义上来说，1931 年根本就不是一个转折点，相反，而是日本殖民政策的延续，这些政策最早可以追溯到 19 世纪 90 年代。贯穿始终的重要中心思想，是日本人利用其有限的武力达到了其征服的目的。事实上，与 1904—1905 年相比，20 世

---

* 门罗主义（1823-12-02）（Monroe Doctrine）：由美国总统门罗在 1823 年 12 月 2 日提出的外交政策。门罗担心欧洲国家会试图恢复原西班牙殖民地，于是宣布：任何试图控制西半球任何国家的欧洲势力都将被视作为对抗美国的行为。在 1845 年和 1848 年，J. 波尔克总统重申了这一政策，以抵制西班牙和英国在俄勒冈、加利福尼亚或墨西哥的尤卡坦半岛建立立足点的行为。1865 年美国在格兰德河集结军队，以支持让法国从墨西哥撤军的要求。1904 年，T. 罗斯福总统又增加了“罗斯福推论”，声称对拉丁美洲国家的任何不法行为美国都有权干涉其内部事务。随着美国成为世界强国，门罗主义将西半球定义为美国的势力范围。参阅《大英袖珍百科》睦邻政策（Good Neighbour Policy）。——译者注

纪30年代早期的“事件”只不过是小菜一碟，日本只死了区区几个人而已。在30年代中期，日本人采取了19世纪英国人的战术，派出了炮舰，沿长江而上直达南京，在他们的领事神秘地暂时失踪之后，炮舰抵达了汉口，以抗议当地华人司令的抗日教化。[90]在1935年初，关东军制造了另一起事端，将中国军队赶出了热河省东部的察哈尔东部地区。在那一整年中，下级军官再次主动出击，整个察哈尔和河北省都出现了日军多次入侵的情况，目的在于恐吓中国当局并削弱中国的实力。多田骏（Tada Nayao）中将在1935年夏天被任命为华北驻军总司令之后，他的信念不再秘而不宣，即中国的北方各省都应成为“自治”省，换句话说，是日本而不是中国来统治这些地区。[91] 1936年8月，又发生了一起新事件。这次事件发生在四川成都，促使日本人提出了更加极端的要求。在随后的一个月里，这里变成了关东军在中国南部的北海。[92]在整个1931—1937年期间，在这些压力面前，国民党政府屈服了。蒋介石坚守着自己“攘外必先安内”的座右铭，把火力集中对准“赤匪”（共产党人）而不是“倭寇”（日本人），并坚持认为“内病祛除之前，外部失调治愈不了”。蒋介石坚信，日本人只代表着一种皮肤病，共产党人则相反，是一块“心病”。当日本人加紧对满洲的控制步伐时，国民党和共产党之间进行的激烈战斗，在长期的军事行动中也达到了高潮，国民党迫使共产党撤出了江西的根据地。[93]与此同时，蒋介石的战略引起了好战者的批评，逐渐导致了国民党本身的分裂。这一切，似乎只是为了证明日本人是正确的，他们声称，中国不是一个“有组织的国家”，它得不到国际联盟的保护是罪有应得。

然而，中国的局势其实并非如此混乱不堪，以致日本人能够轻而易举地加以占领。[94]蒋介石实行的是绥靖政策，而不是投降政策。1932年在上海的战斗已经表明了这一点，尽管中国人的装备差，但假如他们在人数上超过了日本人的话，是能够依靠自己的力量反抗日本侵略的，事实上，假如增援部队及时赶到了的话，日本人遭受耻辱也就在所难免了。[95] 1936年12月11日，日本人对绥远的进攻实际上被击退了。[96]蒋介石的信念是，中国人需要时间来增强自己的实力。而且从许多方面来讲，他把相对业余的共产党而不是把高度专业的日本人放在打击的首位，确实有其战略意义的。蒋介石的儒学思想与欧洲权威思想奇怪地混合在一起，后来发展为支持法西斯蓝衣社运动，使他采取的战略一以贯之。这完全是一个时间问题。因此，1934

年春他在推行“新生活运动”时，在国民党官员的一次聚会上做了一个预测。他重申，中国与日本开战，还没有准备好；但是，第二次世界大战将在1936年或1937年到来，而这将是一场中国要为此做好准备的战争，而且中国将在这场战争中出现转机。[97]这是他的一个正确判断。

中国战争

第二次世界战争是什么时候开始的？通常的答案是：从1939年9月1日德国人侵波兰之时开始的。但这是欧洲人对这个问题的答案。真正的答案是：1937年7月7日，日本和中国之间爆发的全面战争。而且它不是爆发在波兰，而是爆发在时称北平的北京郊区的卢沟桥。在西方，卢沟桥即是著名的马可波罗桥。

起初，它看起来只是一次“事件”。这天夜里，卢沟桥附近的日军兵营里，神秘的枪声响了起来。一名日本士兵失踪，被错误地推定为遭人绑架了（他实际上正在大解）。有足够多的中国士兵在日本人的附近，像往常一样叫喊着脏话，而且附近的宛平城爆发了战斗。[98]过了几天，好像整个事件都以中国人习惯性的让步和撤退而结束了。确实，日本人和（多少带有自治性质的）河北察哈尔政治会议主席宋哲元之间有效地达成了一个协议。然而，双方的部队都将这一协议搁置一旁。经过多番讨价还价，日本政府不顾日本军队内部对立派别彼此之间不下于4次的争吵，最后做出了决定，命令三个师向中国北部进军，另外再派两个师开往上海和青岛。[99]确实，日本内阁竟然赞同整个华北“自治”的观点；而实际上，这是日本向建立一个更大的满洲国的方向迈进了一大步。[100]就蒋介石本人而言，自从1935年12月同汪精卫断绝关系以来，在全国各界救国联合会的武力支持者和抗日统一战线的其他支持者的支持下，蒋介石的态度变得更加顽固。“满洲国”前军阀张学良在西安俘获了蒋介石，直到他同意改变政策。现在，蒋介石调遣部队开往了河南边境。7月17日，他宣布：中国的主权绝不能再次受到侵犯。[101]不足一个月后，中国总司令部便发布了总动员令。[102]

起初，正如日本人曾预料到的，战斗按照他们的方式进行着。短短几天之内，通州和北平均告陷落。凭借着机关枪、迫击炮和野战炮的优势，日本人在正面冲突中战胜了手持步枪的中国人。蒋介石及其名义上的下属之间互不信任，这进一步阻碍了中国人的抗日战争。日本陆军部长杉山肇（Sugiyama Hajime）将军满怀信心地向天皇报告说："战争可能在一个月内结束。"[103]然而，如今在满洲以外地区的扩张，暴露了日本军事实力的局限性。在卢沟桥事件发生的时候，日本曾在中国北部部署了6000人。在战争开始时，日本总参谋设想最多在中国部署15个师。然而，到1937年底，就已经派遣了16个师，人数达到了70万人，比7月初多出100倍。诚然，日本不断地占领中国的土地。9月保定遭到了洗劫，一个月后，是真正的转折点。到该年年底时，就是北平本身。南京人民遭到了强奸和抢劫（详见第14章）。在战争爆发的第一年，日本全面地向前推进，所占领的土地面积大约为15万平方英里。北起内蒙古，南到杭州，都陷落了。最西部的城市包头和宝鸡，都落到了日本人手中。杭州以北的所有中国港口，也是如此。[104]然而，中国人只是不断地向西撤退，其首都先是迁往武汉，然后迁到了重庆。到1940年中，日本在中国的军队有23个师、28个旅（大致相当于另外14个师）和空军航空兵师，总共大约有85万人。[105]不过，胜利，结果却证明是难以取得的。

在第二次世界大战开战之初，希特勒取得的胜利可谓捷报频传，后来，还将苏联拖入了泥潭。日本人却相反，只是在完全身不由己地同样陷入了中国的泥潭之后，才迅速战胜了西方列强。直到日本人到达了卢沟桥，日本在中国的扩张才以较低的成本获得了它的支持者曾经承诺过的利益。从此，它很快就使那些政府当局希望解决的经济问题更加恶化了。日本人建立在中国北方发展大量的新型商业、获得采矿特许权基础之上的和平设想，结果只不过是黄粱一梦。[106]这一切都表明，日本人偏离他们的初衷有多远，他们可一直都企图变成一个大帝国，并与在亚洲的欧洲各大帝国相抗衡。正如我们所看到的，在1902年，日本与英国之间表面上存在相似性，当时两个国家已经结束了20年的联盟关系。然而，到1937年，很明显亚洲的"岛屿种族"选择了一条与欧洲完全不同的道路。英国人对印度的统治，是建立在名为合作、实为强迫的基础之上的。它一方面争取当地的合作者，一方面在战场上镇压当地人的反抗，他们在这两方面所取得的胜利都一样大。英国在亚洲的帝国扩张，也是由当时的英国人向前推进的，但这些人，大多都是商人。日本人没有相对应的东印度公司（也许除了南满铁路公司以外），相反，它是由关东军中那些反资本主义乌托邦的人在向前推进的。

更重要的也许是，各个国家内部的政治发展方式存在着巨大的差异。日本是在为一个大帝国下赌注，而英国在进行海外扩张时，正赶上下议院和国库的实力都在增强的时机，但无论是君主政体，还是军事实力，都显得较弱。没有什么东西比时任保守党领袖和财政部长斯坦利·鲍德温坚持让爱德华八世退位能更好地象征着这种衰弱。把那场危机与发生在同年即 1936 年 2 月的那场日本危机进行比较，是富有启发性的。其时，日本军队中自称为“复兴的正义之师”的叛乱派，谋杀了前首相、海军上将斋藤（Saitō）上将、从事神秘工作的大藏大臣高桥是清（Takahashi Korekiyo）以及军事教育总监察长渡边（Watanabe）将军。首相冈田启介（Okada Keisuke）只是因为幸运才逃过一劫，更不要说大管家海军上将铃木（Suzuki）、皇子西园寺（Saionji）和牧野（Makino），他们的名字都列在这些阴谋者要谋杀的目标清单上。据刺客说，他们想要杀的人“侵犯了皇帝的最高指挥权”，但这场未遂政变也许最好被理解为日本军队内部旨在攫取权力的派系斗争。尽管这场政变被挫败了，杀人犯被处决了，但未遂政变对于推动日本继续沿着军事统治的道路走下去产生了影响。随着帝国总司令部在 1937 年 11 月成立，如今由亲王近卫领导的文官政府面临着很可能被从战略决策层中排挤出去的局面，因为新政府仅由内务大臣、总参首长和皇帝组成。[107]这样的事情，在远方的英国是不可能发生的。漫画家大卫·劳（David Low）的《红脸上校布利姆》和 P. G. 沃德豪斯（P. G. Wodehouse）的《罗德里克·斯波德》，前者通常裹着一条毛巾，后者穿着黑色的短裤显得很光鲜的样子，都相当准确地反映了广大市民对军国主义和法西斯主义的嘲笑和反感。这就是英国的实力，当然，也是它的弱点。

到 1937 年 8 月，中国南方的战争已经蔓延到了上海——西方在中国发挥影响力的中心城市。在日本人制造的“事件”刚刚发生的时候，蒋介石决定全面开辟第二条战线。蒋介石派出了他那羽翼未丰的空军，对停泊在外滩的日本巡洋舰采取了军事行动，目的是要将其驱逐出境。但他们没有击中目标，而是击中了附近的一间酒店和一个百货公司。日本人进行了报复。在国际租界内，日本军力在现有驻军的基础上增加了一倍，并将中国人驱赶到城市外围的边界上。在随后 3 个月的围困中，日本人利用其空中力量和炮兵方面的优势，使蒋介石多个部队伤亡惨重，最后在中国人后方登陆进行两栖攻击，摧毁了蒋介石的部队。[108]在上海激战的高峰时期，蒋介石的妻子宋美龄发表了慷慨激昂的广播讲话，直达问题的核心：

> 日本人正在按照既定的计划行事，企图征服中国。奇怪的是，似乎没有引起其他国家的关注。日本似乎已经获得它们的默许，说出了这个简单而又奇怪的公式："这不是一场战争，而只是一个事件。"消除战争和规范战争行为的所有条约和条文，似乎已经一钱不值，而且，我们倒退到了一个野蛮人的时代。

她问道：西方人的行为可以被解释为"文明的胜利的标志"，还是"所谓西方道德优势的死亡丧钟"？[109] 这是一个提得相当好的问题。上海的西方人正在尽最大努力像平常一样做生意、寻欢作乐。正如一位被围困的英国幸存者所回忆的：

> 上海成了一个笼子，一个周长约 22 英里、8000 亩大的可怕的无人荒岛。在那里，数百万民众冒着枪林弹雨，试图开展日常工作……在这些闷热的夏夜……探照灯和信号弹划破了长空，我们几乎只可以在国际公共租界和法租界几平方英里内走动。如果想要在租界内度过一个莫斯科、巴黎、布拉格、维也纳、东京、柏林或者纽约式的夜晚（ersatz night），也都是有可能的。有些地方，还可以提供真正的民族气氛、美食、音乐，而且如果有必要，甚至是姑娘。[110]

但西方国家在做什么呢？这个时候，西方列强多少带着懒洋洋的态度旁观了一年的时间，因为不仅是日本，而且意大利和德国都在用铁骑践踏着 1918 年以来签订了长达十年之久的国际协议。1931 年后日本入侵中国北方时，1935 年意大利入侵阿比西尼亚时，1936 年德国重新占领莱茵兰时，为什么西方民主国家几乎都袖手旁观？到 1936 年 11 月，德国、意大利和日本联合起来，结成了罗马 - 柏林轴心国，达成了反共产国际的协定。然而，英国、法国和美国似乎都束手无策。英国驻华大使胡荷·纳奇堡尔—休格森（Hughe Knatchbull-Hugessen）还在从南京驱车到上海的路途中被日本飞机上的机关枪射伤了。[111]伦敦方面所做出的反应，是无能为力的绝望。美国对中日战争爆发所做出的反应，是整天净说些"要用和平及一切实可行的手段，努力达成和解”的陈词滥调。罗斯福用演讲的腔调，转弯抹角地说起需要对某人（他并没有说谁）进行“隔离封锁”，因为战争是“传染病”，但底线是老华盛顿人的格言：“我们不加盟，也不忙于做出保证。”[112]

为什么20世纪30年代西方的外交政策要纵容侵略者？历史学家们对此一直争论不休。像蒋介石这样的人物，是在非常理性地玩弄时间呢？还是在证明与其保卫没有防御能力的国家，还不如采取绥靖政策更加合理呢？

注释（上册）

引言

1. Wells, *War of the Worlds*, from Book I, chs. XII, XV, XVI.

2. Levy, *War*, p. 139.

3. 墨西哥的革命战争（1910—1920），俄国的内战（1917—1921），中国的内战（1926—1937），朝鲜战争（1950—1953），卢旺达和布隆迪时断时续的内战（1963—1995），印度支那的后殖民战争（1960—1975），埃塞俄比亚的内战（1962—1992），尼日利亚的内战（1966—1970），孟加拉国的独立战争（1971），莫桑比克的内战（1975—1993），阿富汗战争（1979—2001），两伊战争（1980—1988）以及苏丹（自1983年以来）和刚果（自1998以来）正在进行的内战。1900年之前，只有19世纪中国的战乱，尤其是太平天国运动，造成了与上述战争规模相似的大量人员伤亡。

4. http://users.erols.com/mwhite28/warstat2.htm.

5. Maddison, *World Economy*, p. 264, table B-21.

6. Mokyr, *Gifts of Athena*.

7. Fogel, *Escape from Hunger*, table 1.1.

8. Ibid., table 1.2, table 2.6.

9. Ibid., table 4.5.

10. Bairoch, *Cities and Economic Development*, p. 495.

11. Fogel, *Escape from Hunger*, table 4.1.

12. http://www.cidcm.umd.edu/inscr/polity/.

13. Beveridge, *Report* 8. Cf. Lindert, *Growing Public*.

14. North, *Process of Economic Change*, p. 94.

15. Marshall and Gurr, *Peace and Conflict*.

16. http://www.umich.edu/cowproj.

17. Kershaw, 'War and Political Violence', pp. 111-113.

18. Ferguson, 'Sinking Globalization'.

19. Hobsbawn, *Age of Extremes*, p. 563.

20. Johnson, *History of the Modern World*, p. 784.

21. Burleigh, *Earthly Powers*.

22. Mann, *Sources of Social Power*; Bobbitt, *Shield of Achilles*.

23. Bean, ‘War and the Birth of the Nation State’.

24. Ferguson, *Cash Nexus*.

25. Doyle, ‘Liberalism and World Politics’; Russett, ‘Counterfactuals about War’.

26. Ward and Gleditsch, ‘Democratizing for Peace’. Cf. Mansfield and Snyder, *Electing to Fight*.

27. Conquest, *Great Terror*, pp. 484-489; idem, *Nation Killers*, pp. 64, 111; Martin, ‘Origins of Soviet Ethnic Cleansing’, p. 851.

28. Rummel, *Lethal Politics*, tables 1.3 and 1.B.

29.《1948 年联合国关于防止和惩治种族灭绝罪公约》，是一份被广泛误解的文件。它的第二条阐述了拉斐尔·莱姆金四年前在他的《被占领的欧洲的轴心国规则》一书中引用的第一句话的明确的定义。它包括“下列任何一种行为：企图全部或部分毁灭一个民族的、人种的、种族的或宗教的群体”：

a）杀害该团体的成员；

b）给该群体的成员造成严重身体或精神伤害；

c）故意将某种生活条件强加给某一群体，导致其全部或局部的生命的毁灭；

d）采取强制性措施，旨在防止群体内部的生育；

e）强迫将一个群体中的儿童转移到另一个群体中。

该《公约》不仅宣布要惩罚种族灭绝行为，而且还惩罚阴谋策划实施种族灭绝的人，直接和公开起诉犯有种族灭绝罪的人，惩罚实施种族灭绝的人和参与实施种族灭绝的人。

30. Ferguson, *Colossus*.

31. Burleigh, *Third Reich*, p. 573.

32. 存在于今天所有人身上的线粒体 DNA 顺序，都是从一名非洲妇女身上继承下来的，正如所有的 Y 染色体能追溯到一个男人的 Y 染色体一样。事实上，据估计，现如今所有人的 DNA，都是从区区 86000 人身上继承下来的。

33. Coyne and Allen Orr, *Speciation*, esp. pp. 213-223.

34. Cavalli-Sforza et al., *History and Geography*; Cavalli-Sforza, *Genes, People and Languages*.

35. Jones, *In the Blood*.

36. Olson, *Mapping Human History*, pp. 55, 109, 133, 225.

37. Ibid., pp. 63, 69.

38. Gordon, *Assimilation in American Life*.

39. Olson, *Mapping Human History*, pp. 225ff.

40. Olson, *Mapping Human Hitory*, pp. 225ff.

41. Seabright, *Company of Strangers*, pp. 28, 49, 53.

42. Leavitt, 'Sociobiological Explanations of Incest Avoidance', p. 972; Ekblom, 'Inbreeding Avoidance'.

43. Durham, *Coevolution*, p. 333.

44. Olson, *Mapping Human History*, pp. 115ff.

45. Van den Berghe, *Ethnic Phenomenon*, p. 19.

46. Olsson et al., 'Role of Social Groups'.

47. Tang, 'Genetic Structure'.

48. Sapolsky, 'Natural History of Peace'.

49. Mencke, *Mulattoes and Race Mixture*, p. 1.

50. Alexander, 'Core Solidarity'.

51. Olzak, *Dynamics of Ethnic Competition*; Nagel, 'Political Competition and Ethnicity'.

52. Chua, *World on Fire*.

53. "散居民" 这个词本来是用来指分散居住在被掳的外邦人中间的所有犹太人，它也是一个表示保留其原有种族特征的其他移民的术语。

54. Collier and Hoeffler, 'On Economic Causes of Civil War'.

55. "帕莱"（Pale）一词，指一个有明确划定的边界和（或）隶属于一个明确的司法管辖区，也用来指根据12世纪和16世纪英国司法管辖范围内的的爱尔兰东部地区，也指14世纪中期和16世纪中期之间英国的司法管辖范围内的法国北方的领土。沙俄帝国时期，犹太人在1791年后被限制在其中的俄罗斯的 cherta osedlosti（字面意思是："定居的边界"）居住，又有某些不同的特征。就像"散居"这个词一样，"帕莱"这个词有一种更加普遍的、与某一特殊的种族群体相关的领土适用性。

56. Naimark, *Fires of Hatred*.

57. Bastide, 'Dusky Venus, Black Apollo'; Hernton, *Sex and Racism*; Mehlinger, 'Black Man-White Woman'; Smith, *Killers of the Dream*; Washington, *Marriage in Black and White*; Stember, *Sexual Racism*; Albert, 'Sexual Basis of White Resistance'; Henriques, *Children of Caliban*, pp. 84-88; Schulman, 'Race, Sex and Violence'; Camper (ed.), *Miscegenation Blues*.

58. Dawkins, *Selfish Gene*, pp. 189-201. Cf. Richerson and Boyd, *Not By Genes Alone*.

59. 尽管世仇家族的成员间产生感情甚至擦出爱情火花再一次证明是完全可能的，参见《罗密欧与朱丽叶》（*Romeo and Juliet*）

60. Kershaw, 'Reply', p. 133.

61. King, 'Case of Jose Ponciano de Ayarza'.

62. Gould, *Mismeasure*, p. 66.

63. Galton, *Hereditary Genius*.

64. Kang, *Marry-out or Die-out*, pp. 1ff.

65. Ibid., p. 150.

66. Gobineau, *Essai sur l' inégalité des races humaines*, 转引自 Young, *Colonial Desire*, p. 114.

67. Maier, *Unmasterable Past*.

68. Browning, *Ordinary Men*.

69. Burleigh, *Third Reich*.

70. Burleigh and Wippermann, *Racial State*.

71. 转引自 Mirelman, *Jewish Buenos Aires*, p. 55.

72. Mazower, *Salonica*.

73. 例如，在德意志帝国的东部地区，有300万以上波兰人，10万以上捷克人，大约10万立陶宛人，9万索布人，更别说在北方有重要地位的丹麦人、在西方有讲法语的阿尔萨斯人。每4个保加利亚人就有1个不是保加利亚族。少数民族在罗马尼亚人口中占18%，在塞尔维亚人口占16%，在希腊人口占10%。同时，有超过1300万德国人生活在德意志帝国以外的地区，400万罗马尼亚人生活在罗马尼亚以外的地区（与550万的罗马尼亚总人口相比），200万塞尔维亚人没有居住在塞尔维亚（与230万的塞尔维亚总人口相比），200万希腊人没有居住在希腊（与220万的希腊总人口相比）。

74. Magocsi, *Historical Atlas of East Central Europe*, p. 97.

75. Mann, 'Perpetrators of Genocide'.

76. Germann, *Alfred Rosenberg*.

77. Werner, 'Richard Walther Darré'.

78. Tooze, *Wages of War*, ch. 6.

79. Whiteside, 'Nationaler Sozialismus', p. 343.

80. Kulka, 'Nürnberger Rassengesetze', p. 594.

81. Müller, 'Stürmer-Archiv', p. 328.

82. Reder, *Bełżec*.

83. Friedman, *Moral Consequences*.

84. Crafts, 'Globalization and Growth'; Bordo et al. (eds.), *Globalization in Historical Perspective*.

85. Eichengreen, *Golden Fetters*.

86. James, *End of Globalization*.

87. Ferguson, 'Paradox of Diminishing Risk'.

88. Lieven, *Empire*.

89. 苏格兰人和威尔士人深受懊恼与自卑的困扰。作者还在牛津大学读本科时，英国近现代历史分为两类："英格兰历史"和"通史"。出于对凯尔特人情绪的让步，前者后来改名为"英国历史"，并且后来改为"不列颠群岛历史"。

90. Raymond Aron, *Imperial Republic*; Ferguson, *Colossus*; Lundestad, *American 'Empire'*; Vidal, *Decline and Fall*; Johnson, *Blowback*; Bacevich, *Empire*; Ignatieff, *Empire Lite*; Todd, *Après L' Empire*; Mann, *Incoherent Empire*.

91. Maier, *Among Empires*.

92. Lal, *Praise of Empires*; James, *Roman Predicament*; O'Brien and Clesse (eds.), *Two Hegemonies*; Ferguson, *Empire*.

93. Grossman and Mendoza, 'Annexation or Conquest'; Acemoglu et al., 'Reversal of Fortune'; Kennedy, *Rise and Fall of the Great Powers*.

94. Ferguson, 'Unconscious Colossus'.

95. Brokaw, *Greatest Generation*.

96. Fukuyama, *End of History*; 'Capitalism and Democracy' and *Great Disruption*, esp. p. 282.

97. Bayly, *Birth of the Modern World*.

98. Hobson, *Eastern Origins*.

99. Pomeranz, *Great Divergence*.

100. Frank, *ReOrient*.

101. Ferguson, *Pity of War*.

102.《世界战争》首次出版40年后，奥森·威尔斯（Orson Welles）的小说通过电台以一种戏剧化的效果将其传达给了广大听众，其逼真程度令许多美国听众震惊。1953年的电影版，主演基因·巴里和安·罗宾逊成为隐喻冷战的奥斯卡奖得主，"与超科学的可怕的武器进行战斗"。25年后，轮到杰夫·韦恩（Jeff Wayne）转而制作火星人入侵的音乐版。最近，在史蒂芬·斯皮尔伯格（Steven Spielberg）的导演下，火星人以恐怖分子一定渴望复制的方式摧毁了美国的东北部。

103. 年代学：是确定历史事件发生时间的科学。

第一部分　巨型列车的相撞

1. 帝国和种族

1. Keynes, *Economic Consequences*, ch. 1.

2. Musil, *Man without Qualities*, vol. I, p. 59.

3. Keynes, Economic Consequences, ch. 1.

4. Rauchway, *Murdering McKinley*, pp. 18, 27.

5. 意大利国王被谋杀的前一年，奥匈帝国皇后被谋杀之前的两年。1903年，轮到塞尔维亚国王。

6. *The Times*, September 11, 1901, p. 7.

7. Ibid., p. 6.

8. *The Times*, September 11, 1901, p. 7.

9. *The Times*, September 11, 1901, p. 3

10. Ibid. , p. 4.

11. Ibid. , p. 1.

12. Keynes, *Economic Consequences*, loc. cit.

13. *The Times*, September 11, 1901, p. 7.

14. Wood, *No Dogs and Not Many Chinese*.

15. 该理事会由 7 名成员组成：法国 2 人，德国、奥地利、意大利和奥斯曼帝国各 1 人，英国和荷兰共 1 人。奥斯曼帝国颁布《回历新年法令》，将所有从盐和烟草的垄断性收益、邮票和烈酒的税收、鱼税、某些地区的丝绸什一税，以及一些潜在的关税和店铺税的增收部分中所获得的收入，全部割让给理事会，直到全部债务还清。从奥斯曼部分殖民地如保加利亚、塞浦路斯和东鲁米利亚所获得的收入，也落入了理事会成员的腰包。

16. Musil, *Man without Qualities*, vol. I, p. 32.

17. Musil, *Man without Qualities*, vol. I, p. 33.

18. Hašek, *Good Soldier Švejk*.

19. Schorske, *Fin-de-Siècle Vienna*.

20. Timms, *Apocalyptic Satirist*.

21. Musil, *Man without Qualities*, vol. I, p. 33.

22. Gorky, *My Universities*, p. 69.

23. Service, *Twentie-Century Russia*, pp. 9-11.

24. Maddison, *World Economy*, table B-18.

25. Mitchell, *International Historical Statistics*: *Europe*.

26. Gatrell, *Government*, *Industry and Rearmament*.

27. Gatrell, *Government*, *Industry and Rearmament*. 俄国 GDP 增长率估计仅为 1.1%，低于同一时期世界平均水平。

28. 1858 年 10 月，《威斯敏斯特评论》上说："为了降低民族的思想活力……向世界展示：在严厉的高压政治压迫下，将会产生怎样的不稳定心态——这些是帝国主义本身布置的任务。"

29. Bordo, Taylor and Williamson, *Globalization in Historical Perspective*.

30. Maier, *Among Empires*.

31. Cannadine, *Ornamentalism*.

32. Davis and Huttenback, *Mammon*; Edelstein, 'Imperialism'; Offer, 'Costs and Benefits'.

33. Maupassant, *Bel-Ami*, p. 324.

34. Porter, Absent-Minded Imperialists.

35. *The Times*, September 11, 1901, p. 7.

36. Hyam, *Empire and Sexuality*, p. 116.

37. Henriques, *Children of Caliban*, pp. 117ff.

38. Johnston, *Race Relations in Virginia*, p. 190.

39. Henriques, *Children of Caliban*, p. 15.

40. Conlen, 'Historical Genesis and Material Basis of Racial Endogamy'.

41. Henriques, *Children of Caliban*, pp. 123-126.

42. Sollors, *Neither Black nor White yet Both*, pp. 120ff. 法裔和第一民族的后代。

43. Hyam, *Empire*, pp. 117-21. Cf. Stoler, 'Making Empire Respectable', pp. 44-49.

44. 代表作品中一个很好的例子，是毛姆的《台球》（*The Pool*），其中一个不幸的阿伯当商人徒劳地尝试西化他那半萨摩亚新娘。在英国人统治下的印度，欧洲的女士们要接受检查，看是否有"焦油刷"的痕迹，如染在指甲下的鲜艳色彩。

45. Mirsky, 'Mixed Marriages'.

46. Hyam, *Empire*, pp. 106, 125, 160-164.

47. Stoler, 'Making Empire Respectable', pp. 50ff.

48. Ferguson, *Empire*, chapter 4.

49. Williamson, *New People*, pp. 7-13.; Johnston, *Race Relations in Virginia*; Jordan, *White over Black*.

50. Morgan, *American Slavery, American Freedom*, pp. 333-336.

51. Sollors, *Neither Black nor White*, pp. 167-218, 221-234, 286-311.

52. Knox, *Races of Men*, pp. 51, 66.

53. Gould, *Mismeasure of Man*, pp. 80ff; Menand, *Metaphysical Club*, pp. 104-116.

54. Young, *Colonial Desire*, pp. 144-146.

55. Ibid., p. 117.

56. Stanton, *Leopard's Spots*.

57. Reuter, *Mulatto in the United States*, p. 103.

58. Sollors, *Neither Black nor White*, p. 64.

59. Cell, *Highest Stage of White Supremacy*.

60. Mumford, *Interzones*.

61. Washington, *Marriage in Black and White*, p. 5.

62. Myrdal, *American Dilemma*.

63. Golden, 'Patterns of Negro-White Intermarriage'.

64. Kalmijn, 'Trends in Black/White Intermarriage'; Monahan, 'Occupational Class of Couples'; idem, 'Are Interracial Marriages Really Less Stable?'.

65. Pagnini and Morgan, 'Intermarriage and Social Distance', pp. 429ff.

66. Deuteronomy, ch. 7, verses 2-3. The prohibition was reinforced in the 2nd century A. D. by Simon ben Jochai. In the 6th century the Council of Orleans imposed a ban from the Christian side.

67. Ferguson, *House of Rothschild*, vol. II, pp. 319-327.

68. Lipman, *History of the Jews in Britain*, pp. 221ff.

69. Farquhar, 'Twin Rivals'; Rubin, *Images in Transition*, p. 52; Glassman, *Anti-Semitic Stereotypes without Jews*; Trilling, 'Changing Myth of the Jew'.

70. Felsenstein, *Anti-Semitic Stereotypes*, pp. 54ff; Van der veen, *Jewish Characters in Eighteenth Century English Fiction*, pp. 109ff.

71. Battestin, *Henry Fielding*, p. 347; Rubin, *Images in Transition*, pp. 65ff.

72. Anderson, *Legend of the Wandering Jew*, pp. 171-90; Roberts, *Gothic Immortal*; Modder, *Jew in the Literature of England*; Edgar Rosenberg, *From Shylock to Svengali*, esp. pp. 34, 276ff; Fisch, *Dual Image*; Naman, *Jew in the Victorian Novel.*

73. Gilman, *Jew's Body*, pp. 104-120.

74. Graml, *Reichskristallnacht*, p. 76.

75. Kelly, *Descent of Darwin.*

76. Weindling, *Health, Race and German Politics*, chapter 1.

77. Katz, *Wagner*, p. 188.

78. Graml, *Reichskristallnacht*, p. 71. Cf. Schleunes, *Twisted Road to Auschwitz*, p. 27.

79. Weiss, *Lange Weg*, p. 157.

80. Frymann, *Wenn ich der Kaiser wär*, p. 76.

81. Weihus, *Bordell-Juden*, p. 29.

82. Kaplan, *Jüdische Frauenbewegung*, pp. 181-248.

83. Fuchs, *Juden in der Karikatur*, pp. 157, 214, 233, 249.

84. Massing, *Rehearsal for Destruction*, p. 107.

85. Graml, *Reichskristallnacht*, p. 68.

86. Graml, *Reichskristallnacht*, p. 79.

87. Weiss, *Lange Weg*, p. 151.

88. Ibid., p. 153.

89. Statistisches Reichsamt (ed.), *Statistisches Jahrbuch für das Deutsche Reich* (1921/22), p. 31; Bennathan, 'Demographische und wirtschaftliche Struktur', p. 94.

90. Magocsi, *Historical Atlas*, p. 10; Hagen, Germans, Poles, and Jews, pp. 28, 314ff.

91. Hetzel, *Anfechtung der Rassenmischehe*, p. 25; Ruppin, *Jews of To-day*, p. 159.

92. Brüll, *Mischehe im Judentum*, p. 17; Ruppin, *Jews of To-day*, p. 166.

93. Meiring, *Christlich-jüdische Mischehe*, table 1.

94. Tachauer, 'Statistische Untersuchungen'.

95. Ruppin, *Jews of To-day*, p. 163.

96. Rahden, 'Mingling, Marrying and Distancing'.

97. Ruppin, *Jews of To-day*, pp. 167ff; Cohen, *Politics of Ethnic Survival*, pp. 80, 136.

98. Rosenthal, 'Recent Studies about the Extent of Jewish Out-Marriage in the USA'.

99. Bahr and Cahnman, 'Interfaith Marriage in Switzerland'; Neustatter, 'Demographic and other Statistical Aspects of Anglo-Jewry'.

100. Ruppin, *Jews of To-day*, pp. 170ff.

101. Meiring, *Christlich-jüdische Mischehe*, table 4; May, *Mischehen und Ehescheidungen*.

102. Ruppin, *Jews of To-day*, p. 165,

103. Rigg, *Hitler's Jewish Soldiers*, tables 2, 3; Lowenstein, 'Was Urbanization Harmful?', pp. 100ff.

104. Meiring, *Christlich-jüdische Mischehe*, table 5.

105. Frymann, *Wenn ich der Kaiser wär'*, p. 75.

106. Sollors, *Niether Black nor White*, p. 405.

107. Vital, people Apart, ezp. pp. 314ff.

108. Ruppin, *Soziologie der Juden*, vol. II, esp. pp. 174ff; Theilhaber, *Untergang der deutschen Juden*; Hanauer, 'Jüdische-christliche Mischehe'; Lowenstein, 'Was Urbanization Harmful?'; Rahden, 'Mingling, Marrying and Distancing', pp. 214ff.

109. Krolik (ed.), *Arthur Ruppin*, pp. 561-564.

110. Beller, *Vienna and the Jews*, p. 130.

111. Wistrich, *Socialism and the Jews*, p. 379.

112. Brüll, *Mischehe*, pp. 20ff.

113. Wistrich, *Jews of Vienna*, p. 529.

114. Weiss, *Lange Weg*, p. 142; Maccaby, 'Nietzsche's Love-Hate Affair'.

115. Zimmermann, *Wilhelm Marr*, p. 36.

116. Loewenstein, *Christians and Jews*, quoted in Edwardes, *Erotica Judaica*, p. 222.

117. Toussenel, *Les Juifs*.

118. Marx, 'On the Jewish Question'.

119. Bein, 'Der jüdische Parasit', pp. 128ff.

120. Zola, *L' Argent*, pp. 21ff., 91ff., 202.

121. Drumont, *France juive*, esp. vol. II, p. 98, 106ff. See also his *Testament d' un anti-Semite* (1894) and *Les juifs contre la France* (1899).

122. Chirac, *Rois de la République* (1883) and *idem*, *L' Agiotage* (1887).

123. Weiss, *Lange Weg*, pp. 143-149; Graml, *Reichskristallnacht*, p. 192.

124. Massing, *Rehearsal for Destruction*.

125. Rubinstein, 'Jewish Participation', tables 1, 6.

126. Bennathan, 'Demographische und wirtschaftliche Struktur', p. 112.

127. Ruppin, *Juden der Gegenwart*, p. 113.

128. Anon., *Ostjuden*, pp. 9ff.

129. Maurer, *Ostjuden*, pp. 109ff.

130. Beller, *Vienna and the Jews*; John, ‘Jüdische Bevölkerung’.

131. Whiteside, *Socialism of Fools*.

132. Hagen, ‘Before the “Final Solution”’, pp. 353ff.

133. Weiss, *Lange Weg*, p. 126.

134. Graml, *Reichskristallnacht*, p. 57.

135. Ibid., p. 58.

136. Graml. *Reichskristallnacht*, p. 66.

137. Frymann, *Wenn ich der Kaiser wär'*, pp. 74-76.

138. Frymann, *Wenn ich der Kaiser wär'*, p. 31.

139. Burleigh, *Germany Turns Eastwards*.

140. Kosiek, *Jenseits der Grenzen*, pp. 22-36.

141. Dralle, *Die Deutschen*, pp. 98ff.

142. Castellan, ‘Germans of Rumania’, pp. 52ff.

143. Dralle, *Die Deutschen*, p. 95.

144. Kosiek, *Jenseits der Grenzen*, pp. 65-68, 73-78.

145. Zeman, *Pursued by a Bear*, pp. 28ff.

146. Cohen, *Politics of Ethnic Survival*, table 3/1.

147. Zeman, *Pursued by a Bear*, p. 30.

148. Zeman, *Pursued by a Bear*, pp. 34-37.

149. Davies and Moorhouse, *Microcosm*, esp. pp. 302-305.

150. Davies and Moorhouse, *Microcosm*, pp. 308, 363; Rahden, ‘Mingling, Marrying and Distancing’, pp. 201ff.

151. Cohen, *Politics of Ethnic Survival*, pp. 76, 80ff, 221; ibid., table 3/3. Cf. Spector, ‘Auf der Suche nach der Prager deutschen Kultur’.

152. Rosenfeld, *Polen und Juden*, p. 25.

153. Röskau-Rydel, Galicien, pp. 145-152. cf. Beller, viena and the Jews, p. 146.

154. Kłwańska, ‘Literatur’, pp. 408-18; Turczynski, ‘Bukowina’, pp. 214, 273

155. Cohen, *Politics of Ethnic Survival*, p. 137.

156. Belova, ‘Anti-Jewish Violence in Folk Narratives of the Slavs’.

157. Le Foll, ‘Byelorussian Case.

158. Cohen, *Politics of Ethnic Survival*, p. 196.

159. Weihus, *Bordell-Juden*, p. 31.

160. Graml, *Reichskristallnacht*, p. 57.

161. Ibid, p. 79.

162. Kłwańska, ‘Literatur’, pp. 414ff. Cf. Turczynski, ‘Bukowina’, p. 275

163. Beller, *Vienna and the Jews*, chs. 5, 6.

2. 东方快车

1. Röhl, *Wilhelm II*, p. 756.

2. Röhl, *Wilhelm II*, p. 753.

3. Cohen, *History in Three Keys*.

4. Schimmelpenninck, *Toward the Rising Sun*, p. 96; Röhl, 'Emperor's New Clothes', p. 31.

5. 义和团成员认为，经过100天的武术训练后，他们将刀枪不入。经过三百天的训练后，他们就能飞起来。

6. Schimmelpenninick, Toward the Risiag Sun., pp. 95, 103.

7. Chiswick and Hatton, 'International Migration'.

8. Constantine, 'Migrants and Settlers', p. 167. 欧洲人尽管成功地征服了阿尔及利亚、肯尼亚、罗得西亚及南非，并使之成为了欧洲殖民地，但他们向亚洲的移民却超过了非洲。

9. 犹太复国主义，在本质上是犹太人的民族主义形式。由于爱尔兰在19世纪恢复了盖尔语，所以犹太学者复活了希伯来语。它的政治表达，因缺乏明显的地域重点而难以进行，把巴勒斯坦定居点变成一个犹太国家从来就不是一个现实的选择。然而，从19世纪60年代，像“锡安之爱”（Hovevei Zion）这类组织，开始在土耳其控制的巴勒斯坦建立殖民地。这场运动赢得了爱德蒙得·罗斯柴尔德男爵的支持。布达佩斯出生的记者赫茨尔（Herzl）的著作《犹太国》在1896年出版，其写作的目的，被认为是建议罗斯柴尔德成为一个新的犹太王国的国王。

10. Tinker, *New System of Slavery*.

11. 美国排华法案是1882年获得通过。在众多的支持者中，有劳工领袖塞缪尔·冈珀斯（Samuel Gompers），他自己就犹太血统。

12. Williamson and O'Rourke, Globalizatin and History; Williamson, 'Land, Laboar and olobalization'.

13. Maddison, World Economy, p. 109.

14. Service, *Twentieth-Century Russia*, p. 12.

15. Schimmelpenninck, *Toward the Rising Sun*, p. 113.

16. Quoted in senice, Lenin, p. 13.

17. Paine, *Imperial Rivals*, p. 255.

18. Stephan, *Russian Far East*, pp. 72-79.

19. Stephan, *Russian Far East*, pp. 74, 78.

20. Forsyth, *Peoples of Siberia*, pp. 220ff.

21. Stephan, *Russian Far East*, p. 74.

22. Ibid., p. 222.

23. Stephan, *Russian Far East*, p. 73.

24. Paine, *Imperial Rivals*, pp. 213ff.

25. Stephan, *Russian. Far East*, p. 80.

26. Paine, *Imperial Rivals*, pp. 212, 215.

27. Ibid., p. 216.

28. Ibid., p. 223.

29. Ibid., pp. 218ff.

30. Buruma, *Inventing Japan*, pp. 12-40; Harries, *Soldiers of the Sun*, pp. 7-19.

31. 事实上，日本的扩张早在19世纪70年代就开始了，当时它吞并了小笠原群岛、千岛群岛（1875年）和琉球群岛，还有冲绳（1879年）。1895年，日本原本想将辽东半岛占为己有的，在勉强地交出后，俄国人在1898年租借了旅顺口，这令日本人深感恼火。

32. Schimmelpenninck, *Toward the Rising Sun*, pp. 130ff. Cf. Duus, 'Japan's Informal Empire in China', pp. xx-xxi.

33. Schimmelpenninck, *Toward the Rising Sun*, pp. 98-102.

34. Paine, *Imperial Rivals*, p. 240.

35. 感谢玛丽·拉祖莫夫斯卡娅（Maria Razumovskaya）翻译了此首诗歌，特此鸣谢。

36. Schimmelpenninck, *Toward the Rising Sun*, p. 199.

37. Figes, *People's Tragedy*, pp. 168ff.

38. Quoted in Schimmelpenninck, *Toward the Rising Sun*, p. 102.

39. Connaughton, *Rising Sun and Tumbling Bear*; Warner and Warner, *Tide at Sunrise*.

40. Hata, 'Continental Expansion', pp. 290ff; Duus, 'Japan's Informal Empire in China', pp. xxii-xxiii.

41. 尽管名义上叫布尔什维克，但其实并不是多数，而是一个相对较小的力量分散的集团。

42. Figes, *People's Tragedy*, p. 184.

43. Quoted in Manning, *Crisis of the Old Order*, pp. 142, 147.

44. Forsyth, *Peoples of Siberia*, p. 221.

45. Quoted in Lambroza, 'Pogrom Movement', p. 66.

46. Quoted in Feldman, 'British Diplomats', p. 590.

47. Dubnow, *History of the Jews*, vol. II, pp. 39ff.

48. Greenberg, *Jews in Russia*, vol. I, pp. 75ff.

49. Details in Dubnow, *History of the Jews*, vol. II, pp. 15-29.

50. Stanlislawski, *Nicholas I and the Jews*, pp. 17-34.

51. Errera, *Russian Jews*, p. 75.

52. Feldman (ed.), *Yehude Rusyah.*, p. 201.

53. Klier, 'Blood Libel'. Cf. Goldberg, 'Jahre 1881-1882', p. 17.

54. Green, 'Anti-Jewish Violence'.

55. Herlihy, *Odessa*, p. 299.

56. Brass (ed.), *Riots and Pogroms*.

57. Pritsak, 'Pogroms of 1881', p. 16.

58. Surh, 'Jews of Ekaterinoslav', p. 219.

59. Surh, 'Jews of Ekaterinoslav', p. 222.

60. Pritsak, 'Pogroms of 1881', p. 29.

61. Khiterer, 'October 1905 Pogrom', p. 23.

62. Surh, 'Jews of Ekaterinoslav', p. 220.

63. Zenner, 'Middleman Minorities and Genocide'.

64. Feldman, 'British Diplomats', p. 594n.

65. Marten-Finnis, 'Outrage', p. 60.

66. Goldberg, 'Jahre 1881-1882', p. 16.

67. Vishniak, 'Antisemitism in Tsarist Russia', p. 138n.

68. Quoted in Vishniak, 'Antisemitism in Tsarist Russia', p. 142.

69. Pritsak, 'Pogroms of 1881', p. 18.

70. Pritsak, 'Pogroms of 1881', pp. 23ff; Brownmiller, *Against Out Will*, p. 121.

71. Aronson, *Troubled Waters*, p. 31.

72. Dubnow, *History of the Jews*, vol. II, pp. 249-279; Goldberg, 'Jahre 1881-1882', pp. 23-33.

73. Goldberg, 'Jahre 1881-1882', p. 40; Aronson, *Troubled Waters*, pp. 50-56; Cf. Pritsak, 'Pogroms of 1881', pp. 33-41.

74. Praisman, 'Jewish Self-Defence', p. 68.

75. Russo-Jewish Committee, *Russian Atrocities*, 1881.

76. Dubnow, *History of the Jews*, vol. II, pp. 245, 259-265.

77. Klier, 'Blood Libel'.

78. Aronson, 'Prospects', p. 352.

79. Dubnow, *History of the Jews*, vol. II, pp. 270ff.

80. Aronson, 'Prospects', p. 352.

81. Goldberg, 'Jahre 1881-1882', p. 42n.

82. Vishniak, 'Antisemitism in Tsarist Russia', p. 134.

83. Aronson, '1881 Anti-Jewish Pogroms', p. 23.

84. Pritsak, 'Pogroms of 1881', pp. 25-29.

85. Goldberg, 'Jahre 1881-1882', p. 14.

86. Klier, 'Pogoroms of 1881-2'.

87. Dubnow, *History of the Jews*, vol. II, pp. 250, 253. Cf. Goldberg, 'Jahre 1881-1882', p. 17.

88. Pritsak, 'Pogroms of 1881', pp. 18, 20.

89. Dubnow, *History of the Jews*, vol. II, p. 257.

90. Aronson, '1881 Anti-Jewish Pogroms', p. 21.

91. Ibid., pp. 19, 24; Pritsak, 'Pogroms of 1881', pp. 22-25.

92. Dubnow, *History of the Jews*, vol. II, p. 250.

93. Weissman, 'Regular Police', p. 47.

94. Aronson, *Troubled Waters*, p. 132.

95. Pritsak, 'Pogroms of 1881', p. 21.

96. Klier, 'Pogoroms of 1881-2'.

97. Vishniak, 'Antisemitism in Tsarist Russia', p. 133; Goldberg, 'Jahre 1881-1882', pp. 48f; Aronson, "Prospects', pp. 350ff.

98. Vishniak, 'Antisemitism in Tsarist Russia', p. 135; Praisman, 'Jewish Self-Defence', p. 69.

99. Lambroza, 'Pogrom Movement', pp. 66-70.

100. Lambroza, 'Pogrom Movement', pp. 90ff.

101. Praisman, 'Jewish Self-Defence', p. 75.

102. Herlihy, *Odessa*, p. 307.

103. Khiterer, 'October 1905 Pogrom', p. 21.

104. Zionistische Hilfsfond, *Judenpogrome*, p. 213.

105. Ibid.

106. Tsar Nicholas II to Dowager Empress Marie Feodorovna, October 27, 1905, in Bing (ed.), Letters of Tsar Nicholas and Empress Marie, p. 187.

107. Consul-General Smith to Sir Edward Grey, April 20, 1906, in Lieven (ed.), *British Documents*, pp. 57ff.; Sir Arthur Nicolson to Sir Edward Grey, June 20, 1906, in ibid., pp. 102ff.

108. Klier, 'Solzhenitsyn and the Kishinev Pogrom'.

109. Lambroza, 'Pogrom Movement', pp. 74ff.

110. Zionistische Hilfsfond, *Judenpogrome*, p. 192; Almog, *Nationalism and Antisemitism*, p. 56.

111. Manning, *Crisis of the Old Order*, p. 139.

112. Khiterer, 'October 1905 Pogrom', pp. 25, 31.

113. Herlihy, *Odessa*, pp. 307ff.

114. 'La Situation à Odessa', by a former Duma member, dated November 1907 in the Bibliothèque de l' Alliance Israélite Universelle, Paris; Lambroza, 'Pogrom Movement', p. 701; Zionistische Hilfsfond, *Judenpogrome*, pp. 193ff; Praisman, 'Jewish Self-Defence', p. 79; Khiterer, 'October 1905 Pogrom', pp. 27ff.

115. Khiterer, 'October 1905 Pogrom', p. 37.

116. Haimson, 'Problem of Social Stability'.

117. Eksteins, *Walking Since Daybreak*, pp. 42-44.

118. Lieven, *Russia and the Origins of the First World War*, p. 22.

119. Gatrell, *Government*, *Indastry and Rearmament.*

3. 断层线

1. Heyman, 'Trotsky's Military Education', p. 80.

2. Glenny, *Balkans*, p. 303.

3. Malcolm, *Bosnia*, *passim.*

4. Mazower, *Balkans*, p. 10.

5. Glenny, *Balkans*, esp. pp. 146-157.

6. Malcolm, *Bosnia*, p. 136.

7. Lieven, *Russia and the Origins of the First World War*, p. 22.

8. Weber, *Peasants into Frenchmen*.

9. Martin, 'Origins of Soviet Ethnic Cleansing', p. 818.

10. Pallis, 'Racial Migrations'.

11. The Constitution of the Ujedinjenje ili Smrt, http://www.lib.byu.edu/~rdh/wwi/1914m/blk-cons.html.

12. Glenny, *Balkans*, p. 298.

13. Malcolm, *Bosnia*, p. 150.

14. Glenny, *Balkans*, p. 250.

15. Malcolm, *Bosnia*, p. 154.

16. Glenny, *Balkans*, pp. 304-306.

17. Geiss, *Lange Weg in die Katastrophe*.

18. Strachan, *First World War*, vol. I, pp. 4-35.

19. Herrmann, *Arming of Europe.*

20. Williamson, 'Origins of the War', p. 14.

21. Clarke, *Voices Prophesying War*.

22. Ferguson, *Pity of War*.

23. Bloch, *Is War Now Impossible?*, p. xlv.

24. Angell, *Great Illusion*, p. 209.

25. Rothschild Archive, London (RAL), XI/130A/8, Lord Rothschild, London, to his cousins, Paris, July 22, 1914.

26. Ibid., July 23, 1914.

27. Ibid., July 24, 1914.

28. Ibid., July 27, 1914.

29. Ibid., July 28 and July 29, 1914.

30. *The Times*, July 22, 1914.

31. *Economist*, July 25, 1914.

32. Ibid., August 1, 1914.

33. Mauro, Sussman and Yafeh, 'Emerging Market Spreads', table 1.

34. Ferguson, 'Political Risk'.

35. 根据另一份资料，蒙特利尔、多伦多和马德里股市在7月28日关闭。7月29日，维也纳、布达佩斯、布鲁塞尔、安特卫普、柏林和罗马也关闭了。7月30日，圣彼得堡、巴黎和南美洲股市也关闭了。

36. RAL, XI/130A/8, Lord Rothschild, London, to his cousins, Paris, July 27, 1914.

37. *Economist*, August 1, 1914.

38. Ibid.

39. Keynes, 'War and the Financial System'. Cf. Moggridge, *Keynes*, pp. 236-241.

40. Balderston, 'War Finance', pp. 222-244.

41. Kooi, 'War Finance'.

42. Morgan, *Studies in British Financial Policy*, p. 152.

43. *Economist*, August 1, 1914.

44. *New York Times*, August 4, 1914.

45. Silber, 'Birth of the Federal Reserve'; Silber, *Summer of* 1914.

46. Strachan, *First World War*, vol. I.

47. Harvey, *Collision of Empires*, p. 279.

48. RAL, XI/130A/8, Lord Rochschild to his cousin, July 31, 1914.

49. Ibid., August 1, 1914.

50. Flandreau and Zumer, *Making of Global Finance*.

51. Ferguson, 'Political Risk'.

52. Schroeder, 'Embedded Counterfactuals'.

53. Ferguson, *Pity of War*, chapters 1 to 5.

54. Ferguson and Schularick, 'Empire Effect'.

55. Ranke, 'Great Powers', pp. 151, 155.

56. Hinsley, *Power and the Pursuit of Peace*, p. 214n.

57. Taylor's *Struggle for Mastery in Europe*.

58. Levy, *War in the Modern Great Power System*, table 4.1.

59. Luard, *War in International Society*, appendices.

60. Singer and Small, Correlates of War database, www.umich.edu/~cowproj.

61. Hobson, 'Wary Titan', p. 479.

62. Singer and Small, *Correlates of War database*, www.umich.edu/~cowproj.

63. Röhl, *Kaiser and His Court.*

64. Princess Beatrice (ed.), *In Napoleonic Days.*

65. Stockmar, *Memoirs of Baron Stockmar*, vol. I, p. 84.

66. *The Times*, March 26, 1863.

67. Nicholas II Diary, June 18, 1893, in Maylunas and Mironenko, *Lifelong Passion.*

68. Uhlenhuth, 'Coburg between England and Russia'.

69. Victoria to 'Bertie', November 24 and 29, 1869, in Longford (ed.), *Darling Loosy.*

70. Queen Victoria to Princess Victoria, January 19, 1885, in Corti, *English Empress*, p. 226.

71. Röhl, *Wilhelm II.*

72. Victoria to Princess Victoria of Hesse, May 18, 1892 in Hough (ed.), *Advice to a Granddaughter*, p. 116.

73. Nicholas Diary, 12 April 1894, in Maylunas and Mironenko, *Lifelong Passion.*

74. Royal Archives Geo. V., AA. 11, 2, Victoria to George (future George V), June 26, 1894; RA Geo. V., AA. 11, 3, Victoria to George, July 2, 1894.

75. Queen Victoria to Princess Victoria, November 6, 1862, in Corti, *English Empress*, p. 97.

76. Queen Victoria Papers 0330, Queen Victoria to Leopold I, November 19, 1863.

77. Queen Victoria's Journal, March 27, 1889, in Bucklec (ed.), *Letters of Queen Victoria*, p. 481.

78. Christopher, Prince of Greece, *Memoirs*, p. 15.

79. Corti, *Alexander of Battenberg.*

80. Herbert von Bismarck memorandum, July 25, 1888, in Dugdale (ed.) *German Diplomatic Documents*, vol. I, p. 365.

81. Dairnvaell, *Histoire édifiante et curieuse de Rothschild Ier*, p. 8.

82. Ferguson, *House of Rothschild*, vol. I.

83. Buckle (ed.), *Letters of Queen Victoria*, *Third Series*, vol. I, pp. 492-493 n.

84. Röhl, *Wilhelm II*, pp. 753ff.

85. Levine, (ed.), *Kaiser's Letters to the Tsar*, pp. 123-127.

86. Ibid., pp. 246-248.

87. Buchanan to Grey, July 28, 1914, in Gooch and Temperley (eds.), *British Documents on the Origins of War*, vol. XI, p. 162.

88. Maylunas and Mironenko, *Lifelong Passion.*

89. Goschen to Nicolson, August 1, 1914, in Gooch and Temperley (eds.), *British Documents on the Origins of War*, vol. XI, p. 283

90. George V to Nicholas II, July 31, 1914, in Maylunas and Mironenko, *Lifelong Passion.*

91. Marie of Battenberg, *Reminiscences*, p. 270.

92. Geiss, *July* 1914, no. 135.

93. Ferguson, *Pity of War*.

94. Glenny, *Balkans*, p. 298.

95. *Economist*, August 1, 1914.

96. Taylor, *Struggle for Mastery*, p. 521.

97. Lieven, *Russia and the Origins of the First World War*.

98. Mombauer, *Helmuth von Moltke*.

99. Geiss, *July 1914*, pp. 65-68.

100. Strachan, *First World War*, vol. I, p. 1005.

101. Ibid., p. 173.

102. *Economist*, August 1, 1914.

103. Strachan, *First World War*, vol. I, p. 200.

104. Ferguson, *Pity of War*, chapter 6.

4. 战争蔓延

1. Pottle (ed.), *Champion Redoubtable*

2. Remarque, *All Quiet*, p. 81.

3. Strachan, *First World War*, vol. I, p. 441.

4. Ibid., p. 695.

5. Ritter, *Schlieffen Plan*.

6. Zuber, 'Schlieffen Plan Reconsidered', p. 280.

7. Mosier, *Myth of the Great War*.

8. Geiss, *July 1914*.

9. Massie, *Castles of Steel*, p. 58.

10. Boghardt, *Spies of the kaiser*.

11. Massie, *Castles of Steel*, p. 530.

12. Strachan, *First World War*, vol. I, p. 814.

13. Ibid., p. 571.

14. Balderston, 'War Finance'.

15. Strachan, *First World War*, vol. I, p. 818.

16. Burk, *Britain, American and the Sinews of War*.

17. Fordham, ' "Revisionism" Reconsidered'.

18. Strachan, *First World War*, vol. I, p. 991.

19. Fleming, 'Illusions and Realities'.

20. Oram, *Military Executions*; Jahr, *Gewöhnliche Soldaten*.

21. Ashworth, *Trench Warfare*.
22. Fooks, *Prisoners of War*, pp. 97ff.
23. Ferguson, *Pity of War*, p. 368 and plates 25 to 28.
24. Bruntz, *Allied Propaganda*, p. 112; Watson, 'Chances of Survival', p. 269.
25. Ferguson, *Pity of War*, chapter 13.
26. Horne and Kramer, 'German Atrocities', p. 27.
27. Watson, 'Chances of Survival', p. 60.
28. Keegan and Holmes, *Soldiers*, p. 267.
29. Macdonald, *Somme*, p. 290.
30. Winter, *Death's Men*, p. 210.
31. Horne and Kramer, 'German Atrocities', p. 27.
32. Bourke, *Intimate History*, p. 183.
33. Holmes, *The Western Front*, p. 179.
34. Horne and Kramer, 'German Atrocities', p. 28.
35. Hussey, 'Kiggell and the Prisoners', p. 47.
36. Brown, *Tommy Goes to War*, p. 116.
37. Griffith, *Battle Tactics of the Western Front*, p. 72.
38. Watson, 'Chances of Survival', p. 81.
39. Brown, *Tommy*, p. 73.
40. Bourke, *Intimate History*, p. 189.
41. Brown, *Tommy*, p. 28.
42. Dungan, *They Shall Not Grow Old*, p. 136.
43. Brown, *Imperial War Museum book of the Western Front*, p. 17
44. Loc. cit.
45. Bourke, *Intimate History*, p. 182.
46. Brown, *Tommy*, pp. 117, 183.
47. Imperial War Museum, *Kriegsflugblätter*, January 29, 1915.
48. Watson, 'Chances of Survival', p. 82.
49. Ferguson, 'Prisoner Taking and Prisoner Killing'.
50. Seth, *Caporetto*, esp. pp. 80-83, 156-159; Falls, *Caporetto* 1917, pp. 64-69.
51. Garrett, *P. O. W.*, pp. 100ff.
52. War Office, *Statistics of the Military Effort*, p. 632.
53. Hall, 'Exchange Rates'.
54. Ferguson, *Pity of War*, ch. 10.
55. Deist, 'Military Collapse of the German Empire'; Bruntz, *Allied Propaganda*, pp. 207-221.

56. Donovan (ed.), *Hazy Red Hell*, pp. 207-213; Watson, 'Chances of Survival', pp. 275-278.

57. Buchanan, *Ubiquity*.

58. Roth, *Radetsky March*, chapter 19.

59. Budnitskii, 'Cause of a Pogrom'.

60. Holquist, 'Role of Personality'.

61. Ibid.

62. Holquist, 'Role of Personality'.

63. Lohr, *Nationalizing the Russian Empire*.

64. Röskau-Rydel, 'Galizien', pp. 154ff.

65. Turczynski, 'Bukowina', pp. 284ff.

66. Röskau-Rydel, 'Galizien', pp. 160-168.

67. Martin, 'Origins of Soviet Ethnic Cleansing', pp. 818ff.

68. Andric, *Bridge on the Drina*, pp. 384ff.

69. Andric, *Bridge on the Drina*, p. 361.

5. 民族的坟墓

1. Zahra, 'Reclaiming Children', p. 516.

2. Bulgakov, *White Guard*, ch. 20.

3. Keynes, *Economic Consequences*, ch. 7.

4. Steinberg and Khrustalev, *Fall of the Romanovs*, p. 26.

5. Steinberg and Khrustalev, *Fall of the Romanovs*, p. 107.

6. Ibid., p. 49.

7. Volkogonov, *Lenin*, p. 106.

8. Thatcher, *Trotsky*, pp. 96ff.

9. Brainerd and Siegler, '1918 Influenza Epidemic'.

10. Weindlng, *Epidemics and Genocide*.

11. Figes, *People's Tragedy*, p. 703.

12. Mirelman, *Jewish Buenos Aires*, pp. 61ff.

13. Figes, 'Red Army', pp. 176-179.

14. Volkogonov, *Trotsky*, pp. 178ff.

15. Figes, *People's Tragedy*, p. 641.

16. Forsyth, *History of the Peoples of Siberia*, pp. 268ff.

17. Figes, Peasant Russia, Civil War; Swain, Russia's Civil War.

18. Service, *Twentieth-Century Russia*, p. 120.

19. Figes, *People's Tragedy*, p. 630.

20. Volkogonov, *Lenin*. p70. Cf. Service, *Twentieth-Century Russia*, p. 108.

21. Figes, *People's Tragedy*, p. 618.

22. 乔治五世尽管在战前所有的谈话中大讲君主之间要团结一心，但决定反对他的俄国堂兄弟们到英国避难。当布尔什维克试图找到处置俄国皇家的办法时，皇室成员从托博尔斯克被带到了叶卡捷琳堡。

23. Figes, *People's Tragedy*, p. 631.

24. Leggett, *Cheka*, p. 108.

25. St Petersburg, Gorok hovaya 2: museum of the uistory of political police of Russia Museum.

26. Service, *Twentieth-Century Russia*, p. 108.

27. Figes, *People's Tragedy*, p. 561

28. Applebaum, *Gulag*, p. 32.

29. Ibid., p. 37.

30. Figes, *People's Tragedy*, p. 646.

31. Figes, 'Red Army', p. 187.

32. Chamberlin, *Russian Revolution*, vol. II, p. 495.

33. Zeman, *Pursued by a Bear*, pp. 74ff.

34. Forsyth, *History of the Peoples of Siberia*, pp. 269ff.

35. Martin, 'Soviet Ethnic Cleansing', p. 825.

36. Eksteins, *Walking Since Daybreak*, pp. 72ff.

37. Harries, *Soldiers of the Sun*, p. 103.

38. Russian State Archives, 1235/140/127 1926-28, p. 39.

39. Solzhenitsyn, *Deux siècles ensemble*, vol. II; Slezkine, *Jewish Century*, ch. 3.

40. Brownmiller, *Against Our Will*, p. 123.

41. Buldakov, 'Freedom, Shortages, Violence'.

42. Budnitskii, 'The Cause of a Pogrom'.

43. Buldakov, 'Freedom, Shortages, Violence'.

44. Volkogonov, *Lenin*, p. 204.

45. Levene, 'Frontiers of Genocide', p. 105.

46. Gitelman, *Jewish Nationality and Soviet Politics*, p. 13.

47. Martin, 'Origins of Soviet Ethnic Cleansing', pp. 830ff.

48. Swain, *Russia's Civil War*, p. 20.

49. Gantt, *Russian Medicine*, pp. 138-149.

50. Timasheff, *Great Retreat*, pp. 286ff.

51. Komjathy and Stockwell, *German Minorities*, p. 65.

52. Knock, *To End All Wars*, p. 35.

53. Ibid. , p. 77.

54. Ibid. , pp. 143ff.

55. Knock, ToEnd All Wars, p. 152.

56. Keylor, ' Versailles and International Diplomacy' , p. 492.

57. Paikert, ' Hungary's National Minority Policies' , p. 202.

58. Manela, ' Ahead of His Time?' , p. 1119.

59. Manela, ' Ahead of His Time?' , p. 1120.

60. Goldstein, ' Great Britain: The Home Front' , p. 151.

61. Fink, ' Minorities Question' , p. 258.

62. Macmillan, *Peacemakers*, pp. 217-239.

63. Schmidt et al. , *Oskare-Tulla-Mahlke*.

64. Magocsi, *Historical Atlas*, pp. 131, 135, 137, 141, 148, 171.

65. Vital, *People Apart*, p. 763.

66. Glenny, *Balkans*, p. 368. Cf. Rothschild, *East Central Europe*, pp. 202-200, 210-213.

67. Davies, *God's Playground*, p. 394.

68. Motyl, ' Ukrainian Nationalist Political Violence' , pp. 47-51; Seton-Watson, *Eastern Europe*, pp. 334ff; Lotnik, *Nine Lives*, pp. 12-15.

69. Blanke, *Orphans*, p. 41.

70. Rothschild, *East Central Europe*, pp. 78-81; Smelser, ' Castles on the Landscape' , p. 91.

71. Rezzori, *Snows of Yesteryear*, pp. 49, 65, 98, 200.

72. Livezeanu, *Cultural Politics in Greater Romania*, p. 49; Castellan, ' Germans of Rumania' , pp. 52-55.

73. Turczynski, ' Bukowina' , p. 293.

74. Smelser, ' Castles on the Landscape' , pp. 92ff.

75. Wiskemann, *Czechs and Germans*, pp. 208ff.

76. Blanke, *Orphans*, pp. 77ff. ; Subtelny, *Ukraine*, p. 429; Davies, *God's Playground*, p. 409.

77. Paikert, ' Hungary's National Minority Policies' , p. 211.

78. Turczynski, ' Bukowina' , pp. 290, 292.

79. Komjathy and Stockwell, *German Minorities*, p. 21.

80. Blanke, *Orphans*, p. 67.

81. Ibid. , p. 73.

82. Blanke, *Orphans*, pp. 33ff. , 49ff. , 84-88.

83. Polonsky and Riff, ' *Poles, Czechoslovaks and the Jewish Question*' , p. 88.

84. Cohen, ' *My Mission to Poland*' , pp. 157ff, 163ff.

85. Mendelsohn, *Jews of East Central Europe*, pp. 39-42; Polonsky and Riff, ' Poles, Czechoslovaks

and the Jewish Question', pp. 75ff; Lukas, *Forgotten Holocaust*, pp. 124-126.

86. Polonsky and Riff, 'Poles, Czechoslovaks and the Jewish Question', p. 78.

87. Mendelsohn, *Jews of East Central Europe*, p. 43.

88. Zeman, *Pursued by a Bear*, p. 99; Rothschild, *East Central Europe*, p. 41.

89. Wynot, ' "*Necessary Cruelty*" ', p. 1050. See Vital, *People Apart*, p. 766.

90. Ibid., p. 1036.

91. Landau-Czajka, 'Image of the Jew', p. 169; Segel, *Stranger in Our Midst*, pp. 278-292.

92. Mendelsohn, *Jews of East Central Europe*, pp. 183-186.

93. Turczynski, 'Bukowina', pp. 296, 298.

94. Mendelsohn, *Jews of East Central Europe*, p. 79; ibid., pp. 46ff.

95. Bronsztejn, *Polish-Jewish Relations*, p. 71.

96. Seton-Watson, *Eastern Europe*, p. 290.

97. Mendelsohn, *Jews of East Central Europe*, pp. 46ff.

98. Ibid., pp. 63-66.

99. Bronsztejn, 'Polish-Jewish Relations', p. 72.

100. Castellan, 'Social Structure', p. 188. Cf. Vital, *A People Apart*, p. 777; Bronsztejn, 'Polish-Jewish Relations', p. 74.

101. Mendelsohn, 'Problem of Jewish Acculturation'.

102. Hoffman, Shtetl, pp. 169-184.

103. Cala, 'Social Consciousness', p. 48.

104. Gross, *Who Are You, Mr Gymek?*, p. 24.

105. Levi, *Cat Called Adolf*, pp. 33-42.

106. Wiskemann, *Czechs and Germans*, pp. 227ff.

107. Biglová et al., *Remembering*, pp. 61ff.

108. Ca†a, 'Social Consciousness', p. 52.

109. Polonsky and Riff, Poles, Czechoslovaks and the Jewish Question', p. 94.

110. Ibid., p. 93.

111. Ekstiens, *Walking Since Daybreak*, p. 107.

112. Mendelsohn, *Jews of East Central Europe*, p. 53.

113. Van Rahden, 'Mingling, Marrying and Distancing', pp. 208ff, 213.

114. Rezzori, *Snows of Yesteryear*, pp. 66, 282ff.

115. Livezeanu, *Cultural Politics in Greater Romania*, p. 59.

116. Turczynski, 'Bukowina', pp. 288-308.

117. Housepian, *Smyrna* 1922, p. 63.

118. Heyd, *Foundations of Turkish Nationalism*, pp. 57-63; Melson, *Revolution and Genocide*, pp. 159-

170；Reid，'Total War'，pp. 27ff. 'Talaat spoke tautologically of 'ottomanizing the Empire'：Geary to Lowther，August 28，1910，in Gooch and Temperley（eds.），*British Documents on the Origins of the War*，vol. IX，No. 181，pp. 208ff.

119. Strachan，*First World War*，vol. I，pp. 674ff.；idem，*Illustrated History*，pp. 102-105.

120. 下面的事实也是有意义的：在战争的头一年，奥斯曼伤亡比例非常高，占到行动中死亡人数的64%，失踪人数的41%，受伤而死亡的人数的33%，受永久性创伤而无行为能力的58%。战时损失相对而言达到了这场战争的最高水平。

121. Talaat，'Posthumous Memoirs'，pp. 294ff.

122. 正是在1892年，一个奥斯曼官员告诉法国驻奥斯曼土耳其大使："亚美尼亚的问题并不存在，但我们可以无中生有。"

123. Cambon to Hanotaux，October 31，1895，in *Documents Diplomatiques*：*Affaires Arméniennes*，No. 116，pp. 162ff；Memorandum on the Joint Report of the Consular Delegates to the Sasun Commission of July 20，1895，in Foreign Office，*Correspondence Relating to the Asiatic Provinces of Turkey*，No. 267，pp. 203-208. Cf. Reid，'Total War'，p. 37.

124. National Archives，Washington，American ambassador in Constantinople to Secretary of States，February 4，1896.

125. Bayur，*Türk lnkilabi Tarihi*，p. 86；Dadrian，*Armenian Genocide*，pp. 155，182，225，233 n.

126. George Horton to Secretary of State，November 8，1915，in Sarafian（ed.），*United States Official Documents*，No. 69，p. 118.

127. Dadrian，*Key Elements in the Turkish Denial.*

128. Melson，*Revolution and Genocide*，p. 169.

129. Knapp，*Mission at Van.* Cf. Horton，*Blight of Asia*，p. 24.

130. Bryce，*Treatment of the Armenians.*

131. Anon.，*Verité sur le movement révolutionnaire*，pp. 13ff；Anon.（ed.），*Documents sur les Atrocités.* See also Talaat，'Posthumous Memoirs'，pp. 294ff.

132. Vatican Secret Archives，Holy Congregation for Special Ecclesiastical Affairs，Austria-Hungary 1915—1916，Pos. 1069，Fasc. 463，The Sultan to Benedict XV，November 19，1331.

133. Nogales，*Four Years*，p. 60.

134. Anon.，*Horrors of Aleppo*，p. 3.

135. Pomiankowski，*Zusammenbruch des Ottomanischen Reiches*，pp. 160，165；Knapp，*Mission at Van*，p. 14；M. G.，*Défense héroïque de Van*，pp. 24，27.

136. Pallavicini to Burián，August 13，1915，and March 10，1916，in Anon.（ed.），*Armenian Genocide*，pp. 209，324.

137. Lepsius（ed.），*Deutschland und Armenien*，p. xxiv；Trumpener，*Germany and the Ottoman Empire*，pp. 205，217，225.

138. Anon., *Germany, Turkey, and Armenia*, p. 123; Dadrian, 'Armenian Question', p. 77; Dadrian, 'Signal Facts', p. 275.

139. Tehlirean (ed.), *Völkermord an den Armeniern*, p. 63.

140. M. G., *Défense héroïque de Van*, pp. 13-24.

141. Anon., *Horrors of Aleppo*, pp. 5, 13; M. G., *Défense héroïque de Van*, pp. 16-20; Anon., *Germany, Turkey and Armenia*, p. 126; Sarafian (ed.), *United States Official Documents*, vol. I, No. 55, pp. 106ff. (also pp. 49, 145).

142. Anon., *Germany, Turkey and Armenia*, p. 124.

143. Ibid., p. 127.

144. J. B. Jackson to Morgenthau, August 19, 1915, in Sarafian (ed.), *United States Official Documents*, vol. I, No. 32, pp. 53ff.

145. Gibbons, *Derniers Massacres*, p. 18; Sarafian (ed.), *United States Official Documents*, vol. I, pp. 26, 49; vol. II, p. 123, 127.

146. Vatican Secret Archives, Holy Congregation for Special Ecclesiastical Affairs, Africa/Asia/Oceania, 1918—1922, Pos. 57, Facs. 44, pp. 62-7, Memorandum to His Excellency Monsignor Pacelli at Munich on the Circumstances of Christians in the Orient, 1917.

147. Sarafian (ed.), *United States Official Documents*, vol. I, p. 56; vol. II, p. 60; Anon. (ed.), *Armenian Genocide*, pp. 315ff.

148. 塔拉特在电报中明确下令对省级官员传达进行屠杀的证据是有争议的。有人声称，电报是伪造的，但原件在战后对塔拉特的刺客进行审判时被引用，而法院并没有质疑其真实性。塔拉特和其他土耳其官员之间的罪证通信情报也被英国截获了。

149. Marashlian, *Politics and Demography*, pp. 30ff, 42, 52, 58; Gürün, *Armenian File*, pp. 79-96.

150. Vatican Secret Archives, Holy Congregation for Special Ecclesiastical Affairs, Africa/Asia/Oceania, 1918—1922, Pos. 57, Facs. 44, pp. 62-7.

151. 让《恐怖的阿勒颇》的匿名德国作家深感忧虑的是：他的国家将因亚美尼亚人的命运而受到指责。"Ta'alimel aleman（德国人的教义），"他报告说，"是土耳其人对凡问及他关于这些（针对亚美尼亚人的）措施的发起人时所做的简单解释。"他还指出，当亚美尼亚人这一主题被提出来时，德国军官便会陷入一种"不祥的沉默"之中。这一记录，与一名德国军官责备一名下属把他的签名签在一份与亚美尼亚驱逐有关的文件的情况相吻合。驻阿勒颇的美国领事肯定把德国人视为"宽恕了……亚美尼亚种族灭绝"的人。事实上，驻特拉比松的奥地利领事相信：德国人"第一次鼓励"亚美尼亚人要保持"中立"立场，但他补充说，他们所设想的手段没有那么严厉（大概被迫改变了）。在阿德里安堡，他的副本报告说：在亚美尼亚人遭到驱逐期间，德国军官已经出现了，"但没有抬起过一根手指去阻止他们"。对于摩根来说，当他向德国大使和德国海军武官提出这个问题时，他对于他们对亚美尼亚人的敌意感到震惊。他们告诉他："亚美尼亚人和土耳其人不能共同生活在这个国家。其中一个种族必须离开。"

152. 例如，“当……我们谈起打败敌人时，我们的意思是，通过歼灭他的部分战斗力，我们一起使他在敌对行动中对任何后续的转机感到绝望。”（戈尔茨：《战争行为》，第8页。）

153. Leon, *Greece and the Great Powers*, p. 275.

154. Macmillan, *Peacemakers*, p. 438; Woodhouse, *D' Annunzio*.

155. 众所周知，丘吉尔将这种变化归功于希腊国王亚历山大（1920年10月他被一只猴子咬死了）。亚历山大亲德的父亲康斯坦丁复位。

156. Fotiadis (ed.), *Genocide of the Pontus Greeks*, pp. 283-99, 309-17.

157. Dobkin, *Smyrna*, p. 47.

158. Horton, *Blight of Asia*, ch. 16.

159. Glenny, *Balkans*, p. 391.

160. Fotiadis (ed.), *Genocide of the Pontus Greeks*, p. 297.

161. Horton, *Blight of Asia*, Introduction.

162. *New York Times*, June 7, 1922.

163. Pallis, 'Racial Migrations in the Balkans', p. 330.

164. 相反，经过多次争吵，同盟国于1921年5月达成了一致意见，要求总额为6.5亿英镑的赔款立即开始支付。

165. Keynes, *Economic Consequences*, ch. 7, IV.

166. Ibid., ch. 7, I.

167. Hagen, 'Before the "Final Solution"', p. 351.

第二部分　帝国一国家

6. 计划

1. Getty and Naumov, *The Road to Terror*, p. 553.
2. Russian State Archives, 9401c/3/92 1939.
3. Mumford, *Interzones*, esp. pp. 19-70.
4. Fenby, *Generalissimo*, p. 133.
5. Ibid., pp. 160-167.
6. Piketty and Saez, 'Income Inequality'; Kopczuk and Saez, 'Top Wealth Shares'.
7. Eichengreen, 'Still Fettered After All These Years'.
8. *The Times*, January 23, 1943.
9. Eichengreen, 'Still Fettered After All These Years'.
10. Bordo, Choudhri and Anna Schwartz, 'Was Expansionary Monetary Policy Feasible'; Christiano,

Motto and Rostagno, ‘The Great Depression and the Friedman-Schwartz Hypothesis’.

11. James, *End of Globalization*. Cf. ‘Herbert Hoover’, Harvard Business School Case 9-798-041.

12. Eichengreen, *Golden Fetters*.

13. Cole, Ohanian and Leung, ‘Deflation and the International Great Depression’.

14. Keynes, *General Theory*.

15. “极权主义”一词最早的出现，根据阿德里安·利特尔顿（Adrian Lyttleton）的说法，是在1923年5月《金正日世界报》的一篇文章中作为一个贬义词使用。墨索里尼后来使用过（见利特尔顿：《夺取政权》）。然而，在意大利，正如我们将会看到的，它仍然是愿望多过于现实。长期以来，学术界对这个词的意义和使用争论不休。冷战期间，尤里·依戈雷斯基（Iuri Igritski）在1993年讲话中谈到，它是“一个网球”，每一边都试图“对对方的主场形成更强大的冲击”。现在，我们可以更清楚地看到，它同时适用于斯大林的苏联和希特勒的第三帝国。这两个国家的社会制度都没有实现奥威尔在《1984年》中所想象的对个人的完全控制权，但却极为相似。

16. Holroyd, *Shaw*, vol. III, pp. 244-248. Cf. Shaw, *Rationalization of Kussia*, *passim*.

17. *Fitzpatrick*, Everyday Stalinism, *p*. 118.

18. *Ibid.*, *p*. 137.

19. *Ibid.*, *p*. 130.

20. *Churchill*, Hinge of Fate, *pp*. 498*ff*.

21. *Kravchenko*, I Chose Freedom, *pp*. 111*ff*.

22. 1927年，在（苏联）财政部的煽动下，出台了6条标准，其中符合下面任何一条的人都够资格成为富农：（1）雇用两个或两个以上劳动力的；（2）拥有3只或以上耕畜的；（3）播种面积超过10—16亩的（阈值因地区不同而不同）；（4）拥有任何种类的加工企业；（5）拥有贸易机构；或（6）拥有一个或以上的农业机器，或拥有相当数量的高质量器具。然而，这些还是1929年修改后的版本，但仍然远不是那么容易适用于实行集体化的地区。节选自卢因：《谁是苏联的富农?》

23. *Grantt*, Russian Medicine, *p*. 151.

24. *Jasny*, Socialized Agriculture, *pp*. 792, 794.

25. *Belov*, Soviet Collective Farm, *p*. 13.

26. *Conquest*, Harvest of Sorrow, *p*. 300.

27. *Fitzpatrick*, Everyday Stalinism, *p*. 122.

28. *Conquest*, Harvest of Sorrow, *p*. 301.

29. 这种情况与1920—1921年的那场饥荒刚好相反，当时该国有粮食，但在城市中一点都没有。

30. *Antonov-Ovseyenk*, Time of Stalin, *pp*. 207*ff*.

31. 是杜兰提在1933年5月14日的报告中写下了这行字：“不打破鸡蛋，就煎不成鸡蛋饼。”3个月后，他把“今天……任何有关俄国饥荒的报告”看成是“恶性的和夸张的宣传”。（1933年8月23日）

32. *William Chamberlin*, ‘*Famine Proves Potent Weapon in Soviet Policy*’, Christian Science Monitor, *May* 29, 1934; idem, ‘*Soviet Taboos*’, *pp.* 432-435. *Cf. Markoff*, Famine in Russia, *pp. 3ff*; *Lyons*, Assignment, *pp.* 572-580.

33. *Scott*, Behind the Urals, *p.* 5; *Kotkin*, Magnetic Mountain.

34. *Transcript of interview with Alexander Lutznevoy for PBS documentary* Yanks for Stalin.

35. *Rosefielde*, ‘*Excess Deaths and Industrialization*’, *pp.* 279*ff*.

36. *Ibid.*, *p.* 277 *and table* 1 *on p.* 285.

37. *Ibid.*, *p.* 280.

38. 古拉格（*GULAG*），是 *Glavnoe upravlenie lagerei* 的缩写，指劳改营当局。

39. *Applebaum*, Gulag, *pp.* 32*ff*.

40. *OGPU* 是 *Ob'edinennoe Gosudarstvennoe Politicheskoe Upravlenie* 的缩写，国家政治保卫总局，成立于1923年。1934年改名为 *GUGB*（*Glavnoe Upravlenie Gosudarstvennoi Bezopasnosti*，国家安全总局），隶属于 *NKVD*（*Narodnyi Komissariat Vnutrennikh Del*，人民内部事务委员部）。到1930年，国家安全总局几乎掌管着苏联所有的劳改营和流亡定居点。

41. 弗伦克尔是个偶尔做点生意的犹太商人，1883年出生于奥斯曼巴勒斯坦的海法。1923年他因为非法跨过边境而被判处在此营劳改10年。在很短的时间内，他从一个犯人被提拔当看守，并在1927年被正式释放。

42. *Applebaum*, Gulag, *pp.* 51*ff*.

43. *Ibid.*, *p.* 220.

44. *Applebaum*, ‘*Gulag*: *Understanding the Magnitude of What Happened*’.

45. *Russian National Archies*, *GARF* 3401/3/4 *or GARF* 9401*c*/3/43.

46. *Solzhenitsyn*, Gulag Archipelago, *p. xxii*.

47. *Applebaum*, Gulag, *p.* 15.

48. *Ibid.*, *p.* 270.

49. *Applebaum*, Gulag, *p.* 4.

50. *Applebaum*, ‘*Gulag*: *Understanding the Magnitude of What Happened*’.

51. *Applebaum*, Gulag, *p.* 45.

52. *G. Zheleznov*, *Vinogradov and F. Belinskii to the Presidium of the Central Executive Committee of the All-Union Communist Party* (*Bolshevik*), *December* 14, 1926: *http*: *//www. loc. gov/exhibits/archives/d2presid. html.*

53. *Applebaum*, Gulag, *pp.* 59*ff*.

54. *Applebaum*, Gulag, *pp.* 77-80.

55. *Conquest*, Great Terror, *p.* 331; *Cole*, The Webbs and Their Work, *pp.* 224*ff*.

56. 玛格丽特·科尔（*Margaret Cole*）回顾了1934年悉尼·韦布（*Sidney Webb*）第二次访问莫斯科时的情形："我们参观了工厂、农场、合作社商店、学校、医院、妇产科医院、感化院、社区中心、娱乐和公园，参观了人头涌涌的剧院和歌剧院，坐在国家剧院的包厢或同双手粗糙的农民和工人坐在一起，出席了工会会议或工业法庭，农民和工人、年轻的母亲和儿童，不是在工作就是在玩耍，健康、快乐，因为这位科学家的理论命题经受住了实践检验，悉尼津津有味地对我耳语道："看，看，它起作用了，它起作用了。"

57. *Service*, History of the Soviet Union, *pp.* 117*ff.*

58. *Conquest*, The Great Terror, *p.* 130.

59. *Bulgakov*, Master and Margarita, *ch.* 15.

60. 帕弗里克·莫罗佐夫（*Pavlik Morozov*），叶卡捷琳堡以东一个村庄上的一名 14 岁学生，因为检举自己的父亲而变成了英雄。当他父亲后来被杀害后，他的 4 个亲戚——他的祖父母、一个堂兄弟和一个叔叔，都一一遭到逮捕并被枪决。莫罗佐夫成为了斯大林主义的受难者，不断地在苏联宣传。事实上，他是在他母亲的教唆下告发了他的父亲，因为他的父亲遗弃了她。

61. *Fitzpatrick*, '*How the Mice Buried the Cat*'.

62. Daily Telegraph, *June* 18, 2003.

63. *Cole*, The Webbs and Their Work, *p.* 229.

64. 根里奇·雅戈达 *Gerinkh Yagoda* 被认为是托派而于 1938 年被枪决；他的继任者，尼古拉耶卓夫叶若夫（*Nikolai Yezhov*）在 1940 年当作英国间谍而被枪决；拉夫连季·贝利亚（*Lavrenti Beria*）在斯大林自己的死后不久也被枪决。

*事实上，原来所发生的事是，该会会长曾检举了一些成员贪污，他们在当地火车上卖东西以应付入不敷出的日子。这一检举导致了秘密警察的参与。主席本人随后被指控涉嫌参与这场所谓的阴谋而被枪决。一年后，内务人民委员会判定：原调查本身是可疑的，当地警察随即被拘捕。

65. *Fitzpatrick*, Everyday Stalinism, *pp.* 132*ff*, 136.

66. *Ibid.*, *pp.* 119*ff.*

67. 前党员阿瑟·库斯勒（*Arthur Koestler*）在 1940 年出版的《中午的黑暗》中，对这个过程的描述，令人难忘。老布尔什维克的生存状况，在布哈林 1937 年 12 月 10 日写给斯大林的信中得到了完美的概括：

"我没有犯我承认的那些罪行，我是无辜的。……过去几年，我一直老老实实地贯彻执行党的路线，并学会了珍惜和明智地爱您……我明白了以下一些正在我国发生的事情：大清洗的政治观念存在某些伟大而大胆的东西。

"它与这些东西相关：（1）与战前形势，（2）与……向民主过渡。这场清洗包括：（1）有罪的人；（2）受到怀疑的人和（3）可能会受到怀疑的人。"

"这种事情没有我的话，便可能失控。……正是在这一点上，我才感到了最深切的痛苦，发现自己在面对我的首长时，痛苦而矛盾。"

"当我想到您可能认为我真的犯了这些罪行，而且在您的内心深处，您认为我真的犯下了所有这些骇人听闻的罪行……我的心都碎了。我困惑得头都晕了。我想大声叫喊，我想用头撞墙。我该怎么办呢？我究竟该怎么办呢?!"

“我是一个老实人。您也许忘了这个事实：一次……我在您的身边，您对我说：“你知道我为什么把你当我的朋友吗？因为，你是没有能力搞阴谋的，是吗？”而我说：“是的，我不会搞阴谋。”

“在那时，我正在同加米涅夫（在1936年8月被处决了）一起遛马路。哦，上帝啊，我是多么幼稚啊！真是一个傻瓜！现在我为此付出了我的荣誉、我的生活。原谅我，科巴！（斯大林的昵称）

“在我写这封信的时候，我哭泣着。不过……我没有对任何人怀有恶意。……我请您原谅……主啊，如果有一个神器，让您看到我撕裂的灵魂就好了！您就知道我是多么全心全意地忠诚于您！”

布哈林请求得到允许流亡美国，或发配到西伯利亚的一个劳改营，或者至少被允许喝毒药，而不是被枪决。这一切都是徒劳。1938年3月14日，他面朝着一支射击队，被执行了枪决。

68. *Maclean*, Eastern Approaches, *pp.* 40*ff.*

69. *Martin*, ‘*Origins of Soviet Ethnic Cleansing*’, *pp.* 837*ff.*

70. *Russian State Archives*, 3316/64/760 1930, *p.* 79.

71. *Martin*, ‘*Origins of Soviet Ethnic Cleansing*’, *pp.* 839*ff.*

72. *Ibid.*, *p*848.

73. *Maksudov*, ‘*Geography of the Soviet Famine*’

74. *Martin*, ‘*Origin of Soviet Ethnic Cleansing*’, *pp.* 844*ff.*

75. *Ibid.*, *pp.* 842-846.

76. *Borys*, Sovietization of Ukraine, *p.* 170.

77. *Conquest*, Harvest of Sorrow, *pp.* 219-224, 303, 306.

78. *Volkov* (*ed.*), Testimony, *p.* 215.

79. *Liber*, Soviet Nationality Policy, *p.* 40.

80. *Martin*, ‘*Origins of Soviet Ethnic Cleansing*’, *p.* 846. *Cf. Khrushchev*, Khrushchev Remembers, *p.* 73.

81. *Martin*, ‘*Origins of Soviet Ethnic Cleansing*’, *pp.* 849*ff.*

82. *Ibid.*, *p.* 852.

83. *Martin*, ‘*Origins of Soviet Ethnic Cleansing*’, *p.* 854.

84. *Ibid.*, *pp.* 855-858.

85. *Gitelman*, Jewish Nationality and Soviet Politics, *p.* 321.

86. Natsional'naia politika *VKP* (*b*) (1930), *table* 4.

87. *Gitelman*, Jewish Nationality and Soviet Politics, *pp.* 489-490, *pp.* 498-500; *Pinchuk*, Shtetl Jews, *pp.* 28*ff*; *Nove and Newth*, ‘*Jewish Population*’, *pp.* 136, 141*ff.*

88. *Applebaum*, Gulag, *p.* 173.

7. 歪理邪说

1. *http*: *//www.zum.de/psm/ns/hit5_ns_macht.php.*

2. *Burleigh*, ‘*Racial State Revisited*’, *p.* 158.

3. *Kershaw*, Hitler: Hubris *and* Hitler: Nemesis.

4. *Figures from the Archives at Tuskegee Institute*: *http*: *//www. law. umkc. edu/faculty/projects/ftrials/shipp/lynchingyear. html.*

5. 罗斯福竭力反对《科斯蒂根—瓦格纳反私刑法案》，担心如果支持这一法案，可能会使他在1936年竞选中得不到南部各州的支持。

6. *Modelski and Perry*, '*Democratization in Long-Term Perspective*', *p.* 25*n*.

7. *Manela*, Wilsonian Moment.

8. *Data kindly supplied by Kristian S. Gleditsch and Michael D. Ward*; *Jaggers and Gurr*, Polity III.

9. 有人有说服力地指出，进军罗马，是一个"从来没有发生过的历史事件"。新闻界谈到了法西斯主义在夺取克雷莫纳、比萨、佛罗伦萨、都灵和其他地方政权运动中的效果，但这些只是没有遇到对手的轻而易举的成功。实际上，向罗马"进军"的唯一事实，是墨索里尼受国王邀请去组阁政府，29日晚上那列火车将他从米兰运往了首都。参见雷尼：《捏造历史》。

10. 如果将所有不忠的神职人员列成一张名单，将那些玩弄或者不仅仅是玩弄法西斯主义的神职人员都列出来的话，简直会有一本书那么厚。如果只是为了说明一种普遍的现象是如何广泛传播的，那就只要提及下面的人就足够了：不名誉的作家加布里埃尔·邓南遮（*Gabriele D'Annuzio*），在战后的阜姆建立了一个无效的政权；诗人 *T. S.* 艾略特（*T. S. Eliot*），曾写过"极权主义可以保留'自由'和'民主'这样的词汇，并赋予其自身特殊的意义"；哲学家马丁·海德格尔（*Martin Heidegger*），作为弗赖堡大学的校长，热情地支持纳粹政权；漫画家埃尔热（乔治·雷米）（*Hergé Georges Remi*），因为原法西斯《20世纪》创作漫画而出名，他的英雄丁丁既反对布尔什维克又反对犹太金融家，从而留下了劣迹；政治理论家卡尔·施密特（*Carl Schmitt*），曾为第三帝国的不法行为设计了伪合法的法律依据；小说家伊格纳滋·斯隆（*Ignazio Silone*），向法西斯告发了前共产主义组织的同志；诗人 *W. B.* 叶芝（*W. B. Yeats*），曾经为爱尔兰蓝衣社谱写过歌曲；托马斯·曼（*Thomas Mann*），在第一次世界大战就犯下了错误，之后也没有公开与纳粹政权决裂。当他谈起"知识分子完全是一个犯罪阶层"时，他并没有说错。

11. *Halévy*, Correspondance, *p.* 666, *letter to E. Chartier*, *January* 1, 1924.

12. *Reck-Malleczewen*, Diary, *p.* 36.

13. 塞巴斯蒂安·哈夫纳（*Sebastian Haffner*）准确地描述了德国人对战败的反应："我该如何形容自己的感受—— 一个整个内心世界已经崩溃的11岁的男孩的感受？无论我怎样努力，我都觉得很难在普通的日常生活中找到一个恰当的词。某些神奇的灾难只可能在梦想世界才会发生。也许人们可以想象一下：有个人，他年复一年地将大笔的钱存放在银行里，而当有一天他要求获得一份资产声明时，却发现了一笔巨大的透支，而不是一笔巨大的财富；但是，这只是在梦中才发生的事。"——选自哈夫纳：《藐视希特勒》，第22页。

14. *Fermor*, Time of Gifts, *pp.* 31-118.

15. *Easton*, Red Count.

16. *Feldman*, Great Disorder; *Ferguson*, Paper and Iron; *Haffner*, Defying Hitler, *pp.* 41*ff*.

17. *Jones*, German Liberalism.

18. *James*, German Slump.

19. *Feldman*, '*Weimar from Inflation to Deflation*'.

20. *Wright*, Stresemann.

21. *Turner*, Hitler's Thirty Days.

22. *Ritschl*, Deutschlands Krise und Konjunktur.

23. *Burleigh*, Third Reich, *p.* 109.

24. *Pollock*, '*Areal Study*'; *Loomis and Beegle*, '*Spead of German Nazism*'.

25. *Falter*, Hitlers Wähler.

26. *Noakes*, Nazi Party in Lower Saxony; *Pridham*, Hitler's Rise to Power; *Grill*, Nazi Movement in Baden.

27. *Jonh O' Loughlin*, *Colin Flint and Luc Anselin*, '*Geography of the Nazi Vote*'.

28. *O' Loughlin*, '*Electoral Geography of Weimar Germany*'.

29. *Fischer*, German Communists and the Rise of Nazism, *p.* 107.

30. *Reck-Malleczewen*, Diary, *p.* 30.

31. *Turner*, Big Business.

32. *Weber*, Max Weber, *p.* 42.

33. *Housden*, Frank, *p.* 34.

34. *Petropoulos*, Faustian Bargain.

35. *Tooze*, Statistics and the German State.

36. *Burleigh*, Death and Deliverance, *p. ix*

37. *Burleigh*, Germany Turns Eastwards.

38. *Meinecke*, Deutsche Katastrophe, *ch.* 5.

39. *Burleigh*, Third Reich, *p.* 153.

40. *Burleigh*, Third Reich, *p.* 116.

41. *Ibid.*, *p.* 194.

42. *Ibid.*, *p.* 259.

43. *Reck-Malleczewen*, Diary, *p.* 31.

44. *Steigmann-Gall*, Holy Reich.

45. *Tooze*, Wages of War, *chs.* 1, 2.

46. *Ritschl*, Deutchlands Krise und Konjunktur, *table B.* 6. *Cf. table B.* 7.

47. *Ibid.*, *tables A.* 12 *and B.* 1.

48. 就业率在大萧条期间下降至37%，在1933年一季度和1938年三季度期间上升到了73%。

49. *Ibid.*, *table B.* 8.

50. *Bry*, Wages.

51. *Tooze*, Wages of War, *ch.* 3.

52. *Ritschl*, Deutchlands Krise und Konjunktur, *tables B.* 4 *and B.* 7.

53. *Tooze*, Wages of War, *ch.* 5. 尽管希特勒本人对大众汽车非常感兴趣，第三帝国并未能开辟巨大的汽车市场。大众汽车中甲壳虫的设计就是源自元首本人的一张草图。

54. *Evans*, Third Reich in Power, *pp.* 322-413.

55. *Hitler*, Mein Kampf, *vol. II*, *ch.* 15.

56. *Goldhagen*, Hitler's Willing Executioners, *esp. pp.* 53*ff.*

57. *Bachi*, Population Trends, *table* 2.

58. *Noakes and Pridham* (*eds.*), Nazism, *vol. II*, *p.* 522.

59. *Wassermann*, My Life, *pp.* 10*ff*, 18.

60. *Wassermann*, My Life, *pp.* 170, 180.

61. *Meiring*, Christlich-jüdische Mischehe, *table* 1.

62. *Ruppin*, Soziologie der Juden, *pp.* 211*ff*; *Hanauer*, '*Jüdische-christliche Mischehe*', *table* 2; *Della Pergola*, Jewish and Mixed Marriages, *pp.* 122-127. *Cf. Gay*, Jews of Germany, *pp.* 182, 198, 254.

63. *Ruppin*, Soziologie der Juden, *pp.* 211*ff. The statistics for Vienna are problematic*: *see Rozenblit*, Jews of Vienna, *pp.* 127-131.

64. *Burleigh and Wippermann*, Racial State, *p.* 110.

65. *Burgdörfer*, '*Juden in Deutschland*', *p.* 177. *Cf. Rigg*, Hitler's Jewish Soldiers, *tables* 2 *and* 3.

66. *Klemperer*, Diaries, *October* 6, 1935

67. *Ibid.*, *March* 17, 1933.

68. *Drucker*, Judenfrage in Deutschland, *p.* 13.

69. *Arendt and Heidegger*, Briefe.

70. *Evans*, Rituals of Retribution, *p.* 626.

71. *Hitler*, Mein Kampf, *vol. I*, *ch.* 11: '*Nation and Race*', *pp.* 283-299.

72. *Ibid.*, *ch.* 3. *Cf. Hamann*, Hitlers Wien.

73. *Dinter*, Sünde wider das Blut, *p.* 238.

74. *Ibid.*, *pp.* 294, 303, 366.

75. *Strack*, Jüdische Geheimgesetze, *p.* 24.

76. *Kernholt*, Vom Ghetto zur Macht, *esp. pp.* 233*ff.*

77. *Hermann*, Doppelte Spiegel, *p.* 28.

78. *Michel*, Verrat, *p.* 5.

79. *Leers*, 14 Jahre Judenrepublik, *vol. I*, *p.* 34; *Pappritz*, Mädchenhandel; *Berg*, Juden-Bordelle.

80. *Anon.*, Semi-Imperator, *esp. pp.* 13*ff*, 26, 62*ff*, 168.

81. *Marcuse*, Fruchtbarkeit der christlich-jüdischen Mischehe. *Cf. Rahden*, '*Mingling*, *Marrying*, *and Distancing*', *p.* 214.

82. *Leers*, 14 Jahre Judenrepublik, *vol. II*, *p.* 121.

83. *Burleigh and Wippermann*, Racial State, *pp.* 182*ff.*

84. *Tatar*, Lustmord, *pp.* 56*ff.*

85. *Ibid.*, *pp.* 41-64.

86. *Maurer*, Ostjuden, *pp.* 109-119, 162-167; *Kaplan*, Jüdische Frauenbewegung.

87. *Lebzelter*, ' "*Schwarze Schmach*" '.

88. *Burleigh and Wippermann*, Racial State, *p.* 117.

89. *Hitler*, Mein Kampf, *vol. I*, *ch.* 11.

90. *Reuth*, Goebbels, *pp.* 39-53.

91. *Padfield*, Himmler, *pp.* 69, 81.

92. *Ibid.*, *p.* 53.

93. *Weingart*, Doppel-Leben.

94. *Burleigh and Wippermann*, Racial State, *p.* 78.

95. *Plischke*, Jude als Rasseschänder.

96. *Ibid.*

97. *Hiemer*, Giftpilz, *transl. Noakes and Pridham* (*eds.*), Nazism, *vol. II*, *pp.* 543*ff*; *Gilbert*, Nuremberg Diary, *pp.* 43, 376; *Froschauer and Geyer*, Quellen des Hasses, *pp.* 20-22.; Faszination und Gewalt, *p.* 53; *Burleigh and Wippermann*, Racial State, *p.* 78.

98. *Welch*, Propaganda, *p.* 285. *Cf. Kugelmann and Backhaus* (*eds.*), Jüdische Figure.

99. *Sington and Weidenfeld*, Goebbels Experiment, *p.* 86.

100. *Theweleit*, Male Fantasies, *vol. I*, *pp.* 76*ff.*

101. 在兴登堡的坚持下，那些1914年第一次世界大战中，在前线战斗过的所有犹太军人和支持过政府的犹太人成了例外，没有被剥夺职务。

102. *Klemperer*, Diaries, *March* 10, 1933.

103. *Klemperer*, Diaries, *May* 2, 1935.

104. *Kulka*, '*Nürnberger Rassengesetze*', *p.* 594.

105. *Angress*, ' "*Judenfrage*" *im Spiegel amtlicher Berichte*', *p.* 33.

106. *Noakes and Pridham* (*eds.*), Nazism, *vol. II*, *p.* 532*ff.*

107. *Goldhagen*, Hitler's Willing Excecutioners, *p.* 96.

108. *Noakes and Pridham* (*eds.*), Nazism, *vol. II*, *p.* 534. *Cf. Schleunes* Twisted Road to Auschwitz, *pp.* 121-125.

109. *Przyrembel*, Rassenschande, *table* 3.

110. *Johe*, '*Beteiligung der Justiz*'; *Gordon*, Hitler, Germans and the Jewish Question, *pp.* 211-221.

111. *Robinsohn*, Justiz als politische Verfolgung, *p.* 78, *table* 11.

112. *Noakes and Pridham* (*eds.*), Nazism, *vol. II*, *p.* 540.

113. *Johe*, ‘*Beteiligung der Justiz*’, *pp.* 183-185.

114. *Noakes and Pridham* (*eds.*), Nazism, *vol. II*, *p.* 541.

115. *Robinsohn*, Justiz als politische Verfolgung.

116. 希姆莱的崛起对第三帝国体制的发展具有重要意义。起初，党卫军附属于恩斯特·罗门哈斯（*Ernst Röhm*）的救世军。希姆莱的第一个正式职位，是慕尼黑警察局代理局长。然而，1934 年，他成为普鲁士国家秘密警察（简称“盖世太保”）首脑。罗门哈斯在长刀之夜被谋杀后，他成功地将盖世太保与其他各州政治警察合并。从 1936 年起，他控制了所有的警察活动，并得到了帝国警察总监这一独特的显赫称号。海德里希的保安处（*SD*）不是一个国家机构，而是一个纳粹党的组织机构。不过，他与希姆莱的实权越来越大，并在 1939 年因组建涵盖范围广泛的德国中央保安局（*RSHA*）而得到了加强。

117. *Gellately*, ‘*Gestapo and German Society*’, *p.* 665.

118. *Johnson*, Nazi Terror.

119. *Gellately*, ‘*Gestapo and German Society*’, *pp.* 670-673.

120. *Johnson*, Nazi Terror.

121. *Schleunes*, Twisted Road to Auschwitz, *p.* 124; *Noakes and Pridham* (*eds.*), Nazism, *vol. II*, *pp.* 534*ff.*

122. *Noakes and Pridham* (*eds.*), Nazism, *vol. II*, *pp.* 537*ff*; *Rubinstein et al.*, Jews in the Modern World, *p.* 213.

123. *Noakes and Pridham* (*eds.*), Nazism, *vol. II*, *pp.* 564*ff.*

124. *Ibid.*, *vol. IV*, *pp.* 1127*ff*, *esp.* 1132*ff.*

125. *Burleigh*, ‘*Racial State Revisited*’, *pp.* 160*ff.*

126. *Burleigh*, Death and Deliverance.

127. *Burleigh and Wippermann*, Racial State, *pp.* 128*ff.*

128. *Burleigh*, ‘*Racial State Revisited*’, *pp.* 161*ff.*

129. *Cf. Werner*, ‘*Darré*’, *p.* 57.

130. *Burleigh*, ‘*Racial State Revisited*’, *p.* 163.

131. *Padfield*, Himmler, *p.* 169.

132. 然而，就像纳粹的其他妄想一样，这也证明是不可行的。党卫军军官生的孩子不会多于 7500 个。他们生育孩子的数量少于一般人。

133. *Noakes and Pridham* (*eds.*), Nazism, *vol.* Ⅲ, *pp.* 919*ff.*

134. *Rubinstein et al.*, Jews in the Modern World, *p.* 215.

135. *Goebbels*, Tagebücher, *vol. VI*, *pp*180*ff.*

136. *Haffner*, Defying Hitler, *pp.* 116*ff.*

137. *Rubinstein et al.*, Jews in the Modern World, *pp.* 211*ff*; *Burleigh*, Third Reich, *p.* 281.

138. *Rubinstein et al.*, Jews in the Modern World, *pp.* 215*ff.*

139. *Ibid.*, *p.* 220.

140. *Landau-Czajka*, '*Image of Jew in Catholic Press*', *p.* 165.

141. *Landau-Czajka*, '*Image of Jew in Catholic Press*', *pp.* 165*ff.*

142. *Ibid.*, *p.* 174.

143. *Hagen*, '*Before the "Final Solution"*', *p.* 368. *On the similarities and differences between Germany and Poland, see Vital*, People Apart, *pp.* 803*ff.*

144. *Mendelsohn*, Jews of East Central Europe, *p.* 74; *Rubinstein et al.*, Jews in the Modern World, *p.* 141; *Wynot*, '"*Necessary Cruelty*"', *pp.* 1037*ff.*; *Hoffman*, Shtetl, *pp.* 197*ff*; *Segel* (*ed.*), Stranger in Our Midst, *pp.* 323, 331*ff*; *Warsaw and Lwów*, *and Blumstein*, Little House, *pp.* 6*ff*, *on the events in Grodno. Cf. Sieradszki*, Twist of History, *p.* 10; *Bronsztejn*, '*Polish-Jewish Relations*'.

145. *Vital*, People Apart, *p.* 767.

146. *Rudnicki*, '*Anti-Jewish Legislation*', *pp.* 149-158.

147. *Wynot*, '"*Necessary Cruelty*"', *pp.* 1035*ff.*; *Rudnicki*, '*Anti-Jewish Legislation*', *p.* 160.

148. *Rubinstein* et al., Jews in the Modern World, *pp.* 142*ff.*

149. *Mendelsohn*, Jews of East Central Europe, *pp.* 74*ff.*

150. *Rudnicki*, '*Anti-Jewish Legislation*', *p.* 166.

151. *Ibid.*, *p.* 167; *Hagen*, '*Before the "Final Solution"*', *p.* 374.

152. *Vital*, People Apart, *pp.* 775*ff.*

153. *Vago*, Shadow of the Swastika, *p.* 56; *Glenny*, Balkans, *p.* 448. *Cf. Mendelsohn*, Jews of East Central Europe, *pp.* 186*ff.*, 204.

154. *Vago*, Shadow of the Swastika, *p.* 59.

155. *Ibid.*, *p.* 55.

156. *Sebastian*, Journal.

157. *Mendelsohn*, Jews of East Central Europe, *pp.* 206*ff.*

158. *Vago*, Shadow of the Swastika, *pp.* 43, 49*ff.*

159. *Mendelsohn*, Jews of East Central Europe, *p.* 207.

160. *Levi*, Cat called Adolf, *p.* 47.

161. *Hatton and Williamson*, '*International Migration*'.

162. *Pascoe*, '*Miscegenation Law*', *p.* 59; Interracial Intimacy; *Robinson*, Dangerous Liaisons; *Kennedy*, Interracial Intimacies; *Wallenstein*, 'Tell the Court I Love My Wife'.

163. *Novkov*, '*Racial Constructions*'.

164. *Bynum*, '"*White Negroes*"'.

165. *Pascoe*, '*Miscegenation Law*', *p.* 59.

166. *Mendelsohn*, Jews of Eastern Europe, *p.* 79; *Vital*, People Apart, *p.* 780.

167. *Mendelsohn*, Jews of East Central Europe, *p.* 78.

168. *Colville*, Man of Valour, *p.* 107. *See in general Sherman*, Mandate Days, *pp.* 83-126.

169. *Klemperer*, Diary, *quoted in Burleigh*, Third Reich, *p.* 340.

170. *Burleigh*, Third Reich, *pp.* 586-596.

171. *Rosen*, My Lost World, *p.* 238.

172. *Heppner*, Shanghai Refuge, *p.* 42.

8. 一个偶然形成的帝国

1. *Nitobe*, Bushido, *p.* 35.

2. *King*, China and the League of Nations, *p.* 53.

3. *Treue*, '*Hitlers Denkschrift*'.

4. *Tooze*, Wages of War, *ch.* 7.

5. *Tooze*, Wages of War, *table* 4.

6. *Yergin*, The Prize.

7. Economist, *October* 1, 1938, *pp.* 25*ff.*

8. *Tooze*, Wages of War, *appendix* 2.

9. *Boyd*, '*Japanese Military Effectiveness*', *p.* 143.

10. 沃尔特·达雷（*Walter Darré*）在1936年初的一次讲话中，将“德国人民定居的自然区域”定义为“德意志帝国的边境，东起乌拉尔，南到高加索、里海、黑海和将地中海盆地与波罗的海和北海分开的流域”。

11. *Duus*, '*Japan's Informal Empire*', *p. xxvi.*

12. *Harries*, Soldiers of the Sun, *pp.* 108*ff.*

13. *Saxon*, '*Anglo-Japanese Naval Cooperation*', *n. p.*

14. 事实上，修正案赢得了大多数人对联盟委员会的支持，17票中有11票赞成票，但威尔逊坚持要一致通过。

15. *Macmillan*, Peacemakers, *p.* 320; *Kennedy*, Realities behind Diplomacy, *pp.* 260-263.

16. *Nish*, '*Historical Significance of the Anglo-Japanese Alliance*'.

17. *Saxon*, '*Anglo-Japanese Naval Cooperation*', *n. p.*

18. *Kimitada*, '*Japanese Images of War with the United States*', *pp.* 115*ff.*

19. *Macmillan*, Peacemakers, *p.* 325.

20. *Hata*, '*Continental Expansion*'; *Iriye*, Origins of the Second World War in Asia.

21. *Boyd*, '*Japanese Military Effectiveness*', *p.* 142.

22. *Ibid.*, *p.* 134.

23. *Harries*, Soldiers of the Sun, *p.* 112.

24. *Hata*, '*Continental Expansion*', *p.* 284.

25. *Yasuba*, '*Shortage of Natural Resources*', *pp.* 551*ff.*

26. 鲍德温没有在传统的贵贱通婚的婚姻面前妥协。大公斐迪南曾经也是这样，与非王室血统的苏菲亚·冯·乔特科瓦结了婚。然而，正如达夫·库珀所指出的，事件发生的时机对国王不利。他一直等到他登上王位之后才提起娶威利斯·辛普森夫人的问题，即使得到罗瑟米尔和弗布鲁克两份文件的大力支持也无济于事，更不要说温斯顿·丘吉尔的支持能起什么作用，当时正处于政治失控时期。

27. *Details in Lu*, From the Marco Polo Bridge, *pp.* 8-13.

28. *Buruma*, Inventing Japan, *p.* 64.

29. *Coox*, '*Effectiveness of the Japanese Military Establishment*', *p.* 35.

30. *Harries*, Soldiers of the Sun, *p.* 18; *Shillony*, Politics and Culture, *pp.* 135*ff.*

31. *Cf. Edgerton*, Warriors of the Rising Sun, *pp.* 322*ff.*

32. *Harries*, Soldiers of the Sun, *pp.* 140-144.

33. *Ibid.*, *pp.* 411*ff.*

34. *Coox*, '*Effectiveness of the Japanese Military Establishment*', *p.* 36.

35. *Harries*, Soldiers of the Sun, *pp.* 112*ff.*

36. *Fenby*, Generalissimo, *p.* 61.

37. *Lin*, '*Chinese Nationalist Appeasers*', *pp.* 212*ff.*

38. *Coble*, Facing Japan, *pp.* 3*ff.*

39. *Fenby*, Generalissimo, *pp.* 146-150.

40. *Ibid.*, *p.* 246.

41. *Ibid.*, *p.* 231.

42. *Bickers*, Empire Made Me, *p.* 177.

43. *Hata*, '*Continental Expansion*', *pp.* 287*ff*; *Lin*, '*Chinese Nationalist Appeasers*', *pp.* 217*ff*; *Coble*, Facing Japan, *p.* 18.

44. *Iriye*, Origins of the Second World War in Asia, *p.* 4; *Endicott*, *Diplomacy and Enterprise*, *p.* 186; *Davidson Houston*, Yellow Creek, *p.* 122.

45. *Goetzmann*, '*China and the World Financial Markets*'.

46. *Sugihara*, '*Economic Motivations*', *p.* 260.

47. *Endicott*, Diplomacy and Enterprise, *p.* 186.

48. *Ibid.*, *p.* 179.

49. 1929 年英国人（就像美国人和日本人一样）恢复了中国的关税自主权，并结束了武器禁运。次年，他们恢复了中国对华北威海卫海军基地的控制。

50. *Neidpath*, Singapore Naval Base, *p.* 136.

51. *Sugihara*, '*Economic Motivations*', *p.* 267; *ibid.*, *tables* 2, 3.

52. *Yasuba*, '*Shortage of Natural Resources*', *p.* 553. *Cf. Hata*, '*Continental Expansion*', *p.* 292.

53. *Ibid.*, *p.* 555 *and table* 5.

54. *Yasuba*, '*Shortage of Natural Resources*', *p.* 555 *and table* 5.

55. *Sugihara*, '*Economic Motivations*', *p.* 275.

56. *Iriye*, Origins of the Second World War in Asia, *p.* 8.

57. *Hata*, '*Continental Expansion*', *pp.* 288*ff.*

58. *Coble*, Facing Japan, *pp.* 22-27.

59. *Fujiwara*, '*Role of the Japanese Army*', *p.* 193.

60. *Harries*, Soldiers of the Sun, *pp.* 123*ff.*

61. *Iriye*, Origins of the Second World War in Asia, *pp.* 5-7; *Crowley*, Japan's Quest for Autonomy, *pp.* 385*ff.*; *Boyd*, '*Japanese Military Effectiveness*', *p.* 145.

62. *Humphreys*, Way of the Heavenly Sword.

63. 激进的军国主义协会的一个显著特征，是日莲田中佛教大师智学（*Tanaka Chigaku*）（1861—1939 年）对他们的影响。田中以 13 世纪神秘的日莲教义为基础，断言日本的"老天爷交给的任务"，就是要谋求在全世界范围内实现"一种精神团结"。在田中的追随者中，有汉字石原慎太郎（*Ishihara Kanji*）。他是满洲事变的主谋，后来成为总参谋部战略总监。

64. *Crowley*, Japan's Quest for Autonomy, *pp.* 379*ff*, 387*ff. Cf. Ogata*, Defiance in Manchuria, *pp. xiii-xvi*; *Iriye*, Origins of the Second World War in Asia, *pp.* 8-10.

65. *Buruma*, Inventing Japan, *p.* 70.

66. *Crowley*, Japan's Quest for Autonomy, *pp.* 381*ff.*, 389*ff.*

67. *Duus*, '*Japan's Informal Empire in China*', *p. xxiv.*

68. *Sugihara*, '*Economic Motivations*', *table* 4.

69. *Hata*, '*Continental Expansion*', *p.* 297; *Ogata*, Defiance in Manchuria, *pp.* 180-185.

70. *Feuerwerker*, '*Japanese Imperialism in China*', *pp.* 432*ff.*

71. *Coble*, Facing Japan, *pp.* 11-17.

72. *Lin*, '*Chinese Nationalist Appeasers*', *p.* 225.

73. *Hinsley*, Power and the Pursuit of Peace, *p.* 315.

74. *Hata*, '*Continental Expansion*', *pp.* 296*ff.*

75. *Graebner*, '*Introduction*', *p. x. Cf. Iriye*, Origins of the Second World War in Asia, *pp.* 18-20.

76. *King*, China and the League of Nations, *p.* 14.

77. *Iriye*, Origins of the Second World War in Asia, *p.* 14.

78. *King*, China and the League of Nations, *p.* 27.

79. *Ogata*, Defiance in Manchuria, *pp.* 177*ff.*

80. *King*, China and the League of Nations, *pp.* 42-46, 50-54.

81. *Coble*, Facing Japan, *pp.* 90-95.

82. *King*, China and the League of Nations, *pp.* 55-61.

83. *Coble*, Facing Japan, *pp.* 111*ff.*

84. *Dilks*, ' "*Unnecessary War*" ', *pp* 105*ff*; *King*, China and the League of Nations, *pp*. 30-34; *Coble*, Facing Japan, *pp*. 39-50; *Davidson Houston*, Yellow Creek, *p*. 139.

85. *Parker*, Chamberlain, *p*. 39; *Lowe*, Great Britain and the Origins of the Pacific War, *pp*. 6*ff*.

86. *Iriye*, Origins of the Second World War in Asia, *pp*. 22*ff*. ; *Coble*, Facing Japan, *pp*. 153-160. *Cf. Kimitada*, '*Japanese Images of War*', *p*. 129.

87. *Iriye*, Origins of the Second World War in Asia, *pp*. 24*ff*. ; *Coble*, Facing Japan, *p*. 161. *Cf. Barber and Hensall*, Last War of Empires, *pp*. 183-186.

88. *Iriye*, Origins of the Second World War in Asia, *pp*. 31-34.

89. *Ibid*. , *pp*. 29*ff*. *Cf. Barnhart*, '*Japanese Intelligence*', *pp*. 430*ff*.

90. *Coble*, Facing Japan, *pp*. 175*ff*, 245*ff*.

91. *Ibid*. , *pp*. 195*ff*, 199-212, 241-252.

92. *Coble*, Facing Japan, *pp*. 317*ff*, 320*ff*.

93. *Ibid*. , *pp*. 57, 101*ff*, 179.

94. *Lin*, '*Chinese Nationalist Appeasers*', *pp*. 228*ff*.

95. *Coble*, Facing Japan, *pp*. 47*ff*.

96. *Ibid*. , *pp*. 327*ff*.

97. *Coble*, Facing Japan, *p*. 153. *Cf. ibid*. , *pp*. 182*ff*.

98. *Hata*, '*Continental Expansion*', *p*. 303; *Coble*, Facing Japan, *p*. 370; *Buruma*, Inventing Japan, *p*. 82.

99. *Hata*, '*Continental Expansion*', *p*. 305. *Cf. Li*, Japanese Army, *pp*. 4, 15*n*. *Barnhart*, '*Japanese Intelligence*', *pp*. 433*ff*.

100. *Dreyer*, China at War, *pp*. 210*ff*.

101. *Coble*, Facing Japan, *p*. 373*ff*.

102. *Hata*, '*Continental Expansion*', *pp*. 305*ff*.

103. *Katsumi*, '*Politics of War*', *p*. 290.

104. *Dreyer*, China at War, *pp*. 215-224.

105. *Coox*, Pacific War, *pp*. 319*ff*.

106. *Katsumi*, '*Politics of War*', *pp*. 291*ff*.

107. 在战争期间日本应该在多大程度上被认定为军事独裁政权是有争议的。诚然，东条英机在自己手中集中了相当大的权力，在一段时间内同时担任了首相、陆军大臣和陆军参谋长多种职务。国会里不再存在多个政党，在军事决策中几乎不存在有影响力的有效反对力量。另一方面，明治宪法的基本要素仍然完好无损。虽然参谋长和内务大臣（也是军人）拥有有效的否决权，但体制结构仍然或多或少地得到保留。东条英机在战争结束之前就在任上倒台了。

108. *Dreyer*, China at War, *pp*. 216-219. *Cf. Farmer*, Shanghai Harvest, *pp*. 34, 37, 48, 84; *Davidson Houston*, Yellow Creek, *p*. 154.

109. *Fenby*, Generalissimo, *p*. 304.

110. *Farmer*, Shanghai Harvest, *pp*. 57*ff*.

111. *Lu*, From the Marco Polo Bridge, *p*. 19.

112. *Lu*, From the Marco Polo Bridge, *pp*. 18-21.

[英] 尼尔·弗格森（Niall Ferguson）◎著

喻春兰◎译

世界战争与西方的衰落 下

THE WAR OF THE WORLD

SPM

南方出版传媒
广东人民出版社

·广州·

目录（下册）

第二部分　帝国—国家

第三部分　杀戮空间

第四部分 一场带有污点的胜利

结语 西方的衰落

世界战争与西方的衰落

第二部分

帝国—国家

9. 保卫没有防御能力的国家

只要你……在你的职权范围内采取了一切手段，使自己完全熟悉所面临的形势，在各个国家之间建立起友好感情和友好合作……那么，我们就有可能避免这场可怕的灾难。

——罗德·伦敦德里（*Lord Londonderry*）：《我们自己和德国》[1]

成为一个胆小鬼需要多大的勇气啊！……我们必须继续最大限度而又不超过这个限度地做胆小鬼。

——亚历山大·卡多根（*Alexander Cadogan*）爵士，1938年9月21日[2]

一个先发制人的案例?

由于显而易见的原因，我们一般都认为，1933—1939 年之间的岁月，用术语来讲，是“第二次世界大战的起始阶段”。按习惯，我们提出的问题是：西方各大国家是否本来应该做出更大的努力以避免这场战争的爆发——对德国和日本采取的绥靖政策是不是犯了一个灾难性的错误？然而，事件发生的顺序是颠倒的，绥靖政策并没有导致战争，而恰恰是因为战争的爆发才有了后来的姑息。我们一般都认为，到 1939 年战争在波兰还没有爆发。但事实上，这场战争始于 1937 年的亚洲，甚至始于 1931 年日本侵略满洲之时；这场战争，始于 1935 年的非洲，始于墨索里尼入侵阿比西尼亚；这场战争，始于 1936 年的西欧，始于德国和意大利帮助佛朗哥赢得西班牙内战的胜利；这场战争，始于 1939 年 4 月的东欧，始于意大利入侵阿尔巴尼亚。国际军事法庭在纽伦堡宣称，希特勒及其同伙是第二次世界大战唯一的始作俑者，事实却相反，希特勒是这场战争的一个迟到者。1939 年 9 月之前，他达到了其外交政策的目标，没费一枪一炮。那时，他也没有存心要挑起一场世界大战的企图。正如 *A. J. P.* 泰罗（*A. J. P. Taylor*）45 年前在《第二次世界大战的起源》中所主张的那样，在德国、法国和英国之间爆发的这场战争中，西方各大国家的过失、波兰的过失和希特勒的过失，几乎是同样严重的。[3]

但泰罗的观点，充其量只对了一半。关于西方各大国家，他说得对：法国的政治家们优柔寡断，在战争还没有打响之前，他们从内心来说就已经失败了；美国人伪善，带有高调的言论和低调的商业动机；最重要的是，头脑糊涂的英国人。英国人说，他们希望维护国际联盟的权威和弱小国家的权利，但当满洲、阿比西尼亚和捷克斯洛伐克发生被侵略事件后，英帝国自身的利益战胜了集体的安全。他们担心军事力量不足，似乎只有同等的军事作战实力才足以避免战争；但是，当一种军事平衡有可能维护不列颠群岛的安全时，它既没有维护其大陆盟国的安全，也没有保护好其亚洲殖民地的安全。泰罗颇有讽刺意味地把《慕尼黑协定》称为“一场英国政策的胜利……也是一场在英国人生活中最好、最有启发性的一切事物的胜利”。[4] 英国以一个对捷克斯洛伐克无法兑现的保证为代价，避免了与德国发生战争。如果在

1938 年将苏台德地区交给希特勒是一个正确决定的话，那英国人为什么不在 1939 年就把希特勒不惜一切代价想要得到的地区但泽交给他？答案是当时他们对波兰人做出了另一个毫无价值的军事保证。这样做了以后，他们没有马上理解丘吉尔所看到的东西：如果不与苏联结成“大联盟”，英国和法国可能会发现自己要独自面对德国。作为英国外交的控告书，泰罗的观点是经得起学术检验的，但他也没提供什么线索来证明英国的政治家们为什么如此软弱无能。

泰罗最大的错误在于，他试图将希特勒的外交政策说成“是他外交部前任专业外交官的外交政策，而事实上是几乎所有德国人的”[5]，并且他认为，第二次世界大战是“第一次世界大战的重复”[6]。没有什么比这更离谱的了。俾斯麦一直致力于防止一个包括奥地利在内的大德国的产生，然而，建立一个大德国是希特勒的既定目标之一，尽管这是他从魏玛共和国继承来的一个目标。俾斯麦的主要噩梦之一，是其他大国为反对德国而结成联盟。希特勒在被打败之前入侵苏联时，刻意建立了这样一个包围式的联盟。甚至连德皇都没有如此轻率地对英国发动战争，实际上，德皇曾希望能避免同英国开战，俾斯麦曾把殖民政策作为保持欧洲均势的工具。希特勒对占领海外不感兴趣，甚至没想把它作为一个筹码。在整个 20 世纪 20 年代，德国都一直敌视波兰，而对苏联友好。希特勒在上台一年多内就扭转了这样的局面。[7] 诚然，正如泰罗所主张的，希特勒通过将 20 世纪 30 年代外交危机与直觉、运气结合起来，即兴地走上了这条道路。希特勒本人也承认，他是一个对风险不太厌恶的赌徒（“我的一生都在玩危险的游戏”）。但希特勒赌赢了什么吗？这并不是一个难以回答的问题，因为希特勒已经回答了很多次。就像施特雷泽曼或布吕宁一样，他并不满足于仅仅撕毁《凡尔赛条约》——一项甚至在他当上总理之前经济大萧条交给他的履行了一半的任务。恢复德国在 1914 年的地位，也不是他的目标。德国历史学家弗里茨·菲舍尔（*Fritz Fischer*）暗示说：希特勒的目标，类似于第一次世界大战德国领导人的目标，即以牺牲俄国为代价扩大在东欧的势力范围。这种说法也不对。

希特勒的目标是不同的。简单地说，就是扩张德意志帝国的领土范围，使其尽可能地把整个日耳曼民族包含在内，并且在此过程中消灭他所认为的影响其存在的主要威胁，即犹太人和苏联共产主义（对于希特勒来说，他们是两位一体的）。像日本领土扩张的支持者们一样，他之所以寻找“生存空间”，是相信德国需要更多的领土，因为其人口众多而战略原材料不足。然而，德国的情况不太相同，因为德国已经有希特勒梦寐以求的大量空间，足够供德国人生活。当希特勒迫切要求那些不是在德国统治下生活的但在种族上是德国人的人首先在萨尔州，然后在莱茵兰、奥地利、苏台德地区和但泽进行民族自决时，他不是在提出一系列非常合理的要求，就像英国政治家们通常所认为的那样。他正在提出一项无理的要求，这意味着要将德国的领土扩大到远远超出维斯瓦河的范围。希特勒想要得到的，不仅仅是一个更大的德国，而是一个尽可能大的德国。由于日耳曼人在东中欧的地域分布非常广泛，这意味着德意志帝国的领土范围要从莱茵河一直延伸到伏尔加河。而这，也不是希特勒的野心所在。因为建立这个最大的德国的目的，是要为建立一个日耳曼人的大帝国打下基础。这个帝国至少能够与大英帝国相匹敌。

这就把英国的政策放到了相当不同的位置。在整个 20 世纪上半叶，英国的政策是建立在人们假设它软弱的基础上的。乍一看，这是自相矛盾的，因为在这期间，英国一直都是世界上最大的帝国。但正是英国人委任统治的范围太大，才使他们感到了自身的脆弱。他们无法用传统的公共财政政策同时协调好各种关系，满足多种需求，既要保卫英国，又要保护好在中东和亚洲的殖民地，更不要说还有在非洲和澳洲的殖民地等。少数信奉歪理邪说的人仍然受这种传统的公共财政政策束缚。在和平时期，保证所有这些领土安全所需要的资金方面的预算，甚至超越了温斯顿·丘吉尔（*Winston Churchill*）的想象，他自称为财政大臣，显然要尊重平衡预算和国库充盈的财政原则。1914 年以前，英国外交大臣爱德华·格雷（*Edward Grey*）爵士在丘吉尔的支持下，曾致力于使英国在一场大陆战争中站在法国和俄国一边，尽管事实上英国缺乏陆军实力来履行承诺，那也比拖延和（正如索姆河战役所证明的）付出痛苦的高昂代价要强。[8] 然而，在 20 世纪 30 年代，他的继任者因对形势做出了错误估计而犯下了更加危险的错误。格雷至少使英国与他国结成了一个大联盟，这个联盟很有可能会打败德国及其盟友。1914 年以前，英国政策最糟糕的地方，是英国几乎没有为防备德国做好战争准备，做好德国在外交中所暗示的、它可能要打一场陆地战争的准备。1914 年，处在危急关头的，主要是法国的未来；1939 年，处在危急关头的，是英国的未来。

20 世纪 30 年代的政治家们不会看不到德国人企图统治欧洲大陆的危险性。恰恰相反，人们的普遍看法是，英国首都会在战争爆发的24小时之内被赫尔曼·戈林（*Hermann Göring*）的德国空军夷为平地。[9] 在1934年，英国皇家空军估计，德国在占领低地国家的战争中，一天之内对英国投下的炮弹就有可能多达150吨。到1936年，这一数字已上升到每天600吨，1939年700吨——战争爆发的第一天，可能投下了3500吨。[10]1934年7月，鲍德温宣布："当你想起保卫英国时，不再会想起多佛的白垩峭壁，而是会想起莱茵河。这才是我们的前线所在。"[11]然而，他和他的继任者都没有对德国的威胁做出合理的反击。日本人占领满洲是一回事，它与英国的安全无关；同样，意大利人占领阿比西尼亚部分地区是一回事，它也与英国无关，只要英国人不付出任何代价；即使阿尔巴尼亚被意大利人占领，也与英国的安全无关；西班牙的内政，坦率地讲，也与英国的国家利益无关。但是，一个更大德国的崛起，就是另外一回事了。

希特勒在辩解说德国在中欧的扩张不会对英国产生任何威胁时，他当然有可能是真诚的。当希特勒表示他渴望与英国结成联盟或达成谅解时，从写作《我的奋斗》一书起，便是真诚的。从1933年11月起，希特勒开始寻求与英国海军达成和解，并在1935年6月达成了一致意见。这次和解无视德国外交部和德国海军的意愿。[12]"英德组合，"他当时指出，"将大大强于其他所有大国。"正如英国驻柏林大使埃里克·菲普斯（*Eric Phipps*）爵士所说的，他有时会表现出"对大英帝国的繁荣昌盛感到焦灼不安"。[13]四年后，这样的想法再次浮现，希特勒开始对英国干涉他入侵波兰感到紧张。他"总是希望德国和英国达成谅解"，1939年8月25日，他这样安慰英国驻柏林的新大使内维尔·亨德森（*Nevil Henderson*）爵士。当英国人不听信这些花言巧语并履行其对波兰的承诺时，他感到颇为失望，对罗森伯格说，他"不知道"英国人正在"追求"些什么，"即使英国人取得了胜利，但真正的胜利者，也将是美国、日本和苏俄"。10月6日，在占领波兰后，他重申了他的和平建议。1939年后，希特勒一次又一次地对他即将要向英国开战表示遗憾，因为他对"推翻大英帝国的愿望"感到怀疑。他告诉在1938年当上总参谋长的弗朗茨·哈尔德（*Franz Halder*）将军，说"他不喜欢"同英国人开战的"原因是，如果我们摧毁了英国的军事实力，大英帝国将面临着崩溃。这对德国是没有用的……（但）只会对日本、美国和其他国家有好处"。希特勒经常提到种族之间的亲和力，他相信盎格鲁—撒克逊人与日耳曼人之间存在这种亲和力。正如1940年德国宣传部新闻发布会上提出的："在未来白种人反对黄种人、或者日耳曼种族反对布尔什维主义的斗争中，英国人在种族上拥有宝贵的日耳曼成分，迟早都要加入到德国人中来。"这种观念导致当时以及此后的一些历史学家们想象：大英帝国和纳粹帝国的和平合作是可能的，大错特错的并不是绥靖政策，而是在1939年放弃了绥靖政策。有人甚至暗示说，在1940年或1941年，如果不是丘吉尔而是另一个人负责制定英国政策的话，和平也许可以得到恢复。

袖手旁观是1914年英国人的选择。如果对法国和俄国开战，德国不能轻易取胜，即使打赢了，对英国的威胁也将是相对有限的，这至少不是因为威廉二世时期的德国是一个君主立宪制国家，在这个国家，还发生了一场大规模的有组织的劳工运动。英国无论如何也没有准备在1914年同德国开战，干涉德国入侵波兰的代价，证明是非常高昂的。[14]希特勒的德国，问题就不同。德皇没有空军，希特勒不必担心社会民主党和工会。也许希特勒是一个真诚的亲英派，德皇也曾是一个真诚的亲英派。但是没有人可以肯定，如果希特勒说的是事实，或者即使他说了，他都可能不会改变主意。我们知道他做到了。在不抱幻想的驻英大使里宾特洛甫的怂恿下，希特勒把英国视为一个日渐衰落的国家，而且早在1936年底就得出了这样的结论：即使是真诚（sic）的德英友好关系，也不能给德国带来具体的、积极的好处，因此，德国人"没有兴趣理解英国人"。正如希特勒在1937年11月与其军事首脑们举行的一次会议上所说的（在著名的《霍斯巴赫会议备忘录》），英国人是"没有雄心壮志的敌手"，从长远来说，英帝国"无法通过强权政治来维持现状"。里宾特洛甫不断地强调这个观点，把英国视为"我们最危险的对手"（1938年1月）。1939年1月29日，建设一支德国新海军的工作开始了。这是一支由13艘战列舰和战列巡洋舰、4艘航空母舰、15艘装甲舰、23艘巡洋舰和22艘大型驱逐舰即著名的侦察巡洋舰组成的强大海军。这支海军一旦建成，针对的是谁，是毫无疑问的。

总之，希特勒的德国对英国安全构成了潜在的致命威胁。希特勒说，他希望获得生存空间。如果他的理论正确的话，那么，德国获得的生存空间只能使德国变得更加强大。一个更强大的德国将能养得起一支更大的空军、一支穿行于大西洋的海战舰队。在这样的基础上，和平共处的可能性是极小的。然而，要从绥靖政策中汲取教训，并不像看起来那么容易，尽管许多人都尝试过这样做。对内维尔·张伯伦

(*Neville Chamberlain*) 的辩护者来说，重要的是，要理解为什么他和他的同事做出了那个决定。[15]但是，能理解一切的人，未必会宽恕一切（tout comprendre, ce n'est pas tout pardoner)。这些谴责绥靖政策的人，表面上证据确凿，[16]但证据并非完美无缺，除非它能证明：管用的替代性政策那时就已经存在。

连狗在遭遇到更有攻击性的狗时都会面临着选择：战斗或者逃跑。英国人在1939年9月选择了战斗。到1940年5月结束时，他们不再有选择的余地，不得不逃跑。尽管仍在大肆宣传"英勇的敦刻尔克精神"，但这其实是英国军事历史上最大的惨败之一——这是在1914年7月英国人及其盟友花了整整四年零三个月尽量防止出现的一场惨败。英国人并不认为他们的选择比一条狗的好。在确定希特勒构成了潜在的威胁后，他们有四个选择：1. 默许；2. 报复；3. 威慑；4. 先发制人。

默许意味着希望获得最好的结果。希特勒相信，大英帝国的善意抗议是真诚的，这使他采用了邪恶的方式来对待东欧。直到1938年底，这是英国政策的核心。第二个方案是报复，这就是说，针对希特勒对英国或它所选择的盟国采取进攻行动做出反应。这是英国在1939年和1940年的政策。选项1和2的缺陷是显而易见的。没有人信任希特勒，但默许给了他几年的时间进行领土扩张和军备扩张，他进攻波兰时如果对他进行报复，问题会更加严重，这样便把战争的时机留给了德国和波兰政府。英国人还试图威慑，即采取第三种选择，但他们的观念有致命的缺陷，正如我们将会看到的。由于担心遭到空中轰炸，他们开始制造自己的轰炸机，其轰炸范围之大，足以覆盖德国最大的城市。希特勒不为所动。一种更可靠的威慑力量，将是与苏联结盟，但这在1939年遭到了拒绝。于是，英国不得不在1941年面临着希特勒的威胁。因此，在四个选项中从未认真考虑的只有一个，那就是先发制人——这就是说，及早行动起来，从源头上将希特勒的威胁消除在萌芽状态。正如我们将会看到的，这就是第二次世界大战的悲剧所在。要是它尽力去这样做了的话，几乎可以肯定地说会取得成功。

绥靖政策的战略案例

表面上，时至今日，当人们读到绥靖政策的主张时，仍会认为他们是明智的、务实的。英国人是和平破裂后的最大输家。英国曾经是世界上最大的帝国，占据着全球大约四分之一的面积。用1926年英国外交部一份备忘录上的话说：

> 我们……没有领土的野心，也没有扩张的欲望。我们已经得到了我们想要的一切——也许比想要的还更多。我们的唯一目的，是想保住我们现在拥有的，并和平地生活。……在世界任何一个角落所爆发的战争和有关战争的传言、争吵和摩擦，都会对英国的商业和金融利益带来损失和伤害……因此，全方位的、无处不在的，是英国的贸易和金融，以至于其他任何一个地方一旦出现了破坏和平成果的情况，我们都会是输家。[17]

这席话，八年后引起了查特·费尔德（*Chatter Field*）主教的共鸣。他指出："我们已经得到了世界大部分地区或者说是世界的精华部分，我们只希望保住我们已经拥有的，必须防止别人从我们这把它拿走。"[18]由于它那巨大的委任统治权，英国当然似乎不必担心其他国家的安全。正如保守党领袖博纳·罗（*Bonar Law*）1922年所说："我们不能单独充当世界警察。"[19]现实的情况是，在面临多重挑战时，要捍卫自己的殖民地利益是不可能的。用帝国总参谋部陆军元帅亨利·威尔逊（*Henry Wilson*）爵士（在1921年）的话说："我们的军队人数太少、太分散……我们的兵力在哪个战区都不够强大——在爱尔兰不强，在英格兰也不强，在莱茵河、君士坦丁堡、巴吞、埃及、巴勒斯坦、美索不达米亚、波斯和印度，都是如此。"[20]

英国皇家海军也很快就发现自己捉襟见肘。在1921年开始在新加坡修建的一个海军基地，都常常出现暂停施工的情况，一直到1932年竣工；本来希望是把它建成一个新帝国在亚洲的安全枢纽，但由于英国海军力量集中在欧洲水域，所以该基地本身可能成为一个致命的弱点，而不是军事上的优势；软弱的源泉，而不是力量的源泉。到1921—1922年华盛顿海军会议召开时，英国政策制定者通过与美国达成保持势均力敌的一致协议，而放弃了保持海军优势的历史性目标。考虑到美国在海外的义务比想象中少得多，这项协议对他们来说更有利。大不列颠已不再是海上霸王，至少在太平洋上是这样。1931年4月海军部坦陈："在某些情况下，万一我国被卷入到战争中"，海军的实力"肯定不能保证我们的海上交通顺畅无阻"[21]。万一受到日本袭击，参谋长在 1932 年 2 月承认："我们在整个远东的领土，还有印度海岸线和自治领以及我们巨大的贸易和航运，都处于开放状态……"[22]8 个月后，他又承认了这一点，"一旦欧洲爆发战争，我们就没有办法进行干预，我们肯定几乎什么都做不了，在战争的头几个月还能在边界和帝国的前哨抵抗一阵子"。[23]亚洲爆发的一场战争，将"在一段不可估量的时期内，会使英国的殖民地和附属国，包括印度、澳大利亚和新西兰的贸易和通讯蒙受巨大的损失"。[24]

作为物资供应商英联邦自治领——当时白人定居的主要殖民地，参战人员的提供者在第一次世界大战中发挥了重要作用。英国及其帝国成员的所有部队中，大约有 16% 的人来自澳大利亚、加拿大、新西兰和南非。[25]战争结束后，其经济地位进一步上升，到 1938 年，约占英国贸易总额的四分之一。1932 年在渥太华召开的帝国经济会议上提出的实行"帝国特惠制"——帝国范围内的关税，在许多方面只是对全球保护主义倾向所做出的回应，但它强化了对英帝国商业市场的依赖性。包括所有英国的殖民地在内，对英帝国的总出口比重超过了五分之二。[26]部分是受到了立法的鼓励，部分是由于主权借款人中存在许多战争间的违约，英国的投资者也把更多的钱投资到了殖民地和自治领。在 1924—1928 年间，伦敦市场上约有 59% 的海外资金来自英帝国的借款人，十年后这一比例为 86%。[27]正如我们所看到的，是英帝国，一个重要的原料宝库，并随着每一种军事新技术的完善而变得更加重要。从经济和战略的角度看，对英国来说，帝国似乎从未像在 20 世纪 30 年代那样重要。[28]然而，军事（和外交）的重要性在同时减少。每个自治领都轮流明确地表示，万一发生第二次大范围的欧洲冲突，英国的政策制定者是不可以把他们的支持看作是理所当然的。[29]此外，正如参谋长在 1936 年所注意到的："我们对欧洲所做的承诺越多，就越没有能力确保我们的帝国及其通讯安全。"[30]在一篇 1936 年 7 月提交给参谋长的评论中，联合规划小组委员会准确地总结了这一绥靖政策的军事案例：

> 从军事角度看，由于法国极度虚弱，德国与日本之间存在达成谅解的可能性，甚至在某些情况下，与意大利也能达成谅解，而且因为对英国的直接攻击可能面临着巨大的风险，从而使英帝国处于不受保护的状态中。目前的局势，要求制定一项政策，以便同德国达成谅解，从而拖延德国侵害我们切身利益的

时间。[31]

英国在欧洲的军事承诺到底是什么？在1925年，鲍德温政府签署了《洛迦诺公约》，保障法国—德国和比利时—德国的边界安全。但《洛迦诺公约》没有明确做出与德国东部边境相关的国际承诺。此外，正如1914年以来所沿用的惯例，对西欧所做出的正式的安全承诺，并没有紧跟着制定具体的军事应急计划。[32]正如*A. J. P.*泰罗所说的那样，《洛迦诺公约》似乎意味着“光荣的孤立又一次来临了”。[33]结果，当英国试图从中调停，使法国和德国之间达成裁军协议时——或者，更确切地说，德国之所以重整军备，是因为英国1934年1月提议建立一支10万至30万人的军队，这是德国军队的3倍——法国可以合法地问道：伦敦能为他们提供一种什么样的实际保障，以阻止德国入侵？答案是：无。[34]英国承诺保卫比利时，可以说其约束力比1914年的还要少。[35]

然而，英国不能假装说自己在保卫法国和比利时的安全时不存在利害关系。1934年5月，国防需求委员会的报告提醒内阁成员要关注相当明显的现实，即与日本相比，德国对英国构成的战略威胁更大，就像在1914年那样，英国有可能被要求出兵援助比利时（而且也还有可能是荷兰），以防止德国入侵低地国家。事实上，空中力量日益重要，比以往要重要得多。英吉利海峡两岸不应落入敌对的大陆强国手中。因此，德国是“我们所有的‘远程’国防政策必须针对的潜在敌人”。[36]“远程”政策要采取什么样的形式？如果有一个教训应该从1914年中吸取的话，那就是：欧洲一支小小的常备军，是不可能阻止得了德国人的。然而，建立一支可部署在西欧的庞大陆军的议案遭到了否决，而赞成将大都市的（即以英国为基地的）空军扩大到80多个中队，将差不多5个师作为“战斗力量”派往英吉利海峡对岸——几乎与1914年的一样少。[37]截至1937年底，军队的规模实际上已经减少了；到1938年，变成了一支远征军，仅仅部署在帝国有麻烦的地方。[38]办事低效的国防部长托马斯·因斯基普（*Thomas Luskin*）爵士，对于面临的风险始终耿耿于怀：

如果法国人再次面临遭受大陆（德国）陆军蹂躏的危险，那么，当我们不得不临时派出我们的军队去援助它的时候，就像上一场战争那样，可能会出现一种情况。如果出现了这种情况，政府肯定会因为没有采取措施防止如此明显的意外事故的发生而遭到批评。

无论如何，正如战争部长莱斯利·霍尔-比利沙（*Leslie Hore-Belisha*）所说，做出决策时应“把对大陆的承诺放在最后来考虑”。[39]军事行动和情报处处长、将军亨利·波纳尔（*Henry Pownall*）爵士对此感到震惊，但他的反对意见被驳回了。[40]令人难以置信的是，在吞并奥地利之后，英国军队的预算实际上是遭到了削减。[41]到慕尼黑危机时，情况并没有好转。[42]直到 1939 年 2 月，派出一支欧洲远征军的设想重新被人提起，而且即使在最后关头，这支欧洲远征军也只有区区 6 个常规师和 4 个预备役师的兵力。[43]

依赖空军的想法值得进一步探讨，因为空军面临着重重困难。正如我们所看到的，在设想中，增加了英国空军的功能，不是防守，而是进攻。用未来的首相张伯伦的话说，它“是一支威力无比的空军，没有人胆敢与之抗衡”。[44]如果英国能够有效地威胁说要从空中将德国的城市炸成一片废墟，那么，就有人会认为，德国人很可能会因此停止对其邻国使用武力。这种可能阻止希特勒的想法，是自我反射性的，因为他们自己是如此害怕德国人的轰炸机，英国人以为希特勒同样会害怕他们的轰炸机。[45]丘吉尔认为，就空军飞机数量而言，德国要胜过英国。虽然他在这一点上是正确的，但英国分析家从整体上高估了德国空军造成首都伦敦人口伤亡的能力。[46]这本身是一个严重的错误，因为这使得英国政府夸大了希特勒在 1938 年可能对英国构成的威胁；把伦敦想象成一个垂头丧气的人，而不是去思考现实最坏情况下的行动方案。同样令人遗憾的是，英国自身的战略轰炸部队将如何发挥实际效用，空军参谋部在这方面进展缓慢；1939 年 9 月飞机从伦敦上空飞过，轰炸机司令部仅仅只是从空中投放宣传单后，便得出了这样的结论：打击德国的工业目标所付出的代价，将会太高了。[47]而最令人震惊的则是直到最后一刻，他们都低估了英国空军的防御能力，而英国空军在 1940 年却被证明是英国的救世主。的确，由亨利·蒂泽德（*Henry Tizard*）担任主席的航空研究委员会正在做的一项重要工作，是将罗伯特·沃森-瓦（*Robert Watson-Watt*）早在 1935 年在国家物理实验室开发的雷达技术应用到空军军事领域。[48]但空军部做出的反应非常迟钝，没有及时认识到投资这种能够拦截敌方来袭的轰炸战机的必要性。这项着眼于远程轰炸技术的副作用是，它进一步削弱了比利时和法国的战略重要性，因为从一开始就假定轰炸机将从英国的基地起飞。

因此，英国人知道，如果日本进攻他们在亚洲的帝国领土，英国是没有能力保卫的；英国人还知道，如果德国进攻西边，他们保卫不了比利时和法国；如果德国进攻东边，更不用说，他们也保卫不了波兰和捷克斯洛伐克；而且，英国人还知道，或者他们以为自己知道，如果希特勒不命令德国空军飞越英吉利海峡，他们是有能力保卫伦敦的。到 1935 年，令人难以置信的是，他们对自己那令人绝望的假设深信不疑，以至于都不敢同意大利海军作战。[49] 1938 年，参谋长甚至不与法国的“工作人员进行会谈”，因为这“不吉利，并给人……以为要进行军事合作的印象”。想都别想！

绥靖政策的经济案例

这些令人震惊的漏洞能被不断增加的国防开支所弥补吗？不能。重整军备确实很快就能做得到，但也必定会削弱英国经济复苏的基础，这是财政部官员们所反对的。

参加第一次世界大战，使英国的国家债务增加了 12 个百分点。到 1927 年，这笔债务相当于国内生产总值的 172%。在 20 世纪 20 年代后期，债务的利息达到了公共开支的五分之二。继作为财政大臣的丘吉尔决定在 1925 年回到黄金本位之后，预算盈余和汇率高估在牺牲制造业就业为代价的情况下实现了。在维多利亚时代后期，英国工业的支柱性产业——煤碳业、钢铁业、造船业、纺织业便已经在世界各地得到推广，这些英国产品的出口市场无情地缩小了。然而，来自英国的海外投资、金融服务和航运的“看不见的”但仍然巨大的收益，也承受了压力。[51] 第一次世界大战对劳动力造成了损失，尽管不那么明显，但在某些方面却造成了更长远的损害。第一次世界大战前半场被用于招募新兵的志愿体系显示，很多技术工人都被纳入到了军队，其中有相当一部分人要么被炸死要么被炸得无工作能力。[52] 官方解决战后问题的方法，在观念方面基本上仍然处于维多利亚时代：预算应该保持平衡，英镑应该恢复到金本位，自由贸易应该恢复。以“裁军”的名义，国防开支控制住了，花在复员军人身上的公共总开支也从1913所占比例的近30%，下降到了20年后的10%多一点。[53]鲍德温对国际和平协会的人说："我告诉你：英国再也不会有庞大的军备了。"[54]他说到做到。"十年规定"等于冻结了军队的开支。即使是在1932年减少了的情况下，英国财政部坚持认为，"金融和经济风险"对于反对国防预算大幅增加产生了重要作用。[55]

作为财政大臣，张伯伦曾经是支持国防需求委员会成立的推手之一。他相信：一个明确的军事优先发展次序，会使他在财政部的日子好过一些。他对将德国确定为最大的潜在威胁持欢迎态度。[56]然而，也正是张伯伦，将建立和维持一支规模恰当的供大陆使用的远征军所需要的额外9700万英镑裁定为"不可能"。他对以轰炸机为基础的威慑战略的偏好，在很大程度上是基于这看上去比其他方式花费要少的事实。[57]当国防需求委员会在1935年11月建议英国"理想的重整军备计划"应该得到国防贷款的资助时，财政部惊愕了，张伯伦再次坚持削减海军和陆军的开支。[58]英国皇家空军看起来花钱太多了，正如一位财政部官员在慕尼黑会议之后所说的："我们认为，我们也许养不起这样一支空军（空军部最近提出的建议）。建设这样一支空军，会使国家的整体经济水平下降，因此，不如向希特勒提出那种最令他欣慰的和平胜利的建议。"[59]事实上，英国皇家空军享受着三军最好的待遇（尽管张伯伦在任何时间都很乐意削减英国皇家空军的开支，随时准备和希特勒签署"空中条约"）。对于陆军和海军增加额外军费的要求，财政部更是敷衍了事。[60]至于丘吉尔早在1936年便提出的大幅增加国防开支的要求，张伯伦没有予以考虑。只有在1937年，新增的借贷资金4亿英镑才用于重整装备，而且即使是那时，张伯伦最初都试图通过提高税收来支付增加的成本。[61]他在财政部的继任者——约翰·西蒙（*John Simon*）爵士坚持认为：从1937年4月到1942年4月，总的国防开支不得高于15亿英镑。[62]

人们总是希望，同德国开展经济合作的政策，可能有助于英国免于纳粹政权的侵略。一方面，英国央行和财政部的官员们希望同德国保持贸易往来，以免德国拖欠英国的债务。另一方面，如果大规模的重整军备注定要进行而又不引起国内通货膨胀和不断扩大的货币账户赤字的话，那么他们反对的，无疑是必要的经济控制。[63]当国家空军秘书长斯温顿（*Swinton*）子爵迫切要求将国内的熟练技术工人征召到国防部门以加快航空建设速度时，张伯伦却这样回应：这将通过"（雇主和雇员之间的）相互安排和将政府的干预减到最少”的手段来解决——古老的、不起作用的格言“照常营业”的翻版。[64]用因斯基普（*Inskip*）的话说，传统的财政实力，是英国国防的“第四臂”（斯基普所用的说法），因此，多年以来，英国财政部总是把保持国际收支和汇率平衡当作头等大事来抓。他们最担心的是，一旦进行长期战争，英国的国外信贷会比1914—1918年期间的要弱得多，因为20世纪30年代后期的货币账户赤字，正在蚕食掉英国的净债权人地位、黄金储备和英镑购买力。[65]出于以上这些原因，直到1938年，英国的国防开支都没有超过国内生产总值的4%，而且直到1939年，英国政府的赤字也没有超过国内生产总值的4%（见图9.1）。

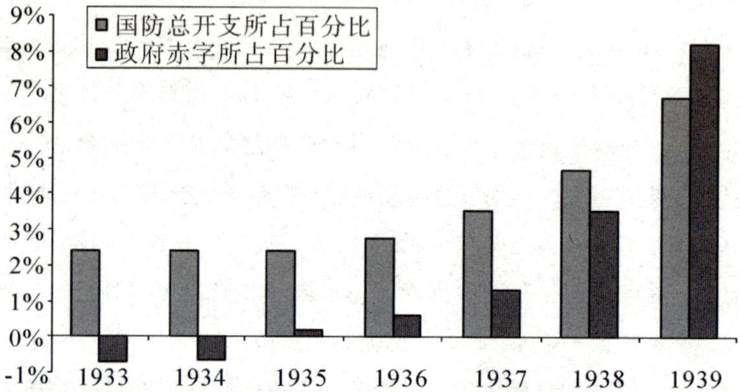

资料来源：Thomas，‘Rearmament’，table 1; Feinstein, *National Income*, *Statistical Tables*, table 3; Bank of England.

图9.1　1933—1939年英国国防开支和政府赤字所占国民生产总值的百分比

关于实行绥靖政策在经济方面的争论，反映了英国经济极为疲软。与德国和美国的经济大萧条相比，英国的要温和得多。一旦英国在1931年9月取消了黄金本位，英格兰银行将利率降低到2%，经济恢复起来就会相当迅速——当然，不是在北方老工业区，而是在中部和东南部地区，在这些地区，新兴产业和服务业等等迅速涌现。大量的资金也促使英格兰南部的建筑业蓬勃发展。但正是基于这些原因，有人认为，重整军备所需要的显著增加的开支，在缺乏相匹配的增加税收或削减其他政府项目的情况下，将会引发英国经济过热的问题。[66]凯恩斯本人在《如何为二战买单》中主张，万一需要大规模的国防开支，只有对经济实行比第一次世界大战更为严厉的调控、大幅度增加消费税，才能避免通货膨胀和国际收支问题。[67]这种让人不能容忍的政权在和平时期是不可想象的。在1939年4月凯恩斯就阐明了战前重整军备将受到的种种限制："第一是劳工短缺；第二是外国资源短缺。"[68]这一次，他明确而有力地表达出了传统的智慧。其他著名的权威人士，尤其是财政部的弗雷德里克·菲利浦（*Friderick Philips*）爵士、*G. & J.* 威尔工程公司董事长罗德·威尔（*Lord Weir*）都说过同样的话。不仅在工程方面技术短缺是一个潜在的问题，而且在建设方面也是一样。[69]凯恩斯只是经济咨询理事会的一员，该理事会在1938年12月提交的报告中说，国际收支平衡"关系到一个国家的地位"。[70]

然而，这些担忧肯定被夸大了。年利率在1937年9月消费价格高峰时但也还不到7%，而且此后就迅速下降（见图9.2），长期利率不到4%，直到战争爆发，财政部的回旋余地比它所承认的要大得多。这种制度中有这么多的闲置资源——同时代的人有充分的理由担心1937年会出现经济衰退——较高水平的借贷不会对私人投资产生"挤出"效应，相反，借贷很可能刺激经济增长。[71]至于熟练的劳动力，这只不过是其中一个问题。起初是由于经济的原因，张伯伦曾极力主张英国发展先进的空中威慑，结果却不起作用；并且因为政府几乎迷信地担心：采取"稀释"熟练劳动力的做法（意指使熟练劳动分散、扩散到各个行业），会遭到那些联合工程联盟的、具有血腥头脑的领导者[72]的反对。[73]实际上，重整军备计划刺激了大宗工业，也孕育了航空工程；即使在有限的预算中，海军也需要舰艇，军队也需要枪、坦克和制服，因此，铁、煤炭和纺织行业都将从重整军备中受益。熟练劳动者的工资并没有像财政部悲观主义者所担心的那样跳跃式地往上涨，相反，工资差距缩小了。[74]一个既在经济上、也在战略上更加合理的政策，本来会使得英国制造出更多的船只、更多的坦克，招募更多的失业者——到了1939年1月失业人数仍然占工人的14%（见图9.2），而且能建立一支德国人不能小视的英国远征军，但张伯伦错就错在，他只是一味地担心，英国缺乏足够的人力资源"加入到扩大了的海军、新的空军和一支百万人的陆军中"。[75]

最后尽管战胜独裁者，并停止向大西洋输业船舶是一个办法，美国和自治领都会出于战略上的经济上的考量而产生借钱给英国的强大动力。但对英国国防财政上的"第四臂"的担忧，使得人们先入为主地认为，只有英国在财政上很有吸引力，

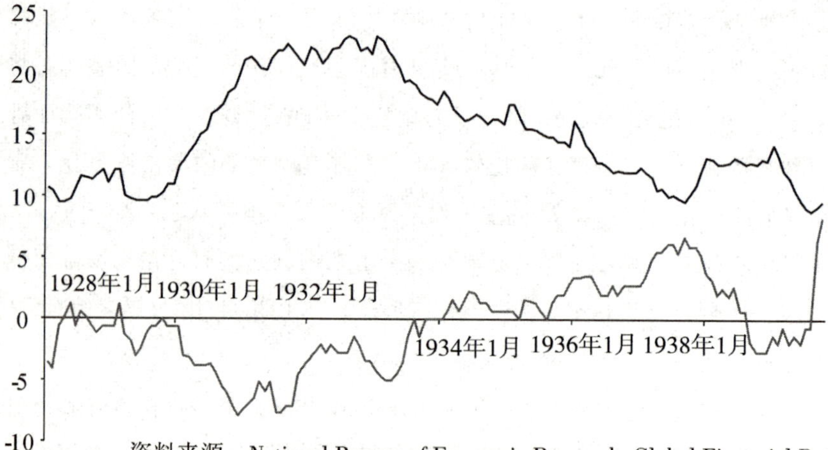

资料来源：National Bureau of Economic Research; Global Financial Data.

图 9.2　1928—1939 年英国的失业和通货膨胀

西方大国才会在战争中借钱给它。无论如何，20 世纪 30 年代后期的经常项目赤字是微不足道的——大约相当于每年国民生产总值的 1%，而海外净收入至少占海外资产总存量 37 亿英镑（17 亿美元）的 3.5%。[76]英国在 1938 年没有破产。关键的一点，正如我们将要看到的，如果它的硬通货储备继续减少的话，那它可能到 1939 年或 1940 年也会崩溃。

那么，英国本来应该进行武装报复的。相反，由于固守传统经济观念，错误地判断经济形势，英国采取了狄更斯小说中的米卡伯议员*的原则。在他们自己的债务思想的压迫下，他们对事情可能会出现转机仍怀有一线希望。大萧条使日本人、意大利人和德国人想起了对外侵略。这使英国人相信，英国人阻止不了他们的侵略行径。

---

* 狄更斯的米卡伯议员是一个早期的贷款需求概念的爱好者。20 英镑的年收入，与只有 19 英镑的开支相比，意味着幸福；但如果花掉了 20.5 英镑——需要借支收入的 2.5%，则意味着痛苦。——译者注

可耻的孤立

对于那些相信英国在战略上和经济上实行绥靖政策自有其战略考虑的人来说，似乎非常明显的是，英国需要得到所有朋友的支持。用1937年12月总参谋长的话说：

> 我们预见不了我们的国防力量到什么时候才能强大到足以同时保护我们的贸易、领土和切身利益不受德国、意大利、日本的侵犯……我们不能从帝国国防的观点出发，夸大已经采取的政治行动或国际行动的重要性，以减少我们潜在的敌人数量、获得潜在的盟友支持。[77]

但谁会是这些潜在的盟友呢？虽然20世纪20年代以来，法国人用于重整军备的费用大大超过了英国，但他们的资金大部分都投放在防御工事上。这些防御工事只不过能起到一点心理安慰的作用而已。[78]法国外交部长路易斯·巴左（*Louic Barthou*）试图建立一个“东方的洛迦诺”，以确保德国东部邻国的边界安全，并奠定1936年签订《法苏互助条约》的基础。不过，英国人的反应是冷淡的。伦敦的感觉是，法国应该愿意在武器装备水平方面对德国人做出更多让步。[79]到1937年，法国总理列昂·勃鲁姆（*Léon Blum*）已经有了这样的想法：如果要维护和平，那就有必要在东欧和海外对德国做出必要的让步。[80]但是，张伯伦对法国几乎没有什么信心，也没有促使英法联合行动产生什么实际效果。大多数保守派成员认为苏联在思想基础上发生了根本性的转变，张伯伦就是其中一员。[81]即使是丘吉尔，也很难想象把莫斯科作为他的一大盟友，尽管从他对局势的分析得出这样的推论显然是合乎逻辑的。[82]很多人都将希望寄托在墨索里尼身上。他在1934年似乎要对一场纳粹在维也纳发起的未遂政变采取强硬的立场；这夸大了意大利人的实力，并低估了墨索里尼意欲推翻现任政府的野心。他的野心，其实早在入侵阿比西尼亚而且不听从关于通过谈判解决该地区问题的所有劝告时便已暴露无遗了。[83]1935年，英国、法国和意大利组成的“斯特雷萨阵线”恰恰证明了这一点：组成统一阵线。意大利人叛变后，英国人和法国人对下一步先做什么都达不成一致：是先把墨索里尼赶出阿比西尼亚，还是先把希特勒赶出莱茵兰。最后，是一件事都没有做。[84]这种英法之间不善协调的模式持续到战争爆发。[85]当法国出现了一个短暂的人民阵线政府时，这种模式并没有从这两个国家国内政治分歧中得到改善。即使在德奥合并之后，为防止欧洲大陆爆发战争，张伯伦也没有亲自表达过支持法国的哪怕是最含糊的暗示。[86]不幸的是，爱德华·达拉第（*Édouard Daladier*）在1938年4月出任总理后，法国人的立场也同样非常暧昧，尤其是其外交大臣乔治·博内（*Georges Bonnet*）怯懦成性。[87]同时，在亚洲，英国根本无法在其中国的利益和避免与日本开战的必要性之间做出选择。英国人的梦魇是德国－意大利－日本的组合。然而，他们越是通过外交的权宜之计设法避免，而不是通过军事上的反制措施，就越有可能变成一个梦魇。[88]

在大国之间，只剩下了美国。然而，美国人也像英国人那样巴不得怂恿德国人。富兰克林·罗斯福几乎在他一入主白宫那一刻便建议将波兰走廊还给德国，并在1935年派塞缪尔·富勒（*Samuel L. Fuller*）作为非官方派遣的使者前往柏林，试探希特勒的条件，以求和平地解决这个问题。[89]他的国务卿科德尔·赫尔（*Cordell Hull*）拒绝接受英国的经济绥靖模式——这是建立在与德国达成的双边协议基础上的，而支持更加雄心勃勃的多边办法，以实现贸易自由化。但最终结果并没有什么很大的不同。1934—1938年，美国出口到德国的汽车燃料和润滑油增加了近3倍。美国公司向德国提供磷酸石灰（用于做化肥），占其进口总量的31%—55%；铜和铜合金，占其进口总量的20%—28%；进口的铀、钒和钼，都在67%—73%之间。德国进口的所有的铁和废旧金属，有一半是来自美国。美国公司，包括标准石油公司、通用汽车、杜邦，甚至*IBM*，都扩大其在德国的经营范围。到1940年，美国在德国的直接投资总额为2.06亿美元，不比在英国投资的2.75亿美元少多少，而比在法国投资4600万美元要多得多。[90]在亚洲，美国建立了一个要求别人反抗侵略、同时追求自身经济利益的模式。当罗斯福在欧洲也开始这么做的时候，张伯伦得出了结论，认为美国是一个“不诚信的”国家。[91]“对美国，除了语言外，不要指望别的，”他告诉他的姐姐希尔达说，“这永远都是最好的和最安全的。”[92]所以，对于罗斯福在1938年召开大会的提议，他迟迟没有做出回应。[93]这种感觉是相互的。“问题是，”罗斯福说，“当你同英国人在桌子边坐下来谈判时，他往往会获得占80%的好处，而你只能得到剩下的份额。”[94]美国驻伦敦的大使像约瑟夫·肯尼迪（*Joseph Kennedy*）、驻柏林的大使黑尔·威尔逊（*Hugh Wilson*）对于放手让希特勒侵略中欧和东欧都没有表示异议。[95]此外，美国的政策制定者们，尤其是罗斯福，他们躲在幕后居心叵测，别有用心，都希望看到大英帝国解体。[96]

然而，考虑到英国过多的委任、不足的资金和不多的盟友，只是希望通过外交让步达到维护和平的目的，似乎不是那么明智、务实之举。因为它没有考虑到外交失败的潜在后果。达夫·库珀（*Duff Cooper*）作为英国海军舰队司令，是考虑到了这一点的少数内阁成员之一：

> 政府的首要职责是要确保提供足够的国家防卫。这些足够的国家防卫，当然比国家的金融资源更容易确保。在我看来，低估前者的危险，比低估后者的危险大，因为一个可能会导致战败，遭受灭顶之灾；而另一个只能导致困难的增多、税负的增重、生活水平的降低、社会服务的减少。[97]

在20世纪30年代中期，更快速、更大规模的重整军备所需的费用，英国政府确实未必负担得起。但在20世纪40年代，如果希特勒要成功地主宰欧洲大陆，如果德国、意大利和日本将反对大英帝国作为共同的事业，那么，重整军备到底有多昂贵呢？这个对最坏情况的假设，被大多数决策者忽略了——一种玩忽职守的行为。政治人物对那些他们习惯性地代表的人总是会负有一种隐含的道义上的责任，由此去考虑最坏的情况，将一种概率和估计出来的成本一并加以考虑，然后确保反对有效。但这一点，鲍德温和张伯伦都没有做到——从他们个人的事业经验来看，这是一个讽刺。一个完全的"店主的国"[98]拒绝应对风险，而这种风险不但很大而且极可能发生。极具讽刺意味的是，酬金本身可能非常少。事实上，英国人甚至可能一直都在支付足够多的钱，以使自己得到保护。但是，他们的领导人却沉迷于他们自己的一厢情愿，没有提出要求，直到铸成大错，为时已晚。

绥靖政策的社会特征

我们该如何解释这一严重的并且有可能被认为是由于鲁莽得反常而做出的错误

判断呢？把它归咎于流行的和平主义是行不通的。从像1933年东富勒姆递补选举或同年臭名昭著的牛津联合会“国王和国家”投票等事件推导出发，也是不正确的。[99]不合格的宣告放弃武力的倡导者，像乔治·兰斯伯里（*George Lansbury*）和斯塔福德·克里普斯（*Stafford Cripps*）爵士这样的人，即使是在工党内部，也只是少数。[100]姑息的普遍受欢迎的替代性方案是集体安全，而不是和平主义。幸亏有如民主控制联盟、全国和平委员会、国际联盟、和平请愿联盟等这样的组织，相当多的公众包括各政治派别都支持结成同盟。正如国际联盟主席吉尔伯特·默里（*Gilbert Murray*）1928年所说：“各方都对结成同盟做出了承诺……首相和前首相都支持结盟……没有一个国会议员候选人敢公开反对。”[101]此外，英国选民希望一个具有执行力的同盟。1935年，超过11个民族的选民交回了所谓的“和平选票”的问卷调查。超过1000万人赞成反对侵略者的非军事制裁，并且，如果这些都无效的话，有近700万人接受了集体军事行动的原则。[102]谈论裁军协定倒是容易，唯一的困难是，没有人十分清楚地知道同盟国的军事能力会来自哪里。占领了“满洲”的日本不受惩罚地挑衅着国际联盟，很少有人愿意面对这样的事实。先是日本，后是德国退出了国际联盟，这表明：作为一个机构，国际联盟已经不起作用了。墨索里尼侵略阿比西尼亚，是致命的一击。一时间，似乎英国将动用海军力量，并运用经济制裁手段来执行国际联盟的命令；然后（随着英国大选稳操胜券地获胜了）据透露，塞缪尔·霍尔（*Samuel Hoare*）爵士和法国总理皮埃尔·赖伐尔（*Pierre Laval*）曾达成了一项协议，要将一大块阿比西尼亚土地划给意大利人。[103]这纯粹是将在“满洲国”所做的事再做一遍。不同之处在于，西方政治家们付出了代价，不幸的霍尔倒在了自己的剑下，活跃的安东尼·艾登（*Anthony Eden*）坐上了他的位置，保证“通过集体安全确保和平”。仅仅数月之内，阿比西尼亚人的抵抗便崩溃了，而德国人进入了莱茵兰。[104]仍然有人对同盟国抱有幻想，而不去面对权力平衡的严峻现实。他们所承诺的，是一件过去了的事。

人们很容易忘记一个孤独的声音，那就是丘吉尔1936年3月发出的。他试图提醒保守党的外交事务委员会，说：“400年以来，英国的外交政策反对最强大的、最具侵略性的、在欧洲大陆上起主导作用的那个强国，特别是要防止低地国家落入到这个强国的手中”。[105]因为几乎没有人像丘吉尔那样迷恋于英国好战的历史。然而，正如1940年所证明的，这并不意味着英国人不会被带回到过去。早在1936年4月，阿尔弗雷德·齐默恩（*Alfred Zimmern*）爵士便对哈罗德·尼科尔森（*Harold Nicolson*）说，“可以通过无线电的方式在一个月内完成”说服公众为捷克斯洛伐克而战。[106]从张伯伦当上首相的那一刻起，保守党后座议员中就几乎没有人对绥靖政策持不满态度。[107]而在吞并奥地利不久后进行的一项民意调查，也揭示了一种越来越流行的幻想。问“如果德国像吞并奥地利那样吞并捷克斯洛伐克的话，英国应该承诺要出手援助吗?”这样的问题，只有少数的受访者——43%——说不要；三分之一的人说要，四分之一的人没有发表意见。[108]到丘吉尔1938年3月14日在众议院要求在现有的同盟的基础上组建一个“大联盟”时，《经济学人》才认为，“他的观点代表了这个国家大多数人的意见”。[109]到1938年9月，英国驻柏林大使尼维尔·亨德森（*Nevile Henderson*）爵士觉得有义务警告希特勒的新任外交部长里宾特洛甫（*Ribberntrop*）：

> 在英国，我惊讶和遗憾地注意到：它日益增长的实力与对德国感情的增加呈现出一致性。从我上次到伦敦到现在的两个月之内，我对这种差异之大感到震惊，而且这不局限于一个人，而是所有的阶级、所有的党派，而且我已经在很多人身上看到了。[110]

在支持绥靖政策方面，比起流行的和平主义更重要的是这样一个事实，即姑息独裁者自然地成了后人称之为“英国的当权派”的重要原因。在伦敦城，许多金融企业在20世纪20年代已恢复了其与德国在1914年之前便业已存在的、只是在1931年由于德国银行危机而中断了的联系。在伦敦的主要商业银行所持有的大约1亿英镑商业票据中，有6200万英镑被使用于所谓的1931年“瘫痪的”协议，该协议冻结了德国所有的外国信贷，但允许利率支付继续流到该债权人手中。总之，对德国的各种信贷已达到3亿英镑规模，其中大约1亿1千万英镑被使用于该项协议。该项协议在年度基础上被更新，到1939年，被清算的债务大约只有4000万英镑。[111]在整个20世纪30年代，伦敦的公司希望恢复英德贸易，从而使一批债务能够得到清算。同时，所谓的“英德关系”，在英国银行行长蒙塔古·诺曼（*Montagu Norman*）和他的德国对手亚尔马·沙赫特（*Hjalmar Schacht*）之间的联系，使人们相信，在纳粹政权内部存在一个温和派，假如他们得到足够多的奖励的话，那么这些人将会飞黄腾达。[112]一名英国外交官公开表达了这样的希望，即双边经济协定“很有可能充当政治妥协的垫脚石”。[113]这些希望得到了《1934 年 11 月支付协议》的支持。该协议以一个 75 万英镑的秘密信贷作为回报，帝国银行承诺从德国出口给英国的货物所得中，拨出 55%用于德国公司从英国进口商品。[114]总之，伦敦具有较强的动机以避免英德关系破裂。银行家们担心收不回他们在 1933 年之前对德国的投资或借出的款项，便在暗中扶植德国信贷。其实总数并不多［1939 年 1 月，弗雷德里克·李兹—罗斯（*Frederick Leith-Ross*）估计万一德国违约可能造成的损失，是 40 万英镑的短期票据，另有 80 万英镑或 90 万英镑的长期债务］，[115]但它给沙赫特带来的却是负面影响。这就是这些债务通过伦敦债券市场发出了一个可测量的冲击波的原因。德国根据道斯和杨格计划发行的债券，在第二次世界大战之前、期间和之后，仍然在伦敦债券市场上进行交易，而二战期间，沙赫特在 1937 年 8 月主动提出辞去财政部长的职务，并在 1939 年 1 月被解除了帝国银行主席的职务。[116]

银行家们已经几乎没有什么理由会喜欢希特勒的政府。与德国直接或间接接触的最重要的公司，很多都是由犹太家庭拥有和管理的。要试图从大萧条的残骸中打捞点什么，则意味着牵着他们的鼻子并对付沙赫特。英国工业联合会就价格和市场份额问题寻求与德国对手进行谈判。这样做，不是出于对希特勒的爱，而是出于担心失去仍然很大的德国出口市场，或者担心被沙赫特的双边交易赶出巴尔干市场。尽管遭遇了大萧条，但在 20 世纪 30 年代中期，德国的贸易额仍属于世界上第三大贸易额。[117]然而，其他当权派，受到某些比利己主义更低的东西所驱使。贵族、殖民地的义务兵的男爵和协会的女主人等，都发现自己真正支持希特勒政策的某些方面——甚至包括它的反犹主义。从 1931—1935 年 6 月担任国家空军秘书的伦敦德里（*Londondeng*）勋爵正是丘吉尔的表兄弟，他非常推崇希特勒，写了一本书为纳粹政权甚至它的反犹政策辩护，认为“由于被长期灌输特有的种族纯洁性理想，所以今天大多数德国人都坚定地信仰这种理想”。正如伦敦德里所说，他“对犹太人没有好感”，因为“犹太人参与了众多国家的大多数骚乱”。[118]哈利法克斯（*Halifax*）子爵——英国贵族中的一个伟岸形象，在地位和势力两方面都无人比肩。当他在 1937 年

11 月在贝希特斯加登第一次见到希特勒时，还以为希特勒是一个仆人，还将帽子和大衣递给了他。[119]幸运的是，失态并没有影响两国的和谐关系。他的朋友亨利·“薯片先生”钱农（*Henry* “*Chips*” *Channon*）报道说，哈利法克斯“喜欢所有的纳粹头目，甚至戈培尔，他对这次访问印象非常深刻、非常感兴趣，访问非常愉快。他认为，纳粹政权绝对是一个奇迹”。据杜夫·库所（*Duff Cooper*）说，另一个喜爱德国的高贵人士是威斯敏斯特（*Westminster*）公爵，他“猛烈地抨击犹太人……并且说毕竟希特勒知道我们是他最好的朋友”。[120]尽管希特勒的驻伦敦大使约阿希姆·冯·里宾特洛甫（*Joachim von Ribbentrop*）被一些报纸嘲笑为“杜林·砖落先生（*Herr Brick-endrop*）”，但他在这些贵族社会圈子里却是一个成功的风云人物。洛锡安（*Lothian*）侯爵[121]将他护在自己的翅膀之下，就像英德两国的阿斯隆（*Athlone*）伯爵［他在第一次世界大战（1914—1918 年）期间放弃了德国亲王的头衔］一样，更遑论航运女继承人南希·丘纳德（*Nancy Cunard*）和米特福德姐妹尤尼特（*Unity Mitford*）、戴安娜（*Diana Mitford*）这些人都力挺他。[122]鲍德温的前私人秘书汤姆·琼斯（*Tom Johes*），被里宾特洛甫对希特勒的描述迷住了：“一个待遇十分优厚的、具有相当造诣的艺术家，博览群书，热情地献身于音乐和绘画。”[123]

正是在牛津大学的万灵学院，一些绥靖政策最有影响力的支持者喜欢在这里集会。这个时期的人物有：哈利法克斯，约翰·西蒙（*John Simon*）爵士——他在之前担任外交秘书和张伯伦温顺的财政大臣，和早先一直任学院财务主管的《纽约时报》的编辑杰弗里·道森（*Geoffrey Dawson*）。[124]一周的紧张工作之后，到了周末，道森最喜欢来到牛津，在这所古老大学的豪华客厅里吃饭、啜饮红葡萄酒，而且找到志趣相投者。在道森的眼中，促进英国与德国之间建立新的和谐关系，是每家英国报纸义不容辞的责任。对于低调地或者隐蔽地将他的报纸快递给经验丰富的驻柏林记者诺曼·埃巴特（*Norman Ebbut*），他一点都不感到内疚。一些驻英的外国记者，像《每日快报》的塞夫顿·德默（*Sefton Delmer*）等明确地表达了对新德国的热情。

但埃巴特却不。在他看来，希特勒只不过是“一个夸夸其谈、神情恍惚的准尉副官”。[125]尽管纳粹警告不许他批评，他的公寓也经常遭到洗劫，但埃巴特在新教教堂内定期（在其他主题中）对新政权迫害持有异见人士进行报道。早在 1934 年 11 月，他便对报社肆意篡改他的报道提出了抗议，还举了 12 个例子，说明他的报道是如何遭到删减，删除了那些对纳粹政权的批评性意见。他对他的美国朋友威廉·夏勒（*William Shirer*）抱怨说，他的编辑们“不希望听到纳粹德国太多的负面消息”，《泰晤士报》已经被“伦敦亲纳粹的人占领了”。[126]

相比之下，洛锡安（*Lothian*）侯爵所写的文章就很显眼。在一篇1935年2月发表的文章中，他告诉读者，希特勒曾亲自向他保证“德国要的是平等，而不是战争；德国绝对准备放弃战争”。事实上，希特勒愿意与“德国的所有邻邦都签署互不侵犯条约，以证明他渴望和平的诚意”。他所要求的是“平等的”军备。洛锡安断言，“我毫不怀疑”“这种态度的诚恳性”。英国应该采取正确的政策，是“通过把德国作为欧洲社会共同体的成员之一，把德国变成‘美好的欧洲’。”无论如何，希特勒最关注的并不是西方的欧洲，而是苏联。“他把共产主义看作在本质上是一种好战的宗教。”洛锡安解释道。如果有一天要“尝试重复伊斯兰教的军事胜利，德国将会被视为潜在的敌人还是欧洲的堡垒？被视为东欧新成立国家的威胁者还是保护者？”[127]《泰晤士报》以“长刀之夜”作为封面，好像是一种完全合法的政治行为一样——一种“真正的”努力，“以将革命热情转化为温和的、建设性的努力，并且高标准地要求国家社会主义的官员”。[128]1937年8月，埃巴特被驱逐出德国。[129]七个月后，1938年3月10日，他的编辑参加了里宾特洛甫在伦敦的告别酒会。第二天，德军进驻奥地利。[130]

与其本身不太大的发行量相比，《泰晤士报》凭其社论及其报道，获得了更大的影响力。正如《每日快报》的老板比弗布鲁克（*Beaverbrook*）勋爵曾经说过的：“与不出名的报纸相比，深受大众欢迎的《泰晤士报》在阻止宣传方面什么都没做。”[131]在这里，道森可以依靠的人是愤世嫉俗的前外交官、历史学家爱德华·哈勒特·卡尔（*Edward Hallett Carr*）。在所有绥靖支持者中，他也许是城府最深的一个。对卡尔来说，国际关系是强权而不是道德。世界权力平衡在打破，一些国家正在崛起，一些国家正在衰弱，唯一的问题是：协调应该是暴力的还是和平的？卡尔的观点是：后者更可取。因此，绥靖政策的问题，是以一种最少血腥的方式和平地适应于德国（及后来的苏联）权力的现实问题——就像英国政治制度以不需要革命的方式适应了工人阶级权力的现实一样：

> 在19世纪后期和20世纪前期，大多数国家的“穷人”的地位，通过一系列罢工和谈判获得了稳步提高，而“富人”，要么出于正义感，要么因为害怕革命而做出了让步，而不是将问题付诸武力。在这一过程中，双方都产生了把争议提交给各种形式的调解和仲裁机构的意愿，并最终以建立类似于“和平演变”的某种正规制度的东西而结束……一旦不满意的一方意识到了通过和平谈判补救申诉的可能性（毫无疑问在这之前会首先使用武力威胁），一些“和平演变”的正常程序可能会逐步建立起来，并赢得不满方的信心。并且，一旦这种制度得到了认可，调解会逐渐被视为一个只是过程问题，而未正式放弃的武力威胁，将会进一步退回到幕后。[132]

这显然是权谋政治家为一个没有战争的世界所设想出来的一个公式——和平是建立在对独裁者屈服的基础上的。卡尔对“利他主义和人道主义的模糊理想”不屑一顾，但对希特勒的政策持赞成态度，认为《凡尔赛条约》已经过时，而德国完全有权向东扩张。他将张伯伦在慕尼黑与希特勒的会谈，誉为“一个协商和平演变的典范”。[133]

《泰晤士报》并不是唯一一份被灌迷魂汤的杂志。1938年，哈利法克斯继1937年访问德国后，还游说几乎所有各大主要报纸的老板淡化对德国的报道，甚至企图“弹劾”大卫·罗（*David Low*）——《晚报标准》的一个对神圣的德国持不敬态度的漫画家。[134]英国政府成功地对英国广播公司进行施压，以回避在欧洲事务报道方面的“论战”——其后来因为在战时真实的报道获得的声誉，真是一个莫大的讽刺。[135]英国广播公司董事长雷斯（*Reith*）勋爵对里宾特洛甫说“去告诉希特勒：英国广播公司是不反纳粹的”。工党议员乔赛亚·韦奇伍德（*Josiah Wedgwood*）拒绝删除指责希特勒和墨索里尼实行“迫害的、军事的和非人道的”[136]的政策等内容时，电视连续剧《和平之路》被停播。在下议院，服从命令的压力甚至更大。敢于批评张伯伦的保守党国会议员，迅速地遭到迫害或地方党组织的严厉谴责。[137]在这种氛围中，每一个党派中，只有少数几个持不同意见的人敢于大胆地主张重整军备和传统结盟。甚至连丘吉尔—— 这个主张最有说服力的说服者，态度在1933年和1939年之间都前后不一致。正如他的批评者所指出的：他反对印度政府自治，但又支持捷克的民主；

他反对独裁，但又承认佛朗哥在西班牙的政权；他反对军备限制，但又支持国际联盟。[138]张伯伦及其亲信在新闻界并非不屑于诽谤丘吉尔，而且，在安东尼·艾登（*Anthony Eden*）在1938年辞去外交大臣之职时，他们也仍在诽谤他。

在牛津万灵学院中，也只有几个年轻的小伙子与道森的观点不同。在阿比西尼亚危机发生前后，历史学家*A. L.* 卢维思（*A. L. Rowse*）——在慕尼黑的时代他只有34岁，回顾了他同道森沿着通往伊佛里的拖车道散步的情景。在路上，卢维思警告这位年长者："德国的实力是如此强大，已经威胁到我们所有的人了。"道森的回答很明显："要好好评估一下你自己的主张——你要知道，我不是说我同意——但是，如果德国人的实力真的如你说的那么强大，难道我们不应该跟他们在一起吗?"[139]在《所有的灵魂》中，另一个对绥靖政策持批评态度的人，是才华横溢的政治思想家以赛亚·伯林（*Isaiah Berlin*），他坚决反对道森及其圈子里的人的态度。正如伯林在多年后告诉他的传记作者的：

> 他们在我们面前并没有过多地谈论绥靖政策，但却在自己的房间里私底下谈论。他们带来了一些支持的人、怀着美好希望的人；然后，他们将会消失在楼上那些大房间中的一间，在那里，他们召开了几次委员会会议……在绥靖政策问题上，我与我同龄人一样……是坚决反对的。在我们组，除了坎坦·霍格（*Quintin Hogg*），没有绥靖主义者。在我这一代人中，没有这样的人，在比我年轻的人中，也没有。没有，没有，当然没有。[140]

部分地由于绥靖政策问题，伯林被吸引到了左倾的"星期四午餐会"队伍中去，其成员有理查德·克罗斯曼（*Richard Crossman*），凯恩斯的传记作者、未来的劳工部长罗伊·哈罗德（*Roy Harrod*）。[141]伯林绝不是个社会主义分子，但与其他牛津大学的导师相比，他较早地明白了欧洲大陆上正在发生的一切。为逃离俄国革命引起的混乱局势，他全家人都从拉脱维亚移民而来。作为一个犹太人，他完全有理由去弄明白欧洲大陆遇到了什么危险。他也许看到了那些老家伙们继续以1900年老帝国主义的方式来思考欧洲问题，这就是为什么他们倾向于接受希特勒公然抛出的种族主义观点的原因：

> 英帝国集团……本质上就是种族主义分子；他们在任何公开的意义上都不反对犹太人，但他们深信雅利安人的优越性。他们不希望意大利或者法国真正成为其中的一部分。他们相信德国、斯堪的纳维亚、白俄国帝国，你明白吗？而且，从根本上，有一种塞西尔·罗兹（*Cecil Rhodes*）* 的意味。[142]

这里面讲的真的很真实。“条顿人和斯拉夫人之间的关系是不可调和的，就像是英国人和斯拉夫人之间的关系一样，”亨德森在给哈利法克斯的信中写道，“（加拿大总理）麦肯齐·金（*Mackenzie King*）去年在帝国会议后告诉我说，加拿大的斯拉夫人从来没有与当地的人同化，而且绝不会成为好公民。”[143]

然而，正如伯林不得不承认的，绥靖主义者还有另一个，并且是一个相当强烈的主张，这就是：他们厌恶斯大林时代的苏联。

> ……俄国人是局外人（他们的一个扩大了的联邦概念），不只是苏联共产党人和那可怕的方式……保卫所谓的白人的西方价值观，反对东方人的恐怖分子，这是它的基础。德国人是一个可疑的案例，因为他们不守规矩。而希特勒纯粹是个灾星，但是，最好是要与希特勒做朋友——我的意思是，共产主义，从根本上来说，才是真正困扰他们的事。[144]

在实行绥靖政策的不少主张中，也许最好的是：甚至迟至1939年，希特勒还没

---

* 塞西尔·约翰·罗兹，是英国政治家、商人，罗得西亚（Rhodesia 津巴布韦的旧称）的殖民者。罗得西亚即以他的名字命名。1876年获得英国牛津大学学士学位。通过占有非洲南部的自然资源，罗兹获得了大量财富。作为一个牧师的儿子，罗兹算得上是英国殖民扩张时期单枪匹马的“英雄”，他在南非靠开采钻石发了财，建立了曾控制世界钻石业90%业务的戴比尔斯钻石帝国。但他的野心远不止于此，甚至英国人都认为“他不仅想让整个地球都为英国所有，更想把月球纳入英国的统治范围”。罗兹在24岁时写下第一份遗嘱，遗嘱中他阐述了自己的雄心壮志：“将大英帝国的统治扩展至全世界，并完善大英帝国向外扩张的体系，由英国国民对所有可资生存的地方进行殖民……将美利坚重新纳入大英帝国范畴，统一整个帝国，在帝国议会实行殖民地代表制度，将分散的帝国成员统一起来，从而建立一个永无战争、符合人类福祉的世界。”——译者注

有像斯大林对苏联人那样发动大规模的屠杀运动。很多保守党贵族有意对纳粹统治的现实睁一只眼闭一只眼。但是，在英国左派中，有更多的人对斯大林主义实施的恐怖干脆将两只眼都闭上——并且还花了更长的时间才睁开。伯林明白，这是两害，要在这两者之间做出选择，绝非易事。正如他 1938 年 11 月在写给他父亲的信中所说的：

> 所有的老保守党分子都很紧张……他们都希望能为殖民地而战，但他们不会。我绝对相信：终有一天，俄国—斯拉夫集团军将会在欧洲形成，并且会将德国人赶出去。每个人都感到很挫败，情绪低落。[145]

这是英国公务员的共识。幸运的是，正如我们所看到的，在很大程度上，广大的英国人民并没有这样想。这很好。如果他们也这样想的话，第二次世界大战很可能就会失败。

10. 可怜的和平

他们当然希望主宰东欧局势。他们竭力想与奥地利结成尽可能紧密的联盟，而不将它纳入到帝国范围之内。并且，就像当年我们在特兰士瓦为英国侨民所做的那样，他们也想为苏台德地区的人争取更多的利益。

——内维尔·张伯伦（*Neville Chamberlain*）写给他的姐姐希尔达的信，1937 年 11 月[1]

假如众多国家都在签订一个反对侵略、共同防御的庄严条约的基础上团结在大英帝国和法国的周围；假如他们组建了一支可称之为大联盟的军队；假如他们在人事安排方面能够协调一致；假如这一切都依赖于同盟国的盟约，就好像它能荣幸地依赖一样；并与同盟国的所有宗旨和理想保持一致；假如这一切都能得到世界上的道德意识支持，就像它将可能由它所支持的那样；而且，假如在 1938 年就制止了的话——

请相信我，这可能是最后的制止机会——那么，我说，你甚至现在都有可能制止这场日益临近的战争。

——温斯顿·丘吉尔（*Winston Churchill*），1938 年 3 月[2]

一个遥远的国家

谁是苏台德地区的日耳曼人呢？根据张伯伦那臭名昭著的说法，他们是“遥远的国家……的人，我们对其一无所知”。[3]然而，捷克斯洛伐克离英国并不是很远，从伦敦到布拉格只不过区区 643 英里，比纽约和芝加哥之间的距离（701 英里）还要近一点。而且，纳粹德国吞并苏台德地区对英国的安全产生了深刻的影响。但不幸的是，张伯伦觉得没有必要劳心费神地亲自了解这些他在 1938 年帮忙决定其命运的人。假如他之前对他们了解得多一点的话，他的做法可能就会有所不同。

苏台德地区这个术语，在 20 世纪 30 年代之前使用得并不多。到第一次世界大战结束时，人们曾试图通过将苏台德地区设立为奥地利的一个新省份，从而将以讲德语为主的波希米亚和摩拉维亚地区与后帝国时代的新奥地利联系起来，但没有成功。第一次世界大战后，那些发现自己仍处在捷克斯洛伐克统治下的日耳曼人——占了人口的五分之一，还不包括主要讲德语的犹太人——都不愿成为希特勒任总理的第三帝国的臣民。这些人中，首先并且最主要的，是波希米亚人。然而，一直以来，波西米亚在国家社会主义发展中的作用，无论从哪个角度看都是巨大的。在波西米亚，在第一次世界大战之前，德国工人第一次把自己界定为既是民族主义者又是社会主义者，以回应捷克的农村移民不断增强的竞争力（见第一章）；在波希米亚，在捷克斯洛伐克两次世界大战之间的历史上，人们就语言和教育等问题开展了一系列艰苦卓绝的政治斗争（见第五章）。日耳曼人主要聚居的工业地区遭受了大萧条的严重打击；日耳曼人的失业人数过多，而在政府的就业方面却代表性不足，就业比例明显偏低。[4]另一方面，捷克斯洛伐克在中欧和东欧有其特殊性。它作为从哈布斯堡帝国废墟上出现的唯一“继承国”，在 1938 年仍然是一个民主国家。作为一个嵌入德国、将萨克森和西里西亚从奥地利中划分出来的楔子，它还占据着特别重要的战略地位。因此，政治局势和它所处的位置，使捷克斯洛伐克成为了第一次世界大战结束到第二次世界大战开始这段时期欧洲旋转的枢轴。

张伯伦，外交政策的第一个弱点，而且是最大的弱点，是通过接受苏台德地区日耳曼人“民族自决”的合法性，从而毫无保留地接受了希特勒妄图建立一个更大的德国这一目标的合法性。张伯伦的目的，并非要阻止苏台德地区的日耳曼人向德国迁移，阻止他们将苏台德的土地变为德国的土地，而只是阻止希特勒以武力来获取苏台德地区。[5]“我不明白为什么我们不应该对德国说点什么，”张伯伦如此推断道，“向我们做出一些令人满意的保证，即：你们不会使用武力来对付奥地利人和捷克斯洛伐克人，而且，我们也将为你们提供相似的保证，即：如果你们能够用和平手段的话，我们不会使用武力来阻止你们得到所希望发生的变化。”[6]他将此与布尔战争前夕德兰士瓦的英国定居者来进行比较，说了上面那番话。张伯伦并没有暗示战争很可能会发生，而是在暗示德国人要求“苏台德德国化”是合法的，正如他们的父辈一直要求英国侨民合法化一样。[7]换一种类比方式来看，英国保守党花了几代人的时间来使自己与爱尔兰人的地方自治思想相一致，而他们转眼就承认了德国对苏台德地区的权利。自从《凡尔赛条约》签订以来，德国一直心存不满。苏台德地区划归德国的目的，是为了通过补偿而抹平那些不满，这是张伯伦希望的全面和最终的解决方案。没有什么比财政部官员爱德华·黑尔（*Edward Hale*）在1937年8月提供的分析能更好地了解绥靖主义者在把握纳粹心态方面的无能。黑尔认为：

> 纳粹的斗争，首先是一场自尊心的斗争，是战争之后反对排斥的一种自然反应；其军事表现只不过是德国军事气质的一种表达（就像我们的气质本身在体育运动中表现出来一样）；希特勒希望与英国保持友好关系，是完全真实的，而且这一点仍然得到了人们的广泛认同；而且，德国正在恳求学校里最不友好的男孩将它从第一次世界大战后所遭受到的排斥状态中解脱出来。[8]

但中欧和东欧的问题，要被翻译成维多利亚帝国的术语可能不那么容易，更不要说要成为公立学校操场上的语言。希特勒可不是条顿骑士团里塞西尔·罗兹（*Cecil Rhodes*）那种类型的人，德国人也远不像《汤姆·布朗的学生时代》中的人物。

张伯伦及其顾问未能理解的是这样一个简单的事实，即希特勒很可能不会满足于吞并苏台德地区。正如其他人所指出的，在中东欧有很多个少数民族，每个少数民族都有自己的不满，每个少数民族都有自己重绘欧洲边界的愿望。特别是，正如我们已经看到的，有许多德国的少数民族社群，散居在从但泽一路而来的沿途上，一直到波兰走廊的尽头；他们还散居在梅梅尔——立陶宛境内的一块飞地，一直向南延伸到风景如画的锡本布尔根的撒克逊村庄，即现在的罗马尼亚，再一直向东，远至伏尔加河沿岸——苏联的心脏地带。总之，根据纳粹那夸大了的估计，有不少于3000万日耳曼人生活在第三帝国以外的地区——此为苏台德地区日耳曼人数的近10倍。[9] 因此，对希特勒在苏台德地区权利的承认，开了一个非常危险的先例。希特勒越是能举证日耳曼人在一个地方所经受的考验和磨难，把它作为边界"修正"的理由，他就越是敢于冒天下之大不韪，占领中欧和东欧其他国家的更多资源——包括经济资源和人口资源。张伯伦及其顾问们显然忽视了国家社会主义不仅在1933年以后在苏台德的日耳曼人中间，而且在几乎所有的德国少数民族当中迅速传播的意义。[10]这一意识形态控制在1938年之前就开始了。"在我们看来，"罗马尼亚的德裔青年格雷戈尔·冯·雷佐里（*Gregor von Rezzori*）回忆道：

> （在1933年以后）德国的发展是颇受欢迎的。青年人那乐观的形象，充满着青春活力，希望建设一个光明的新未来——这与我们自己的政治氛围是相一致的。让我们感到苦恼的是，我们被当做讲德语的少数民族而受到歧视，就像前奥地利在罗马尼亚的统治，一直都是日条顿人对古老的、高度文明的捷克人、塞尔维亚人、斯洛伐克人和瓦拉几亚人实行野蛮统治一样，就像这些人以道德教化的名义将自己从他们的压迫束缚中解放出来一样。[11]

早在1935年，罗马尼亚的日耳曼人就在弗里茨法·布里蒂乌斯（*Fritz Fabritius*）找到了一个坚定的纳粹分子来当他们的领导人。内维尔·拉斯基（*Neville Laski*）在1934年就发现，在奥地利，要成为一个国家社会主义者，就要成为"一个暂时有工作的人。要成为一个纳粹分子，就要成为一个乐观主义者"。[12]到1938年，匈牙利的日耳曼人也有了自己的纳粹组织。[13]早在争取获得生存空间之前，希特勒便已经赢得了日耳曼人的“思想空间”。实际上，他们成了他在东方的先遣队。[14]

1938 年 9 月

未能重视希特勒关于日耳曼民族的诉求，只是张伯伦实行绥靖政策五个缺陷中的第一个。张伯伦政策的第二个致命弱点是：他以为在纳粹政权中存在某些可以通过协调而得到加强的“温和”成分。在现实中，纳粹政权的“极权主义”（*polycratic*）本质——事实是，正如法国驻柏林大使所抱怨的：“不是只有……一个外国办事处，而是有半打。”——显然只是某种假象。希特勒掌权了，他的大目标没有秘密可言，而且在他还没有具体说明为得到他所希望的东西所要采取的措施时，他的下属就“朝着元首所指引的方向前进了”。[15]因此，与沙赫特谈论殖民地特许，就像与戈林谈论原材料交易一样，原本就是在浪费时间。张伯伦早期的“宏伟规划”——涉及一个异乎寻常的建议，即他建议建立中部非洲联盟原材料协会，达成军备限制协议，以消除战略轰炸。这个建议没有得到采纳，因为希特勒对两者都没有任何兴趣。[16]更荒诞的是，他希望德国工人阶级最终会因为厌恶纳粹所要求的牺牲经济利益而起来反抗他们。这也是英国直到战争接近尾声时还一厢情愿地坚持原来的观点的原因。

第三个缺陷，是英国的不作为。[17]这首先由外交部常设主管秘书罗伯特·万西塔尔丁（*Robert Vinsittart*）爵士所提出。他在 1936 年 12 月发现：“像其他部门一样能够提供其他的战略物资一样，时间是外交部能提供物品。……因此，至少到 1939 年，外交部的任务是把握局势。”[18]事实上，“拖延（来自拉丁语 *cunctor*，推迟）政策”给了希特勒足够多的时间来建立自己的军队，而且，正如我们将会看到的，这从经济角度使英国处于不利地位。第四，张伯伦坚持这样的想法——这早在 1935 年就使得他名声不佳——与墨索里尼建立友好关系，可能是制约希特勒的一种办法，或者至少可以“限制”英国对欧洲大陆的依赖性。[19]最后，张伯伦过于傲慢，不愿意直面绥靖政策可能失败——这种态度最糟糕的结果是使英国的立场不必要地暴露了出来。[20]张伯伦虽然无可否认地起着主导作用，甚至在稍晚的时候，国防开支已经增加了，他还是做了大量削弱英国军事地位的事，尤其是在 1938 年，当他意识到爱尔兰要独立时，他交出了仍由英国控制的爱尔兰南部的所有港口。[21]他还迫使斯威顿（*Swinton*）

子爵辞去国家空军秘书长的职务，目的是为了加速推进空军战斗机的现代化建设，以捍卫英国的领空免遭德国的空袭。[22]张伯伦早就承诺英国将建立一支专门打击德国的空军，但只要希特勒同意不对英国进行战略轰炸，他甚至愿意主动放弃那无效的威慑。[23]

由于张伯伦当首相时所做的决策，到1939年9月，英国与德国开战时，英国人才发现自己的战争状态要明显差于1914年8月的。到1940年6月，英国在现代历史上的战略地位处于最危险的时刻，孤立无援地——或者更确切地说，只有自治领和殖民地是自己的盟友——与统治着欧洲大陆的德国交战。然而，假如张伯伦在1939年之前就勇敢地面对希特勒，那结果会怎么样呢？在此之前，希特勒曾多次公开嘲笑以下这些情景：

1935年3月，当他宣布打算恢复德国的征兵制度，违反《凡尔赛条约》时；

1936年3月，当他单方面重新占领非军事化的莱茵兰，违反《凡尔赛条约》和《洛迦诺公约》时；[24]

1936年底或1937年，当他和墨索里尼武装干涉西班牙内战，违反他们1936年夏天签署的《互不不干涉条约》时；

1938年3月，当一场逼迫奥地利政府下台的运动到达高潮，最终导致舒施尼格下台，“邀请”德军进军奥地利，希特勒宣布德奥合并时；*

1938年9月，当他威胁要发动战争，使苏台德地区从捷克斯洛伐克分裂出来时。

在所有这些时机中，最有利的，毫无疑问是苏台德危机。即使这也没有使张伯伦的眼睛睁开——对他来说，奥地利作为一个独立国家，它的消失只是“覆水难收”而已——但在英国，德奥合并却使其他许多人认清了希特勒野心的本质。[25]诚然，假如希特勒仅仅只是想要为苏台德地区的日耳曼人争取权利，那么就很难使一场战争合法化。他们的领导人科纳德·海莱因（*Konrad Henlein*）[26]攻击会见他的英国政客们

---

* 德奥合并（Anschluss），希特勒吞并奥地利后实行的德奥合并。1938年希特勒威逼奥地利总理舒施尼格取消就德奥合并问题举行的公民投票。舒施尼格无奈辞职，命令奥军不准抵抗德国人。3月12日德军长驱直入奥地利，奥地利人的抗击促使希特勒翌日干脆宣布吞并奥地利。虽然英、法两国抗议希特勒的做法，但他们和其他国家也只能接受既成的事实。——译者注

（包括丘吉尔在内），说作为一个理性陈述自治方案的人，他得到了大多数民众的支持。[27]然而，在这场危机的过程中，越来越明显，希特勒只是在利用苏台德的日耳曼人，蓄意挑起一场将捷克斯洛伐克从地图上抹去的战争。[28]

在这场危机的公开阶段，从5月开始直至9月的第一周，内维尔·亨德森（*Nevile Henderson*）先生——英国将其派驻柏林是一个颇具灾难性的决策，他完全被德国人所蒙骗，也认为捷克人是恶棍。[29]张伯伦的使者朗西曼（*Runciman*）勋爵也落入了这个圈套中。[30]时任外交大臣的哈利法克斯（*Halifax*）勋爵也被亨德森所说服，坚定地相信希特勒不会发动战争，因为那样将只会“使他面临更大的暴力或更大的威胁”。当捷克人进行全国动员时，亨德森又错误地相信希特勒即将发动进攻，他在此年5月战争的恐慌中得出了一个完全不正确的推论。[31]在这段时间内，英国内阁并没有认真考虑过要威胁使用武力。[32]当达夫·库珀建议“使我们船上的船员得到充足的给养，以使他们处于半动员状态”时，张伯伦把这个想法斥之为“一种用针刺的政策……只可能会激怒”希特勒。[33]只有四名支持库珀的内阁成员[34]在这个阶段对张伯伦的政策持有严肃的保留意见，但他们在内阁中全都处于次要位置。[35]法国要求英国向柏林发出明确的警告，但被婉言回绝了。外交部副部长亚历山大·卡多根（*Alexander Cadogan*）爵士准备提出“私下警告”：“如果希特勒认为无论如何都要把我们拖入到战争中来的话，他将注定要在一场悲剧性的幻想中挣扎。”[36]哈利法克斯几乎要发出这样的警告，大意是：如果德国入侵捷克斯洛伐克而且法国也进行自卫的话，那么英国“不可能会袖手旁观”。但尽管丘吉尔大力鼓励（也许是因为这种鼓励），张伯伦还是批评了他。[37]亨德森准备走得更远：“我恳求阁下提醒希特勒，如果法国荣幸地感到有义务要进行武装干预以捍卫捷克的利益，这种情况可能会迫使我们参战，因为我意识到还有其他可能迫使希特勒对苏台德进行武装干预的情况出现。”[38]不幸的是，他连这种无关痛痒的警告都发错了对象，他的对话者康斯坦丁·冯·纽赖特（*Constantin von Neurath*）恰恰在七个月前已不再任外交部长。张伯伦因此可以利用他所拥有的一切政治手段，迫使捷克政府做出了让步。捷克总统爱德华·贝尼斯（*Edvard Beneš*）最终做出了让步，接受了海莱因关于苏台德自治的要求，但海莱因根据希特勒的指示，立即终止了谈判。自治，从来都不是德国的目标。[39]决定“苏台德自决”内容的人，是希特勒。

希特勒计划单方面派遣部队的报告如今已送达伦敦。现在，戏剧的第二幕开始了。法国总理达拉第（*Daladier*）向英国驻巴黎大使埃瑞克·菲普斯（*Eric Phipps*）爵士透露，如果德国入侵捷克斯洛伐克，法国将宣战。这又是一个站稳立场的机会。最后，9月9日，张伯伦被他的核心内阁成员说服了，向柏林发出了一个明确的警告，表示如果法国出兵干预，"事件的后果必然导致一场全局意义上的冲突，英国不可能会袖手旁观"。[40]但是，张伯伦在哈利法克斯和亨德森的鼓动下，在最后时刻决定，不将电报发给时任德国外交部长的里宾特洛甫。哈利法克斯的理由是，正如他在9月12日内阁会议上所说的，"如果（希特勒）决心要进攻，我们是没有办法能阻止得了他的……任何让希特勒恢复正常思维的希望，包括公开地羞辱他，都很可能会无可挽回地被我方所采取的行动所破坏……"[41]四个月前，当德国似乎很可能派遣部队时，哈利法克斯便犹豫不决；许多人（错误地）相信，希特勒是因为担心英法干预才撤军的。[42]然而，现在，哈利法克斯警告法国人不要指望英国人的"主动"支持。他对达拉第的保证印象深刻："如果德国军队越过了捷克斯洛伐克的边境，法国将命令所有的人参战。他们完全清楚地意识到，这将不是为捷克人的明眸而是为了他们自己的皮肤，因为德国人在一个特定的时间之后，在实力大为增强以后，便会来对付法国。"[43]对于哈利法克斯而言，捷克斯洛伐克已经完蛋了：

> 人们认为，德国侵略捷克斯洛伐克，英国便因此会与德国处于敌对状态中。我认为，英国的舆论还没有做好准备，国王陛下的政府还没有做好更充分的准备。正如我曾不只一次地说过……当我们自然地、清楚地记住法国的义务时，下面这点仍然是千真万确的，即只有任何人都不采取保护捷克斯洛伐克利益的行动，捷克才能得到有效的保护，才能避免德国人的进攻。如果一个人想象得到这样的场景：欧洲政治家们在另一场战争结束之后，纷纷坐下来起草一个新的和平条约划定捷克斯洛伐克的边界，那么，他就料想得到：它过去的边界现在也不可能得到保留。为某些你其实不能保护好的东西，而且是你不期望能够恢复的东西而打一场欧洲战争，从这个角度来看，这个过程一定值得非常严肃地思考。[44]

这是“你对你自己负责”的一种婉转的说法。难怪法国畏缩了。[45]到了这个时候，值得注意的是，哈利法克斯和张伯伦都开始怀疑希特勒的理智。然而，这种洞察力反而促使他们更加愿意和解。人们在数月内对实行绥靖政策达成了共识，导致了《慕尼黑协定》的签订，这是一个神话。[46]达夫·库珀（*Duff Cooper*）后来回忆说：

> ……各方面的人都在劝告我们要做同一件事——要清楚地告诉德国人：我们将会参战。这些建议几乎一致地在星期天来自新闻界，来自反对党，来自温斯顿·丘吉尔，来自法国政府，来自美国政府，甚至来自梵蒂冈。这些受到多数人压倒性支持的劝告，我们却根据一个反对者的意见加以拒绝了，这个反对者就是歇斯底里的亨德森。[47]

在保守党内部，质疑声迅速增多，即使在张伯伦开始他的穿梭外交实验之前。[48]然而，卡多根也卑鄙地解雇了一些将绥靖政策比作是“战争男孩们”的批评家。[49]库珀竭力主张批准海军总动员，但得不到支持，[50]张伯伦的内部圈子却支持他进行判断错误的“Z计划”——亲自出访德国，“面对面”地恳求希特勒不要那么自负（张伯伦至少声称他了解的希特勒的一个特点）。“这一行程，”首相说，“将公开向希特勒发出呼吁，理由是通过欧洲和平，并从此与英国建立友好关系，他将会获得一个为自己获得声誉的千载难逢的机会。”[51]事实上，这只不过是张伯伦自己梦寐以求的一个成名机会而已。“Z计划”的真实意图是，希特勒将在苏台德地区获得一个公民投票的机会，该地区居民可望投票赞成另一次德奥合并，残余的捷克斯洛伐克就可能会得到某种保证。在这个节骨眼上，法国人又畏缩了，被遗漏在寒风中。[52]苏联人更没有做出什么表示。张伯伦很轻率，没有听从万西塔尔丁发出的警告：如果把他们排除在外的话，将会把斯大林推进希特勒的怀抱。[53]

9月15日，张伯伦和希特勒之间的第一次会议在希特勒隐居的山区即贝希特斯加登外面的贝格霍夫举行。不同寻常的是，当两位领导人在元首的书房中协商时，只有希特勒的翻译保罗·施密特（*Paul Schmidt*）在场。[54]张伯伦着手巴结希特勒，事实上，英国首相不远千里来到巴伐利亚的阿尔卑斯山，到德国独裁者度假别墅里来看望他，本身就是一件谄媚的事。张伯伦相信，他正在卧薪尝胆，希特勒，这个在张伯伦看来不过是一个前室内装饰画匠的人，却将他说成是“最常见的矮个子小狗”。[55]然而，结果是希特勒成功地玩弄了张伯伦的虚荣心。这一点，后者在对会见的描述中讲得很清楚：“我曾与一名男子进行过会谈，他（希特勒）说，他是一个我可以跟他做生意的人，他喜欢我把握要点的敏捷反应能力。简言之，我已经建立了某种信心，这是我的目标，并且尽管我想我在他脸上看到的是坚硬和冷酷，但当他说话的时候，给我的印象却是，这是一个可以依靠的人。”[56]希特勒明确表示，只要不经全民公决而立即将苏台德地区割让给德国。他就不会再提出什么别的要求了，“这件事情必须立即解决，”他宣称，“我下决心来解决。我不在乎是否会发生一次世界大战。我已经有决心要去解决，并且要速战速决，而且我宁愿准备冒着爆发世界大战的危险，都决不允许拖延下去。”[57]如果他没有成功解决的话，即使不爆发战争，那他也威胁要废除《英德海军协定》。张伯伦说服自己相信：希特勒的目标，只是“严格地限定”在苏台德地区的“自决”上——这在信任上真是一个巨大的飞跃。张伯伦没有提出异议，返回到伦敦。

经过深思熟虑，由于库珀和其他“战争男孩们”的反对，英国内阁默许了，条件是在“割让”苏台德之前要先举行公民投票[58]。接下来的步骤是指责法国的背叛行为，正如哈利法克斯所说，因为“是法国，而不是我们自己，与捷克斯洛伐克政府签订了条约”。张伯伦不是言简意赅地告诉达拉第在贝希特斯加登大家说了些什么，而是提出：“如果法国人问起我们的想法，我们应该这样回答：是法国主要要参与，但我们认为，如果他们表明不会开战以阻止苏台德地区日耳曼人自决的话，那么他们就会采取明智的手段。”[59]这仍然是一种更加婉转的说法，达到了与以前同样的效果，表明英国不会参战。达拉第来到伦敦时，表达了可理解的愤慨，但也无济于事，他最多能做的，是说服张伯伦：英国和法国应该在移交苏台德地区之后确保捷克斯洛伐克其他地区的安全。剩下来所要做的事，似乎是要迫使贝尼斯（*Beněs*）投降。这是一个极其痛苦的过程。然而，9 月 21 日，在被法国人抛弃之后，法国人又将抛弃的原因归咎于英国人，贝尼斯真的投降了。[60]

张伯伦带着他所希望的解决方案再次启程前往德国——这一次是飞往莱茵河畔的巴特哥德贝斯。9 月 22 日，他会见了希特勒，比德国人所预期的要晚一天。这次会议是一次惨败。希特勒声称他现在必须考虑要占领波兰和匈牙利，着力解决捷克斯洛伐克的少数民族问题，他拒绝了全民公决的这个想法（“Es tut mir fürchtbar Leid，aber das geht nicht mehr”——“我真的非常抱歉，但我将不再需要进行全民公决了”）[61]。张伯伦在绝望中提出：假如只是要将那些日耳曼人超过50%的领土立即交给德国的话，他宁愿主动放弃全民公决。其余的可以提交给一个委员会，就像对待1918年后有争议的领土一样。希特勒辩称苏台德日耳曼人的权利仍然遭到了侵犯，并坚持在德国军事占领之后要立即割让领土。事实上，短短6天后的9月28日，他就威胁说，如果达不成协议，他将向苏台德地区派出德国部队。为了强化这种野蛮的最后通牒，越来越多的德国部队被调遣到捷克边境，总共有31个师之多。[62]张伯伦大为恼火，恐吓说，英国公众舆论也不会容忍德军的军事占领。希特勒回答说，德国的舆论将会大力支持。张伯伦抱怨说，希特勒这是在给他发号施令。希特勒郑重地回答说，如果他仔细地阅读了德国人的要求文本，他就会明白，这个文本实际上是一个“备忘录”。张伯伦被弄得狼狈不堪、手足无措，只好同意将该“备忘录”交给捷克人。希特勒回应道，自他威胁要进行军事占领那天算起，同意将开战日期推迟三天。一个非常空洞的“让步”。[63]张伯伦返回了伦敦，并摆出一副勇敢的面孔，他对局势的分析神秘地保持不变：希特勒的野心不会超越苏台德地区，他是一个张伯伦可以与之打交道的人：

> 杜林·希特勒心胸狭窄，对某些人抱有强烈的偏见；但他不会故意欺骗一个他尊重的人，欺骗一个与之谈判的人……关键的问题是，当他说他把苏台德问题视为一个必须解决的种族问题时，当他说他制定这样的政策的目的是为了实现种族团结而不是统治欧洲时，杜林·希特勒是否在说实话……张伯伦首相认为，杜林·希特勒是在讲真话……他（张伯伦）认为他现在已经对杜林·希特勒产生了影响，而后者信任他，并愿意与他合作。[64]

不出所料，达夫·库珀迫切地要进行“全军总动员”，并得到了温特顿、斯坦利、德沃尔和埃利奥特的同意。作战部长莱斯利·霍尔－比利沙（*Leslie Hore-Belisha*）也宣布自己赞同进行军事总动员。[65]迄今仍然非常忠于张伯伦的哈利法克斯也开始犹豫不决了；希特勒正在“口述条件，就好像他已经赢得了这场战争一样”。海尔斯罕（*Hailsham*）勋爵也是一样，他是另一个昔日的支持者。[66]在听到法国和捷克政府都断然拒绝了德国的要求以及达拉第现身表明法国准备在必要时参战的消息时，张伯伦别无选择，不得不最终选择了更加坚定的路线。[67]现在，张伯伦建议派遣他的亲信霍勒斯·威尔逊（*Horace Wilson*）到德国将选项交给希特勒：要么将争端提交给一个由德国、捷克和英国组成的委员会，要么将面临与英国开战，如果法国人也站在捷克人一边的话。[68]这是一个如此“完美的决策”，以至于达夫·库珀“很难相信”他的耳朵，不得不要求张伯伦重复他所说的话。[69]

一时间，希特勒似乎过高地估计了他手上的牌。捷克人做好了战争的准备。法国向伦敦发出了电报，要求英国：（1）与他们同时进行战争总动员；（2）引进征兵制*；（以及）（3）“联营”经济资源和财政资源。这些要求在法国总参谋长莫里斯·加默兰（*Maurice Gamelin*）将军26日访问伦敦时得到重申。[70]张伯伦打电话给身在德国的威尔逊，并通知他：“一旦捷克斯洛伐克遭到进攻，法国人将会采取进攻的措施以支持捷克斯洛伐克。这告诉我们：应该清楚地向德国总理（希特勒）表明和平解决是必然选择。”[71]虽然张伯伦仍然拒绝听从丘吉尔关于苏联会对英法构成威胁的意见，但哈利法克斯向新闻界发表声明说，一旦捷克斯洛伐克遭到德国的进攻，“法国必将出兵援助，而且英国和苏联一定会站在法国的一边”。[72]这完全与自以为是的反战主义背道而驰，准确地反映了公众的情绪，根本不像张伯伦及其小圈子里的那些人那样消极。大约在巴特哥德贝斯会议前后进行的一项大众观察民意调查显示：只有22%的公众赞成绥靖政策，而有40%的公众反对。[73]在《慕尼黑协定》签订后，张伯伦遭到了牛津和金洛斯等反绥靖候选人的反对，选民对政府的支持明显下降，对反对党的支持激增，这足以劝阻张伯伦不要参加那次他踌躇满志地以为能赢的大选。[74]下议院的民意也在这个时候发生了转向。[75]在法国，连菲普斯都不得不承认：“自

---

* 征兵制：强迫招募义务兵到国家武装部队服役。至少从公元前27世纪的埃及古王国时期起，一直实施至今，但一般都是选征兵役制，而不是普遍兵役制（后者是指招募从某一年龄段全体身体合格的人入伍，有的国家甚至招募女兵，如以色列从1948年开始男性和女性均被招募入伍服役）。美国内战时期采用征兵制，战争结束后，这种制度废除，直到1917年才再次实行这种制度。和英国一样，美国在第一次世界大战结束后也废除了征兵制，但在第二次世界大战临近时恢复。1948—1973年美国仍保留此种征兵制。——译者注

从希特勒的要求众所周知以来，（法国的）民意完全变了。”[76] 9 月 27 日，张伯伦勉强同意调动军舰，这是达夫·库珀能够向新闻界公布的一项决策。[77]伦敦在发放防毒面具，在公园里挖战壕。战争意味着德国很快就会对首都进行空袭，这种幻想在持续发酵。[78]即使在柏林大使馆，“人们普遍感到大局已定”。[79]

然而，由于张伯伦仍不被他的同事所了解，因此，他通过驻德国大使馆向威尔逊发了一条信息，说希特勒不应该把拒绝自己的要求当作定论。他对威尔逊所做出的指示也没有发挥应有的作用。[80]威尔逊不但没有警告希特勒，表明在战争中英国打算支持法国和捷克斯洛伐克的意图，反而是被希特勒因捷克人的不妥协而表现出来的愤怒吓倒了。在几天之内，希特勒宣布：“我将拥有我希望得到的捷克斯洛伐克。”这令威尔逊感到惊愕，“他起身走了出去，再要他听下去是很困难的，只有疯狂地打断他的话”。[81]这正是希特勒戏剧性表演最突出的一幕。[82]为了对张伯伦那软弱的使者加大压力，希特勒毫不客气地提出了接受他的要求的最后期限：9 月 28 日下午 2 时。仅仅是两天之后。[83]戈林补充说，一旦发生战争，德国就可以指望波兰的支持，这是一个很好的办法。[84]威尔逊听到希特勒在柏林体育宫咆哮般地叫嚣之后，腿都吓软了，于是建议根本不要将张伯伦的警告转告给希特勒。他的建议被驳回了，并且正如他在 27 日被要求的那样，只是“与其说是愤怒，不如说是悲伤了”。[85]希特勒不为所动。“如果法国和英国一起进攻，那就让它们这样做好了，”他反驳道，“这对我来说，完全无关紧要。无论会发生什么事，我都会做好准备。”[86]

威尔逊返回伦敦之后，张伯伦提出了这样的主张：应该要求捷克人从有争议的、未决仲裁的地区撤军，但大多数部长都拒绝了这一路线图。[87]驻柏林的英国武官回来了，证实捷克人的防御和士气均处于不佳状态。其实张伯伦在这方面消息并不灵通，他那身处布拉格的勇敢的同事却没有被请来发表意见。[88]这些绥靖主义者还对法国人的意图持怀疑态度。当法国的部长们访问伦敦时，他们遭到了英国财政大臣约翰·西蒙（*John Simon*）勋爵的“盘问”，而且发现他们的回答乏善可陈。[89]按照加默兰的计划行事，意味着法国人会提前到达德国，但如果他们遇到了顽强抵抗的话，就会逃回马其诺防线。[90]张伯伦 9 月 27 日向全国发表了广播讲话，他表示，他极不愿意“英帝国仅仅……因为一个小国遭到一个邻近的大国和强国的欺凌而卷入到这场战争之中”。[91]这对这个“战争男孩”又是一个打击：

这是最令人沮丧的讲话（达夫·库珀抱怨道）。讲话中根本没有提到法国，也没有一句同情捷克斯洛伐克的话。唯一的同情是对希特勒表示的。首相说，他非常理解希特勒对苏台德地区的感情，而且他从来没有说过要动员舰队诸如此类的话。我很生气。温斯顿打电话给我，他非常气愤。他说，讲话的基调显然表明：我们正在准备赶紧撤退。[92]

这是一个预言。

9月29日在慕尼黑会议上所达成的协议，仅仅对捷克斯洛伐克解体的时机和希特勒达到其目的的手段由此产生了影响。正如希特勒所要求的那样，取代苏台德地区随即被强行占领的，是10月的第一个10天之内对捷克的全面占领。公民投票本来应该在一个国际委员会的监督下举行的。德国和捷克的新边界，以及诸如财产纠纷和货币问题等其他事项，也都将在这个国际委员会监督下解决。个人，则有选择的权利，要么选择继续留在被割让的土地上，要么选择迁移。在这些对德的让步中，只有第一条得到了执行，即指定德国人的占领时间。[93]张伯伦回到了英国，手上挥舞着一份当时说服希特勒在上面签了字的文件——他们二人在希特勒的公寓举行私人会面时签订的。文件这样写着：

我们将昨晚所签署的协议和《英德海军协定》视作我们两国人民决不希望再次交战的象征。我们认为，协商解决的办法，是处理任何可能涉及我们两国其他问题应采取的办法，而且我们决心继续努力，以消除分歧的可能来源，从而有助于确保欧洲和平。[94]

正是这份文件，使张伯伦在回到唐宁街时兴奋得做出了错误的判断，他将它描述成“我们时代的和平”标志。[95]第二天，达夫·库珀辞职。他是内阁成员中唯一这样做的人，理由是《慕尼黑协定》意味着即将爆发战争，而不是和平，而首相所发表的声明，将使得迫切需要加快的重整军备进程更加步履维艰。[96]

库珀是对的。到10月底，德国就明确地提出了其接下来的领土要求：即立陶宛的梅梅尔和国际大都市但泽。[97]截至11月底，《新闻纪事》报道说，希特勒正准备进军布拉格。[98]德国与捷克之间的最终边界解决方案，根本就没有进行“民族自决”，3万捷克人便被置于德国的统治之下。[99]什么回应都没有做，因为向残余的捷克斯洛伐克所承诺过的保证根本就没有具体形式。[100]与此同时，希特勒对张伯伦所希望的裁军进行了嘲弄，公然号召要达到与英国皇家海军潜艇相抗衡的目标。[101]然后，《慕尼黑协定》签订不到六个月后，1939年3月15日，德军开进了布拉格，出其不意地把那里所有的英国人都差不多统统活捉了。在德国人的怂恿下，斯洛伐克宣布独立，捷克斯洛伐克不复存在——就在张伯伦从慕尼黑返回的几天后，丘吉尔在下议院准确地预测了这一结果。[102]

不战之战

签订《慕尼黑协定》，是英国现代外交史上最大的败笔。然而，正如泰罗（*A. J. P. Taylor*）所说，《慕尼黑协定》至少在一个方面对张伯伦来说是一个胜利。他不仅骗过了他的英国对手，还骗过了希特勒本人。毕竟，与希特勒在巴特哥德贝斯所要求的相比，《慕尼黑协定》中所达成的协议，更接近于张伯伦最初在贝希特斯加登所提出的要求。[103]作为张伯伦外交的结果，希特勒不得不放弃他的打算，即以“军事行动打败”捷克斯洛伐克，这是他自5月底以来所做的规划。[104]在英国人对这场危机的所有描述中，希特勒似乎起着决定作用。然而，在戈培尔的日记中，却是张伯伦——这个“冰冷的……英国狐狸”——“突然起身离开，好像他已经完成了自己的任务，没有必要再继续下去了，可以无辜地洗手不干了一样”。9月初，戈培尔的日记显示，希特勒对伦敦将不会出手干预感到有信心，但四周后，他迫切地对张伯伦的助手霍勒斯·威尔逊（*Horace Wilson*）说：“如果英国想要一场世界大战的话，就请直截了当。”戈培尔六天前还一直相信，伦敦是“令人害怕的、不可估量的力量”，现在也被迫得出了这样的结论：“我们没有发动战争的借口……一个国家不能因为修正案而冒险发动一场世界战争。”戈林对此也持同样的看法。

决定性的突破在9月27日晚到来。希特勒令人印象深刻地向张伯伦发出照会，放弃了他先前威胁说要在第二天下午2点钟使用武力的想法。在这份照会中，希特勒同意：德国军队将不会超越捷克已经同意割让的领土范围；将举行公民投票；并且德国愿意做出任何国际承诺，以保证捷克斯洛伐克未来的完整性。很明显，威尔逊的警告（“与其说愤怒，不如说悲伤”）比发出时产生了更大影响。[105]正如希特勒对德国最高统帅部国防部部长阿尔弗雷德·约德尔（*Alfred Jodl*）将军所说，他不可能会“对捷克斯洛伐克发动突然袭击……否则，我将没脸面对全世界，那样就不得不对英国、法国发动战争，这是一场我没有能力打赢的战争”[106]。这就解释了他之所以如此急切地接受墨索里尼关于24小时内暂停动员的建议的原因；[107]这也是他之所以如此匆忙地向伦敦发出信息，邀请张伯伦出席在慕尼黑召开的四国会议的原因。[108]如果没有墨索里尼的介入，希特勒大概会很乐意接受法国大使所建议的让步。[109]从这个角度看问题时，《慕尼黑协定》在国会议员中受欢迎的时间非常短暂，如昙花一现——在投票表决时，只有40名保守党议员投弃权票——就变得更加可以理解。张伯伦真的避免了一场战争。[110]

但是他有权这样做吗？尽管这一切都说明了希特勒的地位是多么脆弱，而让他摆脱困境又是多么愚蠢。毕竟，是张伯伦怂恿墨索里尼建议采用背水一战的外交解决方案的。[111]但是，当意大利人明确地站到德国人一边的时候，英国人为什么还要去与意大利人交涉呢？[112]为什么在这个关键时刻把捷克排除在外？[113]为什么又一次把苏联排除在谈判之外？[114]假如张伯伦向国内说明了这种优势，而不是屁颠屁颠地赶往慕尼黑，柏林的压力本来会非常大的。因为——而且这也许是关键的一点——在1938年，德国根本还没有为欧洲战争做好准备。它在西线的防御仍然不牢固，用约德尔的话说：“在西线的防御工事中，只有5个战斗师和7个预备役师，那里只不过是个大工地，只能勉强对付100个法国师。”没有任何德国高级军官对这个观点持有异议。[115]德国也不能指望斯大林不遵守苏联的承诺（1935年做出）去保卫捷克斯洛伐克；基辅和白俄国军区的红军部队在捷克危机期间，事实上都已经进入了备战状态。[116]罗马尼亚政府将给他们提供一条通往捷克边境的通道，这并不是不可思议的。[117]此外，苏联外交部长马克西姆·李维诺夫（*Maxim Litvinov*）一再重申，如果法国也履行其对捷克斯洛伐克的承诺的话，苏联也将这样做，或至少会将此问题提交国际联盟。[118]事实上，9月24日，李维诺夫明确地告诉驻国际联盟的英国代表团，如果德国入侵捷克斯洛伐克，《捷克斯洛伐克－苏维埃协定》就将生效，并建议英法苏三国召开会议，“向德国人表明，我们是认真的”。[119]

由于这些原因，在德军75个师中，只有一部分兵力——英国驻巴黎武官估计只有24个师，虽然捷克人已经准备迎战这75个师——可以用于对捷克斯洛伐克展开进攻。[120]捷克人也不会轻易地被歼灭，英国武官预计其35个装备精良的师“会对进攻者进行长期的、顽强的抵抗”。进攻者在数量上既不具备有决定性的优势，在战术上也没有出其不意的成分。[121]1939年，德国的预备役军官对一个英国记者承认说，捷克的防御工事“令人印象深刻，与我们的武器相比，真可谓是坚不可摧、牢不可破。我们也许能包围他们，但歼灭不了他们”。希特勒本人后来承认道，当他发现捷克那“可怕的”战备水平之后，他就一直“深感不安”，“我们冒了一个巨大的风险”。[122]“绿色行动”——由第2军和第10军发动、策划的夹击攻势——要是已经启动了的话，可能就会带来灾难性的后果。[123]正如将军亨利·波纳尔（*Henry Pownall*）爵士所说的那样，即使德国人只在西线沿着齐格弗里德战线部署了九个师的兵力，并用五个师来抵御红军、保卫东普鲁士，希特勒正在考虑的发动进攻的事也“肯定有点冒险”。[124]

这有点轻描淡写的味道。德国的海军装备也很落后。德国总共只有七艘驱逐舰、三艘袖珍战列舰和七艘远洋潜艇可以调用。[125]此外，德国人指望不了能获得外国的有效支持。波兰有可能会站在德国一边，其目的是为了瓜分捷克，尽管它同样也有可能会跑到另一边去。匈牙利也是一样。墨索里尼有可能站在希特勒一边。但这些国家，没有哪一个有实力对西方大国构成重大威胁。相反，对英国和法国来说，要给意大利的地中海舰队造成重大损失是相当容易的。[126]至于日本，日本政府极不可能会在这个时候同一个西方帝国开战，因为他们在中国陷入了困境，也遭到了来自北方苏联的威胁。

最后，德国轰炸伦敦的能力在很大程度上是英国人的想象虚构出来的。这是它在情报收集和情报解释方面存在严重失误造成的后果。[127]事实上，德国人更愿意看到轰炸机在战术上的作用，以支持地面部队（如在30年代中期开发的并在西班牙内战时期“经受过考验”的容克斯 *Ju* - 87“斯图卡”等小型俯冲式轰炸机因此大受欢迎）。德国人在具有跨海峡作战能力的轰炸机方面所进行的投资，也远远少于英国人所担心的，而且当他们开始对英国作战时，最初对准的目标是机场和其他军事目标，而不是城市中心。[128]战争在1938年爆发时，德国人根本就没有计划要轰炸英国，尽管戈林公然威胁亨德森说，“一旦开战”，德国空军将“把伦敦夷为平地”。[129]这只是在虚张声势。正如第二航空舰队司令赫尔穆特·费尔米（*Helmuth Felmy*）将军在1938年9月下旬所承认的：“假如在他能掌控的领域运用手段去对英国发动一场毁灭性的战争，似乎是不可能的。”[130]因此，英国对德国可能发动的袭击做好准备是没有意义的，[131]德国空军袭击的目标本来更有可能是巴黎，尽管对这里的威胁也被夸大了。[132]

德国军事上仍未准备好，这在第三帝国内部具有重要的政治意义。没有人比1935年以来任总参谋长的路德维希·贝克（*Ludwig Beck*）更清楚地知道德国军事的劣势所在。希特勒一把考虑进攻捷克斯洛伐克这个主意提出来，贝克就认定他是在玩火。在他看来，希特勒制造外交紧张局势、然后给大国造成一个既成事实的战略，这是非常危险的。[133]这种做法很可能导致一场德国没有胜算的欧洲战争。不像其他那些胆敢怀疑希特勒是否是一个战略家的聪明人，特别是战争部长、陆军元帅维尔纳·冯·布隆贝格（*Werner von Blomberg*）和陆军总司令维尔纳·冯·弗里奇（*Werner von Fritsch*）等人，贝克在1938年1月的大清洗中幸存了下来。[134]希特勒当然要加强其对德国军队的控制力，自己取代总司令布隆贝格的位置，并由凯特尔（*Keitel*）作为他的顺从工具，还让懒散的瓦尔特·冯·布劳希奇（*Walther von Brauchitsch*）接替弗里奇的地位。随着贝克在8月底的辞职，对希特勒的地位很可能构成最大的政治威胁也随之消除了。然而，这并没有结束军事上反对希特勒的可能性。贝克怂恿他的继任者弗兰兹·哈尔德（*Franz Halder*）将军参与了一场反对希特勒的改变。在国防部副部长汉斯·奥斯特（*Hans Oster*）将军和内政部的一位官员汉斯·吉泽菲乌斯（*Hans Gisevius*）指挥下，这场政变正在认真策划之中。哈尔德后来声称，他、贝克、退役将军欧文·冯·维茨莱（*Erwin von Witzleben*）等人曾共同谋划推翻希特勒政权，但张伯伦飞往德国的决定使他们失去了机会。[135]

诚然，在德国的军事和市民精英分子中，反希特勒的成分是多样性的，也是无序的。[136]我们无法知道，假如这场政变成功了，希特勒在捷克斯洛伐克问题上是否会遭受一次重大的外交逆转。然而，英国当局断然拒绝那些向他们传达警告的信号，至少可以说，这是奇怪的，即使这些信号是从德国外交部国务卿恩斯特·冯·魏茨泽克（*Ernst von Weizsäcker*）这样的可靠来源发出来。[137]《慕尼黑协定》签订后，柏林政权更替的机会迅速消失，名不副实的“反对派”没有放弃与伦敦进行对话的尝试。

前价格专员、莱比锡市市长卡尔·高尔德勒（*Carl Goerdeler*）在1938年圣诞节访问了英国。六个月后，亚当·冯·特罗特·祖·舒尔茨（*Adam von Trott zu Solz*）——一个出身名门的前罗兹奖学金获得者，会见了张伯伦和哈利法克斯。[138]其他出访者包括中校格哈德·冯·什未林（*Gerhard von Schwerin*）伯爵，在他的敦促下，丘吉尔被纳入到政府中来。[139]但是，时机已经过去了。

我们也不应忽视当时德国劣势的另一个层面。希特勒反感地发现，德国人——他正在努力为之扩大生存空间的德国人民，对战争没有什么兴趣。英国人也清楚地意识到了这一点。柏林大使馆的低级官员们报告说，公众舆论“对德国的军事措施感到非常震惊”，“人们普遍担心，对捷克斯洛伐克的攻击，很可能导致一场德国可能会输的欧洲战争”。[140]亨德森注意到，9月27日，当一个机械化师游行经过柏林时，“在街上鼓掌的，不是一个人”。[141]“战争将使德国摆脱希特勒的统治，”10月6日，亨德森在一个难得的敏锐时刻表示，“通过维护和平，我们挽救了希特勒及其政权于危亡之中。”[142]

1938年的悲剧源于英国和法国政府在反德热潮的最关键的逆转时刻对力量的平衡做出完全错误的判断。卡多根深信：“现在我们绝不能轻率地发生冲突——我们会被彻底打败的。”参谋长赞同他的这一观点。[143]“张伯伦当然是正确的，”东部司令部司令埃德蒙·艾恩赛德（*Edmund Ironside*）将军在日记中写道，“我们没有保卫自己的工具……现在我们不能将自己暴露在德国的攻击之下。如果我们这样做，那就是自取灭亡。”[144]加默兰同样畏惧德国人。像英国人一样，法国人也相信德国有能力进行空中轰炸，把他们的城市炸成“废墟”。[145]一位高级参谋人员设想德国进行了这样的快速动员：德军50个师将很快就会来对付法国。[146]结果——令人难以置信的是：苏台德危机期间，英法军队自始至终都没有举行过一次会谈。参谋长们愿意考虑的主要问题是：一旦发生战争，德国只派得出两队装备不良的野战师到法国去。[147]将军们经常因为在准备最后一场而不是下一场战争而挨批评。1938年，英国将军们甚至不打算打最后一场仗。假如他们有这样的打算的话，结果就可能有很大的不同。因为是德国人，而不是英国人和法国人，在1938年存在被“打败”的危险。英国人必须要做的，是要明确承诺要组建保卫捷克斯洛伐克的英法联军，而不是举棋不定，并且敦促英国和法国军事将领们举行会谈，而不是要等到1939年2月才举行。张伯伦不应该像一个乞求者那样飞来飞去，而应该坐镇伦敦，婉言拒绝德国的要求。当然，我们不能肯定地说这样做就一定会取得效果，[148]但让德国蒙羞的几率会很高。几乎任何结果——甚至战争本身——都会偏爱事实上已经发生的事，因为尽管希特勒本人也想通过武力来获得捷克的领土，但他实际上还是希望能用和平手段得到。

正如万西塔尔丁所说，时间至关重要。参谋长们主张，在英国皇家空军害怕被德国空军一下击垮的基础上，“从军事的角度来看，优势的平衡肯定是有利于推迟……在目前的条件下，哪怕是要发动一场防御性战争，条件都很不成熟”。[149]直到这个节骨眼上，战斗机司令部肯定完全被人们忽视了，而且认为还有更多的工作要做，才能使英国防空部队做好抵御德国空军进攻的准备。[150]几乎弱无可弱的英国陆军，也是在《慕尼黑协定》签订后才逐渐强大起来的。[151]但是，时间是相对的。时间，无疑让英国人增强了防御能力，但它同时也让希特勒增强了进攻能力。到1938年年底，德国重整军备的势头不得不受到遏制，这是事实。德国人开始相信，如果他们将战争推迟到1939年之后，时机对他们会不利，这也是事实。[152]但是，总的来说，1938年9月之后的一年，对德国是极为有利的。正如表10.1所明确表示的，1938年和1939年之间，德国军队实力的增长明显要高于英国或法国军队的总和。在海军方面，德国确实停滞不前，而英国和法国的军舰却增加了许多。但是，在空军方面，当代人倾向于认为这才是至关重要的，对手们充其量是并驾齐驱，不相上下。德国补充到第一线的德国空军的力量，在某种程度上超过了英国补充到皇家空军的储备量。在组合上，1939年，英国人和法国人比德国人有更多的一线飞机，但1938年时两者差距更大（589架比94架）。另一种说明这一点的方法，是比较1939年军用飞机的生产数字。德国造了8295架，英国造了7940架，法国造了3163架。苏联超过了这3个国家的总和，造了10565架新飞机。[153]在1938年，西方各大国家都可能会考虑将苏联作为潜在的盟友。但到1939年为止，斯大林是希特勒的盟友。

表 10.1　1938 年和 1939 年军事力量的平衡

	1938			1939		
	法国	德国	英国	法国	德国	英国
陆军	581000	782000	376000	629000	1366000	394000
战列舰	5	5	12	7	5	15
战舰	1	2	3	7	1	15
巡洋舰	18	6	62	11	6	49
航空母舰	1		7	1		7
驱逐舰	58	17	159	61	21	192
鱼雷艇	13	16	11	12	12	11
潜艇	76	57	54	79	57	96
一线飞机	1454	2847	1982	1792	3609	1911
可服务于一线的飞机	*n/a*	1669	1642	*n/a*	2893	1600
储备	730	*n/a*	412	1600	900	2200

资料来源：

Army size：*League of Nations*，Armaments Yearbooks；*Singer and Small*，Correlates of War Database.

Navies：Janes Fighting Ships.

Air forces：*Overy*，Air War，*p*. 3.

注：战舰包括德国袖珍战列舰，德国有 3 艘这种战列舰。英国估计德国空军第一线的力量：1938 年 8 月有 2650 架飞机；1939 年 9 月有 4320 架飞机。

n/a 表示无统计数字。

此外，希特勒一下子就从《慕尼黑协定》获得了很多好处。随着捷克力量的削弱，德国东部边境的威胁明显地减少了。[154]此外，在占领苏台德地区的过程中，德国人获得了 150 万支步枪、750 架飞机、600 辆坦克和 2000 门野战炮，所有这些，在后来的几年里，证明都用得着。[155]事实上，在1940年德国对西方实施侵略的过程中，德国人使用的坦克，每十辆中就有1辆是捷克生产的。[156]波希米亚西部的工业资源，进一步强化了德国的战争机器，就像德奥合并大大增加了德国的劳动力、硬通货和钢铁供应一样。正如丘吉尔所说，相信“把一个小国抛向狼群，安全就可以得到保障”是“一个致命的错觉”：“德国的战争潜力将在短期内迅速增加，比法国和英国采取措施、完成必要的防御工事要快得多。”[157]在慕尼黑会议上，“买时间”事实上意味着扩大而不是缩小差距，这种差距是英国和法国迫切需要缩小的。[158]换一种说法，那就是，1939年的德国与1938年的德国相比，更加难以战胜。

战争的经济案例

1938年，德国国力虚弱不仅表现在军事方面，同样重要的是，它的经济也非常脆弱。沙赫特的“新计划”两年前就已经被废弃了，因为他的双边贸易协定系统不能迅速地为希特勒提供他所希望的重整军备所需要的原材料数量。[159]但到1938年，“四年计划”也无济于事，经济形势并没有得到太大改善。国内铁矿石产量肯定有了提高，但自1936年以来，增量刚刚超过了100万吨，略高于1938年进口的十分之一。不超过11000吨合成橡胶生产出来了，约占进口总额的12%。[160]吞并奥地利和捷克斯洛伐克的目的——正如希特勒在1937年11月5日就对他的军事和外交首领们清楚表达的——正是为了解决这一正在继续阻碍德国重整军备的原料短缺问题。[161]记者伊恩·科尔文（*Ian Colvin*）根据可靠的资料得出了这样的结论：如果战争在1938年便爆发了，德国的汽油库存量仅够用3个月。[162]此外，德国经济正在遭受着严重的劳动力短缺之痛。具有讽刺意味的是，德国的问题，在很大程度上是按照“四年计划”所设定的军费开支到达最大值的结果。[163]戈林本人也不得不承认，德国的经济形势现在非常严峻。到了10月，德国经济专家一致认为：战争将是“一场灾难”。

正如科尔文的证词所表明的，德国的经济问题根本不是什么秘密。事实上，他们的财务上出现问题的症状非常明显。沙赫特辞去了经济部长职务——他在1937年8月提交了辞职信，直到11月才被批准，虽然他仍担任帝国银行主席但被人们普遍认为这是对该政权财政信誉的一大打击。[164]除了反对“四年计划”，沙赫特还关心两个问题：越来越严重的通胀压力和越来越多的重整装备开支都通过印刷钞票来解决，而德国硬通货储备又正在隐约出现枯竭的现象。这些问题并没有解决。德国的出口，比上一年少了五分之一。1938 年 7 月，当英国要求修正《英德支付协定》，要求德国继续根据"道威斯计划"和"扬格计划"支付的赔偿金到期利息时，德国人不得不做出让步。[165]英国驻柏林大使馆反对绥靖政策的商务随员在主张取消《英德付款协议》时说得很有道理，即通过进一步减少德国获得硬通货的途径，将会击中德国经济的命脉。[166]德国股市在 1938 年 4 月和 8 月之间下跌了 13%；对此，人们并不感到奇怪。德国财政部长什未林・冯・克罗西克（*Schlverin von Krosigk*）警告说，德国正处于通货膨胀危机的边缘。在一份日期为 1938 年 10 月 3 日的令人震惊的帝国银行备忘录中，沙赫特说过同样的话。希特勒可以不顾这些争论，敦促戈林加紧重整军备的狂热步伐。但是，到这时为止，这些目标已经进入了梦幻般的境界：到 1942 年，要建立一支超过 20000 架飞机的空军；到 1948 年，要建立一支有近 800 艘军舰的海军。即使有足够的钢材来完成这样的工程壮举，也不会有足够的燃料供一半的轰炸机飞行或一半的战舰航行。帝国银行拼命地通过向公众出售债券，来解决政府日益增加的赤字问题；它的硬通货储备已经消耗殆尽。当沙赫特及其同事们一再发出通货膨胀的警告时，希特勒枪毙了他们，但他再也不能忽视"不出口就灭亡"的必要性了。[167]

正如我们所看到的，英国的官员们担心国内会出现劳动力和硬通货的严重短缺。但在这两方面，德国的情况要严重得多。难道同时期的人没有意识到吗？一种重新审视慕尼黑危机的方法，是从对伦敦城投资者有利的角度来看。有时人们会说，《慕尼黑协定》使伦敦股市大涨。能够找到的支持这一说法的证据很少。到这时，该市场无论如何都会由于 1937 年的衰退而萧条。在 1938 年 4 月初和 9 月底之间，有大量的黄金外流，达 1.5 亿英镑，这使情况变得更糟。关键是慕尼黑会议并没有阻止这样的外流。在该会结束后短短几个月之内，又有另外 1.5 亿英镑的黄金外流。英国财政大臣将这些外流归咎于

在国外一直普遍盛行这样一种看法：战争就要来临，而国家还没有为战争做好准备，而且其背后隐藏着的是焦虑，当然，更多的焦虑又是由明显恶化的财

务状况造成的，是由贸易不平衡的严重性不断加剧造成的，以及是由武器装备的开支不断增加造成的。[168]

在此基础上，财政部能够坚持其一贯主张，即不能再加速重整装备了。但是，现在同样也可以这样说，英国的黄金储量可能会进一步枯竭，开战宜早不宜迟。到1939年7月，英国的黄金储备下降到5亿英镑；另外，银行可支配的外国证券的资金大约有2亿英镑。这个阶段，英国储备的流失是一个月2000万英镑。[169]在现金赤字不断扩大的情况下，英镑不可能再能保持4.68美元的汇率。正如英国贸易委员会主席奥利弗·斯坦利（*Oliver Stanley*）所说："我们打不起一场持久战，这一时刻终将到来。"[170]这是关键。这句话的意思是，假如英国的财政状况、军事状况更好一些的话，假如1938年战争就爆发了的话，那么不仅战争会早日来临，而且几乎可以肯定，战争时间会被缩短，根据就是上文所述的德国国力的衰弱。人们还以为绥靖政策为英国买到了宝贵的时间，[171]但对于英国人来说，时间让胜算打了折扣。

在这种情况下，股市几乎不可能会上涨，但它仍然透露出投资者的偏好，在伦敦市场上反映出各种债券和股票的差异。那些相信绥靖政策正在发挥作用的人，将很可能继续持有大陆债券，其中包括中欧国家的，一直持有到德国占领布拉格为止。他不会卖掉丘纳德轮船公司的股份，并长期持有维克斯军备公司的股票，直到1939年春天。不过，正如图10.1清楚显示的，大陆债券和英国债券——从一个英国投资者的角度来看传统上最安全的金融资产——之间的收益差异从30年代中期开始在稳步扩大。苏台德危机包括《慕尼黑协定》造成的影响，都相当小。此外，如图10.2所明确显示的，投资者早在1933年就抛出了那些被视为和平的股票，而买入了被视为战争的股票。1914年7月曾经遭受过严重打击的伦敦城，不会被愚弄两次。伦敦的投资者显然预计在1930年下半年会发生某种战争。只是他们没有把握的似乎是：这样一场战争的规模有多大。从此，各个国家之间的债券收益率之间都缺乏相关性。

历史学家们一直在寻求绥靖政策的经济基础。他们看错了地方。毫无疑问，商人不希望爆发战争。虽然如此，但投资者仍然希望爆发战争。因此，采取绥靖政策没有经济方面的好处。因为伦敦城的人对国际前景持悲观态度，是丘吉尔而不是张伯伦拥有在经济方面理性的外交政策。这种情况所要求的是先发制人，而不是威慑，

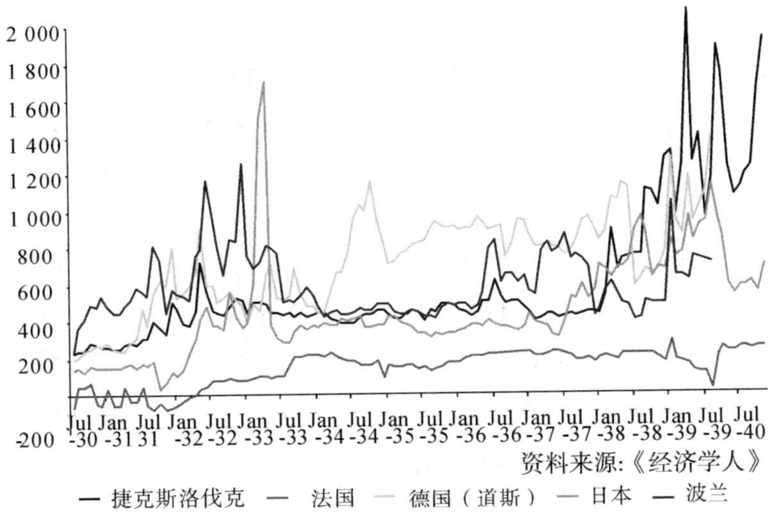

图 10.1　1930 年 7 月至 1940 年 5 月债券收益在增加（基点）

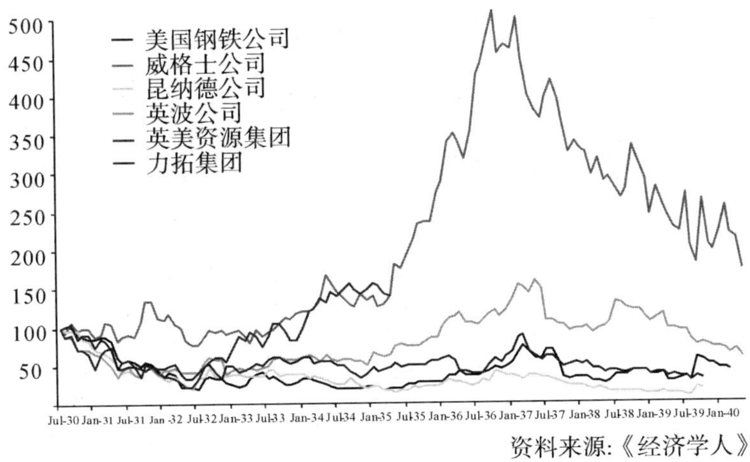

图 10.2　1930 年 6 月伦敦市场六个主要公司的股票价格

更不是拖延。希特勒只是在英国资助的国防“第四臂”削弱后才不得不受阻。1938 年，市场受到战争的支撑，正如在慕尼黑会议召开后的那期《经济学人》所指出的，与1914年时战争好像是一个晴天霹雳的情况相反。一方面，伦敦城受到大陆商业汇票的影响较小，经济大萧条使得其金融工具的重要性大为降低。另一方面，金融界“准备面对战争爆发”的冲击。而当局也不会像他们在1914年那样，通过将英国银行的贴现率提高到惩罚性的高度来做出回应。[172]该杂志的编辑说，在过去的几个星期里，伦敦城可能只有少数人没有想到英国很有可能会全面卷入武装冲突……战争的爆发本来不会使金融市场措手不及的。”[173]如果战争来了，市场也许不会有反弹，但也不会崩盘。即使是在伦敦上市的德国债券的价格——例如，那些发行用于资助“扬格计划”的债券——在那场危机爆发的夏季几个月的时间里都没有明显下跌。在1939年，债券价格才跌到了地板下面（见图10.3）。这是因为投资者都明白，英国在1938年有一个打败希特勒的大好机会。一年后，一切都不同了，而且那些渎职者看起来像是要赢得这场战争。[174]

资料来源：Brown and Burdekin, *German debt?*.

图10.3 1935—1939年伦敦市场上德国“杨格计划”债券的价格

走向崩溃

慕尼黑会议后最不寻常的事情是英国重整军备相对悠闲的步伐。到了1939年8月，如果爆发战争，英国随时可以派遣到欧洲大陆的仍然只有两个师。[175]张伯伦没有以他买来的和平作为加快战争准备的契机，他的态度是模棱两可的。“很明显，”10月3日，他承认道，“这对国家来说，要停止重整军备是疯狂的，直到我们清楚地知道其他国家也都在按同样的方式在行事。因此，暂时来说，我们不应该放松努力，直到我们的不足已经完全弥补好了为止。然而，这并不等于说，由于目前局势缓和，我们就应立即着手大幅提升我们的军备计划。”[176]前航空部长斯温顿勋爵支持张伯伦的主张：“只要你清楚你已经买到了重整军备的时间。”“但你不知道吗?”张伯伦回答道，“我带回了和平。”[177]他驳回了海军司令部关于新增护卫舰的要求。[178]他拒绝了丘吉尔关于建立一个新的军用物资供应部的要求。[179]他坚持绥靖政策和裁军的梦想。[180]“我得到的所有信息似乎都表明，局势正在朝着和平的方向发展。”他在1939年2月宣布，“而且我再重复一次，我们终于凌驾于这位独裁者之上了。”[181]重整军备确实加快了，正如我们所看到的，但它这样做违反了财政部的意愿，从首相那得到的支持并不多。[182]当国防协调大臣托马斯·英斯基普（*Thomas Inskip*）爵士也开始迫切要求设立一个新的军用物资供应管理部时，张伯伦解雇了他。[183]渐渐地，财政部的抵制被日益增长的军事服务的需求，尤其是空军的需求所压倒。说服西蒙和他的官员将国防的贷款额度从4亿英镑提高到最高8亿英镑是非常困难的，他们摒弃了凯恩斯的论点，即在经济仍然疲软的情况下，较高的借贷水平将促进经济增长，从而使用于付债的储蓄数量出现大幅增长。[184]严峻的现实最终为人们所了解，是经历了一个缓慢而痛苦的过程的：万一战争是长期的，英国将需要美国的财政支持，与第一次世界大战相比，在支持时间上要更早，在支持力度上要更大。鉴于1935年、1936年和1937年《中立法案》的条款规定，这似乎是一件遥不可及的事情。[185]

Si vis pacem，para bellum（意思是：“如果你希望和平，那就要准备战争。”）这句话，今天依然是古老拉丁语中的口头禅。在重整军备和绥靖主义政策之间，并不存在不可调和的矛盾，张伯伦本来可以继续致力于满足希特勒生存空间的要求，而同时又可以全速重整军备的。他选择不这样做。更加糟糕的是，同时，他要求减轻对德国的经济压力。亨德森从柏林写信给他，安慰他说，希特勒“下决心要充分尊重”大众的反战情绪，“德国不打算立即进行任何野蛮的冒险，”他在2月份的报告中说，“而且……他们的指南针是指向和平的。”[186]然而，由于担心经济困难可能促使希特勒更多而不是更少地愿意拿战争作赌注，张伯伦提出了签订新的英德贸易协定的建议，这将减少德国对巴尔干国家双边贸易协定的依赖，并增加它获得硬通货来源的机会。[187]英格兰银行行长蒙塔古·诺曼（*Montagu Norman*）甚至还前往柏林讨论英国很可能向德国贷款的问题。企业领导人与银行和财政部联合起来，一致主张：与德国的贸易必须要维持，甚至要扩大，因为从德国出口到英国所获得的收入，正在被用来向英国人支付部分德国未偿还的债务。[188]这些出口主要是为德国的军火工业提供原材料的事实，不得不由外交部来指出。但没起作用，英国政府继续为一些德国公司提供出口信贷担保。根据这项计划，短期信贷从 1939 年 1 月 1300 万英镑，增长到战争前夕的 1600 多万英镑。[189]如果希特勒那时对英国的经济让步感兴趣的话，那么他很可能会得到更多。[190]但正如戈林的非官方使者赫尔穆特·瓦尔特（*Helmut Wohlthat*）在 1939 年 7 月会见了霍勒斯·威尔逊（*Horace Wilson*）和其他英国官员后所承认的："让他感到难过的是，他认为（经济）在希特勒的心目中没占什么地位。"[191]正如我们已经看到的，在张伯伦的心目中，经济的作用更大。不幸的是，他完全错误判断了德国经济衰弱的意义。美国人在布拉格之秋之后，至少还聪明地对德国人课以了惩罚性关税。

在绥靖政策和重整军备之间，可能不存在不可调和的矛盾，但在姑息和威慑之间确实存在着矛盾。英国和法国如今面临着一个两难境地。如果他们轻易地屈服于希特勒所提出的要求，这种勒索什么时候才是尽头？但是，如果他们威胁要打仗，为什么会有人相信他们呢？在慕尼黑丢失的，不仅是荣誉，而且是信誉。这有助于解释为什么张伯伦要那么令人惊讶地、迫切地向其他欧洲国家做出安全保证的原因，因为他毕竟在捷克斯洛伐克问题上上当受骗了。朝着这个方向的第一步，甚至在布拉格之秋到来之前便迈出了。那时，谣言（如果说不是误传的话）开始流传，说德国计划向西进攻荷兰。人们一致认为，这将是一个开战的理由。此外，在西方国家，这场战争的前景足以迫使人们改变对军队的政策。现在，决定建设一支六个师的欧洲大陆陆军部队、增加地区军队规模的时候到了。[192]随后，英国对法国做出了明确的公开安全保证。到目前为止，这还不如 1914 年的姿态所获得的回报多。[193]然而，在短短几个星期之内，英国对欧洲大陆的安全保证不再局限于欧洲大陆的西半部，而是整个欧洲地区。在对罗马尼亚大使所说的德国人将要使他的国家变成一个经济附庸国这一伪声明做出回应时，内阁成员们开始考虑要对布加勒斯特做出某种形式的安全保证。[194]更加令人怀疑的情报——这次是德国即将攻打波兰——导致张伯伦 3 月 31 日在上议院致命性地宣布要安全保证该国领土和主权的完整性。[195]两个星期之后，在紧接着意大利入侵阿尔巴尼亚之后，安全保证又扩大到了罗马尼亚和希腊。

然而，这些事情，没有一件使张伯伦的威信得到提高。英国总参谋长指出："英国和法国既没有在海上，也没有在陆地、在空中给波兰和罗马尼亚提供支持，帮助他们抵抗德国人的侵略。"因此，如果这种保证比以前对残余的捷克斯洛伐克所做出的虚假保证更有意义的话，那么"从苏联获得援助"将是必不可少的。[196]几乎同时倍增的地方自卫队（3 月）、引进全面征兵制（4 月推出）、设立本该早就设立的供应部（5 月），也产生了一点点影响，因为新的军队似乎注定要在来年把相当一些时日花在军训或者人力防空方面。张伯伦拒绝任命人气指数日益升高的丘吉尔到新的部门任职，而是选择了平庸的前交通部长莱斯利·比尔京（*Leslie Burgin*）。[197]即使是张伯伦那些最忠实的支持者们，也不否认这个阶段他所实行的政策的"拙劣性"。[198]在对波兰的保证宣布了一天之后，《泰晤士报》的一位领导离开了；英国并不是在保证"波兰目前边境的每一寸土地"的安全，因为还有"很多其他有必要调整的问题"。[199]换言之，这是另一种形式的姑息。张伯伦的希望是，通过对德国周边国家做出安全保证，他能以某种方式诱导希特勒回到谈判桌上。

1939 年和 1914 年之间，还有另一个关键性的区别。到第一次世界大战前夕，英国与法国、苏联这两个国家建立了协约关系。然而，1939 年，苏联本身仍然在与德国结盟。盖洛普民意测验显示，87% 的受访者赞成"英国、法国和苏联结成军事联盟"。[200]为什么会这样呢？显而易见的答案是，虽然对 1914 年之前的自由党来说，要与沙俄结盟是困难的，但要求英国保守党也与斯大林时代的苏联结盟，是不可能的。这对许多保守党党员来说，无疑是一个因素。[201]然而，丘吉尔，这个一度热忱地反布尔什维克的人，在他致力于建立大联盟（现在委婉地改名为"和平阵营"）的过程中，赞美"苏联忠于和平事业的态度"，对他来说并不是一件难事。张伯伦对这件事所做出的冷淡反应，就像对丘吉尔的所有建议一样，可能是因为他仍然相信他的绥靖政策，更胜过他对共产主义思想特别强烈的反感。[202]更重要的是，英国对像波兰和罗马尼亚这样的国家所做出的新保证，使得要同斯大林达成协议更加困难。苏联要求将这些国家作为军事通道。他们还有什么别的办法来打败德国人吗？东欧人有充分的理由怀疑他们的动机。波兰人拒绝接受张伯伦 1939 年 3 月提出的建议，不想成为相互“协商”宣言的合作签署国。[203]向波兰做出的保证，将英国的命运绑定到了一个与德国政权一样都不民主、都反犹太人的政权的身上，也排除了同苏联结盟的这种有可能阻止或者更容易打败希特勒的形式。当苏联提出英法苏三国结成联盟目的，不仅是保卫自己，也是为了抵御德国对苏联邻邦的侵略，但这些建议遭到了断然拒绝。[204]张伯伦曾三次飞往德国与希特勒协商，从来没有考虑过要飞往莫斯科，他还拒绝派伊顿（更不用说丘吉尔）作为特使去莫斯科走一趟。只是在 5 月下旬，才初步开始同苏联谈判，而且谈判的进展艰难而缓慢。直到 8 月，英国和法国的军事代表团才被派往莫斯科，他们是乘船去的，而不是乘飞机去的，一些低级别的官员打头阵。[205]与此同时，张伯伦却坐火车去苏格兰度假。这又失去了另一次机会。假如张伯伦在 1939 年夏天就被丘吉尔取代了，那么，与苏联的结盟仍可能达成。[206]

1939 年与 1914 年还有一个区别，那就是日本所构成的威胁。在第一次世界大战前夕，日本曾是英国的盟友。到 1939 年 4 月，海军司令部的立场明确：

> 人们没有公开地质疑：（如果日本人出兵干预），一支重要的舰艇部队将不得不被派往（远东地区），但是，将我们排除在地中海的利益之外这样的事是否可以做，是一个当时必须决定的重要问题……东地中海撤军对希腊、土耳其和阿拉伯和穆斯林世界的影响……都是些政治因素，这些因素使不应该在这方面采取仓促行动变得更加重要……要很确切地说出在日本干预后多久才会派一支舰队去远东地区，是不可能的。要说出我们能派得出一支多大规模的舰队，也是不可能的。[207]

这是在含蓄地承认：在一场世界战争中，优先的秩序将是：不列颠群岛、中东，以及最后，是新加坡以及英国在亚洲的其他占领区。事实证明，日本还没有准备同德国军队结盟，共同反对英国。但是，在伦敦，没有一个人能够预料到会出现那种情况。

在这种情况下，希特勒希望张伯伦继续姑息他，用他出卖苏台德地区的方式出卖但泽，甚至是波兰走廊，以换取延缓战争的时间，这并不奇怪。的确，希特勒现在认为，与英国开战是不可避免的。在1939年5月，在一次军队指挥官会议上的讲话中，希特勒表达了“他怀疑同英国和平解决争端的可能性。有必要准备摊牌。英国人把我们的发展看作是在削弱英国地位的霸权。因此，英国是我们的敌人，同英国人一决雄雌，是一个生死攸关的问题”。然而，早在1939年9月就向英国“摊牌”，很可能不是他的本意。他根本不相信张伯伦——一个手持雨伞的男人会有胆量打仗。因此，在1939年，他几乎不费吹灰之力，就使张伯伦产生了殷切的期望，即欧洲可能很快就会走出“危险区”。3月23日，里宾特洛甫威胁立陶宛政府要与之开战的3天后，希特勒就派了一艘德国军舰驶入了梅梅尔港。即使到了这个时候，张伯伦仍在试图拼凑他那个反对这种侵略行径的四国声明。[208]

希特勒也不是欧洲唯一的麻烦制造者。4月，意大利入侵阿尔巴尼亚，成为是意大利占领巴尔干半岛的前奏，在随后的一个月里，墨索里尼冲动地与希特勒签署了《钢铁条约》，张伯伦仍然勇敢地把意大利的独裁者视作他努力压制希特勒的可能的合作伙伴。[209]然而，意大利人是德国最可靠的盟友，它拒绝参加战争，直到法国陷落迫在眉睫。另一方面，正是这种不可靠性，最大程度上减少了墨索里尼对柏林的影响。张伯伦坚持认为，希特勒不会为了“区区一个但泽而发动一场世界战争”。[210]他没有看到，希特勒并没想立刻发动一场世界战争，而是希望召开另一次慕尼黑会议。

如果希特勒在缔结《苏德互不侵犯条约》之前便自信地认为张伯伦不会为波兰而战——就像德国在波兰边境的军事部署似乎要表明的那样，那么，从那以后对这一点他就非常肯定。8月24日凌晨，当他在贝希特斯加登听到来自莫斯科的消息时，他评论道：“现在，欧洲是我的了！”[211]严格地说，这不是真的，因为他不得不给斯大林让出波兰、芬兰和波罗的海周边所有三个国家的一半地盘。此外，通过与斯大林打交道，希特勒认为，意大利或者日本要立即加入他的一边是不太可能的。但是希特勒的言论表明，他认为他完全掌控了西方大国，他对懦弱的亨德森所重申的英国对波兰所做的安全保证几乎没有留下什么印象。[212]“我们的敌人是一条小虫子，”纳粹和苏联签署条约的前两大，他这样说道，“我在慕尼黑会议上见识过他们。”[213]而事实上，要不是他的内阁同事们坚持要兑现对波兰的承诺，而波兰人又誓死要决一死战的话，张伯伦可能会再一次获得参加慕尼黑会议的机会。他仍然坚持召开另一次会议，这次会议意大利人也曾经提出过要召开，甚至在德国已经入侵波兰之后，他大胆地在下议院提了出来。[214]尽管战争就在他的眼前，但他仍然还在寻求避免［就像塞缪尔·霍尔（*Samuel Hoare*）所说的那样］“全力以赴”。[215]

在一个方面，英国的政策的确有可信性，尽管张伯伦的努力非常糟糕。纳粹统治精英中的大多数成员继续认为，这场对西方大国的战争，既很可能爆发，又很危险。戈林并非如此热衷于冒险发动战争，他知道德国空军的真正实力。戈培尔也仍然担心英国的干预，甚至在听到里宾特洛甫在莫斯科发动政变的消息时，他都有这样的担心。意大利人没有准备好打仗，英国人决心站在波兰一边，这就使戈培尔相信：就像对待捷克斯洛伐克一样，将会同英国达成一个临时性外交的“最小”协议，将但泽和至少部分波兰走廊归还给德国。希特勒突然“谨慎”起来，几乎在最后一刻，他推迟了原本定于 8 月 26 日凌晨对波兰发动的侵略，是为了再次接见亨德森，并主动提出进行以下交易：限制军队规模、最少的殖民地要求，回报将是在波兰“自由行事”。三天后，当这笔交易被拒绝后，他尝试另一笔交易，要求波兰派出全权代表立即前往柏林。[216]然而，这并不是真诚的表示，而且里宾特洛甫在极力阻挠波兰人不可能来柏林。到 8 月 30 日，所有准备工作完成后，希特勒恢复了他早先的信心（“英国人相信德国人弱，他们会看到这是在自欺欺人”。）第二天，他否决了戈林和戈培尔的意见，尽管他们也“怀疑”英国的不干预政策：“元首不相信英国会武装干涉。”除了希特勒，里宾特洛甫也热衷于战争，他怂恿希特勒并使他相信，慕尼黑会议一直都“头等的愚蠢”，并向他保证英国不会采取行动。截至 9 月 3 日早上，在对英国的最后通牒被发出去的时候，他们两个都证明错了。[217]

希特勒这个赌徒事实上已经犯下了双重错误，错误地认为张伯伦希望在 1938 年 9 月开战，错误地认为 1939 年 8 月张伯伦是在虚张声势。他没有料到，在出兵干预的几个月里，这个国家的民众、下议院和内阁的看法从根本上发生了多大的改变。然而，希特勒的失误，是幸运的失误。因为，如果张伯伦采取的行动，如希特勒预料他在 1938 年便会那样做——实际上是要求希特勒摊牌而不是让他把牌收拢来的话，那么，德国的问题，本来会比 1939 年所暴露出来的要多得多。1939 年，希特勒猜想张伯伦又会将牌收拢来。通过延迟时间而不是尽早地同德国开战，张伯伦无意中救了第三帝国，大大增加了希特勒打赢他一直打算争取打赢的这场战争的机会。希特勒要求英国做出选择。遗憾的是，英国首相选择了错误的一年。从这个意义上说，丘吉尔说对了一半。1939 年的战争，的确是一场“不必要的战争”。但是，有必要制止的却是 1938 年的战争。

绥靖政策的终结

绥靖政策在战争开始后并没有完全消失。同德国达成某种形式的和平谈判的希望，并没有放弃，直至丘吉尔 1940 年 5 月代替张伯伦当首相为止。[218]正是在他任首相的最后这几个月，张伯伦才终于开始认真思考德国政权已经发生了某种变化的观点。[219]1940 年 1 月 17 日，哈罗德・尼科尔森（*Horold Nicolson*）听说，“在战争内阁中仍然有一小组人正在致力于绥靖政策，并且目前正在谈判，希望（前总理）布吕宁同德国总参谋部达成和谈，条件是他们除去希特勒”。[220]可是，德国“反对派”发挥作用的时代早已一去不复返了。罗斯福甚至更加不切实际。他继续那样行事，仍然以为能通过如法炮制慕尼黑会议上对独裁者的妥协做法而取得妥协的和平。因此，在 1940 年，副国务卿萨姆纳・威尔斯（*Sumner Welles*）和通用汽车公司副总裁詹姆斯・穆尼（*James Mooney*）——这些以前鼓吹要对德国妥协、即使张伯伦和哈利法克斯都认为可笑的人，都启动了欧洲之旅。[221]法国的陷落，才终于埋葬了绥靖政策。自相矛盾的是，正是在其最软弱的时刻，英帝国重新发现了挑衅的好处。诚然，一些人仍然想知道，如果英帝国让所有的欧洲国家都对希特勒和墨索里尼做出让步，那么英国在某种程度上能得到挽救吗？然而，这，不是绥靖政策，而是失败主义。[222]丘吉尔在 1940 年 5 月 28 日的战争内阁会议上做出了回答：“德国人会提出要我们的舰队……我们的海军基地，以及要其他许多东西的要求。我们会成为一个奴隶州。”[223]

这肯定是正确的。希特勒在 1939 年 10 月 9 日曾对凯特尔和他的陆海空三军首领们说，他的目标是“要摧毁西方大国的实力及其抵御德国人民进一步在欧洲实现政治统一和持续扩张的能力”[224]。即使他后来决定进攻苏联，也有一个反英的目标。在对英国再次提出和平建议的 12 天之后，即 1940 年 7 月 31 日，他说：“苏联是英国最可依靠的力量。……如果苏联解体，英国的最后希望也将破灭。”“那个人”（丘吉尔这样称呼希特勒）被和平的想法所打动，这永远都是一种幻想。绥靖政策是英国人犯下的一个灾难性的错误，恰恰在 1940 年夏季巩固了希特勒的地位——他从英吉利海峡到西伯格河取得了一系列胜利，得到了《苏德互不侵犯条约》的保护，能够从法国机场起飞轰炸英国，拥有有利条件提供缺乏诚意的和平等等。尽管英国还不能被描述为希特勒的一条可怜虫，但它那为数不多的盟友都被打败了，而且一旦日本人发动进攻，英帝国的大片土地都非常脆弱，很容易受到入侵。从此，“绥靖”一词有了充足的理由被作为一个特定的贬义词而加以使用。

世界战争与西方的衰落

第三部分

杀戮空间

11. 闪电战

种族关系的新秩序，也就是说，重新安置各个民族，以便在该过程结束时，会有比今天更好的分界线。

——希特勒，1939 年 10 月 6 日[1]

我们都正在为没有支付确保一个帝国的安全所必需的保险费而付出沉重的代价！在过去，这通常是帝国灭亡的主要原因。

——艾伦·布鲁克（*Alan Brooke*）将军，1942 年[2]

闪电战

1939 年 9 月 1 日清晨 4 时 45 分，在波兰西部，拂晓的宁静被毁灭性的军事进攻打破了。五支德国部队（180 多万人）从波美拉尼亚西部、东普鲁士、上西里西亚和德国控制的斯洛伐克等理想的桥头堡出发，对波兰发起了全面进攻。与德国火炮轰炸拦河坝的炮声几乎同样震耳欲聋的，是引擎的轰鸣声；德国人向前推进，超过3000辆坦克和数以百计的装甲车和运兵车一马当先冲锋在前。天空上，*Ju* – 87斯图卡俯冲轰炸机呼啸着冲向匆忙动员中的波兰人，那定位准确的炸弹摧毁了桥梁、道路和供水车队，那令人恐怖的警报声在抵抗部队中传播着恐慌。这样做的目的，是通过对敌人领土的快速占领，迅速地歼灭敌人的有生力量，以避免像上次世界大战那样旷日持久。正是凭借其炮兵、步兵、装甲兵和空军等毁灭性军事力量的协同作战，这场闪电战才打得起来。

当然，*Blitzkrieg*（闪电战）* 是一个德语单词。奇怪的是，它在很大程度上却是英国人发明的。1918 年夏天英国发起对西线德军作战，并大获全胜，这词便由此而来。巴西尔·利德尔·哈特（*Basil Liddell Hart*）上尉从第一次世界大战期间双方伤亡过高的现象中得出了自己的结论。在他做步兵中尉时，他本人也遭受过毒气的毒害，这对他产生了长期的影响，迫使他在 1927 年就退役了。他转而从事新闻工作，在《每日电讯报》做国防记者，后来在《泰晤士报》做记者，而且还出版了多部军事史著作。在利德尔·哈特看来，西线作战所犯下的最致命的错误，是他们那笨拙的、可预测的直接方式。他认为，一种更“间接的方式”，将目标锁定在对敌军发动突然袭击、打乱敌军指挥官的原有的计划，然后利用随之而来的混乱，其实质是在激烈的闪电袭击中集中装甲和空中力量进行打击。利德尔·哈特给“闪电战”下了定义并说出了其“秘密”：

> 在于部分地使用坦克和飞机的战术组合，部分地是在时间和方向上出其不意地进行打击，但最重要的，是在于“齐头并进”——即利用深度的战略推进形成一个突破口；装甲部队冲锋在前，陆军主力部队紧随其后；并且各自独

---

* 闪电战（blitzkrieg），是德国人在第二次世界大战中运用的军事战术，利用出其不意、速度以及物质或火力上的优势达到对敌军造成心理威慑作用并使其瓦解的目的。德国人在 1938 年的西班牙内战和 1939 年对波兰的战争中试验过闪电战，并在 1940 年成功地利用闪电战攻入比利时、荷兰和法国。德国的闪电战将地面和空中的攻击协同起来，使用坦克、俯冲式轰炸机以及装甲车，主要破坏敌人的通信和协同作战的能力，从而使敌军瘫痪。——译者注

立作战。[3]

对于利德尔·哈特来说，好消息是他的著作带来了巨大的影响力；坏消息是，这种影响不是对英国，而是对德国产生了巨大的影响力。*J. F. C.* 富勒（*J. F. C. Fuller*）少将[4]明显是个例外，英国高级指挥员如厄尔·黑格（*Earl Haig*）元帅干脆拒绝接受“飞机、坦克（和）汽车（将）在未来战争中取代马”这样的观念，并把机动武器仅仅作为“人与马的”配件。[5]黑格的兄弟也认为：骑兵“永远都不会因为要为坦克腾出空间而被取缔”。[6]相比之下，年轻的德国军官们立即理解了利德尔·哈特的工作意义。在他那些最狂热的粉丝中，德国入侵波兰的陆军第19军军长海因茨·古德里安（*Heinz Guderian*）声名显赫。正如古德里安在回忆时所说，他是从利德尔·哈特和其他英国先锋队们关于“一种规模最大的新战争类型”的论述中，才学会了“集中兵力”的重要性。此外，

> 是利德尔·哈特强调要利用装甲部队的远距离作战，破坏敌军的通信，并提出了一种使步兵装甲师和装甲坦克协同作战的方法。这些思想给我留下了深刻的印象。我试图使这些思想在我们自己的军队中在一定意义上变得切实可行……我要将我们提出的许多改进建议归功于利德尔·哈特上尉。[7]

古德里安——他很高兴地把他自己描述为利德尔·哈特的“弟子、学生”，甚至将他的作品翻译成德文——把功课学得很好。1939年9月，他的装甲部队畅通无阻。波兰人并没有像传说所说的那样企图用骑兵部队反击他们，虽然骑兵部队对德国步兵展开了反击，但他们的步兵缺乏足够的机动运输，且他们的坦克比较少，技术上不如德国人。而且，像他们之前的捷克人那样，波兰人发现英法的担保在军事上毫无价值。在祖拉（*Bzura*）一战中，波兰人展开了绝地反击，以阻止德国进攻华沙，但到9月16日，他们的抵抗溃败了。到17日，德国人打到了布格河（*Bug River*）的布列斯特要塞。9月28日华沙陷落。八天后，波兰军队放下了武器。整个战役持续了不到五个星期。

过去，波兰人战斗勇敢，但他们在兵力上和枪支上都不能匹敌。次年发生在西

线的这场战争，最引人注目的一点，是情况恰恰相反，德军战争勇敢，在兵力上和枪支上都占优势。也许有人预见到，荷兰人和比利时人会屈服于德国人的优势兵力。但没想到的是，仅仅在六周之内，法国也陷落了。正如历史学家马克·布洛克（*Marc Bloch*）所说的，这确实是一次“奇怪的失败”。即使没有英国远征军的支持，法国军队在理论上也占有优势，打一场防御性战役应该绰绰有余。法国的军车是德国人的两倍，法国有4638辆坦克，而德国只有4060辆。[8] 此外，法国坦克有更厚的装甲、更大的枪炮。然而，德国发起进攻时，许多法国部队只是进行了象征性的抵抗。5月15日，欧文·隆美尔（*Eroin Rommel*）将军[9] 的第7装甲师在两场小规模战斗中俘虏了450名战俘，后来，他们在两天时间里抓获了1万人。隆美尔本人对法国军官那么愿意主动投降感到震惊，而且他们漫不经心地“要求，包括，除其他东西外，要允许保留他们的勤务兵，以及要求将他们丢弃在菲利普维尔的武器捡回来”。[10] 另一个德国军官看到“有数百名法国军官，从一个战俘派遣点转到一个战俘中转站步行了35公里，身边竟然连一个德国士兵也没有……显然，没有任何人逃跑”[11]。一家新的“宣传公司”的记者卡尔·冯·斯坦博格（*Karl von Stackelberg*）感到莫名其妙：“20000……战犯正在向后走……这是令人费解的……这些法国士兵与他们的军官，垂头丧气，完全丧失了信心，让自己几乎是自愿地成为俘虏而被监禁。这怎么可能?”[12] 1940年被俘虏的英国士兵注意到，“法国人已经做好被俘的准备，他们很快就放下武器，而我们实际上都几乎两手空空”。[13] 总之，大约180万法国军队在1940年被俘，其中近100万人在德国被迫当劳工，直到1945年。[14] 的确，在6月17日，即马歇尔·贝当（*Marshal Pétain*）出任新总理的当天，便宣布他正在寻求停战，而且在5天后停战。也许多达一半的投降者都是这样。但令人惊奇的是，超过了三分之一的法国军人在贝当声明发表之前就已经成了战俘。法国的士气低落是基于这样的事实：从法属非洲殖民地来的士兵，比他们原来的主人有更大的战斗决心，因此，他们的部队伤亡更加惨重。[15]

法国人溃不成军的深层原因是什么？对于利德尔·哈特来说——他对战争的爆发感到如此震惊，以至于精神都崩溃了——主要是因为一个军事学说的失败：

> 该装甲部队的猛攻，在到达英吉利海峡之前，就可能会受阻于相似火力的集

中还击。但法国人，虽然比敌人有更多、更好的坦克，却被敌军切断了联系，大部队被弄得变成了一小股一小股的力量……原指望来支援的一个英国装甲师，直到德国对法国发动进攻后才派出。这支援来得太迟了。闪电战的速度是唯一可能达到这种效果的战术，因为盟军领导人没有掌握这项新战术，所以不知道如何应对……从来没有哪一场巨大的灾难是很容易预防的。[16]

马克·布洛克认为，失败的原因，至少部分在于法国糟糕的用兵策略。[17]一个决定性的因素，是德国人决定改变他们的主攻方向，如希特勒原计划主攻卢森堡和低地国家，后改为主攻列日（*Liège*）和那慕尔（*Namur*）之间的战线，穿越原以为坚不可摧的阿登森林。法国人原先的对德战略本来应该会取得更好的效果，但当德军5个装甲师向前推进，穿过了阿登森林，占领了默兹河上的大桥时，他们就全都吓蒙了，不知所措。此后，他们的反应或缓慢或笨拙，真是罪有应得。[18]然而，1940年所发生的事，不仅是军事上的失败，归根结底，正如布洛克所认为的，是士气的崩溃。

即使在1939年底和1940年初的“伪战争”时期，曾指挥英国远征军第二军团的艾伦·布鲁克（*Alan Brooke*）中将，也一直深受法国军队的士气困扰，他倾向于将失败归咎于法国战略上的防御性。布鲁克在他的日记指出，戒备森严的马其诺防线“最危险的一面”，是“心理方面的，一种虚假的安全感、一种与日俱增的稳坐在牢不可破的铁栅栏后面的感觉；而且，一旦栅栏被攻破，法国的战斗精神（很可能）就会随之一起崩溃”！[19]然而，法国的失败主义还远不止于此。对许多法国人来说，第三共和国似乎根本不值得他们像其父辈、兄弟和朋友们在1914—1918年那样去为之卖命。就是这种心态——拒绝追求另一场代价高昂的胜利——是路易斯-费迪南德·席琳（*Louis-Ferdinand Céline*）在《西游的结束之夜》（Voyage au bout de la nuit）（1932）中所预示的，在上一次世界大战的开始阶段，胃里翻腾着的是屠杀的召唤。同样的心态，使诺贝尔经济学奖获得者罗杰·马丁·杜·加尔（*Roger Martin Du Gard*）在1936年9月写给一个朋友的信中写道：“任何事情都行，就是不要战争！任何事情都行…… 即使在西班牙实行法西斯主义，即使在法国实行法西斯主义；没有任何事情，没有任何审判，没有任何奴役，可以与战争相比；任何事情都可以要，哪怕是要希特勒，都不要战争！”[20]用一名德国军官的话说：“法国的精神和士气……

甚至在战斗打响之前，就被击败了……与其说是缺少过去使法国吃过败仗的机关枪，还不如说是他们不知道是在为谁而战……在我们的第一个装甲师开赴前线之前，纳粹革命就已经赢得了对法国的胜利。”[21]

毫无疑问，一些右翼的法国人看到了德国之所以取得胜利的明显优势。然而，大多数人只是简单地低估了失败的成本罢了。法国会有数量如此之多的人投降，而且是以如此井然有序的方式投降，如果之前他们没有预料到这样做成本会比较小，那么他们似乎是不大可能这样做的。明确的假设是，战争似乎就要结束了，他们很快就将返回自己的国家，德国的占领将是短期的。与德国占领的前景相比，一些高级将领似乎更加期盼着左翼可能会在国内发动起义。这些期盼，深深地植根于比1914年更为遥远的1871年的记忆。因此，他们将遭到更痛苦的失败，法国的左翼解散了，德国人留下来了。

通常，人们认为英国人的士气从来都没有如此强烈的失败主义者倾向。当然，1940年在法国，一些英国士兵即使有人命令他们投降，他们也拒绝投降。“他妈的不可能，你这黄色的混蛋!”是1940年6月肯辛顿团一名军官下令他们放下武器投降时，第51（高地）师的一个成员所做出的愤怒反应。[22]然而，这种好战的英国人毕竟是少数。当法国人都显然不愿为法国战斗到死时，英国远征军的大多数战士也认为没有理由这样做。在英国的民间记忆里，在敦刻尔克的海滩上疏散幸存者是一次胜利。德国新闻片更准确地将它描述为一场盟军的惨败。英国人撤退时是如此混乱——因为伴随着令人惊惶失措的所谓“第五纵队”在后方破坏盟军的谣言——以至于极度疲惫的幸存者在返回途中为了不影响官兵们的士气，不得不与主力部队断绝联系。正如皇家工程师 *W. R.* 立特伍（*W. R. Littlewood*）下士所说的：“我们开始认为，德国人几乎是超人……在每一个转折点，他们似乎都胸有成竹。”军队里几乎毫无纪律可言。一名军官被自己部队的一个“战斗厌倦者”一枪打在脸上，打死了。在加来，一名老妇被一名士兵用一把女王维多利亚步枪枪杀了，因为他认为这位老妇人是无所不在的“第五纵队”的成员之一；德国人据说是伪装大师，也是战争高手。一个个被怀疑为间谍的比利时平民被就地枪决——包括那些被指控割草割成了“一个箭头的形状”，以便引导斯图卡飞行员来轰炸英军编队的人。这种行为让人想起26年前德国军队在同一地区的所作所为。在敦刻尔克，当人们最后在疯狂地争夺船只时，一些法国士兵被发现是被自己的盟国战友开枪打死的。[23]敦刻尔克最值得一提的是，英国人非常幸运，希特勒阻止隆美尔的装甲师将英军赶尽杀绝，这是他犯下的第一个真正错误。约338226名盟军军人被杀或被捕——这些在“发电机行动”中被疏散的总人数中，事实上有110000人是法国人——这本来会对英国的士气造成毁灭性的打击，并可能使其元气大伤、难以恢复。[24]但在这一事件中，只有41340名英国军人最后成了俘虏。

当考虑到英国军队在其他地区的表现时，就会清楚地知道他们的士气究竟有多低落。虽然丘吉尔喜欢像“绝不投降”诸如此类的短语，但英国军人并不会战斗到死。1941年，在克里特岛，英国军队未能顶住德国降落伞兵的入侵，尽管开始时造成了对方重大人员伤亡。在北非的第一场战役也是令人失望的。而在亚洲，让丘吉尔感到特别困惑的是，英国在新加坡的驻军居然被日本人打败了——他曾经明确地告诫英军要战斗到最后一个人，坚决反击在军事上正处于劣势且非常疲惫的日军（见第14章）。即使是对丘吉尔政策最严厉的批评家艾伦·布鲁克，也感到了不安。布鲁克常常担心的是，正如第一次世界大战那样，丘吉尔对“战争的附带的胃口”，将导致英军过于分散，并“消耗我们的力量”，而不是将力量集中“在关键点上”。[25]为此，他不愿优先考虑亚洲或任何其他地区，坚信英国必须在地中海和北非集中优势兵力。不过，在1941年12月接任帝国总参谋长一职之后，他才对在远东地区抵抗的崩溃感到震惊。“很难理解为什么没有建立一个更好的防御系统。”在日本对新加坡进行轰炸时，他在日记中吐露了自己的心声：“在过去的10年中，我对英帝国的腐朽和我们的滑坡一直耿耿于怀。我不知道我是否正确。我当然从来都不希望我们会如现在这般崩溃得这么快……”[26]日本威胁要推翻缅甸政府后，他开始变得心烦意乱：“我不能理解为什么部队不能把仗打好。如果陆军不能打得比现在好，那么我们就注定要失去我们的帝国！”[27]

诚然，1940年，与他们的法国同行们不同，英国士兵并没有出于失败主义而放下武器。在大多数情况下，他们是被命令投降的，因为他们的军官在看到一个地方快站不住脚时，就明白再打下去也“毫无意义”了。[28]在用英语写的战争回忆录中，典型的俘虏叙述都是：被敌人完全包围了，军官命令部下全部放下武器缴械投降，而不是“无谓”地去死。然而，尽管“自行决断正在成为一种更英勇的行为”[29]的说法能使人得到些许安慰，但被俘的英国军人往往都会对自己在被抓获时的那种负罪感感到吃惊，这不是要他们准备好的东西。[30]许多亚洲观察家发现，英国军官不愿战斗到最后一人——并且，事实上，一些官员如果看到了逃跑的机会，就不愿意冒生命危险——这些证据表明，英国人已经对自己的帝国失去了信心。如果法国人不准备“为但斯克而死”，他们的英国同行也同样不愿意为槟城而亡。[31]

然而，在国内的英国人无论如何都要为明天而战斗，尽管他们将部队的大部分武器装备都丢弃在尼波特和葛芙兰之间的海滩上面，但无论士兵的士气如何，他们仍然具有两个优势。

首先是海上优势。尽管在陆地上遭到了挫败，但英国皇家海军在海上仍占据着上风。[32]他们的舰队规模是希特勒的大约 3.5 倍。[33]尽管英吉利海峡并不是那么宽阔——从多佛到格蕾丝 - 尼兹角（*Cape Gris-Nez*）、从法国到英国最近的地方，只有 21 英里远，但要派一支德国侵略军跨过这条细长的鸿沟，却是一场赌注巨大的赌博。这样的冒险行动，即使对希特勒来说，风险也是巨大的。[34]

第二个优势是在空中，虽然这个优势与海上优势相比而言要少得多。1940 年 8 月 20 日在众议院会议上，丘吉尔向空军战斗机司令部表达了敬意：“在人类冲突的领域，从未有过这么多人依靠这么少的力量”，这仍然是他那令人记忆深刻的话中最难忘的一句。然而，当时，飞行员开玩笑地说，这是在暗示他们要支付那未付的、一塌糊涂的账单。丘吉尔的私人秘书觉得这次讲话“似乎有些拖沓”，因为它包含的“内容比平时演讲的要少”。这暗示着：英国皇家空军在数量上少于德国空军。而事实是，这是当时的英国情报部门所提供的错误情报。实际上，英国皇家空军的优势非常明显。1940 年 8 月 9 日，就在德国对英国的防空部队发动关键性进攻的时候，英国皇家空军有 1032 架战斗机。可在德国，可以用于进攻的战斗机，最后的编号为 1011。此外，英国皇家空军有 1400 名训练有素的飞行员，虽然人数上只比德军多几百名，但他们的技术和勇气都是德国空军所不能匹敌的。[35]在飞机制造方面，英国的产量超过了德国的。从 6 月到 9 月这几个关键性的月份，英国工厂制造了 1900 架飞机，而德国只制造了 775 架。即使在过去数年实行绥靖政策的时候，英国人都高估了德国人——在空军方面高估了 7 个百分点。德国人也高估了自己。戈林确信：到 8 月底，英国所有战机有一半已被摧毁，但实际上，空军司令部的作战力量在那时仅比战斗开始时稍稍弱一点而已。由于扩大了目标范围，把港口和工业中心包含在打击范围内，德国人失去了对英国皇家空军的指挥和控制能力实施关键性打击的机会。到了12月，戈培尔还可以幸灾乐祸地说，战争“在军事上一定会赢得胜利”。在现实中，雷达所赋予的技术优势，与空军元帅休·道丁（*Hugh Dowding*）爵士的英明领导结合起来，意味着德国全部的损失（包括轰炸机）是英国的两倍（1733比915）。[36]每个星期，直到10月9日，英国皇家空军击落的德国飞机数量，都要多于他们在战斗中失去的（见图11.1）。

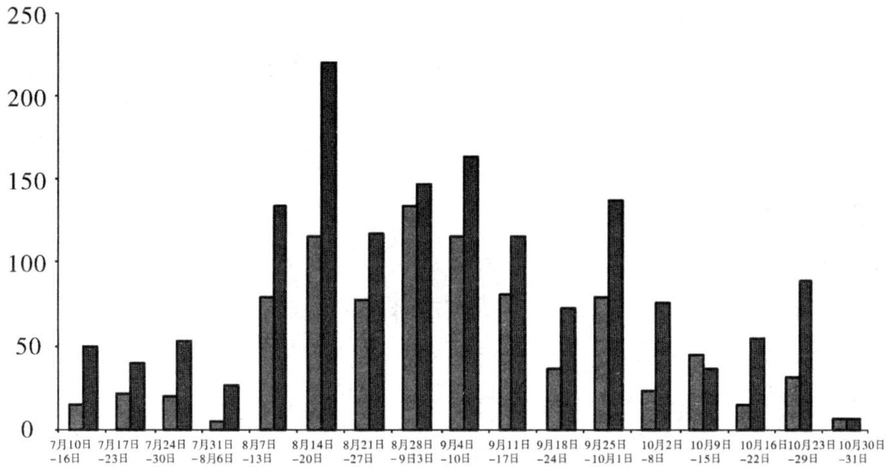

资料来源：Eellis, *World War II Handbook*, table 61.

■被歼灭的英国战机　■被歼灭的德国战机

图11.1　英国之战，1940年7月10日至10月31日

接着，英国人仍在继续战斗，一个原因是因为他们还能战斗，另一个原因是，随着时间的流逝，形势越来越明朗：希特勒投降的成本比许多法国人所估计的要高得多。法国人其实是比较幸运的。像其他纳粹占领的西欧国家一样，大部分法国人都被视为“有价值的生命”。事实上，一些人，尤其是荷兰人，被认为在本质上属于日耳曼人。[37]这在实践中则意味着：他们将有经济上的利用价值，因而不会遭到杀害，除非他们不巧是犹太人。法国成为了德国战争的经济奶牛，无情地被剥夺着原料、产品和劳动，更不要说纳粹领导人从该国抢劫的无数公共和私人收藏的艺术珍品。

但没有人想过：法国已不再是原来的法国了。事实上，巴黎成了德军和纳粹党卫军军官休假的首选胜地，也是那些获得轻松职务委派的人的首选目的地。这不是一种伦敦人渴望分享的荣幸，但另一方面，这也不是无法忍受的。基于这个原因，法国人对德国统治进行积极抵抗的人相对较少，直到战争局势出现好转。"合作"是一个被滥用的名词，但它涵盖了罪过程度大小不同的当事人，既有贪赃枉法者也有红衣主教，还包括许多著名作家，这些人愿意与德国人按照一项新的分配原则[38]做交易。一些法国官员还积极参加驱逐犹太人出境的行动，使他们走向死亡。

东欧的故事则非常不同。在那里，土著居民被纳粹理论家视为劣等民族，并视为德国扩张"生存空间"的障碍。德国对波兰的闪电战伴随着对战犯和平民的恐怖暴行，这不是无意的，而是蓄意策划的。这第一次充分暴露了希特勒帝国真实而丑陋的嘴脸。

"让天下大乱"

贝希特斯加登是希特勒在上萨尔茨堡的山中休闲隐居之所，在那里，他和他挑选出来的雅利安人成员策划了那个企图征服世界的宏伟计划。1926 年，作为一个刚刚走出监狱的、立场不坚定的政治鼓动者，他在那里完成了《我的奋斗》的下半部，承诺要带领德国人民"……从目前受限制的生存空间走向……新的土地和土壤……占领我们在六百多年前丢失的土地，因此，我们的目光要盯上东方的土地"。不久后，1933 年，他成了第三帝国的总理——彼时，该书成了一本迟到的畅销书——他动用自己的特权在阿卑尔沙兹伯格买了一栋房子，这就是后来的"贝格霍夫"，从字面上看来，意思是他的"山上法庭"。在接下来的几年里，当地人被迫出售其附近 4 平方英里的土地，以便使这样一座集住宅和行政为一体的综合楼可以成为第三帝国核心集团的夏季运动场。这有力地说明了"生存空间"在现实中的意味。

就是在贝格霍夫，希特勒接见了张伯伦—— 一个前来斡旋捷克的苏台德地区割让事宜的人。一年后，1939 年 8 月 22 日，也是在这里，希特勒和他的军事将领召开了一次非同寻常的会议。在场所做的笔记，清楚地记载着波兰军队被打败后，希特勒企图达到的目标：

> 最近要摧毁波兰。目的是歼灭生力军，而不是到达某条线。即使战争要在西线爆发，摧毁波兰也应当成为首要目标……要毫不留情。野蛮的态度。8000万（德国）人民将获得他们自己的权利。他们的存在必须是安全的。最强者有这种权利。最大者有这种残酷。[39]

希特勒在1939年10月对纳粹党的高级官员说，德国的使命不是要为波兰带来秩序，而是要“让天下大乱”。[40]但是，这是有目的的混乱。希特勒自从开始写作《我的奋斗》后，就一直设想着以谋杀和重新安置的方式建立纳粹帝国。劣等种族将被杀害或驱逐出境，以便为德国殖民者的前行与繁衍生息腾出空间。其目的无非是要重绘欧洲人种志地图——将那些种族理论家的幻想变成一个可怕的现实。戈培尔在日记中，把希特勒的目标定义为“消灭”（*vernichtend*）[41]。总参谋长哈尔德认为“摧毁和消灭波兰人民是元首和戈林的意图”[42]。希特勒说，将会发生一场没有“法律限制”的“残酷的种族斗争”[43]。然而，并非所有的波兰人都要被杀害。用德意志帝国总安全办公室负责人莱因哈德·海德里希（*Reinhard Heyclrich*）的话说：“小人物我们希望赦免，但贵族、教士和犹太人必须被杀死。”[44]这样做的目的，是要破坏波兰的社会根基——将那些幸存者的社会地位贬谪为一个“奴隶种族”，使他们比奴隶也好不到哪里去。

在入侵波兰之前，党卫军创建了五支特别安全警察部队，又称为别动队（“执行特殊任务的军队”）。[45]他们的作用是“在作战部队的后方，处理所有敌对国家中的反德分子”[46]。早在德国人进军波兰之前，他们就圈定了一份打算逮捕3万人的清单。在短暂的军事统治时期之内——从9月28日波兰投降，到10月25日——大概有1.6万~2万波兰人被立即处决。他们中的大多数，都是别动队的受害者。[47]贵族议员、专业人士、知识分子和神职人员是主要的受害群体。继希特勒在10月6日在国会大厦发表《人种关系的新秩序》讲话之后，普通波兰人也都要被驱逐出但斯克、西普鲁士、波森和东部的上西里西亚。这些地区，现在全部都被希特勒恢复了第三帝国，[48]并在剩余的“被占领的波兰领土”重新定居。老百姓只有20分钟来收拾离开自己的家园的行李，只许带一只手提箱的行李、20兹罗提现金。纳粹毫无为他们安排新住处的意思；很多人坐上了火车，在铁路沿线像被倒垃圾一样被赶了下去。这就是那些附属于德意志第三帝国的领土上的居民所遭受的命运，大约每十个人就有一个人是这样的命运。约 160 万马苏里人（*Masurians*）、卡舒伯人（*Kashubes*）和所谓的西里西亚的瓦舍波人（*Wasserpolen*），被认为在种族上是可以接受的，并被允许留了下来。此外，约 500 万“难消化的”的波兰人暂时作为农业工人被保留了下来。[49]

在新的政府机构中，将希特勒的设想变成现实的任务，落到了巴伐利亚一位名叫汉斯·弗兰克（*Hans Frank*）的律师身上，他是纳粹最早聘用的法律专业人员。弗兰克 39 岁在克拉科夫历史上著名的瓦维尔城堡就职的时候，马上就产生了妄自尊大的错觉。他告诉他的妻子她将要成为“波兰的王后”，尽管实际上他只是克拉科夫、拉多姆、华沙和卢布林四个街区的负责人。波兰被占领领土上的政府机构要成为“德意志国家的第一块殖民地领土”[50]。像其他许多实施希特勒大规模屠杀计划的帮凶一样，弗兰克认为自己是一个情感复杂的人。他继续担任瓦维尔的管理者，管理那些如今他视为其私人的艺术收藏品。意大利战地记者库尔齐奥·马拉帕尔特（*Curzio Malaparte*）在参观了弗兰克的法庭之后，他发现弗兰克：

> 坐在高背椅子上，俨然他是……坐在雅盖隆（*Jagellons*）和苏毕斯基（*Sobieskis*）的王位上。他似乎完全相信：伟大的波兰王权和骑士传统正在他的身上复兴。他那油光发亮的黑头发被梳向后面，露出高高的乳白色额头。他的脸，上面冒着一层薄薄的汗珠，在荷兰大光灯和银色烛台的照耀下，并在波希米亚玻璃和萨克森陶瓷的反射中，油光发亮，就像被一个透明的面具包裹起来了一样。

“我的一个目标，”弗兰克在椅子上直了直身子，使背部紧靠着椅子，双手撑在桌子的边缘上，说道，“是为了提高波兰人民的文明程度，并使之达到灿烂的欧洲文明的高度。”[51]

事实上，他正准备把波兰人投到一个荒蛮的深渊中去。

克拉科夫的杰格隆尼大学，是中欧最古老的学习场所之一。它创立于 1364 年，是哥白尼的母校。1939 年 11 月 6 日，德国占领当局邀请该大学的教职人员来听一位叫米勒的中校所做的讲座。这是一个陷阱。在枪口的威胁下，183 名教职人员被赶上了卡车，并被送往了萨克森豪森的集中营。虽然他们后来被释放了，但这预示着弗兰克企图为波兰知识分子们所安排的命运。[52]第二年夏天，根据所谓的“特别平定计划”（*AB* 级行动），3500 多名知识分子被逮捕，并在华沙外的森林里被开枪处决。到 1940 年底，这一运动的总受害人数达到了 50000 人。[53]

波兰的精英，只是弗兰克必须解决的“问题”之一。在德国，犹太人在总人口中所占的比例还不到 1%。相比之下，波兰却有大约 9%——而据估计，生活在波兰被占领区内的犹太人人口大约为 230 万人。[54]那么多犹太人离新德意志帝国的中心地带如此之近，是不能被容忍的，这似乎不言自明。假如希特勒没有把他们比作一种力图传染给雅利安种族的恶性疾病，结果会怎样呢？显然，他们必须离开，特别是离开弗兰克所在的辉煌的新首都。但是去哪里呢？在德国刚刚入侵的时期，就有数十万犹太人被枪杀在诸如罗兹南、布沃涅和普乌图斯克等地方。但这还不是有系统的毁灭性政策。德军军官的反对，对别动队的活动起到了抑制作用。[55]屠杀平民是坏事——对于士兵的士气和维持当地秩序来说，是坏事。鼓励犹太人向东越过边界逃跑是比较容易的。[56]经过一番商议，他们决定将那些仍然待在聚居区里的人聚集在一起——实际上，是恢复了那种直到 18 世纪末在整个中欧都司空见惯的强迫隔离。这本身是一项主要的行政事务，需要引入使用大卫之星*的袖章以标明犹太人的身份，要创建犹太人的地方议会来管理这些聚居区。然而，从一开始，将波兰犹太人集中在聚居区的用意，不过是驱逐的前奏而已。[57]虽然负责卡利施和罗兹的弗里德里希·乌贝荷（*Friedrich Uebelhoer*）已经谈到了“最终目标”是要将这些人“全部烧死”，[58]但这还不是官方的政策。事实上，希姆莱明确排除了“布尔什维克的从肉体上消灭一个人，从而消灭他的内在的方法”，认为那是“非德国的、也是不可能的”。[59]

有一阵子，希姆莱和弗兰克想出了一个把犹太人遣送到印度洋的马达加斯加群

---

* 大卫之星（Star of David），希伯来语作 Magen David，又译大卫之盾。犹太人标志，由两个等边三角形重叠为六角星形，常见于犹太教教堂、犹太人墓碑和以色列国旗。大卫之星这一古老的标志在中世纪以前并不常使用。它后来被喀巴拉派推广，用以袪除恶魔。布拉格的犹太人社区采用大卫之星为正式标志，大卫之星在 17 世纪时普遍流行。虽然它不具有《圣经》或《塔木德》所规定的权威，但是 19 世纪时已广为犹太人所采用。在纳粹统制下的欧洲，犹太人被迫佩带黄色徽章，于是大卫之星又象征殉教和英勇。——译者注

岛的主意，波兰政府考虑过这样的想法。人们认为这只可能发生在战争结束后。接着，希特勒谈起了在新波兰东部边界的维斯瓦河和布格河之间将犹太人集中起来的问题。[60]后来，西伯利亚被提及了。在此期间，卢布林街区成为了一个遭驱逐的犹太人蜂拥而至的地方，数以万计的犹太人急忙挤进了建造好的集中营中，[61]而罗兹、华沙、沃维奇和格沃夫诺等这些原以为是过渡性的聚居区，现在就好像是一个要长久居住下去的地方一样。[62]这并不是说他们可以无限期地忍受下去。一方面，他们艰难地拥挤在一小块地方；华沙人口的三分之一都塞在这个占全市住宅面积2.4%的地方。同时，对犹太人的口粮配给在减少。到1941年，他们的日常热量含量刚刚超过标准的波兰人分配到的四分之一，不足德国人的7%，远低于最低生存最低保障。过度拥挤和食物不足，本身就是致命的——确实是致命的。1941年，他们在华沙的死亡率飙升至10%。[63]“正是在这个时候，将这些下层民众赶到贫民窟里，”希姆莱宣布，“然后鼠疫将会蔓延，他们就会喳喳叫（发牢骚）。”[64]在1942年夏天，弗兰克将“判处120万犹太人饥饿而死”描述为“只是一个无关紧要的问题”。[65]

然而，弗兰克对他的领地了解得越多，他就越是开始怀疑驱逐或饥饿近十分之一人口是否是明智之举，更不用说让流行病在该国主要城市中爆发的危险性。在20世纪30年代初，犹太人几乎占波兰高收入人群的一半。在波兰各大城市中，在企业家、管理人员和技术工人中，犹太人所占的比例非常高。德国占领后采取的第一次行动，就是要授权扣押犹太人的所有财产——一场有组织的、残酷的掠夺运动开始了。[66]大约在同一时间，弗兰克颁布了一项法令，规定了12至60岁所有男性犹太人被迫参加劳动的一般义务。[67]犹太人无论是其资产还是劳动力，都有不容置疑的经济价值；简单地偷窃前者和消灭后者，显然不是利润最大化的策略。除非弗兰克想使波兰的经济恢复到中世纪，否则他需要在种族主义的思想要求和帝国的经济发展之间找到妥协的办法。[68]1941年11月，他出访柏林时便说出了他想出了妥协办法让步：

> ……我们头脑中特别想到的一个问题是犹太人。这种在污泥土中打滚的快乐的小人物（*Volklein*），已经被我们聚集到了聚居区和（特别）宿舍中，并且很可能不会在波兰被占领领土上久待。（大力鼓掌）然而，我们认为，这些犹太人不是寄生虫，但奇怪的是，我们只知道在（波兰）那边，还有另外一种犹太人。

> 这种犹太人是一些人永远都想不到竟然还有这样的犹太人。在那里，还有在交通行业、在建筑行业和在工厂劳动着的犹太人，还有其他行业的熟练工人，如裁缝、鞋匠等。在那些熟练的犹太工人的帮助下，我们把犹太人在工厂集中了起来。这些工厂所生产的商品，将极大地缓解德国的生产紧张局面，换取犹太人为生存而迫切需要的食品和其他东西。[69]

是利用犹太人（“生产”），还是将他们饿死直至灭绝（“减员”）？面对这样的选择，纳粹似乎都不知如何是好。[70]在波兰，“犹太人问题”被一拖再拖，成了波兰被占领区政府机构的一个核心矛盾。一种半饥饿的状态在罗兹犹太人区成了一种常态，并一直向别的犹太人区扩散，而在那里，1941 年夏，大约有 4 万犹太人从事服装、纺织品和其他产品包括军用物资的生产。杀害波兰精英、将犹太人赶进聚居区，无论如何也只是将中欧基本上转型为纳粹所渴望建立的社会的一个前奏而已。因为“净化”（*Flurbereinigung*）* 被占的领土，仅仅是达到目的的手段。那个目的，是要把雅利安种族成员重新安置到德国新占领的“生存空间”中当主人。[71]

希姆莱镇

1940 年春，海因里希·希姆莱（*Heinrich Himmler*）以新设立的帝国日耳曼民族强化委员会行政长官的身份，与他的朋友——纳粹诗人和名誉党卫军军官汉斯·乔斯特（*Hans Johst*）[72]一起视察了波兰农村。希姆莱在新德意志帝国的作用是双重的。除了消除“那些外来人口（即主要是犹太人）对第三帝国和日耳曼民族社区构成危险的有害影响”外，他还负责“建造新的德国人定居点”[73]。这两个人不时停下车，大步行走在绵延起伏的田野上。根据乔斯特在诗中的描述，希姆莱一眼“扫过这片

---

* 种族净化（ethnic cleansing），人类学术语。通过驱逐、强制迁徙或灭绝种族等方式，清除不想要的族群群体，以创造一个族群上同质的地理区。种族净化也伴随着破坏和亵渎纪念物、墓地和宗教崇拜场所，以清除目标群体在该区域内的实体遗迹。尽管有些人对此用语有所批评，他们认为种族净化只是灭绝种族的一种形式，然而拥护者指出，灭绝种族政策的首要意图是屠杀一个族群、种族或宗教群体，而种族净化的主要目标则是建立同一种族生活在一起的区域。这个目标可以通过许多方式来达到，包括灭绝种族。——译者注

十分辽阔的空间，这里到处都是良好的、肥沃的土地……所有的这一切啊，如今再次成为德国的土壤！在这里，（希姆莱热切地盼望）日耳曼人的土地（将）很快改变面貌。”

一路上，希姆莱和乔斯特穿过扎莫希奇镇。希姆莱对其意大利文艺复兴时期的建筑风格印象是如此深刻——这完全与他对波兰落后的刻板印象不相符合——以至于他决定重新命名这个城镇。此后，“*Himmlerstadt*（希姆莱镇）”将为人所知，它将成为德国人在东部新边界的第一个立足点。将这座城镇德国化的第一步是直截了当的。这个镇上的犹太人遭到围捕并被驱逐出境，等待着他们进入聚居区的命运。下一步是要摆脱波兰人。就像西部那些所吞并领土一样，党卫军对原住民进行了仔细分类。那些被归为*I*类（“北欧人”）和*II*类（“伐利亚人”）的人，送往罗兹集中营去给德裔人筛选。那些被归为*III*类（“混合人”）的人，除了老人外，都被送往第三帝国做奴隶劳工，他们被重新安置在原犹太人的住宅中。波兰人被归为第*IV*级（“缺乏社交、种族上的弱势者”），他们是要被消灭的。[74]那些抵抗的人，或者被认为有抵抗能力的人，被送往位于城市边缘那座古老的防御工事，即著名的圆形大厅。在第二次世界大战后期，圆形大厅变成了血腥的屠宰场，犯人们遭到任意枪杀。然而，德国人一开始在选择其受害者的时候，便是相当精准的：牧师、律师、法官、商人、教师，即任何有可能被认为有能力组织波兰人进行抵抗的人。即使是童子军和女导游，都被视为潜在的威胁。在扎莫希奇（*Zamość*），其中最年轻的受害者为16岁的格拉日娜·克亚滋涅威斯卡（*Grazyna Kierszniewska*），是36个被纳粹当作潜在的抵抗运动领导人而被枪杀的导游和童子军之一。

现在，随着城市种族杂质的被清洗，还剩一个问题有待解决：谁会成为新的德国定居者？是那些大胆的、被希特勒军队占领的生存空间里的雅利安先锋队员吗？在第三帝国本身，似乎没有几个市民对在波兰开创新生活感兴趣。总之，不到40万德国人借机从旧帝国向东迁徙，而这些人多半都是命途多舛的官僚，或者是政治上遭受排挤却希望东山再起的候选人。被认为是向德国新殖民地提供自耕农骨干的德国农民对此根本不感兴趣。[75]不过，还有部分生活在欧洲其他地区的不那么讨厌迁徙的德国人。因为希姆莱的新职责还包括“遣返居住在国外的、被认为适合永久性回归第三帝国的日耳曼人或德国国籍的人”[76]。当时的想法是邀请德裔人在将来勘定的德国东部新边境定居，并在刚刚吞并的、实施了种族清洗的波兰领土上重新定居。相应地，来到了这里的，大约有5.7万名加利西亚东部居民，6.7万名沃里尼亚人和1.1万名比亚韦斯托克人，[77]根据1939年10月波罗的海各国政府达成的协议，还有5万名来自拉脱维亚和差不多1.4万来自爱沙尼亚的德裔人。与那些遭驱逐的波兰人不同，他们是自愿迁徙来的。事实上，随着苏联在这些地区强行实施统治，产生了一股急于接受纳粹邀请"*heim ins Reich*"——"进入第三帝国的家"的潮流。在苏联于1940年兼并了比萨拉比亚和布科维纳之后，大约有18.9万德裔人离开了这两个地方来到了他们的新家，而且，在他们的国家立陶宛也遭受了同样的命运之后，大约有5.3万个立陶宛人也来到了他们的新家。[78]有些人是乘坐专门组织的火车和船舶来的；有些人，像加利西亚的农民，是坐着堆满了财产的农用车，一路向西迁移的。这似乎是一个奇怪的、前后颠倒的程序，以便为一个政权寻找所谓的生存空间——说服日耳曼人社群，离开他们祖祖辈辈生活的家园，其中有一些人的家园有着数百年的历史。理由——这没有泄露给德裔人知道——是为保持他们种族的纯洁性而对他们进行筛选。[79]只有那些令人满意的"强健的、出身、种族—政治态度好和接受过职业培训"的人——这实际上往往意味着其过去与非德国人的关联度——才适合于成为帝国的新占领或重新占领的领土上的殖民者。到1941年夏天，希姆莱的军需部已经在波兰西部地区安置了20万德裔人，仍有27.5万人在临时安置中心苦苦等待。[80]到1943年底，17.6万罗马尼亚的德裔人被安置在那里。[81]约有2.5万德裔人在希莱姆地区找到了出路。[82]

这是一个开始。但是，这完全不是一个令人鼓舞的开始。德裔人在某些方面对纳粹来说是相当令人失望的。许多人似乎都不是纯粹的日耳曼人了。更严格的种族理论家抱怨说，他们已经不是本国人了，甚至他们种族的纯洁性因为与前斯拉夫邻居实行种族间的繁殖而遭到了削弱。[83]与此相反，希姆莱不禁注意到，许多波兰人似乎看上去明显是雅利安人。事实上，这里，金发、碧眼的人比他家乡巴伐利亚的还要多。早在1939年，他设想的一种可能性是，"筛选"那些在吞并了的东部领土上的人，而且后来还"筛选"在波兰被占领领土上的政府统治之后异族通婚者的后代，"目的是使这种丢失了的德国血液可以再次回到我们自己的人民身上"。[84]在1940年5月的一份题为《一些对待东方外来人口的想法》的备忘录中，希姆莱解释他"种族筛选过程”的打算：将“从混杂的种族中挑选出有价值的人，将他们带到德国并在那里同化他们”；“所有 6—10 岁的孩子每年都要接受筛选，挑出那些有宝贵血统的人”；而且“种族上一流的儿童要被送到第三帝国”。[85]1942 年，布雷斯劳的党卫队种族和重新安置总局（*RuSHA*）局长说：

> 相对于其他宿命论的斯拉夫血统的人，有些波兰人的北欧血统成分比例相当大，这使他们不会那么被动……在种族上有价值的波兰家庭应该被筛选出来，这样，至少这些前日耳曼血液携带者的下一代可以在帝国通过一个教育计划恢复为日耳曼人。[86]

为了确保保留每一个正常的雅利安人，那些变成了著名的“布朗姐妹”的德裔女子受雇在街上巡逻，以糖果来引诱潜在的合格儿童。那些被虏走的儿童，他们的父母永远都再也见不到他们了。正如希姆莱 1943 年 10 月在波森对党卫军领导人所解释的：“被（征服）国家能够为我们提供这种优良的血统类型，如果有必要，我们将绑架儿童，在我们这里将他们抚养成人。”

类似的政策在其他被吞并或被占领的地区也实施了。在新帝国的保护国波希米亚和摩拉维亚（前残余的捷克斯洛伐克），前外交部长和现“帝国保护者”康斯坦丁·冯·纽赖特（*Konstantin von Neurath*）主张：

> 将一半捷克人吸收为德国人，迄今为止，从种族或其他角度来看待它的价值，这是具有重要意义的……另一半剩下的捷克人必须要被剥夺权利，用各种方法将他们驱逐出境。这对于那些在种族上是蒙古人的人来说，更加适用。[87]

希特勒的观点是，一些捷克人能够被日耳曼化；如果种族上合适，他们可能被德国的教育机构接纳。[88]毫无疑问，一些捷克人投机性地试图沿着这条路线走下去。奥特·菲利普（*Ota Filip*）回忆抵制他父亲试图强迫他读席勒西俄斯特拉发（*Slezská Ostrava*）的德国小学时的情形。当地的捷克老师听到儿子的抗议声后，斥责父亲为“假条顿人”。[89]然而，问题是，在个体的身上如何准确地识别日耳曼血统？纽拉特的副手——苏台德地区一个叫卡尔·弗兰克（*Karl Frank*）的德国人，将日耳曼民族界定为“一个公开宣誓效忠于德意志民族的人，只要这种信念能够为某些事实所确认，如语言、教育、文化等”，并且说：“鉴于目前的形势，任何对‘日耳曼民族’这个词更准确的界定，都是不可能的。”[90]同样，1939 年后，在“纯种的日耳曼人繁衍茂盛的”的西普鲁士省，帝国总督福斯特（*Forster*）简单地“假设，在典型的德国人的能力和天赋（例如，技术上熟练，知道如何正确地照看好家庭和农业用具）……个人和家庭卫生的基础上，来推测日耳曼人血统是否在一个家庭中存在”。另一方面，搬弄是非者的“斯拉夫种族特色”，包括“明显的无序和漫不经心的家庭生活，说明完全缺乏对秩序的尊重，对个人和家庭卫生的尊重，或者缺乏进取心”。[91]换言之，在西普鲁士，种族是可以通过行为加以识别的。相比之下，福斯特在邻近华士高（*Warthegau*）的同行——阿图尔·格雷泽（*Artur Greiser*）就坚持“50%的日耳曼人血统才能被纳入《日耳曼民族注册表》”，这就意味着要以严格的家谱标准为基础，将人口分成四个不同的种族类别。[92]

当德国内政部企图决定非波兰裔的少数族裔的命运时，种族的文化定义和生物定义之间的混乱变得非常明显：

> 在受德国影响长达数百年的奥珀伦和卡托威兹地区的混居人口，将不被视为波兰人……这同样适用于一类居住在帝国辖下的但斯克—西普鲁士省内的人，他们主要是波兰人的后裔，但由于异族通婚和文化影响而成了日耳曼民族卡舒伯人（*Kashubes*），尽管他们讲的是斯拉夫语方言，但他们从未被视为波兰人。马舒人（*Masurians*）的情况，更是如此。然而，任何属于这些民族的人，如果他在合并之前宣称自己要成为波兰人或者已经宣称了自己是波兰人的话，都将被视作为波兰人来对待。[93]

《东部居民》（Ostland）杂志竟然否认波兰民族的存在，宣称波兰只存在无数个小的“部落类型”：马佐夫舍人（*Mazovians*）和大波兰人（*Malopolanians*）。[94]此外，当纳粹进一步向东瞭望的时候，新的难题又浮出了水面。阿尔弗雷德·罗森伯格（*Alfred Resenbarg*）认为，所有波罗的海国家的居民，都应被视为符合日耳曼化的条件，但这一立场最初遭到了一些人的拒绝，他们把“芬兰—乌戈尔的”爱沙尼亚人和所谓“斯拉夫的”立陶宛人视作为种族外来者。后来，罗森伯格的观点占了上风。事实上，希特勒打算将波罗的海国家纳入第三帝国，尽管只有经过在文化上进行日耳曼化的渐进过程之后，才具有可行性。[95]乌克兰人也被认为是潜在的尚可挽救的人。希特勒认为，15—35 岁的妇女应该被驱逐出乌克兰，到帝国来做女佣。他说，这将恢复德国过去失去的血统，这血统是在公元 5 世纪乌克兰境内古老的哥特领土被匈奴占领时丢失的。[96]

这一切的伪科学依据，主要在 1942 年 4 月埃哈德 · 韦特泽尔（*Erhard Wetzel*）博士——律师兼第三帝国东方领土部种族事务的主管人员——起草的关于《波兰问题之解决》的报告中得到了阐述：

> 从种族角度看，个体的种族比例不同，波兰人本质上包含与日耳曼人几乎相同的种族血缘。北欧—伐利亚种族类型肯定是存在的……这就是日耳曼血统强有力的血缘结果，而该地区的波兰人已经通过日耳曼人的波兰化获得了这种血缘……另一方面，东部的巴尔特种族血缘在波兰人中是存在的，比在日耳曼人中的多。此外，除了狄那里克（*dinaric*）、西方犹太人（*westisch*）和东方犹太人（*ostisch*）血缘以外，还有一些比较原始的东方犹太人种类，对于他们，人们必须严肃地怀疑他们是否可以被视作等同于智能人（*Homo alpinus*）* ……今天，在我看来，把这些群体叫做“闪米特人的一种（*Lapponoids*）”，是有些道理的。[97]

配备了这些术语，以“一体化顾问”（*Einigungsprüfer*）著称的拉什（*RuSHA*）专家们不得不尝试区分民族的等级：“纯种的或者主要为北欧人和伐利亚人类型，从优

---

* 能人（Homo habilis）：人类早期已经绝灭的人种。约 250 万年前至 150 万年前生活在非洲撒哈拉以南部分地区，一般被视为人属的最早成员。能人化石遗存最初于 1959 年和 1960 年发现于坦桑尼亚北部的奥杜威峡谷，之后陆续在肯尼亚北部图尔卡纳湖地区和南非的斯泰克方丹（具争议性）也发现了一些化石遗存。能人的脑容量约 600—800 立方厘米。肢骨表明能人会用双脚行走，而有一块手部的化石显示，能人已能准确抓握物体。随同能人化石遗存一起出土的粗制工具，进一步提供了能人会打造石器的证据。——译者注

生保健和社会效益的观点来看，是第一等人”（第一组）；“与相当大比重的北欧人、伐利亚人或狄那里克人种族进行均衡杂交的，与另外一小部分其他欧洲种族进行均衡杂交，并从优生保健和社会效益的观点来看是令人满意的”（第二组）；“与西方犹太人、东方犹太人或者东波罗的海种族血缘占绝对优势的人杂交，但北欧人、伐利亚人或第纳尔人种族因素仍清晰可见的”（第三组）；“种族上纯东方犹太人和东波罗的海种族血缘占主导地位，与欧洲种族进行不均衡杂交的”（第四组）；最后“在种族上与非欧洲种族和外来种族进行杂交的”。[98]到 1943 年底，这个奇特的、但可能致命的种族分类工作已基本完成。在被吞并领土上的 950 万人中，有 37 万是帝国的日耳曼人，另有 35.3 万被认可的德裔人，170 万是满足了分类标准、能被纳入第一组和第二组（因而自动成为帝国公民）的波兰人，另有 160 万是第三组人（那些只有在逐个具体分析的基础上才能成为公民的人，而且在当时仍然会受到歧视）。其余的人，不是分在第四组，就是被归为“反社会的”一类。作为“需要被日耳曼帝国保护起来的成员”，他们很可能死在集中营。[99]

这些政策在实践中的意思，可以再次用扎莫希奇的例子来阐述清楚。多达 3 万名儿童被迫迁出扎莫希奇地区，其中 4454 个被认为“在种族上弥足珍贵”的人被送到了德国。大多数人都进了集中营。1942 年 12 月 13 日和 12 月 16 日，共有 718 个波兰人从扎莫希奇被运送到奥斯维辛。所有的儿童被注射苯酚而死。这是纳粹医生约瑟夫·门格尔（*Josef Mengele*）虐待狂式医学试验的一部分。[100]其中两名受害者是孪生姐妹——玛丽亚·克拉斯基和茜泽塔娃·克拉斯基（*Maria and Czeslawa Krajewski*），她们被杀害时只有 15 岁，仅仅因为不配做雅利安人这样的“罪行”而惨遭杀害。[101]

魔都

这场战争并不只是为纳粹在国外实行种族政策提供了新的机会，它也纵容了德国境内实行种族政策的激进化。例如，从 1933—1939 年，盖世太保曾越来越疯狂地迫害仍然生活在克雷费尔德的莱茵兰克小镇上的 832 名犹太人。虽然他们在该镇人口中所占比例还不到 1%，但在 1936 年以前，他们每 10 个人就要向盖世太保提供一个案件，此后，每三个人就要提供一个。在超过五分之二的案件中，相关当事人被带去“保护性拘留”—— 已让他们超出了残留下来的既定法律体系的范畴——并被送往集中营。然而，只是在战争爆发之后，克雷费尔德的犹太社群才被有系统地消灭。到 1942 年夏，他们几乎全部都被驱逐去赴死，首先是在 1941 年 10 月被运送到罗兹犹太人聚居区。[102]这种升级本身在整个德国都有所体现，因为反犹太人的政策，越来越多地不经过司法程序便得到实施。例如，1939 年 11 月，一个被指控对一个德国女孩实施了性犯罪的犹太人，在没有参考法院意见的情况下，便被警察开枪打死了。[103]

对于维克多·克伦佩雷尔（*Victor Klemperer*）来说，尽管他的异族通婚得到了偏袒性保护，但随着战争的到来，意味着对他进行社会排斥的步伐在加快。[104] 1940 年，他被迫交出了他建在多尔陈（*Dölzchen*）村的房屋，搬进了德累斯顿一个拥挤不堪的“犹太人之家”。他还被禁止待在公园里。第二年，他因未能遵守熄灯规定而被监禁了一个星期。他还被征税征到拮据的程度。他甚至被禁止吸烟。从 1941 年 9 月起，他不得不戴上黄星。[105]克伦佩雷尔的公民权利不断减少，迫使他重新审视他曾经考虑过的自己对这个国家及其文化的态度。早在 1937 年，他已经开始“越来越强烈地相信，希特勒确实体现了日耳曼人的灵魂，他真的代表着‘日耳曼人’，他将必然养活他自己，理直气壮地养活他自己”。[106] 五年后，这种感觉越来越强烈。现在，歧视已开始损害克伦佩雷尔的健康。当他的妻子长途跋涉试图去周边地区寻找土豆的时候，他被迫在街头上清除积雪，然后去工厂劳动，尽管他年事已高，心脏不好。他的衣服和鞋子都破烂了，他住的宿舍已经非常小，小到比一个柜子大不了多少。但这些不适与不断增长的恐惧、被搜查、被殴打、被逮捕、甚至被杀害相比，实在算不了什么。“我再也不相信国家社会主义完全的非日耳曼性质。”他在 1942 年 6 月说，“这是土生土长的、出自德国肌体内的恶性肿瘤，一种癌症……”[107]

诚然，并非所有的德国人都罹患这种疾病。在 1943 年 6 月，克伦佩雷尔在讲到“男女工作人员一起对犹太人那同志般随和的、热情的行为……他们肯定不是犹太人的仇敌”。[108]有几次，他在日记中写道，人们（特别是有社会民主党或共产党背景的中年工人）为表示对他们的同情，只是对他们摇摇手、喃喃自语地加以鼓励。但是，这种情况，明显没有完全的陌生人在街上虐待他的时候多。例如：“一群骑着自行车的 14 或 15 岁男孩赶到我前头说：‘他将会被射中后脑勺……我扣动扳机……他将被挂在木架上——在证券交易所里谋取不义之财的人。'"[109]重要的是，所涉及这些事件的大多数都是德国青年。这在克伦佩雷尔的看来，这是纳粹在学校对青年进行宣传所取得效果的证据，也是普通的德国人也清楚地意识到的该政权正在对犹太人实施暴力的证据。

不仅犹太人成了所谓第三帝国的“累积激进”的受害者。正如我们所看到的，对德国精神病患者的迫害在战争爆发之前，便以“*T*－4号行动”（*Aktion F4*）（见第七章）的形式开始了。这个过程在战时条件下加快了，希特勒以个人命令的形式签署“安乐死”政策的日期，是1939年9月1日。在法兰克福西北部哈达马尔庇护所发生的案件，使人们清楚地知道纳粹是多么公然地规定谋杀不是犯罪。1941年1月至8月，1万多人被处死于一间专门修建了毒气室的地下室里，其中大多数精神病患者是从其他精神病医院运送到那里的。虽然该政策被认为是保密的，但当地人非常清楚正在发生的事。正如法兰克福高级州立法院院长向帝国司法部长所报告的：“当这些运输车经过的时候，连儿童们都会发出叫声：‘有更多的人要被毒气毒死’。”“从火葬场的烟囱冒出的浓烟”，清晰可见地飘浮在城市的上空。从庇护所来的人员，下班后来到当地酒馆喝酒时，当地民众都唯恐避之不及。[110]在哈达马尔教区，主教跟着盖伦主教率领的抗议队伍，抗议纳粹正在实施的屠杀行动。林堡教区的主教也紧随其后。他也指出，没有秘密，屠杀行动人人尽知。当地学童指着那些运载病人到哈达马尔如“杀人盒”般的汽车，并嘲弄地彼此呼喊：“你疯了。你将被送到哈达马尔的烤箱里烘烤。”当地人担心的一个特殊群体，是年纪大的人：“在把头脑不清楚的人杀绝了之后，”有人听到当地人说，“下一个无用的吃饭者便轮到老人了。”[111]这些抱怨导致了杀戮的暂停和毒气室的废弃。但事实证明，这仅仅是一个战术性暂停。后来，在战争中，哈达马尔再次成了一个屠宰场。虽然这一次的受害者是大约500个波兰人和俄罗斯人，据说他们是肺结核患者。由于从火葬场冒出的烟雾容易被人识别出来，引起了人们抗议，因此这些纳粹主义的受害者不是被毒气，而是被注射或口服了过量的药物致死，并被埋葬在坟场。[112]

当有必要暂停“安乐死”运动时，行刑者便不失时机地将他们的技术应用到其他地方。像布痕瓦尔德这样的集中营比精神病医院好，因为他们位于离人口中心较远的地方。（布痕瓦尔德，被魏玛外面的埃特斯堡森林的树木所包围，即使是在埃特斯堡城堡附近，也是看不见它的。）到1941年，像弗里德里希·门内（*Friedrich Mennecke*）这样的医生，例行公事地在那里和其他集中营里选择犯人，纯粹是根据种族起源或者是“反社会”行为来确认这些生命是“没有价值的生命”。其中一个受害者是夏洛特·卡珀尔（*Charlotte Capell*），从布雷斯劳来的护士，47岁，因为“持续的种族污辱”和“通过在脖子挂上十字架而将其犹太人的出身隐藏在天主教后面”而“被判处了死刑”。[113]另一位是来自杜伊斯堡的克里斯丁·莱曼（*Christin Lehmann*），她被确认为一个“半吉普赛人”（*Zigeunermischling*），并被发现犯有“反社会”和“社会危害的行为”而被判有罪，即与一个德国男子存在“类似婚姻关系”，最后，被送往了奥斯维辛集中营。[114]马利斯·米勒（*Marlies Müller*）——一个未婚的犹太仆人，因为她“不断地对德国士兵进行种族污辱”，并在被捕之后在集中营“傲慢而懒惰”而注定要被毒气毒死。[115]

在欧洲，这种新的帝国氛围正在形成中。它是基于一种不仅仅是种族等级和种族隔离的意识形态，而且是一种彻底的种族转型，这种转型通过对在被征服领土上的和国内的平民实施有系统的、无节制的暴力来实现。诚然，所有的帝国——而且实际上大多数面积不等的民族国家——都采取了某些暴力和镇压措施。只举一个例子。为了结束1920年的叛乱，英国一直依赖空中轰炸和烧毁村庄，以此作为惩罚性的组合拳。[116]事实上，他们也考虑过使用芥子气，虽然结果因为无法找到芥子气而没有使用。连在这些事情上都没有表现得心慈手软的丘吉尔，也对一些以扣动扳机为乐的飞行员和复仇心切的地面部队的行动感到震惊，就像他在前一年对印度的阿姆利则惨案感到沮丧一样。正如丘吉尔坦率地承认的，在中东和印度的英国统治最终取决于士兵、枪支和“科学战争的全部设备”。但他在很多场合都阐述得很清楚，他认为英国的权力从根本上受到了法律规定和议会主权的限制。杀害平民，正如他所说的那样，并“不是英国人做事的方式”。正如一个世纪以前的麦考利（*Macaulay*）所说的，“所有场面中最令人毛骨悚然的是没有了怜悯的文明的强大力量”。[117]当面临1942年的“退出印度”运动时，虽然英国也毫不犹豫地动用了武力，[118]但这是在面临着一个发动罢工、破坏通信以及其他破坏行为形成了一股浪潮的情况下动用的。[119]国民大会领导人因为宁愿让德国人或日本人来统治印度而遭到了监禁，但他们没有被杀害。而且，值得注意的是，这件事发生在斯塔福德·克里普斯（*Statford Cripps*）爵士[120]已经明确地提出下面这个观点之后，即战后，一个自治的印度将会在英联邦内成立，由一个印度化的行政局代替一个英国式的内阁，一个民选制宪议会将对新的有关英印关系的条款进行重新谈判，直至包括印度成为一个地方性的非英联邦成员的可能性（为穆斯林巴基斯坦留下了一条通往独立的道路）。英国的目的，正如克里普斯所说，“是为了让印度尽可能早地成为完全自治的政府”。[121]

简单地拿英国在印度的统治与希特勒的帝国在欧洲的统治，或者斯大林在苏联的统治进行类比，有时是有点牵强附会。[122]事实上，正如我们看到的，希特勒自己都会把它们扯到一起（见第 14 章）。诚然，英国人对他们在印度的地位不抱任何幻想。1943 年印度办公室军事秘书写道：“在战争期间和在以后相当长一段时间内”，“印度必须被视为一个被占领的敌对国家。”[123]但是，例如，1943 年印度发生的大饥荒，和 1939 年之后纳粹在欧洲蓄意推行的对平民进行有系统的屠杀政策之间，仍存在着巨大的差异。不可否认的是，只有将印度人缺乏竞争力、自满和冷漠等因素凑在一起，再加上前一年发生的暴乱所滋生的怨恨，才能解释这场饥荒的原因。[124]饥荒始于热带风暴、始于从日据缅甸进口的损失，而不是始于丘吉尔让孟加拉人挨饿。希特勒的帝国主义，正如我们所看到的，在性质上很不相同。正如他 1937 年向外交大臣哈利法克斯所解释的，他解决印度民族主义问题的方法，将会是“枪毙甘地。如果这还不足以迫使他们就范的话，就枪毙那十几个国会领导人。如果这样做还不够的话，那就枪毙 200 个。依此类推，直至秩序建立起来。”即使是在某些方面比希特勒还守旧的墨索里尼，不仅在征服阿比西尼亚时疯狂地下令使用芥子气，而且还轰炸了那里的总督——鲁道夫·格拉齐亚尼（*Rodolfo Graziani*）元帅，并指示枪毙“所有叛乱的犯人”，“以毒气结束叛乱”，并“对叛军及其同谋分子实施全面的恐怖和灭绝政策”。[125]

历史学家们有时代表纳粹帝国，似乎纳粹帝国的极端暴力具有终极的自我挫败的特点。这不是它当初出现时的样子。从英国人的观点来看，德国帝国主义的残酷是令人震惊的，也是令人印象深刻的。比较起来，他们自己的殖民帝国似乎非常衰弱，[126]以至于相对来说为数不多的英国人自觉地认为自己要为保卫英帝国而战斗。或者说，他们想象自己要为一个理想的英国而战。休假中的杰弗里·威仑（*Geoflrey Wellum*）——一个 18 岁的英国飞行员“深入到这个国家的腹地并且迷了路，来到了一个我时不时梦到过的地方。那里，有阳光普照的水草地，有吃着草的牛群，有树篱，有蜿蜒的小溪流等等”。当他飞行的时候，他往下看，“一片又一片丰富多彩的英国乡村，绿色宜人的土地，小汽车穿行在小路上，穿过小村庄”。[127]别人认为 *J. R. R.* 托尔金（*J. R. R. Tolkien*）那部以第一、二次世界大战为主要内容的《魔戒》三部曲是一个关于当代事件的寓言，他本人始终给予否认。[128]然而，正如他承认的，这部小说当然适用于这两场大战。“夏尔”，连同它那用茅草盖的小屋、斑驳的阳光和潺潺溪水，就像1940年的英国，不是一个强大的世界帝国，而是一个正处于愚昧无知的、农村般的落后状态的国家，尽管它非常脆弱，很容易受到外部污染。魔都是极权主义的对立面，一个被毁灭的工业地狱，“无聊而且隧道里充斥着邪恶的东西”，口吐可怕东西的魔鬼群，带着邪恶的武器装备，这是一个奴隶和集中营的王国。像托尔金的霍比特人一样，英国人把自己看作是勇敢的小黑马，反抗一个无所不知、无所不能的敌人。《魔戒》是一个童话故事，用作者自己的话说，是一个“通过战争而加速达到生命鼎盛时期”的故事——事实上，托尔金自己也把这部作品视为“指环大战的历史”，以表达对“英国——我的祖国”的敬意。作品歌颂“非常弱小的人民反抗不可战胜的敌人那种不屈不挠的精神和大无畏的勇气”，而且，在这方面，指环王中的冒险故事，与希特勒崇敬的瓦格纳版本相比，是一种完全不同的版本。[129]

德国要成功地打败英国，看上去的确几乎是不可能的。到1941年春天，艾伦·布鲁克可以给自己的最好鼓励是，希特勒可能放弃他打败英国的努力，取而代之的是“进攻苏联”。然而，引人注目的是，连布鲁克在日记里都没想到，这给了英国许多安慰：“无论下一步重点攻击的是不是大陆，但可以肯定的是：敌人将继续轰炸贸易路线、西方的门户、西方的港口和工业重地。如果这些努力最终取得了成功，最后就会入侵。”[130]他没想到苏联人坚持抗击德国入侵的时间竟然超过了三四个月。伦敦的其他人原本预计俄国人的抵抗，只可能持续三四个星期，人们预料德军会“像一把刀子划过黄油一样”横扫红军所在地区。丘吉尔本人预计，苏联将“无疑被打败”[131]。现在看来，这些判断似乎都过于悲观。然而，尽管经营苏联的那个人存在惊人的疏忽，但远没有到不合理的地步。人们注意到，帝国依赖于合作，就像依赖于胁迫一样。第二次世界大战的最大讽刺之一，是在开头两年，希特勒的帝国再也找不到比约瑟夫·斯大林更忠实的合作者了。

12. 透过镜子

（有）两种布尔什维克主义……莫斯科的哲学和柏林的哲学之间，没有可选择的余地。

——达夫·库珀，1939年8月23日[1]

他打开了用大标题发布德—俄联盟消息的晨报。有消息称，这个令十几个省会城市的政治家和青年诗人感到震惊的消息，却给一个英国人的内心带来了深深的宁静……现在，真是太好了，一切都变得清晰了起来。敌人终于暴露在了眼前，这敌人既庞大无比又充满仇恨，所有的伪装都撕掉了。这是个武器现代化的时代。

——伊夫琳·沃（*Evelyn Waugh*）：《荣誉之剑》[2]

历史地看，它们两个都试图摆脱一种衰落的文明，这种文明，我们所代表的国家正在试图拼命努力地坚守和复兴。这确实是一场革命战争，而且就在此刻，我们站在过去的一边——

——斯塔福德·克里普斯（*Stafford Cripps*）爵士，1940 年 9 月 25 日[3]

煎锅和炉火

亨利卡·拉波（*Henryka Lappo*）刚满 12 岁的时候，她、她母亲和她哥哥从乌兰若卡被驱逐了出去。这件事发生在 1940 年 2 月 10 日一个严寒的半夜：

> 突然……我们的大门上响起了敲门声……我们犯了什么罪？去哪？去干什么？为什么要我们在这个时候、这种天气离开我们的家园和农场？……“快点，快点，”但急切的催促声促使我们采取行动，并带着我们在不到一个小时内所收拾的那么一点点财产，坐上了雪橇。就这样，我们离开了家，前往车站……其他的人家也像我们一样，将行李肩挑手拿地离开了家……[4]
>
> 在装牛的卡车里，挤满了大人和孩子、男人和女人、朋友和陌生人。没有办法洗漱、也无法换上睡衣，没有食物，只有寒冷和饥饿，我们就像是落入了陷阱中的动物，不知道第二天会是个什么样子，也不知道这次旅程会在什么时间、什么地点结束，因为没有人知道我们的目的地。

他们内心的这种不确定性是可以理解的。虽然波兰在一年前就已经遭到了德国侵略，但它的同胞及其俘虏们并不是在它的敌人——希特勒的命令下被驱逐出境的，而是在它的盟友——斯大林的命令下被驱逐出境的。最后，他们总算在苏联落后的阿尔汉格尔斯克省伊娃克夏村附近那只有一间房间的小屋里安顿了下来。

1939 年 9 月之后，中欧有一种镜像的特质。因为不仅是希特勒命令他的部队入侵波兰，根据 8 月在莫斯科签署的《苏德互不侵犯条约》条款，约瑟夫·斯大林也命令他的部队入侵波兰。对于像达夫·库珀或伊夫琳·沃这样的保守派人物来说，这似乎是一个揭露这两个极权政府都要“在一个国家内实行社会主义”本来面目的时刻。条约签署双方本身都认为他们的合作伙伴关系具有讽刺性。里宾特洛甫飞往莫斯科签署该条约时曾开玩笑地说，斯大林已经愿意“加入反共产国际协定”了——希特勒和墨索里尼的反共产主义联盟。[5] 然而，对波兰的瓜分并没有孕育出一对完全相同的极权主义双胞胎。苏联占领区，在许多方面是德国占领区的翻版，一个真正的镜像，左和右被调换了。

1939 年 9 月 18 日，德国人占领布列斯特城几天之后，红军第 29 轻型坦克旅也开进了这座城市。自从跨越波兰边境以来，他们就几乎没有采取什么军事行动，因为波兰人在集中力量抵御西线的侵略。事实上，等苏联赶到现场时，那里大部分战斗都已经结束了。根据十天之后签署的《苏德边界和友好条约》的条款，纳粹和苏联之间的分界线，正好经过该要塞的西部。因此，经过友好的联合游行之后，德国人渡过了布格河，往回撤军，苏联人来接管该城。在分界线的苏联这边，有包括 25 万战俘在内的 1300 万波兰人，他们即将在工人的伊甸园里寻找独特的生活魅力。

德国人和苏联人在其最新的条约中，承诺“要保证……前波兰人民……过上与他们的民族特征相适应的和平生活”。但德国方面所采取的行动表明，这只不过是一些漂亮的谎言而已。苏联的做法略有不同。起初，他们曾试图拉拢当地带有疑虑的民众，但许多波兰人对 1920 年苏联的入侵仍然记忆犹新。那时，红军势如破竹，直抵维斯瓦河。苏联士兵提前得到了多达 3 个月的薪金并得到了在波兰的乡村大方地花掉这些钱的命令。[6] 然而，这个蜜月并没有持续多久。苏联官员迫不及待地将布列斯特和其他地方的波兰人赶出了公寓，无偿地加以征用。与此同时，苏联人原先承诺在顿巴斯地区将会有大量的工作机会，后来也证明是虚假的。[7] 最糟糕的是波兰人很快就明白了斯大林主义的系统的恐怖制度。“在苏联，有三种人，”人们被告知说，“他们是：那些过去被关在监狱中的人，那些现在被关在监狱中的人，那些将来会被关在监狱中的人。”[8] 不久，波兰人开始凄凉地开玩笑说，缩写的 *NKVD*（内务人民委员会）代表着 *Nie wiadomo Kiedy Wroce do Domu*（“不可能告诉我我什么时候会回家”）。令人难以置信的是，大量在战争爆发时逃离的波兰犹太人，都想方设法地要求被遣返德国的占领区，但却没有意识到，德国人也是被苏联通缉的人。俄罗斯人在这里长达九个月的统治，真是罄竹难书。[9]

在斯大林看来，纳粹关于一个日耳曼化的西部波兰、消灭其社会精英的想法，似乎不仅仅是威胁，而是完全变成了现实。毕竟，斯大林目前正在对苏联少数民族发动战争，比希特勒所发动的战争持续的时间更长、范围也更大。而且他认为，为数不多的几个少数民族，比波兰人都值得怀疑。即使在战争爆发后，仍有10000个居住在苏联西部边境地区的波兰裔家庭被驱逐出境。如今，整个苏占区的波兰人都任凭斯大林摆布。从1940年2月10日晚上开始，内务人民委员会发动了一场针对涉嫌“反苏”分子的恐怖运动。在1940年11月陆续发出的一系列指令所确定的目标，是“那些经常出国旅游、有海外通信或与外国国家的代表有接触的人；世界语专家；集邮家；那些与红十字会一起工作的人；难民；走私者；那些被开除共产党党籍的人；教区的神职人员和活跃分子；贵族、地主、富商、银行家、实业家、酒店（老板）和餐馆老板”[10]。换句话说，与希特勒一样，斯大林也希望对波兰社会各阶层的人进行杀戮。

1940年春，大约14700名波兰人被送进了用来关战犯的战俘营，其中大部分都是战败的波兰军官，但也有警察、狱警、情报人员、政府官员、地主和牧师。此外，10685名波兰人被关押在乌克兰和白俄罗斯的西部地区，不仅包括前军官，而且包括地主、工厂主和政府官员。1938年11月在取代了尼古拉·叶佐夫（*Nikolai Yezhov*）成为内务人民委员会负责人的拉瓦伦帝·贝利亚（*Lavrenty Beria*）的建议下，斯大林下令：这些“对苏维埃制度充满着仇恨的苏联政权的不共戴天的敌人”应该由特别法庭来审判。他们身体的存在是没有必要了，也不需要取证，因为判决已经下达：死刑。[11]在斯摩棱斯克附近的卡廷森林中，其中有4000多人被捆绑了起来，被人在后脑勺近距离地枪杀，并埋葬在一个巨大的坟墓中。这是苏联后来企图往纳粹身上推卸的一项罪行。而这只是一系列大规模处决的一部分。总而言之，共有20000多名波兰人惨遭杀害。大规模的“清洗”接踵而至，尤其是在1941年夏天，利沃夫、平斯克以及其他城市的监狱全被清空。1939年9月至1941年6月，德国人在其占领区内杀害了近10万名波兰犹太人和20889名非犹太民族的波兰人。而苏联内务人民委员会却仅在两次行动中，就差不多达到了这个数。[12]然而，这些谋杀，也只是斯大林关于波兰计划的一部分。到1940年2月，苏联当局计划将波兰人大规模地驱逐出境。到这年10月，他们就开始着手准备这项工作。

波兰人家庭生活的宁静，时常在黎明时分事先又没有通知或者警告的情况下被敲门声所打破。苏联武装民兵破门而人，宣读驱逐令，给在场的人少至半小时的时间收拾那些民兵们还没有据为己有的财物。这些破门而入的行径，往往伴随着无端的暴力和破坏行为。[13]雅努什·鲍尔道奇（*Janusz Bardach*）——一个叫沃齐米-渥伦斯基的波兰城市的犹太少年，惊奇地看着一个显然是喝醉了的内务人民委员会的人，砸烂了他正在逮捕的一位医生的办公桌，高喊着："资本主义的猪！操你娘的寄生虫！我们要挖出这些资产阶级剥削者！"[14]一位农妇描述了自己遭受精神创伤时的反应：

> 他告诉我们要听他所读的东西，然后他宣读了一条要命的法令：在半小时内，我们必须准备离开，车就要来了。……我一下就两眼发黑，发出了可怕的笑声。内务人民委员会的人尖叫着让我们穿好衣服。我满房间里跑着、笑着……孩子们都在哭，求我收拾东西，否则会有麻烦，而我已经失去了理智。[15]

一旦离开他们的家园，这些不幸的被俘者就要步行或者坐卡车到最近的火车站，被赶上装牛的车厢，有时每节车厢多达六七十人。在 1940 年 2 月，气温接近零度，许多婴幼儿在火车还没开动前就死了。在 1940 年 2 月—1941 年 6 月四次主要的行动中，大约有 50 万波兰平民以这种方式被赶出了家园。[16]有时，民兵们还对受害者说谎，声称他们的目的地是德国或波兰的其他地区。[17]事实上，大部分人都被驱逐到了西伯利亚和哈萨克斯坦的难民营和集体农庄——苏联最偏远、最寒冷的地区。这似乎就像是一次通过炼狱到达地狱的旅程。"我们在这种无边的空间中被运来送去，"苏菲雅·塔什尼克（*Zofia Ptasnik*）回忆道，"在那片辽阔、广袤的土地上，零星地散落着几个人类的居住点。我们所看到的，永远都是那些用茅草做屋顶、开着小窗户的肮脏的泥屋，肮脏、破旧，没有围墙，也没有树木。"[18]许多年幼者和年老者到达预定的目的地之前就死了。那些到达目的地的人，也很少有足够的食物或住房。他们成千上万地死于寒冷、饥饿和疾病。[19]到 1942 年，据估计，只有近一半的被驱逐者是活着离开这些地方的。

那些没有死的人，只能接受苏联指导员对他们进行的"再教育"。安东尼·伊卡特（*Antoni Ekart*）回忆了一名集中营的讲师"对囚徒们讲述努力工作的高尚性。他会告诉他们，高尚的人都是爱国者，而所有的爱国者都爱苏联，对于劳动者来说，苏联是世界上最好的国家，苏联公民为自己属于这样一个国家感到自豪，等等，足足讲了两个小时——这番话，都是说给那些亲身见证了这种说法的荒谬性和虚伪性的听众听的。”[20]在其他地方，语言就更是刻薄。一个亲眼见过自己邻居被运往东部保卢扎（*Pałusza*）的村民被告知：

> 这就是我们消灭苏维埃政权敌人的方法。我们将用筛子筛选，直到我们找出所有的资产阶级和富农……你将永远不会再看到那些我们从你这儿带走的人。他们将消失在那里，就像一只地鼠一样。[21]

在苏联的统治下，也不是每个人都过得很糟糕。格罗德诺的犹太人由于苏联军队的到来而感到非常欣喜，因为他们的到来，终止了波兰军队向德国投降时爆发的大屠杀。[22]在其他地方，犹太人对苏联人的统治表示欢迎，认为他们能促使日益顽固的后毕苏斯基时代的波兰政权进行改革和完善。在最早由德国人占领的布兰斯克村，部分犹太人用鲜花和横幅欢迎红军的到来。[23]正如我们所看到的，许多发现自己在德国国界线内的犹太人，赶紧跨越边界，奔向苏联那一边，却几乎没有意识到：有些教友正在往相反的方向逃去。[24]只有一小部分人才像朱利叶斯·马戈林（*Julius Margolin*）那样不走运。他是一个巴勒斯坦来的游客，从波兰西部转到了平斯克，但在苏联因不具备合格的身份文件而遭到逮捕，并被判在古拉格服刑 5 年之久。对于许多在 20 世纪 30 年代遭受了越来越多迫害的犹太人来说，苏联统治是一个机会。许多人都心甘情愿地加入了苏联统治区内新成立的机构中。苏联当局采取世俗化的侵略政策，目的是为了“铲除宗教信仰和宗教习俗，以及犹太人的民族主义”。很明显，他们这样做，几乎没有遇到什么阻力。特别是在许多年轻的波兰犹太人眼里，为获得与外邦人平等的待遇，这样做，代价似乎很小。[25]在一些地区，前波兰官员们声称，当地犹太人对他们说：“你们的时代已经一去不复返了，一个新的时代开始了。”

苏联人和犹太人之间明显的密切关系，波兰人不会忘记。他们很快就找到了犹太主义和布尔什维主义之间所谓密切关系的证据。“波兰人和犹太人之间的关系，目前显然比战前糟，”1940 年 6 月，一位在斯特雷（*Stryj*）的波兰观察员注意到，“全体波兰人均对犹太人持否定态度，因为犹太人公然地与布尔什维克合作，并敌视非犹太人……波兰人简直恨透了犹太人。”[26]对背叛的象征性行为的记忆，即使在战争结束后，都长期萦绕在人们的心中。有人记得：一个他所认识的犹太男孩从学校放学回家时，“拿着我们白红相间的国旗，并且……把它撕成两半，将红色与白色部分撕开。”“你们那血腥的波兰完蛋了”，小男孩对他说。威尔诺的一名女子回忆道：“一个犹太人，带着一个红色的袖章，将马刀拨出鞘，并大声宣读‘荣誉和祖国’。”他“像一个疯子”一样大笑着。她回忆道：“哈！哈！他们光荣地代表着他们的祖国。”[27]

毫无疑问，这样的记忆，随着时间的推移而被美化。不过，这也表明，苏联对已经四分五裂的波兰社会进行统治的效果并不好。在该国其他地区，苏联对乌克兰人和白俄罗斯人给予了优厚的待遇。他们故意怂恿乌克兰人用这样一些口号如“*Poliakam, panam, sobakam - sobachaia smert*!”（“波兰人都是地主和狗—— 该死的狗!”）[28]等暴力语言来刺激波兰人！1940 年 6 月红军占领立陶宛时，民族分裂以类似的方式进一步扩大。鉴于犹太人在该国独立期间在公共生活中的作用不大，苏联在“人民政府”中只安置了两个犹太人成员。立陶宛被苏联吞并时，最高苏维埃的 5 个成员及其主席团 15 个成员中有两个是犹太人，就像在政治局有两个犹太人成员、在九个最高法院法官中有两个是犹太人一样。[29]

在这之前，波兰也曾被德国帝国和俄罗斯帝国所瓜分，但从来没有像现在这样。希特勒和斯大林都使波兰人注定要接受可怕的恐怖统治。他们的共同目标，纯粹是为了永久地彻底改变波兰人民的政治和文化生活，以使波兰沦为一个煎锅和一炉火，不仅作为一个地域不复存在，而且作为一种观念也不复存在。看着被占领的波兰地图，斯大林有足够的理由相信，他已经赢得了这场比赛——一场在地狱里进行的比赛，也许，是一场完全值得去经受痛苦的比赛。

极权主义的两张脸

纳粹政权和苏联政权虐待波兰人的方式，后来发展到彼此相似的地步。不仅是德国国家社会主义越来越像苏维埃政府“在一个国家实现社会主义”，希特勒也越来越像斯大林的徒弟，很像某种小魔鬼。

当约瑟夫·朱加什维利（*Iosif Dzhugashvili*）——一个格鲁吉亚鞋匠的儿子，看着阿道夫·席克尔格鲁贝（*Adolf Schicklgruber*）——一个奥地利海关职员的儿子时，他似乎从这个年轻男子身上看到了血缘关系。从当小学生起，他们就都用咬紧牙关的下巴，来表达对这个世界的藐视之情。[30]希特勒是一个失败的艺术家，斯大林是一个失败的牧师。两人都曾是革命家，都曾进过被他们后来推翻的政权的监狱。他们都掌握了权力，然后成为了反资本主义的工人党领袖。这两个人工作都不正常，都喜欢在深夜和夏天快过去的时候工作（斯大林在黑海索契的别墅，也可以与希特勒的阿卑尔沙兹伯格别墅等量齐观）。他们两人与女性相处都有困难。希特勒小心翼翼地宠爱着的外甥女格莉·罗伯尔（*Geli Raubal*），在 1931 年 9 月开枪自杀了；娜杰日达（*Nadezhda Alliluyeva*）仅仅在 14 个月后也自杀了，她也是由于受到了一个迷恋她的老男人的关注而被迫自杀的——两起案件中的男人，刚好都比她们大 22 岁。两个姑娘都被更强大的人取代了：健康的接待员爱娃（*Eva*）、丰满的管家瓦切卡（*Vatcheka*）。此外，尽管比斯大林小 10 岁，希特勒似乎很快就从他的身上学会了怎样成为一名独裁者。在《长刀之夜》中，他表明，他也能够消灭他自己政党的潜在对手。斯大林这位领导人给人留下了深刻的印象。[“你听到了在德国发生了什么吗?”他对阿纳斯塔斯·米高扬（*Anastas Mikoyan*）说，“有些人追随着希特勒！了不起！那可是一种很讲技巧的行为!”][31]在党卫军和盖世太保中，希特勒建立了一套秘密警察制度。这套制度，不仅在表面上，而且在功能上，都像斯大林的内务人民委员会。他曾公开地以斯大林的五年计划为蓝本，为德国经济制订了四年计划，与经济部长沙赫特断绝了关系，增加某些更像指挥系统的东西。如今，在波兰，希特勒正在表现出一种即将开始实施大屠杀的倾向 ——尽管在这个阶段，他似乎仍然不太可能赶得上斯大林。到 1938 年底，斯大林至少要对 600 万人的死亡负责。

这两个政权，甚至连看起来都一样。从 1937 年巴黎世界博览会召开以来，这就变得非常明显了。当时纳粹和苏联的展馆，彼此都像极权主义的方尖石塔，相遇在塞纳河右岸。[32]由阿尔伯特·斯皮尔（*Albert Speer*）设计的德国馆，是一个 500 英尺高的塔，顶上有一只巨大的老鹰和纳粹党所用的“卐”符号，周围摆着九根用黄金马赛克和十字记号装饰的柱子。在另一个塔上，耸立着雕塑家约瑟夫·托瑞克（*Josef Thorak*）的《同志》——两个 22 英尺高的裸体超人，手挽着手。[33]苏联馆是鲍里斯·

约凡（*Boris Iofan*）的作品，同样是一整块巨石塔，顶上站着薇拉·穆欣娜（*Vera Mukhina*）的不锈钢雕像《工人和集体农庄的姑娘》。当然，这两个展馆并不完全相同。德国人嘲笑苏联馆是“野蛮的形式主义”，而俄罗斯人谴责纳粹法西斯展馆为“缺乏创意的、虚伪的……新古典主义”。不过，正如意大利艺术家吉诺·塞韦里尼（*Gino Severini*）所注意到的，展品中有许多共同点，特别是“他们明显故意地在体积方面做得特大，大到夸张的地步”。这并不是偶然的。斯皮尔在博览会开幕前曾在巴黎看过现场，他说他“偶然地撞进了一个装有苏联馆秘密图纸的房间”：

> 一个33英尺高的雕像，放在一个高高的平台上，大踏步地走向德国馆。因此，我设计了一个立方块，也耸立在很粗的支柱上，似乎是正在检查猛攻的情况。而一只老鹰盘旋在我那塔的飞檐之上，爪子上带着一个纳粹党徽，俯视着俄罗斯的雕塑。[34]

巴黎博览会的展品，向世界透露着这段时间里相当明显的一点：纳粹和苏联在意象上少有的一致性。即将在希特勒理想化的新首都日耳曼尼亚开工建设的巨大的圆顶大厅，在许多方面是对约凡和弗拉基米尔·舒科（*Vladimir Shchuko*）获得苏维埃首都莫斯科设计奖那作品的迅速回应，他们的设计风格，正如阿纳托利·卢那察尔斯基（*Anatoly Lunacharsky*）所说的：“没有回避古典的意念，而是试图超越古典建筑。”这两个政权，都抬高神殿的地位，并将其作为自己的伪宗教；两个政权都把他们的领袖人物塑造成神和国父。在苏联的艺术品中，如纳粹的一样，同一个男性的原型被呈现了出来：党的烈士、令人震撼的工人、英雄战士。弗兰兹·艾希霍斯特（*Franz Eichhorst*）的《巷战》，实际上是亚历山大·杰伊涅卡（*Aleksandr Deineka*）先前的《保卫彼得格勒》（1927年）的人工复制品，赫尔曼·奥托·霍耶（*Hermann Otto Hoyer*）的《抢救受伤的战友》（1933年）归功于科西玛·彼得罗夫-博德金（*Cosima Petrov-Bodkin*）的《生死政委》（1928年），阿瑟·康普夫（*Arthur Kampf*）的《奋战在钢厂》（1939）几乎与尼古拉·多莱米顿绥维（*Nikolai Dorimidontov*）的《钢厂》（1932）没有什么区别。同样，两边的文化都将农妇作为生育的象征形象，利奥波德·施米茨勒姆（*Leopold Schmutzler*）的《重返家园的姑娘》，几乎可以与叶夫根尼·卡茨曼（*Yevgeny Katzman*）的《卡利珍的制带人》（1928）互换。即使是“犹太人的敌人形象”和“小商贩”，也都有大量可疑的共同点，尤其是斯大林政权在20世纪40年代朝着正式的反犹太主义方向前进的时候。这两个政权，都为一代保守主义倾向或仅仅是投机的艺术家在所有媒体上提供了无限的机会，打倒了那些在20世纪20年代取得杰出成就的现代派艺术家们。[35]尽管希特勒曾在《我的奋斗》中严词谴责布尔什维主义艺术，断言其是“患有精神病的、堕落的男人身上生出的恶性肿瘤……（是）在立体主义和达达主义的集体观念下的，（布尔什维克）国家官方认可的艺术”，但是，受到国家资助而强烈反对现代派艺术的风潮，也正在苏联兴起。早在1926年，罗伯特·佩尔谢（*Robert Pelshe*）——《苏联艺术》的一名编辑，曾痛批“‘左派’激进的精神病……未来主义、立体主义、表现主义、写实主义、达达主义、至上主义，愚昧和懒惰，无情的冷漠和怀疑”。《关于重组文学和艺术团体》的法令在1932年便获得了通过。这比希特勒在德国掌权还要早。即使是由戈培尔创建的、旨在加强对每一个德国文化分支机构实行中央控制的机构，也与斯大林已经建立起来的有着惊人相似之处。因此，到20世纪30年代后期，纳粹的艺术和苏联的艺术是如此相似，以至于斯大林都可以合法地控告希特勒的剽窃行径。

当然，纳粹主义和斯大林的极权主义之间还是存在着差异的，就像希特勒和斯大林之间存在着差异一样。[36]希特勒是一名蛊惑人心的政客，一个能够以救世主自居的、以慷慨激昂的演说使他的听众动容的人；斯大林是一个官僚，痴迷于微观管理，包括从螺丝的生产到大规模的处决等所有一切。希特勒上台掌权，多多少少都是通过民主的手段上台的；而斯大林则是通过在信奉共产主义的共产党政治组织内部要阴谋手段上台的。希特勒接管了世界上最先进的工业城市之一；在1938年，苏联的人均国内生产总值不到德国的一半。这两个人的政权，在美学方式上也有很多不同之处。[37]德国的农村，一般认为是处于自觉的前现代阶段；而苏联农村的景象，大概至少会有一台拖拉机。在纳粹艺术中有许多裸体女性，而苏联的女性形象，则普遍穿着烧锅炉的套装或漂亮的民族服装。纳粹艺术归功于新古典主义和浪漫主义；相反，社会主义者的现实主义起源，则要追溯到巡回展览画派（即流浪者），其成员已经正式脱离了19世纪60年代的学术界。[38]除了几乎在所有形式上反感现代主义，这两个独裁者本身也有着明显不同的品位。希特勒是一个瓦格纳式的人物，斯大林是个长着布耳朵（*cloth-eared*）的人，虽然他很喜欢格鲁克（*Gluck*）的《伊凡·苏萨宁》（尤其是当波兰人被苏联人诱骗到一个森林里并被留在那里冻僵的场景出现时）。除了齐格勒（*Ziegler*）的《四大要素》和布勒克（*Breker*）的《瓦格纳的破产》，希特勒的私人公寓大都装饰着19世纪的作品。斯大林则相反，只有几幅画着狗耳朵的巡回展览画派作品的印刷品，钉在他那乡间别墅卧室的墙壁上。

也许，最重要的是，两个独裁者都未曾对当时所获得的领土表示过满足。如果说希特勒在《我的奋斗》中所写的就是他所想的，那么，他与斯大林签订的协议，便只能是权宜之计。正如精明的德国外交官乌尔里希·冯·哈塞尔（*Ulrich von Hassell*）所说："（苏德互不侵犯）条约在多大程度上将只是一个为两个专制政权所考虑的不诚实的权宜之计，或者这两个国家在多大程度上将进一步在苏联的国家社会主义化和纳粹的布尔什维克化基础上进行密切合作，仍然是一个悬而未决的问题。"斯大林认为这个问题已经了结了。[39]他告诫他的下属要优先考虑与他最要好的新朋友保持和谐的关系，这并非由于害怕希特勒将来会背叛他。两个极权主义政权之间的贸易繁荣，苏联对德国的出口达到了自1930年以来没有出现过的高度（见图12.1）。有时候，这种贸易被描述成似乎斯大林只是在不图任何回报地给希特勒提供原料。[40]在现实中，如表12.1所示，德国在1940年也大量出口制成品到苏联，主要是机械、精密仪器和电器设备，以及340万吨煤炭。事实上，德国对苏联的出口量超过了从那里的进口量。不过，这主要是由于将大宗煤炭运往东方。以价值计算，是苏联正在获得贸易顺差。这是很不寻常的。在战争期间的大部分时间里，苏联使德国产生了贸易赤字，特别是在第一个五年计划时期，德国的机械进口激增。然而，在1940年却不是这样。苏联向德国提供的货物总价值，比它所收到的货物要多76%以上。农业原料（包括木材和棉花）、食品（主要是大麦）和60多万吨在军事上至关重要的石油等，份额巨大。此外，斯大林还允许德国海军使用摩尔曼斯克的白海港加油，不遗余力地帮助德国打击英国航运业。

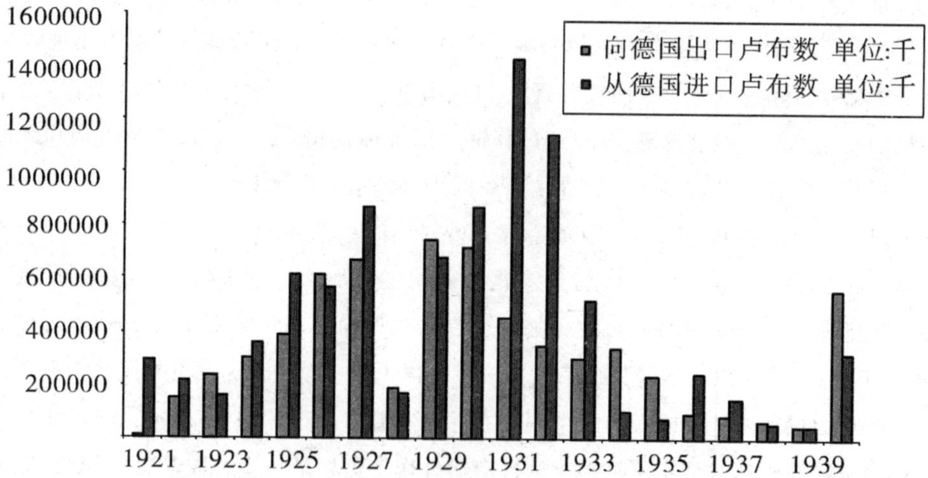

资料来源：Soviet official statistics, kindly supplied by Dr Zara Steiner.

图 12.1　1921—1940 年的苏德贸易

表 12.1　1940 年苏德贸易的主要商品

出口到德国			从德国进口		
	吨数	卢布数（以 1000 为单位）		吨数	卢布数（以 1000 为单位）
农业原材料	1120710	229982	机器	29188	147652
食品	896118	168115	发电和电力设备	4233	8917
（其中：大麦	732536	137622）	工具和用具	536	14600
能源、矿物、金属	801430	122366	能源、矿物、金属	3519692	139366
（其中：石油	657398	102893）	（其中：石油	3414318	64014）
化学品	168347	11369	化学品	1802	9926
总量	3032830	555862	总量	3555457	316301

资料来源：*Soviet official statistics, kindly supplied by Dr Zara Steiner.*

希特勒很高兴地向他保证，一切都很好。最近发现的一份文件表明，希特勒在1940年12月和1941年5月亲自写信给斯大林，以他作为一个国家元首的荣誉发誓说，德国军队之所以集结在德国占领的那一半波兰土地上，其实是准备入侵英国；他们之所以在波兰，纯粹是为了躲避英国轰炸机的袭击。希特勒的唯一焦虑是：

> ……我的一个将军可能会故意挑起（同苏联边防部队的）……一场冲突，目的是挽救英国灭亡的命运……我要求您不要屈服于任何挑衅行为，这种行为可能来自我的那些忘记了自己责任的将军……而且，不用说，尽量不要给他们任何借口。[41]

斯大林可以说是一个现代史上最偏执、最多疑的人，最具有讽刺意味的是，正如亚历山大·索尔仁尼琴（*Aleksandr Solzhenitsyn*）曾经指出的，苏联独裁者只相信过一个人，不幸的是，那个人却是历史上最肆无忌惮的骗子。

前奏曲

1939年4月20日，希特勒收到了马丁·鲍曼（*Martin Bormann*）送给他的50岁生日礼物。该男子后来成了他的私人秘书，并且在二战时期成为德国最有权势的人物之一。鹰巢坐落在鹰巢山山顶之上，比纳粹精英的阿卑尔沙兹伯格游乐场高6000英尺，它是一座宏伟的、用花岗岩建造的建筑，体现了瓦格纳式的风格。除了大厅里墨索里尼赠送的壁炉，主厅里天皇裕仁送的地毯以外，别墅每个部分都无可挑剔地源自德国。为了请希特勒去那里，弗里茨·托德（*Fritz Todt*）——这位奥托巴能和西格弗里德铁路的建设者，修建了一条长达4英里沿着山腰盘旋而上的山路。这一工程本身就是了不起的成就，更何况还是在冬季，还要在高山深处修建。一条用火炬照亮的人行隧道，超过300码长，一直通到一座华丽的、用黄铜镶嵌的电梯，而该杆状的电梯位是从山体的核心里炸出来的。[42]这样做的目的，是让元首有升到权力顶峰的好意头。从这里望去，好像整个欧洲都处于他那洞悉一切的注视之下。如果纳粹帝国是魔都，那么这便是索伦之塔。

让鲍曼（*Bormann*）感到可悲的是：希特勒讨厌这座别墅。通往电梯的隧道使他得了幽闭恐惧症，并且从顶上往下俯视，也使他感到眩晕。但在另一方面，鹰巢给他提供了灵感，著名的温特斯山景色相当壮丽。传说，这里沉睡着12世纪霍恩施陶芬皇帝腓特烈一世：弗里德里希·巴巴罗萨（*Friedrich Barbarossa*）。所以，给这场20世纪最雄心勃勃的军事行动，而且是20世纪最血腥的背叛行为，取名为巴巴罗萨行动，似乎是再恰当不过的了。

希特勒一直打算进攻苏联。《我的奋斗》明确写道：只有在这里，德国人才能够找到所需要的“生存空间”。奥地利、捷克斯洛伐克和波兰仅仅是纳粹帝国的开胃菜。它们无法为预期中的大量德国定居者提供足够的农地——也许更重要的是，它们也无法为德国的战争机器提供足够的、必不可少的石油和其他矿产。但是，正如希特勒在1936年11月提出的，他打算“（只）在适当的时候踏进这部升降机”，入侵俄罗斯，绝不是他发动的第一次军事行动。三年后，他试图向瑞士驻但斯克的国际联盟专员卡尔·布克哈特（*Carl Burckhardt*）解释他的优先次序：“我所做的一切，都是针对苏联。如果西方各大国家因为太愚蠢、太盲目，不能理解这一点，那么我将不得不与苏联人达成谅解，击败西方，然后，在打败它们之后，我将集中优势力量转而对付苏联。”[43]

对于在1941年夏天发动的军事入侵，希特勒也至少有两个很好的理由。[44]首先，红军在波兰、随后在芬兰（斯大林曾在1940年11月下令入侵）表现欠佳，已经暴露了苏联军官在遭到斯大林清洗之后是多么虚弱。希特勒和他的军事顾问们认为，在德军的闪电战战术进攻下，红军不堪一击。而更重要的是，希特勒没有打赢英国。然而，他说服自己，让自己相信如果苏联现在被德国打败，那么这对英国的士气将是一个致命的打击。“如果苏联人……被打败，”他在1940年7月推测道，“那么，英国的最后希望也就破灭了。”[45]

还有一个要同斯大林开战的原因。在苏联看来，瓜分波兰，实际上是一桩很划算的买卖。尽管几乎所有的仗都是德国人在打，但结果却是苏联瓜分的波兰人口还要稍多一点。苏联还着手占领波罗的海国家，其中包括德国向东方进军（*Drang nach Osten*）的支持者们所梦寐以求的领土，如爱沙尼亚——阿尔弗雷德·罗森堡（*Alfred Rosenberg*）的出生地。在1940年6月继所谓的“挑衅行为”之后，爱沙尼亚、拉脱维亚和立陶宛，相继被苏联军队占领。就像在波兰东部那样，在下令逮捕和驱逐成千上万所谓“反革命”之后，苏联很快就占领了这些国家。[46]斯大林对芬兰的进攻，仅仅是他进一步扩大苏联帝国版图的重大举措之一。1940 年 6 月，他违反了《里宾特洛甫—莫洛托夫条约》中的秘密协议，单方面要求罗马尼亚将比萨拉比亚和布科维纳北部，其中包括罗马尼亚一些最肥沃的农地割让给他。这是德国人一直希望为自己提供大豆和其他高价值进口商品的土地，这也是大量德裔人居住的地区，而不仅仅只有切尔讷齐乌（切尔诺维茨）镇是这样。[47]苏联对这片领土的占领，使他们距离普洛什特油田只有 120 英里不到，而这个油田，却是德军燃油的主要来源。[48]当苏联明确表示他们打算还要加强保加利亚的“安全保证”时，希特勒觉察了新的迹象：斯大林是为了想抢先于他而占领巴尔干地区。1941 年 3 月，希特勒说服了保加利亚加入到罗马尼亚和匈牙利一方，成为新加入的轴心国。

希特勒下达了第一道命令，准备在 1940 年 7 月入侵苏联。他说，这是他 7 月 31 日在贝格霍夫召开军事首脑会议的目的。1941 年 12 月 28 日，他批准了第 21 号指令——“巴巴罗萨行动”计划。这次进攻，最初是打算 1941 年春季进行的，后来推迟到 6 月 22 日，以便使德军有时间保护巴尔干地区的安全。推迟了是墨索里尼的错。1940 年 10 月意大利入侵希腊，就更是一个灾难性的错误。到 1941 年 3 月，希腊人成功地将意大利侵略者赶了出去，并越过边界，进入了 1939 年墨索里尼占领的阿尔巴尼亚。希特勒曾希望通过对希腊发动快速进攻而改变这种局势，但这取决于德国人能否得到保加利亚和南斯拉夫的过境权。3 月 25 日，正如我们已经看到的，摄政王保罗（*Paul*）同意加入轴心国，但两天后，他便在军事政变中被推翻了。这就使希特勒扩大了他原先计划好的进攻范围。4 月 6 日，南斯拉夫被侵略；8 天后，在贝尔格莱德的南斯拉夫政府不得不要求停战。同时，德国人正在抓紧挺进希腊，技高一筹的他们迫使另一支英国远征军撤退。4 月 30 日，英国人撤离了伯罗奔尼撒，退到上一年 10 月另一支英国远征军所在的克里特岛。

德国人还在进攻。他们的空降行动“默丘利”（5 月 20—31 日），迫使英国人再一次陷入绝望之中。这场巴尔干闪电战，占用了希特勒宝贵的时间。然而，它似乎也为德国武装力量的不可抵抗提供了新的证明。难怪英国人预计苏联红军在几周内就会被打败。他们自己现在就已经被打败了，而且不是一次，而是三次：在法国、希腊和克里特岛。

在下令对苏联发动进攻的几个小时前，希特勒曾邀请他那受宠的建筑师艾伯特·斯皮尔到柏林帝国总理府私人公寓。他打开留声机，为斯皮尔播放了李斯特的《前奏曲》，言过其实地向他吹牛："你在不久的将来就会经常听到这首曲子，因为这将是我们对俄罗斯战役的胜利号角……你认为怎么样？"好像是为了向建筑师保证他也将受益于这一新的事业，希特勒又说道："我们会从那里得到我们需要的花岗岩和大理石，想要多少，就有多少。"[49]

猴子的押注

历史上最血腥的决裂是不难预见的。预料德国就要发动进攻的人是如此之多，英国学术界都加入了其中。1941 年 6 月 16 日，在德国入侵苏联前 6 天，牛津大学耶稣学院物理系导师克劳德·赫斯特（*Claude Hurst*），与他的地理系同事、后来的英国皇家空军飞行中尉、绰号叫"猴子"的 *J. N. L.* 贝克（*J. N. L.*"*Monkey*"*Baker*）打了一个赌，赌注是"一瓶波特酒"，而且下的注是"在格林尼治标准时间 1941 年 7 月 1 日中午，德国军队将越过苏联边界"。这个赌注，物理教师提前八天就赢了。[50]毫不过分地说，除了一只猴子以外，任何人都能预计到这次巴巴罗萨行动。

赫斯特与"猴子"贝克的打赌，并不是他有什么令人惊奇的洞察力，更不是他走运而猜对了。破获了德国恩尼格玛密码机的代码之后，英国情报人员就已经对德国部队近几个月直至6 月 22 日的军事行动了如指掌。丘吉尔后来对斯大林作了大量的暗示：希特勒的崛起对谁都没好处，虽然他让斯大林从以下情报中获得了正确的推论，即三支德国装甲师接到命令开赴波兰，接着南斯拉夫摄政王保罗就与希特勒签订了协议。[51]但斯大林并不需要英国泄露的情报。他自己的情报机构已经收到了关于德国进攻迫在眉睫的大量报告。早在 1939 年 5 月，他收到了一份六页的文件，题为《法西斯德国未来的侵略计划》，这份报告是在华沙的苏联间谍所截获的德国情报。[52]在 1940 年 12 月，苏联特工鲁道夫·冯·舍利亚（*Rudolf von Scheliha*）[代号为"阿利兹"（*Ariets*）] 报告说，希特勒计划在 1941 年 3 月对苏宣战。[53] 1941 年 2 月 28 日，他再次报告了一个 5 月 20 日发起进攻的信息。这一情报被布加勒斯特、布达佩斯、索非亚和罗马的消息所证实，更不用说在东京的著名间谍理查德·佐尔格（*Richard Sorge*）［代号“拉姆齐”（*Ramsay*）］，他在这方面特别有威信，因为他是德国大使欧根·奥特（*Eugen Ott*）妻子的前情人。[54] 3 月 5 日，佐尔格得到了发送德国文件的缩微复制品，显示进攻计划是在 6 月中旬。到 5 月 15 日，他给出的日期是 6 月 20 日。四天后，他报告说，德军 150 个师正在准备全面入侵。他向莫斯科保证，他得到的情报，有“95%的把握”“攻击将会在 6 月下旬开始”。6 月 20 日，他重申了这一警告。从德国得来的消息，也证实了这一说法。例如，4 月 17 日，布拉格的一个线人预测，德国将会在 6 月的后半月入侵。德国发动全面进攻的前 3 天，入侵的确切日期和时间被柏林的消息人士透露出来了。6 月 21 日，苏联驻柏林大使证实，这次进攻将会在第二天早晨进行。一项估计认为，传达这一警告给莫斯科的总人数，达 84 人之多。[55]总之，1941 年苏联情报的收集工作无可挑剔。随着从德国经济部、空军部和外交部截获的各种情报越来越多，他们知道了希特勒计划的所有要点。

对于这一切，斯大林全都视而不见。像往常一样，他在一份从布拉格传来的报告下面潦草地写道：“英国人的挑拨离间！调查！”[56]然而，在看到来自德国空军部内部的情报越来越多地显示出德国人的意图时，斯大林炸开了：“德国空军人员的‘消息来源’应被送给他妈的妈妈！这不是真的，而是一份故意捏造的假情报！”他骂佐尔格为“一堆屎”。[57]即使是季莫申科·谢苗（*Semyon Timoshenko*）元帅关于即将溃败的警告，也被他粗暴地置之不理：“季莫申科是一个好人，长着一个大脑袋，但显然是一个笨脑子……假如你在没有得到我们允许的情况下就将部队调遣到边境，而挑衅了德国人的话，那么，你就会肝脑涂地。记住我的话。”[58]6 月 21 日，一名冒险越过边境、前来告知苏联人第二天将要发生什么的德国士兵，被斯大林命令开枪处决了。[59]整个苏联的情报机构，如红军本身的高层人员，都是大清洗的受害者。这样的事实，使整个问题复杂化了。现在，大部分的核心成员，主要是由那些经验不足的走卒们组成的，其唯一关注的是自我保护。即使在接到谍报人员的、与斯大林先入为主的观念不相符的报告时，分析师们在向他提交之前也擅自篡改报告的内容。这样，德国入侵计划的警告，变成了英美竭力恶化苏德关系的证据。结果是，对德国攻击所做的准备太少了。虽然俄罗斯的西线防御工事已部分地实现了现代化，但新的防御工事远未完成，而老“斯大林战线”已经年久失修，逐渐被废弃了。[60]除了布列斯特的驻军，苏联的军队在被占领的立陶宛和波兰东部，都处于高度暴露的状态。苏联的飞机没有伪装，军队并不在防御阵地上。事实上，他们接到命令，不能占据这些位置，因为担心这样会对德国人造成“挑衅”。更糟的是，斯大林对怀疑威胁到他自己权威的聚会风暴，再一次进行了清洗。在1941年6月，大约300名高级公务员被逮捕，其中至少有22名最高苏维埃军事勋章的佩带者。在遭到毁灭性打击前夕，斯大林仍然拒绝向苏联边防军发出德国全面入侵的警告，而竟对他的将军们说：“下这样的指令，现在还为时过早。也许，问题仍然可以得到和平解决。”很难想象，除了没有将克里姆林宫的钥匙用一只银托盘递给希特勒以外，他还有什么没有帮希特勒做的。

巴巴罗萨

珊河（*the River San*）将普热梅希尔小镇一分为二，它标志着纳粹和苏联占领波兰的边界。在苏联这边，这好像只是一个安静的夏夜。毕竟，运送波兰囚犯到西伯利亚的工作就快要结束了。边境地区到处都一样。在诺夫哥罗德 – 渥伦斯基这座边疆小城，俄罗斯高级官员们正在参加音乐会。西部军区司令员正在基辅的剧院里。在谢米亚蒂切，正在举办一场舞会，热闹非凡。当地的德国军官甚至接到了参加舞会的邀请，但他们以事先有约为由，礼貌地拒绝了。

在布列斯特，俄罗斯军队花了一整天时间训练军乐队。那天晚上，他们都喝得酩酊大醉。午夜时分，往来于莫斯科 – 柏林的火车开进了火车站。它满载着德国军队的粮食。这是纳粹—苏联贸易持续繁荣的一部分。随着黎明的到来，次日清早，一辆装满着煤炭的火车从另一个方向开来，抵达了这个车站。突然，在它就要停下来的当儿，德国的机枪手们跳了下来。布列斯特要塞立即遭到了每分钟5000颗致命炮弹的轰炸。海因茨 · 古德里安很快就来到了要塞。他的德国装甲师早在两年前就停在前往布列斯特的路上，* 很快就兵临城下。而这一次，他压根就没有停下来的意思。

巴巴罗萨计划在许多方面都体现了闪电战的最高艺术成就。强大的德国入侵部队由 153 个师、60 万辆车、3580 辆坦克、7184 门大炮和 2740 架飞机组成——别忘了还有 60 万匹马，因为这次行动远远超过了德军的机动作战能力。在第一阶段，德国空军在飞行范围内轰炸了所有的苏联机场，临近中午，共摧毁了 890 架飞机。这几乎与英国人在整场不列颠之战中被敌方炸毁的飞机一样多。这些飞机大多数甚至都未曾离开过地面就被炸毁了。德国庞大的军队在其装甲师的带领下，沿着向前延伸 930 英里的方向，兵分三路，向东挺进。第一路和第二路攻击波罗的海国家和乌克兰，并集结在列宁格勒和莫斯科；第三路向基辅方向挺进。在一系列巨大的包围战役中，德国俘虏了数百万苏联士兵。对于侵略者来说，苏联军队似乎准备不足、缺乏训练、装备不良，最重要的是，领导不力。到 7 月 9 日，中央集团军在如今著名的明斯克，俘虏了 287704 人。[61]在比亚韦斯托克和斯摩棱斯克，情况也差不多，尽管后来的抵抗明显地增强了。截至 8 月底，苏联被俘的总人数为 872000 人。9 月，基辅陷落，又有 665000 多人被俘。[62]在对维亚济马和布连斯克（*Briansk*）的钳形包围战中，德军再俘获 673000 人。[63]到了秋天，被俘人员超过了 300 万。对于俄罗斯而言，这是有史以来遭受的最大一场军事灾难。德国广播电台高声播放着李斯特的《前奏曲》，整天反反复复地播放，让人感到单调乏味。

当德国入侵的第一份报告送达斯大林时，他正在昆采沃的乡间别墅里。别墅距离莫斯科市中心 12 英里，一座像希特勒的鹰巢那样宏伟的建筑是夸张的，即使已明显比当时新典型的莫斯科那座乡间别墅更大、更豪华。斯大林被惊呆了。正如他当时新任命的总参谋长高尔基·朱可夫（*Georgi Zhukov*）元帅回忆所说，他“什么也没说……只是，他沉重的呼吸都能听得见”。“您明白我说的吗？”朱可夫问。长久的沉

---

* 德国陆军独立作战的军事建制单位，其编制与作战任务由装甲车辆的作战能力来决定。第二次世界大战期间德国装甲师的编制为：1 个坦克旅，辖 4 个营；1 个摩托化步兵旅，辖 4 个步兵营；1 个炮兵团；以及侦察营、反坦克营、工兵营和勤务部队。1939 年德国共有 6 个装甲师，到 1941 年增加到 20 个。装甲师始终是德国陆军的主要进攻力量。——译者注

默。最后，斯大林回答："部长在哪？"他问道，意思是指莫洛托夫（*Molotov*）——外交部部长、《苏德互不侵犯条约》的设计者。几个小时后朱可夫在克里姆林宫再次见到斯大林时，他看见他"非常苍白……坐在桌子旁，双手抱着一个装满了烟的、没有点着火的烟斗"。"真是令人不解，"斯大林只能暗示说，这次袭击是"德国军官们的一种挑衅行为"。"希特勒肯定不知道。"他坚持这么认为。当入侵的消息被证实的时候，"斯大林倒在了椅子上，陷入了沉思之中。冗长的、令人窒息的沉默接踵而至"[64]。

怎么可能呢？希特勒，一个他如此信任的人，一个与他一起瓜分欧洲的人，怎么能背叛他呢？尽管，按照他那一贯的偏执与猜疑，斯大林一直都在酝酿着对德国先发制人的想法，但蓝图等准备工作还没有来得及从绘图板上拿下来，斯大林意欲打击希特勒的神话就破灭了。[65]为什么他就这样犯下了这个灾难性错误呢？难道他正如丘吉尔后来所说的那样，真的只不过是一个"在第二次世界战争中最弱智的、经验最不足的人"？

斯大林当然算到了希特勒绝不会冒险在两条战线作战，因为第一次世界大战就是那样，尤其是他已经没有特别明显的兵力优势。[66]他也有可能认为，德国不可能在一年中如 6 月 22 日这么晚的时间入侵，因为距离秋雨把苏联的道路变成泥泞难行的沼泽只剩一点点时间了。[67]假如这些都是斯大林心安理得的理由，其确实有其价值——到了战争最后的时候。然而，其他一些不太可理解的因素似乎也对他产生了影响。一种可能的解释是，他真诚地信仰马克思主义，使他倾向于把英帝国主义作为他真正的敌人。因此，就算丘吉尔试图就希特勒的侵略意图向斯大林提出警告，也只是使斯大林相信，英国人想骗他与希特勒交战，以便他们能够改变立场，恢复他们的反共政策。同样地，斯大林确信，鲁道夫·赫斯（*Rudolf Hess*）[68] 1941 年 5 月 10 日鲁莽地飞到英国苏格兰，是反苏的英德和平的前奏。最近解密的证据表明，是历史，而不是意识形态，使斯大林对他所面临的危险视而不见。斯大林是一个痴迷于苏联外交传统和战略传统的人，并且在解释其他大国的政策时，他天生就是一个权谋政治家。在 6 月 22 日之前的几个月里，他不断地听到人们回顾克里米亚战争，相信俄罗斯要警惕英国对黑海海峡发动进攻，就像要警惕德国发动进攻一样。他对保加利亚的共产国际总书记格奥尔基·季米特洛夫（*Georgi Dimitrov*）解释说："历史地来看，危险总是来自那个地方”，还列举了“克里米亚战争（和）占领塞瓦斯托波”、英国在内战期间支持白军的例子。令人难以置信的是，在巴巴罗萨行动之后，斯大林浮现在脑海中的第一个想法，是预计英国皇家海军同时会发动对列宁格勒的进攻。[69]所有这些成见，意味着斯大林完整地接受了德国人故意向他提供的、真正的假情报。因此，希特勒那心理变态般的谎言都不及斯大林那病态的猜疑。

斯大林信任希特勒，在20世纪的历史上，是一个无人能及的灾难性错误。德国入侵8天之后的1941年6月30日下午，莫洛托夫率领苏共政治局代表团来到斯大林的别墅，“老板”在这里躲藏了差不多两天。斯大林似乎担心，这是他应得的报应。“你们怎么来了?”[70]他自言自语地说，仿佛意料到要被逮捕。相反，这些死心塌地的下属们——全靠曲意奉承斯大林意志才度过了大恐怖时期的人，战战兢兢地把他请回了克里姆林宫领导苏联战争。

我们只能推测，假如他们胆敢给予这位最大的纳粹通敌者以惩罚的话，这场大战又会变成怎么样?[71]

13. 凶手和通敌者

大部分人都知道这意识着什么：当100具尸体堆在一起，500具或者1000具……看过了这些之后……为了保持体面……这是从来不曾、也永远不会被提及的光荣一页。

——海因里希·希姆莱（*Heinrich Himmler*）对党卫队将军说，1943年[1]

我一直在想："你们知道我们是谁——我们不是外国人。不久前，我们还是邻居。难道你们忘了我们？……我这一辈子都住得离你们很近，我在这里的学校上学，享受与你们同样的教育，而现在，你们把这看作是我应得的惩罚。"

——鲍里斯·凯瑟尔（*Boris Kacel*），大屠杀的幸存者[2]

这是一种奇怪的状态，即我们一直以来与之战斗的“野兽们”，现在正与我们非常和谐地生活在一起。

——赫尔穆特·戈客兹（*Hlemuth Groschuth*），第十一兵团参谋长[3]

东方计划

进攻苏联，是希特勒所犯的一个致命性错误，这几乎是一个举世公认的事实。[4]诚然，这是一场巨大的军事冒险。“我觉得，”据说，希特勒本人也说，“就像我正在推开那扇房门，黑洞洞的，里面什么都看不见，不知道门背后有些什么。”然而，从许多方面来讲，打击斯大林的目的是要巩固第三帝国。对戈培尔和他的宣传机器来说，要调和国家社会主义强烈反对共产主义与《里宾特洛甫—莫洛托夫条约》的强权政治之间的紧张关系，并非易事。现在，这种紧张关系消失了。

艾伯特·斯皮尔并不是唯一一个听到希特勒热切地谈论他所发动的侵略战争的人。在半夜，墨索里尼被吵醒了，收到了他德国同行发来的信息，上面写道：“由于做出了这一决策，我赢了，我再次感受到了内在自由。”“夜晚的时候，我甚至连我的仆人都不打扰，”墨索里尼抱怨说，“但德国人让我不假思索地从床上跳了起来。”希特勒本人直到凌晨 2 点 30 分才上床睡觉，他宣布：“三个月之内，我们将见证俄罗斯崩溃，这是历史上从来没有过的现象。”在德国，正如维克多·克伦佩雷尔在日记中所写的那样，人们普遍对这场新的战争持欢迎态度——欢迎程度远远超过了 1939 年时的情形。在德累斯顿一个拥挤的餐馆里，一位喝醉了的旅客告诉他：“现在我们知道我们所处的位置，我们将以更快的速度来结束这场战争——我们准备好了，也武装好了。”该餐馆的服务员——一个参加过第一次世界大战的老兵，表示同意：“现在，战争很快就要结束了。”克伦佩雷尔在回家的路上，经过一个舞厅，看到里面处处都充满“快乐的面孔”，被迫得出了这样的结论：“这场对俄罗斯发动的战争是人们自豪的根源。”[5]

现在，人们对欧洲的占领，可以用重新分配来加以描述。对苏联的入侵，被描绘成一次“对欧洲的十字军东征”，整个欧洲大陆能够团结在“反布尔什维主义的欧洲统一战线中”。[6]正如欧洲帝国对亚洲的入侵将使得日本人以东亚“共荣”的名义重铸他们自己的帝国主义一样，所以，现在，德国人能将这个欧洲的*Grossraumwirtschaft*（字面意思是“巨大经济体”）描绘成一个以德国为首的、反对布尔什维主义的堡垒。[7] 在被占领的欧洲，通敌者很快就对德国宣传的这一新主题心领神会。1941 年 10 月 30 日，贝当元帅——这个维希王朝时代老态龙钟的傀儡发誓说，法国将在“一个欧洲新秩序的建设性活动框架内”获得蓬勃发展。[8] 比利时、芬兰和其他国家，均表达了类似的观点。纳粹在欧洲的言论，引起了所有保守派人士的共鸣。对他们来说，比起苏联共产主义，德国人在欧洲的统治，乃是不幸中的万幸。

可是，只有当东线的战争由闪电战转向消耗战的时候，而且需要从被占领的西线搜刮每一个便士的时候，这种叙事的空洞性才逐步展现了出来。[9]

对于东欧人民和苏联人民来讲——大约有 600 万公民在这段时间内处于纳粹的统治之下—— 一个不同的但同样会引起共鸣的音符现在也许被弹中了。作为一个爱沙尼亚人，阿尔弗雷德·罗森堡（*Alfred Rosenberg*）非常理解许多东欧人内心深处对斯大林的苏联充满着敌意，在表面上的民族自决背后，实际上给他们造成了巨大的、残酷的伤害。不仅是（在人数上相对较少的）德裔人在欢迎前进中的德军，[10] 德国部队在开进罗乌[11] 和里加时，也受到了人们的热情招待。[12] 乌克兰农民将侵略者装甲师身上的黑色十字架，看作是一个讨伐莫斯科的敌基督 *宗教战的徽章标志。[13] 在赫鲁别舒夫，人民用面包和盐迎接德国人。[14] 在被任命为被占东部地区政府局长后，罗森堡此时设想，不仅要将立陶宛、拉脱维亚、爱沙尼亚和白俄罗斯（“波罗的海”）作为德国的保护国，还要扩充至乌克兰，一个高加索人联邦—— 也许甚至还包括在苏联中亚地区在内的一个克里米亚伊斯兰教派地区、一个“泛土耳其人”联盟。许多少数族裔人士，特别是车臣人、卡拉柴人（*Karachai*）和堡尔卡斯人（*Balkars*），都希

---

* 敌基督（Antichrist）：宗教统治末世的基督的主要敌人，在《约翰书》里首次提到。关于一个强大的统治者在末世出现而同善良力量斗争的思想来自犹太教。犹太教的末世论受到伊朗和巴比伦关于上帝与魔鬼争斗的神话的影响，在《但以理书》中，这个魔鬼就是以安条克四世埃皮弗内兹为原型，是他处死了犹太人。《新约》许多书中，敌基督是以神迹和奇迹诱惑人，并获得了神圣荣誉。在中世纪基督教中是很有说服力的概念，并引起了注释者的注意，包括蒙捷昂代尔的阿德索，他的著作成为关于敌基督的中世纪主要作品。在中世纪，当教皇和皇帝争权时，便互指对手为敌基督。在宗教改革时期，路德等新教领袖认为教皇制本身为敌基督。——译者注

望脱离所有的俄国属地，除了留下一个被瓜分得七零八落的俄国外，什么都别留下。[15]事实上，无论是希特勒还是戈培尔，都未曾真心地利用过东欧民族主义的力量。[16]《东方总计划》（Ost Generalplan）的各种版本远远更真实地表明了纳粹的意图。该计划尽量扩展德国的版图，直抵北部的阿尔汉格尔斯克（*Arkhangelsk*）和南部的阿斯特拉罕（*Astrakhan*），即所谓的 *A* – *A* 线。[17]在党卫军康拉德迈·耶（*Konrad Meyer*）教授起草的一个方案中，提出要建立三个庞大的"进军者定居点"（"因格里亚"、"梅梅尔 – 纳雷夫河"和"哥森高"），给约 500 万日耳曼人定居。帝国安全办公室总部也提出了一个颇具竞争力的计划，设想安置两倍的日耳曼人，而估计现有的 4500 万居民都要被驱逐出境。事实上，正如罗森堡政府的种族研究专家艾哈德 · 韦特泽尔（*Erhard Wetzel*）议员一丝不苟地指出，该计划估计包括 500 万至 600 万犹太人，还没有将斯拉夫颇高的出生率考虑在内。总体上来说，要淘汰的人口接近 5000 万，甚至 5700 万。15% 的波兰人、25% 的鲁塞尼亚人、35% 的乌克兰人将要作为农业劳动者而被保留下来，其余的将被驱逐到西伯利亚去。俄罗斯人将通过使用避孕、堕胎和绝育等手段而逐渐消亡。犹太人将被消灭。[18]

灭绝战争

为了达到大规模的人种转化的目标，就不得不发动一场新的战争。从一开始，希特勒就决定，他对苏联的作战行动将根据新的规则进行—— 或者说，根本就没有规则。正如他在 3 月 30 日对他的将军所说的，这将是"一场灭绝战争"，在这场战争中，"军人式的同志关系"这种观念是没有用的。这意味着"布尔什维克人民委员和共产主义知识分子的毁灭"。[19]有组织地枪毙红军俘虏这决定，已经可以从波兰战争中那野蛮的行径预见到，这次在巴巴罗萨行动前夕得到了执行，随后在战争期间贯彻得更加彻底。1941 年 5 月 19 日发布的《部队在俄罗斯的行为准则》，号召人们"对布尔什维克的煽动者、游击队、阴谋破坏者（和）犹太人采取无情而有力的措施"。[20] 6 月 6 日的"人民委员令"要求，对于捕获的任何人民委员，一律格杀勿论。这样做的理由在于：

> 各级政治委员都仇恨地、残忍地和不人道地对待战俘……按照国际战争规则进行战争是错误的，既危害我们自己的安全，又妨碍迅速与被征服的领土达成和解……政治委员们已经发动了野蛮的、亚洲式的战争。因此，要立即、并且要以最严厉的方式把他们处理掉。作为一个原则问题，他们将立即被枪毙掉……[21]

德军最高统帅部下令重申：军队要“把所有那些被认为是布尔什维克有生力量的战俘全部消灭掉”。这意味着将他们转交给执行枪决的党卫军别动队。[22]根据陆军军需处总军需官爱德华·瓦格纳（*Eduard Wagner*）将军发出的命令，“政治上不可容忍的可疑分子、政委和鼓动者”[23]都应当被一视同仁。1941 年 9 月，最高指挥部发出了一个更加严厉的命令，即任何被歼灭后又自行组织起来的苏联军队，都应被视为“游击队”，应当就地枪决。[24]这些命令是通过前线指挥官用生硬的话语传达下来的。军队要“完全消除”战俘们利用武器进行“任何积极或消极的抵抗”。[25]第四装甲师指挥官埃里希·赫普纳（*Erich Hoepner*）将军下达了命令，其意思是“一切军事行动在计划和实施时，都要以钢铁般的意志，毫不留情地、彻底地消灭敌人……决不饶恕任何一个俄罗斯－布尔什维克制度的信徒。”[26]第 12 步兵师师长告诉下属官员：“后方的战犯……一律枪毙，这是一条总原则！每个士兵都要枪毙一切在前线后方发现的、未成为战俘的俄罗斯人。”[27]在大量德国人进入苏联领土后，到处都一片混乱，这可以被解释为他们得到了杀害任何人的授权。[28]

纳粹宣传蓄意地怂恿不法暴力行为。例如，1941 年 7 月，希特勒向德国宣传部发出指示，强调有必要“将俄罗斯人枪杀德国战俘的残酷情景拍成纪录片，以便德国人确切地知道敌人是什么样子的。他特别要求，这些暴行应该包括割下生殖器，把手榴弹放到战俘的裤裆里。”[29]结果正如希特勒所料：“伟大的种族战争”变成了一场通向死亡的战争。在巴巴罗萨行动的头几个星期内，德国人草率处决的苏联战俘，多达 60 万，到这场战役的第一个冬天结束时，大约有 200 万人死亡。有些人是当场被枪杀的，因为德国军队拒绝接受他们的投降。一名德国士兵在回忆录中写道：

> 有时候，一个或两个犯人从他们的藏身之处出现，举着自己的双手，而每一

次，同样的悲剧都会重演。克劳斯按照中尉的命令，杀死了其中的4个；苏台德人，2个；第17装甲师，9个。年轻的林德伯格，自从进攻开始以来就一直处于恐慌状态，要么在恐惧中大哭，要么在希望中大笑。他抓起克劳斯的机枪，将两个布尔什维克推进了一个洞里。这两个可怜的受害者……不断地恳求他的怜悯……但林德伯格无法控制的愤怒发作了，不停地射击，直到他们一动不动为止……

我们陷入了极度的疯狂之中……我们不准抓俘虏……我们知道，俄国人不会抓任何人……不是他们，就是我们，这就是为什么我和我的朋友哈尔斯……向一些正在奋力挥动着白旗的俄罗斯人投掷手榴弹的原因。[30]

在其他一些地区，也俘虏了一些苏联战俘，但后来都让他们排成队，把他们枪决了。[31]而那些被俘虏的人发现自己被赶进了战俘营，在那里，既不给住所，也不给食品。许多人死于饥饿或疾病，许多人被分批带走并被枪毙。[32]有些人被运送到集中营，如布痕瓦尔德，在那里，他们在佯称的医疗检查过程中被枪毙，或者被运送到奥斯维辛的死亡集中营。[33]在这场战争中，总共300多万苏联士兵在被俘虏后死亡——远远超过了被俘总人数的一半，或许接近三分之二。死亡率超过了苏联俘虏在第一次世界大战的10倍以上。[34]生存空间，又一次意味着屠杀空间。

在波兰，屠杀不仅针对被俘的战斗人员，而且也针对某些平民。准确地说，任何一个被当作“党员”的人，都必死无疑。“党员”一词成了一个包括犹太人、吉卜赛人和其他德国人想杀死之人的总称。这一经过已经难以在文字记录上追查到。[35]我们已经看到，在希特勒的头脑中，反共产主义的战争就是反犹太人的战争。令人惊奇的是，有许多普通的德国人似乎从一开始就理解为：这是巴巴罗萨行动不可分割的一个组成部分。例如，在入侵前夕，德国治安警察总局309大队指挥官告诉他的部下说，不论年龄、性别，犹太人都要统统加以消灭。[36]在几天内，他们就将他所说的话在比亚韦斯托克付诸实践，将500个犹太男人、妇女和儿童赶进了犹太教堂，将他们活活烧死。入侵后的几个星期，犹太人要被“斩草除根”的迹象已经越来越明显了。[37]

纳粹估计，有近550万犹太人生活在他们1941年年底所占领的前苏联领土上，总数与生活在欧洲其他地区的犹太人一样多。[38]毕竟，巴巴罗萨行动的成功，使德国人完全控制了老沙皇建立的、从波罗的海到黑海的帕莱地区。怎样处置犹太人？希特勒从未十分清晰地表达过，他只是谈到了要采取“一切必要的措施”，谈到“消除一切反对我们的力量”，并且谈到要“枪毙那些即使只是侧身看着我们的人”。[39]“如果没有这么多的犹太人在欧洲，”1941 年 7 月 22 日，他对克罗地亚总司令斯拉夫科·克泰尔尼克（*Slavko Koaternik*）解释说，“那么，欧洲国家的团结将不会再遭到破坏。”但是，“就算即使只有一个国家，无论因为何种理由而容忍一个犹太家庭存在，这都将成为有害细菌的新来源。”[40]

此时，马达加斯加仍被提作战后可能的目的地。然而，曾设计马达加斯加项目的第三帝国安全办公室总部的阿道夫·艾希曼（*Adolf Eichmann*），如今将一项新的使命交给下属弗里德里希·苏尔（*Friedrich Suhr*）：犹太人问题的最终解决方案。7 月 31 日，海德里希获得了戈林的授权，“为德国在欧洲的势力范围内对犹太人问题的整体解决方案”做好“一切必要的准备”，并起草了一份“综合”计划书。如果这一切都意味着更多的驱逐和更多的犹太人聚居区的话，那么，他应该不大可能获得戈林的批准。[41]看起来同样重要的是，不久后，别动队指挥官弗朗茨·沃尔特·施塔勒克（*Franz Walter Stahlecker*）提到过一些与对待犹太人相关的“命令”，“从高级负责人到秘密警察”，这些命令都不能进行书面讨论。施塔勒克反对在前苏联的领土上建立新的犹太区，赞成对“整个奥斯兰辖区的犹太人”立即进行几乎百分之百的清洗。[42]这些主张，与来自纳粹帝国其他地区——法国、塞尔维亚和德意志帝国本身——的压力完全吻合，以便向东驱逐“他们的”犹太人，使他们也可能被纳入到既定的“最终解决方案”中。[43]

波兰当局也不愿接受一大群新来的犹太人到犹太社区中。[44]因此，种族灭绝的概念，是在 1941 年 9 月最后一周和 10 月的头几周具体化的，就是在希特勒登峰造极之时，在基辅落到他的手中、列宁格勒被围困、纳粹开始准备进攻莫斯科之时。12 月 12 日，他在柏林召开的一次高级党员负责人会议上公开了他的意图。[45]用汉斯·弗兰克的话说，“清除他们”的命令，沿着各级指挥链迅速地向下传达。[46]

作恶者

谁是后来被称为大屠杀的作恶者？在入侵苏联后不久，第一阶段有组织的屠杀就由四个别动队开始了，就像以前在波兰的情形一样。[47]到 1941 年 7 月底为止，他们杀害了大约 63000 名成人和儿童，其中 90% 是犹太人。1942 年 4 月中旬，别动队杀害的确切人数是 518388 人，其中绝大多数是犹太人。这是一场针对犹太人发动的战争——一场在战线后方发动的战争，目的是为了配合针对红军的真正战争。其他社会团体也同样处于危险之中，尤其是吉卜赛人和精神病患者。这种恶魔般的行径，规模是如此之大，以至于不可能是别动队独力完成的。因此，从早期开始，一些不那么专业的组织都参与其中，不仅包括德国军队，而且还包括正规的警察局。

1942 年 7 月 13 日凌晨，后备军 101 营到达了波兰约瑟夫乌村。这个村庄两年前曾被德国人轰炸过，还被俄国人短暂地占领过。他们的指挥官威廉·特拉普（*Wilhelm Trapp*）少校对他的部下解释说，他们的任务，就是要搜捕当地的犹太人，大约有 1800 人，并挑出那些体格健全的，可以变作苦力或“能工作的犹太人”的青年，这些人大约有 300 人。他们将用卡车把其他人——病人、老人、妇女和儿童——运到附近森林里的一个采石场，在那里，把他们都枪毙了。

后备军 101 营并不是纳粹狂热分子中的一个冷酷小组。在 486 人中，大多都是汉堡的工人阶级和较低层的中产阶级居民。他们的年龄平均起来，都比前线军人的要大。超过一半的人，年龄介乎 37—42 岁之间。很少人是纳粹党成员，尽管特拉普在 1932 年便入了党，但毫无疑问，他们只是普通的德国人。他们也心甘情愿地成了刽子手。[48]通常情况下，在战争结束后，那些被指控犯有战争罪的人声称，他们只是执行命令。在约瑟夫乌，情况可不是这样。屠杀开始前，特拉普主动给他的部队提供了一个特别的选择：如果有人对摆在他们面前的任务感到不适，他可以站出来，并被分配做其他的工作，但只有 12 个人站了出来。

杀人比在电影里看到的要更难，电影与这些中年警察要杀人的样子最接近。标准的程序是：让受害者并排跪下，然后挨个从颈背开枪。尽管营部医师告诉了他们要用武器精确瞄准的地方，但这些人还是很快就使得“血、骨碎片和脑浆”四处飞溅。正如这些士兵中一名后来所回忆的：“按照要求……近距离地瞄准开枪，子弹以这样一个轨迹击中了受害人的头部，但往往整个头骨或至少是整个……头盖骨都被掀掉了。”一旦射击开始，总有几名士兵要求将自己解职。后来，有些人崩溃了，不能继续打下去，但多数人都强迫自己继续从事那些肮脏的工作。到中午时分，有人为他们提供伏特加"壮胆"。这显然是有帮助的。杀戮持续下去，一直到下午和晚上，总共花了17个小时。受害者的尸体无人掩埋。别动队队员们知道，在向他们的受害者开枪之前，让他们在旁边挖一个坑，以便能整齐地倒进一个坑里，奄奄一息者倒在已死的和半死的人身上，掩埋将使任何幸存者窒息而死。最后，当晚9点左右，该营的官兵疲惫地返回村庄。集市上除了受害者那一堆堆的行李，空无一人。警察们开始点火把这些行李烧掉。用第三帝国荒唐的委婉语说，约瑟夫乌现在无犹太人（*Judenrein*）——"将犹太人全都清洗掉了"。

后备军101营的人都是杀人新手，但熟能生巧。在1942年夏季和1943年秋季，他们和其他的机动警察部队一起，共枪杀了大约38000名犹太人，驱逐了45000人，大部分人都被赶到了特布林卡灭绝营。到1943年年底，德国人杀害了大约270万苏联犹太人，差不多一半都是前巴巴罗萨的人。

他们为什么这样做？一种观点认为，他们也像大多数德国人一样，受到充满敌意的反犹太主义的情绪感染，只需要这样这个合适的机会以谋杀的形式来展现。[49]自然而然地，士兵们在给家里写的一些信件中表示，他们已经彻底内化了希特勒的思想，引用一名一等兵信上的话说："只有犹太人才可能是布尔什维克，对于这个血吸虫来说，没有什么比成为一个布尔什维克更好的了。"[50]另一名士兵写给他的父母的信中，描述了他和他的战友们在塔诺波尔附近发现了60具被肢解了的德国人尸体后是如何"用棍棒和铁锹"把1000个犹太人打死的情形：犹太人真是罪有应得，因为他们在苏维埃政权中占据了"所有的领导职位"，"而且，他们与苏联人一起，在处死德国人和乌克兰人后，把这个日子当作常规节日来庆贺一番"。[51]这些观念在德国文化中为什么这么根深蒂固，而且它们在多大程度上是1933年后纯粹被灌输的产物，是值得争议的。

正如我们所看到的，甚至维克多·克伦佩雷尔也无法确定这一点，有时，他还认为国家社会主义是一种"土生土长的……癌症"，而且，有时他将"所有德国人，包括工人在内，都毫无例外地反对犹太人"这一观念作为一个"荒谬的论断"而加以摒弃。另一种解释，很大程度上是基于战后的证词，即这些"普通人"非常清楚地知道他们正在做的事情是错误的，但出于对权威（逃避可能有损于获得晋升或者准假的机会）和同侪压力的尊重，他们的怀疑被压制了。[52]

然而，我们不应该忽略明显的自我保护冲动。虽然与他们所加害的人相比，德军的伤亡人数要少得多，但在巴巴罗萨行动的第一阶段，德军的伤亡人数其实比希特勒在任何一场早期战役的都要多。1942 年 7 月是耶德瓦布内屠杀月，在行动中被杀害或失踪的德国士兵总数还不到 40000 人，但在随后的一个月内上升到 60000 多人。在一场大规模战争的中期，与前线的义务相比，杀害犹太人是最轻松的。上了年纪的男人和妇女，还有孩子们，毕竟不会用枪还击。1941 年 8 月，当党卫军骑兵旅席卷普里佩特沼泽区时，屠杀了 14000 名平民，其中大部分都是犹太人，而他们自己的伤亡总人数却只有两人，这两人都是在驾车越过雷区时被炸死的。[53]就在同一个月，在希姆莱命令只留下‘工作着的犹太人’后，第一党卫军旅“打死了 44125 人，其中大部分都是卡梅涅茨附近的犹太人”。[54]这一次，仍然没有人还击。直到 1943 年 4—5 月华沙贫民区举行起义之前，德国人都没有遇到犹太人任何有力的抵抗。

1942 年，德国人亲眼目睹并记载了在乌克兰杜布诺 500 名犹太人被集体杀害的情景。这种情景令人毛骨悚然，说明实施大规模处决是一项多么容易执行的任务：

> 那些下了车的人——各年龄段的男人、妇女和儿童——不得不听从那些骑着马或手上挥着鞭子的党卫军的命令，脱下衣服。他们得把自己的鞋子、衣服和内衣等衣物各放一堆。我看到了一堆鞋子，有 800—1000 双，还有堆得老高的内衣和外衣……
>
> 我还记得，一个女孩，身材修长，皮肤黝黑，她走过我的身边时指着自己说“23”。
>
> 我围着小山丘转了一圈，站在这座巨大的坟墓前。躺在这里的尸体，紧紧地挤在一起，只露出了头，鲜血滴满了肩膀。有些人仍在动弹。有些人将手举过头，以示他们还活着。坑已经填满了四分之三。我估计里面装有大约 1000 具尸体。我将目光转向了那个开枪射击的男子。他是一个党卫军人：他坐在那里，在坑的边上，抖动着腿。他的膝盖上，放着一把自动步枪。他在休息，在抽烟。那些人，完全赤裸着，沿着台阶往下走，被脚下的人头绊倒了，并在现场的党卫军的指示下，停了下来。他们在那些死亡了的或受伤了的人上面躺下。一些人抚摸着那些还活着的人，并和他们小声地说着话。然后，我听到了步枪射击

> 的声音……我很吃惊，竟然没有人责令我离开，但我注意到有三个穿制服的邮递员就站在附近。不久，下一批又来了。[55]

到这时，剥去受害者的衣服，已经成了标准的做法。动机就是由于好色，也在相当程度上是出于小气，以及一种羞辱将死之人、调戏年轻女性的欲望。事实上，正如各种描述明确指出的那样，这些滔天罪行总是要故意引人注目。有窥淫狂病人，还有作恶者，有的甚至还拍了照。[56]

有些人，像维也纳警察秘书瓦尔特·马特纳（*Walter Matlner*），能使枪杀 100 个妇女和儿童这样的行为理性化。他于 1941 年 10 月从莫吉廖夫给他妻子的信上这样写道，“当第一辆卡车到达时”，“我的手在开枪时有点轻微发抖，但很快就习惯了。当第十辆卡车到达时，面对着许多妇女、儿童和婴儿，我已经能冷静地瞄准，安心地射击。考虑到我家里也有两个婴儿，这些成群结队的犹太人也会这样虐待他们，甚至十倍地虐待他们。比起他们在地牢中所受到的成千上万次的折磨，我们带给他们的死亡算是不错的、痛快的。婴儿们被扔起来，在空中飞舞着，而我们在他们跌入坑、掉进水之前，把他们打落下来。让我们摆脱这些人渣吧。是他们将整个欧洲拖入了战争，而且还在美国煽动战争……我们回家后，便会轮到我们那里的犹太人了。”[57]并非每个人都彻底泯灭了同情心。逐渐地，党卫军意识到，应采取措施来隐瞒他们正在做的事情——寻求更有效的、不使士气低落的谋杀模式。[58]希姆莱本人并不太喜欢在 1941 年 8 月在明斯克所亲眼目睹的一次大规模处决。随着第一批犹太人开始抵达西欧，这些贫民区已经越来越拥挤。除了大规模枪杀、饿死或使他们患上传染病之外，有没有第三种更好的方法呢？[59]

早在 1941 年 7 月 16 日，罗尔夫·亨氏·霍普纳（*Rolf Heinz Hoppner*）就曾写信给艾希曼，询问“在犹太人失去工作能力之后”使用“速效剂”是否是“最人道的处置犹太人的办法”。[60]正如我们所看到的，答案已率先出现在德国的精神病收容所。1941 年 9 月，遵照以 *T*-4“安乐死”项目的样板，500 名精神病患者在莫吉廖夫被毒气毒死了。[61]三个月后，在切姆诺，经过特别设计的用排气管连接着密封车厢的有篷货车首次被用于使犹太人窒息而亡。人类历史上第一次也是唯一一次工业化的种族灭绝方式正式开始。

邻居们

约瑟夫乌和杜布诺的刽子手们对他们的受害者即使有所了解，也了解得很少。他们在一个战区，在一个陌生的风景区，杀害外来人。与此相反，在耶德瓦布内以北 150 英里的犹太人，在 1931 年，其人口就占当地居民的 60%，刚刚超过 2000 人。他们都是被自己的邻居杀死的，被那些与他们生活了一辈子的人杀死的。[62]

1941 年 7 月 10 日上午，八个德国人来到了德占波兰的耶德瓦布内镇，会见了该镇当局的领导，包括镇长玛丽安・卡罗拉克（*Marian Karolak*）。德国人主张，至少每个行业有一个犹太人家庭应该被保留下来，让他们活着。但当地的波兰木匠回答说："我们自己的工匠已经足够了，我们必须消灭所有的犹太人，一个也别想活着。"[63]对此，镇长和其他波兰人都表示赞成。根据史穆尔・瓦萨泰恩（*Szmul Wasersztajn*）——为数不多的犹太幸存者之一的证词，随之而来的，是一场全面的大屠杀："犹太老人的胡子被烧掉了，新生婴儿被杀害时口里还含着母亲的乳头。人们遭到杀气腾腾的毒打，还要被迫唱歌、舞蹈。最后，他们采取了主要的行动——纵火。"[64]犹太人被赶进了镇上的面包师布罗尼斯瓦・斯勒辛斯基（*Bronislaw Sleszynski*）家的谷仓里，并被烧成了灰。这次大屠杀，并不是几个地痞流氓所为，而是大约有一半波兰人参与其中，是在许多令人尊敬的知名人士的领导下完成的，如卡罗拉克（*Karolak*）和斯勒尊斯基（*Sleszynski*）。任何试图逃跑的犹太人，都在不远的周边地区就被追捕了回来，有的就是被他们自己的邻居抓回来的。少数几个在场的德国人只是拍拍照。用历史学家简・哥罗斯（*Jan Gross*）的话说："这一天，每一个在镇上的人，拥有视觉、嗅觉、听觉的人，都参与或者目睹了耶德瓦布内镇的犹太人被折磨而死的过程。"[65]

只有少数人为挽救他们的同胞，采取了行动。斯坦尼斯罗・拉摩托威斯基（*Stanislaw Ramotowski*）帮助他的未婚妻拉席拉・芬克特金（*Rachela Finkelsztejn*）躲藏了起来。安东尼娜・维日科夫斯卡让七名犹太人藏在她的房子里，其中，兹姆尔・瓦舍塔金（*Szmul Wasersztajn*）是她的情人。雷泽克・杰齐茨（*Leszek Dziedzic*）的父亲还帮助了瓦舍塔金在战争中生存了下来。[66]值得注意的是，这些人中的三分之二，至少与他们所救的其中一个人发生过性关系。这说明，在耶德瓦布内镇犹太人和基督徒之间早已存在着亲密关系。

在耶德瓦布内所发生的事，绝不是独一无二的。在约瑟夫乌，也有些当地的波兰人帮助德国人包围城里的犹太人。[67]同样的事情发生在拉济武夫村（*Radzilow*）[68]及奥勒克辛村（*Oleksin*）[69]，在那里，波兰人阻止他们的犹太邻居逃跑。[70]在克拉科夫（*Kraków*），一些波兰人急切地加入了德国人领导的这场打砸抢暴行当中，抢劫犹太人商店、公开殴打犹太人，并随时抓住机会以最低价来获取犹太人的财产。[71]单纯地将所有这样的暴行都归因于德国人的大力怂恿是不可信的。这种现象也不是波兰人所独有。在利沃夫 *Lwów*，在 1941 年 7 月所谓的“彼得留拉节”，犹太人遭到了乌克兰人的屠杀，理由是他们过去同内务人民委员会合作过。克勒米兹（*ckremets*）的情况也类似于此，虽然发生了小规模的报复行动。[72]在乌克兰的其他城市，如史坦尼斯拉维夫（*Stanyslaviv*）、塔诺波尔（*Tarnopol*）、斯卡拉特（*Skalat*）和科绥（*Kosiv*），都是当地人发起大屠杀，为受害人挖掘坟墓，而不需要德国人的任何指示。[73]7 月 1 日晚，在拉脱维亚首都里加，发生了一场不是由德国人而是由当地雷霆十字军成员发动的血腥大屠杀。鲍里斯·卡色尔（*Boris kacel*）出生于一个以中产阶级为主的城市社区，各种民族群体在那里一直和睦相处。他对自己亲眼目睹的情景感到震惊：

> 拉脱维亚人用身体的行为和愤怒的语言表达他们对犹太人的仇恨。他们控告犹太人为共产党，并指责他们在苏联统治期间所做的一切恶行。哪怕就是在我最疯狂的梦中，我都没有想到过原来拉脱维亚人对他们的邻居犹太人隐藏着敌意。卡车来了，载着 10—15 个拉脱维亚武装治安维持会成员，身穿红、白、红相间的民族服装，戴着袖章。他们来这儿的目的，是要从街道上绑架犹太人，并拿走他们的个人财物。这些犹太人被强行装上卡车，然后被送到树林里去杀害。外出是可怕的，因为人们必须清楚地了解在街道周围开车巡逻的治安维持会成员的位置。流动杀人队……完全控制了这个城市，没有人对他们的存在或他们不合情理的杀戮提出质疑。我没有想到会发生如此严重的袭击，毕竟犹太人已经与拉脱维亚人在一起生活了许多年。这两个民族组织一直都彼此包容，并一起生活在友好、和谐的气氛中……最大的悲剧是，犯下这些罪行的，并不

是陌生的侵略势力，而是当地的拉脱维亚人。他们都认识知道那些受害者叫得出他们的名字……不久，犹太人不得不寻求德国人的保护，以免受到邪恶的拉脱维亚人群体性的迫害。[74]

类似的场景出现在拉特加尔（*Latgale*）和陶格夫匹尔斯（*Daugarpils*）。在那里，超过1000个犹太人在德国人出现之前就被杀害了。一名来自德国的观察员用“可怕的”一词来形容他在拉脱维亚所看到的情景。[75]在立陶宛南部，也有类似的情形。在那里，民族主义者的地下海报宣布“现在是我们清算犹太人的决定性、最后的时刻”。[76]在考纳斯（*Kaunas*），当地人在街上殴打犹太人致死时，德国士兵只是袖手旁观。[77]一半至三分之二的犹太人不是被德国人打死的，而是被其他立陶宛人打死的。[78]在横跨白俄罗斯边境的鲍里索夫（*Borisov*），喝醉酒的警察包围了犹太人、扒光了他们的衣服，并把他们枪杀了。[79]在罗马尼亚的部分地区，有些犹太人也是在德国人抵达之前就被杀害了。1941年1月21日晚，93名犹太人被剥光了衣服，并被枪毙在布加勒斯特附近的吉拉瓦（*Jilava*）森林里，其他人被屠杀在斯特拉卢提（*Cstralueti*）屠宰场，他们的尸体挂在肉钩上、贴着“可食肉”（*Kosher Meat*）* 的标签。[80]五个月后，在雅西（*Iasi*）一次长达一个星期的暴力纵酒狂欢中，有4000名犹太人被杀害。《晚邮报》记者库尔齐奥·马拉帕尔特（*Curzio Malaparte*）目睹了这一过程：

在士兵和拿着刀子、撬棍的市民疯狂追赶下，成群的犹太人沿着街道四处逃

---

* 可食食品（Kosher），意思是符合犹太教规的、清洁的、可食的，泛指与犹太饮食相关的产品。犹太人主要分布在以色列、俄罗斯、美国和加拿大等数十个国家，他们信奉犹太教。犹太教的饮食文化集中体现在它的《膳食法令》中。依据这一法令，他们有“五不食”“一遵从”“一禁止”的食规。“五不食”是不食动物的血液；不食自死的动物；不食牛羊后部的某些筋腱；不食猪、兔、马、驼、龟、蛇、虾、贝、带翼昆虫与爬虫、跳鼠和凶禽猛兽；一餐饭中不可同时食用肉品和奶品。“一遵从”是：烹调必须遵从“特里法”，即不能断定是否洁净的原料不做，烹调方法不正确的菜点不吃；符合教规的食品应有可食的食品（kosher）认证标志。“一禁止”是安息日（星期五日落至星期六日落）不可举火做饭，以便摒除一切杂事和杂念去“修身养性”；安息日的食品要提前一天备妥。可食食品是根据犹太教的《膳食法令》生产的，严禁使用猪肉等原料，有些原料必须在经过特殊制作后才能食用。——译者注

> 窜；成群的警察用枪托砸烂房门，冲进屋内；窗户突然被打开了，尖叫着的、披头散发穿着睡衣的妇女举着双手出现了；有些人从窗户里跳了出来，她们的脸摔在沥青地上，发出沉闷的响声。成群的士兵从街道齐平的小窗口往地窖里投掷手榴弹，许多人徒劳地躲藏其中；有些士兵还跪下来，看看地窖内的爆炸结果，转身对同伴露出笑脸。屠杀最严重的地方，血多得脚踩在上面都打滑。到处都是歇斯底里的、凶残的杀戮，枪声、哭泣声、可怕的尖叫声、残酷的大笑声，充斥着房子和街道。[81]

科德雷亚努（*Ccorneliu Codreanu*）进行对康尼留处决（见第七章）后，铁卫队不是消失了，而是掌权了。事实上，在推翻帝制之后，爱恩·安东内斯库（*Ion Antonescu*）将军已任命了科德雷亚努的继任霍里亚·司马（*Horia Sima*）做他的副总理，并宣布了"全国处于军事状态"。[82]在入侵苏联、特别是入侵敖德萨之后，作为德国忠实的盟友，罗马尼亚军队也必须对最恶劣的反犹暴力事件负责。[83]一些匈牙利人在德国人占领了他们的国家后，也参与揭露告发而背叛了他们的犹太邻居。[84]

简而言之，"最终解决方案"是德国人设计的，但不可忽视的是，其他欧洲国家的许多人也积极地参与了这场大屠杀。1940 年代初的反犹暴力行为，并不是突如其来的晴天霹雳。正如我们所看到的，20 世纪 30 年代不断升级的迫害，就已经是这种暴行的征兆。人们没有花多少时间使波兰人消除偏见、歧视、排斥和暴力，终于爆发了在耶德瓦布内的种族灭绝行为。然而，有关耶德瓦布内的关键一点是，这只是一个在欧洲范围内发生的极端例子——而详细记录被保留到现在。[85]合谋者不仅可以在与德国结盟的国家如意大利、罗马尼亚、匈牙利和保加利亚中找到，而且在德国侵略和占领的国家如挪威、丹麦、荷兰、比利时、法国、南斯拉夫、希腊和苏联中也有。有些人无疑是出于对犹太人的强烈仇恨，就像纳粹领导层那般强烈。另一些人出于嫉妒或者贪婪，抓住德国统治所提供的机会而窃取邻居的财富。此外，自我保护也发挥了作用，甚至存在着犹太人内部的通敌者，比如，巡查华沙贫民区、打击高利贷和不法奸商的身穿制服的政府官员，或者帮助组织对贫民区进行清算的各级犹太委员会领导，或者那些接受了一项权力下放措施以期（通常都是徒劳地）自救的集中营囚犯，都参与了对犹太人的迫害。

耶德瓦布内所发生的一切，代表着德国统治的典型方式，也引发了内战。德军采取的手段，也造成多民族社区爆发了冲突。波兰人不是唯一的凶手，犹太人也不是唯一的受害者。德国人自己，也属于这种暴行的受害者。1939 年 9 月，4000—5000 个德裔人在波兰遭到了杀害，这是波兰人对德国人侵略他们的国家所进行的报复。[86]后来，德裔人形成了自我保护团体，以牙还牙。最终，他们还服从了党卫军的领导，到这时，这些团体已经杀害了 4000 多波兰人。[87]

作为一个语言学家，维克托·克伦佩雷尔对纳粹乐意使用像 *Volkstumskampf*（种族冲突）和 *Flurbereinigung*（基本清洗）这样委婉的新词深有感触。他相信，德语的迅速改变，比各种宣传具有更加明显的效果。[88]消毒后的语言，也使种族消灭的暴力循环更容易被忍受。

在所有地区中，也许乌克兰是最血腥的。在沃里尼亚和东加利西亚，乌克兰民族主义组织（*OUN*）的成员，在德国人的怂恿下，杀害了 60000—80000 名波兰人。[89]整个村庄被摧毁，男人们被殴打致死，妇女们遭到强奸和残害，婴儿们被刺死。[90]在雷奥诺卡（*Cleonowka*）村——一个波兰人村庄，多米尼克·塔那威斯基（*Dominik Tarnawski*）挨了乌克兰人的子弹，但成功逃脱了，而他的家人就没有那么幸运：

> 首先，他们强奸了他的妻子。接着，他们开始对她施以酷刑，把她捆绑到附近的树木上，切掉了她的乳房。当她被吊在那里流血而死时，他们将她两岁的儿子猛然投向她家房子的墙上，直撞得小孩灵魂出窍。最后，他们枪杀了她的两个女儿。当他们的血腥暴行结束以后，多米尼克的家人都死了。他们把尸体扔进了屋前的深井里，然后纵火烧了那幢房子。[91]

这并不是一次孤立的暴力事件。一个从德国劳工营逃出来并参加了波兰“农民营”的波兰少年瓦尔德马·洛特尼克（*Waldemar Lotnik*）正要强奸一个女孩时突然意识到，他认识她的家人，从小就认识她。[92]正如另一名波兰人在回忆时所说的，“乌克兰民族主义者抓住波兰母亲们后犯下的罪行简直罄竹难书，妇女们被迫看着自己家人的尸体被肢解成一块一块；孕妇被人取出内脏；活生生解剖怀孕妇女，把猫缝进她们流着血的肚子内；乌克兰丈夫谋杀自己的波兰妻子；乌克兰妻子谋杀自己的波兰丈夫；乌克兰的父亲杀害自己的儿子，以防止他们杀害自己的波兰母亲；波兰—乌克兰人异族婚姻家庭的遗产被分成两半，因为对于波兰民族主义者来说，这些遗产有一半是波兰人的；儿童被悬挂在房子的围栏上；无助的婴儿被扔向墙上或扔进了燃烧着的房屋里。”[93]这里的民族冲突，不仅仅是邻国之间的，而且也是家庭内部的。在乌克兰，这场自相残杀的内战，随着战争的推进，变得越来越残酷，一些乌克兰人为轴心国而战，一些为同盟国而战，还有些人为乌克兰的独立而战。[94]

在巴尔干地区，由于民族、宗教和意识形态不同，也爆发了多次内战。南斯拉夫早在1941年4月德国入侵之后不久就分裂了。克罗地亚民族主义运动“乌斯塔莎”的领导人安特·帕韦利奇（*Ante Pavelic*）趁机建立起受意大利和德国扶植的傀儡政权，承诺支持希特勒。在随后的混乱中，他的“乌斯塔莎”对克罗地亚的邻国塞尔维亚、波斯尼亚和赫塞哥维纳发动了“残酷的种族清洗”运动，折磨和杀害的人数达数十万之多。[95]整座村庄的人都被赶进了教堂并被活活烧死，或被运送到亚塞诺瓦茨等灭绝营去。[96]塞尔维亚的“采特尼克斯”（*Cetniks*）和游击队实质上是对这些罪行以牙还牙。在这场战争期间，南斯拉夫死亡的大约100万人中，多数都是被其他南斯拉夫人所杀害的。受害者包括波斯尼亚几乎所有的14000名犹太人。[97]在希腊，德国占领是激烈冲突的信号。在那里，就像在南斯拉夫一样，一场三角战争肆虐起来——不仅在外国侵略者和民族主义者之间，而且也在民族主义者和本土的共产党人之间。当保加利亚吞并从罗马尼亚分割来的南部德布卢贾时，数以万计的人从家园中被驱逐出来，来到双方的新边境两旁。[98]

大多数帝国声称他们会带来和平和秩序。为了维护统治，他们可能分裂，但他们一般都谋求稳定。纳粹帝国统治欧洲时分裂了欧洲人民——具讽刺意味的是，东欧的分裂基本上与宗教和种族有更大关系（波兰和乌克兰之间或者克族和塞族之间的冲突最为明显），[99]但是，德国在实践中“娴熟地利用种族间的对立”，并没有使得（用一位德国军官的话来说）“被占领的领土上在政治和经济方面达成总体上的和解”。[100]相反，在许多地方，他们的统治很快就退化为资助地方世仇；内战的制度化成了统治的一种模式。

希特勒的熔炉

必须指出，因为德国越是依赖外国盟友和合作伙伴，其帝国的民族就必然会越多。因此，整个事件都具有讽刺意味。

这令人意想不到的转型，第一个表征就是希特勒的军队改变了肤色。在入侵苏联的军人中，包含了60万克罗地亚人、芬兰人、罗马尼亚人、匈牙利人、意大利人、斯洛伐克人和西班牙人。除了有来自同盟国的战斗力量外，德国士兵也看到越来越多的外国人穿着德国的制服。佛朗哥曾拒绝参加希特勒在西线的战斗，但他允许组成一支西班牙的“蓝色师”（以佛朗哥主义志愿者的蓝色衬衫命名）去对抗苏联；1941年10月—1943年12月之间的明显区别是，这支军队被裁减为“军团”，以保持西班牙中立的公信力。[101]法国志愿者还参加了反布尔什维克法国志愿者军团，作为一个德国国防军步兵师的一部分。其他外国人一般都穿着武装党卫军的制服，参加党卫军的武装战斗。这反映了希姆莱对扩大现有的“北欧”血液群体的热情，也反映了德国国防军不愿让大批德国军事适龄人员向党卫军投降。[102]

在形式上，这些人外国人中的有些人根本就不应该算是外国人。他们是 *Volksdeutsche*（德裔人）*，像招募到欧根亲王师（*Prinz Eugen division*）的17000名克罗地亚的德裔人，自告奋勇地服务于维京师（*Wiking division*）的1300名丹麦的德裔人，曾任职于霍斯特·塞尔师（*Horst Wessel division*）和玛丽亚·特里萨师（*Maria Theresa division*）的匈牙利的德裔人。[103]那些有两个或两个以上德裔祖父母的阿尔萨斯、洛林或卢森堡居民，如果参加了武装党卫军（*Waffen-SS*），也主动地为帝国服兵役。[104]其实，从战争早期开始就招募了非德裔人。起初，即1940年夏，招募了荷兰人、比利时的弗雷明斯人、丹麦人和挪威人。这些国家在性质上都应该是所谓的“日耳曼人”或“北欧人”，尽管也从拉丁语国家招募武装党卫队新兵，尤其是比利时瓦隆人。[105]总之，这些西欧国家最多提供了117000人的军队，还没将由50个由战俘组成的英国自由军团计算在内。[106]在东欧，招募士兵要容易一些。1941年5月，芬兰军团成功组建，结果证明它是一股非常有效的战斗力量，紧跟着，拉脱维亚师和爱沙尼亚师也成功组建。[107]武装党卫队也接受了西乌克兰、斯洛伐克和克罗地亚的新兵。[108]在入侵斯大林格勒之后，每过一个月，武装党卫队成员的标准就变得更加弹性，迫使希姆莱

---

* 德裔人（Volksdeutsche），是指生活在德国境外东部地区的德裔人，与Reichsdeutsche，即“境内的德国人”形成对照，他们在语言和文化上有德国起源，但没有德国的公民身份。——译者注

以哈布斯堡王朝旧军队的跨国组织作为范例。乌克兰人被招募，匈牙利人、保加利亚人和塞尔维亚人，甚至俄国人也被招募。1943 年 2 月，第一批 3 个师首先建成，由波斯尼亚人和阿尔巴尼亚的穆斯林组成，他们戴着由党卫队鲁纳斯（*Runes*）* 装饰的土耳其毡帽，在耶路撒冷大穆夫提监督下，在祈祷中接受阿訇的领导。[109]所有 47 个武装党卫队师中，有 20 个师全部或部分地由非德国新兵或征兵组成，另有 5 个师由德国国民组成。[110]到战争结束时为止，事实上，在希姆莱的军队中服役的，更多的是非德国人，比德国人还多。在会见拉脱维亚军团参谋长的会议上，希姆莱本人提供了一个看似自相矛盾的理由：

> 每一名党卫军军官，不分国籍……必须朝德国民族大家庭的生存空间这一目标看看（希姆莱指定的德国、荷兰、佛兰德、盎格鲁－撒克逊、斯堪的那维亚和波罗的海国家）。把所有这些国家合并为一个大家庭，是当前一个最重要的任务。在这个过程中，很自然，德国作为世界上最大、最强的国家，必须起主导作用。（但是），这种统一，是在平等的原则下进行的……（后来）这个家庭……不得不先是将所有的罗马民族，后是把斯拉夫民族都包括在内，因为他们也是白种人。只有通过统一白色人种，西方文化才能够免遭黄种人的破坏，才能得以保存下去。目前，武装党卫队正在加强这方面的领导，因为它的组织是建立在平等基础上的。武装党卫队的成员，不仅包括德国人、罗马人和斯拉夫人，而且甚至包括伊斯兰地区的人……他们正在紧密地团结起来，进行战斗。[111]

此外，作为德方战斗力的“辅助”力量—— 通常被称为“*Hiwis*”（*Hilfswillige* 的缩写，从字面上看，是“那些愿意帮助的人”的意思）或“*Osttruppen*”（他们是来自苏联被占领区的各种各样的群体）的人，不仅有德裔人“德涅斯特”，有德涅斯特河和布格河之间河流下游地区罗马尼亚占领区的人，而且有乌克兰人。巴巴罗萨行动六个月后，苏联人组成了六个新的国家军团，这些人从种族上和政治上都被鉴定

---

* 鲁纳斯（Runes），是一种咒文、神符，将它刻在或镶嵌在木、石、金属或任何东西上面，就能得到超自然的能力。——译者注

为可靠的人：亚美尼亚人、阿塞拜疆人、格鲁吉亚人、北高加索人、突厥斯坦人*和伏尔加河流域的鞑靼人。到 1942 年年底，有 15 个这样的营。1943 年年初，又另组建了 6 个营。西班牙人和库班哥萨克叛逃者和逃兵也做雇佣兵，他们不仅活跃在东部战线，而且在巴尔干地区，甚至在法国。[112]在斯大林格勒战役，保卢斯的第六军团大约有 50000 名这样的辅助兵分布在前线各个师中，超过其总兵力人数的四分之一。在第 71 和第 76 步兵师，这种情况上升到约占一半。[113]当第六军团被包围的时候，在打仗的人中，有 11%—22% 的人是非日耳曼人。[114]在斯大林格勒战役之后，多达 160 个苏联战俘营为德国战斗，数量多达 100 万人。[115]“这是否意味着你将杀死你自己的人民？”这些不幸的人中，有部分人被问道。“我们能做什么？”他们回答说，“如果我们逃回到苏联，我们将被视为叛徒。如果我们拒绝战斗，我们将被德国人枪毙。”[116]这就意味着，那些为德国人打仗的苏联公民，大多数都是非俄罗斯人。[117]但是，即使是一些俄罗斯民族的人，经过多次辩论后，也被允许在希特勒军队里当兵。各种反苏联的军队，实际上在巴巴罗萨行动不久后就已经形成了，其中包括苏俄国家解放军和苏俄人民国民军，虽然德国人非常不愿意让这样的自发组织合法化。[118]只是在战争的最后阶段，他们才批准苏俄人民解放委员会和反共产主义的苏俄解放军事委员会成立，后者由将军安德烈·安德罗维奇·弗拉索夫（*Andrey Andreyevich Vlasov*）领导，他提议要围攻列宁格勒但没有成功之后，在 1942 年 7 月成为了德国人的战犯。[119]虽然在 1945 年 3 月前就被派往了前线，弗拉索夫的军队在拒绝服从德国人的命令并在布拉格参加捷克民族主义者反对党卫军的起义之前，只是采取了短暂的军事行动。[120]

同时，与德国对外国“生存空间”进行殖民的所有宏伟计划相违背，由于第三帝国军事工业所需的劳动力远远无法满足，加之身体健全的德国人征兵比例不断上升，这意味着德国自身开始被外国工人“殖民”了。在帝国，外国工人的人数从 1939 年的 301000（不到所有雇员的 1%）增加到 1940 年秋的大约 200 万，到 1944

---

* 突厥斯坦，位于中亚地区，面积在 2600000 平方千米以上，被帕米尔和天山分为西突厥斯坦和东突厥斯坦。西突厥斯坦（或称俄罗斯突厥斯坦）在 19 世纪为俄罗斯统治，包括今天的土库曼、乌兹别克、塔吉克、吉尔吉斯和哈萨克南部。东突厥斯坦包括现在的新疆维吾尔自治区。——译者注

年则超过了700万——接近劳动力总数的五分之一。他们来自欧洲各地，有些是自愿来的，其他人是在胁迫下来的；有从比利时、丹麦、法国、荷兰和意大利来的，也有从匈牙利和南斯拉夫来的。起初，是西欧的熟练工人被德国经济的迅速增长所吸引。修筑通往鹰巢道路的人，其实是意大利的石匠，他们希望成为希特勒发迹的受益者。然而，随着战争的推进，波兰人逐渐占据了主导地位，其中有些人是自愿来的。在1941年9月，已经有超过100万的波兰人在纳粹帝国工作，但这个数字还不到外国劳动力总数的一半。到1943年7月，大约有130万工人从波兰大政府地区被送往了第三帝国，这还没包括战俘在内。[121]不久，在德国，便有了更多的波兰人，比在波兰的德国人还要多。[122] 1941年以后，又加入了数量相当的乌克兰人和其他苏联公民，其中许多是女人。到1943年秋天，在第三帝国，有170万外籍女性工人，其中大多数都来自被占的波兰和苏联领土。[123]这对于一个渴望使欧洲德国化——使德国人种欧洲化的政权来说，又是一个令人头痛的问题，是一个与他们自己的种族理论、与普通德国人的情感立即就会产生冲突的问题。[124]

被玷污的帝国

所有这一切的一个意外后果是，即使是在纳粹种族专家们忙着对波兰人和捷克人进行种族分类时，他们所希望根除的种族通婚仍在继续着。事实上，战争造成的混乱和被动的强迫移居，增加了日耳曼人和非日耳曼人之间的性接触机会。1940年3月8日，为了禁止德国的波兰工人与德国人通婚，新的治安条例不得不颁布，其中第七条直言不讳地规定："凡是与德国男人或女人发生性交的，或者以任何其他不当方式接近他们的人"，都要被执行死刑（后来死刑被指定为绞刑）。如果波兰女人怀上了德国人的孩子，怀孕将被强行终止。唯一的幸免机会是，在被吞并的领土内，纳粹党卫军种族与重新安置总局的官员有权推荐犯了罪的波兰人日耳曼人化，如果他或她达到了必要的种族标准的话。[125]从1940年年底开始，"禁止接触外国人和战俘"变成了刑事罪行。这不仅适用于性关系，而且适用于几乎任何种类的亲密关系，包括给外国人赠送食品、饮料或香烟。[126]1943年5月，一项"关于保护德意志帝国成员"的特别帝国法令颁布了，对波兰工人的性自由做了进一步的限制：如果他们与德国女性发生过性关系，除了面对法律惩罚外，还规定他们男的要到28岁、女的要到25岁才能结婚，他们的选择对象只限于不符合德国化条件的波兰人。[127]随着“种族污辱”问题的立法，这些措施都得到了实行。早在1940年8月，一名17岁的波兰农场工人因与一名实际上是妓女的德国女人发生了性关系而被公开绞死。[128]在1942年上半年，在1146例由法院正式判决的死刑案件中，有530例是针对波兰人的，包括10例是因为与德国妇女发生了性关系，47例是因为犯了“道德罪”。[129]根据帝国中央保安总局（*Reichssicherheitshauptamt*，缩写为*RSHA*）1940年8月发布的一项法令，英国和法国的战俘如果与德国妇女发生关系，也要被判处死刑，尽管实际上他们通常被判处3年监禁。[130]被控与波兰女人睡觉的德国男子，面临着在一个集中营关3个月的惩罚。[131]对那些与德国妇女发生性关系的“外国工人”，还采取了许多措施。甲克虏伯工厂的一个女孩因为与法国战俘非法私通而被判处了15个月的监禁。[132]在某些情况下，罪犯们都会受到公开羞辱（例如被剃光头发），或者送进像拉文斯布吕克这样的集中营（在那里，他们被称为“床上政治犯”）。

显然，这些措施至少得到了一些民众的支持。然而，1942年1月政府统计处的一份报告明确指出，在更激进的纳粹眼中，这些措施作为一种威慑是无效的：

> 从帝国各地传来的报告（附上从波茨坦、比勒费尔德、拜罗伊特、开姆尼茨、哈雷和莱比锡等地送来的投诉）显示，数百万外国工人的雇佣，导致与德国女人发生性关系的数量不断增加。这一事实已经对市民的情绪产生了不小的影响。今天，有影响力的人士估计，德国妇女与外国人的非婚生子女人数已经至少达到了20000。对德国人实行血液渗透的威胁变得越来越大，其原因是：德国军队招募了数百万士兵，但缺乏禁止德国人与外国人性交的全面规定，以及外国工人不断增多……对于日耳曼血统的妇女来说，一个人经常要对付德国人口中那些下贱的人种。这些往往是性欲特别强的妇女，她们发现外国人很风趣，因而使后者很容易接近她们。[133]

尽管为限制外国工人与德国女性发生性关系而专门建立了妓院，配备了严格审查过的非德国妓女，但问题依然存在。1943年9月，德国宣传部认为有必要提醒德国公民："（与外国人）发生的每一次性交，都是对德国人民的污辱，也是一种叛国行为，将依法受到严厉的惩处。"[134]帝国中央保安总局开始审查波兰和苏联工人所生的数百名非婚生子女，看看他们的父亲是否属于"良好的种族群体"；那些不合格的，就会被送走，送到特殊的"护理"之家，在那里，可以预见死亡率相当之高。还有一种担心认为，在德国，越来越多的"外国儿童"将"最终导致德国人和种族上的外来人（*Fremdvölkische*）的不同特征在总体上表现模糊"。[135]

在波兰被占领区，可以预见这个问题更为严重。早在1939年10月27日，德国西普鲁士的警察局局长托伦不得不发出特别命令，制止部分波兰人的粗鲁行为，其中包括：

> 7. 凡是骚扰，或与德国妇女或女孩打招呼的人，都将接受示范性的惩罚。
> 8. 凡是与德国男人搭话或骚扰德国男人的波兰妇女，都要送到妓院里去。[136]

这种来自波兰方面的如此"粗鲁"的想法，当然是虚构出来的。一名叫克里格（*Krieg*）的博士在一本德国少数民族杂志《德国人的岁月》上感叹道：

> 我们必须使德国人成为各民族的主人……你可以在摄政时期不时看到，德国人不是"被鞭子抽得啪啪响"，就是"强迫自己讨好捷克女人"。要改变这一点。要让德国人学会同波兰人保持一定距离。在德国做农民的波兰战俘，不应该被作为家庭成员来对待。德国的女性不要与波兰人结婚。德国人一旦与波兰人混杂在一起，我们的标准就降低了。[137]

在华尔西高（*Warthegau*），格雷泽也不得不发布命令：

> 凡是出于服务行为或经济上的考虑与波兰人保持关系的德国社群的任何个人，都将被抓起来进行保护性拘留。情节严重的，尤其是当一个属于德国社群的、通过与波兰人保持关系而严重地伤害了帝国种族利益的人，将一律被移送到集中营……那些与波兰人发生肉体关系的德国社群成员，将被抓起来进行保

护性拘留。[138]

这些举措得到了希姆莱的支持。他说，“（德国人与波兰人之间）没有什么联系，就像我们同黑人之间没有联系一样”，与德国女性发生性关系的波兰男子要被绞死。[139]但这里，纳粹正在打一场败仗。事实上，格雷泽自己在暗示，“那些允许与德国社会成员发生身体关系的波兰女性，极可能被送到妓院里去”，这就等于承认：种族上的非法性行为是无法阻止的。迫使理论家适应社会现实的典型方式，是1942年2月由纳粹党卫军种族和重新安置总局局长做出的关于发展党卫军种族评估员的决定，向纳粹分支机构的官员发放样本表格，以确定任何发现犯有“种族污辱”罪的波兰人是否可被视为“符合德国化的条件”。[140]再往东，在苏联被占领区，从来没有认真地制止德国军事人员与种族不当的人发生性关系。党卫军指挥官奥斯卡·迪尔乐万格（*Oskar Dirlewanger*）率领的迪尔乐万格旅，包括他本人在内，完全是由罪犯组成的，他们也在卢布林采取了相同的手法，白天杀害犹太人，晚上跟犹太人睡觉，[141]德国军队在卢布林纵情酒色也非常盛行。

当然，集中营是一个为了最终解决种族污染问题的明确解决方案。在“最终解决方案”被判定之前，希姆莱怂恿纳粹医生寻找“一种廉价而快速的消毒方法，可以用在德意志帝国敌人的身上，如俄罗斯人、波兰人和犹太人身上”。正如他的个人秘书鲁道夫·勃兰特（*Rudolf Brandt*）后来解释说：“人们希望的是，用这样一种方法，不仅能够战胜敌人，而且能够摧毁敌人。那些被强制绝育的劳动力可以被德国人利用，但他们的生育能力将会被破坏掉。”卡尔·克劳贝格（*Carl Clauberg*）教授进行的实验涉及采用注射刺激性液体的方法，堵塞集中营中的女犯人的子宫。霍斯特·舒曼（*Horst Schumann*）博士试图通过对男女运用大剂量的*X*射线来达到相同的效果。[142]

然而，即使在集中营里，假定的主人们也无法抗拒跨种族性关系的诱惑。在布痕瓦尔德有一个集中营妓院，纳粹党卫军军官对女性犯人进行性剥削。[143]鲁道夫·霍斯（*Rudolf Höss*）在奥斯维辛集中营当指挥官的时候就有一个犹太人情妇，[144]阿蒙·歌德（*Amon Goeth*）在普拉斯佐（*Plaszow*）集中营时也同样有。

因此，希特勒领导的帝国在本质上不能变成在《东方计划》中所设想的那个有种族等级的乌托邦。纳粹越是寻求诉诸他们所征服的人身上的那种泛欧或者反苏情绪，就越是依靠合作者帮助他们进行血腥的种族灭绝；而且纳粹越是发动全面战争以追求其荒谬的雅利安人乐园，多民族的融合就越是会持续下去。这种现象也不是纳粹帝国主义所独有。值得注意的是，尽管德国与其远东的盟友之间表面上存在差异，但亚洲的日本帝国也表现出同样的矛盾倾向。在那里，帝国建设者也想掠夺生存空间，并采用那能够保持自己种族纯洁性的纯种定居者的方法来加以解决。在那里，也很有可能利用当地人对现存帝国政权的觉醒。正如事实所证明的，现存的帝国已越来越衰弱。然而，通敌者和奴隶工人也都有必要防止一个有种族秩序的帝国这个设想的提出。如同纳粹的大帝国（Grossraumuwirtschaft）一样，日本人的"共荣圈"，以一个种族主义者的乌托邦开始，以一个屠宰场、殖民地和妓院的杂交物而终结。

14. 地狱之门

把那些在本质上就不平等的人看成好像是平等的，这本身就不公平。不平等地对待那些不平等的人，目的就是为了实现平等。

——《一次以大和民族为核心的全球政策调查》（1943 年）[1]

在城镇上空，飞机飞离编队，并俯冲下来轰炸城镇中心。飞机发出的轰隆声，尤其是那机枪扫射发出的哒哒声是可怕的。上午 10 时左右，伤亡人员开始被陆续送达，放在接诊室外面的地板上。不久，伤亡人员被大量送达——毫不夸张地说，有好几百人。就像威尔士一部小说中所描述的那样，场面特别可怕，令人毛骨悚然，但这是真实的生活场景。

——奥斯卡·埃利奥特·费舍尔（*Oscar Elliot Fisher*）医生，马来亚，1941 年 12 月 11 日[2]

按种族排列的世界秩序

希特勒对于他的世界新秩序，在某些方面比别人看得更清楚。在如何精确地使犹太人从他的欧洲帝国版图上消失这一问题上，他总是故意吞吞吐吐、含糊不清。相比之下，在他的想象中，没有什么东西比帝国首都柏林的未来建筑蓝图描绘得更加精确：

> 当你来到柏林时，你将看到，在宽阔的大道上，沿途有凯旋门、军事万神殿、人民广场——这些建筑足以使你感到窒息！只有这样，我们才能成功地使我们世界上唯一的对手——罗马黯然失色。柏林的规模，将会建得如此之大，以至于圣彼得堡的建筑及其广场相比之下都会看起来像玩具一样……
>
> 那些进入帝国总理府的人将会感到，他们是站在世界主人的面前……
>
> 大理石将确保我们的纪念碑永远矗立着，一万年以后，它们还将矗立着，就像是……[3]

深受希特勒宠幸的建筑师艾伯特·斯皮尔，为将其元首的宏伟计划变成现实制定了周密的计划。柏林将要建成“日耳曼尼亚”（*Germania*），一场经典的、宏大的永久展览。在柏林市中心，将会修建一座宏伟的帝国新总理府。在北边，他们计划修建一个巨大的长方形湖泊，就在国会大厦旁边。国会大厦将建成一个巨大的大会堂，圆顶的直径为825英尺——大厦是如此之大，以至于它里面都会有白云飘浮着。从那里，参观者将能从长廊上漫步而下，来到一条令人吃惊的、130码宽、3英里长的林荫大道上。这条大道一直通到历史上最壮观的凯旋门。凯旋门有400英尺高，上面将刻有在第一次世界大战中阵亡的所有德国人的名字。[4] 希特勒在《我的奋斗》中曾这样预言道，从这个大都市开始，一个专门为雅利安种族提供生存空间的新帝国将向东扩展，一直延伸到乌克兰及更远的地方。高架公路将从柏林通往华沙，并一直延伸到基辅。在高速公路沿途，强壮的德国定居者及其丰满的妻子将驾驶着他们的大众汽车——“人民的汽车”，开往散落在波罗的海和克里米亚之间的一个又一个定居点。一旦在那里定居了下来，他们和他们那金发碧眼的孩子们便将统治一群残余的、半文盲的民众，通过系统的驱逐和灭绝政策，从种族上将危险因子净化掉。

因为希特勒从来没有到过苏联，所以他的生存空间（Lebensraum）愿景，是卡尔·梅（*Karl May*）笔下的《一位孟加拉作家的生活》（Lives of a Bengal Lancer）和《牛仔的旅行轶事》的混合物——部分是西北部的边疆，部分是荒蛮的西部。奇怪的是，考虑到他在致力于在东欧建立一个殖民定居点帝国的时候，他似乎已经发现：前者作为他自己帝国的模式具有更大的吸引力。在《我的奋斗》一书中，希特勒猛烈地批评英国对印度实行的无情统治。将英国与德国在殖民地问题上的创新相对照。[5] 由于英国人仅利用了一小部分管理人员和士兵作为精英便顺利地对印度进行了统治，他推断，德国人在东欧应该也一样能做到。希特勒从英国的经验中吸取的教训是，要使人民保持在贫困状态、文盲状态。[6] 统治辽阔空间所面临的挑战问题一直盘踞在希特勒头脑中，他在 1941 年 8 月宣称，“（英国人）把他们的统治扩大到辽阔的空间”，“迫使他们要管理数亿人——而且他们采取的是授予（他们自己）无限权力的办法，使这些人保持有序的状态……印度是英国的，俄罗斯的领土将是我们的。”[7] 希特勒坐在他那杂乱无章的餐桌旁，滔滔不绝，时不时回到一个关键点上，那就是英帝国主义的虚伪性。尽管英国人虔诚地谈论着肩负教化的使命，但事实上他们在提高所统治的人民的生活水平或文化水平方面，几乎没有什么作为：

> 他们（英国人）是令人羡慕的受过良好教育的人。为确保自己在长达两个世纪里主宰世界的地位，他们奋斗了 300 年。他们之所以能做到这一点，是因为他们对其所统治的人洗涤肮脏的亚麻布不感兴趣。[8]

下面是希特勒在 1942 年 1 月反复谈论的一个主题：

> 英国的财富，与其说是一个健全的商业组织的结果，不如说是对 3.5 亿印度奴隶实行资本主义剥削的结果。英国人因为在尊重各国的风俗习惯方面具有独特的处世本领而广受赞誉。实际上，这种态度没有别的解释，只能解释为：决心不提高当地人的生活水平……英国人这种玩世不恭的态度，让他们享有了自

> 由和宽容的声誉。（但是）英国人禁止印度寡妇“殉夫”（根据仪式而进行的自杀），禁止在地牢中饿死囚犯，目的是不希望劳动力减少，也许还希望节约木材！他们如此巧妙地向世人展示了这些统治措施，以至于掀起了一股赞美的浪潮。这，就是英国人的过人之处：在最大限度地剥削当地人时，让他们活着。[9]

因此，才有了一种纳粹在东欧的统治模式——一种恶意忽略的模式。在那段东欧帝国转瞬即逝的存在时期，希特勒一直坚持采用这个模式。例如，当人们提出改善被占领区的公众健康时，他反对。他坚持说，英国人更懂得：

> ……在被占领区，训练他们的官僚机构支配当地居民，并损害他们自己国家的利益！他们有同其他人保持距离并赢得尊重、保持尊重的天赋。在这里，也许，我们（自己）的方法也有最糟糕的例子：种族清洗会激怒当地居民，就像我们狂热地想要教化他们也会激怒他们一样。最终的结果是，他们对自己说：“这些人确实不比我们优秀。”[10]

相形之下，印度人已经“教育了英国人，并使他们拥有了优越感。这个教训从街道开始：任何在乞丐身上哪怕是浪费一瞬间同情心的人，可以毫不夸张地说，都会招致成群结队的乞丐来撕碎衣衫；任何显示了一丝人情味的人，都永远会是个要被永远诅咒的人”。[11]

不幸的是，希特勒的怪诞幻想，在1939年以前，并不像今天那样广为人知。1939年，英女王给哈利法克斯勋爵寄了一本《我的奋斗》，她劝他不要读，“否则你会发疯，而那样就实在太可惜了。即使是扫过一眼，也会对他产生不切实际的幻想”。[12]相比之下，今天，中学生和大学生们仔细钻研《我的奋斗》中的节选，而在众多的小说作品中，作者们都在努力想象：假如希特勒的梦想实现了，那他的世界看起来会是个什么样子？[13]有些人做过这样一些尝试，认为：纳粹战胜苏联可能在整体上不会对西方列强造成什么不利影响，因此1941年后实行绥靖政策的第二阶段可能对接下来的战争有利。一些英国的保守党人，特别是已故的艾伦·克拉克（*Alan Clark*）曾暗示说，假如按照鲁道夫·赫斯（*Rudolf Hess*）设想好了的、且希特勒在夜晚的独角戏里反复苦思冥想出来的思路而单方面与德国讲和的话，那么，大英帝国也许可以避免可耻的破产、衰弱和消亡的命运。一些美国保守派人士差不多同样枉费心机地认为，假如罗斯福让美国远离欧洲战争的话，那么冷战就有可能避免。[14]但是，总体而言，大多数学者都倾向于接受这样的观点，即纳粹的胜利与1945年的胜利相比，将是一个更糟糕的结果。即使假如胜利的第三帝国选择了与英国和美国讲和——通常被认为不太可能，让数百万人民处于纳粹的统治之下，代价也是相当之高的。遭到杀害的欧洲犹太人，可能总共会有900万而不是实际上的600万[15]，更不用说，东方计划的实施，将会给其他民族带来巨大的痛苦。该计划曾设想要将大约5000万东欧人驱逐到西伯利亚去。[16]

尽管没那么熟悉，但更加令人不寒而栗的，而且在许多方面都非常相似的，是20世纪40年代初部分日本人所描绘的新秩序蓝图。日本，没有希特勒，没有一个理论家设想出的、所有人都可以“为之奋斗”的乌托邦。这是事实。但日本有许多小希特勒。在1943年7月完成的《以大和民族为核心的全球政策调查》（以下简称《全球政策调查》）报告中，日本厚生省人口与种族研究局的官员把日本人是亚洲的领袖作为前提，其使命是“用在亚洲的‘土地’上播撒尽可能多的日本人‘鲜血’的方法，使亚洲10亿人得到解放”。然而，这只有在国内保留恰当的人口资源的条件下，才有可能实现。报告主张：“我们应该通过对人的精神和身体进行训练、对婚姻进行选择等方法，从优生学的角度，积极地改善我们的体质。”日本的人口，需要从1938年的大约70万，“尽快”地增加到1960年的100万，鼓励每对日本夫妇生育5个左右的孩子。[17]这将为日本进行殖民侵略、统治1940年以来所谓的“大东亚共荣圈”提供必要的盈余人口。至于那个共荣圈的范围，则没有必要设限。1942年，东京大学的一位地理学教授小牧常吉（*Komaki Tsunekichi*）曾建议：欧洲和非洲今后应被视为亚洲大陆的一部分，而美国应该被称为“东亚”，澳大利亚应当被称为“南亚”。世界上所有的海洋，因为它们是相互关联的，应该简单地改名为“日本的大海”。[18]《全球政策调查》报告的作者们，在野心方面绝不比希特勒逊色。在他们所计划的“扩大东亚合作体范围”的第一阶段和第二阶段，设想将整个中国，以及法国、英国和荷兰在亚洲的几乎所有殖民地全部纳入其范围内。第三阶段增加了菲律宾、印度和前苏联领土上的贝加尔湖以东所有地区。最后，在第四阶段中，共荣圈将扩大到“亚述、土耳其、伊朗、伊拉克、阿富汗和其他中亚国家、西亚（和）西南亚”。[19]

日本人比德国人更懂得发表声明的重要性，声明要强调他们新秩序的解放特色，从而促使人们与它合作。因此，战争的目的，是要打败“英美帝国主义的民主”。将要取代其位置的新秩序，将建立在“民族和谐”和“所有有关的人民……共同繁荣”的基础上。[20]在共荣圈里，有亲属关系的亚洲国家将通过“家长和孩子、哥哥和弟弟”这样的互惠关系联结在一起。“我们将使前欧洲人和英国人失去优越感，使美国人和英国人改变世界观”，总参谋部宣布“我们将要成为在大东亚的民族领袖”。[21]“欧洲和美国不希望亚洲觉醒，”1942 年 8 月，大川周明在他的著作《建立大东亚新秩序》（1943 年）一书中宣称：“因此，他们阻止（亚洲人）记住一种共同的文化和意识形态……（但现在）黑夜笼罩的亚洲已经开始破晓，来自东方的希望闪耀着光芒……如今，亚洲所有国家很快就要摆脱欧洲的控制了，就要摧毁那腐败的土著社会传统，建立起独立的国家。”[22]胜利的日本指挥官以同样的方式发布了一份公告，拒绝接受“任何征服亚洲人的意图”或拒绝任何“在东亚建立一个有严格范围的帝国主义之意图”。共荣圈是要成为“一个邻近国家的联合体，或多或少地共享共同的种族和文化渊源，并在地理位置上紧临，根据自愿同意建立，旨在确保他们的共同安全，促进共同幸福和繁荣”。唯一的目的，是要使亚洲“摆脱（西方）物质文明的毒害”。[23]

然而，深究起来，这个新秩序就像那个老秩序一样，本来都想获得一笔好买卖。《全球政策调查》的作者们设想，到 1950 年，将有不少于 1200 万日本移民—— 主要是农民——长期居住在国外，其中有 200 万人在澳大利亚和新西兰定居。[24]另一名官员在题为《南方地区经济政策纲要》的报告中明确表示，日本金融机构将“确保实现迄今由敌方机构主导的金融霸权”。在日本占领的领土上发展制造业将“不受鼓励”。[25]其他亚洲人必须学习日语。他们必须采用日本的日历。他们必须向日本人叩首。总之，“共荣”意味着一个新的帝国主义，日本人取代欧洲人成为这些地区的主人。有待观察的还有，他们是否会更加残酷——尽管日本人有统治朝鲜的先例，在那里，民族主义者的起义遭到了 20 世纪 20 年代无节制的暴力镇压，而且 20 世纪 30 年代语言和文化的“皇民化运动”得到了强化。朝鲜语在学校被取缔，朝鲜人必须参加神道活动，1939 年后，朝鲜人还要取日本名字。[26]这种文化征服的进程，并没有因为经济发展而有所减缓。朝鲜人的生活水平非常低，人均收入大约只有日本的四分之一，而传染性疾病引起的死亡率，却高达日本的两倍以上。[27]

像纳粹一样，有更多的日本帝国主义激进理论家把种族“污染”看作自己的先天优势受到最严重的威胁之一。日本新一代定居者因此必须非常小心，以避免他们大和民族的血液与亚洲大陆的劣等民族如“汉族人”（中国人）的血液相混杂。“生存空间”只能在驱逐或隔离劣等人民的基础上开拓。[28]日本人为了达到宣传的目的，把亚洲各族人民宣传为一个幸福的大家庭，但日本人要当严厉的家长，而且与“孩子国家”的友好关系也不会得到容忍。[29]像纳粹一样，日本人也把所有在被占领土上定居一事浪漫化了。在像《保护村庄的新娘们》（The New Brides Who Protected the Village）这样的故事中，或标题为《生育的快乐》（The Joy of Breeding）的照片中，满洲的殖民者被描述为能吃苦耐劳的、能生育的人，他们足够坚强，能够经受起收成不好的考验；他们足够健壮，能够生育许多健康的后代。[30]在这些田园诗的对立面，是对那些将要处于日本人统治之下的“肮脏民族”的深切蔑视。德国人和日本人都谈到了那些被他们征服的人都不配是人，这绝不是巧合。把满洲人称作臭虫、把南京人称作害虫，就说明了一切。[31]1937 年日本驻屯军参谋长酒井隆（*Sakai Ryū*）将军写道：“中国人，是为害世界文明的细菌。”[32]较为微妙的是，司令部的“民族领导计划”，将亚洲分为“领导者”（日本人）、友好的人（朝鲜人）和“客人”（中国人）。在最后一种人中，那些“抗日的敌人”将要被“灭绝”，那些没有“宣誓效忠日本的人”将要“被赶出南方地区”。[33]

因此，不仅仅是外交便利支撑着 1940 年 9 月 27 日的三方协定，使德国、意大利和日本正式形成轴心国，其成员在一种“新秩序”中分享利益。[34]而且值得强调的是，尽管他们之间存在分歧，无论是意大利人，还是日本人，都不赞成希特勒像患了强迫症那样憎恨犹太人，[35]但纳粹德国、意大利法西斯和日本帝国主义都对希望用战争之火锻造某些世界特性的基本假设都持赞同态度。这将是 3 个帝国统治的世界，在其权力范围内是具有帝国属性的，但在权力的集中性上，又类似于民族国家。这将是三个主要种族共享的世界：雅利安人、罗马人和大和人。正如该条约的日本起草者之一所说：“世界极权主义将取代破产了的、将要消亡的盎格鲁－萨克森主义。”[36]

诚然，今天，嘲笑这些设想是容易的。轴心国所确定的目标看起来简直是精神错乱，它们什么目标都没有达到，或者，如果说达到了的话，那就是遭受了一年多或两年的痛苦。然而，这些计划差一点就变成了现实。在 1937—1942 年之间，似乎没有任何军队能够长期与德国和日本的力量抗衡。在 1941 年和 1942 年，日本的闪电战，甚至比它的德国前辈在 1931—1941 年的闪电战更为惊人、壮观，其结果是要彻底减少轴心国在潜在的生产量和人力资源方面的阻力。因此，一切都取决于德国和日本，更不必说还有它们那不那么强大的盟友意大利，能在多大程度上掌握那些作为战利品的资源。他们当然也没有一开始就讨好那些被他们征服的人，以获得他们的青睐。轴心国的军队并没有满足于仅仅在战场上打败敌人。他们蔑视战俘、屠杀战俘，违反传统的和刚刚颁布的战争法则。他们也迫不及待地扩大战争范围，威胁、骚扰和杀害手无寸铁的平民。一座座城市被毁灭，一个个种族被灭绝。当然，其臭名昭著的暴力特点，是多数作家对纳粹的欧洲和日本的亚洲产生反感的最主要原因。然而，这并不一定是轴心国帝国之所以未能长盛不衰的原因，而是恰恰相反。很明显，他们用体力并没有制止日本人，就像他们没有制止德国人一样，制止他们大量地获取帝国赖以生存的所有维生素：合作者（通敌者、共谋者）。

从英吉利海峡群岛延伸到高加索，6600 万德国人渴望统治 3 亿多庞大的欧洲人，其实并不是很荒谬。在一个从中国东北延伸至曼德勒的“大东亚共荣圈”内，7000 万日本人骑在 4 亿以上的亚洲人头上作威作福，也不是不可能的。毕竟，1939 年只有 4500 万人口的大不列颠依然可以宣称站到了帝国的顶峰，总人口是自家的 10 倍，领土范围如此之辽阔，以至于阳光永远都照在它领土的某一部分上，[37]成为一个日不落帝国。诚然，希特勒这位在小客栈里自学成才的人没弄明白的是，英国权力的基础不是强迫或者蔑视，而是与土著精英进行合作。但是轴心国各国在向新的领土推进的时候，也发现有足够的当地人才愿意并乐意支持他们的新帝国秩序。

因此，1942 年是 20 世纪生死存亡的一年。正是这一年，整个欧亚大陆的地图似乎就要被重新绘制。从莱茵河到伏尔加河、从中国东北到马绍尔群岛所获得的辽阔土地，已经改变了政治版图。现在，以“生存空间”的名义，他们也要改造人。轴心国使用残暴手段，目的是要迅速建立起自己的帝国，从而将生存空间变成屠杀空间。人们将看到这些手段在多大程度上与合作关系是相抵触的，没有这种合作关系，料想任何帝国都难以长久。

强奸

在以卢沟桥事变为标志的中日全面战争爆发几个月后，日本人事实上对中国发起了闪电战。但是，战斗打得更加艰难，为这桩好买卖所付出的生命和财富代价，要比日本领导人原先所预期的大得多。1937 年 12 月，正当日军接近国民政府的首都南京时，他们希望给予中国抗日力量以致命性的打击并使战争速战速决。日本人所做出的一项决策似乎就要成为一个范例。[38]是谁做出这项决策的，并不完全清楚。战争结束后，人们将过错都放在松井石根（*Matsui Iwane*）将军——日本军队在中国中部地区的总司令身上。似乎更有可能的真正罪魁祸首，是日本裕仁天皇的叔叔朝香宫鸠彦（*Asaka Yasuhiko*）亲王，他在 12 月 2 日接管了日本军队的指挥权。[39]所要发布的命令上盖的是他的印章，并在三天后发出去了，上面醒目地写着：要“秘密地、毁灭性地”“杀死所有俘虏”。[40]在他们从上海沿途一直向前推进之时，两名军官向他们的士兵发出了这一指示。于是，他们开始杀人比赛。对此，日本报刊就像报道体育赛事那样铺天盖地地进行宣传。12 月 7 日，东京《日日新闻》发表了这一报道：

> **中尉们在比赛中砍倒了 100 个将近跑完全程的中国人**
>
> 向井敏明中尉和野田毅中尉都在贵阳的片桐部队，在一次友好比赛中看看谁先用刀砍倒 100 个中国人。在比赛的最后阶段，他们两人都不分伯仲。

他们两人的得分为：向井 89，野田 78。[41]一个星期后，该报报道说，由于这两人谁也不同意砍倒 100 个就算赢，他们将目标调高至 150 人。到这个时候，所有营部都得到了上级命令，将每一批俘虏分成十二人一组，拉去枪毙。[42]

当日本军队即将到来的消息传到南京城时，中国当局决定只留一扇城门开着，其余的都关上。他们原本想把侵略者赶走，结果却把居民关在了里面。在朝香宫鸠彦亲王的指挥下，日本第 10 军在 12 月 8 日兵临南京城下。3 万疲惫但仍然杀人如麻的部队立即包围了这座城市。蒋介石在几个星期前就逃离了该城，只留下一支装备简陋的部队保卫城内 50 万左右没有像他那样逃跑的人。他们仅仅抵抗了五天。12 月

13日，日本人在城墙的三个不同点进攻得逞，进到了城里。他们把这座城市变成了一个现成的屠宰场。在接下来的几个星期内，成千上万的年轻男人，无论是否穿的是制服，都统统被杀。有些人站成一排，用机枪扫射。其他人被斩首、刺杀或活埋。有一群不幸的人在惨遭机枪扫射后，又被日本人浇上汽油，最后再放火烧死。[43]有几个人确实是用金属钩挂着舌头吊死的。一名惊恐的《朝日新闻》记者亲眼目睹了日本士兵让俘虏们在崇善门附近的城墙上排成队并被刺刀刺死的经过：

> 他们一个接一个地倒下，倒到城墙外面。鲜血四处飞溅。这令人不寒而栗的气氛，吓得人毛骨悚然，四肢颤抖。我站在那里，呆若木鸡，不知所措。[44]

田中隆吉（*Tanaka Ryukichi*）中校在回答记者问到如何纠正正在发生的事情时，他的回答很简单：

> 坦率地说，你我对中国人的看法截然不同。你可能会认为他们是人，但我认为他们是猪。对于这种生物，我们想怎么样就怎么样。[45]

松井（*Matsui*）将军12月17日进入南京。四天后，他的部队开始了疯狂的烧杀抢掠。尽管他后来声称对他所目睹的现状感到沮丧，但他几乎没有（或者几乎不能）采取什么行动加以制止。[46]凶残的狂欢又持续了五个半星期。事实上，从1938年1月28日到2月3日的这一周，屠杀达到了顶峰。平民被责令从逃往的城外难民营回到家中。[47]连日来，成千上万尚未掩埋的尸体横陈街头。[48]据远东国际军事法庭后来估计，在南京，超过26万非参战人员死在了日本兵手中，死亡人数是整个世界大战期间英国被杀平民的四倍多。*

然而，日本人并没有满足于杀戮。他们还进行了系统化的纵火和破坏活动。约翰·拉贝（*John Rabe*）——南京安全区国际委员会德国主席，描述了这座城市在1月17日的情景：

---

* Chang, *Rape of Nanking*, pp. 4ff. Cf. Bagish and Conroy, 'Japanese Aggression', p. 329.（我国近现代史资料表明，实际上南京大屠杀的受害者是30万人。——译者注）

> 太平路——南京人的骄傲，是主要的商业街，夜间的灯火像上海的南京路那样明亮，现在全都变成了一片废墟，全都被烧毁了。没有一座建筑物幸免于难，地上到处都是瓦砾。夫子庙，以前的娱乐区，有茶馆、大市场，现在也同样完全被摧毁了。目光所及之处，所看到的，简直是一片废墟！[49]

但这次攻打南京最令人触目惊心的特点，是强奸。虽然国际救济委员会细致的调查都没有说明到底有多少遭到强奸的“受害女性”，但研究人员估计，总数是介于8000—20000人之间。[50]美国传教士詹姆士·麦卡伦（*James McCallum*）估计至少一晚上就有1000宗。[51]出生并成长于南京但在普林斯顿大学和哈佛医学院接受教育的外科医生罗伯特·威尔逊（*Robert Wilson*）博士，在日记中对当时的情景做了详细的描述。这是他在12月18日写下的日记：

> 当代但丁式的地狱，用*blood*（鲜血）、*rape*（强奸）的巨大字母书写而成。成批成批地屠杀，数以万计的强奸案件。似乎没有人制止这种凶残的、贪婪的、像畜生返祖般的现象……昨晚，本大学的一位中国工作人员家的房子被人破门而入，两名妇女，都是他的亲属，遭到强奸了。在其中一个难民营中，两名年约16岁的女孩被强奸致死。在这所大学的附属中学里有8000人，日本鬼子昨晚来了10次，翻墙而入，偷粮食、衣物，强奸，直到心满意足为止。[52]

12月17日，一伙日本兵闯入了金陵女子学院，在那里，传教士们为1万名妇女和儿童提供了庇护。他们绑架了11名年轻妇女。9个回来的人都遭受了“可怕的强奸和虐待”。[53]一位年轻的女子，名叫李秀英（*Li Xouying*），试图反抗3个发现她躲藏在一所小学地下室里的日本兵，结果身上挨了不下37刺刀。当时，她怀着7个月的身孕，她失去了孩子，但被南京医院的医生救活了。[54]其他受害者就没有这么幸运了。战后的证词表明，那些遭到强奸的人有相当一部分被杀害了。张开枝（*Chang Kia Sze*）看见自己的嫂子被日本人强奸了，被强奸时还当着她丈夫和两个年幼的孩子（这些人也都被杀害了）的面。有些受害者遭到了肢解，被人用树枝、刺刀或者其他物体塞进了阴道。[55]一些幸存者还感染了性病。[56]

像张开枝这样的受害人目击者的证词，后来被接受采访的日本幸存者所证实。田所耕造（*Takokoro Kozo*）是其中之一，他承认自己参与了这场强暴：

> 妇女受害最深。无论年轻的还是年老的，都没能逃脱被强奸的命运。我们派出拉煤的卡车……到城市的街道和乡村，抓来了很多妇女，然后将她们每个人分配给15—20名士兵，与之性交，受性虐待。[57]

另一位前日本士兵东史郎（*Azuma Shiro*）描述了他的所作所为：

> 首先我们用一些淫秽的字眼像“*Pikankan*”……“*Pikankan*”的意思，是指“让我们看看一个女人打开她双腿的样子”。中国妇女不穿内裤，她们用绳子做腰带绑着长裤。我们拉开绳子后，她们的屁股就会暴露无遗。我们“*Pikankan*”。我们看着。过了一会儿，我们会说“今天该轮到我了”之类的话，然后就会轮番地强奸她们。如果我们只是强奸她们，还好一些。我不应该说还好一些。但我们总是用刺刀刺伤她们，并将她们杀害，因为尸体不会说话。[58]

应该如何理解南京大强奸？是理解为军纪崩溃、加上酒精发作和作战疲劳造成的？还是理解为一个蓄意的帝国政策？还是理解为一个作家所称的“军事怪物”，这个怪物形成于明治后期，源自江户时代后期的排外主义与借鉴来的德国种族理论杂交的可怕产物？[59]

有三种冲动被那些军事指挥人员有意识地释放出来。第一种冲动，是日军对那些投降者的藐视。日本士兵受到的军训，是将投降视为不光彩的事。最好是自杀而不是投降，因为要成为一名俘虏简直“不可思议”。[60]士兵们还受到教唆去相信这样的必然结果：那些投降的敌人基本上都是毫无价值的。藐视敌方的俘虏，与采用极端残酷的手段来对待他们的文化并存。如果一位日本上校对他手下的少校不满意，对于他来说，常有的事是让他打自己的耳光。少校也会迫不及待地用这种方式打他下级军官的耳光，以发泄他的不满，而且会沿着这条指挥链一直打下去。在最底层的，恰好就是敌方的俘虏。任何受委屈的日本下士或士兵，都会找到一个明确的、手无寸铁的目标，以发泄心中的不满。[61]

第二种冲动并不是日本军队所独有。就像土耳其人对待亚美尼亚人那样，就像斯大林的追随者对待富农、波兰人和其他“人民的公敌”那样，就像纳粹很快就要开始对待犹太人、吉卜赛人和精神病患者那样，日本现在正在考虑把中国人作为次一等的人来对待。将其他民族成员视为一种劣等人，当成像害虫那样的恶性物种，是20世纪冲突如此残暴的重要原因之一。只有智力上实现了飞跃的人，才能使战争变成一场正规部队之间的正面冲突。但日本人使战争变成了一场灭绝战争，战争另一方的每一个人，包括男人、女人、儿童、老人，都可以合法地遭到杀害。

第三种冲动——强奸的冲动，最难解释。男人们把人贬为害虫，但同时又垂涎于她们的身体，这可能吗？是日军屈服于一种原始冲动，使其敌方的女性受孕吗？还是强奸只是一种用刺刀杀人的替代方式？也许最好的答案是，所有这些冲动都起了作用，并与各种群体所承受的各种压力共同起作用，因为许多强奸都被报道为轮奸。正如日野苇平（*Hino Ashiher*）在其著作《战争和士兵》中所写的：“我们与中国的个人友好相处，而且的确逐渐爱上了她们。但是我们怎样才能做到将她们作为一个民族来加以藐视呢？……对于我们这些士兵来说，她们实在是可怜的、没有骨气的人。”[62]战争结束后，松井向判处其对南京大屠杀负责的国际军事法庭判陈述道：

> 中国和日本之间的斗争，一直是“亚洲家庭”内部兄弟之间的斗争……这些年来，我们一直相信，我们必须把这场斗争视为促使中国人进行自我反省的一种方法。我们这样做并不是因为我们恨他们，而是相反，因为我们太爱他们。[63]

这在当时听起来非常荒谬，现在听起来仍然荒谬。然而，却显示出了隐藏在大规模强奸现象背后的畸形的矛盾心理。

南京大屠杀中的强奸行为已经成为日本在中国实施的世界上最臭名昭著的暴行。然而，这并不是一起孤立的事件。在其他城市，日本人也实施过类似的暴行，不仅在中国，而且在亚洲其他国家。然而，如果认为这种暴行是导致大东亚共荣圈以失败而告终的原因，那就大错特错了。相反，日本人正在说明的是：暴力行为，与建立在种族征服和恐惧基础上的一种世界新秩序，绝不是不相容的。

傀儡

1937 年后，日本暴行在拒绝蒋介石政府考虑和平谈判方面可能起到了一些作用，尽管在德国调停下签订了一项停火协议。更重要的也许是，尽管国民党军队受困于领导不力、士气低落和装备极差，但日本人无法使国民党军队在军事上彻底失败，[64]虽然 1938 年全年日本军队继续向西稳步推进，占领了广东、武汉、徐州，但也因战线过长而遭受越来越惨重的伤亡。例如，1938 年 3 月在台儿庄，日本第 10 师发现自己处于包围之中，在连日激烈的地道战中，损失了 16000 名官兵。[65]18 个月后，在（湖南）长沙，日本第 11 军遭到了第九战区陈诚领导下的国民党军队的重创。[66]在 1939 年年底，他们对广西的入侵是短暂的；到 1939 年年底，他们已经被迫放弃钦县、南宁和平阳。[67]到 1940 年，日本人在中国差不多达到了极限；但直到 1944 年，前线的位置并没有发生显著的改变。[68]由此造成的后果是，在日本军队内部强化某些更为极端的因素——即所谓的“控制派”，他们主张无视现存的中国当局，扶植傀儡政权，就像他们以前在伪满洲那样。[69]

在这里，人们可能会以为，日本打错了算盘。在中国，谁愿意支持具有实施这种可怕的暴行能力的侵略者呢？然而，正如其他战场的战争一样，促进合作的关键，证明与侵略部队的残暴或者善良几乎没有什么关系，如果说有的话，也不多。决定性的因素，是被侵略的人民彼此之间的分歧有多大。日本入侵，并没有像一些中国国民党党员曾经希望的那样，能够促进民族团结，反而激发了中国人民对共产党的支持。他们在毛泽东的领导下，展开了持久的游击战。[70]同时，日本的入侵使国民党内部原有的分歧进一步扩大。共产党招募到的新兵越多，一些国民党人与日本人妥协的力量就越大。蒋介石越是向西部撤退，对那些留在后方谋求与日本人讲和的人的刺激就越大。蒋介石并没有停止过撤退的步伐，直到他到达离南京有 800 公里之遥的重庆。

到 1937 年，日本在中国境内扶植了三个傀儡政权：“满洲帝国”、所谓的普赖恩碲蒙古自治政权和冀东“自治反共委员会”。到 1938 年年中，又增加了两个：由华北地区的军队在北京建立的“中华民国临时政府”，由华中地区的军队在南京建立的“中华民国改组政府”。[71] 1940 年 3 月，日本试图策划一起重大的外交政变，当时他们成功地说服了前国民党领袖汪精卫成为后者的傀儡领袖。经过与蒋介石进行和平谈判，汪精卫政权被正式承认为中国的合法政府。但日本人期望汪精卫在日本撤军的具体日期问题上做出让步，各个傀儡政权都在他的权力之下达成共识。[72] 他最后不得不承认“满洲国”独立，允许日本军队无限期地在中国驻扎下去，且不得不接受在战争期间与日本人联合控制海关和其他税务机构这样的现实。[73] 这意味着，到 1940 年，日本人及其傀儡政权几乎控制了整个中国沿海和东部的大部分省份。这是迄今为止中国最为繁荣的地区。汪精卫自己在名义上对 50 万平方英里的领土、约 200 万人负责。[74]

日本人在中国寻求生存空间，现在他们有了，接下来要做的一切，是要消灭共产党游击队——具有讽刺意味的是，游击队反而是日本人战胜国民党的主要受益者——并干掉显然孤立的蒋介石。然而，日本用“三光”政策来回应共产党的抵抗，即“抢光、杀光、烧光”。[75] 他们对蒋介石撤退到四川所做出的反应是攻打重庆。这一策略取得了成果：1941 年 1 月，第二次国共合作失败，国民党军队对安徽茂林地区叶挺率领的新四军发动了突然袭击。[76] 然而，胜利似乎仍然在躲避着日本指挥官们，他们在中国的军事行动陷入了泥沼。[77]

日本转向东南

早在 1940 年，东京就有人认为，尽管经由英国统治的缅甸[78]和法国统治的河内到达蒋介石驻云南部队的物资非常有限。是西方的援助使中国人的抵抗保持了持久性，[79] 用西尾寿造（*Nishio Toshizō*）将军在 1940 年的话说：

> 目前冲突的真正原因，是源于日本人和中国人都忘记了他们都是亚洲人这一事实。他们深受那令人疯狂的欧洲和美国的个人主义和唯物主义影响。……英国、美国、法国和其他国家向重庆提供援助，目的是为了保持中国的

附属地位。[80]

在1938年底，新上任的陆军次官东条英机（*Tōjō Kideki*），不仅谴责英国援助中国，也谴责苏联和美国援助中国。[81]对于日本人来说，这一判断的困难在于，目前还不清楚应先对抗哪些外部威胁。关东军具有与苏联对抗的历史偏好。但到了1938年中期，他们在华北地区的兵力消耗非常严重，形势对中国红军非常有利。[82] 1938年和1939年发生的两个“事件”——一是发生在中苏边境的冲突，一是在外蒙古边境诺门坎发生的边境冲突——暴露了日本军队的局限性。虽然前一场冲突可能被视为日本人的一场小胜利（尽管没有获得领土收益），但后一场却是一场灾难，[83]日本参战的主力部队第6军全军覆灭，被朱可夫中将（即后来的元帅）指挥的第一苏联蒙古集团军的坦克、大炮和飞机全部歼灭。[84]日本不对苏联发动战争的原因之一——从1941年结成轴心国联盟的策略看来，这是一个非常高明的选择——是日本人意识到，他们实际上很可能在这场竞赛中出局。他们无论是在坦克还是在飞机方面都处于劣势，这是非常清楚的。这与外务大臣松冈洋（*Matsuoka Yōsuke*）关于苏联可能以某种方式被纳入三方条约的妄想结合起来，有助于解释为什么日本人乐意与斯大林在1941年4月签署一项互不侵犯条约。[85]但即使这样，日本始终不相信苏联的承诺，整个战争期间，沿其北部边界一直都部署着13—15个师的兵力，以防苏联发动突然袭击，[86]而苏联也确实没怎么考虑到日本会对中国华北发动进攻。就在两个月后，当松冈主张发动进攻以支持希特勒的入侵时，他被推翻了，并被赶下了台。[87]

日本海军人员选择对香港地区、新加坡和马来亚发动进攻，同时攻打荷属苏门答腊、婆罗洲和爪哇。[88]他们的假设，证明是完全正确的：由于德国占领了荷兰、法国并继续威胁着大不列颠群岛，欧洲帝国在亚洲遭到了致命打击，特别是荷兰的殖民地，看起来更是手到擒来。这些殖民地拥有特别丰富的石油资源。同时，马来亚是世界上最大的橡胶生产国。对于日本定居者来说，生存空间非常好，但日本帝国目前迫切需要的，却是战略原料。1940年，军事策划者主张对印度支那发动侵略，以便为下一步打击四川的中国国民党提供新的基地。[89]作为近卫亲王1940年7月组成的新内阁中的陆军大臣，东条英机一直主张，除非日本很快发动进攻，否则它就要冒“赶不上汽车”[90]的危险。到1941年，一些高级将领对这个想法变得不那么热心了，这是事实。但如今，“南进”战略的支持者占了上风。[91]

在东南亚和太平洋地区的战争是如此有名，以至于人们很容易忘记：日本所占领的这些地区在资源上一直以来都是附属于中国的。中国对于日本来说，就像是苏联对于德国，只是征募了更多的兵力——在“七七”事变时达到了顶峰，高达100万人之多。总之，部署在海外的日本军人，52%在中国，33%在太平洋战场，14%在东南亚。[92]这些数字还提供了一些令日本人感到乐观的指标，即日本人能够赢得这场战争，推翻欧洲帝国的统治。无论用什么标准来衡量，这些都是低挂的果实。荷属殖民地，靠5艘巡洋舰舰队、8艘驱逐舰和24艘潜艇，一支拥有50架过时飞机的空军和一支拥有仅35000正规军、25000预备役部队的陆军来保护。新加坡——英国所谓的“固若金汤”的堡垒，严重缺乏高射炮，几乎没有装甲车。英国的决策者非常肯定地认为该基地将只会面临海军的挑战，故其后方事实上没有设防。即使是遭遇到海军攻击，英国都有可能会赢，因此从来就没有真的打算要派英国舰队到东方来，以防亚洲爆发战争。马来亚至少还有士兵，一支总共大约80000名由澳大利亚人、英国人、印度人和马来人组成的部队，但它的防空部队软弱无力。[93]欧洲帝国在亚洲的部队，有充分的理由被称为是“被遗忘的军队”。就某些方面而言，他们的确早已被遗忘了，甚至在这场战争开始之前就被遗忘了。[94]

日本人的第一步，是进攻法属印度支那。在1939年初，日本占领了南中国海的海南诸岛屿和南沙群岛。次年6月——其时，法国已屈服于德国的闪电战——日本要求法国当局承认一个由40人组成的军事代表团，其角色是阻止战略物资运送到重庆。法国总督默许了，但要求签署一项互保条约，以期维护殖民地的完整性。松冈驳回了这一请求，而且认为日本部队有权在印度支那过境，有权建设和使用机场，有权驻军以保护日本军队。维希当局意识到，如果发生战争，那他们就没有赢的机会，于是便同意了，并把一些实际问题留给总督来处理。然而，日本政府变得不耐烦了，9月20日便向河内发出了最后通牒，说无论法国当局同意与否，日军都将在两天内穿越边境。法国人又一次屈服了。到9月23日，印度支那北部落入了日本人手中。[95]6个月后，在日本人出面干预下，法国部队和邻国泰国之间爆发的冲突结束了，由此产生的妥协后果，是把泰国也纳入了日本人的轨道。[96]到1941年7月底，日本军队完成了印度支那南部地区的接管工作，占领了那里。

其时，荷兰人也不得不屈服于德国人入侵，但荷属东印度政府选择与自己流亡在伦敦的荷兰政府保持一致。然而，从军事角度看，他们的立场并不比法属印度支那的好。像上次一样，日本最初采取的，也是外交行动：要求向日本大幅增加石油出口量。也像上次一样，殖民当局企图和解。[97]前外务大臣谦吉吉泽（*Yoshizawa Kenkichi*）率领的代表团向荷兰政府提交了一份购物清单：380 万吨原油、100 万吨锡、40 万吨铝土矿、18 万吨镍、3 万吨椰子油、3 万吨橡胶和 1 万吨糖。荷兰政府在数量上讨价还价，并坚持主张日本不能把这些商品转口到德国去。然而，到 1941 年 5 月，日益自我膨胀的东条英机再一次失去了耐心。6 月 17 日吉泽率领的代表团启程返回东京。[98]9 月 25 日，在东条英机的支持下，参谋长们对近卫说，他得要等到 10 月 15 日才能通过外交途径解决日本的问题。10 月 15 日是宣战的最后期限，[99]因为近卫在 16 日辞职，东条英机趁机组成战争政府。只有一个理由可以解释为什么后来拖延了一个半月才开始宣战，这是因为他们意识到，在东南亚，任何针对欧洲帝国的进一步行动，都会不可避免地与美国发生对抗。

珍珠港的逻辑

美国是日本在东南亚取得霸权地位的唯一心腹大患。[100]一方面，很显然，美国人对在亚洲或其他地方没有战争的欲望，另一方面，美国人又不愿意看到日本成为中国的唯一霸主，更遑论整个东亚地区的霸主。但是，这些执行美国太平洋政策的人会认为，他们并不需要拿起武器来加以阻止，因为日本在贸易上依赖美国，因此其经济实力非常脆弱。[101]日本大约三分之一的进口商品都来自美国，品种丰富，包括棉花、废钢铁和石油。[102]日本对美国重型机械和机械工具的依赖性更大。即使美国人不进行军事干预，也有能力使日本的战争机器死火，尤其是如果他们切断了对日本的石油出口话，那就更是易如反掌。[103]这是美国的外交官和政治家何以如此难以预见到日本会偷袭珍珠港的原因所在。厌恶风险的美国人无法想象，作为一个在经济上严重依赖美国的国家，日本人会如此轻率地下赌注，妄图取得一场速战速决的胜利。[104]他们以为，在日本人侵略印度支那后，只要对日本实施局部制裁，便足以发出一个明确的信号，对日本人产生威慑效果。然而，结果恰恰相反。

经济制裁为太平洋战争铺平了道路。1911 年美日两国签署的友好通商航海条约在 1939 年 7 月被废止。到该年年底，日本（同其他参战国一道）受到了罗斯福对“制造飞机必不可少的材料”实施“道德禁运”的影响，这意味着，实际上，铝、钼、镍、钨、钒等物质都出口不了。[105]与此同时，美国国务院对美国企业施压，要求停止向日本出口生产航空燃料的技术。[106]随着 1940 年 7 月国防法案修正案的颁布，总统被赋予了禁止出口战略物资的权力。到 7 月底，国务院和财政部经过长期辩论后，终于决定一致同意禁止出口高档钢铁、航空燃油、润滑油和燃油混合剂四乙基铅。9 月 26 日，禁令扩大到所有战略物资。两个月后，铁和钢材出口都需要申请批准。[107]没有人确切地知道这些制裁将会产生什么样的影响。像国务院的“远东事务顾问”斯坦利·霍恩贝克（*Stanley Hornbeck*）这样的人认为，这些制裁将阻止日军；像美国驻东京大使约瑟夫·格鲁（*Joseph Grew*）这样的人认为这将激怒日本人。无论哪种观点，都不对。制裁实际上实施得太迟，难以阻止日本人发动战争，因为自从中日战争爆发以来，日本人一直都在进口和储存美国原料。[108]只需实施一项经济制裁，便可以被认为是在向东京宣战，更何况是石油禁运。1941 年 7 月，这一天终于来了，连同冻结日本人在美国的所有资产——作为对日本占领印度支那的回应。[109]单从这一点上来看，太平洋战争不可避免。

日本外务省很久以前就发现，很难想象美国人会拿起武器反抗德国、意大利和日本这样一个战无不胜的组合，特别是假如苏联还与该组合签订了友好条约的话。[110]一个指导性的假设是，美国公众都是坚定的孤立主义者，而日本及其盟国的胜利将会强化这种情绪，而不是相反。[111]日本陆军也不愿意与美国对抗，希望以某种方式来获得欧洲在亚洲的殖民地而不招致美国人的干预。[112]直到 1941 年 9 月，日本海军战略家是唯一准备要同美国开战的人。然而，除了给美国海军以决定性的打击之外，他们最终也没有想出其他更好的办法。[113]在 1940 年，美国舰队的太平洋基地正好地转移到了夏威夷；如果它留在加州海岸的话，要对它发动闪电袭击将是不可能的。到 1941 年 4 月，海军上将山本五十六（*Yamamoto Isoroku*）说服了自己：日本总共需要 6 艘航空母舰，再加上一些潜艇以及大约 400 架装备鱼雷或甲弹壳的飞机，那么，可以一举击沉驻扎在珍珠港的美国军舰。[114] 11 月 1 日，中将铃木祯一（*Suzuki Teii-chi*）在联络会议上向所有的与会人士保证：从被占领区获得的供给，将足以满足日本的物质需求。[115]他宣称，“如果我们在1943年发动战争，那时的物质条件将会极大好转。”[116]

这并不是说，日本的物质条件，让它足以迎接英帝国、荷属东印度和美国的战争挑战。[117]铃木的全部意思是，战争的时间拖得越久，日本的物资形势势必恶化。单是海军，即使在无所事事的等待状态下，每个小时就要消耗400吨油；[118]18个月后，油就要全部用光。因此，最好现在就发起进攻，而不是等待。如果到1941年11月30日午夜都没有在外交上取得突破的话，这个理由足以使日本人发动这样一场战争。

当时，不少人认为，东京的决策者都屈服于某种非理性的东方宿命论——一个10月4日被东条英机的断言强化了的印象：“一个人有时要敢于大胆地从高高的清水寺的舞台上跳下去。”[119]人们找到了对美国宣战的决策与日本武士符号，或者说一种日本人专有的“围困的心态”（如果不是集体性歇斯底里的话）之间的联系。然而，在许多方面，这种思维方式在出处上是西方的，而不是东方的。不知不觉地，东条英机正在与1914年贝瑟曼·霍尔韦格（*Bethmann Hollweg*）关于德国对俄国发动战争的论点相呼应，与1939年希特勒关于德国对西方列强发动战争的论点相呼应。即使是在时间构成上也是相似的：

> 从现在（1943）起两年内，我们的军队将没有石油可用，船舶将停止航行。当我想到美国在西南太平洋加强防御，扩充海军力量，还有未竟的中国事件等等时，我就明白我们面临的困难实在太多，多到看不到尽头。我们自己可以长篇大论地谈论折磨和财政紧缩，但我们的人民能够长期忍受这样的生活吗？……我担心，假如我们一味地坐视不管的话，两三年后我们会成为一个三流国家。[120]

因此，当东条英机谈到“两眼一闭、冒险一试”时，他正在提出一个非常德国化的主张：赌一把，立即开战，而不是在那场不久的将来就要出现的衰退面前坐以待毙；如果他们继续坐视不管的话，动用军用物资肯定会令国家破产。[121]1941年9月6日，高级指挥部向御前会议提交了一份政策性文件，其中谈到：美国的目标是“要称霸全世界”；美国的目的，是要“阻止我们帝国的崛起，开发东亚地区”。日本的

“处境令人绝望，它必须借助于最后的手段——战争来捍卫自己的主权，救亡图存”。这是一种办法。另一种办法，是“匍匐在美国人的脚下”。[122]

日本人并不是幻想家。对于松冈来说，珍珠港事件是一个战略失误的灾难性顶点。他以前认为，与德国和意大利签订的《德意日三国同盟条约》和与苏联签订的《苏日中立条约》一起，会对美国抵制日本在亚洲的扩张起到威慑作用。“《德意日三国同盟条约》是我所犯的一个最大的错误，”1941 年 12 月 7 日，即日本发动进攻的那一天，松冈对他的顾问斋藤良枝（*Saitō Yoshie*）说，“我希望阻止美国参战。我想通过同盟国调整与苏联的关系。我希望和平将得到维持，而日本将会处于一个安全的位置。相反……今天的灾难……是由轴心国间接导致的。”[123]战前最后一位驻华盛顿大使野村吉三郎（*Nomura Kichishaburō*），一直主张采取更温和的政策，以便从中国的门户开放制度中获得好处，而不是冒险与美国开战。[124]也不是所有的高级海军军官都被山本计划所说服。海军参谋长长野修身（*Nagano Wsami*）就认为，日本“将注定要自取灭亡，并且注定要使大和民族灭亡”——尽管他认为这在某种意义上是自相矛盾的，因为确实需要“在战争中保卫国家的精神”。[125]在 1941 年夏天，日本经济动员局发表了一份报告，认为经过两年的敌对行动，日本的经济资源很可能不足以继续维持空中作战和海上作战的局面。长野早在 1942 年下半年就预计“形势（将）更加恶化”。[126]东条英机自己也承认，如果战争拖到 1943 年，他不知道日本会怎么样。[127]并不是傲慢，而是一种信念，导致了珍珠港袭击事件的发生：“抓住机会在战争中放手一搏，总比坐以待毙强。”[128]

也许，真正对日本人抱有幻想的，是美国人。在战前的几个月里，他们明显地采取了对抗立场，尽管他们自己在太平洋地区特别是菲律宾的军事设施都非常脆弱。英国的态度明显比较温和，迫于日本的压力，它甚至在 1940 年 7 月—1940 年 10 月间莫名其妙地暂时关闭了滇缅公路[129]。罗斯福夸大了中国实际的经济作用和未来的战略地位，并且低估了与日本进行战争的危险性。他拒绝参加近卫邀请他出席的 1941 年夏季首脑会议。[130]国务卿科德尔·赫尔（*Cordell Hull*）希望日军全部撤出中国和印度支那。他不愿意听说美国会像日本要求的那样，要暂停对蒋介石的援助。在他 11 月 26 日笔记中，赫尔甚至提出了如下建议：放弃中国的治外法权——实际上，就是结束中国原有的“开户开放”制度，并承认国民党政府的合法地位。[131]美国在此阶段的对日政策，一直被比作在冷战期间它的对苏政策，这的确有些道理。[132]

虽然美国政府知道日本军队正从印度支那向马来亚和泰国挺进，却似乎忽视了海军上将南云（*Nagumo*）的打击力量，日本海军在 11 月 26 日就开始向珍珠港航行的情报没有得到应有的重视。这在多大程度上是渎职的结果，在多大程度上又是阴谋的结果——确切地说，英国政府的情报部门蓄意隐瞒了日本海军的动向，从这方面看，确实很难理解为什么丘吉尔会把美国太平洋舰队的毁灭看作是对英国有利的事情。美国干预亚洲的前景，到这个时候真是太好了，使这样一次对跨大西洋信任的严重背叛成为必要。[133]因为在 12 月 1 日，也就是珍珠港事件的 6 天前，罗斯福已经向哈利法克斯（时任英国驻华盛顿大使）做出了这样的明确承诺：万一发生战争，美国就会支持。[134]

离心机

日本人知道，对他们不利的时间顶多会延长到 1942 年甚至 1942 年之后。然而，胜利就是胜利，并且在有段时间内，好像战争真的会在 1943 年之前结束一样。海军上将南云的突击编队以最小的代价，在 12 月 7 日对珍珠港发起了突然袭击。诚然，美国航空公司确实离他们的海军基地太远了。8 艘战列舰、3 艘驱逐舰、3 艘轻巡洋舰和 3 艘帆船被摧毁或遭到了严重损坏，更不要说 177 架飞机都被炸毁。在行动中，日本仅损失了 29 架飞机、死亡 55 人，而美军的死亡总人数多达 3297 人。[135]美国人的报复性反应本来是众所周知的，但陶醉在胜利中的日本人却没有做出正确的判断。文学评论家奥名孝雄（*Cokuna Takao*）回忆说：

> 对日本侵略中国感到困惑的普通老百姓，和那些谴责这是侵略的知识分子，在对英、对美的战争打响的时候，态度发生了变化……有一种陶醉感，一种我们终于成功了的感觉；我们狠狠地打击了那些傲慢的英国人和美国人，那些白鬼子。当胜利的喜讯一个接一个地传来时，忧虑逐渐消失了，恐惧变成了自豪和喜悦……一个落后国家有色人种的所有自卑感，随着那对那些发达世界的白人给予的狠狠打击而烟消云散……在我们的历史上，我们日本人作为一个种族，

从来没有像那天那样令我们感到骄傲。[136]

但这仅仅是战争的开幕礼炮。此后，日军以惊人的速度在太平洋和东南亚发动了一场巨大的离心攻势，获得了巨大的成功。12 月 8 日，第一支日本军队在马来半岛的东面登陆，紧接着，两天后，山下奉文（*Yamashita Tomoyuki*）将军率领的第 25 军的其余人员也登陆了。在胡志明市基地的海军飞机歼灭了英国在马来亚的海军力量，击沉了威尔斯亲王战列舰。板田征次郎（*Lida Shōjirō*）中将率领的第 15 军袭击了克拉地峡，进入了缅甸的心脏，击溃了装备精良但不够机动的英国部队。英国的婆罗洲 12 月 16 日遭到入侵，一个月零三天后投降。12000 名香港驻军在 12 月 18 日日军登陆后，抵抗了不到一个星期，便在圣诞节那天投降了。与此同时，第 25 军沿着马来亚半岛向新加坡推进，骑自行车沿着平整的农场公路加速向前推进。2 月 15 日，阿瑟 · *E.* 波斯富（*Arthur E. Percival*）中将和他的 16000 名英国人、14000 名澳大利亚人和 32000 名印度人守备军投降了，其实他们不知道，他们的 30000 名日本对手实际上已经差不多弹尽粮绝了。[137]这个屈辱比 1940 年 5 月的那个还要大，而且还有更多的屈辱在等着他们。尽管中国人试图帮助缅甸被包围了的英印保卫者，但仰光还是在 3 月份陷落了；曼德勒随后于 5 月 1 日连同孟加拉湾的安达曼群岛一起陷落了。正如亨利 · 波纳尔（*Henry Downall*）将军所承认的，“英国……被更优秀的士兵在将才上超过了、智胜了，最后，被打败了。”[138]

日本人对美国人也同样。12 月 8 日，本间雅晴（*Honma Masaharu*）将军率领的第 14 军第一批部队，通过空袭成功地击溃了美国在马尼拉的防空部队后，登陆吕宋岛。22 日和 24 日，有更多的部队登陆，接着菲律宾首都在 1 月 2 日投降。到 1942 年 1 月底，在太平洋中部，关岛、威克岛和俾斯麦群岛都落入了日军的手中。4 月 9 日，美国领导的巴丹半岛的部队投降了，紧跟着，过了一个月，那些仍然战斗在科雷吉多尔的人也投降了，从而有效地终结了菲律宾的抵抗。[139] 1942 年春天，日本军队占领了金钟群岛和俾斯麦群岛，包括所罗门群岛。荷兰人也在日本人的进攻面前土崩瓦解。今村仁（*Inlamura Hitoshi*）将军率领的部队在荷属殖民地境内的北部西里伯斯首先登陆。到 2 月底，苏门答腊群岛全部被占领，临时联合舰队被赶出了爪哇。3 月 8 日，荷兰人投降。就在同一个月，在婆罗洲南部的抵抗也土崩瓦解。这所有的胜利，都是由一小股日本军事力量取得的，比满洲或中国的兵力都要少。

德国人已经为他们自己的“闪电战”下过定义，但在军事史上，还从来没有像开始于1941年12月、结束于1942年4月之间的、日本人在亚洲和太平洋战争中采用的闪电战那样，给那么多地方带来了毁灭性的后果。此外，所涉及的范围，远远超过了德国在欧洲的。在范围上，日本帝国扩张后，领土面积迅速扩大，从西到东是6400英里，从北到南是5300英里，周长达到惊人的14200英里。[140]到1942年5月初，日本人可以理直气壮地考虑对中途岛、新喀里多尼亚、斐济、萨摩亚、新几内亚，甚至澳大利亚、锡兰和印度发动攻势。[141]

欧洲帝国已经完全垮台了，似乎日本人的进攻揭示了欧洲人已经从根本上丧失了自信。一位英语教师在听到新加坡和中国的黄河大堤堤坝遭到了令人绝望的炸毁时，问一个过路的男孩那种噪音是什么。李光耀回答说：“这是大英帝国终结的声音。”[142]这似乎是真的。英国军人在日本人面前逃之夭夭，军官带头逃跑。实际上，日本人遇到的第一次有效抵抗，是在新几内亚科科达雷尔的澳大利亚人的抵抗。[143]美国对日本侵略的最初反应，给人的印象也不是特别好。道格拉斯·麦克阿瑟（*Douglas MacArthur*）将军从菲律宾找借口离开，至少可以说是贸然的、轻率的。美国人的战斗精神，并不比他们的英国同行好到哪里去。用在1941年被日本人俘虏的美国水兵切斯特·比格斯（*Chester Biggs*）的话说：“为了一个好理由而死，死得其所，如果这个理由是个好理由的话。但只是为了说‘我们是战斗到最后的人而且我们没有投降’而去死的话，就不是一个非常好的理由。”[144]在巴丹所发生的事情也一样。[145]正如美国战俘安德鲁·卡森（*Pow Andrew*）在回忆时所说的：

> 我们一直接受训练，要在听到诸如“立正”“稍息”和“向后转”“各就各位”“准备开火”这些口令时能本能地立即做出相应的行动反应，但对“投降”这个词却很陌生。它没有编进我们大脑的程序中，因此不能做出反应。

他和他的战友们只能哭着发誓并试图说服自己：“我们已经尽力了。”[146]

为了通过支持中国而达到迅速实施报复的目的，美国派约瑟夫·史迪威（*Joseph Stilwell*）中将监督美国对蒋介石的援助。不幸的是，这两个人从一开始就相互交恶。

史迪威告诉一名记者："中国的问题很简单，可惜我们与一个无知的、不识字的、迷信的乡下婊子的儿子结了盟。"史迪威希望改革中国军队的指挥结构，他痛恨蒋介石炫耀性的消费方式，私底下把他说成是"花生"或"响尾蛇"。[147]他本人也因为自己的尖刻、直率而赢得了"吃醋的乔"的绰号。[148]他在缅甸指挥的救援行动，均因中国第5军司令杜聿明拒绝服从他的命令而挫败。[149]日本人的目的，就是要发起一系列进攻，打垮驻守浙江省的中国部队，使该地区的铁路落入日本人的控制中。[150]

难怪在东南亚的日本新当局会感到洋洋得意。日本军事领导人缺少的傲慢，通过这样的《教育公告》获得了充分的补偿：

> 日本是太阳：保护土地，为地球上所有的生命提供阳光。日本帝国的势力和重要性将会增加，就像天上的太阳升得更高——这是永恒的，而且这也是日本这个名称的意义。
>
> 世界上的万事万物，土地是最重要的。而第一块土地是日本，太阳从此冉冉升起的土地。没有人能够挑战太阳……这样做，那太阳的热量就会像融化积雪那样把它融化掉。这是地球上铁的规律……那些反对日本的人，也将遭受雪一样的命运。[151]

战俘和合作者

许多日本人在中国期间已经表现出来的洋洋得意的神情，也是日本军人在东南亚时表现出来的神情。所不同的是，在接收端，还包括了"那些白鬼子"。那臭名昭著的虐待盟军战俘的行为，部分原因是上面提到的污辱投降本身产生的后果。[152]身体攻击—— 最常见的扇耳光和殴打，在一些兵营里就像家常便饭，每天都有。[153]未经正当程序加以处决的，也很频繁。通过做"适当修改"地履行《日内瓦公约》——日本人故意翻译为"做任何必要的修改"，官方制订的政策一直都在怂恿这种野蛮行径。1942年，成千上万的美国战俘在臭名昭著的巴丹"死亡行军"期间死亡[154]。在其他地方，战俘们被当作奴隶，强迫劳动，最有名的是在缅泰铁路线上的作业。[155]一些战俘佩戴的臂章上写着这样的题词："一个按照天皇的意志在战斗中被抓获并且将要被砍头或将要被阉割的人。"[156]企图逃跑——西方各个国家把这视为战俘的责任，被日本人当作死罪，尽管那些死亡的盟军战俘（见表 14.1）事实上大部分都是营养不良、疾病再加上过度劳累、过度虐待的牺牲品。[157]

表 14.1　1941—1945 年日本南进攻势所捕获的俘虏及其命运

	俘虏	已死亡的人数	死亡比例
英国、澳大利亚和印度	130000	8100	6.2%
美国	25600	10650	41.6%
荷兰	37000	8500	23.0%
印度尼西亚的强迫劳工	300000	230000	76.7%
无文件记载的亚洲俘虏	300000	60000	20.0%
被拘押的平民	130895	14657	11.2%
总计	923495	331907	35.9%

然而，强调日本人所虐待的人并不局限于欧洲的俘虏是非常重要的。他们屠杀、奴役以及以多种方式虐待所占领地区的土著居民，并对他们谎称自己是亚洲的解放者。[158]在一系列"净化—消灭"运动中，有少则 5000、多则 50000 名华人在新加坡惨遭杀害。[159]那些死于巴丹死亡行军中的，大多数人其实都是菲律宾人。所死亡的亚洲人，是死于修筑"死亡铁路"的欧洲人的 10 倍甚至 20 倍之多。例如，在 78204 名从马来亚派来的奴隶工人中，至少有 29638 人死亡。[160]

同样遭受奴役、同样没有生存希望的，是数以万计的被绑架去充当"慰安妇"（被称为 *ianfu*，源自汉语的屄——女性的生殖器官）的朝鲜姑娘，被送到"大东亚"各地的日本部队中，还经常被送往前线地区。[161]受害者所遭受的苦难达到了令人发指的地步，最恶劣的是系统化的轮奸。她们的回忆录读起来都会令人痛苦不堪。金芜村（*Kim Busŏn*）刚刚 15 岁时，被诱骗离开了庆北省一个村庄，说是要去一家橡胶厂工作。而后来，她被带到了台湾，并被监禁在一个部队妓院里：

平日和周末，士兵们都是从早上 10 点到晚上 11 点来做。有时他们会做通

> 宵。在平日里，士兵来得少，但大多数时候，这个地方都拥挤不堪。无数的士兵来了，10 人、20 人一组。我永远都忘不了我在那些年所遭受的折磨……当官的总是深夜才来。他们会在晚上 11 点甚至午夜时来。他们有时会来睡觉，第二天早上离开。我们会坐在门口，直到后半夜。当我们被一个当官的叫到，我们就会同他进入一个房间做……没有人会在我们面前表现得彬彬有礼。他们行事粗暴。即使到现在，我还会把士兵看成野兽……我们经常染上淋病。我们并不住院，但有时用药物，有时靠注射治疗。我们生病的时候，就在门上写着“休假”二字。[162]

在战争期间，她被转送到了菲律宾，在那里，她每天接待 30—40 名士兵。性支配的帝国主义很少像日本这样暴露得赤裸裸。金泳淑（*Kim Yongsuk*），应召时才刚刚 12 岁，便惨遭驻沈阳的一名日本军官的虐待：

> （他）走进来问我叫什么名字。他叫我冈田。他给了我一件日本西装，并告诉我要穿漂亮一点。这是一件色彩艳丽的廉价衣服，只需用手指轻轻一挑，就会滑落下来。过了几天，那个家伙又来了，说：“我是中村！你这个朝鲜姑娘看起来很可爱。让我跟你玩！”我当时只有 12 岁。他让我看他的阴茎。我跑开了，但没有人帮我。他很快就用他那粗糙的手抓住了我，并撕裂了我的阴道。过了一两天，他又来了，做的时间更长。他说：“我将吃掉你的肝！你甚至意识不到你从大日本帝国天皇那里接受了什么恩惠。”然后，他用他穿着靴子的脚踩着我的双腿，腿都给踩弯了，还用一把刀割我的肚皮，还用手抓我的乳房。[163]

金泳淑回忆她是如何被她的皮条客和一些士兵强迫背诵帝国公民宪章的：它的开头是这样的：“我希望成为帝国的公民（*kokoku sinmin nari*）。”强迫一个性奴隶要求公民权，显然让他们感到很好笑。

乔治·奥威尔（*George Orwell*）以他那战时宣传员的身份，很有道理地问：“为什么……日本人不断对亚洲种族而不是对他们自己发动战争？”[164]他可能同样也问过，为什么新加坡的“解放”必须要求当地居民采用日本的语言、日历，甚至东京的时间？把新加坡改名为“*Syonan*（南方之光）”，体现了日本决心在日本精神的基础上创建一个文化同质的即具有日本精神的帝国。[165]类似的事情在被占领的爪哇也尝试过。[166]

然而，所有的这一切，都不可能从整体上减少日本人征服欧洲俘虏的巨大象征意义。正如一名英国战时记者所说的那样，似乎“羞辱战俘以减损其在同胞眼中的威信是一项官方政策”。[167]早期修筑“死亡铁路”的一名幸存者爱德华·邓洛普（*Edward Dunlop*）中校对日本人形成了这样的印象：日本人“简直让我们累断了腰”，在他们看来，“这一定相当有趣”，他在他秘密存放的日记中认为，日本人看着“白人老爷们”蹒跚前行，挑着簸箕，扛着柱子，而他们自己却坐在货车上滚滚向前！[168]这种感觉是真实的。正如日本陆军驻朝鲜总司令板垣征四郎（*Itagaki Seishiro*）对东条英机所说的：“拘留美国和英国的战俘……我们的目的是要使朝鲜人意识到我们帝国的真实力量，为杜绝对欧美的崇拜心理做好宣传工作……”[169]

我们不应该忽视这项政策在最初日本声称要成为亚洲的解放者时所起到的作用。当日本发言人提出“亚洲各族人民的共同理想”，并宣布“大东亚计划”是“完全基于正义的，并且是反对英国和美国的剥削、侵略、排外的利己主义”时，他们能引起热烈的反响。[170]欧洲统治使所有受过教育的亚洲人深恶痛绝。奥威尔战前曾作为一名警官在缅甸服过役，并不是唯一注意到这种现象的人，也不是唯一相信英国人的统治地位会被这种招致仇恨的、令人不安的经验所动摇的人。[171]前荷兰殖民地的民族主义者把日本誉为“亚洲的领袖，亚洲的保护者和亚洲之光”。[172]对于印尼未来的总统苏加诺（*Sukarno*）来说，对日战争确实是一场民族独立的战争。[173]巴茂（*Ba Maw*）——缅甸的民族主义领袖，曾在1940年遭到英国人的监禁——1943年11月对大东亚国家东京会议上的代表们说：“这不是用我们的头脑去思考的时刻，而是用我们的鲜血去行动的时刻……”[174]战前菲律宾部长何塞·劳雷尔（*José Laurel*）和乔治·瓦加斯（*Jorge Vargas*）宣布，日本的胜利“维护了亚洲所有国家的威望”。[175]日本解放的承诺也没有完全落空。1943年8月1日，缅甸被宣布独立；10月14日，菲律宾开始独立。印度和印尼也得到承诺将获得独立。

甚至那些从来没有经历过欧洲统治的亚洲人，也对日本人的“事业”怀有令人印象深刻的热情。1939—1943年之间，超过70万朝鲜人志愿在日本军队中服役——

许多人都是用鲜血写的申请书，以证明他们比日本人还高涨的参战热情——尽管日本最终仅接受了不到18000人。在1942年，当日本仅仅需要1000名志愿者时，却有超过425000名台湾人——占台湾男性人口的14%—— 挺身而出。结果，总共有20多万台湾人成了日本士兵或为日本军队从事后勤工作。[176]

日本人的确遭到了部分当地人民的抵抗，而且不仅是那些在西方殖民统治下表现相对较好的民族群体和精英的抵抗。绝大多数印度人对日本人为他们设想的解放不感兴趣；在菲律宾，由农民组织的人民抗日军进行了抗日游击战争；在缅甸，克伦族和克钦山部落也对日本人的统治进行了抵抗。[177]尽管如此，要在反欧洲的民族主义者和机会主义者中间找到合作者，这对日本人来说并不困难。[178]印度民族主义者没有忘记1919年的阿姆利则惨案，正是在1940年3月，辛格（*Udham Singh*）暗杀了时任旁遮普邦副总督的迈克尔·奥德怀尔（*Michael O'Dwyer*）爵士。[179]虽然多数国会领导人都回避与日本人合作——在实践中，"放弃印度"意味着中立，尽管有大量的遁词——但苏巴斯·钱德拉·百色（*Subhas Chandra Bose*）热情地欢呼"英帝国的终结"，并呼吁印度人加入到轴心国一边。大约3500人响应了一个自称内塔吉（*Netaji*，即领导者）的人从柏林发出的号召，组成了印度解放军，他们中的大多数印度人都被北非的德国人抓去当了俘虏。百色到达亚洲后（他从基尔乘潜艇前往苏门答腊），又为印度国民军和轴心国事业招募到了45000人（这一次，大多数人又都是来自新加坡和其他地区的俘虏）。[180]比起有些摇摆不定的希特勒，东条英机在他的声明中似乎更有诚意地支持印度的"艰苦卓绝的独立斗争"。"如果没有印度的解放，"1942年初他在日本国会说，"就不可能有真正的大东亚共荣。"[181]巴茂和昂山素季（*Aung San*）的缅甸独立军也得到了日本人的支持，虽然代价是裁减军队规模，并更名为"缅甸国防军"，直到日本人下定决心让缅甸独立。[182]在爪哇和巴厘，也成立了名为塔佩（*Peta*，即国土保卫军）的志愿者军。[183]在马来亚、苏门答腊、印度支那和婆罗洲，也有很多志愿防卫部队，名为基宇岗（*Giyūgun*）。[184]

诚然，这些部队的人数的确都不多，最多的时候，也只是153000个接受过军训的人。[185]但是，原本他们的人数还会比这更多。原来的缅甸独立军曾招募到20万新兵，但被日本人裁减为4000人，到战争结束时，又增长到了55000人。此外，在东南亚接受过军训的日本军队中的人数不多，大约只有30万人，[186]这虽然与日本在战争期间动员的男性总人数较少有关，但与在南部战区服役的人数相比，他们的人数算是相当多的了。换句话说，日本人招募到的士兵中，大约有三分之一是所谓解放了的亚洲人。随着巴茂后来所说的“日本军国主义的残酷、傲慢和种族自负”的面目日益暴露，人们的幻想才逐渐破灭。[187]这种幻灭，与1942年后日本军事命运的衰退、与日益加深的“共荣圈”危机不无关系。到1944年，这个“共荣圈”倒更像一个共同贫困圈。

在亚洲，大多数第二次世界大战军事史研究者都理所当然地认为，日本注定要失败。这无疑是低估了日本在1942年年中的优势地位。对珍珠港的进一步打击，就使本来就不够强大的美国海军力量恢复进程明显减缓。[188]有人想当然地暗示说，美国人以昂贵的代价过早地重新占领了菲律宾，可能犯了一个错误。事实上，1939年之前，美国就一直企图控制这些岛屿，以防发生战争。[189]更加可以理解的是，日本海军建议占领锡兰，如果它采取了行动的话，本来有可能有效地干扰英国在波斯湾和埃及的通信，并且在1942年10月阿拉曼之前就会给英国的军事实力产生可怕影响的。日本本来也可能从缅甸对印度发动袭击的，这肯定是一个考虑过的选择。[190]正如我们所看到的，日本人在满洲有70万人的军队，在中国有大约100万人，这些兵力本来可以早一点重新部署，以应对不可避免的英美联合反攻。[191]即使不考虑上面提及的这些，日本人在珊瑚海、中途岛和瓜达尔卡纳尔岛之战的惨败，与命中注定也没有什么关系。[192]

轴心国并不是自己决定要自取灭亡。正如历史学家们有时会被诱导着做出这样的假设一样。相反，他们从其征服的土地上，从其招募的合作者中，甚至从其煽动的自相残杀的暴力活动中，获得了真正的实力。这些邪恶的帝国如此强制性地、如此无情地将它们的单方面的愿望强加到欧亚大陆那辽阔土地上的人民身上，以至于我们不得不严肃地考虑20世纪貌似最难回答的问题之一：轴心国究竟是怎样输掉了那场到1942年年中本来还胜券在握的战争的？

世界战争与西方的衰落

第四部分

一场带有污点的胜利

15. 战争的渗透

某些毫无价值的东西，一种对文明的拙劣模仿，已经被驱逐掉了；他和他的伙伴们带着这个新世界向前走去；这个正在他周围形成的世界，被带刺的铁丝网弹了回去，散发出一股浓烈的酒味……他参加了一场战争。在这场战争中，勇气和正义的事业都与这个问题毫不相干。

——伊夫琳·沃（*Evelyn Waugh*）：《荣誉之剑》（Sword of Honour）[1]

当我们看着别人的脸时，我们谁都不是在看着那张我们憎恨的脸——不，我们凝视的是一面镜子……你们可能以为你们恨我们，但你们真正恨的是你们自己——我们身上的你们自己……当我们打你们胳膊的时候，我们打的是我们自己的。我们的坦克不但突破了你们的防线，同时也突破了我们的防线。我们（自己）的坦克，正在碾碎德国国家社会主义……但是，我们的胜利将是你们的胜利。……而且如果你们赢了，那么我们将在你们的胜利中获得永生。通过输掉战争，我们将赢得这场战争——然后以一种不同的形式继续发展。

——盖世太保讯问者对老布尔什维克俘虏的问话，选自瓦西里·格罗斯曼（*Vasily Grossman*）：《生活与命运》（Life and Fate）[2]

在战争中有一种渗透，随便你叫它什么，但胜利者总是以为……嗯，会使战败者陷入困境中。

——诺曼·梅勒（*Norman Mailer*）：《裸者与死者》（The Naked and the Dead）[3]

奥斯维辛和广岛

“奥斯维辛”，一个与“邪恶”同义的名词，是人们称呼不讨人喜欢的波兰小镇奥斯维辛的一个德语名字*，它位于克拉科夫以西 37 英里。正是这个小镇附近那些用砖砌的营房，德国人把它变成了一个集中营，并首次将一种名为齐克隆 *B* 的杀虫剂用于对人进行大规模屠杀。这一天是 1941 年 9 月。起初的受害者，其实是苏联战俘。[4] 但它的本意，却是作为实施种族灭绝的实验。在一个特意兴建起来的新集中营即著名的奥斯维辛—比克瑙集中营，党卫军将两间农舍改造成了临时的毒气室。当这些设备不够用时，四座大型焚尸炉在 1943 年 3 月—6 月间建成，每一座都有脱衣服的地方，每一座都有一间大毒气室和一只烤箱焚烧那些窒息了的受害者。其目的是要屠杀来自欧洲各地的犹太人，并以尽可能最有效的方式处理他们的尸体。在这场运动的顶峰时期，每天都有 12000 多人在奥斯维辛集中营被杀害。总之，据计算，

---

* 它的波兰名字是 Oświęcim。——译者注

110 万人在那里惨遭杀害，但只有 122000 人是犹太人。这意味着，在大屠杀*所有的受害者中，在奥斯维辛集中营里死亡的人数，差不多占到五分之一。

正是奥斯维辛高效运转的效率，使得它如此特别地令人憎恨。如今，奥斯维辛集中营的参观者能够看到的部分展品，是从囚犯头上剃下来的大堆大堆的头发。集中营被苏联部队接管的时候，这些头发被整齐地用麻袋装着，码在一起，等待运往德国的纺织厂。另一项单独展示的，是用早期的库存商品制造出来的典型产品：粗布、海军用的绳子和一种特殊的、简陋的棕色网。几乎同样令人不安的，是那成堆成堆的褪了色的、沾满了灰尘的鞋子、假肢、眼镜，还有写着主人的地址、企图物归原主的手提箱——欧洲各地的地址都有。而这些，都只是一点点遗迹而已，只是种族灭绝所产生的碎屑的一小部分而已。从受害者的口袋、手指和嘴里取下的黄金，早已一去不复返了。因为纳粹不仅仅满足于杀死那些他们定义为次等人的人，而且还在经济上最充分地利用他们。极少数人被选为奴隶劳工，有些便是这个死亡集中营本身的人；其他人，如普里莫·列维（*Primo Levi*）——来自都灵的受过良好教育的化学家，在与奥斯维辛三号（也称为巴纳或莫诺维茨）毗邻的、由 *IG* 法本公司经营的工厂工作；还有一些人受雇于附近的农场、矿山和军火厂。但是，他们大多数人都被毒气毒死，然后就像大量的原材料和废品那样被处理掉。在参观了奥斯维辛集中营之后，你会觉得，德国人用尽了一切可以想象得到的手段来杀害那些人——除了吃掉他们之外。历史上还没其他政权像它那样如此类似于威尔斯的梦魇——用

---

* 大屠杀（Holocaust）：希伯来语作 Sho'ah。在此特指 1933—1945 年德国纳粹对犹太人及其他少数民族和其他群体的迫害。希特勒出任总理后不久，即开始迫害德国境内的犹太人。根据纽伦堡法令（1935），犹太人失去了公民资格。而在 1938 年的“水晶之夜”大屠杀中，德国境内的犹太会堂几乎全部被毁，此后犹太人被关进集中营。第二次世界大战初期，德军的胜利使欧洲大部分犹太人处于纳粹分子及其附属国的统治之下。随着德军东进波兰、巴尔干半岛和苏联，被称为特遣部队的行刑队开始围捕和杀戮犹太人、吉卜赛人和众多非犹太斯拉夫人，其他被纳粹围捕的团体包括同性恋者、心智发育迟缓者、身体残障者以及精神异常者。万塞会议（1942）后，欧洲各占领区的犹太人被有系统地转移至集中营和灭绝营。地下抵抗运动在几个国家展开，而在波兰的犹太人聚居区则爆发了反抗纳粹的起义。R. 瓦伦贝里等人以一己之力拯救了成千上万的人，但各同盟国政府却没有为犹太人提供有效的援助。到二战结束时，约有 600 万犹太人被杀。——译者注

机械的手段狼吞虎咽地吞噬外星人的生命。

虽然奥斯维辛集中营的效率最高，但在纳粹死亡集中营中，它不一定是最狠毒的。正如我们已经看到的，第一群被第三帝国用毒气毒死的人，是德国的精神病患者。他们被纯一氧化碳气体窒息而死。该方法后来被引进到东欧，但使用的是废气，起先是用在专门改装的车里，后来是用在用大型柴油发动机装备的静态气体室里。这就是人们在索比堡、特雷布林卡和贝乌热茨的死亡方式。这些集中营是在 1941 年秋天建成的，目的是为了贯彻“莱因哈德行动”。相对于在 5—10 分钟内就会造成大部分受害者死亡的吸入齐克隆 *B* 杀虫剂的杀人方式，用毒气毒死是一种缓慢的死法。奥斯维辛的指挥官鲁道夫 · 胡斯（*Rudolf Hoess*）在比较了同行即臭名昭著的残暴的克里斯提 · 沃思（*Christian Wirth*）在集中营采取的方法后，认为自己的方法还比较“人道”。党卫军军官科特 · 格斯坦（*Kurt Gerstein*）在 1945 年自杀前不久还描述了他所见证的发生在贝乌热茨的悲惨情景：

> 火车到达了。200 名乌克兰人被粗暴地推到打开的门边，被人用皮鞭驱赶着下车。大喇叭里传出了指令：脱光衣服，取下假肢、眼镜……然后，妇女和女孩去理发店，带着两三把剪刀，把头发剪掉，然后再将头发放进原本装马铃薯的麻袋里。“*U* 型船是用于某些特殊的目的，用于隔离或类似于隔离。”值班的党卫军下士告诉我说。
>
> 然后，队伍开始移动。他们都跟在一个很漂亮的女孩后面，都赤身裸体，男人、女人和儿童，都没有带假肢……他们爬上了小楼梯，然后就可以看到这里的一切：母亲与含着乳头的孩子们、裸体的儿童们、成年人、男人们、女人们，都光着身子。他们犹豫了一下，便被他们身后的人所驱使，或者被党卫军的皮鞭所驱使，进入了死亡室，大多数人都不说话。一个约 40 岁的犹太女人，眼含悲愤，诅咒着凶手们。她挨了沃思上校本人的五六鞭子后，便消失在死亡室中。
>
> 半小时后，所有的人都由于吸入柴油的废气而死亡。
>
> 所有的尸体都被抛了出来，汗水、粪便和尿液以及大腿上流着的血等，把尸体弄得湿漉漉的……乌克兰人的马鞭呼啸而下，打在那些从事具体工作的人身上。20 多名牙医用钩子撬开他们的嘴巴，寻找黄金……有些工人检查生殖器和

肛门，寻找黄金、钻石和贵重物品。[5]

1942 年 3 月—12 月，估计 60 万人，其中几乎所有的犹太人（其中有犹太人的扎莫希奇安理会成员）都以这种方式被摧残、被杀害、被掠夺。每批被运送到贝乌热茨的人中，大约有 500 人被挑选出来继续活命，以帮助处理尸体；过了一段时间后，他们也要被杀害、被代替。人们知道只有 5 个人成功地从集中营里逃脱了，其中只有两个人在这场战争中幸存了下来。其中一人，便是鲁道夫・瑞德（*Rudolf Reder*）[6]。他的耳边，永远都回响着毒气室里小孩子们的哭喊声："妈妈啊！我一直很乖啊！里面黑啊！黑啊！"[7] 在波兰的另一个集中营——马伊达内克，大约有 17 万囚犯被杀害，不仅用毒气，而且用子弹、殴打、绞刑，并且在 1943 年 11 月 3 日的"丰年祭"行动中，以枪毙 18000 人而达到了高潮。这就是莱因哈德・海德里希（*Reinhard Heydrich*）提出的"最后解决"方案的邪恶现实，这一方案是他在 1942 年 1 月 20 日在柏林美丽的万湖湖畔召开的国务秘书会议上隐晦地提出的。[8]

正如我们已经看到的那样，其他政权也实施了大屠杀。在斯大林时代的苏联，甚至有更多的人因为政治原因被杀害；在纳粹集中营，生和死的许多方面——尤其是军衔较低的卑鄙虐待狂——与在古拉格明显具有相似性。虽然在实施暴政中死亡的更多，但与纳粹在战争中迫害犹太人和其他他们认为"没有生命价值"的不幸的人相比，还是具有相当大的区别。大屠杀是由那些受过良好教育的人所实施的，至少到 1933 年之前，他们都是世界上最先进的教育体制所培养的人才，这是事实。这是在一个主要依靠民主手段掌权的人领导下所犯下的罪行，这又是事实。纳粹的死亡机器经济地、科学地并巧妙地运行着。总之，大屠杀非常、非常地现代化。举几个例子，也许有助于说明这一点：

由德国帝国铁路公司将欧洲的犹太人运送去坟墓所收取的车费为：票价是每个成年人每千米 0.04 马克，其中四岁以上的儿童半价，400 人以上的团体票也是半价。

1940 年布雷斯劳大学维克多・科尔茨（*Victor Scholz*）提交的一篇博士论文，题为《论从死者的嘴里回收黄金的可能性》。

库尔特・普吕弗（*Kurt Prüfer*）——爱尔福特的托普夫父子公司的一名工程师，在技术和资金两个方面进行了精确计算后，设计了奥斯维辛的火葬场。

一名叫拉文斯·布吕克的幸存者大胆地记下了这样的事实：医生菲舍尔（*Fischer*）和奥伯豪泽尔（*Oberhäuser*）在女犯人（著名的“兔子们”）身上做实验，其中包括：将链球菌注射到她们的骨头中，未使用麻醉剂便用东西插入她们的子宫，为“代替受伤的德国士兵损坏的部位”而切下犯人完整的肢体。[9]

在通往布痕瓦尔德火葬场的路上，悬挂着这样的标语：“有一条通向自由的道路。它的里程碑被称为服从、勤奋、诚实、秩序、纪律、清洁、清醒、愿意牺牲、热爱祖国。”

贝乌热茨的党卫军们坚持认为，他们的受害者只是“前去洗澡，随后将被送去工作”。这是一个谎言。他们还通过雇佣集中营中的一个小乐团来演奏像《海兰德你没有后悔吧?》这样的曲子来盖住即将死去的人所发出的惨叫声。

许多人认为，专业人士也许是由于他们专业面过窄，使自己的道德受到了蒙蔽才变得病态的［这是历史学家弗里德里希·迈内克（*Friedrich Meinecke*）的理论］。[10] 无论是铁路票价的收集、做实验、设计标语、写论文，还是设计焚化炉，都是那些像斯科尔茨、普吕弗、菲舍尔和奥伯豪泽尔这样千千万万的将希特勒的种族灭绝的疯狂梦想变成现实的人。他们，就像是鲁道夫·瑞德（*Rodulf Reder*）所描述的党卫军虐待狂们一样，都是真正的凶手。

在奥斯维辛、马伊达内克和贝乌热茨所犯下的罪行是如此恐怖，更不要说在海乌姆诺、索比堡和特雷布林卡这些死亡集中营，以至于美国人、英国人、加拿大人和苏联人终于对这样的信念感到满意：他们打败了纳粹德国，他们的国家参加了一场正义的战争。我们太健忘了。要知道，同盟国为了取得胜利，也使许多无辜的男人、女人和儿童丧失了生命，尽管它们是以一种完全不同的方式，出于完全不同的动机。这不是一场简单的正义对邪恶的战争，而是一场邪恶对相比之下不那么邪恶的战争。因为轴心国并没有在它们自身堕落的沉重压力之下同时崩溃，它们只能被巨大而且相反的力量打败。但是，这反过来又要求对西方列强进行可怕的道德让步，似乎只有采用他们自己那种不人道的方法来反抗他们，轴心国才能被打败。

今天，对于许多日本人来说，广岛就是亚洲的奥斯维辛，这是一个对人不人道的象征。然而，广岛仅仅是在第二次世界大战的最后阶段盟军轰炸机浪费炸弹的许多城市之一。历史学家们回避不了这样一个问题：奥斯维辛和广岛之间的区别是什么？一个明显的答案是，对于希特勒来说，用毒气毒害犹太人本身就是目的，而且他本来还会继续用毒气毒害犹太人，直到一个都不剩，从而使这场战争在 1942 年便以纳粹的胜利而告终。相反，对于丘吉尔和罗斯福来说，战略轰炸的目的不是要消灭德国人民和日本人民，而只是为了结束这场战争。丘吉尔曾开玩笑地说要给战败的德国人消毒，但这仅仅是一个黑色的幽默（就像他在齐格弗里德线和莱茵河里象征性地撒上一泡尿一样）。德国问题的最终解决，将采取老式的、比较人道的瓜分形式。[11] 丘吉尔的首要目的，不是要杀死所有的德国人，而是要挽救所有的犹太人，或者还要解放法国人和波兰人。以一个可以忍受的代价，使这场战争为英国人民带来一个胜利的结论是非常简单的。他的次要目标，就没有那么广泛地为人所知了，那就是为了避免德国“主导对大英帝国进行清算”。而他的第三个目的，直到战争结束之前都几乎没有人想过，而他却认真考虑过，可谓深思熟虑，那就是要努力确保德国对英国的威胁不能简单地被苏联的威胁所取代。为了达到这些目的中的第一个，丘吉尔准备不择手段。

英国以比第一次世界大战小得多的生命代价出现在第二次世界大战胜利者的一方，这是丘吉尔的功劳。然而，大英帝国只保住了一部分，它的实力遭到了严重削弱。而在同一年，印度脱离了英帝国，这对于所有的人来说都很明显：另一场世界战争是很可能要发生的，这一次会比第二次具有更大的破坏性。同盟国胜利的最大缺陷也就在于此，其主要受益者是极权主义政权。早在 1941 年夏天，西方民主国家就已经接纳了这种势力：斯大林时期的苏联。丘吉尔曾开玩笑说，如果希特勒入侵地狱，他将“至少可以在众议院向魔鬼们极力推荐”[12]。实际上，果真就发生了这样的事，而且丘吉尔为斯大林说了更多好听的话。与斯大林缔结的战时联盟，从其所有的必然性和战略合理性上看，无论如何都只是一个真正的浮士德式的协定，尽管英国和美国能用其他人的灵魂去找苏联的撒旦算账。这就是为什么 1945 年的胜利，对于许多欧洲人和亚洲人来说，几乎什么都不是，只不过是用一个极权主义版本代替了另一个而已。

人们有时说，鉴于苏联对胜利所做出的特殊贡献，这一结果是唯一正确和恰当的。然而，这可能低估了英国和美国在杀死这条轴心龙中所起的作用。

胜利幻想

德军在采取了巴巴罗萨行动给苏联造成毁灭性打击之后，1941 年底又渡过了首都莫斯科近郊的伏尔加运河，对苏联发动了第二次进攻。尽管当时苏联政府还不是由斯大林领导，他那时领导的，仍然是新创建的苏联最高统帅部（总部），但苏联最高统帅部的地位非常重要。它迁到了古比雪夫（前萨马拉），距离莫斯科东南部500多英里。一个特殊的冷藏车厢将列宁遗体运送到了一个安全的地方。[13] 11月1日，虽然前线距离红场只有40英里，但为庆祝十月革命胜利周年日，人们还是决定举行一个例行仪式。在通常情况下，斯大林是要在莫斯科大剧院发表讲话的，但是，因为大剧院被炸毁了，纪念活动改在了华丽但防爆的马雅科夫地铁站广场管理区举行。这个广场看起来就像莫斯科大剧院一样。在讲话中，斯大林对他以前的盟友希特勒发出了一个挑衅性的信号："如果他们想要打一场灭绝性战争，他们就将会得到一场这样的战争……我们现在的任务是，消灭每一个德国人，直到最后一个。打倒德国侵略者!"[14]但是，话语中，绝望与挑衅一样多。

幸运的是，斯大林收到了——并且这一次，他敏感地相信了——理查德·佐尔格（*Richard Sorge*）的情报：1941年12月，日本"只不过打算继续向南太平洋推进而已，没有想占领更多的地方"。佐尔格保证，"苏联人正在考虑苏联远东军至少在冬季结束之前可能会对日本发动进攻"，这使斯大林得以从西伯利亚转移58个师到西线。[15]天气也转而对德国人越来越不利，天寒地冻，既冻结燃油，也冻伤手指，在他们与苏联人的对峙阶段，伤亡率也在飙升。[16]闪电战的时代已经过去了。库尔齐奥·马拉帕尔特（*Curzio Malaparte*）讽刺性地说道，"30年闪电战"已经开始。[17]话虽这么说，但在朱可夫发动莫斯科反攻战几个月之后，苏联的困境依然没有显示出持续好转的迹象。德军占领了克里米亚，1942年夏天，他们已经到达了顿河河岸——通往高加索的大门，并向伏尔加河推进。在迈科普，苏联油田被占领；在摩埃尔布鲁兹的山峰上，悬挂着纳粹的党徽。波兰、波罗的海诸国、乌克兰和白俄罗斯，都落入了德国人手中。在战争的这个阶段，德国和及其盟友几乎控制了西欧和中欧的所有地区，除了极少数几个中立国家（爱尔兰、葡萄牙、瑞典、瑞士和西班牙）之外。正如一位俄罗斯评论家所说："巴黎、维也纳、布拉格和布鲁塞尔已成为德国的省级城市。"[18]巴尔干地区如克里特岛。已经向德国缴械投降，在北非，情况也差不多。1942年6月17日，隆美尔的非洲军团占领了英国在托布鲁克的据点，并向埃及进军，离亚历山大不到50英里。希特勒陶醉在胜利的喜悦中。他设想，德国将来还要占领巴西、中部非洲和新几内亚。美国最终也将被纳入德国的世界帝国版图中。里宾特洛甫的一份战后“后备殖民区”清单上，包括了英属、法属的西非，法属的赤道非洲，比利时属的刚果乌干达、肯尼亚、赞比亚和罗得西亚北部。[19]同时，日本在亚洲和太平洋地区也取得了同样惊人的胜利。正如我们已经看到的，到1941年，中国东部有更多地区落入了日本手中。日本人在珍珠港之后开始的为期6个月的突击，创建了一个庞大的“大东亚共荣圈”，包括了如今的马来西亚、缅甸、印度尼西亚、泰国和越南，更遑论太平洋岛上的巨大扇形区域。

1942年夏天，只有不可救药的乐观主义者才会坚信：盟军将赢得这场战争。[20]同年3月，继日本在亚洲取得胜利之后，丘吉尔开始认真地考虑辞职事宜。伊顿（*Eden*）本来可以接替他的，但他害怕苏联会与希特勒单方面讲和。[21]“我们已经丢掉了大英帝国的大部分地区，”艾伦·布鲁克哀叹道，“现在也很可能会失去更多。”英国似乎要变成“一条船……不可避免地向岩石冲去”[22]，“我们是否能拯救印度和澳大利亚？……埃及受到了威胁……俄罗斯不能坚守，高加索是必然要被攻占的”。德国人甚至有可能到达海湾油田（“我们的阿喀琉斯脚踵”）。[23]

轴心国本来能够巩固他们在1939—1942年闪电战的胜利果实并取得最终的胜利吗？长期以来，军事历史学家们都在争论，说德国和日本在面临着寻找有可能采用希特勒和裕仁各自的战争方式替代性决策方案时面临着多种战略选择。除了像德国1940年成功入侵英国这样不大可能出现的情景之外，推迟或取消巴巴罗萨行动，或者日本决定进攻的是苏联而不是美国，也许会出现下面4种多少有些合理的可能性：

1. 希特勒本来可能接受他的军事领导人特别是海军上将雷德尔（*Raeder*）的劝告，把重点放在赢得1941年地中海战争的胜利上，而不是放在入侵苏联上。例如，他可能跨越地中海东部，到达了塞浦路斯、黎巴嫩和叙利亚；或穿过土耳其（违反她的中立）向高加索地区推进；或穿越埃及到达苏伊士及更远的地方。[24]即使是像它过去一样，英国在马耳他和埃及的地位也岌岌可危。如果隆美尔将多少有些闲置在西欧的29个德国师派来埃及的话，那么很可能就能将英国人赶出埃及。[25]

2. 希特勒本来可能将更多的资源用在赢得1942年的大西洋战役上。[26]在整个

1942—1943 年春天，德国的潜艇都一直在使盟军的航运遭受惨重的损失。

3. 希特勒本来可能更加明智地发动对苏联的战争。他应该听取专家（其中有哈尔德和古德里安）的意见。他们劝他集中兵力占领莫斯科，而不是分散兵力，派格尔德·冯·龙德施泰特（*Gerd von Rundstedt*）元帅的集团军向南进发，向基辅进军。与此类似，希特勒本来不应该在斯大林格勒大肆挥霍他的第六军的实力。艾伦·布鲁克担心的是，保卢斯可能不是要征服高加索地区，而是要开辟通往海湾油田的道路。[27]

4. 日本本来可能向西方列强发动了一场不同的战争，在 1942 年攻打的是锡兰而不是莫尔兹比港和中途岛，以挑战英国对印度洋的统治地位。他们本来也可能将部队转移出中国和满洲——在战争结束时，其驻海外的兵力仍占 56%——以加强其在太平洋的防线。[28]

除了他们假设一个不像真正的希特勒那样的、对专家的军事劝告充耳不闻的希特勒，所有这些不利因素，集中到一点，主要就是事实上没有人提出一种方法，即一旦轴心国同时占领了大英帝国、美国和苏联，它们就有可能克服经济上的重重困难。诚然，1939—1942 年的闪电战，缩小了轴心国与其敌人之间的经济差距。德国人非常成功地从被占领的西欧国家中攫取了资源。在 1943 年的高峰时期，法国的无偿转让——相当于战前法国国家收入的三分之一，达到了德国国民生产总值的 80%。[29]德国几乎垄断了所占领的西欧国家的出口。前捷克斯洛伐克，也对德国的战争做出了很大贡献。[30]巴巴罗萨行动及随后德国攻占的腹地是如此之深，以至于德国人攫取了一半以上的苏联工业产能。[31]此外，德国人能够把他们的帝国当做廉价劳动力的无底洞。1943 年，外籍工人占有劳动能力的劳工人数的五分之一。[32]艾伯特·斯皮尔在接到负责德国军备生产的任务之后，1941—1944 年间，通过要求制造商进行标准化生产，极大地提高了生产效率，德国武器的产量增加了三倍，从而刺激了第三帝国的经济增长。[33]日本人也有经济动员的壮举，增加了飞机的产量，在 1941—1944 年之间增加了 5.5 倍。[34]

然而，这是远远不够的。三大盟国在物质资源方面具有很多优势。1940 年，当德国和意大利面临英国和法国时，后者加起来的经济总量大约是前者的三分之二。

法国和波兰的失败，使英国处于劣势，但德国入侵苏联，又恢复了经济的平衡。随着美国参战，天平发生了倾斜。事实上，实力几乎翻转过来了。1942 年，同盟国各国国内生产总值是主要轴心国及其同伙的两倍。在 1943 年是大约 3 倍，而且这一比例随着战争的继续而持续上升。这主要是美国经济迅速增长的结果（见图 15.1）。1942—1944 年间，美国的军费开支几乎是德国和日本总和的两倍。[35]很难理解不同的战略决策是如何通过尽快结束这种灾难性的经济困难局面来阻止轴心国获胜的。在美国和乌拉尔地区，同盟国的生产总量增加得如此之快，以至于大大超出了轴心国的总量。此外，本来在希特勒的势力范围内并使他采取了完全不同的战争策略的那些额外的油田，在产量方面仍然太小，不能显著地缩小双方之间的石油差距。[36]

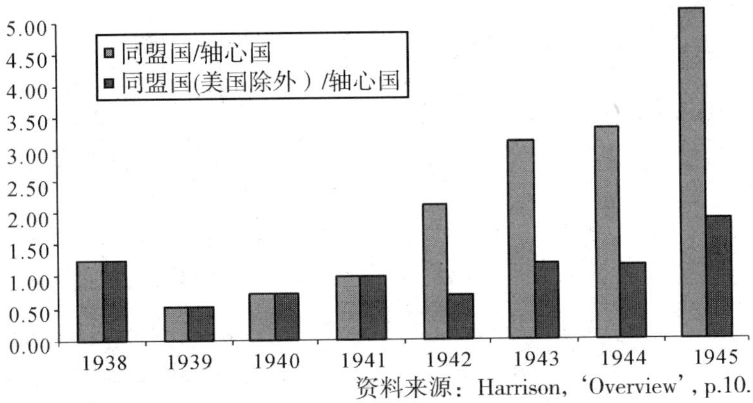

注：本表计算同盟国和轴心国国民生产总值的比例。右边的柱子不仅不包括美国国民生产总值，而且也不包括美国对英国和苏联的援助总值。

图 15.1　1938—1945 年同盟国与轴心国国民生产总值的比例

同样重要的是，要记住，轴心国列强不仅正在对抗英国人、苏联人和美国人，它们还对抗英国、苏联和美国等三大帝国的联合部队。由大英帝国联邦各地派出的总人数，数目巨大。总而言之，英国本土调遣的人数不到 600 万，额外的 510 万人全部来自印度、加拿大、澳大利亚、新西兰和南非。[37]像阿拉曼的胜利，甚至是英帕尔的胜利，都是英帝国军队的胜利，也是英国军队的胜利。殖民地为帝国献身的愿望，同第一次世界大战一样，都非常强烈。[38]尤其值得注意的是，在战争期间，有 250 万以上印度人自愿在英国的印度军队服役——数量是日本士兵的60倍以上。印度军官军团的迅速扩张，提供了忠诚的重要来源——尽管这种忠诚在战后独立战争中是有条件的。[39]红军也远不止俄罗斯人。1944年1月，在200个步兵师中，俄罗斯人占58%，而乌克兰人占22%，比战斗在德国一边的人数多一个数量级以上，他们所占的份额比战前苏联的人口还要大。[40]在斯大林格勒的苏联第62军，有一半士兵不是俄国人。[41]美国的军队，在种族上也是多元化的，虽然他们一般都待在隔离了的部队中，非裔美国人约占美军机动部队总数的11%，并且参加了自火炬行动以来的所有重大战役。[42]在诺曼·梅勒（*Norman Mailer*）的《裸者与死者》的侦察排中，包括2名犹太人、1名波兰人、1名爱尔兰人、1名墨西哥人和1名意大利人。6个将星条旗插上硫磺岛的军人中，就有3人出生在美国以外的国家。[43]在战争期间，超过20000名日裔美国人在美国军队中服役。[44]正如约翰·赫西（*John Hersey*）在《阿多诺之铃》（A Bell for Adano）中所写的，其中的英雄是“一名在意大利打仗的意大利裔美国人”。

> 美国是国际化国家……我们的军队中有南斯拉夫人、法国人、奥地利人、捷克人和挪威人，而且在欧洲到处都有我们的军队，一个人对身旁的私人秘书说：“嘿，迈克，这个老外在说什么？”……迈克都能翻译得出来。这是我们的幸运所在。没有哪个国家有这么多在我们必须侵略的土地上讲各种各样语言的人……正如欧洲人过去用一浪高过一浪的移民浪潮来侵略我们一样，现在，我们用一浪高过一浪的移民的子孙们来侵略欧洲。[45]

因此，赫西洞察的讽刺是，典型的美国大兵参战的唯一目的是“回家”。[46]

正如我们看到的，德国人已经做出了某种努力，就像日本人一样，他们也曾对被占领的欧洲其他国家的人民进行过战争动员，但与同盟国所取得的成果相比，简直相形见绌。事实上，轴心帝国在赢得被占领区的民心方面所遭到的惨败，确保了同盟国军队得到流亡势力、各种党派和抵抗组织的支持。1942年，即使加上这些附属组织，各主要盟国联合武装部队的人数，与轴心国相比，仅多了不到30%。但一年后，却超过了50%。到战争结束时，其中还包括自由法国部队[47]和波兰部队，在苏联方面战斗的南斯拉夫游击队和罗马尼亚人，盟军武装人员已经超过了两倍多。[48]52

名不同国籍人士代表性地参加了由英国人在1944年组建的犹太旅。他们跟随着一支9000人的早期人潮，即来自西班牙、德国、奥地利和捷克斯洛伐克的难民，加入了所谓的侨民公司——绰号为“忠于国王的敌国侨民”。[49]

盟军的优势是在军事硬件方面，但是，是资本而不是劳力、是武器而不是人数方面的原因，德国人和日本人最终都被打败了。轴心国在每一种武器种类上都落后，而且每过一个月都要落后一步。1942—1944年，盟军在自动手枪产量方面，是轴心国的16:1；在舰艇、坦克和迫击炮等产量方面，大约是5:1；在步枪、机枪、火炮和作战飞机等产量方面，大约是3:1。[50]当势力旗鼓相当时，闪电战是可能的，但一旦双方都机动化了——全局性胜利的定义性特征之一，胜利的关键就取决于后勤方面，而不是某些英勇行为。英国装甲部队四倍的优势力量是取得阿拉曼胜利的关键原因之一。[51]1944—1945年，苏联在开始对德发动进攻时，苏联对德国的装甲部队平均比率还不到8。[52]在东部阵线，作战飞机方面的比率，从1943年7月的3上升到1945年1月的10。[53]同样，盟军的空中优势，为行动开始预定日（*D-Day*，简称*D*日）* 的成

---

* 行动开始预定日（D-day）：是美军常用军事术语，和D日同样常用的另一个军事术语是H小时（H-hour）。这两个字母用来表示特定作战与行动的开始时间。这种表示有两个意义，第一是表示作战时间尚未确定，第二表示行动计划高度保密（解放军常用的类似军语是基数：如两个基数炮弹、三个基数燃料。这里的基数可以是100发，也可以是500发，但具体是多少则由通讯各方事先约定，其好处是有利于保密）。D与H两个字母分别源于它们所代表的单词—D = Day，H = Hour，通常，D日用来表示攻击日，H小时则表示作战开始的具体时间。在一次特定的作战行动中，D日和H小时都是唯一的。美军制定作战计划时，通常将D日与H小时加上数字正负标志，以此表示战役开始前后的精确时间。比如，H－3表示H小时的前3个小时，D＋3表示D日后第三天，H＋75则表示H小时后的一小时零十五分。在确定一次重大战役的具体时间之前，通常统帅部门需要详细制定作战计划和预案。为了保证D日目标的实现，也必须采用D日和H小时的正负标志方式，以便在不同时间段发布各种命令，最后在适当时间才发布攻击开始的具体时间。据考证，美军第一次使用D日这个军事术语是在第一次世界大战。现在可查到的历史档案是美国远征军第一军在1918年9月7日发布的命令：“第一军将在D日H小时发起攻击，夺取St. MihielSalient（地名）。”二战欧洲战区最高统帅艾森豪威尔将军最终将诺曼底战役的D日确定为1944年6月6日，这一天通常被简称为D日，所谓“最长的一天”。资料来源：http：//zhidao. baidu. com/question/36970297. html? fr = qrl&cid = 187&index = 4，2010-8-28. ——译者注

功提供了保证，也为德国在西欧的最终失败埋下了伏笔。一名德国士兵清楚地记得，“那一天，所有的一切都让我非常清楚，德国要取得胜利是不可能的”：

> 今天是1944年7月26日。目前美国的“飞行城堡”已经进行了1500次空袭，我还没有看到天空中有一架德国空军的飞机出来迎战。当然，优势兵力并不总是获胜，但是，当这种优势是如此之大的时候，那就毫无办法了。我们的周围，到处都是党卫军帝国坦克师和希特勒的青年分遣队。他们被空中力量彻底打垮了。他们甚至都没有机会去表现他们的勇敢。这种事情一旦发生，你就知道，这一定是战争该结束的时候……毫无希望，我们不可能赢得这场战争。[54]

与此同时，在太平洋地区，美国仅仅通过大规模军备的生产浪潮，便将日本拖入了沼泽。美国的潜艇使日本的商船减少了四分之三，切断了不可或缺的进口供应；美国的高射炮击落日本飞机的速度，超过了日本所能制造飞机的速度；美国的船厂在建造和修理战舰，而日本的船厂却坐等所缺乏的原料。[55]到1944年，美国生产的烈性炸药，是日本的26倍；[56]在坦克和卡车方面，日本人的就像意大利人的一样，同处于二流水平；在医疗服务方面，这是同盟国在这一次战争中的主要优势，而轴心国还处于19世纪的水平。[57]而且，在珍珠港事件后，无法想象日本还有什么策略足以弥补这巨大的经济水平差异。[58]在越来越多的自杀性战术方面，日本指挥官说自己是［用阿尔文·库克斯那（*Alvin Coox*）的表述会比较贴切］“伪装成现代军事科学练习者的中世纪武士”[59]。与此相反，美国人是滥杀无辜的主人，他们的第一原则是：“永远获取更多的、比你想象中所需要的还要多的东西。”[60]

决定这场全面战争成败的因素，最终是物质而不是士气，这对德国人来说，他们并没有输。“对于军队来说，第一个能够经得起战争考验的必要条件，”隆美尔说，“便是充足的武器、汽油和弹药储备。事实上，在战斗打响之前，成败便由军需官决定了。最勇敢的人要是没有枪，就什么都不是；枪里面要是没有充足的弹药，也什么都不是；在运动战中，枪支和弹药都没有多大用处，除非拥有装满了汽油的车辆，才能引得敌军团团转。”[61]到战争的最后一年，美国一个活动频繁的师一天都要消耗大约650吨物资，因为一辆军用卡车只能装载5吨，这对后勤形成了巨大的挑战。事实上，由于后勤补给线在行动开始预定日的几个月后从 200 英里拉长到了 400 英里，对先头部队各种物资的投放，从每天的 19000 吨下滑至 7000 吨，[62]因而延缓了盟军 1944 年下半年的前进步伐，蒙哥马利夺取阿纳姆的战斗失败。战争的最后阶段，显示了指派足够数量的人完成供应任务而不是参加战斗的重要性（其重要性始终都没有引起德国人和日本人的足够重视）。在德国军队中，战斗人员与非战斗人员的比例是 2:1，但美国在欧洲战区这一比例是 1:2。在太平洋，日本人的比例为 1:1，而美国有 18 个非战斗人员为 1 个在前线的战斗人员服务。[63]到战争快要宣告结束时，美国军事人员的数量已接近苏联（大约 1200 万），但实际上只有少数美国人参加了战斗。那些端着步枪在诺曼底登陆的人，那些飞行城堡行动中的飞行员，伤亡都很惨重[64]。西方列强相信火力多于人力，这一点，可能双方都一样。与他们的对手相比，美国明显地减少了接受过训练的士兵，四分之三的美国士兵在战斗中开枪射击的效果并不好，许多人根本就没有打过枪。[65]大多数送往医院的美国和英国部队的伤亡人员，都是由于疾病和受伤而不是对敌行动导致的。[66]“最伟大的一代”可能比其他时代的美国人更伟大，但他们远非第二次世界大战中最伟大的勇士。

虽然苏联人比西方盟国更加依赖于直接让士兵在战壕中作战来对抗敌方的火力，但他们在军事硬件方面也胜过了德国人。从 1943 年 3 月起，俄罗斯人的坦克和自动枪的数量，一直保持在德国的两至三倍之间。鉴于俄罗斯经济相对落后，又加上面临着德国入侵后重新向东部署生产的巨大挑战，这是不寻常的。[67]马格尼托哥尔斯克、斯维尔德洛夫斯克和车里雅宾斯克成了一个新的军事工业的心脏地带，其决定性特征，是通过标准化和规模经济而提高了生产力。[68] *T*-34 战斗坦克是战时设计的伟大杰作之一。造起来简单，移动起来容易，创造性地用倾斜的防弹盾做保护，装甲又适宜组装，这与众所周知的美国谢尔曼 *M*4 的不足形成了鲜明对比。[69]后来的 *IS*-1 和 *IS*-2 “约瑟夫·斯大林”坦克甚至能与德国的豹五、豹六和虎一、虎二相抗衡，德国的这些武器也容易受到巨大的 *SU*-152 反坦克炮的攻击。[70]这些武器，加上其他武器，产量巨大。在盟军的武器中，每 4 架作战飞机中就有 1 架是苏联生产的，每 3 挺机枪中就有 1 挺是苏联生产的，每 5 辆装甲车中就有 2 辆是苏联生产的，每 3 门迫击炮中就有 2 门是苏联生产的。[71]

毫无疑问，想象一下：希特勒假如使用了一颗纳粹原子弹来克服这些不利条件会怎么样?[72]但现实是，维尔纳·海森堡（*Werner Heisenberg*）和德国的科学家们没有设计出原子弹。甚至即使德国人对空中防卫进行了更迅速的改进，例如，较早地开发和运用喷气动力战斗机，但材料的缺乏极大地限制了这些本来可以制造出来的战斗机的数量。[73]在无人火箭、*V*-1 和 *V*-2 方面，德国人确实生产出了能够明显地造成伦敦重大人员伤亡、影响平民士气的新式武器，但它们不是希特勒梦想的取得战争胜利的创新，[74]而日本距离决定性的技术突破更加遥远。[75]

总之，虽然假如英国人单打独斗的话，德国人很可能能打败大英帝国；虽然假如美国保持中立的话，德国人甚至还可能战胜英国和苏联，但这些战争并非希特勒及其同伙们要打的仗。他们不惜冒险，对所有的世界强国——三个帝国宣战：英国、苏联和美国。如果 20 世纪历史上有什么不可战胜的东西的话，那就是英苏美这一压倒性胜利的组合。[76]根据在瑞士上市的德国债券的表现来判断，中立的投资者肯定是这么认为的。在战争爆发之初，作为对巴巴罗萨行动的回应德国债券就暴跌了 39%，在 1940 年反弹，然后再次下跌，在雅尔塔会议期间暴跌，跌到了与 1939 年 9 月大致相同的低点。[77]特殊的军事行动产生了不同的结果——例如，珊瑚海、中途岛、瓜达康纳尔岛，甚至莱特湾等战役——也就是推迟那不可避免的失败的时间。[78]即使德国人成功地击退了在意大利和法国的登陆盟军——鉴于霸王行动存在的潜在风险，这并不是不可思议——或者花更长的时间阻止盟军通过阿登斯向前推进，他们仍然没有处于赢得这场战争的有利地位。[79]事实上，1944 年德军向西分流，反而加快了他们在东线的溃败。[80]

同盟国分析

回顾 1945 年以后发生的事情——此时非殖民化和经济衰退是如此迅速，使英国在强国精英中的地位下降——人们往往会认为，打败轴心国主要是美国人和苏联人的功劳。然而，直到战争的最后几个月，英国人一直是同盟国平等的伙伴。英国人在 1940 年赢得了捍卫他们自己空中主权的胜利而给予希特勒第一次、并且是一次关键性的打击。当时苏联仍站在德国一边，美国仍然保持着中立。尽管遭受了托布鲁克灾难，英国人能够坚持战斗，并赢得了北非的胜利。英国人在大西洋战役中所做出的贡献，也是至关重要的。在亚洲，由威廉·斯利姆（*William Slim*）将军领导的英帝国军队，给在缅甸的英帕尔（*Imphal*）和科希马（*Kohima*）的日本军队予以最沉重的打击。诚然，英国缺乏美国那样巨大的经济资源，也缺乏苏联那样巨大的人力储备。然而，军人的素质也有重要意义。英国的情报是首屈一指的。在这次大战中，没有任何单一的情报来源，能比得上"超级机密"重要——破译了德国人用所谓不可破译的电子密码机传送的信号。在牛津剑桥大学埃及古物学家和其他聚集在布莱切利公园中的各类研究人员的共同努力下，盟军始终领先德国人一步，在北非或许是最果断的一步。[81]德国潜艇"海神"的代码也被破解了。[82]

并非英国人所做的一切都是如此聪明。阅读英语版的战争回忆录，就会对公立学校在智力培训方面的作用产生怀疑：无论参战人员是多么野蛮地发动了全面战争，都要对对方进行冷酷的沉重打击；以顽强的决心对待每一次行动，无论多么危险，都要把它当成一场猎狐、一场板球比赛，或者一场恶作剧。所有这些，都印证了莫斯威廉·斯坦利·莫斯（*William Stanley Moss*）对德国指挥官1944年在克里特岛遭到绑架的描述。在这场战争中，没有几个战俘能够显出本来的绅士风度。[83]不值班的战斗机飞行员的行为举止，就像牛津大学的大学生那样。在驻扎印度时，大队长弗兰克·凯里（*Frank Carey*）成立了"尖叫者俱乐部"，其新成员"只要他们有兴趣，就可以饮酒"；从打嗝到吼叫，然后是大叫大嚷，最后是尖叫，各种稀奇古怪的违纪活动都会出现。伴奏音乐是《普兰协奏曲》，而其中最后一个乐章居然"要求把钢琴整个拆散"。[84]罗德·洛瓦特（*Lord Lovat*）也参加了这场战争的最后一场战斗，他坚持认为，他的第一特别服务旅应该在行动开始预定日被运送到诺曼底海滩登陆。[85]经过四年的德国占领，荷兰人对英国军官的礼貌大惑不解——他们礼貌地要求准许其从他们的卧室窗户中开火。[86]只有在这场战争结束的时候，在德国内部本身，还罩着一个体育精神的面具。科德斯特里姆卫队的克隆纳·古奇（*Colonel Gooch*）痛心疾首地评论道，"这不是一场足球比赛。"在第6伞兵团投降后，他委婉地拒绝了一名德国军官伸过来的援助之手。[87]同样引人注目的是，各级军衔和文职士兵所表现出来的冷嘲热讽，甚至反英雄主义，这些都反映在里弗勒曼·亚历·鲍比（*Rifleman Alex Bowlby*）的回忆中：

我告诉你！这是一种不同于（在沙漠中）进行的战争。没有平民卷进来。这场战争是干净的。我们抓到俘虏时，我们对他们好，他们也对我们好。战斗也是不同的……有时我们让他们走，他们让我们走。然后，我们中的一个人老是出错！

如果我没记错的话，你一路不停地走错了大约500英里。[88]

然而，这种上层社会的幼稚与工人阶级的冷酷结合起来，本身就是英国最终取得成功的秘密之一。由于他们缺乏为什么而战的崇高理想——与丘吉尔的帝国重建相比，贝弗里奇的福利国家是一个更受欢迎的战争目标，这是英国军队总是士气高涨的原因。

英国人的战略决策质量，也是至关重要的。在大西洋两岸人民的记忆中，丘吉尔被视为民族的救星、盟军胜利的建筑师。但是，如果丘吉尔也享有希特勒那样不受约束的权力，他就很可能会输掉这场战争，因为他的战略判断经常是摇摆不定的。[89]正是对丘吉尔权力的限制——这是英国特别强大的力量——英国参谋长委员会的其他成员，特别是布鲁克，才能不仅反对"这位老人"，而且还经常劝阻他。英国是由委员会决定发动战争的，没有哪个人的意志是至高无上的。不同的军事部门被迫苦心地推敲出他们的差异，并且服从同一个战略。做出最后决策的时间，毫无疑问，有时是冗长的。但是，犯灾难性错误的概率也从而大大地减少了。同样可以说起的是，那次难以控制的但却至关重要的英美参谋长联合委员会会议。事实上，可能正是因为布鲁克在争论中的谨慎和坚韧，约束了美国人过早地在西欧开辟第二战场，避免了既要承受来自斯大林的，又要承受来自英国部分公众的巨大压力。[90]与之形成对照的是，希特勒可以而且也确实解雇了任何他怀疑不服从他的指挥官，什么都阻止不了他下发那些纯粹是浪费德国人生命的生产订单，什么都阻止不了他最终进入梦幻境界，命令那些实际上不存在的师无论如何都要进入那些防守不住的阵地。三位轴心国的领导人之间，也没有任何有效的战略协作："第21号计划"——德国和意大利进攻苏伊士，日本人进攻印度——有点像一场白日梦。[91]如果日本陆军和海军都不能在如何发动这场战争上达成一致，那么，轴心国争取胜利的一个周密计划，又怎么可能制订得出来呢？

人们常说，希特勒最大的战略错误，是在 1941 年 12 月向美国宣战，并把这作为在珍珠港事件后拉拢日本的一个象征。这不完全公平，因为罗斯福在相当长一段时间里一直非常重视《中立法令》的意义。与英国的经济联系，通过 1938 年签署的英美贸易协定得到了加强。继捷克斯洛伐克解体后，美国对德国实施了经济制裁，罗斯福开始向国会施压，要求一旦欧洲战争爆发，便废除《中立法令》。早在 1940 年 12 月 29 日，罗斯福就谴责轴心国是一个“权力和不义之财的邪恶联盟”，其目的是为了“奴役整个欧洲，然后……奴役世界其他地区”，他宣称：美国是“反对不法团伙”的“民主的大兵工厂”。[92]

事实上，自从 1941 年 9 月 11 日以来，德国和美国就一直处于战争状态。罗斯福曾授权美国海军指挥员：“只要一见到德国船只，就向它们开火。”[93]美国公众舆论的浪潮一直都在谴责轴心国，尽管如参议员海勒姆·*W.* 约翰逊（*Hiram W. Johnson*）这样的孤立主义者，如律师和法律历史学家查尔斯·沃伦（*Charles Warren*）这样的中立主义者，如飞行家查尔斯·林白瑞（*Charles Lindbery*）这样的神秘法西斯主义者，都为确保美国保持中立尽了最大的努力。[94]美国人不希望发生战争。许多人认为他们是受到英帝国主义和东北部商业利益上的阴谋欺骗而卷入到这场战争中来的。他们强烈地被这种中立思想所吸引：通过禁止向参战国提供军用物资或贷款，国会可以避免另一场这样的纠缠。[95]但是，他们支持美国早在 1936 年就应该着手重新装备自己。从 1938 年起，他们就明确地支持英国对抗德国。最重要的是，美国人不希望看到轴心国取得胜利。到 1939 年 9 月，大多数选民认为，向英国提供武器和物资，并不等于上了保险。1940 年德国取得的胜利，使这种观点蔓延起来，也有市民因为珍珠港事件支持对日本实施制裁。[96]

尽管如此，希特勒致命性地低估了美国。“我看不到美国人太多的未来，”1942 年这位定期聚会的“圣人”宣称道：

> 在我看来，这是一个腐朽的国家。而且他们有他们的种族问题、社会不平等问题。这些问题造成了罗马灭亡，但罗马是一座代表着某些东西的坚实大厦……德意志第三帝国拥有 270 座歌剧院—— 一种在那里他们连概念都没有的文化存在的标准。他们有衣服、食品、汽车和建得不好但有冰箱的房子！这类东西并没

有给我们留下深刻的印象。[97]

首先，这一观点误解了种族问题在美国政治中的作用。毫无疑问，在美国，黑人是二等公民，特别是在南部各州，那里的各种法律歧视依然存在。然而，信奉白人至上主义者的同样的南方人，也在支持美国参战的最强烈的支持者之列。他们这样做，至少并不是因为南方高度依赖出口。[98]在美国那些有大量19世纪德国移民的德裔人地区，孤立主义者、中立主义者和仇视盎格鲁的情绪十分强烈，[99]但他们的影响力被该国最大的犹太社区（约占美国人口的3.4%）所抵消甚至超过。从纳粹控制的欧洲逃来的30多万难民，其中许多人是犹太人。[100]具有讽刺意味的是，许多美国人都赞同某些纳粹的反犹偏见，在1942年有一半接受调查的美国人认为“犹太人在美国拥有的权力太大”。1940年，超过五分之二的受访者反对混合婚姻。只有不到五分之一的人把犹太人视为“对美国的威胁”，而近三分之一的人预料到“在这个国家会发生一场针对犹太人的普遍运动”，其中超过10%的人说他们会支持这场运动。[101]不过，绝大多数美国公众谴责希特勒对犹太人的迫害。[102]

希特勒也完全忽略了美国的经济能力。对于他所嘲笑的汽车和冰箱，正在得到大规模生产和现代化管理，美国正在用技术领导着这个世界。轴心国的领导人自欺欺人地相信：随着大萧条的到来，美国的经济模式已经解体了。然而，尽管在20世纪30年代中期到后期总需求增长缓慢，像通用汽车这样的公司正在采取重大措施，极大地提高生产效率，开发适应美国这个大市场的各种产品。对英国和苏联的出口，使得通用汽车及其同行快乐地期待着美好的未来。随着美国参战，他们得到了大量生产军事硬件的政府订单。在第一次世界大战中，其结果是一个烂摊子：生产瓶颈、惯性浪费和通货膨胀的压力。1942年，情况完全不一样了。正如通用汽车公司总裁查尔斯·*E.*威尔逊（*Charles E. Wilson*）所说的那样：“真正的新闻，是我们美国的生产方式，我们知道怎样做好这桩生意，能够适应大规模生产所有这些战争用品……而且我认为，这正是我们的轴心国敌人所忽略了的一个因素。”[103]在这里，也有一种妥协。大公司以惊人的速度，从一个消费社会的冠军转变成一个命令经济的仆人。正如约翰·汉考克（*John Hancock*）和伯纳德·巴鲁克（*Bernard Baruch*）所观察到的：“随着战争的来临，某种极权主义得到支持，政府告诉每个公司什么项目是能对战争做出贡献的。”[104]

在宏观经济方面，取得的成果也足以令人吃惊。1942 年，美国国民生产总值比 1938 年的高 60%。1944 年，达到战前水平的两倍多。在 1940 年和 1943 年之间，创造了 500 万个新的就业机会。[105]这是巨大财政刺激的结果，联邦财政赤字上升，占到国民生产总值的 20%，而且，私人投资和个人消费随之激增。[106]虽然的确有一些原料必须配给，但正如通用汽车公司总裁威尔逊所说，美国是第一个想出办法在战时如何既拥有枪支又拥有黄油的国家。[107]要保证做到这一点，大部分信贷就必须发放到企业老板手上——像通用电气菲利普·里德（*Philip Reed*）这样的所谓“每人每年只挣一美元的人”——在战争期间，他们免费向政府提供有效的服务，并促成了军事部门和大制造商之间的顺利合作。他们一直是罗斯福坚定的反对者。[108]此前或者此后，联邦政府都从未对美国的经济生活进行过如此大规模的干预，从来没有投资建设并拥有大量的新工业设施。[109]像国防咨询委员会、生产管理办公室、战争生产局和战争调遣办公室等各机构，都改变了管理方法。[110]正是在微观经济层面，产量战真的打赢了。因为战争促进了大规模生产，像福特在威罗兰上马的长达一英里的轰炸机装配生产线、波音公司在西雅图设立的 *B*-29 工厂以及通用汽车公司在阿利森的航空发动机厂等。波音公司在西雅图的工厂，一天就生产 16 架 *B*-17 飞机，并雇佣了 40000 个男女进行全天 24 小时不间断生产。[111]从来没有哪家公司像自由轮船公司那样如此高效地制造船舶，它在战争期间共制造了 2700 艘。正是在战时的通用汽车公司[112]，彼得·德鲁克（*Peter Drucker*）亲眼目睹了现代“股份制公司的概念”及其管理权力下放制度的诞生。[113]而且也正是在战争期间，美国的军工企业诞生了，美国政府一半以上的主要合同都集中在 33 家公司。[114]波音公司在 1941—1945 年短短几年间，净盈利达 2760 万美元，而在 5 年前，该公司却亏损近 300 万美元。[115]通用汽车公司雇用了 50 万人，提供的战争产品占美国的十分之一。仅一个福特公司，所生产的军事装备就比意大利的还要多。[116]难怪一些有头脑的士兵认为，他们所冒的风险，不是在一场“真正的战争中……而是在一个规范的商业企业里”。[117]美国经济之所以能从大萧条中复苏，主要归功于使其他国家人民的城市蒙羞的商业，这着实奇怪。

然而，美国人并不仅仅为这场全面战争而装备自身，他们还装备了他们的盟友。众所周知的是，“租借条约”制度，为英国的经济命脉提供了至关重要的数十亿英镑资金。1941—1945 年之间，来自美国的净拨款总额达 54 亿英镑，平均约占英国国民生产总值的 9%。[118]较鲜为人知的是，美国给苏联也提供了大量的物资。总而言之，斯大林获得了价值 930 亿卢布的物资，占苏联净国民生产总值的 4% 到 8%。[119]统计手册上显示的这些官方数字，对美国援助的作用是打了折扣的：380000 部野外电话、363000 辆卡车、43000 辆吉普车、6000 辆坦克和 5000 多英里长的电话线，用船沿着冰冷的北极供应线从美国的加利福尼亚运到符拉迪沃斯托克，或者经陆路从波斯运到摩尔曼斯克。数以千计的战机沿着从阿拉斯加到西伯利亚的一座“空中桥梁”飞行。[120]美国人提供给斯大林的，也不是只有硬件。在战争期间，苏联大约 58% 的航空燃料来自美国，还有 53% 的炸药，近一半的铜、铝、橡胶轮胎，更遑论数以吨计的罐头——总之，占总量的 41%—63% 的苏联军用物资，均来自美国。[121]美国的工程师也继续提供着宝贵的技术援助，就像他们当初在麦格尼托戈尔斯克那样。这些用模板印刷喷刷在史蒂倍克车上的“*U. S. A.*”，据说代表着 *Ubit Sukina syna Adolf*——“杀死那个狗娘养的儿子阿道夫”。[122]要是没有美国的大力援助，苏联人本来要奋战很久才能歼灭一半的德国人。

在苏联人所称“伟大的卫国战争”的宣传中，美国的援助并不是斯大林特别热衷于宣传的一个方面。但是，如果没有美国资本所做出的这种巨大贡献——正如朱可夫和斯大林的接班人赫鲁晓夫在私下所承认的，苏联很可能会输掉这场战争，或至少要花更长的时间才能赢得胜利。[123]如果说德国 1943 年夏天所面对的红军与 1941 年夏天时几乎溃不成军相比要强大得多的话，那么，这是美国援助这一重大举措所取得的结果。然而，军事实力的提高，也毫无疑问是斯大林几乎完全掌握了其臣民生杀予夺权力的结果。20 世纪 30 年代的教训使苏联人懂得，假如劳动者的生命被视为消耗性的东西，那么，几乎任何物质上的障碍都是可以克服的。所以，当斯大林下令将苏联工业企业搬迁到乌拉尔山脉以东进行重建时，这只不过就像它那令人难以置信的、野心勃勃的五年计划那样，是另一个经济学上非人道的壮举，而且几乎可以说只是在浪费人的生命而已。人们本来希望在战争的危机中，斯大林会暂停实施恐怖政策。但恰恰相反，苏联的劳改营制度数以百万计地吞噬着受害者。犯人们被匆忙地向东转移，往往被迫行军，因为德国人在向前推进，士兵枪杀或刺死那些倒在路边的人，而不是让德国人来解放他们。

战争期间，数十万苏联产业工人都成了犯人，每天劳动多达16个小时，只为得到每天赖以生存的口粮。[124]苏联种族清洗的步伐也在加快。1941年，波兰和波罗的海国家的犯人都惨遭屠杀，而不是向东转移。大约120万日耳曼人包括最东边的德裔人、伏尔加河沿岸的德裔人从欧洲的俄罗斯被驱逐到西伯利亚和中亚。超过66000名日耳曼人也从罗马尼亚人暂时占领的西南地区德涅斯特河附近被驱逐出去。[125]随着德国1943年年底从高加索撤退，克里米亚的鞑靼人和车臣人都遭到了集体性驱逐，理由是他们通敌。其他被视为嫌疑人的族群也遭到了流放：巴尔卡斯人、保加利亚人、希腊人、印古什人、伊朗人、卡尔梅克人、卡拉齐人、库尔德人、穆斯林亚美尼亚人和梅斯赫特土耳其人。[126]犹太人现在也开始受到斯大林的怀疑。普通的苏联平民发现自己生活"在一个独特的犯人营中"，一周工作七天，所得的报酬只有他们英国同行的五分之一。[127]同时，苏联的军事纪律极为严明。斯大林的老对手托洛茨基首先建立了这样的制度：如果红军士兵前进，他们可能会被枪毙；但如果他们逃跑，就一定会被枪毙。斯大林很高兴地使托洛茨基主义复活。1942年7月28日，国防部人民委员以斯大林的名义颁布了第227号令（"不准后退一步"）：

> 我们不能再容忍指挥官、政委和政治干事们任意地离开工作岗位。我们不能再容忍的是，指挥官、政委和政治干事们允许为数不多的懦夫们逃离战场。恐慌的商人们在撤退中带走了士兵，并逃到敌人那边去了。恐慌的商人和懦夫必须就地处决。
>
> 从现在起，每一个军官、士兵（和）政治干事都要服从这一铁律：没有上级的命令，不准后退一步。连、营、团、师的指挥官，以及政委和相应级别的政治干事，在没有得到上级命令的情况下撤退，就是祖国的叛徒。他们应该被视为祖国的叛徒。这是我们祖国的号召。[128]

允许部队撤退的军官们将要受到军事法庭的审判。斯大林以德国为榜样，下令在后方成立处决小组，以"处决那些恐慌的商人和懦夫"；成立刑事营，以对付那些逃跑的人，"从而使他们有机会用鲜血赎回对祖国所犯下的罪行"。放弃阵地的处罚，扩大到包括指挥人员，并且根据第270号令，甚至牵连到逃兵的家人。[129]当斯大林自己的儿子在维捷布斯克附近被德军俘虏时，他的母亲也被逮捕了，并在劳改营中度过了两年时间。[130]那些有幸在战争中幸存下来的在德国的苏联战俘，后来又以“背叛祖国”的名义，再次在同样恶劣的条件下遭到监禁。[131]

所有这一切提醒我们：为了战胜敌人，西方列强经常谴责苏联的野蛮行径，但又与它结成同盟，从事在道义上也好不到哪里去的共同事业，只是为了最终在发动全面战争时更有效率而已。乔治·奥威尔（*George Orwell*）在1941年发现，“人类面前的选择”，“不是……善与恶之间，而是在两害之间。你可以让纳粹统治这个世界，这是邪恶的；或者，你也可以通过战争推翻他们的统治，这也是邪恶的……无论你选择什么，你都不再会有干净的手了。”

奥威尔的《动物农场》（Animal Farm）如今被尊为批判俄国革命堕落成斯大林主义的作品。人们忘了，它是在第二次世界大战期间写就的，因为其中存在的反苏情绪而遭到不少于4个出版商［包括*T. S.*艾略特（*T. S. Eliot*）出于为费伯及其出版公司的利益考虑］的拒绝。[132]没有任何东西象征着这种视而不见，即西方列强现在要求助的是斯大林的犯罪，而不是1944年5月美国副总统亨利·华莱士（*Henry Wallace*）访问科雷马古拉格时所说的话。“世界上还没有哪两个国家像苏联和美国这样相象，”他对他的东道主们说，“贵国辽阔的国土、原始的森林、宽阔的河流和大型的湖泊，气候类型的多样性，从热带到极地……它取之不尽的财富，（所有这一切）都令我想起了我的故乡。无论是苏联人还是美国人，都在以不同的方式寻求一种能够使世界各地的普通大众都能充分地利用现代技术的生活方式。我们的宗旨和目标并不存在什么不可调和的东西。”[133]现在，所有的一切都是极权主义。用诺曼·梅勒（*Norman Mailer*）在《裸者与死者》综述中的话说：

> 就像动能一样，一个国家有组织、有合作地努力实施……法西斯主义……这场战争的目的，是要将美国的潜力转化为动能……美国将专注于那个（法西斯主义者）梦想，它现在正在那样做。当你有了权力、物质、军队时，他们就不会自愿消亡……你们那些在美国掌权的人……在我们历史上第一次清醒地意识到他们的真正目的。[134]

深度战争

早在1942年4月，艾伯特·斯皮尔（*Albert Speer*）便已感觉到“决定性的转折点”[135]。这年冬天，德国人知道，闪电战的时代过去了，再也不会回来了。他们的战线拉得太长了，这很危险。他们的设备还没有适应俄罗斯的冬天。但更重要的是，敌方第一次有能力在战场上与他们进行较量了。在斯大林格勒，德国人发现自己陷入了一个类似第一次世界大战的西线战争那样的消耗战中，只是天气要寒冷得多、战争要残酷得多。保卢斯的第六军在1943年1月30日投降，现在经常被描绘为真心话大冒险[136]。但是在库尔斯克战役六个月以后，才是轴心国终结的真正开始。因为正是在这里——在“这个极权主义暴力的大锅中”，三个被逼入绝境的同盟国联合起来的毁灭性威力才显现了出来。[137]

在斯大林格勒，德国人被包围了，最后因补给短缺而投降。在库尔斯克，德军与红军迎面相击。在1943年7月起风暴的日子里，在库尔斯克阵地的突出部所发生的战事，规模庞大，德军很难吃得准。战场有威尔士的面积那样大，开车从一端到另一端需要三个小时。德国计划发起一场从北部和南部开始的经典弓形战役，以期达到在突出部之内包围苏联军队的目的。俄罗斯的反应是纵深防御，其目的是在突出部修筑防御工事，然后运用欺骗性伪装，诱使德国人走向毁灭。[138]他们挖战壕3000公里，埋了40万枚地雷，组织了1336000人——占整个红军的五分之二、3444辆坦克、2900架飞机和19000支枪。在另一方，在50个师中有大约900000名德国士兵。德国人本来能够克服这些数量上的不利的，但是，他们现在面临着的，是用英国情报和最新的美国硬件武装起来的红军。[139]苏联的指挥官们正在使用美国收音机相互沟通，交流军事信息。由*P*-39空中眼镜蛇组成的大飞机分遣舰队列队停在苏联的机场上。

德国的攻势，代号为“城堡”，定于7月4日凌晨2∶30开始。在2∶20分整，由于有了布莱切利公园“×站”的密码破译者的事先警告，朱可夫先发制人，发起了猛烈的轰炸——这震耳欲聋的声音对于他来说，听起来就像是一首“地狱里的交响乐”[140]。十几个兵团在枪林弹雨中被押往前线，让他们去抵抗德国人的攻击。德国人措手不及，但依托其全新的豹式坦克火力的优势奋力向前推进。赫尔曼·霍特（*Hermann Hoth*）将军驾驶着最好的死亡之头（*Death's Head*）装甲车，率领帝国的第 4 装甲军，深入到苏联南部侧翼。帕维尔·罗特米斯特罗夫（*Pavel Rotmistrov*）将军的第 5 近卫坦克军的任务就是要阻止他前进。罗特米斯特罗夫指挥部队从苏联占领区加快向西推进，并来到了战斗的关键点：普罗霍洛夫卡山。战斗持续 8 天后，两支庞大的坦克军迎面对峙：850 人的苏联 *T*-34 型坦克队步兵对 600 人的德国装甲车。一时间，烟雾和灰尘遮天蔽日，几乎什么都看不到。罗特米斯特罗夫的坦克指挥官不得不踩在他们司机的肩膀上，指挥他们操纵着坦克。[141]后来，一场暴雨使战场变成了一片汪洋。当战斗终于停止时，剩下的，是一个可怕的场景：烧毁了的坦克、烧焦了的尸体。在这次战斗后的几个星期里，30 英里长、30 英里宽的整个地区，用苏联记者伊利亚·爱伦堡（*Ilya Ehrenburg*）的话来说，变成了一个“可怕的沙漠”：“被烧毁的村庄，被毁灭的城镇，被砍断的树桩，陷入沼泽的车辆，野战医院，匆匆挖就的坟墓——所有的这一切，组成一座大坟墓。”[142]

这就是爱伦堡所谓的“深度战争”。历史上从来没有过一场这样的冲突：无情、冷酷。然而，这场战争不可能一直持续下去。因为尽管双方多少打了个平手，但德国的损失相对来说比较大：损失了一半多兵力、一半多车辆。在随后的几个星期里，他们被无情地赶了回去，失去了奥廖尔，然后是布林斯卡，然后是别尔哥罗德，然后是哈尔科夫。[143]两个星期后，在卡拉齐夫附近的库尔斯克，爱伦堡看到了一个路标：“距离柏林 1209 英里”。[144]这似乎象征着人们会突然意识到：德国的失败，如今是不可避免的了。

失败的潮流已不可逆转。这不只是表现在东部战区。正如布鲁克所说，在每一个战场，盟军都已经开始“不再打败仗了，而是正在打胜仗”。[145]自 1942 年 11 月初，继火炬行动（盟军在卡萨布兰卡、奥兰和阿尔及尔登陆）和蒙哥马利在阿拉曼取得胜利后，德国便开始从北非撤退。1943 年 5 月 12 日非洲军团投降。1943 年夏天，由于提高了侦察能力，摧毁了德国潜艇，大西洋战役有效地结束了。翌年，受到 *U* 艇攻击的同盟国的商船，只损失了 31 艘，而在 1942 年却损失了 1000 多艘。[146]

在太平洋地区，这股潮流也改变了方向，速度甚至比东欧的还要快。在珊瑚海和中途岛的战役中（1942 年 5 月和 6 月），舰队司令切斯特·*W.* 尼米兹（*Chester*

W. Nimitz）的驱逐舰第一次在数量上给日本舰队带来重大损失。在库尔斯克，双方都蒙受了重大损失，但过度扩张的轴心国，战斗的机会成本却要高得多；日本决不会将4艘沉没的驱逐舰归还美国人，而美国人还远没有达到他们造船能力的高峰期。[147] 1942年8月—1943年2月，在所罗门群岛附近的瓜达尔卡纳尔岛开展的一系列战役，暴露了日本陆军的脆弱性，美国人已经取得了海军和空军的优势。[148] 1943年5月，美国军队歼灭了阿图阿留申岛上的日军，迫使他们放弃了基什卡；9月，日本的策略已经转为坚守8000英里的“最后的防线”，在那里，他们的军需供应日益减少。[149] 即使是中国，也取得了抗战进展。克莱尔·李·陈纳德（*Claire Lee Chennault*）的“飞虎队”给日本造成了重大损失，特别是在台湾机场，日本的损失更大。1943年底，陈纳德的主要竞争对手——约瑟夫·史迪威（*Joseph Stilwell*）终于帮助中国军队有效地进入了缅甸。[150] 总之，所有这些进展，都标志着轴心国的命运——他们不可能赢得这场由大英帝国、苏联和美国联合作战的战争。意大利人看得很清楚，他们于1943年7月推翻了墨索里尼，只留下德国在苟延残喘。

在库尔斯克大会战两个月后，英国战时内阁联合情报小组委员会发布了一个令人着迷的报告，指出了1943年德国的困境，与它在1918年所遭遇到的困境一样，存在着“惊人的相似性”。盟军的空袭，与前一次大战的海军封锁一样，正在对轴心国的士气产生同样巨大、“而且或许是更大的绝望感、失落感”：

> 德国的欧洲盟国……再次束手等待第一个摆脱战争的机会。以前也这样做过……在这种情况下，德国最高统帅部在1918年认识到这场战争最终失败的必然性，战争继续下去是徒劳无益的。我们相信，德国人这种类似的感觉，已经失去了赢得这场战争的所有希望，而且，再打下去，只会导致无谓的流血牺牲和毁灭，这如今已经成了德国人的主流意识，甚至也成了部分军事领导者的共识……对这种场面进行整体研究，使我们会不可避免地得出这样的结论，即与在1918年同一时期相比，如今德国的局势更糟。

该报告下结论道，尽管德国所能料到的政治压力会大得多，和平的条件也会苛刻得多，但这种可能性是不能排除的：即在年底之前，德国可能会遭遇一场“危机”——甚至是“政权的突然更迭”，以便为停战铺平道路。[151]1943 年 12 月，当时还没有发生这样的危机，丘吉尔询问英国和美国的首脑们“什么时候德国人将被打败”，他们的答案是，1944 年 3 月—11 月之间。[152]

对于盟军必胜的预测如此准确的当局，怎么会预测错他们胜利的时间呢？因为德国人和日本人在库尔斯克战役之后，打了将近两年之久——这是整场战争死亡率最高的时期。当然，盟军有可能会想出办法来更快地结束这场战争。还有一些人继续相信（苏联当时的说法）：早在行动开始预定日的前一年，在西欧就开辟了“第二战场”，在北非和意大利的登陆不只过是从法国等主要战场转移。[153]实际上，自罗勒·利德尔·哈特（*Basil Liddell Hart*）、龙德施泰特的参谋长西格弗里德·韦斯特法尔（*Siegfried Westphal*）以来的许多军事分析家们都认为，假如战线没有拉得如此之长，在行动开始预定日之后，英美会推进得更快。[154]然而，延长战争结束时间的关键因素，不是盟军过于谨慎，而是轴心国有同样大的韧劲。任何早日结束战争的愿望，都与这样的事实不相符，1943 年 6 月—1944 年 5 月之间，德军至少损失了 90 万人。在盟军登陆作战顺利的情况下，那些德国人仍然在坚持战斗；要是在一年前，德国人会打得有多好？也许，这就要对起决定性作用的两栖登陆进行彩排，先是北非，后是意大利。

赴死

“如果我们打击的是有理性的人，”奥马尔·布拉德利（*Omar Bradley*）将军的助手在 1944 年 12 月说，“那么他们本来在很久以前就应该投降的。”1945 年以前，确实有不少德国人投降了：1943 年 1 月 30 日在斯大林格勒的保卢斯的第六军，1944 年 7 月集团军崩溃，其时有 25 个师投降；1944 年 8 月在雅西投降的，超过了 18 个师。[155]然而，绝大多数的德国人被俘，是在约德尔将军于 1945 年 5 月 8 日凌晨 2：41 签署了正式投降书之后。据估计，西方同盟国在投降书签署之前俘虏了大约 63 万德国人。[156]战后，据马施克委员会统计，1945 年第一季度被俘总人数为 200 多万，东欧和西欧战场上的俘虏人数大致上相同。[157]总之，德国投降前夕，战俘总数不可能超过 300 万。[158]换句话说，在 1100 万名德国士兵的总数中，至少有 800 万是在正式投降后才放下武器的。库尔兰军不是不典型，他们抵抗到最后，尽管早在 1945 年 1 月就已经被红军包围了。此外，未知但可以肯定的是，在 300 万投降前所抓到的俘虏中，有大部分都是在战争的最后几周内才明确地投降的。

日本人的抵抗比德国人的顽强。在太平洋战争中，西方军队被俘与死亡之比约为 4:1，日本人的比例为 1:40。[159] 只有 1700 名日本战俘是在缅甸被俘的，而相比之下，却有 15 万人被杀；在 1700 个战俘中，只有 400 人身体健康，并在囚禁的第一周里，所有人都曾试图自杀。[160] 尽管他们的处境明显让人感到绝望，但在美国人 1945 年 3 月—4 月在冲绳岛登陆后，日本人誓死保卫冲绳岛。经过令人绝望的短兵相接后，日本人撤退到养兔场的洞穴之中，造成超过 10 万日军死亡。大约只有 7000 人最后当了俘虏。也许有多达 42000 名平民也失去了性命。美国和盟军死亡人数超过了 49000 人，为太平洋战争之最。与此同时，近 8000 名飞行员在自杀性空军部队——所谓的神风敢死队——将他们的飞机直接撞向美国军舰，共撞沉 36 艘，摧毁舰上飞机 763 架。[161] 在战争的最后几个星期，直到他们处于饥饿的边缘，大批日军才开始投降。[162] 并且，甚至迟至 1945 年 7 月下旬，17000 名日本人在企图渡过缅甸的锡唐河时丧生。[163] 日本人不像其他民族，他们只有在自己没有了行为能力时才会做俘虏。有一名日本士兵一直拒绝放下武器，直到 1974 年。[164] 被调遣来保卫日本本土的绝大部分军队都会继续战斗，宁死都不投降，虽然帝国并没有命令他们这样做。[165]

我们如何解释在第二次世界大战中德国和日本军队的负隅顽抗呢？在胜利的希望已经化为泡影后，他们为什么还要继续战斗？部分答案在于军队的纪律。[166] 在英国，因逃亡而判处死刑的法律在 1930 年便被废除了，此后再也没有恢复。[167] 美国对逃亡的士兵也很宽容，在整个第二次世界大战中，只有一个士兵因为逃跑而被枪决。[168] 但在德国方面，就像苏联人一样，对开小差的刑罚明显随着战争的继续而加重。德军处决了 15000—20000 名自己的士兵，他们主要是在战争后期以所谓逃跑的政治罪或者破坏军事实力罪而遭处决的；德军通过派他们去死亡营的方式而有效地判处了好几千人死刑。[169] 在东线，当很高的伤亡率（在有些师，最高可达原来兵力的 300%）阻碍了“主要群体”忠诚的形成，逃跑率开始上升时，这种严厉的措施变得越来越重要。[170] 像“最严厉的惩罚”和“无情地利用一切手段”等短语，成了日常处决的委婉语。[171] 到战争结束时，德国士兵面临着一个艰难选择：“要么被敌人的子弹打穿而死，要么被党卫军的‘暴徒’打死。”正如一名逃到苏联的德国逃兵在 1942 年 10 月所解释的，他的很多战友之所以都没有投降，是因为担心“如果他们遗弃了自己的战友，就会受到惩罚；如果他们被视为试图逃跑，就会被枪杀；而如果他们被抓，就会被处死”。[172]

轴心国部队拒绝投降的第二个理由，是害怕受到污辱。在日本方面，当然，这起到了至关重要的作用。正如我们所看到的，日本军队长期以来都谴责投降行为。[173]虽然无论是在陆军还是海军的刑法和纪律处分条例中都没有明文规定不准投降，但到太平洋战争后，投降已经成了一种禁忌。[174]“不要活着体验做俘虏的耻辱”是 1941 年外勤人员守则上的明确信息，而且日军根本不承认日本有战俘存在的事实。[175]用训练神风敢死队飞行员的松尾斋藤（*Saito Matsuo*）的话来说：

> 你看，日军没有投降的概念。即使没有打败敌人的希望，你仍然应该战斗到底。我们被告知，那是大和精神——日本人的精神。我们被教育得相信：用美国和英国军队过去在新加坡和其他地方那样的方式投降，是可耻的。

美国战地记者厄尼·派尔（*Emie Pile*）被一群海军陆战队告知，一名被包围在海滩上的日本军官做出了什么反应：他杀害了六个自己人，然后挥舞着他那把血腥的屠刀，直到被击毙。在阿图，日本人认为自杀万岁，而不愿投降。[176]那些被盟军成功抓获的日本兵，往往企图自杀或自杀性逃跑。[177]即使在战争结束后，人们都极不情愿使用“投降通行证”——上面用日语或者英语印有“投降”二字，“我停止抵抗”是一个首选的代名词。一些日本士兵拒绝放下武器，直到帝国总部 1945 年 8 月 15 日发表声明说，“那些处于敌方军事力量控制下的军人……将不会被视为战俘”。[178]许多日本平民同样不愿承认失败。在庆良间群岛和塞班岛，男人先杀害自己的家庭成员，然后自杀，都不愿投降。[179]盟军坚持无条件投降——罗斯福 1943 年 1 月在卡萨布兰卡宣布——可能会遭到更大的阻力，因为这似乎暗示着要罢黜天皇。[180]

在德国军队中，同样存在某些厌恶投降的情绪。1944 年 12 月，美国心理学家索罗·帕多弗（*Saul Padover*）审讯被俘的中将鲁道夫·科尔霍夫（*Rudolf Kohlhoff*），鲁道夫对关于德国失败的可能性问题做出了有趣的反应：

> 但是我告诉你，德国是不会被打败的。我不知道需要多久才会取得胜利，但胜利是一定会取得的。我相信，否则我也不会打。我从来没有战败的想法。我不能告诉你如何赢得胜利，但胜利确实会到来。我们的将领们必须有充分的理由继续战斗。他们相信最后的胜利。否则，他们不会牺牲日耳曼血统……德军将永远不会投降。德军战斗到最后还是不会投降。只有平民才会投降，才会背叛军队。我告诉你，美国人将永远都到不了莱茵河，我们将战斗到底，我们将努力为每一个城市、城镇和乡村而战。如果有必要，我们将目睹整个帝国被摧毁，所有的人被杀死。作为一个枪手，我知道，要摧毁德国人的家园和杀害德国的平民，是一种不愉快的感觉，但为了保卫德国祖国，我认为有必要。[181]

另一名战俘——一名年轻的伞兵，也告诉这一名审讯员，“因允许自己被俘虏而深感羞辱”，觉得自己“应该死在‘光荣的战场上’”。[182]这种态度，显然在那些已经非常彻底地受到当局灌输的部队中更为普遍。在1945年4月，在苏台德地区靠近马伦巴的美国部队里，君特·格拉斯（*Günter Koschorrek*）——一个对东部阵线产生幻灭的老兵——毫不怀疑：“在这个最后阶段，一些脑子进水的部队领导……（将）严格服从希特勒的命令，并且会一直战斗到打光最后一颗子弹为止。”[183]然而，即使是自觉的非政治性专业人士，也深受希特勒关于战斗至死的命令的影响。1945年4月，当马丁·波佩尔（*Martin Pöppel*）——一名经验丰富的伞兵，发现他的部队被包围时，他们发现，要做出投降的决定，远不是那么容易：

> 我同最后一位军士就形势进行了讨论。元首的命令深深地烙印在我的脑中：“如果上级官员不再有领导能力，他就要将他的指挥权交给下一位职级最靠近的人。”就个人而言，我准备投降——我，从战争的第一天开始，就一直是个伞兵。尽管这场战争完全令人绝望，但战士们含着眼泪来到我的身边说：“作为伞兵，如果我们投降的话，怎么有脸去见我们的妻子？”这样的现象，令人难以置信……然后，经过长时间的沉默，他们说，如果那个“老人”……认为我们应该投降，那么他们就会跟着我学。（波佩尔，时年24岁。）[184]

一个美国下士记录道，“德国佬总是打光所有的弹药，然后再投降”——（暗示）不像美国兵，在没有希望打赢的情况下就会投降。尝试与仍然有子弹的德国人谈判是极其危险的，即使他们被包围了。[185]

然而，说到底，不仅是担心给予纪律处分或者是带来耻辱，使德国和日本的士兵断了投降的念头。对大多数士兵来说，更重要的是这样一种感觉：反正战俘都要被敌人杀害，还不如打下去。德国人当然是那些首先在东部战线对战俘大开杀戒的人。当时，有一些军官和普通士兵感觉到，这不是一项明智的政策。盖伊·沙耶尔（*Guy Sajer*）回忆起他和他的战友们在向投降后的苏联人投掷手榴弹后的反应：

> （后来）……我们开始明白发生了什么事……我们突然感到某些可怕的东西，这使我们浑身起鸡皮疙瘩……对我来说，这些记忆使身体丧失了感觉，好像我的人格已经分裂……因为我知道这种事情不会发生在那些过着正常生活的年轻人身上……
>
> “我们是真他妈的要杀死这些波波夫（俄罗斯人）……”（哈尔斯说。）
>
> 他显然也像我一样，感到极为困扰。
>
> “（这）就是战争的真相，而且是全部真相。”我回答道。……某种丑恶的东西进入了我们的灵魂中，至今依然在我们的灵魂中，并且永远困扰着我们。[186]

除了杀害俘虏的非法性之外，有些德国人看到了杀害战俘的愚蠢性，而不仅仅是因为战俘具有情报来源的价值。[187]沃尔夫·冈霍恩（*Wolfgang Hom*）承认，如果“懦弱的”苏联人投降时举手举得太慢，他本人就朝他们开过枪，但他对他的中尉所做出的决定——命令部队朝战俘开枪，感到很悲哀。因为这不仅是“没有骑士风度”，而且也很“愚蠢”，因为“躲藏在森林中的苏联人可能会看到战俘被枪杀，因此，他们下一次就会更加拼命地战斗”。[188]阿尔弗雷德·罗森堡（*Alfred Rosenberg*）预言道：“不明智地虐待战俘，在政治上和军事上造成的显而易见的后果……不仅会削弱逃跑的意愿，而且真正致命的是，害怕会落入德国人手中。”[189]第18装甲师军官得出了相同的结论：“红军战士……比在战场上死去，更害怕当战俘。”[190]大德意志师的指挥官也这样认为。他要求他的人“理解：虐待那些在战场上投降的战俘或向他们开枪的最终结果，将是使敌人的抵抗更加顽抗，因为每个红军战士都担心成为德国的俘虏”。[191]然而，反对“毫无意义射击”的命令，被士兵们置之不理。[192]实际上，杀害战俘成了家常便饭：“我们抓来一些俘虏，朝他们开枪，这是我们一天到晚所做的全部工作。”[193]

对报复的恐惧有助于解释为什么许多德国人发现投降的前景是暗淡的，即使他们已然处于绝望的境地。普通士兵害怕落到“俄国人的手里”，认为“他们无疑渴望报复”。[194]在斯大林格勒，顽固的德国军官在宣布投降后也决不例外：“谁都不准投降！这场战争还要继续打下去！”然后枪杀了一名苏联军官。[195] 1944 年 7 月，负责爱德华·斯特比（*Eduard Stelbe*）部队的中尉因不愿落入红军手中而开枪自杀。[196]戈特洛布·比德曼（*Gottlob Bidermann*）描述了第 132 步兵师投降的情形，这又可以作为证据，表明即使迟至 1945 年 5 月 8 日，一些前线人员也极不愿意服从命令投降。一位军官朝自己头部开枪而自杀，另一位一边朝下一条德国战线跑去，一边尖叫着“不投降”！在那里，他试图迫使一个使用自动火炮的指挥官来迎敌。不得已，他被一把枪托打倒了。“你为什么要继续战斗？”接受比德曼投降的红军上校问道。他回答：“因为我们是军人。”[197]但这样的解释并不充分。其中很大一部分原因是，德国部队本身犯下了战争罪行，预计如果投降的话，得不到红军的宽恕。君特·格拉斯（*Günter Koschorrek*）完全清楚，苏联没有“按照《日内瓦公约》的规定对待俘虏……我们一直攻打苏联——我们能想象得出在西伯利亚等待我们的是什么”。[198]德军害怕失败，便参与屠杀平民。“如果我们明天输了，”盖伊·沙耶尔写道，“我们这些还活着的人……会毫不留情地被判刑……被指控谋杀的，一个都不能幸免。”[199]一名目睹了成千上万犹太人在立陶宛被屠杀的士兵只能说：“愿上帝赐给我们胜利，因为如果他们要报复的话，我们的日子就会很难过。”[200]那些意识到自己方面对待战俘是多么残酷的日本战俘，特别是在“满洲”进行医学试验的 731 部队，可能会有类似的担心。[201]

报应来得不慢。“我们也残酷地虐待我们（自己）的人，”一名苏联战俘对德国审讯人员说，“其实是如此残酷，残酷到几乎不可能再残酷。（但是）你们德国人成功地做到了这一点……因此，我们将赢得这场战争。”[202]“不要数日子，不要数里程，”《红星》（Red Star）军报的伊利亚·爱伦堡（*Ilya Ehrenburg*）咆哮道，“只要数数你杀死了多少德国人。干掉德国人——这是你母亲的祈祷。干掉德国人——这是你的苏联大地的呼号。不要动摇。不要松懈。杀吧。"[203]苏联人对待德国人，正像德国人过去对待他们那样。[204]以报复德国人虐待苏联战俘为理由，德国战俘在被审讯后屡屡遭到枪杀，这种做法顺理成章。审讯员齐奈达·皮钦娜（*Zinaida Pytkina*）回忆起她是如何亲自在一个德国军官的脖子背后开枪的：

> 这是一件令我欢喜的事。德国人并没有要求我们饶恕他们，而且我非常愤怒……我们撤退的时候，牺牲了那么多十七八岁的战友。发生了这样的事后，难道我还会可怜德国人吗？我的心情就是那样……作为一个共产党员，我看见一个杀了我亲属的人就在我的面前……如果有人要求我的话，我会割下他的头颅。我想，又少了一个。问问他究竟杀害了多少人——他难道没有想过这个吗？[205]

在斯大林格勒，在德国人投降后，那些伤员统统被干掉了。[206]反过来，在另一边，德国军队被告知，"苏联人已经杀害了所有的战俘。"[207]被选进德军的鲁塞尼亚人本来早就大规模地逃跑了，要不是他们"相信军官们关于苏联人（将）会对他们施以酷刑并枪毙"的话。[208]爱德华·斯特比在听到苏联军官对投降者所说的第一句话"有人有香烟吗"时，他才真的感到了惊讶。他们被俘时步履蹒跚，一些女兵用手枪指着他们及其战友们。他真的盼望着她们开枪，事实上，手枪里的子弹已经打光了。他回忆说，这"有点病态的残忍"。[209]

暴力行为的冤冤相报，不仅仅发生在东部战线。在太平洋战区，虐待和杀害战俘现象也很普遍。许多描述都清楚地说明，在太平洋战争期间，美国和澳大利亚的军队经常朝日本投降者开枪射击。[210]在瓜达尔卡纳尔岛，20 个海军陆战队员被投降了的日本人所杀，原来这是一场伏击，从而更加激起了海军陆战队队员枪杀日本战俘的义愤。[211]海军陆战队在塔拉瓦的战斗口号是："杀死日本混蛋！决不抓俘虏！"[212]在贝里琉，美国军队也没有为用刺刀刺死刚刚投降的日本士兵而感到内疚。1944 年，在新几内亚，查尔斯·林德伯格（*Charles Lindbergh*）就听说，"坦率地承认，我们的一些士兵折磨起日本战俘来，就像日本人一样残忍和野蛮。我们的人没有把枪杀日本战俘或枪杀企图投降的日本兵当一回事。他们尊重日本人的程度，一点也不比动物多，而且这些行为几乎得到了所有人的怂恿。”其中不仅得到太平洋战区盟军军官的认可，而且得到了大力支持。步兵上校骄傲地告诉林德伯格：“我们的孩子们就不抓俘虏。”[213]这也不光是美国军队的一个特点。军士亨利·艾文（*Henry Ewen*）的证言也表明，澳大利亚军队在布干维尔“冷血地”杀害了战俘。[214]当在缅甸英国部队服役的印度士兵杀害一群受伤的日本战俘时，当时在第14军服役的乔治·麦克唐纳·弗雷泽（*George MacDonald Fraser*）对此视而不见。[215]

杀害战俘有时以报复为由。一名颇受欢迎的海军指挥官在冲绳被杀，其勤务兵“抓起一把冲锋枪，毫不客气地将一群手无寸铁的、刚刚投降的日本兵杀害了”。[216]英国军队也杀害日本战俘，对他们先前对盟军伤员施以的暴行进行了报复。[217]然而，有证据表明，“决不抓俘虏”简直成了标准的做法。“（美国）的经验法则，”一个美国战俘告诉他的日本俘虏，“如果移动一下，就开枪。”[218]另一句格言是：“要么杀，要么被杀。”[219]战地记者埃德加·*L.* 琼斯（*Edgar L. Jones*）后来回忆说：“我们冷血地枪杀了战俘，破坏了医院，用机枪扫射救生艇……干掉了敌方的伤员。”[220]战争心理学家对杀害战俘的行为习以为常，以至于他们设计出了一个公式以平息士兵随之而来的罪恶感。[221]大约五分之二的美国军队牧师在战后的调查报告中表示，他们认为杀害战俘的命令是合理的。[222]这种事情继续发生着，尽管对其他可能考虑投降的日本士兵起到了明显的恐吓作用，[223]但要分辨出在前面所讨论的对投降本身引发的厌恶与害怕“美国人会杀死任何战俘”之间的区别，远没有那么容易。1945年6月，美国战争情报办公室报道：84%的被审问的日本战俘曾预计他们将被抓获者所杀。[224]这种担心显然是毫无道理的。两年前，秘密情报报告说，只有承诺免费给予冰激凌和三天的假期，才能使美国的部队不杀投降的日本人。[225]

第二次世界大战中最令人不安的方面之一也许是：盟军部队经常用德国人看待苏联人的方式来看待日本人——把他们看成劣等人。在新几内亚指挥澳大利亚人的将军托马斯·布莱米（*Thomas Blamey*）爵士对他的部队说，他们的对手是“介于人与猿之间的十字架形物件”“害虫”“原始的东西”，是为了“保存”文明而必须“消灭”的东西。[226]“日本人……已经放弃了被视为人的权利，”陆军少校约翰·温斯坦利（*John Winstanley*）那时与皇家西肯特团在科希马打仗，他回忆说，“我们把他们视为害虫来加以消灭。”对于多西特郡的中尉林唐·海勒（*Lintorn Highlett*）来说，他们是在“艰难地与昆虫作战”。这种说法，恰好与斯利姆将日本士兵描述为“力量巨大的、恐怖的昆虫部落”[227]一致。战时漫画家常常将日本人画成猴子或猩猩。[228]“每当我看到日本人时，一股灼热的仇恨就会在我的内心涌起，”爱德华·邓洛普（*Edward Dunlop*）在他的“死亡铁路日记”中写道，“令人恶心的、可悲的、可恨的人—— 类人猿。”[229]这种想法在美国人中间流传更加广泛，对珍珠港事件的反应建立在预先存在的种族歧视上（“嘿，黄色的混蛋!”）。[230]1944 年 5 月 22 日，《生活》杂志刊登了一张一位迷人的金发姑娘凝视着一个人的头盖骨的照片。这难道是玄学派诗人传统的留念？恰恰相反：

> 当他两年前对 20 岁的亚利桑那州凤凰城的工人娜塔莉·尼克森（*Natalie Nickerson*）说再见时，一个高大、英俊的海军中尉答应送她一个日本人。上周，娜塔莉收到了一个人的头盖骨，由她的中尉和 13 个朋友亲笔签了名，并题词：“这是一个很棒的日本人——在新几内亚海滩上捡到的一个死人头盖骨。”娜塔莉对这个礼物感到很惊讶，把它命名为东条英机。[231]

“煮敌人的头骨上剥下来的肉，为心上人制作摆放在桌上的装饰品”，是一种很普通的做法。[232] 1943 年 4 月，《巴尔的摩太阳报》刊登了一个故事：一位母亲请求当局让她的儿子给她邮寄一只日本人的耳朵，这样她就可以将它钉在家里的大门上—— 一个不寻常的替代物，以代替绑在老橡树枝上的黄丝带。

现在，反对极权主义的战争已经使得美国人采用另一个极权主义的定义性特征：他们使敌人失去了人性，以便更容易地加以灭绝。战争统筹委员会主席保罗·*V*. 麦克纳特（*Paul V. McNutt*）在 1945 年 4 月宣布，他赞成“将日本人统统灭绝”。民意调查显示，至少有 13% 的美国人赞同他的观点。[233]

因此，在意大利入侵之后，当美国人在西欧战场上遭遇德国人时，两者都有进行非法种族战争的经验，当然，德国经历的，是更大规模的战争。杀害战俘的行为被带到了新的欧洲战场，这一点都不奇怪。也许最臭名昭著的例子，是党卫军派佩尔战斗小组于 1944 年 12 月 17 日在马尔梅迪杀害了 77 名美国战俘。[234]这使盟军部队害怕武装党卫军部队要甚于普通的国防军部队。[235]然而，这种暴行双方都在发生。例如，1943 年 7 月 14 日，美国第 45 步兵师杀死了在西西里岛比斯卡里的 70 名意大利和德国战俘。[236]军士威廉 · *C.* 布雷德利（*William C. Bradley*）回忆了他的一个战友是如何杀害一群在法国被俘的德国战俘的。[237]一位美国军官承认，1944 年 6 月 7 日，美国空降部队没有抓俘虏，而是“在他们举起双手走出来的时候杀死他们。他们押着战俘往前走时，看到自己的一名战友被杀了，就会回过头来杀一名战俘作为补偿。他们是心肠很硬的人”。[238]第 506 团、第 101 空降师都发生过这种事情。[239]正如一位英国外交部官员所指出的：

> 美国军队没有表现出任何抓俘虏的明显倾向，除非敌人是 20 或 20 人以上的一批。当人数比这少的群体举着双手出现的时候，美国士兵……很容易把这理解为一个威胁的姿势……并采取相应的清洗行动……有相当大比例的“硬汉”，他们经历过和平时期正常的芝加哥生活，还经历过美国其他大城市的生活，他们正在运用从那里所学到的东西。[240]

在太平洋战区，美军经常把他们的报复行为合理化。德军负隅顽抗——他们不愿投降，他们有能力给对方造成伤亡，直到弹尽粮绝，这令美国人十分沮丧。美国人原以为自己必胜，并以为德国人的抵抗是徒劳无益的。然而，战俘杀害行为继续公然地受到一些美国军官的纵容。这一点，在进军西西里岛前巴顿将军对第 45 步兵师所发表的讲话中，再明确不过了：

> 当我们踏上敌人的土地……我们将对他们毫不手软……如果你们的领导带领你打击敌人，发现他向你射击，当你在距他 200 码之内，他想投降，哦不！那个混蛋一定得死！你必须杀死他，朝着他的第三和第四肋骨上开枪。你要把这个告诉你的部下，他们必须具有杀手的本能，告诉他们要开枪，他能杀死那些毫无用处的废物，朝他们的肝脏部位开枪。[241]

少将雷蒙德 · 赫夫特（*Raymond Hufft*）在带领部队跨越莱茵河时，命令他们“不抓捕任何俘虏”。[242]而且，就像在太平洋那样，又有人怂恿美军要把敌人看成次一等的人。一位美国审讯人员把一个在阿登反攻之后抓获的18岁跳伞兵描述成“一个狂热的希特勒青年”、一个“完全失去了人性的纳粹”、一台“精心组装的杀人机器”：

> 我想知道为什么要让他实现（死在战场的）愿望，尤其是在他杀害了自己的一个战友之后。他们只是打昏了他。冷酷的眼神和僵硬的面部，他骨子里都是自负的，倔强的自负。他引起了我的冲动，而这种冲动，我希望永远不再体验，这是一种杀人的冲动。我本来可以残酷地杀了他，没有任何疑问或第二个想法，就像我杀死一只蟑螂一样。这是一种可怕的感觉，因为没有感情。我认为他不再是个人。[243]

无数的回忆录，都证明了在战争的最后几个月里德军那令人绝望的抵抗。[244]由于轴心国似乎更加顽抗，战争的形势更加恶化，问题变成：究竟怎样才能以可容忍的人的生命代价去打败他们？明显的答案是，只要试图说服德国和日本士兵，让他们知道，放下武器是安全的。因此，盟军火炮发射到德国阵地上的许多传单以及无线电广播和扬声器——强调的不仅是德国的军事形势令人绝望，而且投降没有风险。[245]“空中战争”的重点主题是，遵守《日内瓦公约》，优待战俘，德国战俘跟美国大兵一样，被分配相同的口粮，包括香烟。[246]典型的例子是：

> 一分钟，可以挽救你的生命。
> 两个词，挽救85万条生命。
> 三种办法，回家。
> 六种方式，让自己丧生。[247]

“挽救85万条生命”的两个词，当然是“*I surrender*（我投降）”——或者说“*Ei Ssörrender*（我投降）”，只要发出声来。

对战俘的问卷显示，直到1945年1月，他们仍然坚信希特勒，相信胜利的可能性。虽然要评估盟军宣传的效果不容易，但“空中战争”很可能在鼓励个人投降方面取得了一些成效。[248]在战争的最后几个月里，一旦德国的主要部队在前线开始溃败，盟军的宣传便开始明显地起作用。事实上，不能排除这一因果关系倒过来的可能。[249]也许，这种心理战的效果是，德军明显偏好向美军投降。“上帝保佑我们！”1944 年 4 月 29 日，一名德国士兵在日记中写道：“如果我们要进监狱，那么我们希望是同美国人在一起。”[250]这是一种普遍的心态。直到 1944 年第三季度，在东线，有一半以上的德国战俘被抓获。但此后，西方大国所抓获的俘虏比例迅速上升，如图 15.2 所示。英军和美军之间的沟通并不是在行动开始预定日后才增加。很明显，很多德国部队要求向美国人投降，优先于其他盟军，特别是红军。事后看来，他们本来最好是找英国人来抓的，因为英国人对德国战俘的待遇要比美国人的还要好，而且英国人也不太愿意把他们交给苏联。[251]但心理战使德国人期盼着得到美军最善意的对待。

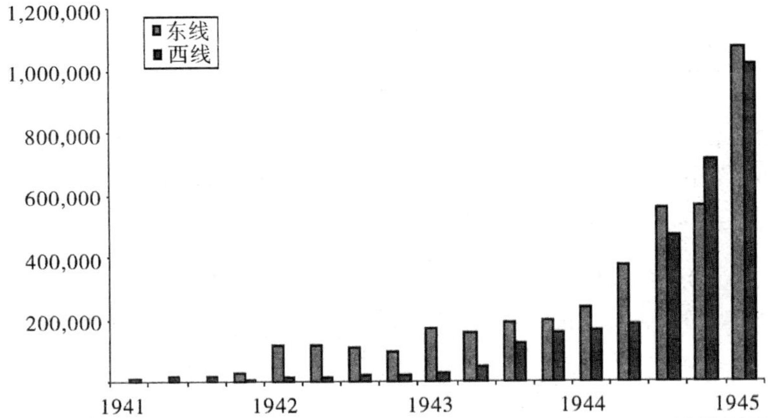

资料来源：Maschke et al., *Deutsche Kriegsgefangenen*, pp.194f, 200f; Overmans, ‘German Historiography’, p.145.

图 15.2　第二次世界大战中的德国战俘数

为鼓励日本士兵投降，人们做过类似的努力。“投降通行证”和《日内瓦公约》的翻译，就是为了改善日本人的处境，而且人们共同致力于杜绝不活捉战俘的做法。1944 年 5 月 14 日，麦克阿瑟发了一封电报给阿拉莫部队的指挥官，要求“对无数送达总部的报告进行调查，调查那些携带投降通行证的、在霍兰迪亚地区投降的却被我们的军队杀害了的日本人”。[252] 第 10 兵团的心理战科代表、科长威廉 · *R.* 伯德

（*William R. Beard*）抱怨说，他的努力都白费了，前线部队还在枪杀那些试图投降的日本人。[253]但渐渐地，该消息传了出去，特别是传到了较有经验的部队中。“不要向那个混蛋开枪！”当日本兵挥舞着投降单从散兵坑里出现的时候，一位老兵这样喊道。[254]到美国人在菲律宾占领了吕宋岛之后，在所有战俘中，有70%的人利用了投降证或者遵循了指示而保住了性命。菲律宾人派发了5500多万张传单，这种宣传使日本战俘与日本死亡士兵的比例，从1944年年底的1:100下降到1945年7月的1:7。有的日本士兵“拿”着六张投降传单出现了：两只手上各拿着一张，两只耳朵各夹着一张，嘴巴上叼着一张，腰部用草绳绑了一张——他是明智的，没有冒险。[255]

就像在第一次世界大战的西部战线一样，军队愿意继续战斗还是投降的关键因素，是士兵们的心理期待，即：如果他们放下武器，他们会受到怎样的对待？就战斗过程中枪杀战俘的行为而言，有关敌方举动的情报相对容易获得；杀害战俘的目击者的描述，往往在前线部队之间迅速而广泛地传播，并在口耳相传的过程中逐渐夸大其词。与此相反，远离战场的战俘们受到优待的消息却传得很慢，主要靠逃出的战俘或者战俘写给他们家人的、由国际红十字委员会转达的信件来作为传播的手段。（但应该记住的是，后两条渠道在德国与苏联之间都被有效地封锁了，这是因为敌方阵地和安全地带之间的距离较近，还因为德国人拒绝承认斯大林迟迟才签署的《日内瓦公约》。）这些情报很重要，因为正如我们所看到的，在不同的战场、不同的军队对待战俘的区别是如此之大。有一名落在德国人手中的英军战俘，获得了相当不错的能够在战争幸存下来的机会，而他是29个被关押的战俘中唯一一个幸存者。苏联人手中的德国战俘就比较容易死亡。战争结束时，在所抓获的德国士兵中，有相当大比例的人死在关押中，尽管人们对具体人数仍然存在争议。在斯大林格勒战役中投降的人中，只有1/10的人幸存了下来，度过了落在苏联人手上的岁月——事实上，有一半人在放下武器的几个月内便死了[256]——并且，在东线抓获的所有战俘中，只有五分之二的人幸存了下来。在苏联人手上的德国战俘的死亡率，1943年达到了高峰，达50%以上。[257]那些向西方盟国投降的德国人则要幸运得多。虽然有人声称，多达726000名德国人落在了美国人手上后死于饥饿和疾病，但这些数字显然夸大了美国人抓获战俘的数量和死亡率。[258]最多只能说，那些偏爱向美国部队而不是英国部队投降的德国人在统计时出了错，因为德国战俘的死亡率，死在美国人手上的是死在英国人手上的 4 倍以上。[259]

然而，在这个故事中还有些意想不到的事情：劝诱轴心国军队在前线投降，并不总是盟军战略的首要目的。因为从战争初期开始，就预料到德国和日本可能会屈服于轰炸。这确实是联合情报小组委员会在 1943 年的评估重点。然而，要轰炸的，不是轴心国的军队，而是他们的平民。轴心国的几个国家用骇人听闻的野蛮行径对待其所占领国家的平民，因此，在同盟国领导人的眼中，便有充足的理由要求他们“还债”。

16. 失败

……火焰立即就迸发出了劈啪声，火苗一个劲地往上蹿，大火蹿得如此之高，以至于大厅前的整个空间都燃烧了起来，并且似乎很快就要烧到这个大厅。在惊恐中，男人们、女人们都退到了舞台的最前面……整个舞台似乎完全充斥着火焰……一团烟雾，向背景飘去，就像一团乌云一样，飘浮在地平线上……一抹越来越明亮的红色光芒，穿过地平线上的那团乌云……在倒塌了的宫殿废墟中，神情极度忧虑的男人们和女人们，凝视着天空中越来越亮的火光……熊熊的火焰似乎要烧着众神所在的英灵殿。当古代日耳曼的众神完全被火焰吞噬的时候，帷幕落下。

——瓦格纳：《诸神的黄昏》（Götterdä mmerung）的舞台指导

喝过茶后，我们又回到了柏林……去看希特勒的防空洞。……肮脏且一片狼藉。到处都是混凝土搅拌机发出的嘈杂声、用铁条加固的门闩、木材、破败的家具、破裂的炮弹洞、破烂的衣物等等。再往下走，出现在眼前的就更加不堪入目……我们还看了看空军司令部，并开车在柏林转了一圈。看得越多，就越意识到：柏林被摧毁得是多么彻底。

——艾伦·布鲁克（*Alan Brooke*）将军：《日记》，1945 年 7 月 19 日[1]

魔鬼的黄昏

在瓦格纳《诸神的黄昏》的最后高潮一幕中，女主人公布仑希尔德（*Brünnhilde*）重新将被盗的权力之指环放进了莱茵河，并奋力地扑进了她那死去的爱人齐格弗里德（*Siegfried*）的葬礼柴堆中。她这崇高的自我牺牲的壮举，出一场炽热的大火，以一种几乎没有先兆的天启，推翻了诸神的大本营瓦尔哈拉。希特勒终身痴迷于瓦格纳的音乐，使得它在某种程度上就像是第三帝国的原声唱片。

事实上，正当艾伯特·斯皮尔（*Albert Speer*）欣赏《诸神的黄昏》音乐会表演的最后一个乐章（柏林爱乐乐团在第三帝国统治下的最后一场表演）时，传来了罗斯福去世的消息。[2]“战争没有输，罗斯福死了！”希特勒喊道。然而，现实的情况是，1945 年，魔鬼的黄昏来临了。从一位日本驻柏林的外交官那儿截获的情报显示，希特勒正计划“准备独自驾驶一架载着炸弹的飞机，在波罗的海上空的某个地方炸死自己”，其目的要使“德国人中那 100 万名元首狂热崇拜者……相信他已经变成了神，并且正住在天堂里”。[3]希特勒要用第二次世界大战期间德国空军使用的一架梅塞施米特式战斗机成为布仑希尔德的祭品。

在《我的奋斗》一书中，希特勒痛苦地回顾了 1918 年所遭受的创伤，当时新兵中的政治讨论，即他们对于“内陆毒害”的讨论，削弱了军队的士气。[4]20 年后，当戈培尔在柏林体育馆（*Sportpalast*）召开的会议上，以“1918 年 11 月将永远不会重演”来结束讲话时，希特勒“抬起头来，眼睛看着他。在他的眼里，流露出一种野性的、热切的表情……他马上跳了起来，眼睛里闪着狂热的火焰……他的右手一挥，在空中划了个大弧后，重重地拍在桌子上，大喊着……‘是的！’”[5]他在 1939 年 8 月告诉哈尔德："只要我还活着，就不会投降。"[6] 对希特勒来说，似乎不投降比胜利还要重要。

也许早在1941年11月当他的部队驻扎在莫斯科郊外的时候，而且肯定是在1942年春他在东线发动第二次进攻、挥师向高加索油田进军的时候，他就开始明白，要打败苏联，是不可能的。[7] 然而，光荣的失败——对希特勒来说，只不过意味着瓦格纳的最后一个乐章，这本身就值得拥有，甚至比取得胜利更让他喜欢。这是希特勒从克劳塞维茨（*Clausewitz*）的《三个信条》（Confessins）中汲取的教训，也是他从《尼伯龙根指环》（The Ring）中齐格弗里德之死中汲取的教训：一个英雄式的死亡（*Heldentod*），带有一种救赎的性质，它有可能播下德国未来复活的种子。他宣称，只有那些"即使在绝望的情况下，始终有勇气战斗至死的种族，才有希望生存下去，并开出新的鲜花来"；"终有一天，种子会从我们牺牲的战士们身上，从与他们共命运的我自己身上发芽……从而导致国家社会主义运动的光荣复兴，并将真正实现国家社会主义。"[8]

1945年2月24日，希特勒最后一次正式发出号召，呼吁人们在德国领土上作最后的抵抗。[9] 而1945年1月所谓的"尼禄命令"设想了一项德国焦土政策，命令彻底摧毁德国的基础设施。"一粒德国的粮食都不许留给敌人。"《民族观察家报》曾在1944年9月宣布："所有的德国人都不许透露情报，所有的德国人都不许提供帮助。敌人将发现，所有的桥梁都被炸毁了，所有的道路都被堵塞了——什么都没有，等待他的，只有死亡、毁灭和仇恨。"[10] 希特勒得到了他葬礼用的柴火堆。此时，他用一颗子弹打穿了自己的脑袋，整个德意志帝国变成了一堆葬礼柴垛。

1938年，希特勒对苏台德的德国领导人海莱茵说："战争要一直打下去，即使要从2年持续到8年。"希特勒的战争持续了不到6年就失败了，其代价是至少320万德国军人（每10名军人就有3人丧生）、240多万德国平民的生命。在战争的最后12个月里，丢掉性命的士兵，要比整场战争中所死的还要多（见图16.1）。关键的一点是，对于希特勒来说，这种巨大的代价微不足道，只不过是他的部队多死几个人而已。[11] "人生是可怕的，"他在用晚餐时曾经若有所思地说，"出生、生存和死亡，总是存在着一种屠杀。出现的万事万物，后来都必定死亡。"他在另一场合宣称：人类是"一种可笑的宇宙细菌（*eine lächerliche Weltraumbakterie*）"。[12]

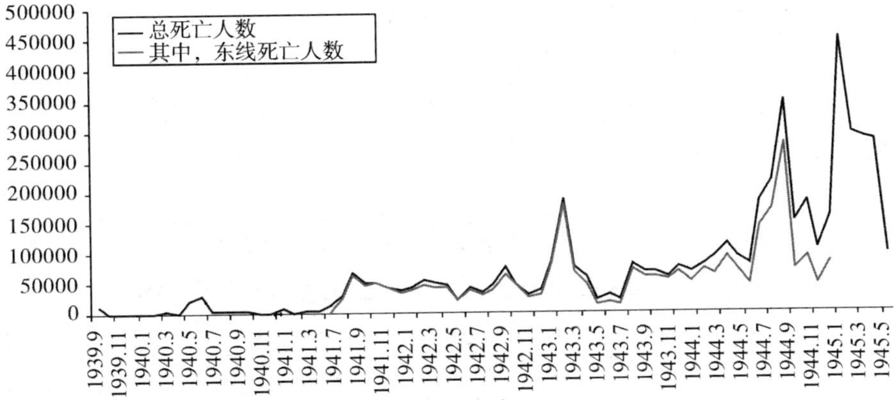

注：1944 年 12 月后，该统计不再区分东西战线。

图 16.1　1939—1945 年德国国防军死亡人数

如果轴心国的领导者们一直都很理性的话，那么，他们就会对自己的所作所为有所节制，以期获得和平的未来，在某种程度上减少胜利者的报复欲望，并最大限度地减少己方的生命损失。有些将军、外交官，甚至纳粹的领导者，都曾试图将和平的触角延伸到英国或苏联，这是事实。[13]在贝乌热茨，纳粹曾试图掩盖他们犯下的一部分罪行。早在 1943 年夏，他们就在死亡营的地上铺上草皮，种上树木，甚至修建了一座假农舍。然而，在其他地方，屠杀不仅持续着，而且还在积极地加紧进行之中。德国人面临的战争形势越糟糕，他们就越有充分的理由狂热地对那些不幸的人实施他们的暴力政策，并且似乎还很乐意制造这场最后的大灾难。戈林对戈培尔说："我们在解决犹太人的问题上投入了太多的精力，以至于自己都无法脱身。"但是，对戈培尔来说，这一切都很好："经验表明，人们在破釜沉舟之后，会比那些仍有机会撤退的人更加无条件地投身于战斗。"[14]纳粹所犯的罪行越严重，就越是拒绝投降，以免受到盟军的审判。正如戈培尔在 1945 年初提出的："如果我们不得不离开，那么我们就要'嘭'的一声关上身后的门，使"嘭"声让世界上所有的人都听得到。"[15]在第三帝国最后一部电影《科尔贝格》（Kolberg）中表演技艺的鼓舞下，4 月 17 日，戈培尔对宣传部的工作人员说："每个人现在都有机会选择他将在此后 100 年中都会播放的电影中所担任的角色。"这部电影史诗般地描绘了拿破仑战争期间该城最后的保卫战。“我可以向你们保证，这场电影会很好看。……现在，大伙都挺住……当你们出现在屏幕上的时候，观众们将既不会尖叫起哄也不会吹口哨。”[16]第三帝国就是这样在不光彩的焰火中没落。

当德军被赶回第三帝国边境的谣言四起的时候，在德累斯顿的克伦佩雷尔就非常清楚这种心态的含义：

> 1944 年 10 月 24 日。星期天晚上，康拉德在这里待了一两分钟。他认为，在撤退之前，每个人都会被杀害，我们将再也看不到一个人，1500 万犹太人中有六七百万已经被屠杀（更确切地说，是被枪毙和毒死）。他还认为，除了那一小部分已经离开了这里又落入了令人绝望的野兽魔掌的犹太人外，其余的人生存的希望也非常渺茫。[17]

在仍被纳粹控制的所有领土上，“最终解决方案”在一种膨胀了的狂热氛围中继续推行着。1944 年 4 月—7 月，438000 名匈牙利犹太人几乎全部被驱赶到了奥斯维辛，而且几乎全部都惨遭屠杀。[18]即使在红军就要靠近奥斯维辛集中营时，德国人仍然命令那些能够行走的犯人向奥地利边境走去——有 90 英里的路程。那些幸免于毒气室的人，决不意味着解放。他们必须往前走，直到掉队丢失为止。1945 年1 月，本来仍有 71.4 万集中营的犯人活着，大约 25 万人在行军中丧生，其中包括从奥斯维辛撤离出来的 6 万人中的 1.5 万人。犹太人也不是纳粹主义垂死挣扎的唯一受害者。[19]在纳粹政权的最后几年里，死刑急剧增加，因为敢于表达自己已经觉醒的普通德国人一律都因为存在失败主义情绪而被判处了死刑。1942—1944 年间，德国法院判决了 14000 例死刑案，是战争期间前 3 年死刑量的近 10 倍，而这个数字，还不包括众多被党卫军额外审判处决的人。[20]

显然，希特勒并不是唯一想使德国变成一间巨大停尸房的人。同盟国领导人所制定的胜利计划，也多少确保了使德国变成一间巨大的停尸房。第三帝国和日本帝国的黄昏降临，魔鬼们将抓走尽可能多的人类灵魂，与他们一起堕落。

报应

一个国家会屈服于轰炸的观点，要追溯到第二次世界大战很久以前。当 *H. G.* 威尔斯小说中的外星人在屈服于地球上致命的微生物的时候，正要在伦敦的上空投放飞行机器。第一次世界大战前不久，吉卜林（*Kipling*）在他的短篇小说《就像*ABC*一样简单》（As Easy as ABC）里想象了一个被一支独立的国际空军部队跟踪而至的世界。[21]在1914—1918年间德军的空袭以平民为目标，诚然只有微不足道的军事价值。至于这些轰炸对平民士气产生的影响，几乎可以肯定的是，与其说是引起了恐慌，不如说是使人们产生了报复心理。空军的主要作用，本来应该是侦察，而不是轰炸。但从空中将城市夷为平地的想法，激发了公众的想象力，而且在两场世界大战之间的那些岁月，始终都非常流行。作为主管战争和航空的国务卿，丘吉尔毫无顾忌地动用了空中力量，帮助伊拉克平息了1920年的叛乱。当德国人动用轰炸机来轰炸格尔尼卡时，更是震惊了世界。美索不达米亚的村庄被视为公平的游戏场，而欧洲的城市却没有人这么看。1937年以后，日本对中国进行的空袭，似乎印证了"轰炸机将永远最管用"这样一句格言，而且还造成了毁灭性的后果。

正如我们所看到的，在20世纪30年代，英国人的战略并不是投资于防御性的空中力量，而是进攻性的空中力量，以防止德国人的空袭，而不是击退德国的空袭。这是对德国空军构成的威胁所做出的一种非理性的反应，但它确实意味着，到1940年，英国开始具备了战略轰炸的能力。英国花费了两年多的时间来培训飞行员和导航员，这种早期的投资是很重要的。另一方面，英国在1939年9月就拥有了488架轰炸机，还远远不足以应付德国的空袭。[22]然而，丘吉尔当选首相不到一周，便命令英国皇家空军要做到这一点。[23]事实上，在这方面，据说，丘吉尔引起了希特勒采取了先发制人的手段。希特勒对伦敦的"闪电战"，在德国可能被视为一种继英国对柏林进行空袭之后的报复行动。希特勒后来发表申明说："是英国人首先开始空袭。"尽管空袭几乎从来都没有成为决定德国战略的"道德禁忌"，[24]然而，丘吉尔能够引证说，德国人轰炸了鹿特丹，更不要说使用俯冲式轰炸机轰炸了波兰平民，是德国人开创了一个完美的先例。

但英国空袭的目标究竟是什么？由于德国的作战部队参加了第二次世界大战中的许多场战役，兵力非常分散，因此，空袭的明显目标是那些为希特勒军队提供武器和基础设施的工厂。但这些经济目标主要位于人口稠密的地区，如鲁尔区。此外，英国轰炸机又不能准确地命中目标。在1940年10月，英国规定，在能见度低的情况下，飞行员可以在目标的附近扔投炸弹，也就是把炸弹扔在所谓的“自由开火区”。这就增加了德国平民被击中的可能性——丘吉尔力求使这种必然性变成一种功效。正如他在10月30日所说的：“目标地区附近的平民，必须因此感受到战争的分量。”[25]

在1941年整整一年里，丘吉尔多次强调指出轰炸机司令部打击普通德国人士气的必要性。“地区轰炸”战略的目的，实际上是要把城市中心烧成一片废墟。空军元帅亚瑟·“轰炸机”·哈里斯（*Arthur* ‘*Bomber*’ *Harris*）在接管轰炸机司令部之前，就运用了这一战略。[26]在他被任命的9天前，即1942年的情人节，空军副元帅、副参谋长*N. H.*博特姆利（*N. H. Bottomley*）写信给轰炸机司令部，转达了这一决定，“你们行动的主要目标，现在应该集中在打击敌方平民的，尤其是其产业工人的士气上”，而且这些行动应该采取“集中燃烧弹攻击”的形式。该信附有一份附件，列举了“选中的区域目标”，其首要目标便是埃森。通过首先空袭埃森，“能从惊愕中获得最大的好处”。就像其他的主要目标如杜伊斯堡、杜塞尔多夫和科隆一样，埃森毫无疑问是一座工业城市。然而，计算“估计由空中打击造成的决定性损失”的依据，是地面上有建筑的地区面积和人口。对工厂和潜艇修造厂的打击，被认为是“声东击西”，而且最好是“不要错过轰炸你们主要目标的好机会”。[27]

这就意味着，先是英国人的、接着是美国人的资源用于毁灭德国和日本城市的资源比例在上升，换言之，屠杀平民的数量也在大幅上升。[28]这和日本人第一次对中国的城市进行轰炸时，美国国务院谴责日本人“毫无道理，并违背法律和人道原则”时所采用的策略是一样的。[29]这也是被张伯伦一度因为“纯粹是恐怖主义”而摒弃了的策略——一个“英国国王陛下的政府（将）永远不会运用的策略”[30]。

是什么使得战略性轰炸的概念这么有吸引力？空中战争不一定更经济实惠，因为飞机本身生产成本昂贵，机组人员的培训费也不便宜。而这对于机组人员更是一桩苦差事。兰开斯特轰炸机机组人员在高达28000英尺的高空飞行。在高空，气温非常低，机组人员冷得连裸露在外的肌肤都会与枪上的金属冻得粘在一起，无法分开，连氧气面罩上都会结冰柱，更何况他们为了尽量减少额外的重量而没有戴头盔。他们是一群勇敢的战士。[31]空中战争的死亡率很高。一架兰开斯特估计仅能执行12次飞行任务，[32]而轰炸机飞行员生存下来的平均概率，还不到1/2。那些成功地执行了多次飞行任务的人，即使身体没有受伤，也会在心理上留下终生的创伤。那些运送战士的飞行员都有机会戴上桂冠，但事实上他们却得不到，连安慰也没有。对于政治家来说，战略轰炸比地面部队好，因为涉及的人数会比较少。空中战争在很大程度上是用资本代替劳动，用机器代替人。单单一个训练有素的飞行员，就有可能杀死大量的德国人、日本人，哪怕他们自己在被杀或者被捕之前只成功地执行了 20 次飞行任务。显然，丘吉尔在 1942 年访问莫斯科时，谈到“用轰炸德国的方法，来支付我们的买路钱”时，他心里的货币，是德国人的生命，而不是英国人的。[33]

斯大林越是向西方国家施加压力，迫使他们开辟西欧的第二战场，丘吉尔就越是吹捧战略轰炸的价值，并承诺说，空中打击将“打垮德国人的士气”。[34]他对轰炸意大利的好处同样持乐观态度，认为“密集的空中轰炸产生的士气低落和恐慌”，将胜过“任何反英情绪的增加”。[35]在这些观点上，他深受其科学顾问、战时统计部部长、物理学家弗雷德里克·林德曼（*Frederick Lindemann*）的影响。[36]部队之间的竞争也经常在战争中发挥作用。1940 年 10 月，在任命轰炸机总司令部总司令查尔斯·波特（*Charles Portal*）爵士为空军参谋长时，丘吉尔断言，一个坚决支持地区轰炸的人，很快会在英国的战略决策高层会议上获得一个席位。波特主张，“要想赢得战争，英国就要尽可能地积聚最大的空中打击力量，然后并且只有在那个时候，要想赢得战争，就要对欧洲进行轰炸”，艾伦·希鲁克对此表示怀疑，但他无法阻止大量的资源被转移到分遣舰队。[37]

类似的计算结果，说服了罗斯福投资于战略轰炸。首先，德国轰炸机很可能会对美国进行狂轰滥炸，美国轰炸机也至少要有进行反击的能力。[38]诚然，美国的做法与英国的有很大不同。虽然英国人喜欢在夜间进行地区性轰炸，但美国人为其飞机本身瞄准目标更加精准而自豪，美国的飞行大本营配备了诺登（*Norden*）炸弹瞄准装置，尽管与所希望的精准度还存在很大差距，在非常有利的白天进行空袭也不是百分之百准确，但肯定比英国同行的要好。1943 年 1 月卡萨布兰卡会议召开时，美国人才理解了丘吉尔的想法：他们的目标应该是“逐渐削弱和摧垮德国人的士气，从而使他们的武装抵抗能力遭到致命的削弱”[39]。罗斯福的密友——哈里·霍普金斯（*Harry Hopkins*）就是众多坚信这一点的人之一。

众所周知，盟军对日本和德国展开轰炸的结果是骇人听闻的。英国皇家空军和美国空军的确使德国空军对英国进行的闪电战显得相形见绌。这始于1943年7月24日晚上，在一次代号为“蛾摩拉行动”的突然袭击中，汉堡市的大片地区都被炸毁了。他们用号称“窗口”（一种阻止德国雷达监测的铝片）的新侦察装置做掩护，791架英国皇家空军轰炸机从空中扔下的高爆燃烧弹，就像雨点一般，形成了一场毁灭性的“风暴”[40]，其激烈程度，使德国后勤应急服务远远跟不上。这座城市大约四分之三的面积，在随后几天变成了一片废墟，因为继最初的轰炸后，美国和英国还再度联手进行了轰炸，造成至少45000人死亡，近100万人无家可归。在100多英里之外，火焰依然清晰可见。[41]《汉斯·诺沙克》的作者，刚离开汉堡的家才几天，回来时便发现：家里的苍蝇和老鼠正在大摆宴席，天竺葵竟然从他被烧焦的同胞的遗骸上长出芽来。[42]从易北河沿岸到柏林西部郊区，居民们看到他们的花园都布满了灰尘，变成了灰色。轰炸机司令部只付出很低的代价便做到了这一切，其飞机损失总数不到参与轰炸飞机数量的3%。即使战争接近尾声，盟军也没有心慈手软，轰炸机司令部和美国第八空军扔下的160万吨炸药总量中，大约有110万吨——约占71%，是在战争的最后一年扔下的。[43]一旦盟军研制了远程战斗机护航舰（以*P*-51野马的形式），他们对德国的轰炸，便几乎不费什么代价了。[44]

1945年2月13日晚，796架英国兰开斯特轰炸机从英国南部所有的基地起飞，轰炸德国的德累斯顿市。随后两天中，美国的“飞行城堡”也掀起了轰炸浪潮。火线上数以千计的人群中，有维克多·克伦佩雷尔——德累斯顿市少数幸存下来的犹太人。几个月来，他一直预想自己会被党卫军逮捕。但如果是另一方先把他抓起来会怎样呢？1944年9月15日，他在日记中写道：

> 听到城市被炸毁的消息，我已经习以为常了，以至于对轰炸都没有感觉了。爱娃（他的妻子）家乡哥尼斯堡（*Konigsberg*），75%都被炸毁了——根据官方报告，死了5000人。这让我感到震惊。清晨，天空暗红炽热，透着深紫色曙光。我洗漱时，看着窗外的卡罗拉大桥和对岸那一排房子，会情不自禁地想象这排房子突然在我的眼前倒塌了的情景。到目前为止，德累斯顿市本身，确实没有受到破坏。[45]

克伦佩雷尔的状态说明，在战争最后几个月里，德国扭曲了。1945 年 2 月 13 日上午，有人命令他向德累斯顿的大量犹太人投递驱逐告示。驱逐意味着什么，这已经毫无疑问，而且也似乎是不可避免的了，他将成为下一个：

> 星期二下午，怡人的春天的气息。……我们在星期二晚上大概 7 点半坐下来喝咖啡，非常疲惫、沮丧，因为白天我一直都像个不祥之神那样四处奔波，而且晚上，瓦尔德曼已经非常肯定地对我说，那些上星期四遭到驱逐的人全部死了，我们这些被留下来的人，在一周之内，也会遭遇同样的命运。

确实，2 月 13 日就被证实，不仅犹太人，而且市内所有的居民，都要以一种非常不同的方式去死。现在，轮到德累斯顿成为盟军进行报复的接受方：

> 全面的警报响起来了。很快，我们听到了不断推进、不断接近的分遣舰队发出的响亮的嗡嗡声。灯熄了，爆炸就在附近。人们三五成群，都在呜咽、在哭泣。飞机再一次飞近，致命的危险又再一次来临，爆炸再一次发生。突然，地窖上的窗户突然被打开，外面如同白昼。大火燃烧起来。地面上到处都是火。一阵可怕的大风吹了过来。

德累斯顿的这场大火，吞噬了 95000 个家庭，至少造成 35000 人死亡，其中包括那些在这个城市的喷泉中寻求安全的人，人们眼睁睁地看着他们在水中被烧煮。那些躲进火车站防空洞的人，也被窒息而死。一个叫卡林 · 布奇（*Karin Busch*）的女学生和她的孪生兄弟被一颗未爆炸的炸弹所迫，从家里逃了出来，徘徊在大火中的街头：

> 烈焰在我们四周舔着，不知怎的，我们发现自己来到了易北河旁。在河中，我看到一些磷在水中起舞。人们被火烧得跳进了河里，但没有一个人活下来。尸横遍野。人们戴着的防毒面具都被融化在了脸上……我们开始找地窖，想藏起来，但我们在进去的每一个地窖里都看到有人坐着死去了，因为大火吞噬了氧气而窒息死亡。

最后，他们艰难地找到了已经被炸成棚子的家。

> 在里面，我看到一堆状似人形的灰。你知道，当你把木材放进炉子里，它烧了起来，变得火热了，而且尽管它里面在燃烧，但形状不会变。但你一触摸它，它就会解体。这是——一个人的形状，体内什么都没有了。我不知道是谁，但后来在骨灰中，我看到了一对耳环。我认识这对耳环，是我妈妈的。[46]

大火的热度是如此之高，许多尸体都被烧成了玩偶大小，小到可以装进小桶里。但即使是在地狱，奇迹也还是能发生。从指定为犹太人的掩体中爬出来之后，克伦佩雷尔将那颗黄星从他的外套上撕下来，在一片混乱中和妻子一起逃了出来。他们成功地对当局隐瞒了自己的身份，直到到达美国人占领的地区，才算安全。[47]具有讽刺意味的是，如果不是哈里斯“轰炸机”，我们现在肯定看不到克伦佩雷尔的日记——那些在纳粹党徽下记录的关于生与死的最深入、最精辟的描述。

地区性轰炸的战略合理吗？多年来，人们普遍不承认轰炸机司令部对盟军的胜利做出了重大贡献。许多评论家继续对战略轰炸的不精确性和残酷性进行大量的研究，[48]甚至一些英国皇家空军人员偶尔也表示过关心，事实上，有人正在要求他们“在儿童之家和医院做事”[49]。有人认为，如果他们轰炸了通往奥斯维辛那条道路的话，就会得到更好的就业机会。[50]甚至还有人暗示说，停止轰炸的条件可能一直被用作谈判的筹码，以挽救那些被运往死亡集中营途中的犹太人的命运。[51]在德累斯顿，人们对这次行动的官方理由进行了质疑，即拦截、破译的一组谜语机*密码显示：德国计划将部队从德累斯顿调到遭到红军激烈抵抗的布雷斯劳，而苏联则要求发动进攻。[52]主要的铁路线，差不多都毫发无损地幸存下来，列车在数日之内多次往返。[53]因此，人们难免不得出这样的结论，即该任务的目的，不过是要摧毁德国那些还没有遭到轰炸的、为数不多的几个主要城市之一而已。在谴责战略轰炸时，一位德国作家有意识地采用了通常对纳粹犯下的罪行进行描述时所用的语言：这是飞行别动队

---

* 谜语机（Enigma）：是第二次世界大战之前及其期间，德国军事指挥机构使用的将战略性文电译成密码的装置。谜语机的密码于20世纪30年代初被一波兰人破解，此后由一个称为“超级机密”的英国情报系统将德国的谜语机密码拦截破译。——译者注

（Einsatzgruppen）在搞破坏，他们把防空洞变成了毒气室。[54]

诚然，对德国人的士气进行空中打击的效果，远远要低于战前战略家们的预料。休·特伦查德（*Hugh Trenchard*）爵士战前曾断言，轰炸对精神所产生的影响是对物质的20倍。这后来被证明是无稽之谈。[55]如果有影响的话，空中打击不加区别的特性，招来的是更多的反抗，而不是失败主义。虽然空中打击无疑破坏了纳粹政权在一些德国人心目中的形象，但同时也增强了纳粹政权在其他人心目中的地位。一个女人——*J.* 伊尔玛（*J. Irma*）便主动写了一封信给戈培尔，要求“为了所有德国妇女、母亲和那些生活在帝国的家庭成员的利益”，“每一个手无寸铁、宝贵的，被恐怖分子以野蛮、懦弱的飞机轰炸的方式凶残地杀害的德国人，必须绞死20个犹太人来偿命”。柏林的*R.* 佐格（*R. Georg*）也以类似的方式写了信。“在被烧毁了一次，被轰炸了两次之后”，他愤怒地要求：

> 不仅要灭绝德国的犹太人，
> 而且要彻底地铲除犹太人。[56]

毫无疑问，一场旨在削弱军事和工业设施的战役，本来是比较可取的。早在1942年，亚历山大·谢威尔斯基（*Alexander Seversky*）在《空中力量的胜利》一书中，就阐述了这样的原则：“通过飞机轰炸破坏敌人的士气，只能伴随着精确的轰炸。经济资产，而不是人口最多的城市，是敌人的心脏和命脉。”[57]1943年8月17日，盟军对德国在佩内明德V_2基地的攻击，比起他们浪费在汉堡的一个月里，成效要大得多。[58]同时，对石油精炼设施的打击也很成功。

另一方面，精确打击也可能出错，因为德国人能算到他们会在哪里出现。比如，1943年8月17日和10月14日美国人袭击施韦因富特——巴伐利亚州北部的一个球形轴承生产中心时，就付出了巨大的代价。第一次空袭击时，230架*B*-17轰炸机中有36架被击落；对雷根斯堡发动类似空袭时，24架轰炸机在同一天里失踪了。10月的突袭中，第八空军遭遇了“黑色星期四”，291架*B*-17飞机中有60架被击落，138架被严重损坏。[59]轰炸奥斯维辛，一点军事效益都没有，而且可能还要付出更大的代价。在华沙起义期间，向波兰空投供应物资，共执行了186架次飞行任务（在丘吉尔的坚持下），伤亡率达 16.8%，是德国的 3 倍以上。[60]

所有空袭都具有不加区分的性质。不可否认，战略轰炸严重挫伤了德国人的战争士气。它把空中掩护从战略上重要的东部前线转移开。1943 年春天，德国 70% 的战机都在西欧战场上，留在东部的德国地面部队越来越容易受到苏联的空袭。缺乏空中支援，是德国坦克在库尔斯克遭到打击的原因之一。1944 年 4 月，只有 500 架单一引擎的战斗机留在东部前线，迎战苏联 13000 架左右的飞机。[61]正如斯佩尔后来指出的："驻守在祖国的近 20000 架高射炮，本来几乎可以使东部前线的反坦克防御力量增加一倍。"[62]但德军高射炮也同样害怕反坦克武器。东线的局势，实际上是轰炸德累斯顿的主要理由。被简要告知飞行任务的英国皇家空军机组人员说，"正值隆冬"，"随着难民向西部蜂拥而至，而且部队需要休养生息，遮蔽物都卖得很贵"：

> 德累斯顿已经发展成了一个头等重要的工业城市……它的电话和铁路设施的多样性，对于抵御受苏联进攻威胁的前线具有重要价值。这次进攻的意图，是要狠狠地打击敌人，在已经部分崩溃的前线后方……并顺便向苏联人显示，他们到达的时候，轰炸机司令部能做些什么。[63]

这说明在战争的这一阶段，要准确地区分军事目标和民用目标是多么困难。虽然轰炸德累斯顿的部分目的是要使德国平民无家可归（包括死亡，不过这没有明确地表达罢了），同时也为了给苏联人留下深刻的印象，但其主要目的还是旨在削弱德国的指挥能力和控制能力。通过空袭，不仅对德国无情地施加了压力，也有助于英国和美国军队削弱德军西线的战斗实力。到行动开始预定日时，德国人几乎只剩下 300 架飞机来对抗英国和美国方的 12000 架飞机。[64]

此外，战略轰炸极大地牵制了斯皮尔在整场战争中调动德国经济力量的能力。1944 年 5 月，德国人仍在生产 156000 吨航空燃油，但他们的石油设施遭到了轰炸，而且从该月开始削减生产，8 月仅能生产 17000 吨，到 1945 年 1 月，则仅能生产 11000 吨。[65]并非所有可用的统计资料都这么令人印象深刻，这是事实。正如我们所看到的，盟军对德国和欧洲西北部投下了包括 *V*1 飞行炸弹和 *V*2 火箭在内的，大约 160 万吨爆炸物和燃烧弹，是德国在整场战争中对英国所投下的 20 多倍。[66]乍一看，轰炸对德国军备产生的影响很小。如图 16. 2 所示，1943 年 7 月的主要空袭，只是使德国武器生产量的增长缓慢。1944 年 3 月又恢复了增长态势。直到 1944 年 7 月后，由于盟军空袭达到了毁灭性的高潮，斯皮尔的工厂才开始减产。即使这样，1945 年 1 月的产量也仅仅只是减少到了 1943 年 12 月的水平，仍高于 1941 年的一倍多。德国军火主要零部件产量的减产表明，轰炸只是阻碍了某些经济部门的正常运行（见表 16. 1）。1943 年 6 月—1945 年 1 月，车辆、船舶、火药和炸药的生产均大幅减少，但步枪和手枪的生产增长了五分之一，坦克增长了近三分之二，飞机和弹药的生产几乎没有变化。

表 16. 1　1945 年盟军轰炸产生的影响（1943 年 1 月和 6 月的百分比变化）

德国军备生产指数	武器	坦克	车辆	飞机	船舶修造	弹药	火药	炸药	盟军投下的炸弹吨位数
0	+19	+64	-63	-1	-21	-2	-19	-36	+116

资料来源：*Tooze*, Wages of War, *Appendix* 6；

Ellis, World War II Data Handbook, *pp.* 22*ff*.

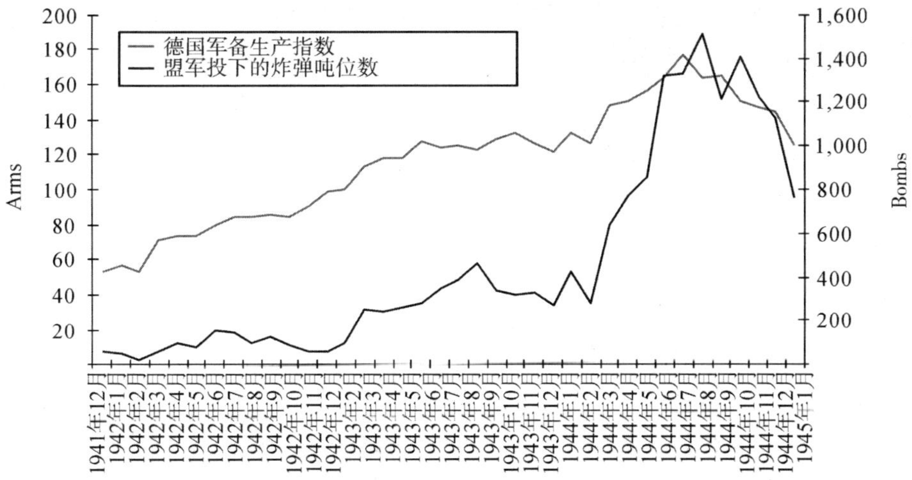

图 16. 2　1942 年 1 月—1945 年 1 月轰炸的影响

虽然如此，但统计战略轰炸对德影响的最好方法，不是实际的产量，而是实际产量和潜在产量之间的差异。1945 年 1 月，斯皮尔及其同事们试图计算出过去一年盟军轰炸所造成的损失。这些数字令人印象深刻：比原计划少生产了 35% 的坦克、31% 的飞机、42% 的车辆。[67]不少于200 万战士忙于防空，而这些宝贵的人力资源，本来是可以从事生产性工作的。我们不能确切地知道，如果没有持续不断的轰炸，斯皮尔会给德国经济创造什么奇迹，但我们知道的是，斯皮尔本人将空中战争称为“德国方面最大的败仗”[68]。

另外，还有一些证据表明，到 1943 年，特别是汉堡遭到大轰炸后，德国平民的情绪显示出了紧张的迹象。诚然，轰炸并没有鼓励德国人去推翻希特勒政权，就像在库尔斯克战役后人们所希望的那样，但盟军空袭造成的毁灭性破坏，却渐渐地使很多普通德国人不太相信政府的宣传了。[69]1943 年 12 月流行的一个笑话，足以反映事实真相，有间谍把它记录如下：

> 戈培尔博士在柏林的家被炸了。他抢救出了两个旅行箱，拎着它们跑到了街上。后来，他又回到了房子里，找其他东西。当他再出来的时候，两个行李箱却被人偷走了。戈培尔博士非常难过，流着眼泪，上了火车。当被问及行李箱里有什么值钱的东西时，他回答说：“一个箱子装着报复（*Vergeltung*），另一个装着最后的胜利（*Endsieg*）。”[70]

士气低落并不是一种政治现象，相反，它导致了冷漠和玩世不恭，一个症状便是，在工作场所旷工的现象越来越严重。格尔德·莱迪希（*Gerd Ledig*）的战后小说《报复》（Vergeltung），正是根据他在战争后期作为防空人员的经历而写的。凡是读过这篇小说的人，都不会对丘吉尔达到了他使德国人士气低落的目标产生怀疑。在莱迪希所描绘的地狱里，普通的德国人只剩下了兽性，在斗争中只会谋杀、强奸，为了生存，不再讲究理性。[71]

然而，战略轰炸的道德代价是相当高的。正如奇切斯特主教乔治·贝尔（*George Bell*）所指出的：“对城市进行轰炸，蓄意打击平民，不论他们是否对这场战争做过积极的贡献，都是错误的行为，无论纳粹做的或是我们自己做的都一样。”[72]没有几个飞行员像军士约翰·查诺克（*John Charnock*）那样，经历过如此奇特的角色逆转。约翰·查诺克是一名23岁的澳大利亚炮手，1944年3月英国皇家空军对法兰克福进行空袭时，他开的兰开斯特飞机遇到了炮弹，查诺克及时跳伞，跳到地面上，目睹了最猛烈的轰炸。有点怪诞的讽刺是：查诺克降落到了一个新挖的坟墓中。他在空袭中幸存下来，却被附近一群愤怒的德国人打个半死。他们喊道“匪徒！恐怖炸弹！杀人犯！”他们鄙视他，用砖头、铁棒，甚至是未爆炸的燃烧弹打他。[73]一些击落了德国飞机的飞行员，逮住后被吊死在灯柱上。莱迪希的《报复》中，被击落的美国飞行员绊倒了一位半裸者，触犯了他本人参与制定的故意伤害罪条款，显然，他同他的德国受害者一样，也会感到很没道德。

对于那些已经完成了任务的人来说，这一切都不重要。“飞行就是这样一件冷酷的事，”一名英国皇家空军军官在战后解释道，“你起飞，然后，除非你被击中或你发生了什么意外，你又回到了一个相对文明的世界。飞行的时候，你显然处在某种危险中，但你不要情绪化到好像你在坦克里一样。”[74]即使有战友牺牲了，也可以归咎于不那么令人痛苦的飞机的“死亡”。[75]一名在德国上空执行过无数次任务的飞行员，瞄准轰炸机的目标的典型方式是这样的：

> 这是一个可怕的景象。下面，一张红色的地毯，数千枚燃烧弹扔在上面。当炸弹，特别是一枚4000磅重的炸弹击中地面时，会泛起一串串大大的黄色泡泡，就像看着一堆红色的热灰，一连串爆炸突然使大地光芒四射，火焰冲天。天空中飘落的，是“探路者”发出的红绿色信号弹，它们撒下一串串光亮，周围全是爆裂声、红色的反射光和从高射炮中冒出来的浓烟。有时数百个探照灯照亮了目标，灯光一会儿向前一会儿向后地照着，偶尔，在它们的照射下，飞机会掉进陷阱，看起来像可怕的地狱中的某种东西。在飞往纽伦堡的过程中，我还记得，下面的火光照亮了天空，就像白天那么亮，我都可以在18000英尺的高空阅读我的日志。[76]

身处18000英尺的天空，在火海上阅读日志，轰炸机与它正在造成的不加区别的死亡和破坏毫不相干，这真是一个生动的写照。正是这种态度，让“文明”人对平民进行了大规模屠杀。盟军飞机飞得越高，装配了像“探路者”这种高科技的飞机所飞行的路线就越固定，轰炸机机组人员的分裂意识就越强。[77]从这里，在数千英尺的高空，焚烧妇女、儿童，与将他们赶入毒气室之间，确实存在高度不同的现实差异。要粉碎一座城市，却连看都不看一眼那些正在被打入地狱的平民，对盟军来说是可能的。盟军的轰炸，像纳粹的种族政策一样，正在精心地实行有差别的对待。道德差异——近来被一些德国作家所遗忘——是轰炸机司令部机组人员为战胜纳粹德国，结束战争而正在履行的飞行任务。不管这是否实现目标的最佳方式，这也并不是由他们说了算，其意图并非不光彩。对于纳粹来说，屠杀犹太人和其他“外来的”平民，却总是其自身的一个目的。贝乌热茨党卫军人的心中，充满了仇恨，这是盟军飞行员们所没有想到的。

“小男孩”

轰炸在多大程度上有助于结束这场对德战争，人们对这个问题仍然存在争议。但几乎可以肯定的是，轰炸加速了对日战争的结束。在对广岛进行打击之前，日本领导人没有表示出结束这场战争的意愿，而是提出条件，不仅要保留天皇的权力，而且还要保留军队不受约束的权力。[78]虽然一些政府成员，包括首相、海军上将铃木贯太郎以及高级大臣们，甚至天皇本人，都愿意考虑通过瑞士或最好通过苏联来进行和平谈判，但战争部长阿南惟几（*Anami Korechika*）、参谋长梅津美治郎（*Umezu Yoshijirō*）将军和海军上将丰田副武（*Toyoda Soemu*）都坚持“将战争进行到底，以维护我们的国体，保护帝国的土地，实现我们的征服目标”。[79]铃木本人公开谈到“战斗到最后，全民族要团结一心”[80]。尽管美国人的抵抗热情高涨，但他们在冲绳和其他外围岛屿却遭遇了困难。有充分的理由预计日本人会以陆海空三军协同作战的方式进行抵抗，这将会极其血腥。因为在欧洲，战争的最后一年，才是最致命的一年。1944年7月—1945年7月，美军遭受到重创，有185000多人死亡，比在整个太平洋战争中所有死亡人数（53000人）的两倍还要多。[81]但同一时期，日军的死亡人数更多，也许多达50万，不过仍远远没有耗尽他们的人力储备，没有使他们丧失斗志。事实上，最高统帅部已经准备采取“决定性行动”，设想沿日本海岸部署235万军队，以击退美国人的登陆。另外，400 万军队的文职雇佣兵和 2800 万民兵[82]将使日本的军事力量大为增强。人们很容易忘记，日军的死亡人数要比德军的少得多。1937—1945 年间，日军的总死亡人数仅为 174 万。[83]日本的侵略传统本来就没有行动开始预定日，与海边的斯大林格勒相比，足有过之而无不及。

对日轰炸战役，可以说始自于 1942 年 4 月的杜利特尔空袭（*Doolittle Raid*），当时用航空运送机黄蜂（Hornet）中的部分力量，即 13 架*B*-25轰炸机，成功地袭击了日本首都。[84]然而，直到战争的最后阶段，美国人才克服了迫使他们依赖相对不安全的中国空军基地的距离障碍。[85]采用新型的 *B*-29 超级堡垒武装，并以马里亚纳群岛作为安全基地，柯蒂斯·勒梅（*Curtis LeMay*）将军的 *XX* 轰炸机司令部利用日本人用木材、竹子和纸做的房子的极度易燃性，对日本城市发动了一场无情的毁灭性战争。这位 1943 年 8 月灾难性的雷根斯堡袭击（*Regensburg raid*）的幸存者勒梅，不失时机地放弃了白天在高空进行精确轰炸的战略，改用低空地毯式轰炸。数量达 300 架左右的 *B*-29 飞机组成的巨大空中舰队，轰炸目标是日本的城市，结果造成了大量人员死亡，这些城市变成了废墟。1945 年 3 月 9 日，东京遭到了一连串大轰炸，造成的死亡人数在 8 万—10 万之间。就像勒梅所说的，尽是“烧焦的、被煮的、被烤死的”[86]。在五个月之内，主要城市的建成区，约五分之二的区域几乎都成了一片废墟，将近 25 万人死亡，30 万多人受伤，800 万人成了难民。[87]除东京外，63 个城市被烧毁。日本经济几乎完全瘫痪，钢产量下降至 1 个月生产 10 万吨，航空燃料必须依靠松树来炼油。这一切，对美国人来说，都比对德作战所付出的代价要少得多。[88]美国人总共向日本投掷了 20 万吨烈性炸药和燃烧弹，还不到对德国和被占领的欧洲西北部所投掷的 12%。由于日本防空力量很弱，伤亡人数也比欧洲的少。

那么，有必要进一步追问：为什么要向广岛和长崎投掷两颗原子弹呢？勒梅只需用常规炸弹，就可以轻而易举地击中这两个目标。好像是为了做到这一点，东京 8 月 14 日遭到了超过 1000 架飞机的猛烈空袭，第二天，天皇在广播中就宣布了投降的决定，而不是在广岛遭到原子弹袭击的那一天。在各种可能性中，是苏联决定不让日本人心存调解的希望，而是继续打击他们，使所有最不可救药的顽固分子们相信：战争已经结束了。对那些将军来说，太平洋战争的失败，与他们在“满洲”和朝鲜长期以来所拥有的牢固地位相比，没有那么要紧。[89]事实上，是苏联在离日本主要的北部主岛屿北海道不远的色丹登陆，才迫使日本军方终于签署了投降书。[90]历史学家有时将哈里·杜鲁门（*Harry Truman*）决定对日本使用原子弹解释为一种旨在恐吓苏联的开枪警告，是冷战的爆炸性序曲。[91]也有人认为，杜鲁门花了20亿美元在曼哈顿计划上，他不得不为花了这么多钱而实施大爆炸。[92]然而，如果将8月6日和8月9日投下的原子弹与它们后来留下的辐射区分开来看，那么广岛和长崎的毁灭只不过是五年来盟军战略轰炸的一个高潮而已。当绰号为“小男孩”的原子弹8月6日上午在广岛189英尺的高空爆炸的时候，当场死亡的人数，便与六个月前在德累斯顿所死亡的人数大致相同，虽然到1945年年底，日本的死亡人数要多得多，在广岛多达14万，在长崎多达7万。[93]

诉诸原子弹的部分原因是，它让一架飞机［或者确切地说，是七架，因为埃诺拉·盖伊（*the Enola Gay*）并不是单独飞行］达到了以往数百架飞机才能达到的效果。1944年6月—1945年8月间，3万架次轰炸飞行中，只损失了74架*B*－29型飞机，损失率为0.24%。这看起来似乎很少，而且比美国人在欧洲遭受的伤亡数要少，但74架*B*－29型飞机里却有将近900名训练有素的机组人员。因此，从用如雨点般落下的致命的高爆炸物进行“区域轰炸”，到用一个超级炸弹将整座城市炸毁，这两者之间存在着必然的逻辑关系。自1940年以来，盟军一直在采取最小的己方伤亡、最大的敌方伤亡的原则。原子弹的发明，当然需要物理学领域的革命，但并不需要这场全面战争在政治经济学领域的革命。相反，这是盟军战争方式的逻辑结果。当杜鲁门谈起“人类文明史上的新时代”时[94]，他正在展望未来，希望为和平的目的使用核动力；相比之下，广岛只不过是又一个被毁灭的城市而已，离文明不过是多迈了一步。

就像在情报领域一样，英美在这场竞赛中在设计和制造原子弹方面所取得的胜利，揭示了极权政权的局限性。纳粹的反犹太主义极大地毁灭了德国的科学，在1933年前，德国便将大量的学术专业领域里的顶尖人才赶出了实验室，使他们流亡国外。（斯大林也用他自己的方式干涉科学研究，虽然他比希特勒务实，但也很晚才明白这样做的风险有多大。）原子弹爆炸，其正义性有点被诗意化了，因为它在很大程度上是犹太科学家的成就。他们当中，有许多人都是纳粹占领的欧洲难民。[95]他们一定不知道，原子弹将被用于轰炸德国人的盟友，而不是轰炸德国人。

因此，原子弹是西方对科学探索实行开放政策的胜利，也是西方不受反犹太主义影响的胜利。然而，它也体现了西方盟国为结束第二次世界大战而在多大程度上不惜将道德禁忌弃之不顾。当然，不是他们自己的道德优越感才使罗斯福和丘吉尔向斯大林保守了原子弹的秘密。他们十分清楚：一旦与苏联的联盟达到了目的，新武器的威力将授予西方人。[96]事实上，值得注意的事情是，英美这两个英语大国之间的相互猜疑，也不会在战争期间对其联盟造成更大的伤害。罗斯福对丘吉尔有信心，便是证明。[97]斯大林也立即明白：如果西方列强垄断了原子弹，犹如纳粹德国首先使原子分裂一样，对苏联来说，都将代表着几乎同样严重的挫败。早在 1942 年 6 月，内务人民委员会（*NKVD*）指示在纽约和伦敦的间谍，“要采取一切认为合适的手段，获得关于原子弹工程理论和实践方面的资料，获取关于原子弹设计、核燃料的构成元素和触发机制等方面的情报”。在短期内，苏联情报人员便成功地打入了曼哈顿计划。1945 年春，在新墨西哥州洛斯阿拉莫斯国家实验室大楼——研制第一枚炸弹的地方，里面就有三个是苏联情报人员。他们彼此都不知道对方是间谍。[98]［负责曼哈顿工程的科学家 *J.* 罗伯特·奥本海默（*J. Robert Oppenheimer*）就是一位旅美共产主义者，虽然他不一定是真正的共产党员，但仍使后来的安全恐慌大为增加］。1943 年 2 月，斯大林授权致力于研制苏联的原子弹。[99]但第一枚苏联的原子弹是美国在 1945 年 7 月 16 日在阿拉莫戈多试验的原子弹的碳副本，间谍活动所取得的成就就像科学成就一样大。当杜鲁门在波茨坦会议（1945 年 7 月 17 日—8 月 2 日）上转弯抹角地预先警告他要对日本发动进攻时，斯大林一点都不感到惊讶。[100]斯大林知道美国人已经取得的科学成就，也知道这是一项苏联必须拥有的成就。斯大林口是心非地告诉美国驻莫斯科大使，原子弹“意味着战争和侵略者的结束”。哈里曼表示同意，“原子弹对于和平的目的具有非常重要的意义”，斯大林面无表情地回答说：“毫无疑问。”[101]

1945 年大屠杀

1945 年 1 月 27 日，犹太人桑德科曼斯（*Sonderkommandos*）在第二和第六火葬场的起义流产三个半月后，苏联的第一支部队到达了奥斯维辛集中营的大门口。在大约7000名没有被送到沃济斯瓦夫或德国的布莱汉姆集中营的犯人中，有一位意大利化学家普里莫·列维（*Primo Levi*）。列维在令人难忘的散文中，描述了这一时刻：

> 他们没有同我们打招呼，也没有微笑；似乎被压抑的，不仅是同情，而且是令人困惑的克制，这势必会使他们对葬礼的现场保持沉默，视而不见。这就是那种我们十分熟悉的耻辱：德国人不知道的耻辱，这样一种罪行应该存在的罪恶感……所以对我们来说，即使是空闲时间也要在墓穴外敲铃，并使声音低沉下来……以便我们主动清洗我们的良知、我们的记忆，以免纠缠着不放。我们感到，即使是现在，也不可能发生什么好事、干净的事来足以抹杀过去，因而，愤怒的伤疤将永远留在我们的心中。没有人能够比我们更清楚这种伤害的不可治疗性。[102]

在濒临崩溃的纳粹帝国，类似场面在集中营一再重复着：骷髅般的幸存者在尸体中蹒跚；士兵像另一个星球上的人，如此不可思议。

斯大林时代的苏联有关“解放”的思想是自相矛盾的。[103]这个产生了古拉格劳改营的政权，对于真正的解放没有任何兴趣。维克多·克伦佩雷尔回到了几乎只剩下残垣断壁的德累斯顿，他依然对极权主义的语言记忆犹新，察觉到解放者和那些刚刚获得解放的人之间那不可思议的相似之处。他注意到，苏联占领当局“单调的”无线电广播和“政治化的”新闻报道，与前政权有许多共同点。[104]“我必须慢慢开始有系统地注意，”他在日记中写道，“第四帝国的语言。有时，在我看来，它与第三帝国的并没有什么不同，就像德累斯顿的撒克逊（方言）和莱比锡的撒克逊（方言）那样，没有什么不同。例如，斯大林元帅是最伟大的人、最杰出的战略家……我想仔细研究一下我们的新闻报道上的……第四帝国的语言（*LQI*，即 lingua quartii imperii）。”[105]他很快就发现“纳粹语言和布尔什维克语言的诸多相似性”：

> 第三帝国的语言（lingua tertii imperii）继续存在着……在斯大林的讲话中，并在其语录中经常出现，希特勒和里宾特洛甫是食人族和怪兽。在有关谈到斯大林的文章中，总会提到他是苏联的最高统帅，是前无古人式的最伟大的将军，

是所有活着的人中最伟大的人……很难说我究竟听懂了多少次“方向”“行动”“战斗”诸如此类的词。所有正在消失的词，现在又“狂热地流行”起来……相同、相同的话——第三帝国的语言等于第四帝国的语言！“结盟”“富有战斗性的”“真正的民主”等等。[106]

即使街上的情景，都有相似之处。“张贴在阿尔伯特广场上的斯大林元帅的画像……也可能是戈林的。”[107]在克伦佩雷尔看来，苏联共产党的统治“将是苏联式的‘真正民主’的结果”，只不过是用一个新的缺乏自由的政权“取代了一个旧的缺乏自由的政权而已”。他一下子就明白了。[108]

他们确实是“无情的胜利者……而且因为我在第三帝国注意到了这一切，而且因为我现在必须关注对犹太人产生影响的一切事物，无论我喜欢还是不喜欢，只要想起这件事，我就感觉不快乐”。[109]“我看到来了一个新的希特勒，”早在1945年9月，他写道，“我根本就没有安全感。……”[110]考虑到战后斯大林主义的反犹太主义特点，他是有先见之明的。

没有什么比这样的事实更能令人震惊地说明1945年夏季正在发生的事，即在接管布痕瓦尔德集中营的数周之内，苏联人便用它来关押他们自己的政治犯。诚然，大屠杀已经结束了，斯大林对苏联和东欧犹太人的怀疑——犹太人在官方媒体上被指责是“世界主义者”或者“没有护照的流浪汉”——绝不是又回到了毒气室时代的前兆。毕竟，在所谓“医生的阴谋”演变成一个全面的迫害浪潮之前，斯大林便死了。然而，在其他方面，尽管所改变的是标准，但从此某些团体和个人的自由却被剥夺了。东欧集中营不过是更换了一套新的管理体制而已。

在波茨坦会议和随后的纽伦堡审判中，胜利者总是令人瞩目地表现出伪善的态度。他们承诺，会“给予每一个战犯，包括那些残酷对待战犯的人”“严格意义上的公正”。尽管缺乏适当的国际法律机构，但美国人主张：要对那些在战争之前和战争期间掌握权力的大量德国人和日本人进行充分的刑事检控。美国司法部长罗伯特·*H.* 杰克逊（*Robert H. Jackson*）将军说，“我们要谴责和惩罚的错误行为”，“是如此之多、如此之恶、如此具有毁灭性，以至于文明都不能容忍自己的存在受到忽视”。在纽伦堡审判中，正如1945年夏天战胜国在伦敦所达成的一致意见，案件的症结在于德国和日本的领导人有预谋地蓄意发动了“侵略战争”，“把邪恶留给了世界，没有一个家庭幸免”。首先，他们被指控“策划、准备、发动了一场侵略战争，或者违反国际条约、协定和保证的战争，或者为达到上述目的而参与一个共同的计划或阴谋”。[111]然而，1939 年苏联站在哪一边？同样的道理，控诉站在东京审判席上的日本领导人犯下了滔天罪行，包括“人的生命的整体性毁灭，并不单单发生在战场上……而且在家庭、医院、孤儿院、工厂和田野里”。[112]但在战争的最后几个月，同盟国在德国又犯下了怎样的罪行呢？

死亡不仅来自天空。随着苏联无情地向西推进，约 500 万德国人逃离家园，将他们的行李堆在车上，向西跋涉。波罗的海沿岸的德国港口挤满了难民。到 1945 年 1 月，格丁尼亚的场景——被纳粹更名为“世界末日”——预示着大灾祸就要到来。成千上万的人聚集在海滨，绝望地通过海路向德国西部疏散。他们的唯一希望，就是逃避红军的抢劫。苏联炮兵的脚步声日渐逼近，以至于人们都能听得到。4400 个难民，争着、抢着拥上了巡洋舰威廉 · 古斯特洛夫号（*Wilhelm Gustloff*），他们一定认为自己很幸运。总之，包括士兵、海军陆战队员、伤病员和船员，一共有 6000 多人挤在 1 月 30 日起航的船上——船上所载的人是其原先设计容量的 4 倍之多。而护卫该船的，只有一个颇有岁月的鱼雷。船长依靠暴风雪作掩护。他们通过大海向西航行时，希特勒的最后一次讲话，通过公共广播系统传到了这些疲惫不堪的旅客们耳中。轮船向前航行着，发动机产生的暖气，使人们原本紧张的心情松弛下来，许多人在拥挤的船舱里睡着了。1 月 30 日晚，临近 8:00，这艘船被由艇长亚历山大 · 马林内斯科（*Aleksandr Marinesko*）指挥的苏联潜艇 *S*-13 发现了。在饮酒狂欢擅离职守遭到纪律调查的情况下，马林内斯科急于将功赎罪。这艘德国籍客轮威廉古斯特洛夫号（*Wilhem Gustloff*）似乎是一个天赐良机。“我确信，”马林内斯科后来说，“里面挤满了曾经践踏祖国苏联的人，他们正在逃命。”[113]他命令向该船发射四枚鱼雷。三枚击中船舶的鱼雷，每个上面都有题词：“为列宁格勒”、“为祖国”和“为苏联人民”。第一枚鱼雷在 9:16 准确击中目标。船上只有 964 人被德国救援人员救了上来，其中还有一些人后来冻死了。这是历史上最为严重的航运灾难之一，死亡人数是泰坦尼克号的五倍。

马林内斯科的鱼雷包含着心理上的复仇火焰，苏联军队把德国人包围了起来加以屠杀。当他们来到柏林时，部分红军——一般都不是前线的部队——满大街跑，让人联想到南京大屠杀的场面。德国妇女不仅仅成了战争的性战利品，而且是进行野蛮报复的目标。当前线的红军部队和已经绝望的德国残余军队之间的战斗在周围肆虐时，豪斯达尔勒姆的孤儿院、达勒姆郊区的妇产医院里，女修道院院长丘恩岗德斯（*Cunegundes*）和其他姐妹们只能退缩在地下室里祈祷。炮弹落在孤儿院内。连日来，修女们和病友们“就像住在墓穴中的第一批基督徒”。4 月 26 日，十名苏联人冲进了房子，并要求她们交出十字架、戒指和手表。这是第一次有人破门而入，也是非常糟糕的一次，后面还会有更多次。29 日晚，苏联军官及其部下在夜间将里宾特洛甫别墅里的酒窖洗劫一空，并进而追捕和强奸妇女。修女们竭尽所能地将怀孕的妇女、当时住在孤儿院的新生儿母亲以及年轻的待产姐妹们藏了起来。但喝醉了的苏军官兵会不会尊重修女，那就很难说了。女修道院院长在试图保护孤儿院的乌克兰厨师时被枪杀。30 日晚，一群醉酒人员冲进产房，强奸了正在分娩或者刚刚分娩的妇女。对于修女们来说，这一切都很清楚：“我们的人都犯下了滔天原罪，我们赎罪的时候到了。”[114] “这就是德国人在苏联的所作所为。”伊尔莎·安特斯（*Ilse Antz*）在被一名苏联人强奸后，听到有人这样说。就像在南京一样，性欲与杀戮夹杂在一起。汉内洛蕾·冯·克姆达（*Hannelore von Cmuda*）被醉酒的苏联人轮奸了三次后被枪毙了。其他人的头部都遭到了连续的猛击和殴打。[115]在首都，两个主要的柏林医院估计受害者人数在 9.5 万—13 万之间。德国更东部的波森、但斯克和布雷斯劳，也发生了这种暴行。波美拉尼亚战争中的一名英军战俘说：“红军士兵……强奸每一名年龄在 12 岁—60 岁之间的妇女。”[116]苏联士兵总共强奸了 200 多万德国妇女。[117]从数字上看，这大大超过了美国军事法庭所审判的 1942—1946 年之间所有战场上发生的 925 宗强奸案件。[118]

在这种氛围中，随着戈培尔那令人毛骨悚然的预言完全变成现实，自杀的浪潮席卷着柏林和德国其他地区，这并不令人吃惊。希特勒并不是唯一以布仑希尔德（*Brünnhilde*）为榜样的纳粹。戈培尔、博尔曼和希姆莱等委员会所有人都自杀了，像司法部长奥托－乔治·希拉克（*Otto-Georg Thierack*）、文化部长伯恩哈德·拉斯特（*Bernhard Rust*），41 个地区党领导人中的 8 人，高级党卫军和警察局局长中的 47 人，553 支部队将军中的 53 人，98 名德国空军将领中的 14 人，海军将领 53 人中的 11 人，都自杀了。[119]（为了逃避刽子手的绳索，当纽伦堡的法官拒绝了他所要求的射击队时，戈林紧随其后，也自杀了。）然而，这种自杀的冲动，并不限于纳粹精英。无数普通德国人，也以同样的方式，回应战败的前景。许多身上配备了钾氰化物胶囊的人——或者被派发了胶囊的人，就像柏林爱乐乐团举办的最后那场音乐会的那些观众一样，他们选择吞下，而不是面对那即将来临的惩罚。

1945 年 4 月，在柏林，有记录在册的自杀为 3881 例，接近 3 月份的 20 倍。[120]最常见的动机，是“对苏联入侵”的恐惧。像波美拉尼亚的席兰克（*Schönlanke*）和席威伯恩（*Schivelbein*）村，“多个信仰宗教的家庭都全家自杀——溺水而亡，上吊自杀，割脉或纵火，将自己与自己的家园一起烧毁”。[121]3 月 12 日，前进中的苏联人，在但泽城外附近打开一扇掩体的大门，就发现了 16 具尸体，其喉咙和手腕都留有刀痕。他们是三个家庭的剩余人口，全都是被欧文·施瓦茨（*Irwin Schwartz*）谋杀的。这个人认为“宁可死，也不同苏联人在一起”。[122]无数被强奸的受害者也自杀身亡了。露丝－安德烈亚斯·弗里德里希（*Ruth-Andreas Friedrich*），一个柏林女学生，在日记中记录了她的老师是如何教育她们的：“如果苏联士兵侮辱了你，别无选择，只有死路一条。”在接下来的日子里，她的同学中有数百人自杀，男的女的都有。“失去了名誉，就失去了一切”曾一直是一位心神错乱的父亲所说的话。他在女儿被玷污了 12 次之多后，将一根绳索交到她手上，而她乖乖地将自己吊了起来。有时，批评家会把国家社会主义说成是“褐色邪教”。[123]就像其他邪教一样，希特勒的邪教以集体自杀而告终。

红军不是唯一对全体德国人进行集体性惩罚的人。全东欧的各个国家都对第三帝国的德国人和德裔人进行了野蛮报复。[124]早在 1945 年 2 月 5 日，一个波兰广播电台对现在绝不会有和解的意思说得很清楚：“德国人用他们的野兽行径、严重的犯罪行为，在自己和波兰人之间开凿了一道无法弥合的鸿沟……我们希望在波兰不再保留任何日耳曼少数民族。”卡托维兹的示威者宣布：“波兰人应该像德国侵略者对待波兰人那样对待日耳曼人。”[125]波兰的共产党领导人瓦迪斯瓦夫·哥穆尔卡（*Wtadystaw Gomutka*）的主张是：“国家应建立在民族阵线的基础上，而不是多民族阵线的基础上。”[126]要是斯大林的决定或多或少地得到了德黑兰会议（1943 年 11 月 27 日到 12 月 1 日）批准的话，那会产生深远的影响，会使波兰的边界向西扩展，一直扩展到奥德河和尼斯河，东普鲁士、西普鲁士、波美拉尼亚、波森和西里西亚都不再会是德国的领土。对西里西亚城镇里的贝德·扎尔茨布龙（*Bad Salzbrunn*）这样的日耳曼人，就要执行向西“重新安置”的强迫性命令。现在，是德国人而不是波兰人，被给了几个小时的时间准备离开他们的家园，被限制最多只能携带 20 公斤行李，其剩余的财产都要被无偿地扣押。他们在枪口的威逼之下离开家园。布拉格的西方记者遭遇了同样不折不扣的、令人憎恶的事。[127]像多萝西·汤普森（*Dorothy Thompson*）1945 年 6 月 22 日在华盛顿《晚星》上所报道的那样：“人民，包括那些布拉格的本地人，恨透了所有的日耳曼人。他们是百分之百地，而且是不加选择地，希望将所有母语是德语的人都赶出波兰。”[128]有一股残忍的暴行浪潮，直接针对德国占领者和苏台德地区的日耳曼人。

类似的事情发生在中欧和东欧各地：报复性的种族清洗。这是盟军领导人在波茨坦会议上正式批准的。[129]在匈牙利，多瑙河沿岸斯瓦比亚的那些村庄变成了一座座鬼城。尽管美国和苏联在德国的占领当局再也应付不了大量的难民潮，提出了停止驱逐的要求，但匈牙利的驱逐一直持续到 1946 年 2 月。那些留下来的日耳曼人，只好放弃他们的日耳曼人身份。1949 年 1 月匈牙利进行人口普查时，只有 22453 人仍以德语作为母语，虽然日耳曼的实际剩余人数很可能会比这个数字要多。[130]捷克斯洛伐克的“第 1 号法律”规定：没收日耳曼人所有的财产，并剥夺其公民权利。在战争刚刚结束的那段时间，数千名日耳曼人在集中营里遭到杀害或监禁。[131]罗马尼亚约有 10 万日耳曼人同纳粹德国的国防军一道撤退。许多留在后面的人，也渐渐后悔了。1945 年 1 月起，大约 73000 名日耳曼人——其中包括妇女、男人，既有纳粹也有共产党人——从罗马尼亚运来，“在顿巴斯和乌拉尔矿山进行赔偿性劳动”。[132]在苏联占领的欧洲地区，总共约 40 万日耳曼人遭受同样的命运。[133]大约有 20 万苏联的前日耳曼人，试图从被称为“德涅斯特”的地方长途跋涉到达德国，但他们到不了，红军追上了他们，用密封的货车将他们送到乌拉尔山脉以外的地区。后来，还有苏联的数万名日耳曼人加入了这支队伍，他们是西方盟国移交遣返的在其德国占领区内的人。[134]德意志裔人将全部赌注都押在了希特勒的民族共同体上面。这给他们带来的回报很少，即使在大德国太平盛世的日子里，回报也不多。1939—1944 年间，大约 75 万人这样或那样地被重新安置。现在，1918 年后民族国家们提出的少数民族的地位问题被一劳永逸地解决了。罗马尼亚是唯一没有把目标定在使日耳曼社群完全消失的东欧国家，但即使如此，它的日耳曼人口也减少了将近一半。[135]总之，当时，大约700万日耳曼人遭到了驱逐或离开了捷克斯洛伐克、波兰（包括第三帝国的原东部省份）、匈牙利、罗马尼亚和南斯拉夫的家园。他们的身后，紧跟着560万为躲避苏联红军向西逃难的人。就这样，离开德国的总人数，加上纳粹本身在1944年之前已重新安置的德意志裔人数，来自中欧和东欧西部或东部的日耳曼总人数，超过了1300万（表16.2）。死在这场动荡中的人数，可能高达200万。[136]

表16.2　非自愿离开的日耳曼人

	1939 - 1944		1944 - 1946		1939 - 1946
	重新安置	逃跑	驱逐出境	驱逐	总计
苏联	588000				588000
波兰	30000	500000			530000
罗马尼亚	69000	100000	73000		242000
捷克斯洛伐克				3000000	3000000
匈牙利				250000	250000
立陶宛	66000				66000
南斯拉夫	21000				21000
保加利亚	2000				2000
东德		5000000	215000	3325000	8540000
总计	776000	5600000	288000	6575000	13239000

资料来源：*Magocsi*，Historical Atlas，*pp*. 164 - 167.

德国的外流人口，只是战后出现的大量流离失所者的一部分，虽然这部分是最重要的。1944—1948年之间，在中欧和东欧各地，估计有3100万人离乡背井，这是人类历史上人口规模最大、最残酷的运动之一。然而，在巴尔干地区，保加利亚人离开马其顿东部和色雷斯西部时，而且在战争时期塞族的定居人数与克族人平分秋色时，还发生过更多的种族清洗运动。德黑兰会议通过了波兰边界西移的决定，波兰和该国所剩无几的犹太人向西迁移，而乌克兰人、白俄罗斯人和立陶宛人则向东迁移。[137]捷克和斯洛伐克宁愿放弃喀尔巴阡的罗斯人和沃里尼亚人，也不愿忍受苏联人的统治。马扎尔人被赶出了斯洛伐克的南部，与生活在匈牙利的塞族和克族交换。[138]

纳粹政权犯下的罪行，被他们的苏联盟友用新的犯罪进行了报复。德国人在遭到这样的报应时，难道英国人和美国人就没有感到不安吗？即使有不安，他们也没有明确地表达过。伦敦只是一味地对被战胜的敌人宽宏大量。在英国上议院，前外交大臣罗德·西蒙（*Lord Simon*）将希特勒的崛起归咎于日耳曼人根深蒂固的、畸形的民族性格，多次讲到要宽恕德国人。*A. J. P.* 泰罗在 1945 年出版的《德国历史进程》，现在看来，依然是战后用心灵铸造的一座丰碑。[139]早在联邦德国的历史学家们开始思考德国的特殊道路——可追溯至 19 世纪及以前的一条独特的德国灭亡之路——之前，这种观点在英国便已经非常盛行。[140]丘吉尔本人对于罗马尼亚的“奥地利人、撒克逊人和剩下的日耳曼人或准日耳曼人”被驱逐到苏联，泰然处之：

> 考虑到苏俄人遭受到的伤害和罗马尼亚人对苏俄人进行的肆意攻击，以及目前庞大的苏俄军队正在前线打仗、欧洲许多地区人民的生活条件非常恶劣，我认为，苏俄人让这些人中的 10 万或 15 万人走他们自己的路，并没有错。[141]

早在 1943 年 11 月，罗斯福和丘吉尔对于将普鲁士的柯尼斯堡港口交给苏联以及波兰边境西移等问题达成一致意见时，事实上的瓜分德国就已经开始了。1945 年 2 月召开的雅尔塔会议，“三巨头”含糊其辞地就在将德国分割成数个占领区的问题上达成了一致，并且如期进行了瓜分。从奥得河 - 尼斯河一线到易北河一带的波兰新边境——这些地区以前都是德国的中心区域，如今变成了苏联的占领区。德国西部被划分给了英国、美国和法国，柏林成为了四国在苏联占领区内的一个岛屿。奥地利也被分成了数个占领区。后来德国人从奥得河以东地区、尼斯河一带的东部领土上被驱逐出去，是在波茨坦会议上批准的。第一次世界大战结束后，有些片区便从德意志帝国的外围划了出去。第二次世界大战之后，德意志帝国已经分崩离析、四分五裂。它并不是解体了，因为美国人从一开始就对这一点特别明确地指出，他们打算迅速地使德国向自治政府过渡，但德意志帝国就像普鲁士一样，已经寿终正寝了。

然而，不仅仅是德国人首当其冲地遭受着苏联红军向西推进带来的痛苦，到1944年年底，东欧和中欧的大部分地区，包括奥地利、捷克斯洛伐克、匈牙利、波兰、罗马尼亚和南斯拉夫，也纷纷落入了苏联红军手中。这一切，都是“三巨头”在德黑兰会议上提出的。这也是一种军事现实的反映。美国参谋长乔治·*C.* 马歇尔（*George C. Marshall*）和盟军最高司令艾森豪威尔（*Dwight D. Eisenhower*）对于苏联人赶来柏林根本没有兴趣，更不用说布拉格了，也不想与他们争夺巴尔干地区的控制权。马歇尔宣称：“就个人来说，除了所有的后勤、战术或战略的意义之外，我不愿意拿美国人的生命为纯粹的政治目的冒险。”[142]这样的态度，一点儿也没有阻止斯大林和朱可夫牺牲更多苏联士兵的生命而发起过于仓促的进攻。但是，没有人可以假装：苏联人的占领是纳粹帝国的臣民所希望得到的结果。除了在中校齐格蒙特·伯林（*Zygmunt Berling*）指挥下在苏联一边打仗的人，没有几个波兰人对被苏联人“解放”持欢迎态度。当波兰人的抵抗力量——著名的波兰家乡军（*the Home Army*），在1944年8月1日—10月2日之间举行一场旨在反抗德国人的注定要失败的起义而被全部歼灭时，斯大林并没有感到丝毫惋惜。（人们对于红军在多大程度上有可能站在家乡军的一边进行决定性的干预是有争议的。但即使有这样的可能，斯大林也不会采取行动。让德国人摆脱波兰首都那些最坚定的民族主义者，也是非常简单的。）西方列强们只是虚情假意地强迫非共产主义的波兰流亡政府发表声明。“不仅是苏联人非常强大，”丘吉尔在1945年2月对哈罗德·尼科尔森（*Harold Nicolson*）解释说，“而且他们都在现场，甚至大英帝国陛下也不能将他们排除在外。”[143]他补充说：“对他来说，苏联人将会表现很糟是一个错误的臆断。自从他与斯大林建立密切联系后，后者一直都忠实地履行诺言。”[144]但丘吉尔很可能已经考虑到这个诺言——他和斯大林在1944年草草瓜分巴尔干半岛的臭名昭著的“百分比协议”，未必比瓜分欧洲的蓝图好到哪里去。丘吉尔问曾被派往波斯尼亚协助铁托的菲茨罗伊·麦克莱恩（*Fitzroy Maclean*），“你打算使南斯拉夫在战争结束后成为你的家乡吗？”“不，先生，”麦克莱恩说。“我也不会，”首相回答道，“而且，正因为如此，你和我对他们建立的政府形式担心得越少越好。由他们去决定好了。”[145]但是，是由南斯拉夫人去决定吗？在雅尔塔会议上，罗斯福和丘吉尔获得了斯大林的承诺，即被解放的人民将自由地“选择他们的政府形式”。甚至连罗斯福都没有料到斯大林会遵守这一承诺。他对经济学家莱昂·亨德森（*Leon Henderson*）说，苏联人将“适得其所”。[146]“不要担心，”斯大林一再向莫洛托夫保证，“我们以后可以按照我们自己的方式实施。”[147]斯大林在欧洲东部的一半地区不失时机地建立新的集中营网络，到他去世时，数量接近 500 个之多。斯特拉（ *Stalag*）让位给了古拉格。

具有讽刺意味的是，对斯大林采取绥靖政策，不仅是丘吉尔输了，许多反共的、过去最坚定地对希特勒奉行绥靖主义政策的保守党人士，如今在谴责苏联行为时，也变成了强烈的强硬派。只有《泰晤士报》的态度前后一致。该报阴险地指出，英国 1939 年对波兰的保证是，只承诺万一德国入侵，英国会参与抵抗，但并没有承诺要违背斯大林的意愿，使波兰的边界恢复到战前的状态。[148]与 *E. H.* 卡尔（*E. H. Carr*）的权力崇拜的现实主义相一致，《泰晤士报》提议：斯大林，就像他之前的希特勒一样，应该对“安全”发表一份合理声明，表示“安全”是英国外交工作的神圣义务和正当要求。同时，尼科尔森竭力证明自己已经尽其所能了：

> 人们对我说，“当你们因我们希望对希特勒实行绥靖政策而诅咒我们时，为什么你们还要倡导对斯大林实行绥靖政策呢？”我回答说：“有几个原因。第一，因为纳粹政权比苏联政权更加邪恶。第二，因为希特勒利用我方的每一次屈服，作为进一步侵略的跳板，而斯大林确实有一条不可逾越的底线。”[149]

1945 年 5 月，对斯大林会自我克制的这种信心，不过是一个虔诚的希望。

没有什么比苏联战俘受到虐待的方式，能更清楚地表明同盟国与斯大林签署的那个协议的性质。雅尔塔会议一致同意：在轴心国手中的所有苏联公民应该归还给苏联当局，不仅包括战犯和奴隶劳工，而且还包括那些在轴心国一方打仗的苏联人，比如，在叛徒安德烈·弗拉索夫（*Andrei Vlasov*）将军领导下训练的 15 万军人，或者已经加入德国方面反抗苏联压迫者的 2 万哥萨克人。仅 1945 年，便有 170 万苏联战俘和奴隶劳工被归还了，但这只是遣返进程的开始。到 1953 年，一共遣返近 550 万人回苏联。其中大约五分之一，要么被处死，要么被判处最高 25 年的劳改。可耻的是，英国军队采用了欺骗和暴力的手段来执行这项决议，尽管有大量证据表明，这些战俘在被交还给斯大林后也会遭受到同样的命运。[150]即使是那些接受了内务人民委员会审讯后没有被枪杀或流放的人，也都生活在阴影之中，被排除在受人尊敬的职业之外。

当然，发生在 1944 年和 1945 年摧毁中欧和东欧的谋杀、强奸和抢劫，并不能全部归咎于斯大林。在第三帝国废墟里跳着的死亡舞蹈，仅一部分是由莫斯科编舞的。大部分针对德裔人的暴力都发生在当地，而且是自发性的。波兰和乌克兰在 1945 年以后，仍然在边境进行野蛮的战争，持续了数年之久，甚至在边界本身已经发生改变的时候，战火依然不断。在 1945 年的圣枝主日（*on Palm Sunday*），也就是复活节前的星期日，一群乌克兰人穿着内务人民委员会的制服，聚集在赫鲁别舒夫波兰教堂外面，向里面投掷手榴弹。[151]同时，由轴心国在巴尔干地区起主导作用的内战肆虐。还有一个残酷的提醒，即大屠杀并不完全是德国人一手导演，在波兰，针对幸存的犹太人的暴行仍在继续。[152]1946 年 7 月，针对那些企图返回自己老家的犹太人，在凯尔采发生了一次有预谋的大屠杀。[153]

然而，到 1947 年底，甚至比这个时间还早，欧洲战争造成的净影响是显而易见的。1939 年，英国同德国开战，表面上是为了制止德国占领波兰，就像一年前占领捷克斯洛伐克那样。到 1945 年底，波兰这个国家与自由的距离不是更近了，而是随着岁月的流逝，离自由更远了。中欧和东欧，甚至遥远的易北河两岸，都落入了斯大林的铁拳之中。如果说，这场大战就是这个地区的命运而战的话，那么，斯大林赢了。

没有结束的战争？

亚洲的战争，谁是真正的赢家？西方的欧洲帝国并没有完全崩溃，尽管战争期间对印度忠诚自己的奖赏是它的独立——还有分裂，但英国恢复了对香港、新加坡和马来亚的统治。法国恢复了对印度支那的统治。日本人占领的经验，无疑削弱了欧洲人优越的观念，这一观念在一定程度上是殖民统治赖以存在的基础。另一方面，如果另一种可供选择的方案是将政权交给自己社会内部更受欢迎的政治派别，那么马来亚和其他地方的精英们都有很好的理由欢迎欧洲力量的回归。

亚洲战争胜利的主要受益人，就像在欧洲一样，又是苏联。在德黑兰会议上，斯大林曾经承诺在打败德国后要对日作战，并且在雅尔塔会议上，人们也许诺过他，他将会得到大大的奖励，得到千岛群岛、南库页岛、外蒙古、大连、旅顺和满洲铁路。他说到做到。1945 年 8 月，斯大林派出了 170 万人这样庞大的军事力量，来到日本控制的“满洲”、朝鲜、库页岛和千岛群岛。在这场被人遗忘的战役中，战斗是相当艰苦的。日本人攻打在朝鲜海岸顽强登陆的苏联人时，可能损失了 50 多万人。或许，这是日本人应该打的战争之一，如果在 1941 年就打这场仗，有可能从后面给苏联人一次致命的打击。但是，到 1945 年，日本军队物质严重匮乏。对斯大林来说，按逻辑，下一个步骤是使苏联人永久性地在“满洲”和朝鲜存在下去。其实，这是 40 年前即革命前遭到日本人阻挠的俄罗斯人的战略。美国仓促地做出了反应，将这个国家分为两个临时性的占领区，将三八线以北的所有领土留给了斯大林（有点随意选择的意味）。这样，如同在欧洲一样，亚洲战争的结束，意味着对有主权争议的领土进行一次即兴分割。[154]它也代表苏联的外交政策取得了一场胜利。这场胜利，是沙皇从来想都没想到的、最美好的胜利。

并不是斯大林那么有计划地预谋成为亚洲帝国，[155]而是美国人在很大程度上没有充分估计到东亚的民族主义运动会如此声势浩大，以至于失控。把朝鲜置于某种国际托管下的意图，被证明是一种完全不切实际的想法，因为日本战败之后，朝鲜本土政治力量掌权了。金日成和李承晚两人，原来都是民族主义者，他们的目的都是要分裂朝鲜，而且这一愿望比其他超级大国更加强烈。[156]同时，美国人高估了中国的蒋介石国民党政权的稳定性，蒋介石在为东亚战争所付出的努力方面，为东亚未来的稳定方面，辜负了罗斯福的期望。罗斯福总统说蒋介石是一个“具有远见卓识的……（和）……勇气巨大的、不可征服的人”。在 1943 年 11 月召开的开罗会议上，蒋介石获得了红地毯待遇。罗斯福坚持认为，二战后的中国将是继美国、苏联和英国之后的四个大国之一。[157]但事实证明史迪威那把蒋介石叫做“花生米（*Peanut*）”的贬损是正确的。随着日本人的撤走，20 世纪 30 年代中国农民所遭受的苦难，再也不能归咎于外国侵略者了。共产党对蒋介石政权的腐败和无能的批评越来越多，并将斗争重点转移到了农村。即使没有苏联支持，随着共产党军队向南推进，内战再起，蒋介石纵有美国支持，其地位也开始动摇。当斯大林承认蒋介石政府，并在 1946 年 3 月将苏联军队撤出东北地区时，杜鲁门政府开始懈怠。杜鲁门对蒋介石政权的评价是如此之低，以至于他似乎对蒋介石可能会被一场本土（但受苏联支持）的共产主义革命赶下台，因而对蒋介石政权表现得漠不关心。这种放松是毫无根据的。

1945 年 4 月 2 日，在丘吉尔口授给马丁·鲍曼（*Martin Bormann*）的最后的政治思考中，就像希特勒一样，在一个难得的、具有深刻的洞察力的时刻，预见了未来的冷战：

> 在第三帝国被打败和亚洲、非洲，也许还有南美的民族主义运动兴起之间，世界上将只有两个大国能够在同等实力的基础上面对彼此，那就是美国和苏联。历史的规律要求这两个大国检验他们自身的实力，无论是军事上的，还是经济和思想上的。

在这一方面，他是正确的。第二次世界大战在 1945 年夏天，也就是 5 月 7 日在西欧、5 月 8 日在东欧和 8 月 15 日在亚洲（或者也许在 9 月 2 日日本签署确认投降文件时），就已经毫无疑问地结束了。但世界战争还远远没有结束。因为在欧洲边陲的波兰和亚洲边陲的“满洲”1945 年以后若干年所发生的战事，多少都有些有增无减的意味。

丘吉尔对斯大林实行的绥靖政策是短暂的。1945 年 5 月 13 日，丘吉尔对布鲁克关于南斯拉夫未来的看法表达了强烈的愤慨并发出了，首相是如此“高兴地”地收到了“杜鲁门的电报，里面充斥着好战的观点，并准备要对铁托动武”，以至于他给了布鲁克这样的感觉：他“已经渴望投身于另一场战争了！即使意味着还要同苏联人作战！”[158]早在 1944 年 10 月，英国总参谋长已经考虑了未来同苏联对抗的可能性，尽管布鲁克认为这个想法是“幻想，几乎没有打赢的机会”。[159]然而，丘吉尔反驳说，原子弹“将重新平衡与苏联的关系”：

> 这一爆炸物的秘密和使用它的权力，将彻底改变自德国战败以来随波逐流的外交均衡局面！现在我们有了一个更改我们地位（把他的下巴推出来，并皱着眉头）的新机会。现在，可以说，如果你坚持这样或那样做，我们也只能使莫斯科蒙受耻辱，然后是斯大林格勒、塞瓦斯塔波尔等等。那么，苏联人现在在哪里！[160]

这的确是预言，甚至在广岛原子弹被扔下之前。1945 年 7 月，丘吉尔要求国防部高层论证对苏联发动突然袭击的可行性——如果有必要，就动用德国的军队。这一观念被命名为“无法想象的行动”是有充分理由的。

然而，关于冷战起源，最令人费解的事，结果证明是丘吉尔错了。原子弹并没有重新平衡——或者，而是有点打破了平衡，使其决定性地有利于西方大国——正如它理应如此一样。斯大林对原子弹的印象，毫无疑问，非常深刻。“战争是野蛮的，”当他听说广岛毁灭的细节时宣布道，“但使用原子弹是超级暴行。”它是“一个威力巨大的东西，威力巨大!”如果他要以一场第三次世界大战爆发了这样的方式行事的话，那他就会对一个来到莫斯科的中国代表团说：“苏联人民不会理解我们。而且，他们会赶走我们，因为低估了战时和战后付出的所有努力、遭受的所有痛苦，因为太不拿原子弹当一回事了。”斯大林小心翼翼地向对方隐瞒了他的焦虑，在接见时，他坚持说：“原子弹只不过是吓唬吓唬那些神经衰弱的人。”[161]他没有流露出受到惊吓的神情。尽管事实上，苏联第一次原子弹爆炸的试验，直到 1949 年 8 月才成功。整个 20 世纪 50 年代，核优势的平衡，一边倒地是在向美国方面倾斜。此外，也许斯大林猜到了这一点：原子弹在广岛和长崎爆炸之后，杜鲁门极不愿意再次动用原子弹。原子弹当然很有威力，但如果它的拥有者是用来虚张声势的话，便什么威力都没有。

诚然，在中东，苏联掀起的浪潮被果断地挡了回去。西方大国拒绝了斯大林企图控制土耳其领土和黑海海峡的要求——另一个传统的俄罗斯帝国的目标，坚持要求他撤出伊朗，把这件事提交给新的联合国安理会，并在地中海部署了美国的第六舰队[162]。这虽然表明外交官乔治·凯南（*George Kennan*）所建议的“遏制战略”能够发挥作用，但并不能证明对原子弹的垄断会使它发挥作用。在这段时期，一直到 1956 年，对于沙特阿拉伯和以色列，英国和法国重申了其势力范围，美国也提出了新主张。[163]就像在土耳其和希腊一样，美国提供的援助是常规性的（和金融方面的），而不是核方面。

另一方面，在中欧和亚洲地区，苏联洪水继续全面泛滥。斯大林并没能如他所希望的那样，成功染指德国的所有地区。1947 年，以杜鲁门的国务卿乔治 · *C.* 马歇尔（*George C. Marshall*）将军命名的欧洲复兴计划，足以开始将战后占领区转变为持久的政治集团。1948—1949 年的柏林封锁虽然也失败了，但这又是美国用飞机而不是原子弹向东提供的援助（尽管杜鲁门本人认为，只有原子弹才能阻止苏联“接管欧洲”）。然而，在捷克斯洛伐克，1948 年 2 月一场由苏联支持的、希望实行民主政体的政变流产。这是中欧和东欧的一系列政权更迭的开始，其效果是赋予了独断专行的斯大林领导的布尔什维克以垄断性权力。此外，人们开始担心共产党会接管一些西欧国家。1945 年 12 月，意大利共产党有 180 万党员，获得了 19% 的自由选举选票。法国共产党有近 1 万名党员。1947 年 11 月，在斯大林的情报局指使下，200 万工人在整个法国举行大罢工。类似的罢工也使意大利处于瘫痪状态。同时，在亚洲，苏联就要大功告成了。早在 1946 年 7 月，杜鲁门就宣布：“我们要在整个亚洲取得成功，很可能取决于在朝鲜的意识形态战场。”虽然在 1947 年，美国军队就好像即将要从朝鲜半岛完全撤离出去。[164]1950 年 1 月，美国国务卿迪安 · 艾奇逊（*Dean Acheson*）曾表示，他认为韩国对美国的安全并不是至关重要的。[165]

在苏联拒绝允许在其占领区内进行由联合国监督的自由选举时，美国的心态开始发生变化。[166]在斯大林的默许之下，1950 年 6 月 25 日朝鲜入侵韩国，在联合国安理会授权解决争端的情况下，美国参战。[167]战争又重新开始，并有可能再一次升级为世界战争。为什么？

答案在于中国。在那里，20 多年断断续续的内战终于以共产党的胜利而告终。1949 年 5 月上海解放。10 月 1 日，毛泽东宣布中华人民共和国成立。12 月 10 日，蒋介石逃离中国大陆，到了台湾。毛泽东已经很清楚，他打算与苏联结盟，并于 1949 年 12 月前往莫斯科，向苏联表示友好。毛泽东在苏联首都停留了两个多月后，回国时带回了共同防御条约。蒋介石退守台湾后，即使在灾难面前也悠然自得，仍然到日月潭去度假、钓鱼。对于蒋介石来说，撤退并不意味着失败；撤退是一种生活方式——在一个很长很长的游戏中的一个战略。他相信，美国和共产主义国家之间发生第三次世界大战会是几年之内的事情，之后他将回到他本来的位置。他的估计差点成了事实。斯大林在失去了旅顺港之后，一直准备为朝鲜的入侵大开绿灯。[168]为了避免成为“东方的慕尼黑”，杜鲁门为回应这起入侵事件所采取的第一次行动，是派遣美国第七舰队到台湾海峡，并命令对荣耀如饥似渴的麦克阿瑟将军负责保卫韩国。[169]不仅如此，他还在仁川包抄了朝鲜，鲁莽地、无视国际后果地越过了三八线。1950 年 11 月 26 日，中国军队跨过了鸭绿江，发动了一场出色的、尽管几乎是胜负难料的大进攻，将麦克阿瑟的部队打得溃不成军。[170]在这一点上，西方许多人一致发问：谁真正赢得了第二次世界大战？中国出兵朝鲜四天之后，杜鲁门强调不排除要动用原子武器，“以应付军事局势”。[171]这是第三次世界大战的开始吗？

为了赢得第二次世界大战，西方大国与一个在每一点上都像希特勒一样残暴的暴君结成了同盟。他们采取了自己所说的“邪恶”战术，杀害犯人，轰炸平民。请允许重复一遍，这并不是暗示说在奥斯维辛和广岛之间存在一个简单的道德对等。假如轴心国没有发动这场侵略战争，轴心国的城市就不会遭到轰炸；假如不是同盟国不择手段地取得胜利的话，轴心国可能会杀害更多无辜的人，甚至比同盟国杀害的还要多。然而，必须承认，1945 年的胜利，如果说是一场根本性的胜利的话，也是一场带有污点的胜利。这也促使人们提出了这样一个假设：西方和东方之间的隐形战争，是从 1939 年开始，到 1945 年结束的。而朝鲜战争，不仅仅是一场亚洲的余震，从一开始，它就具有前一场战争在最后阶段所具有的强破坏性特点。三年里，据称有多达 300 万条生命死亡，18 个国家出兵打仗。但就像第二次世界大战那样，大多数伤亡者都是平民，空袭——主要集中在平壤和汉城之间——是造成平民死亡的主要原因。我们面临的挑战，是要理解：是什么阻止了这场战争像以前的地区冲突那样不断升级为另一场世界大战？

结　语

西方的衰落

西方列强在沿海地区仅靠几门大炮就能征服一个东方国家的时代，已经一去不复返了。

——彭德怀，朝鲜战争中的中国总指挥，1953 年 9 月[1]

我们已经容忍了反恐。我们可能其实一直在鼓励或祝福它。我们一直深受叛乱恐惧的困扰，以至于已经不能理性地消除疑虑和不安。这不仅是因为我们已经得出了对它毫无办法的结论，而且是因为我们从来没有真正尝试过。相反，我们怀疑这是否是一个好战术。而且只要共产党人正在遭到杀害，就好了。如果是我方这样做，而受害人是共产党人，那么谋杀、酷刑和肢解就都没有问题。毕竟，没有人从一开始就是野蛮人。因此，我们不要对这种恐怖感到过于不安。从文字上，我看到我们的人民提出的这些主张。

——瓦伊伦·瓦基（*Viron Vaky*），美国驻危地马拉的外交官，1968 年 3 月[2]

鸡

这场世界战争是什么时候结束的？也许，最好的答案是1953年7月27日签署停战协定结束朝鲜战争的时候。为何这场冲突会逐渐地平息下来，而不是升级为一场超级大国之间的全球性冲突？一个颇为引人注目的解释是，第一颗原子弹试验，其毁灭性威力呈指数增长，大大提高了战争的风险，以至于不允许两个超级大国之间发生全面冲突。[3] 在广岛和长崎使用了原子弹以后，杜鲁门亲自表态非常不愿意再次使用原子武器。“人类的动物性……现在必须改一改，”他在1946年写道，“否则，人类面临的，将绝对是完全的毁灭，也许昆虫，或者空气稀薄中的植物，也会比人的寿命长”。在这一点上，他和斯大林都是一致的。后者在1949年说道，“原子武器”，“一旦使用，便意味着世界的末日”。

尽管在朝鲜战争时相对于苏联美国拥有巨大的优势——美国有369颗可投入使用的原子弹，而苏联不会超过五颗，但杜鲁门拒绝以中国为目标使用原子弹。[4] 随着美国决定发展热核“超级炸弹”，爆发核战争的可能性进一步减少，因为从核裂变到核聚变所产生的威力，使核风险提高了几个数量级。1954年3月1日试验的氢弹，威力是15兆吨当量，爆炸威力是广岛原子弹“小男孩”的750倍。现在只需要一个武器，就可以摧毁300或者400平方公里，并产生大量致命的放射性沉降。双方都理解，一个全面的热核战争，能“使整个地球上的生命无法存活”。五角大楼估计，假如苏联首先发动进攻的话，在1953年会有大约300万美国人死亡，到1956年，他们提出的伤亡人数，预计占整个美国人口的65%。矛盾的是，这个现实使双方都对这样的进攻望而却步。[5] 发射物的目标对准城市，一场有限的核战争根本就不应该存在。这是“确保相互毁灭”的逻辑。[6]

然而，至少有过一次，这个世界如此令人绝望地近乎于要爆发核战争，以至于技术上的、战略上的解释，尽管说起来都头头是道，但最终都不能令人信服。而且，很显然，美国高级政治和军事人物都认为，使用原子弹和氢弹的后果，并不是不可想象的。在20世纪40年代末就主张对苏联发动一场先发制人的战争的，是民主党参议员布赖恩·麦克马洪（*Brien McMahon*）和“遏制之父”乔治·凯南（*George Kennan*）。在其他也渴望“打破俄罗斯五颗原子弹的老巢”的人中，有美国空军战争学院的指挥官奥维尔·安德森（*Orvil Anderson*）将军，战略空军司令部首席指挥官乔治·肯尼（*George Kenney*）及其继任者柯蒂斯·勒梅（*Curtis LeMay*）——对东京进行空中轰炸的主要负责人。即使在美国的核技术垄断终结之后，仍有许多人都渴望再次使用原子弹。麦克阿瑟迫切希望在1951年初对中国使用原子弹，在这一点上，他和海军部长和国防部长持同一种观点。他们的意见遭到否决，理由一是美国在欧洲的地位使它看起来容易受到苏联的攻击，二是因为仍是华盛顿最重要盟友的英国工党政府持强烈的反对态度。当欧洲在军事和政治渐趋不稳定时，不排除美国在1952年或1953年使用原子弹的可能。杜鲁门本人就曾认真考虑过使用核武器，作为打破朝鲜僵局的最后通牒。艾森豪威尔（*Eisenhower*）也考虑过"足够大规模地"使用原子武器，以结束这场冲突。这样做并不会不得人心。当被问及"如果停战谈判破裂的话"是否赞成"对共产党部队使用原子弹时，56%的受访美国人表示赞成。当中国向台湾海峡中的金门、马祖发动进攻时，美国考虑过发起核打击的计划。艾森豪威尔极其认真地对待美国首先发起核打击的主张，这是著名的"日光室计划"运动的基础。在他看来，保持足够大的核武力[7]以阻止苏联首先发动进攻所带来的强大压力，可能证明是令人无法忍受的，"在这种情况下，我们将不得不考虑我们是否出于对后代的负责而不在最合适的时刻发动战争……"[8]作为参谋长联席会议主席，海军上将阿瑟·雷德福（*Arthur Radford*）批准了空军这样一场先发制人的战争策略。[9]亨利·基辛格（*Henry Kissinger*），作为一个公共知识分子，因为在《核武器和外交政策》（1957年）中提出了一场有限的核战争可能爆发的主张而赢得了声誉。直到1959年，艾森豪威尔本人也在扪心自问：美国是否应该"现在就开始打仗"，而不是"安静地坐以待毙"。[10]

在英国哲学家伯特兰·罗素（*Bertrand Russell*）看来，两个超级大国以一种鲁莽的、幼稚的方式，都被吸引到打破核僵局上来：

> "边缘政策"是改编自一项体育运动的政策。有人告诉我，这项运动是一些年轻的堕落者玩的。这项运动……先要选择一条很长的直线道路……并开始从两端发动两辆汽车，相互对开，开得飞快。……当他们快要相互接近的时候，相互的毁灭就越来越近了。[11]

用一个十几岁青少年玩的游戏来打比方，是非常恰当的。约翰·冯·诺伊曼（*John von Neumann*）和赫尔曼·卡恩（*Hermann Kahn*）等战略家们正在着手建立一门新的学科——“博弈论”。他们相信：核时代的关键，在于超级大国之间的关系。数学模型中的“囚徒的困境”被开发了出来，以说明为何边缘政策是有意义的。但引起罗素注意的这个游戏是简单的并且是致命的，就像詹姆斯·迪恩（*James Dean*）在《无因的反判》（Rebel Without a Cause）中所玩的“鸡”游戏一样：

> 如果其中一人在另一人面前的白线上突然改变方向，另一个人在经过的时候，叫声：“鸡！”那么突然转向的那个人就变成了一个被藐视的目标……这场游戏可能是（著名的政治家）玩的，在开头几次可能不会有任何不幸发生，但当任何一方都不能忍受另一方的这种嘲笑性的“鸡！”的叫喊声时，这一时刻迟早会到来。当这一刻到来的时候，双方的政治家们都将投身于世界的毁灭之中。[12]

毁灭的前夕，几乎就在1962年10月27日星期六来到了。美国国防部长罗伯特·麦克纳马拉（*Robert McNamara*）回忆起自己那天走出白宫去欣赏日落的情形。“去看看，去闻闻，”他回忆道，“因为我认为这是我将看到的最后一个星期六”。在莫斯科，恰恰也在那一刻，克里姆林宫的高级顾问杜斯·伯拉斯基（*Fyodor Burlatsky*）给他的妻子打了个电话。他叫她“放下一切，离开莫斯科”。[13]这次危机的原因是古巴。在1959年初，菲德尔·卡斯特罗（*Fidel Castro*）的游击队在古巴开始掌权。自从西奥多·罗斯福（*Theodore Roosevelt*）当政以来，他们非正式地依赖美国人。卡斯特罗是一个有魅力的民族主义者。他在那年春季访问了美国，还访问了哈佛大学，大受美国媒体的欢迎。但是，新的古巴政权被苏联迅速渗透，华盛顿做出了完全不同的反应。在1961年3月，在美国总统约翰·肯尼迪（*John F. Kennedy*）就职典礼后不到两个月，便授权经中央情报局武装和组织的反卡斯特罗流亡人员组成的队伍入侵古巴。由于空中支持不足，他们在猪湾的失败是悲惨的。* 肯尼迪受到了刺激，决定采取卑鄙的手段，以颠覆古巴政权，甚至暗杀卡斯特罗。卡斯特罗抓住时机，将古巴带入了苏联阵营中。作为回报，他得到了大量的武器。

尼基塔·赫鲁晓夫（*Nikita Khrushchev*），一名煤炭矿工的儿子，1953 年在斯大林去世后成为苏共第一书记，他把古巴革命看做是世界共产主义的旦生。在随后的多次危机中，他坚持认为，他的动机仅仅是为了保卫古巴及其马克思主义实验。在现实中，他坚持将古巴作为一个导弹发射基地的主张，这将会一举缩小美国与苏联之间核能力的差距。这一差距仍然很大。美国和苏联之间的核弹头比率是 8 和 17 比 1 之间，美国明显多于苏联。[14]美国的远程导弹是苏联的 6 倍，而且极少数的苏联导弹是存放在防弹发射井中。美国的远程轰炸机也是苏联的 3 倍。苏联人知道，他们自己的洲际弹道导弹根本不可靠，但是，从古巴——距离佛罗里达海岸仅 90 英里远，即使用中程导弹也能击中美国。赫鲁晓夫的军事顾问建议发射 40 枚导弹：24 枚 *R*－12（射程为 50 英里范围内）和 16 枚射程翻倍的 *R*－14 导弹。两种导弹都携带有一个百万吨级的弹头。赫鲁晓夫一下子就将能够发射到美国的导弹数量增加一倍。使华盛顿成为一个潜在的目标，更不要说美国人自己在中西部的远程导弹发射井，这是苏联首先打击的重要目标。为了证明这一行动的合法性，赫鲁晓夫只需要在皮聪大（*Pitsunda*）的黑海度假屋中，朝土耳其那边看上一眼。在那里，美国人最近安装了 15 枚木星导弹。“你看到了什么?”他会问客人，并将望远镜交给他们。“我看到了美国在土耳其部署的导弹，正对准着我的别墅。”[15]古巴导弹将给美国人“吃一点他们自己的药”。“您用巴掌扇我们耳光，就像扇一个小男孩一样，已经扇了很长时间了，”他兴高采烈地对恰好在那年 9 月访问苏联的美国内政部部长斯图尔特·尤德尔（*Stewart Udall*）说，“现在，我们能揍您的屁股了。”[16]

在飓风高发季节，要用船装运 100 多枚导弹、5 万人，还要航行 7000 英里，真

---

* 猪湾入侵（Bay of Pigs Invasion）：1961 年 4 月 17 日由美国中央情报局（CIA）指挥、古巴流亡人员执行的对古巴的一次入侵。目的是要发动一场叛乱以推翻卡斯特罗，因为美国认为他已威胁到美国在该地区的利益。但叛乱并没有成功。入侵一开始，美国先是轰炸古巴的军事基地，两天后一支约 1500 人的部队在沿海若干地点登陆，包括猪湾。但入侵部队很快就被打败，有 1100 多人被俘。结果，卡斯特罗对这一胜利进行了广泛宣传，使 J. F. 肯尼迪政府狼狈不堪。——译者注

是一个大胆的开局。更令人吃惊的是，美国人竟然花了这么长时间来理解“阿纳德尔行动”（*Operation Anadyr*）。由于美国对苏联海军和古巴本身的空中侦察活动已经减少，直到 10 月 16 日上午，肯尼迪才听到关于一架 *U*－2 型间谍飞机已经发现了哈瓦那附近的导弹的消息。此后两天，苏联人仍然在否认这一点。当被美国国务卿迪安·腊斯克（*Dean Rusk*）询问起这件事时，苏联外长安德雷·葛罗米柯（*Andrei Gronnyko*）用赫鲁晓夫那欣喜若狂的话说，“就像一个被抓到偷马的吉普赛人，叫着：不是我，不是我的马”。根据在卡默洛特法院肯尼迪的助手所虚构的神话，随之而来的，是一个强硬的外交胜利。用迪安·腊斯克的老话说，在古巴问题上，肯尼迪和赫鲁晓夫“怒目相向”，“另一个家伙……却调皮地眨着眼”。这不是真的。相反，肯尼迪和他的主要顾问们（在国家安全执行委员会，或称“*ExComm*”基础上组建的）被苏联的鲁莽行为弄得晕头转向。当时，美国中央情报局报告说，古巴可以发射八枚中程导弹。在六至八个星期之内，两个射程更远的导弹基地也将准备就绪，一旦安装好了所有的导弹，如果受到苏联的攻击，估计美国只有 15% 的战略力量能保存下来。“看来我们立刻要在土耳其开始部署大量的中程弹道导弹。”肯尼迪怒气冲冲地说。有人提醒他：“是的，我们部署了，总统先生。”[17]肯尼迪的下一个念头，就是要命令对苏联的导弹基地发动空袭。但参谋长联席会议不能保证这场空袭就能摧毁苏联所有的导弹，苏联人进行报复的可能性极大。因此，肯尼迪采取了双管齐下的办法。他决定实施海上封锁，以阻止苏联军事设施继续被运往古巴。同时，他发出了最后通牒，要求苏联撤回导弹。这在电视上播出了。为了防止最后通牒遭到拒绝，他命令 9 万人的地面部队做好武装入侵的准备。

10 月 24 日上午 10：00，俄国酒保在国家新闻俱乐部偷听到两个经验丰富的黑客在讨论一个“占领古巴的行动”即将开始。[第二天，消息传到了赫鲁晓夫耳中——他在办公室的沙发上躺了一夜，衣衫不整。“316 作战计划（*OPLAN*316）”——设想在两栖入侵之后紧接着进行空袭，确实准备要实施了。] 而且，又是在随后的几天里，麦克纳马拉（*Mc Namara*）等重要人物多次敦促入侵，即使这意味着苏联将会在欧洲“有所行动”。正如肯尼迪自己也承认的，入侵本来就是“一场地狱式赌博”。他不知道这场赌博有多大。赫鲁晓夫派了两个红军团去护送装备了 80 枚运载核弹头的短程导弹装备，每一个导弹头都有 5000—12000 吨的爆炸威力。9 月 7 日，随着形势的日益紧张，赫鲁晓夫用伊柳辛 *Il* – 28 轰炸机又运载了 6 颗原子弹到古巴，外带 12 枚卢纳核火箭。这些军备，每一个都有威力在地球上打一个深度和宽度都达 130 英尺的洞，并毁灭 1000 码范围内的一切生命。此外，他还派出了 4 艘潜艇，潜艇装载有核弹头的鱼雷。虽然他已明确命令在古巴的指挥人员，未经他的许可，禁止使用这些武器，但一场对美国的全面入侵，而不是可怜的投降别无选择地摆在了他的面前。

然而，即使这样，也不会令一些高级军事人物担心——而且不仅是一贯好战的勒梅。战略空军司令部的领导汤米·鲍尔斯（*Tommy Powers*）将军就以对核战争的前景无所畏惧而著称。（他曾经说过这样的话："在战争快要结束时，如果有两个美国人和一个苏联人，我们就会赢。"[18]）前国务卿迪安·艾奇逊（*Dean Acheson*）（也是一名国家安全委员会的成员）认为，美国打击古巴，将导致苏联打击土耳其，这将要求美国"攻击苏联境内的导弹基地，以作为回应"。"然后我们做什么？"他被人问道。政客们清楚地知道战争意味着什么。肯尼迪谈到意味着 200 万人死亡；赫鲁晓夫谈到意味着 500 万人死亡。"如果美国坚持战争，"他对来访的美国商人（在危机中采用的许多非正式渠道之一）说，"我们都将在地狱里相聚"。这并不意味着战争是不可能的，双方都正在认真地玩这场鸡的游戏。

当然，在鸡的游戏中，有一个"合作"的成果。那就是，如果两个游戏者都突然转向，那么就没有人赢，两个人都全身而退，没有人可以把对方叫做鸡。[19]这的确发生在古巴这场游戏中。赫鲁晓夫向肯尼迪摊开了两张可能打出的牌，一张是通过正常的但比较缓慢的外交电报渠道，另一张是在莫斯科广播电台广播。第一张简单地设想从古巴撤回导弹而美国保证不入侵古巴，它在 9 月 26 日晚上 9：00 送达国务院。第二张，在苏联国家安全委员会开会 13 个小时后，将信息送到了白宫，提出美国应从土耳其撤回木星导弹，作为回报，苏联将从古巴撤回导弹。根据肯尼迪的御用作家所写的传记来看，第二个建议被轻蔑地拒绝了。事实上，是美国人自己向苏联代理人格奥尔基·博利沙科夫（*Georgi Bolshakov*）提出了该建议，可能是在肯尼迪的弟弟、美国总检察长、总统最亲密的知己罗伯特的唆使下提出该建议的。尽管双方仍在寻求妥协之道，但战争本来仍然可能在那个周末爆发。卡斯特罗肯定是这么想的。在 27 日星期六的早些时候，在吃过香肠、喝过啤酒之后，他给赫鲁晓夫写了一封信，主要是敦促他发动核战争，如果美国入侵，“这是多么糟糕、可怕的解决办法”。“最高领导者”正在享受着危机对大众情绪造成影响的快感。“我们甚至没有逮捕任何人，”后来，他坦诚地说，“因为人民团结的力量是如此惊人。”那天上午 10：22，一架美国 *U*－2 型间谍飞机在古巴上空被苏联 *SA*－2 型火箭击中了，飞行员鲁道夫·安德森（*Rudolf Anderson*）被打死。古巴高射炮随后向其他低空飞行的美国侦察机开火。同时，另一架 *U*－2 型飞机无意间误入了苏联领空附近的白令海峡。当苏制米格升空拦截时，阿拉斯加基地的 *F*－102*A* 飞机升空了。在其他地区，战事也一触即发。德卢斯空军基地的一只熊，都使明尼苏达州调遣了装配有 *F*－106 的核武器。苏联导弹在卡纳维拉尔角岛的例行试验，都被新泽西州的雷达装置误解为苏联在发射导弹。

到 27 日下午，苏联国家安全委员会会员们都处于高度的焦虑状态。焦虑的日子其实早就开始了。那时，*J*·埃德加·胡佛（*J. Edgar Hoover*）就警告说，纽约的苏联官员正在销毁文件，这显然是预料战争很快就要到来。然后，赫鲁晓夫的第二个非常公开的建议传来了，显然与他的第一个建议相矛盾。所有在场的人，似乎只有总统本人认真考虑了用土耳其导弹换古巴导弹的想法，他的大多数顾问都将其看成是为了削弱北约的一个叫价。下午 4：00，传来了 *U*－2 被击落的消息。我们从肯尼迪秘密录音磁带中知道了在本次会议上他听到这个重磅炸弹式的消息时所做出的反应：“我们如何解释这种影响呢?”他几乎语不成句地问道，“赫鲁晓夫昨晚的信息和他们的决定……我们怎么——我的意思是那是一个……”他的舌尖上的一句话，大概是类似于“一个我们不能坐视不管的挑衅”。但如果这是肯尼迪的意思，他就会停下来。相反，如果他脑子里一片空白，他就会派他的弟弟罗伯特·肯尼迪（*Robert Kennedy*）去同苏联大使讨论古巴—土耳其导弹交换的问题，第二天排队等候联合国秘书长得空并向他提出这个问题。关键的一点，正如罗伯特·肯尼迪向苏联人所解释的，是为了避免“对土耳其问题进行公开讨论”。他没有详细说明他的哥哥和民主党在这个问题上有多么容易遭到人们的攻击，共和党多次指责民主党政府在古巴问题上正在倒行逆施；指责推迟到随后的一个月里举行的国会选举。还必须要记住的是，在柏林墙刚刚修起一年之后，古巴危机就出现了，这是苏联对四国控制前德国首都的现状所做出的一系列挑战中的新挑战。

而这一切发生的时候，赫鲁晓夫却在克里姆林宫的沙发上睡着了。大使的报告直到第二天早晨才送达苏联外交部。当赫鲁晓夫简要地听取了关于罗伯特·肯尼迪的意见后，起草了另一封公开信，正式在莫斯科时间下午5：00——东部标准时间是上午9：00播出。（本来应该会早一点的，但情报员在交通高峰时遇到了塞车。）这一次，赫鲁晓夫只是说，在古巴的导弹将被拆除、装箱回国。结束了。“我有点想大笑，或者大喊大叫，或跳舞。”一名感到极大安慰的国家安全委员会委员回忆道。英国记者阿利斯泰尔·库克（*Alistair Cooke*）看着海鸥在天空翱翔，心想，为什么不是一只鸽子呢。然而，一只海鸥，也许就正是那只鸽子。因为赫鲁晓夫在同一时间向肯尼迪发送了两条私人信息。第二条信息说，“考虑到您已同意解决土耳其问题”，导弹正在被撤回。后来，美国驻联合国大使阿德莱·史蒂文森（*Adlai Stevenson*）被控提出了土耳其问题。这是一个诽谤，其实是肯尼迪兄弟所为。危机也不是很快就结束了。五角大楼继续在准备入侵古巴，他们还没有意识到，苏联军队在该岛上的兵力是他们所估计的四倍，而且他们都是用战场上的核导弹武装起来的。直到11月20日，赫鲁晓夫同意撤回*Il*－28轰炸机，这场鸡的游戏才算是真正结束了。

当两个驾驶员突然转向时，正如我们所看到的，就没有赢家。诚然，肯尼迪对美国公众隐瞒了他要么放弃推翻卡斯特罗、要么放弃土耳其导弹的意愿之后，在苏联人拆除其导弹的时候，他才能树立起了一个强硬的形象。但是，他的军事首领们都很反感。当着总统的面，勒梅把它说成“我们历史上最大的失败”。在另一方面，肯尼迪的申明是如此令人信服，以至于使赫鲁晓夫对古巴问题视若无睹，刚好一年后，一名叫李·哈维·奥斯瓦尔德（*Lee Harvey Oswald*）的卡斯特罗同情者，就把肯尼迪刺杀了。[20]赫鲁晓夫也在危机中暴露了虚弱的一面。11月23日，在中央委员会会议上，他力求充分利用这次会议，用农民特有的幽默说：“没有必要像沙皇军官那样对着球放屁，然后还开枪自杀。”一枚苏联导弹击落了一架美国飞机。“这是多好的一击啊！而作为回报，我们收到了不入侵古巴的保证。不坏！”但这个胸前挂着金牌的男人认为，他在战场上奋不顾身，却没有得到什么回报。1964年10月，在用古巴的导弹与土耳其的导弹交换两年后，赫鲁晓夫本人的位置也与勃列日涅夫做了交换。事实上，卡斯特罗是危机的唯一受益人——并且他是三位领导人中唯一对和平的结果感到失望的人。据埃内斯托·切·格瓦拉（*Ernesto*“*che*”*Guevata*）回忆，当卡斯特罗听到美苏两国相互妥协时，“他诅咒、踢墙，砸碎了一面镜子”。然而，卡斯特罗的地位却由于这场危机大大加强。肯尼迪很快就死了，赫鲁晓夫也被赶下了台。然而，古巴的领导人却享受了40多年的当权岁月。

第三次世界大战

古巴导弹危机表明，对于美国和苏联来说，第三次世界大战爆发的日子常常让人感到近在眼前，而且它们的破坏力和以前的世界大战相比大为增加。但这也表明，即使它们都选择了在核鸡的大游戏中突然转向，战争仍有可能以其他方式爆发。有时，人们会说，“确保相互毁灭”的出现，导致了世界和平时代的到来。但是，这就误解了冷战的性质。世界战争，一直以来都是一系列世界各个帝国面对面的冲突，发生在欧亚大陆两端剧烈的冲突地区。相反，第三次世界战争，间接地在一个新的、更遥远的、战略地位不是那么重要（尽管不是指人的生命代价）的战场上展开。

改变冲突地点的原因有三：首先，在欧亚大陆的西部和东部边界地区——本世纪上半叶的主要战场，种族冲突的可能性已大大减少。不仅第二次世界大战期间和之后，种族清洗成批成批地杀害了少数民族人口，而且社会的同质化程度空前提高。同时，所有的最有争议的边界都被严密地封锁了。1953年后，朝鲜和韩国之间的边界变成了一个戒备森严的区域，任何人都不敢冒险跨越。1961年围绕西柏林、穿越德国腹地修建的柏林墙，企图堵截民主德国潜逃到联邦德国的人流；然而，它的作用，不仅正式地导致了德国的分裂，也导致了欧洲的分裂。中欧消失了，从今以后就只有西欧和东欧。丘吉尔早些时候便警告了横亘“在波罗的海和亚得里亚海的里雅斯特”之间的一道铁幕的危险。然而，一旦它出现了，这种地缘政治帘幕，证明有意想不到的好处。政治隔离，结果却阻止了帝国边境地区人民发生摩擦——这一直是中欧和东欧地区冲突主要原因之一。肯尼迪的准确地比喻说：“一堵墙，是比战争好得多的地狱。”[21]

其次，经济冲突。世界大战都是由经济的波动性引起的。第一次世界大战使世界经济陷入了长达30年的起伏之中，中断了全球化进程。通胀、紧缩、繁荣、破产、萧条，这些都是导致欧洲和东亚社会动荡加剧的因素。这些因素还削弱了现存帝国的实力，奠定了新的民主国家的基础，增加了种族间的仇恨，为在土耳其、俄罗斯、日本和德国等帝国—国家的兴起铺平了道路。这些国家，每一个都对民族同质化和等级制怀着病态般的渴望。另外，经济的波动性证明了斯大林提出的计划经济正确性，这是一个建立在资本国有制和非自由劳动基础上的奴隶国家。最重要的是，是经济的波动性导致了一种新兴的、残忍的帝国主义。这种帝国主义建立在一个推论性的观念即“生存空间”的基础上，也就是通过领土扩张而达到恢复经济的目的。

20 世纪 50 年代和 60 年代是两个截然不同的年代。在西方和东方，经济增长率都达到了前所未有的高度。1950—1973 年，与 1913—1950 年相比，除印度外，差不多在每一个主要的经济体中，经济平均人均增长率都有所增高。西班牙增长了 4 倍；德国和奥地利增长了差不多 30 倍；日本增长了 9 倍；意大利增长 6 倍。东方各个国家经济发展的势头良好。斯大林的计划经济在重建毁于战争的经济方面证明是一种非常高效的方式。20 世纪 50 年代和 60 年代，匈牙利的增长与在世界大战期间和大萧条时期相比，增长了 8 倍；东欧从整体上也有差不多 3. 8% 的年均增长率，是 1950 年前的 4 倍多。苏联的年均增长接近 3. 4%，差不多比美国高出一个百分点（美国 2. 4%）。[22]具有讽刺意味的是，那些遭受重创的轴心国家增长得最快。而且，主要经济体出现经济衰退的情况已明显减少。在 1945—1971 年之间，世界七个主要经济体的增长波动性，还不到 1919—1939 年之间的一半。[23]

经济竞争开始代替战略冲突。1959 年 7 月 1 日副总统理查德·尼克松访问莫斯科，这生动地印证了这种变化。他的东道主喜欢嘲弄西方。“不管你喜欢与否，历史总是站在我们这边”，“我们将埋葬你们”。这是赫鲁晓夫的著名警告。尼克松在莫斯科索科尔尼基公园里美国展览会上举行的就职典礼，便是美国的回答。展览的亮点是整体厨房、洗碗机、电饭锅及美国国内女士们最珍爱的东西——一个巨大的冰箱。尼克松得意地宣布：“这些东西，就跟加利福尼亚我们家里的一样。”“我们有这样的东西。”赫鲁晓夫回答说。尼克松似乎没有听见他说的，继续说：“这是我们最新的款式。这些就像是那些直接安装在美国成千上万栋房屋里的那些一样。在美国，我们想让妇女生活得更轻松……”赫鲁晓夫反击道：“你对妇女的资本主义态度，在共产主义制度下不会有。”不管尼克松给他看什么，赫鲁晓夫总是断然拒绝。在他看来，如果美国的厨房比苏联的厨房先进，那也只是一个历史偶然性的问题而已。

赫鲁晓夫：美国建国多少年了？300 年？

尼克松：150 多年。

赫鲁晓夫：150 年？那么，我们会说，美国已经建国 150 多年了，这就是它所达到的水平。我们建国 42 年，再加上 7 年，我们就会达到美国同样的水平。当我们赶上你们并追过你们的时候，我们会回过头来向你们招手。[24]

这全是吹牛。对于习惯了拥挤的公共房屋里那原始设施的普通俄国人来说，展览只不过是对一个平行宇宙的一瞥。每天来参观的游客大约有 5 万，一共有 270 万苏联公民参观了这次展览。[25]理查德·尼克松的国内批评者过去常问：“你愿意从这个人手里买一辆二手车吗？”东欧大多数人都乐于从他那里购买一台二手冰箱。

尼克松的冰箱，看起来像一个冷战胜利的武器。正如赫鲁晓夫所说的：“我们真正争论的，不是厨房设备的问题，而是两种对立的体制问题：资本主义和社会主义。”美国人也明白这一点。美国在展览会上另一样吸引人的东西，是最新款的计算机——*IBM RAMAC* 305，这使游客们得出了有关美国文化和物质成就的答案。在头 10 天，有 1 万名游客接受了调查：

游客：何谓美国梦？

IBM：所有的人都可以自由地寻求更好的生活，信仰自由、思想自由、集会自由、表达信仰自由、选举自由和教育自由。[26]

苏联可能无法向其公民提供自由。但其领导人总是坚持说，当经济水平赶上来以后，自由会比西方的还要多。斯大林本人曾在莫斯科修建了一个苏联经济成就园，陈列共产主义的耐用消费品。它的宣传电影中，还出现了一辆飞行着的汽车的画面——一种苏联的奇蒂棒棒。美国的展览会使人痛苦地意识到：苏联要实现这样的愿景还有很远的路要走。

然而，如果以为这是一场优劣悬殊的战争，而美国总是必胜，这就误解了冷战。尽管存在各种各样的经济限制，但苏联还拥有其他强大的武器。它们在文化和体育领域取得了重要成果，使苏联人民的自尊心大大增强，他们因此总是最喜爱国际象棋比赛、钢琴比赛和冰球比赛[27]，但是，像芭蕾舞明星，尤其是鲁道夫・努尔耶夫（*Rudolf Nureyev*）和米哈伊・巴里舒里哥夫（*Mikhail Baryshnikov*）那样，美国人高调叛逃到铁幕另一边的并不多。但苏联毫无疑问地在通过招募潜伏人员，成功地打入了美国情报机构内部，尤其是金・菲尔比（*Kim Philby*）和盖・伯吉斯（*Guy Burgess*）。[28]在全球战略领域，苏联也能敌得过美国——而且不仅是敌得过美国。这就是为什么40多年里，冷战的结果根本就不是确定性的。而且，这也是为什么在世界许多地区冷战并不“冷”的原因所在。全球性冲突的第三个因素——帝国的衰落，在20世纪50年代和60年代则仍在继续着。但现在，不同的帝国正在世界不同的地区衰弱下去。大英帝国的衰弱，伴随着印度教徒和穆斯林之间的、以色列人和巴勒斯坦阿拉伯人之间的、伊拉克逊尼派和什叶派之间的、爱尔兰新教徒和天主教徒之间激烈的暴行。究竟是脱离殖民国并追求独立（就像在印度那样），还是留在殖民国势力范围内并为争取自治而抗争（就像在肯尼亚那样）？什么是更好的选择？这是从来都没有完全弄清楚的，即使在今天，仍然很难说得清楚。只能说，随着欧洲帝国的衰弱和崩溃，鲜有大团圆的结局。而且，即使那些向独立顺利过渡的地方，由衰弱演变成暴力，时间也不会很长。这是整个撒哈拉以南非洲大部分地区的格局。

在引起大量冲突的多个衰落帝国中，中美洲和加勒比地区也存在多少有点非正式的美洲帝国。1952年，危地马拉左翼政府在雅各布・阿本斯（*Jacobo Arbenz*）总统领导下，制定了《法令900》——一项把闲置土地从该国一些大房地产主手上剥夺过来，并重新分配给一些贫困农民的改革政策。在那些感到失望的地主中，有拥有危地马拉主要农业用地10%的美国联合果品公司。1953年2月，阿本斯政府没收了该公司100万英亩土地，回报的仅是价值100多万美元的政府债券。联合果品公司说，这只是土地价值的二十分之一。当危地马拉最高法院以违宪为由废除这项改革时，政府解雇了法官。“没有法庭，我们照样可以生活。”一位工会领导人宣布，“但是，没有土地，就活不了了。”[29]联合果品公司有高层的朋友——未来的国务卿约翰・福斯特・杜勒斯（*John Foster Dulles*）是其律师之一，杜勒斯弟弟艾伦（*Allen*）是中央情报局副局长。[30]但是，无需联合果品公司的游说，美国的政治家就会相信，阿本斯政府是苏联在美国后院的一匹特洛伊木马。[31]美国驻危地马拉大使詹姆斯・普瑞弗依（*James Puerifoy*）在总结官方的做法时说：“由克里姆林宫领导的共产主义，遍布世界各地，而且想法不同的人搞不清楚他在说些什么。"[32]用国家安全委员会的一位工作人员的话来说，危地马拉要成为“一个检验打击共产主义手段和方法的示范性区域”。[33]类似的事情也在伊朗发生。这两个案例的答案，是受美国中央情报局援助的政变。[34]先是在 1953 年的伊朗，后是在次年的危地马拉，艾森豪威尔为其政权的更迭大开绿灯。

事实上，在 1954 年 6 月就发起的反共入侵，几乎是一场惨败。但危机给危地马拉军队夺取阿本斯政权提供了线索。[35]新的军政府收到了华盛顿的官方贺信，是副总统理查德·尼克松写的。在出访危地马拉时，尼克松声称，苏联已经出口了“堆积如山的文学作品……试图改变人们的思想，使他们支持国际共产主义”。他声称，有大量的证据表明，阿本斯政府已处在“国际共产主义阴谋的直接控制之下”。带给莫斯科的口信一点也不含糊，用美国驻联合国大使的话说：“要置身于这个半球之外，而且不要试图在这个地方实施你的计划、你的阴谋。”然而，现实是，苏联并不真正需要直接干预拉美地区，因为在拉丁美洲还有不少马克思主义者，他们认为，没有苏联的援助，他们也同样能打倒资本主义。苏联的援助，在危地马拉是根本不存在的。一项中央情报局的秘密行动，具有无法预见的后果，这已经不是最后一次了。在军事接管前不久，一个易受影响的阿根廷年轻医生抵达了危地马拉。在政变后，他逃到了墨西哥，在那里他遇到另一位政治难民——一位才华横溢的古巴律师。五年后，这位名叫切·格瓦拉（*Ernesto Guevara*）的医生帮助卡斯特罗接管了古巴政权。

正如我们已经注意到的，古巴革命是美国反共战略遭遇的一次严重挫折，突然导致危地马拉政变未遂。尽管多次尝试，美国中央情报局都没能在哈瓦那成功地玩弄同样的伎俩。然而，美国人认为古巴现在已成为苏联共产党在加勒比地区的党支部。这种假设在许多方面来说都是错误的。正如苏联后来承认的，他们对卡斯特罗的影响非常有限。卡斯特罗是《木偶奇遇记》中的皮诺曹——一个没有拉线的木偶。由于几乎没有任何来自莫斯科的指示，卡斯特罗继续推行自己的战略，引发了后来被称为“第三世界”所有地区的革命。他和格瓦拉试图在多米尼加共和国、尼加拉瓜和海地发动同样的革命。[36]后来，卡斯特罗向阿尔及利亚赠送武器，向刚果、几内亚—比绍和埃塞俄比亚派遣古巴军队。在 1975 年，卡斯特罗还下令发动了一场最大的武装干预，派古巴军队击退了南非对新独立的安哥拉的入侵。美国人不知道，他这样做，就是对莫斯科不干预命令的蔑视。

安哥拉是一个冷战冲突比较明显的典型地区。一方是安哥拉人民解放运动。从葡萄牙独立后，在罗安达夺取的政权终于在1975年得到了承认。另一方是两个对立的游击队组织——安盟和安哥拉民族解放阵线。被派去支持安哥拉人民解放运动的大多数军人，是古巴人而不是苏联人，而安盟获得了南非而不是美国的军事支持。1987年9月，当安哥拉的奎托夸纳瓦莱（*Cuito Cuanavale*）——该国东南部的一个偏远的、离纳米比亚边境不远的军事基地附近爆发战争时，安格拉政府武装部队用苏制的*T*-55型坦克和米格战斗机武装自己，但坦克兵和飞行员主要是古巴人。在另一方，8000名安盟的武装部队得到了大约3000名南非人的支持。这些南非人是从第32“水牛”军团中抽调出来的一个步兵连，配备了一支拥有16支巨大的*G*-15枪的重炮队以及拉泰尔-90装甲车的第61机械化营。南非空军派出飞机进行援助，对抗隆巴河沿线的安哥拉人民解放运动。[37]

像这样一些发生在遥远地区的战斗，要让我们把冷战时期记忆成一个和平、稳定的时期，是很荒谬的。现实的情况是，20世纪下半叶的暴力，并不比它的上半叶要少多少。从1945—1983年，在大约100场主要的军事冲突中，总共大约有1900万或2000万人被杀害。只是暴力的地点发生了改变而已。取代正面战斗的——就像他们在1962年在古巴险些发生的那样——是超级大国如今要通过中间人，并在他们视作周边的战场上开战。但是对于那些卷入其中的人来说，这些战争没有什么周边可言。超级大国对每宗个案的援助，程度都不同。有时，就像在越南或阿富汗，美国和苏联的军队都在前线参与了作战。更多的时候，他们是在后方，训练当地人或者向部队输送当地人。有时，如在非洲和中东，支持本身就被再次转包给了其他国家。然而，在这方面，正如在冷战期间的其他许多方面一样，美国发现自己处在一个根本不利的位置上。

1917年后，托洛茨基号召世界革命，结果却令人失望。但是，当赫鲁晓夫乐观地谈起“一个社会主义、共产主义和全球革命必将胜利的时代”时，故事就不同了。[38]二战结束后，所有后来被称为“第三世界”的国家，民族主义运动都很盛行，目的就是要推翻西欧殖民统治的最后残余，建立在民众支持基础上的某种自治政府。事实证明，苏联人显然擅长于说服这些运动的领导人采用他们的政治和经济模式。

非殖民化的浪潮是苏联人掀起的，“人民解放”是他们使用得驾轻就熟的一个短语。当然，美国的政治制度，也是反抗帝国统治的结果。然而，不知怎么地，列宁、斯大林和毛泽东在20世纪60年代、70年代的魅力，比起华盛顿、杰弗逊和麦迪逊都大。选择采用美国式民主加上资本主义的国家，比选择采用苏联的一党专政加上社会主义的国家，要少得多。个中原因，部分是因为像危地马拉、古巴和安哥拉等前殖民地拥有大量的贫困农民，他们一直是支持苏联和中国革命的决定性力量，只有一小部分中产阶级支持美国革命；部分是因为雄心勃勃的第三世界的“自由战士们”，喜欢不自由的苏维埃制度为他们提供的机会。在一党专政的体制中，第一大党通吃，不存在有人要求他在短短几年之后把权力交给竞争对手的危险。随着计划经济的实施，新的政治统治者能以“国有化”的名义任意获取任何经济资产。

苏联人还有一个更大的优势。对于如何用便宜的、可靠的和方便的武器来武装不识字的农民，他们比任何人都在行。米哈伊尔·卡拉什尼科夫（*Mikhail Kalashnikov*）在1947年制造了他的第一支步枪（此后简称为*AK*－47）时，非殖民化的步伐正在加快，各超级大国之间的关系正在恶化。这种武器被成批快速地运到第三世界国家。这样，一场低调的小型武器竞赛，与引人注目的核军备竞赛一道，比肩而行。不久，*AK*－47步枪便成了马克思主义游击队的首选武器。美国人能做出什么回应呢？除了简单地让南半球向赫鲁晓夫和他的继任者屈服之外，有三种可能性。他们可以尝试支撑或复苏列宁旨在摧毁的第三世界的旧殖民政权，这对美国领导人来说是不容易做到的。虽然他们在根子上就是反对帝国主义的，但在有些地方，他们愿意试一试。例如，当英国在马来西亚打败了共产党时，就没有人抱怨过华盛顿。美国人还鼓励英国人对波斯湾小国延长其在这些非正式地区施加影响力的时间。另一种反应，并且是更吸引人的反应，是找到亲美的自由战士——换言之，支持主张多党选举、自由市场的民主政党。但“二战”一结束，东欧和亚洲的经验就表明，真正的自由主义者在相对落后的社会中，处境非常险恶，没有什么实力。在美国所有的政策制定者的头脑中，记忆犹新的是波兰、捷克斯洛伐克、匈牙利和其他国家的例子。在这些国家，所有的非共产主义政党实际上都被有效地扼杀了或阉割了。而且，为保留这些记忆，苏联毫不犹豫地镇压了那些持不同政见者所发动的暴动：1953年在东柏林、1956年在布达佩斯、1968年在布拉格和1981年在但斯克。

美国外交政策的第三个选择，是卑鄙地打仗——事实上，就像苏联那样卑鄙。在实践中，苏联的胜利总是意味着随之而来的独裁和镇压。对于美国人来说，支持那些有迹象表明能够打败受苏联支持的革命者，即使这意味着实行资本主义专政，也是很诱人的。与这个问题一起存在的是，美国很快就发现，它自身被与美国有联系、受到美国支持的政权所抹黑。这些政权就像东欧和亚洲最恶劣的极权主义暴政一样邪恶。更糟的是，毫无疑问，很少有人清楚地知道华盛顿支持的独裁者往往相对来说不是那么邪恶，因为他们粉碎的民众运动，一般都没有机会暴露出他们的执政真面目。那些受美国中央情报局支持的政权所推翻或杀害的左翼领导人，不仅在苏联的宣传中而且在西方的自由媒体上，迅速地成为了烈士。虽然经验强烈地暗示：苏联的统治方式一旦确立，就很少尊重人权，那些扶持它掌权的人——或者是那些纯粹只是支持它的人——随时都可能得到好处。那么，像哲基尔和海德一样，美国在冷战时期的外交政策似乎有两种伪装形式：白天，在山上谈论自由啊、民主啊以及光鲜的城市啊；夜间，却使用肮脏的手段来使被怀疑的苏联间谍陷入困境，并提拔地方“强人”——一个对独裁者的礼貌性术语。没有哪个国家比美国更明显地把中美洲视为自己的地缘政治后院。中美洲是下面这句名言的诞生地：“如果他是一个婊子养的（*sonofabitch*），但只要他是我们的婊子养的，那就不要紧。”[39]这就是一些评论家所谓的“现实主义”的硬本质。

在苏联的支持下，危地马拉政权在掌权的最后日子里，开始大规模地逮捕、采用酷刑和执行处决。[40]现在，一切都反过来了。在美国的怂恿下，在一张名单上，列有72000名涉嫌为共产党的同情者。[41]然而，就像苏联在古巴那样，美国人很快就被人提醒说：中部（和南部）的美洲木偶都来了，几乎都没有提线。到60年代中期，如马诺·布兰卡（*Mano Blanca*，意为白手）等准军事敢死队，游荡在危地马拉的街道和农村，干的都是美国国务院承认的“绑架、酷刑和处决”等勾当。不久，美国人不得不承认，用托马斯·*L.*休斯（*Thomas L. Hughes*）的话说，“平叛”工作正在“广泛地推进”。[42]中央情报局特工约翰·龙甘（*John Longan*）被派去控制局势，但他的“清理行动”，根本就不干净。1966年3月2日至5日之间，30多名左派领导人，其中包括前工会领导人维克托·曼努埃尔·古铁雷斯（*Victor Manuel Gutiérrez*）遭到了逮捕，并被送到了位于马他马罗斯的危地马拉军队总部。在那里，他们遭受了折磨和杀害。危地马拉军队把他们的尸体装进了麻袋，运上了飞机，并扔进太平洋里。[43]中情局的备忘录上，简要地概述了行动过程："处决的这些人将不公布，危地马拉政府将否认他们曾经遭到过拘留。"这就是中央情报局所说的清理的意思：一场肮脏的战争，不留下犯罪指纹。"清理行动"运用了拉丁美洲冷战代理人之间斗争的标志性战术——使对手"失踪"。在接下来的30年里，40000多人在危地马拉消失。该地区的其他军事政权，在阿根廷、乌拉圭、巴西和智利，也有同样的经历。失踪（*Los Desaparacidos*）成了那些遭到军队谋杀的人的代名词。美国驻危地马拉大使馆的二号人物瓦伊伦·维基（*Viron Vaky*）有充分的理由发出这样的哀叹：美国的形象在这一地区"受到了沾污，失去了光泽"。[44]

然而，到底谁正在遭到暗杀？就中情局而言，答案很简单，就是共产党的支持者——莫斯科有可能在冷战期间招募到站在它那一边的潜在的革命者。但实际的情况是，在整个冷战时期困扰第三世界的社会冲突中，种族冲突和他们意识形态上的冲突一样多。在这方面，第三世界大战与两次世界大战有许多共同之处：它是在新前提下的旧暴力。正如安哥拉的冷战基本上是金本杜族的安哥拉人民解放运动和奥文本杜族的安盟之间的民族部落权力之争一样，危地马拉政府和"颠覆"力量之间的斗争也有一个明显的民族性特点。[45]危地马拉社会是分层排列的，相对富裕的拉迪诺征服者的后裔及其土著妻妾在上层，底层是渴望获得土地的土著人。[46]因此，这场中情局在危地马拉签约承保的代理战争，与其说是一场资本家和共产党之间的战争，不如说是一场拉迪诺地主和玛雅农民之间的战争。[47]由于被指控同情由穷人组成的共产主义游击队，伊西尔和克克孜等玛雅部落不仅遭到了大规模屠杀，而且被迫迁离，并被监禁在"战略小村庄"（'*Strategic hamtet*'）中。数百个被确定为"红色"的村庄，从文字上被抹去了；他们的居民遭受了酷刑、强奸和杀害，他们的家园被捣毁，周围的森林被烧毁。[48]1982年，大屠杀的高峰到来了。[49]当危地马拉的内战终于在20世纪90年代末结束时，总死亡人数已经达到了20万左右。因为太多的受害者是玛雅人，危地马拉军队被由联合国发起的真相委员会认定犯下了种族灭绝的罪行。[50]

那么，冷战的真理，难道真的掌握在南半球大部分人的手中吗？在那里，美国人没有为"自由"有所作为，就像苏联人也没有为"解放"有所作为那样。在冷战时期，美国的政策不仅涉及如保卫意大利、法国、联邦德国等西欧民主国家，这些国家毫无疑问是苏联竭尽所能希望颠覆的。这也意味着，一些国家，要维护独裁统治就要进行斗争，就要大规模地屠杀平民。这意味着，臆想出来的冷战的“长期和平”，只提供给了美国和苏联公民，还有那些北半球上跟他们亲近的人。对于世界上的大部分公民，是没有这样的和平的。只有第三次世界大战的现实。这是一场与它之前的第一次和第二次世界大战所涉及的种族冲突几乎同样多的大战。这是一场到 20 世纪 60 年代后期就充分显示美国已经输掉了的战争。

尼克松在中国

到 1969 年 1 月 20 日，理查德·尼克松就任总统时，美国人都难以对冷战持乐观的态度。他们大肆吹嘘的资本主义制度，那个十年前尼克松本人曾自豪地在莫斯科炫耀的资本主义制度，正处于动荡不安中。通货膨胀在抬头，但与 20 世纪 60 年代凯恩斯主义的经济规律相反的是，失业人数却居高不下，进口增长的速度高于出口的速度，同时外国人正在迅速失去对美元的喜爱，从而更难为正在产生的赤字提供资金。美国社会本身似乎就要变成碎片。内陆城市有种族暴乱，大学里有示威游行，年轻的打年老的，黑人打白人，乡下人打嬉皮士，学生打警察。种族问题成为争论的主要焦点之一。在 20 世纪 60 年代，一个受过教育的非裔美国人和白人自由主义者组成的联盟，发起了一项运动，成功地推翻了当时仍然在南方各州盛行的种族隔离制度。例如，直到 1967 年，16 个州仍然有禁止种族通婚的法律。[51]由最高法院判决的跨种族婚姻的法律禁令在整个美国都被规定是违宪的——虽然田纳西州直到 1978 年 3 月、密西西比州直到 1987 年 12 月才正式废除其宪法中的有关条款。[52]这些斗争的政治影响，其实比其社会影响更为深刻，因为种族融合进展得相当缓慢，即使在得到允许融合的时候，也是如此。[53]尼克松赢得了 1968 年的大选，主要是因为民主党的选票在公民权利问题上产生了分歧，近 10 万选民支持阿拉巴马州的种族主义总督乔治·华莱士（*George Wallace*）。

然而，国内冲突的最大来源，并不是种族，而是越南——一个内战频发的地区之一，也是一个被冷战炸毁了大部分地区的国家之一。从军事角度看，这场战争实际上并不是无法取胜的，但是从政治的角度来看，这就是一场在尼克松宣誓就职之前就因为不得人心而已经输掉了的战争。尼克松知道他必须结束这场战争，从早期阶段开始，这是他在 1972 年再次竞选连任的策略。不过，他并不想从有利于北越的角度来结束这场战争。因此，他采取了一项精心制定的胡萝卜加大棒的战略。胡萝卜是削减美国军队，大棒是实行战略轰炸——其轰炸规模，堪与在第二次世界大战中盟军空军的联合力量相匹配。不幸的是，尼克松提供的胡萝卜越多，北越越是开始相信坚持下去是值得的，根本就不理会美国人朝他们扔下多少炸弹。

改变冷战战术的时间到了——通过代理人，放弃战争策略，青睐大国外交。在 1969 年春季和夏季，美国政府官员看到，苏联和中华人民共和国在思想和政治上的分裂已经升级为在中国东北边境上的战争——这表明，该地区仍然一如既往地容易发生地震。人们狂热地猜测，苏联可能对中国的核武器设施发动袭击。但是，对于尼克松和他的国家安全顾问——哈佛大学历史学家亨利·基辛格来说，这并不是一场危机，而是一个机遇。基辛格从未完全接受自 1945 年以来世界已分为两个互相对立的阵营的观点。事实上，他相信，就其所有的极端政治言论来讲，20 世纪与 19 世纪，没有什么不同。其他人可能会把冷战视为一场天然的鸡的游戏。对基辛格来说，它更像一盘经典的外交象棋。正如俾斯麦设法通过挑拨离间使其他大国之间相互猜忌从而巩固德国的大国地位一样，现在基辛格试图利用中苏对抗来改善美国的地位。他在 1970 年 9 月宣称，“在当今世界，世界上最激烈的敌对关系是苏联和中国之间的关系”。南斯拉夫、罗马尼亚和阿尔巴尼亚试图脱离莫斯科的怀抱是一回事。它们当中没有哪一个国家可以算作是一个大国，而且只要其独裁者坚持一党统治和计划经济的原则，那么苏联人便可轻松应付。中国拥有众多的人口，情况则大不相同。[54] 与其说是基辛格希望中国人将美国人赶出越南，毋宁说，他相信对北京开放，将迫使苏联听取美国关于战略武器限制协议的建议。缓和是基辛格的口号：缓和超级大国的紧张局势，目的在于减轻日益增长的核军备竞赛造成的负担。现在双方都拥有足够多的核弹头，多得都能消灭彼此的人口好几遍。制造更多、更致命的导弹，意义何在呢？[55]

问题是，基辛格的计划意味着与中国做生意。这可是美国官方自 1949 年以来从未涉足过的地方。这似乎也不是一个特别有利的重新建立外交关系的时机。在 20 世纪 60 年代末，中国深陷“文化大革命”运动中。从官方来说，这是毛主席抵制官僚主义、恢复革命热情的一次尝试。在现实中，年轻的武装人员组成了“红卫兵”，对他们的老师和其他权威人士进行殴打、折磨和仪式化羞辱。在1966年夏季，仅在北京就有1700多人被殴打致死。85000多人被下放到农村，在那里，他们被迫在“劳改”农场参加劳动。在北京大学，1968年，在“清理阶级队伍”期间，教师被迫公开承认他们的“问题”，并检举告发对方。那些确定为反革命分子的人，会受到所谓的专案组的调查，甚至会遭受酷刑。教师们被关押一种破旧的监狱中——即“牛棚”中。教师被称为“牛鬼蛇神”。许多人受不了虐待，被迫自杀。潘光旦，一位人类学教授，达尔文著作的翻译者，对一个朋友说，我过去常常遵循一个“3*S*”策略：自首（*surrender*）、顺从（*submit*）和生存（*survive*）。现在，我将增加第四个“*S*”：屈从（*succumb*）。在北京大学至少有23名教师是“这样被迫害致死的”。（红卫兵把自杀看作“向党和人民谢罪”。）1970年，在破“四旧”运动（旧思想、旧文化、旧风俗和旧习惯）中，约有28万人被称为“反革命”或“走资派”，并遭到拘捕。早晨和傍晚，人们都要在毛泽东画像前排着队，并高声说道：“敬祝伟大领袖毛主席万寿无疆！”他们高唱着诸如《毛主席是永远不落的红太阳》[56]之类的歌曲。总之，人们相信，在“文革”中，共有40万—100万人死亡。这使得在美国校园里发生的枪击事件看起来小巫见大巫。

对于基辛格来说，这种考虑必须是次要的。1972年2月，在他的国家安全顾问的精心准备下，尼克松起程飞往中国。这一次，他不打算像1959年在莫斯科那样，向中国人夸耀美国生活方式的优越性，相反，他做好了隐瞒他对共产主义深恶痛绝的充分准备。[57]“你不认识我，”尼克松开腔了，不慎听起来还像是一个推销员，“但我要说出我想说的一切”。[58]那些在华盛顿的、仍在悲叹中国“迷失”于共产主义者的人，在看到尼克松在人民大会堂愉快地向周总理敬酒时，惊得目瞪口呆。与毛泽东握手，在长城上拍照，中国军乐团在人民大会堂宴会上演奏《美国，美丽的美国》，即使在尼克松最疯狂的想象中，也没有想到这一切。更有甚者，正如基辛格所希望的，中国和美国之间的和解，成功地使苏联回到了谈判桌上来。在3个月之内，尼克松和勃列日涅夫就签署了两份军备控制协议。这是一个巨大的外交胜利——而且也是使尼克松取得竞选连任的巨大胜利。基辛格，这位大国国际象棋的特级大师，被正式晋升为国务卿。

但是，他和尼克松在某种意义上会把棋子下到别人的棋盘上吗？基辛格和尼克松曾以为毛泽东需要的是三样东西：提高中国的国际地位，逐渐解决台湾问题，将美国赶出亚洲。这就低估了对方。[59]告别宴会推杯换盏，觥筹交错，洋溢着美国人的善意——中国人通过这种善意获得了各种各样的让步，最重要的是联合国恢复了中华人民共和国的席位。

事实证明，即使有亨利·基辛格这样的权谋天才，也未能挽救美国在越南战争中失败的命运。然而，并不是海外的失败推翻了尼克松总统的宝座，相反，而是因为他热心于那些国内的小玩意。这些小玩意，1959 年赫鲁晓夫回国时也深受其困扰。尼克松并不是第一位窃听电话和录音谈话的美国总统，但他的前任都没有像他这样不由自主地窃听。巨大的讽刺是，这是他自己的谈话录音带——他本人要求的录音——暴露了尼克松在水门丑闻中的同谋程度，从而迫使他辞职。不过，即使他 1974 年 8 月 9 日颇有风度地宣布辞职时，他所秉持的对中国开放的观点，就已经获得了他在历史上的地位。正如他提醒观察家们的：

> 我们打开了大门上的锁。这扇门横亘在美国和中华人民共和国之间长达四分之一个世纪之久。现在，我们必须确保生活在中华人民共和国的人，将来不是、永远都不是我们的敌人，而是我们的朋友。

但是，尼克松实际上在北京交到了什么样的朋友呢？对于中国而言，美国的虚弱为中国提供了一个解决两大历史问题的机会：一个是中苏关系。另一个是北越政权，它竟然在同美国交战的过程中，向莫斯科而不是向北京求援。一马当先的得分主力，将由一个小国柬埔寨来担当。

柬埔寨一直以来都被北越用作越共游击队的避难所和供应线，它一直是尼克松下令要发动的一场想象中的秘密轰炸战役的目标。该国的统治者西哈努克（*Sihanouk*）亲王曾试图挑拨离间。1970 年 3 月 18 日，西哈努克政权在一次由亲美的朗诺（*Lon Nol*）发动的政变中被推翻了。西哈努克决心夺回权力，在柬埔寨参了军，并加入了柬埔寨共产党——红色高棉。20 世纪 70 年代初期红色高棉得到了一个绝佳机会。军队不仅成功地打击了美国的入侵，而且对处于劣势的朗诺军队乘胜追击。美国人加紧了轰炸，造成了平民伤亡，反而帮助红色高棉赢得了人心，招募到了更多的新兵。当北越人撤退时，朗诺政权的日子便变得屈指可数。那位将他赶下台的人，名叫沙洛特范德·萨（*Saloth Sar*），一个电子专业肄业的学生，他在巴黎学习期间便成为了一名共产党员，并化名波尔布特（*Pol Pot*）*。波尔布特对待敌人毫不留情。他的一位同志曾把波尔布特比作一个达到了“第三层次”意识的和尚：“你完全是中性的。没有什么能打动你。这是最高水平。”当首都金边在1975年4月17日被红色高棉拿下的时候，波尔布特的这种超然状态立即就显现出来。他和他那冷酷的军队命令全城人立即全面撤离。

波尔布特政权颠覆了经济进步的思想，力图使柬埔寨回到前工业、前商业、前资本主义乌托邦时代。“零年”宣告开始。城镇要被清空，所有的市场都被取缔，货币将不存在。现在，大家都在农业合作社里工作，农业合作社里没有私人财产。人们穿着黑色的衣服，在公共食堂吃饭。其目的是建立“柬埔寨”：一个纯粹的共产主义农业国家。西方的每一种污染形式都要被清除掉，甚至连现代医学也要被清除掉。而且，就红色高棉而言，有多少人会在这个过程中死亡，并不是个太大的问题。他们对那些困惑的城市居民——那些在内战期间没有站对队伍的所谓的“新人”说：“保留你们，也没有收益；毁灭你们，也没有损失。”毁灭确实是波尔布特的唯一长处，因为他独资修建的一项新的运河和水坝工程，原来是企图挑战吴哥窟的庙宇，最后以悲惨的失败而告终。前政权的主要支持者在短期内连同他们的家属一起被处决。任何质疑“*Angkar*”即“组织”的人，都会得到同样的下场。哪怕是生病，都

---

* 波尔布特（Pol Pot），原名沙洛特·萨（Saloth Sar）（1925/1928—1998），出生在农村，曾就读过中等专业学校。1949年到法国学习无线电技术，在那里认识了胡志明并加入了柬埔寨共产党。1953年回国教授法语，1963年受到警察怀疑。他在以后的12年里组建了共产党。美国在柬埔寨的反共活动，包括推翻诺罗敦·西哈努克和对乡村的轰炸，促使很多人加入他的组织。1975年，他领导的红色高棉武装组织占领了金边，他命令全城人全部撤出，即使是病人也用病床抬出。据估计，仅在头几个星期就有数万人死亡。为了追求回到“零年”，建立一个人种很纯的农业的共产主义国家，他实行残酷的统治，估计导致200万人死亡。1979年，他被越南人推翻，转而领导了一场反抗越南的游击战，直至他遭到红色高棉批判并被判处终身监禁（1997年），入狱第二年去世。——译者注

会被认为透露出的是“对革命意识的认识不足”。像中国的“文化大革命”一样，老师们遭到怀疑，学生和大学毕业生也遭到怀疑。红色高棉缺少子弹，所以他们用的是斧头、刀、竹签。被挑选出来处决的儿童，要把他们的头对准榕树撞得粉碎。处决常常在稻田里用水稻镐锄死——即所谓的杀人田。图勒斯朗监狱成了一个“灭绝中心”，大约14000人在这里被监禁和被折磨致死，而其中很多都是受到红色高棉怀疑而锒铛入狱的干部。有些受害者被公开开膛，他们的肝脏被其他刽子手煮熟吃掉。吞食自己孩子的革命，是非同寻常的革命；只有在柬埔寨，他们才会被吞食。总之，在700万总人口中，有150万—200万人死于处决、虐待或饥饿。

柬埔寨的命运，印证了寒冷的冷战距离世界上某些地区究竟有多远，在那些地区，摇摇欲坠的帝国和代理人的战争，为狂热分子创造了机会。然而，波尔布特的战争，并不只是一场阶级战争，如同在危地马拉和其他冷战的附属事件一样，它也有一个民族的维度。红色高棉同原教旨主义一样，也存在种族纯洁性的观念。“在柬埔寨，只有一个民族、一种语言……从现在起，各个不同的民族……在柬埔寨都不再存在了。”[60]在波尔布特自己上台之前，对少数民族的敌意便在越南这个国家体现出来了。然而，在红色高棉，暴力被系统化了，并扩展到全国所有的少数民族。大约10万越南裔人被处决。也许多达22.5万华裔人和10万信奉伊斯兰教的占族人——大概各占少数民族人口的一半——也被认为死于疾病、饥饿或处决。[61]无数种族上通婚的柬埔寨人，也很容易受到伤害，因为这里的不同群体之间的界线相隔并太远，不可能不通婚。即使是“纯粹”柬埔寨裔人，也未必安全。该政权还对佛教僧侣以及该国东部地区的居民进行了迫害，这些居民如果被认为在组织内讧时站错了队，就会被控告有“越南之心”。[62]似乎20世纪的所有仇恨——阶级仇恨、宗教仇恨和种族仇恨，都被浓缩成了一场有毒的、野蛮的、残酷的运动。

最终摧毁这个疯狂政权的，是1977年发动的越南战争。这是一场明显带有种族灭绝意图的战争。“到目前为止，我们已经达到了目标，”1978年5月10日政府电台宣布，“每死一个柬埔寨人，就要死30个越南人……因此，为了消灭50万越南人，我们可以牺牲200万柬埔寨人——而且我们将仍然有600万人。”[63]这是一个奇怪的美国人渴望利用共产主义集团内部矛盾而实现的愿望。

因此，冷战不过是两个敌对的经济体制之间斗争的一部分而已；冷战不过是美国和苏联的战略力量之间的那场“鸡”的游戏中的一部分而已；冷战，不过是基辛格在大国之间国际象棋赛事上纵横捭阖的一部分而已。说到底，冷战，是一系列的内战，其中许多国家都受到超级大国的支持，没有几个国家不是处在其控制之下。在最令人震惊的种族灭绝运动中，有些几乎与超级大国的冲突毫无关系。1971 年巴基斯坦所发生的事，肯定属于这种情况。当年穆罕默德·阿尤布·汗（*Mohammad Ayub Khan*）发动一场针对东巴基斯坦人民的真正的种族灭绝运动，妄图“通过将多数人减少成少数人”[64]这样的方式来阻止他们脱离联邦。1988 年伊拉克发生的事，肯定属于这种情况。当年，萨达姆·侯赛因（*Saddam Hussein*）发动了针对库尔德人所谓“安法尔”（掠夺）运动，（在其他武器中）使用毒气消灭整个村的村民。现实政治，既意味着要对付像阿尤布·汗和萨达姆这样令人厌恶的领导者，也意味着为了比另一个超级大国略胜一筹而对他们侵犯人权的事实睁一只眼闭一只眼。

最后，美国和苏联之间的经济竞争，只能有一个胜利者，即使在整个 20 世纪 70 年代，似乎还不能确定赢家就是前者。鸡的游戏根本就不会以没有赢家而告终。华盛顿、莫斯科和北京的大师们在下棋的时候，第三次世界大战正在其视线之外肆虐着。但是，在这场战争中的输家，达数百万人之多。

世界重新确定方位

我们喜欢把 1989 年革命视为 20 世纪的大结局。这一年，标志着西方的胜利和一种意识形态上的快乐结局。[65]东欧社会主义国家的崩溃，两年后苏联的解体，使很多人得出了这样的结论：西方资本主义民主模式赢了。有些人期待着出现一种新的世界秩序，有些人谈论着历史的终结，就好像 20 世纪所有的问题最终都得到了解决一样。国际经济一体化的进程似乎不可阻挡，自由贸易和资本自由流动成为一种风尚。20 世纪中叶的福利国家的福利都被玛格丽特·撒切尔（*Margaret Thatcher*）政府在英国开创的国家经济自由化的风潮削弱了。第二次世界大战以来西欧的局势显示：经济一体化使各国人民团结一心，从而终止了旧的军事对抗。现在，这种情况似乎在全球范围内都在发生。同时，基因科学正在揭示：种族是一个毫无意义的概念，而一些社会，尤其是美国和英国也似乎正在朝着真正的种族和民族融合的方向迈进，[66]

导致世界分裂的大国冲突也结束了，苏联帝国突然消失了，美国赢得了冷战的胜利，同时强调说自己没存帝国野心。乐观主义者受到了某种鼓励，希望全世界都自发地采用资本主义和民主的西方模式。总之，似乎世界战争终于结束了。

然而，巴尔干地区所发生的事件，很快就对这个历史性的快乐结局嘲弄了一番。因为南斯拉夫各族人民拒绝接受这个自由资本主义的美丽新世界。在东欧剧变数月之内，共产主义遭受了巨大的挫折，他们开始分裂的国家，进入一种以针对平民的暴行和有系统的“地面清洗”（ciscenje terena）为特点的内战状态。历史似乎并没有想要终结，它想要回到上个世纪的开始。

1914年6月28日，普林西普（*Gavrilo Princip*）谋杀了奥地利皇位继承人弗朗茨·裴迪南（*Francis Ferdinand*）而点燃了巴尔干地区的战火。他的目的，是要建立一个统一的南斯拉夫。75年后，塞尔维亚党主席斯洛博丹·米洛舍维奇（*Slobodan Milošević*）在纪念科索沃战役600周年大会上用一番蛊惑人心的讲话[67]，点燃了即将使这一地区重新燃烧起来的导火索。他的目的，是要抹杀普林奇普的功绩。米洛舍维奇曾因对少数族裔、特别是对科索沃的穆斯林增加自治权的要求采取了强硬措施而在塞尔维亚获得了政治声誉。但正是在波斯尼亚，他也首次收获了种族仇恨。

萨拉热窝至今仍保留着普林奇普的墓，坟墓掩映在1984年冬季奥运会场馆的阴影下。跨过萨拉热窝的这条小路，便是塞尔维亚民族主义的第二个“纪念碑”——成千上万的白色十字架，每一个都标志着一个波斯尼亚内战受害者的坟墓。1991年3月由塞尔维亚领导人米洛舍维奇和克罗地亚领导人图季曼（*Franjo Tudjman*）策划的分裂波斯尼亚的计划，其目的就是种族灭绝。正如后来图季曼自己所说，在分裂后，就将“再也没有穆斯林”，尽管穆斯林人口占波黑人口的近五分之二。1992年10月2日，大约10万名群众走上萨拉热窝的街头，进行和平示威。第二天，塞族控制的南斯拉夫国民军从城市周边的山上第一次发射了迫击炮弹。在将近4年时间里，联合国飞机飞进了萨拉热窝机场进行援助，而塞尔维亚人的炮弹和子弹像雨点般地落在了这座城市的中心。在全世界的众目睽睽之下，12000人在持续了1200天的围困中丧生。为找到埋葬尸体的地方，他们不得不挖开足球场。当时，英国外交官们和政治家们坚决反对任何形式的干预以制止流血事件的继续发生，甚至反对武装波黑穆斯林使他们能够自保。他们声称，“古代的仇恨”在冷战结束后被释放了出来，铁托只不过使这些仇恨处于休眠状态，现在它又像往常一样回到了巴尔干屠宰场。[68]

乍看之下，波斯尼亚的种族灭绝似乎与20世纪的种族灭绝形成了鲜明的对照。南斯拉夫并不穷，它是经济最繁荣的东欧国家，至少是因为那里的经济改革比其他地方都要早。南斯拉夫已不再是一条各个帝国之间的战略断层线，在铁托背叛斯大林的帝国之后，它已成为享誉西欧的著名的度假目的地和移民工人的来源地。至于“古代的仇恨”，在1989年之前鲜有存在的迹象。在像维谢格拉德这样的城市中，教堂就在文化相对世俗的清真寺旁边。在波斯尼亚，大约12%的人属于混合婚姻，这一比例自20世纪60年代就几乎没有什么改变，并且多少都与南斯拉夫的平均比例相符。例如，在1989年结婚的男子中，16%的波斯尼亚的克罗地亚人、13%的波斯尼亚的塞族人和6%的波黑穆斯林娶了南斯拉夫共和国境内其他民族群体的女性做自己的妻子。在像萨拉热窝和莫斯塔尔这样的城镇中，异族通婚的比例甚至更高。对比南斯拉夫（特别是科索沃）其他地区的穆斯林，波斯尼亚的穆斯林明显地更可能嫁给异族人。因此，波斯尼亚人混合得如此紧密，以至于要使他们分离，只有用最恐怖的暴行才能做到。

然而，关于米洛舍维奇的动机，一条线索是南斯拉夫的人口趋势。这些人口趋势对塞族人不利。在塞尔维亚，人口几乎没有增加；而在20世纪80年代，在以穆斯林为主的波斯尼亚和科索沃，人口则分别增长了15%和20%。[69]1961—1981年之间，波斯尼亚的穆斯林人口比例从26%上升至40%，科索沃阿族的比例从67%上升至77%。[70]发生摩擦的另一个根源是经济。20世纪80年代，南斯拉夫作为一个整体，发展在放缓，但一些地区比另一些地区发展得要好得多。斯洛文尼亚和克罗地亚的增长更为迅速，而波斯尼亚和科索沃则明显恶化。到1988年，后者人均社会生产总值，分别占南斯拉夫平均水平的65%和24%，而在1955年，分别占80%和40%。[71]米洛舍维奇的竞选口号是：塞尔维亚的塞族人“受到了威胁”。[72]到那时为止，这是真实的，在一个停滞发展的经济体内，他们萎缩成了少数人。米洛舍维奇及其追随者们所起的作用，是使塞尔维亚少数民族产生了不安全感。

在1992年春，塞尔维亚准军事行刑队，如“老虎”和“白鹰”等，席卷波斯尼亚东部。截至4月，他们到达了维舍格勒——一个超过五分之三人口是穆斯林的城市。在“白鹰”中，有一个25岁的前维舍格勒居民，名叫米兰·卢基奇（*Milan Lu-*

kic）。卢基奇恐怖统治下所发生的事情，就像是重演第二次世界大战中最可怕的情景。在6月所发生的两起事件中，卢基奇和他的部下将135名穆斯林锁在他们自己家里并点燃燃烧弹，将他们统统活活烧死了。7月11日，卢基奇偷了一辆车——一辆红色的大众帕萨特——开上了大桥。这是德里纳河上的伊沃·安德里奇桥，几个世纪以来，乡民们都在这座桥上相会、交谈。这辆车里塞着6个穆斯林，还至少有一个塞族武装人员。另一群塞族人正等候在桥中间。他们的领导人对着一个扩音器，对着"隐藏在周围树林里的穆斯林"喊话，说他们将会度过一个"巴尔干式的血腥假期"。他还宣布，"凡是保护穆斯林的塞族人，都将立即被杀死"，而且只要穆斯林杀了一名塞族人，那么就要1000名穆斯林偿命。"白鹰"行刑队随后割下了这6个人的头颅，把他们的尸体扔到了德里纳河里。大约半小时后，一辆面包车又载着另外8名穆斯林抵达了这里。他们以同样的方式遭到了杀害。第三群人中包括了妇女和儿童，他们大约在晚上7：00被带到了大桥上，并惨遭杀害。正是这条河，给邻近的村庄带来了大屠杀的第一个标志，人们发现尸体在下游几英里远的地方浮起来了。在接下来的几个月里，共有82具男人、妇女和儿童的尸体被人从河里捞了起来。[73]该城的穆斯林总共有860人死亡，在2005年8月仍有738人失踪。目前，大约只有100个穆斯林依然活着，但战前却有13000多人。在波斯尼亚全境，这种模式在城镇、村庄每天都在重复着。大屠杀的目的，并不是要杀光所有的穆斯林，而是要杀得足够多，以确保幸存者离开并且不再返回。在收集了所有这些失踪者和死亡者的最详尽信息的数据库中——包括所有的种族群体成员，有92000多个名字。

2001年8月5日，大屠杀的幸存者返回了维谢格拉德，来埋葬180具从万人坑挖掘出来并通过*DNA*测序仔细确定了身份的尸体。[74]具有讽刺意味的是，用来识别个人身份的实验，以及在波斯尼亚其他墓地所做的实验，都证实了穆斯林、塞族和克族之间没有任何遗传差异。而无论波黑战争为什么而打，都不是为了驱逐或杀害不同种族的成员，因为种族间的差异简直不存在。事实上，塞尔维亚人只要要一个计谋，便可能产生进一步混淆遗传记录的效果。正如我们所看到的，20世纪的暴行反复出现的特征——从1915年的亚美尼亚，到1937年的中国，再到1945年的德国——大规模的屠杀都伴随着大规模的强奸。联合国人权委员会将发生在波斯尼亚的强奸称为"大规模的、有组织的、有系统的"强奸，目的是为了"侮辱、羞辱、贬低和恐吓整个民族”。200 名妇女，其中有些人还只是孩子，被“白鹰”队员从维谢格拉德她们的家中掳去，并被带到附近的一个名叫维利娜·瓦斯的疗养院。在那里，她们遭到一次又一次的、反反复复的强奸。类似的罪行发生在消防站、比卡维克酒店、高级中学和体育中心。[75]

维谢格拉德绝不是特例。欧盟估计，在波黑战争期间，共有 2 万名妇女遭到了强奸。波黑的资料来源显示，总数为 5 万名妇女。没有人真正清楚究竟有多少。[76]有些受害者被杀害了，有些人——我们也不能确定有多少——怀孕了。肇事者似乎回到了原始人最野蛮的状态。他们并不满足于只是杀死男性穆斯林，他们也想使穆斯林的女性受孕，怀上“小南斯拉夫”，似乎不仅是为了增加塞尔维亚在波斯尼亚的土地份额，而且是为了增加他们的波斯尼亚人的基因库份额。然而，这种原始的行为正好与微妙的政治算计相一致。因为很显然，米洛舍维奇打出塞尔维亚民族主义这张牌的主要动机，是为了免遭其他东欧国家的共产党领导人那样的命运。在他们被 1989 年后的民族主义浪潮卷走了之后，米洛舍维奇能够驾驭这股浪潮，事实上，是能激起这股浪潮，并且在一段时期内——确切地说是十年——他的战略奏效了。

在波斯尼亚所发生的事情，只是后来被例行地称为 1989 年后“新的全球混乱”的一部分。在 20 世纪 90 年代，国与国之间的战争变得不那么常见，但内战的次数激增。南斯拉夫的解体，在这些冲突中绝对算不上是最血腥的。在卢旺达，继击落一架载有该国总统（和布隆迪新总统）的飞机后，胡图族极端分子企图消灭该国多达百万人之多的图西族人。在 1994 年的 100 天里，80 万人——主要是图西人，还有拒绝合作的胡图人——被杀害了。流亡的图西人（卢旺达爱国阵线）的军队从乌干达进入卢旺达后，将胡图族的杀手们驱逐了出去，而且有许多胡图族人由于害怕遭到报复，纷纷越过边境进入刚果和坦桑尼亚。不久，几乎所有的刚果邻国，都卷进了一场可怕的暴力狂欢之中。估计总共有 250 万—300 万人丧生于中部非洲的那场大战中，绝大部分都死于饥饿或疾病——战争的前现代的附属物。同样，就像在波斯尼亚那样，性暴力也非常猖獗。卢旺达发生的强奸，加速了非洲艾滋病疫情的蔓延。再一次，又有人从混乱中大有斩获：能够扛得住真正代议制民主压力的政治家们以及能将他们的团伙变为彻头彻尾的私人军队的敲诈勒索者。再一次，“国际社会”发现，将这种暴行归咎于古代的（并且暗示是不可救药的）部族仇恨，原来很方便。[77]

有人建议，卢旺达的流血冲突，应该被理解为是由人口压力和生态危机造成的结果。像邻近的布隆迪，到 1990 年卢旺达人口密度非常高，但原始的农耕方法引起了土壤的衰竭和侵蚀，造成了土地人均持有面积下降，以至于小到不能再小的地步。在暴力事件大大减少后，有人听到一些卢旺达人甚至这样说："要消灭过多的人口，使之与现有的土地资源相适应。"[78]然而，托马斯·马尔萨斯（*Thomas Malthus*）没有预见到，赖以生存的农业危机，将导致一名男子用砍刀砍死另一名男子。他所预见到的，是"苦难"或"犯罪"，而不是种族屠杀。大规模谋杀的动机，主要是源自种族的意识形态与一个种族混合社会的现实之间所产生的这种现在广为人知的冲突。大湖区社会的这一观念，存在一个二元结构——一方面，是浅肤色的图西族精英（牧师、受过教育的人、贵族）；另一方面，是黑皮肤的胡图族群众（农民、文盲、奴隶）—— 起源于殖民国家通行的人类学上的简约化。这种观念，是永存的，并且会被两个国家的后独立（*post-independence*）政权所扭曲，这种观念继续使在布隆迪实现少数人的统治合法化，使卢旺达胡图族的社会革命合法化。[79]社会现实是，这个两层种族秩序却有相当的差异。比起这些假想出来的种族，封建宗族却有更漫长的历史。[80]在任何情况下，卢旺达和布隆迪都还有其他族群，像岗瓦人和特瓦人或俾格米人等。最重要的是，就像波斯尼亚一样，胡图族和图西族的社会隔离是不存在的，他们说相同的语言，也生活在同一个村庄，并且早已通婚。[81]事实上，第一个胡图族的卢旺达总统——格雷瓜尔·卡伊班达（*Gregoire Kayibanda*）总统，据说有一个图西族的妻子。虽然一个胡图族父亲和图西族母亲的后代在其身份证上是属于胡图族，但对异族通婚及其联姻的不容忍在 1994 年之前的一段时期内大幅攀升。[82]种族灭绝，不是发生在长期遭受排斥的下层民众之中，而是发生在邻里之间，有时甚至是发生在亲戚之间。事实上，在卡那马公社，胡图族的屠杀者和图西族的受害者之间，不存明确的区分，胡图族人杀害胡图人，父亲杀死儿子。欧洲人不认同非洲人的"部落文化"，但发生在卢旺达的事件——给少数民族贴上"蟑螂"的标签，对整个家族进行野蛮的屠杀，把强奸当成武器——明显是在重复着欧洲自身仅仅在 50 年前的"黑暗大陆"上所发生的事件。[83]要相信卢旺达人的相互残杀只是为了得到一些额外的耕地，就像是相信德国入侵苏联只是因为他们也长期缺乏"生存空间"一样。

波斯尼亚和卢旺达的种族灭绝的鲜明特点——使他们区别于 1904—1953 年间类

似的几次大屠杀——却与他们的地缘政治无关。比如，中东的种族冲突更多地倾向于恐怖主义，而不是采取种族灭绝的形式，相比之下，巴尔干和中部非洲的战略价值是微不足道的。正是这个原因，延误了国际社会对波斯尼亚的干预，阻止了国际社会对卢旺达的干预。[84]同时，美国在整个20世纪90年代缺乏一个帝国作为竞争对手——这种在世纪早期并未出现的“单极”的情况，降低了风险，即便当一场地方性冲突在战略上重要的波斯湾爆发了的时候（就像在伊拉克入侵科威特时所发生的情形一样，也是如此）。基于这些原因，新世界的无序从未威胁要变成一场新的世界大战。当俄罗斯政府1999年6月冲动地出兵普里什蒂纳机场，似乎要阻止美国领导的北约进入科索沃时，这样的效果是可笑的，而不是悲剧性的。最后一个问题由此产生。这种状况会继续下去吗？换言之，我们在21世纪迎来的，只是地方性的动乱，而不是一场新的世界战争吗？我这样写的时候，有一些谨慎乐观的理由。据最近的一项估计显示，从20世纪80年代中期起，全球性战争的可能性已经下降了60%多，这是20世纪50年代末以来的最低水平。自2003年以来，在亚洲国家范围内的印度尼西亚和斯里兰卡、在撒哈拉以南的非洲的卢旺达、塞拉利昂、安哥拉和利比里亚，有11场以上的战争都结束了。

1931—1932年，阿尔伯特·爱因斯坦（*Albert Einstein*）邀请弗洛伊德（*Sigmund Freud*）参加一个知识分子协会，该协会的声望真正重要的目的，是要支持宗教团体为反对战争而斗争。弗洛伊德声称，连续多年的破坏和杀戮本能的存在——“色情”本能的对立面，“目的是保存和统一”：

> 正如你所觉察到的一样，众所周知的对立面，如爱与恨，转化成了理论上的实体。它们也许是来到你的范围内那些永恒极端的另一面，存在吸引和排斥的对立……这些本能的每一项，都像它的反面不可或缺一样，都是举足轻重的，而且所有的生命现象均来源于他们的活动，不管他们在发挥作用时是协调一致还是不协调一致……哪怕稍微在推理方面多做一点努力，我们都会因此得出这样的结论：在每一种生物身上的这种本能性的（破坏）功能，都在努力使其生命走向毁灭，并使其生命回到惰性物质的原始状态。事实上，它很可能会被称为“死亡本能”。从此，色情本能必须为继续生存而斗争。当死亡本能在某些器

> 官的协助下指挥它的外部行动、反对外部的目标时，死亡本能变成一种毁灭的冲动。也就是说，生物通过摧毁外来物来维护其自身的存在……这些观测的结果……还没有什么能使我们人类能够抑制人类的侵略倾向……为什么我们、你们、我和许多其他人会如此强烈地反对战争，而不是只把它作为另一个生命令人厌恶的强行要求而加以接受呢？因为这似乎是一件足够自然的事情，在生理上是健康的，而且在实践中是不可避免的。[85]

弗洛伊德在对第一次世界大战进行反思时就提出了这一论点，尽管如今他把这个观点提供给爱因斯坦的时候摒弃了冷酷的社会达尔文主义的结论。[86]不管人们如何理解弗洛伊德的理论，都难以回避这种对人性的深刻洞见，因为它如此完美地捕捉到：毁灭和自我毁灭的冲动，就是要消灭。他和爱因斯坦都有中欧德国犹太人的出身背景。除了它的非科学性和明显的推理外，弗洛伊德的分析，通过捕捉性交者和病态者的基本的矛盾心理——其厄洛斯与桑纳托斯的组合（爱与恨的结合），直指仇恨本身那令人难以捉摸的要点。到现在为止，我们在本书中经常遇到这样的组合，在性方面结合的社区中爆发的种族灭绝行为；大规模强奸中的贪婪和嗜血的组合；被米兰·卢基奇（*Milan Lukic*）和伊格巴拉·拉法洛维奇（*Igbala Raferovic*）人格化了的主人（种族）和奴隶（种族）的关系。卢基奇将他那穆斯林受害者之一的寡妇抓来做俘虏，并留给自己当性伙伴。

然而，强奸和谋杀的双重冲动，在一个文明的社会里仍然是受压制的。只有当文明崩溃或者被摧毁了以后——就像在波斯尼亚和卢旺达那样—— 这种冲动才能得到释放。而且，只有在某些情况下，大屠杀才会升级为种族灭绝。重复一遍：经济波动往往为种族差异的政治化提供动力。通常的情况是：一个帝国边界的战略边疆，决定着暴行会扩大到何种程度。

两种完全无关的现象，每一种都要追溯到1979年左右，暗示着“新的全球混乱”时代现在即将结束。在许多方面，苏联的瓦解及其之后的余震，往往分散了人们的注意力，不去关注世界另一端在20世纪90年代正在发生的深刻得多的变化。因为在那里，另一个共产主义政权，也是另一个历史悠久的国家，正在致力于在不做出政治妥协的情况下推进经济改革。是什么原因使中国共产党能够取得改革的成就

——促使经济增长和腾飞？相比之下，当时的苏联领导正在试图既进行经济重建又进行政治改革，而最后却以政治革命的失败和经济的崩溃而告终。自 1979 年以来，中国经济以年均差不多 10% 的速度增长，为迅速缩小西方人和亚洲人之间的收入差距做出了贡献（见图 *E*. 1）。这不是右翼的撒切尔主义而是随身携带着信用卡的共产党人取得的成就。

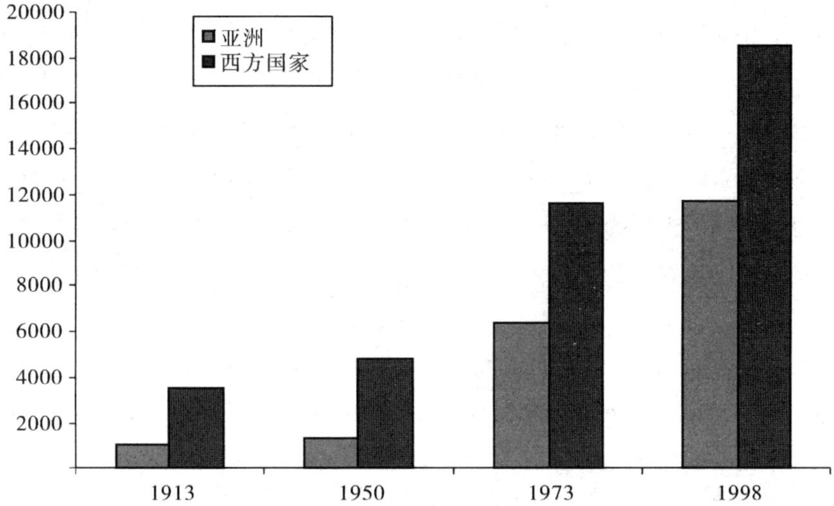

资料来源：Maddison, *World Economy*, table B21.

图 *E*. 1　西方和亚洲：人均国内生产总值（1990 年国际美元）

当邓小平 1979 年 1 月 28 日抵达华盛顿时，这是中国共产党的领导人首次访问美国。邓小平时年 74 岁，是中国革命高级将领的幸存者之一。他曾同毛泽东一起长征，并在"文化大革命"那些黑暗的日子中幸存了下来，当年他被红卫兵称为"第二号走资派"。他被打倒两次后，再一次成功复出。他的美国之行，是中国共产党内部的重要变革所促成。1978 年 12 月，中国共产党十一届三中全会召开，在邓小平的推动下，中国的经济重新调整为市场经济，打破对农业的公有控制，鼓励乡镇企业发展。几年之内，乡镇企业占工业生产总额的近三分之一。

邓小平美国之行的关键，是它在中国工业化过程中，确保了其出口将有机会获得广阔的美国市场，还确保了当邓小平决定在中国沿海设立自由贸易区特别是经济特区时，美国公司直接在那里投资，带去重要的技术。对他们来说，美国公司把中国市场经济政策看成一个为美国消费者生产“外源性”商品的绝佳机会。一些分析家甚至预测说，经济特区将会像美国在东亚的殖民地一样，而另一些人则认为，开放自由市场将势必推动中国的政治自由。对这个美国人主导的世纪来说，难道还能想象得出什么更好的结论吗？但是，中国经济特区并没有完全按那种方式发挥作用。

像其他亚洲经济的奇迹一样，中国的经济也是靠贸易推动的。从1978—1988年，按美元计算，中国的出口量增长了四倍，并在其后又增长了十倍多。中国商品的主要目的地，过去是、现在仍然是美国。今天，美国进口的商品中，有超过11%来自中国——而且这个数字正在增加。虽然美国公司希望通过投资中国分公司而成为中国出口繁荣的受益者，但在中国的外国直接投资中，美国仅占10%。相反，角色已经发生了逆转。由于美国的贸易赤字猛增——达到了超过占国内生产总值的6%的峰值，所以是中国一直在借钱给美国。同时，越来越多的美国制造商受到了来自中国激烈竞争的压力，因为不仅是中国的工资比美国的低得多；中国也限制了其货币对美元的升值，而且也不再仅仅是向美国出口廉价的鞋和衣服。美国贸易赤字的五分之二以上，都是购买中国的电气机械和发电设备所致。美国人曾以为中国会成为一个美国经济的巨大附属物，类似于20世纪初实行“门户开放”政策的时代。[87]相反，他们现在发现自己面临着一个新的经济对手。一些预测表明，到2041年，中国的国内生产总值将超过美国。[88]焦虑的观察家们开始怀疑这种经济竞争最终会导致冲突。有人已经精神紧张地谈论起未来的贸易战争——而且不仅仅是贸易战争。

因此，有迹象表明，1989年所谓“西方的胜利”就要成为一个幻想。邓小平在1979年访问美国后发动的这场革命，与玛格丽特·撒切尔夫人同年当选首相之后英国所发生的一切相比，所产生的影响要深远得多。

1979年，也就是撒切尔夫人上台以及邓小平访问华盛顿的同一年，伊朗库姆这座灰色城市中的伊斯兰经学校（madrassa）或是宗教学校，成为了另一场非常不同于革命的中心——一场将使世界转变为自由市场经济全球化的深刻革命。1979年，英国产生了一位女首相，一位认为拯救世界的办法完全在于自由市场的女人。但1979年，阿亚图拉·穆萨维·霍梅尼（*Ayatollah Rouhollah Mousavi Khomerni*）也在伊朗掌权了，一位认为拯救世界的办法在于先知穆罕默德教义的男人。一位领导人阅读哈耶克的《通往奴役之路》，另一位领导人阅读《古兰经》。一场革命指向以自由贸易为基础的世界，另一场革命指向以神圣经书为基础的世界。当然，伊朗人之所以会团结在一位经常谴责美国为“大撒旦”的人的周围，还有许多原因。1953 年，美国中央情报局（与军情六处一起）推翻了颇受欢迎的穆罕默德·摩萨台（*Mohammad Mossadeq*）首相，并且扶植了萨·穆罕默德·礼·巴列维（*Shah Mohammed Reza Pahlavi*）独裁者。[89]巴列维国王的政权绝不是美国 20 世纪 60 年代和 70 年代期间用资金支持的最恶毒的政权，然而，他将私人享乐主义与公共镇压相结合的策略，足以算得上在孔雀宝座的下面放上了一个火药桶。1979 年的伊朗伊斯兰革命，在一定程度上解决了国王的军队和秘密警察的问题。但在霍梅尼领导下，其主要目标是为了让时光倒流，他要清除西方遗留在伊朗社会的每一点痕迹。在同一时间，其目的，是不仅在中东，而且在整个伊斯兰世界，挑战美国人的自负。

这不仅仅是伊斯兰在宗教上的复兴。作为一种宗教，伊斯兰教当然远非铁板一块，而是存在巨大的分歧，尤其是在伊朗（和伊拉克）占主导地位的什叶派和在阿拉伯国家占主导地位的逊尼派之间，分歧更大。但是，“伊斯兰教”是一场反西方的政治思想运动，有可能扩展到整个伊斯兰世界，甚至超越它的范围。具有讽刺意味的是，美国甚至在帮助其传播。毕竟，苏联发现他们占领阿富汗后很难维持下去，因为他们发现自己正在打击一股新的、充满活力的敌人——圣战者，他们是由美国中央情报局根据“我的敌人的敌人就是我的朋友的原则”而武装起来并进行训练的。而自 1979 年以来，哪个国家在更卖力地散布宗教激进主义的教义？答案是：沙特阿拉伯——美国在阿拉伯世界最重要的盟友。因为加入到圣战中来的，并不是中东的穷人，而往往是那些接受了西方教育的人。[90]

然而，在各种激进的伊斯兰力量中，最大的力量在于站在它这一边的人数。在人口繁殖方面，西方世界的繁殖能力根本无法和宣称圣战的传统穆斯林社会相匹敌。伊斯兰革命一结束，伊朗女性的生活一夜之间就西化了。因为对伊斯兰教义的严格解释，决定她们现在仍须在所有的公共场合都要用头巾蒙面。两性间严格的隔离，被引进到了学校里、公共交通上。女主持人、女演员和女歌手被禁止上电台和电视台。妇女不允许学习工程、农业和金融专业。她们有系统地被免去了所有高级别的政府职位被清除出了司法部门。1979 年 12 月，前教育部长法罗克鲁·伯尔萨（*Far-*

rokhru Parsa）被处决，他被指控容留卖淫，“腐蚀地球”，并且“与上帝交战”。避孕与堕胎遭到禁止，允许结婚的年龄降到了13岁。伊斯兰地区宪法明确规定了女性在新的神权政治中的应有作用：

> 家庭单位是社会的基础，而真正的重点是人类的成长和提高。妇女被从家庭单位中分离出来，并且在服力于消费主义和剥削的过程中，“只不过是一种东西”或“仅仅作为一种工作的工具”。培养具有宗教态度的男人和女人，准备共同参与生活领域中的各种活动，是母亲的一项严肃而重要的职责。

这种态度，有助于解释为什么从20世纪70年代起穆斯林国家的平均生育率仍然比欧洲的多两倍（尽管它与自身相比也开始下降了）。[91]

撒切尔夫人虽然不是一个女权主义者，但她身上也体现了一种深刻的社会变化，这些变化与20世纪后期西方经济自由化齐头并进。随着传统贸易联盟的衰落、灵活的工作新方法的引进，英国妇女进入劳动力市场比以往任何时候都容易得多。禁止性别歧视的立法，为所有的妇女打开了通向原先以男性为主的各种职业生涯的道路。市场的力量鼓励妇女工作。同时，在西方，随时都可以提供的避孕和堕胎服务，给妇女带来了前所未有的控制生育的便利条件。这两点是齐头并进的。妇女想要工作，或者也许是迫于经济压力，她们不得不工作。如果有三四个孩子需要照顾，那工作起来就会更加辛苦，所以妇女选择只生两个或者一个，或者根本不生。从20世纪70年代末起，西欧一对夫妇平均拥有的孩子不到两个。到1999年，这一数字刚刚超过1.3个，而人口要保持不变，就需要2个以上的孩子。欧洲人很简单，已经停止再繁殖了。联合国人口司预测，如果西班牙的生育率一直维持在这样的低水平，该国的人口将在50年内减少至340万人。意大利人口将减少到现在的五分之一。“土生土长的”欧洲人口减少量，总数将达到1400万。即使是两次世界大战，也没有造成这么大的人口绝对减少量。

这两种截然相反的趋势所产生的后果，是戏剧性的。在1950年，英国人口是伊朗的3倍。到1995年，伊朗的人口已经超过了英国。到2050年，伊朗的人口可能会比英国的多50%。在写作本书时，伊朗人口年增长率高于英国7倍多。100年前——

那时，欧洲的过剩人口跨越大洋来填充美国和澳大利亚。组成欧洲联盟的这些国家，就约占世界人口的14%。到了20世纪末，这一数字下降到大约6%。到2050年，根据联合国提供的数据，则可能下降到仅为4%。那至少就提出了这样一个尴尬的问题：谁来支付税收即支付老欧洲人那必要的、大量的国家养老金？希腊人、意大利人和西班牙人的中位数年龄，在2050年预计将超过50岁，也就是说，这些国家中每3人中就有1人是65岁或以上的人。在第二次世界大战后建立起来的福利国家看起来已经过时了，要么是新出生的欧洲人在整个工作期间都要缴纳75%的税率，要么退休金和保健补贴制度就不得不简单地予以废除。或者（或另外），欧洲人将不得不容忍大量的合法移民。联合国估计，为了将工作人口与非工作人口的比例持续地维持在1995年的水平，从现在起到2050年，欧洲每年将需要140万移民。20世纪90年代，每年的净移民人数为85万。

但，新的移民从何而来？很明显，大部分都来自邻国。然而，东欧供应不了所需要的移民数量。联合国预计东欧人口到2050年会减少四分之一。那些害怕东欧移民浪潮的人正在朝着错误的方向——向东而不是南。到20世纪90年代末，欧洲人口增长最快的邻国，因上述讨论过的原因，主要是伊斯兰国家，尽管不是全部。以摩洛哥为例，那里的人口增长率是其邻国西班牙的八倍。在摩洛哥的最北方，也就是直布罗陀的正对面，是休达港的一小块西班牙飞地——西班牙帝国时期留下来的为数不多的地区。然而，今天，它不再是欧洲帝国侵略扩张的一个前哨，而是一个在一个大陆掩护下的防御工事。来自马格里布及更远地方的成千上万的人，在这里安营扎寨，有些人是为了逃离冲突地区，有些人纯粹是为了寻找更好的经济机遇。他们在这里坐上几天，伺机逃过西班牙的边境巡逻队的监视。欧盟对此做出的反应，是通过补贴修建一条五英里的边境栅栏，配备带电的电线、瞭望塔和远红外照相机等。

欧洲官员们承认，他们不知道有多少人正在非法进入欧洲。在欧洲的港口或海域，每年都会抓到5000人左右。每周都巡逻在非洲和欧洲之间水域的西班牙警察都能抓到几十个人。其中大部分都是摩洛哥人，他们都乘坐着一种叫帕特拉（*Patera*）的走私小船，企图偷偷潜入西班牙南部和卡纳里群岛。对于那些幸存下来的人来说，埃尔埃及多（*El Ejido*）是进入欧洲的关键。[92]在那些火热的绿房子里，20000移民在这种环境下工作，这样的条件是西班牙当地人不愿忍受的。埃尔埃及多仅仅只是叫做“欧洲的阿拉伯”一个的例子而已。[93]地中海东南部地区的一个年轻化的社会，正在悄悄地对一个在地中海西北边古老而世俗化的大陆进行殖民。今天，至少有1500万穆斯林在欧盟落户，而且这个数字肯定还会上升。伯纳德·刘易斯（*Bernard Lewis*）预言说到21世纪穆斯林会成为欧洲的多数民族[94]，可能说得有点过了头，但假如基督徒去教堂的人数减少而且宗教信仰崩溃了的话，那么穆斯林的人数肯定会超过信仰基督教的人。

可以预见，穆斯林社区的增长已经使我们也可以称之为老欧洲人的人产生了某些不满。有明确的证据显示，无论移民的经济利益是什么，非技术行业的本土工人都要付出高昂的代价。[95]每隔一段时间，就会发生暴力事件。有时是攻击移民，有时针对他们的清真寺。在巴黎东部，2005个来自穆斯林为主的移民社区的心怀不满的青少年，当其中两人在逃避警方追捕中死亡时，他们杀气腾腾地涌上街头。欧洲穆斯林的一个少数民族——不是所有的人都是第一代移民——已经卷入到极端伊斯兰组织中，这一事实等于是为敌对双方的闷火中添加燃料。有一次，西班牙人和英国人都不得不担心信奉民族主义的少数民族所实施的恐怖主义。2004年3月对马德里的攻击，2005年7月对伦敦的攻击，已经清楚地说明，在内部出现了一个新敌人。

对于历史学家来说，这种紧张局势再也熟悉不过了。今天的经济乐观主义者都在庆祝“地球是平的”的事实，所有国家能够在一个公平竞争的领域、以同等条件竞争世界市场份额。100年前，全球化也得到了相同的方式庆祝，诸如商品、资本和劳动力等自由地从英国流向地球的两端。然而，在1900年左右，从海参崴到维谢格拉德，大规模移民伴随着种族关系的紧张，最终产生了爆炸性的后果。1914年，第一次全球化时代以“呼”地一声而宣告结束，因为一个激进的塞族人在奥匈帝国一个以穆斯林为主的省份实施了恐怖主义行为。战争升级，因为德国违反了对另一个多民族国家比利时保持中立性的原则。在世界战争的混乱中，一个极端的反资本主义帮派控制了俄罗斯及其俄罗斯帝国，进而背叛了该帝国对少数民族自决的早期承诺。而且在随后的十年间，独裁者斯大林、希特勒控制了欧亚大陆的大片土地。他们的极权主义政权和伪宗教的邪教，给人类造成了深重的苦难，致使数以千万计的人，连同那些遭受了最大苦难的生活在“帝国—国家”之间的战略边疆的相对多数人，死于暴力事件。在全球化时代的第二个阶段，同样的命运会降临到我们身上吗?[96]

今天，是中国而不是日本正在崛起，成为亚洲大国。正如1914年时比利时对于英国和德国一样，台湾问题可能会引起中国和美国之间的冲突。中华人民共和国一直视台湾为不可分割的一个省，并一再表示，任何宣布台湾正式独立的企图，都将受到军事干预。[97]同时，就像我写的那样，在波斯湾，新冲突再起的可能性也会增加，因为伊朗被联合国安理会怀疑正在致力于实施可疑的核武器计划。以色列人正在致力于撤离它在1967年占领的领土并致力于建立一个可以与之共存的巴勒斯坦国家，但巴勒斯坦人投票支持哈马斯——一个致力于毁灭以色列的组织。美国在中东的霸主地位似乎岌岌可危了，因为伊拉克通过和平与繁荣的民主手段，顽固地拒绝听命新保守主义，更有可能的结果似乎是可能演变成一场内战。亚洲经济的飞速增长，对全球能源供应产生了巨大的压力，而亚洲非民主政权仍然占有着世界上大部分石油和天然气储量，这便增加了它们手中的筹码，并增加了新时代帝国间为争夺稀缺原材料而发生争斗的可能性。完全不承认世界可能存在新的战争危险、可能存在一场新时代的种族冲突、经济动荡和帝国斗争的愿景建设者，将确实是一个潘格洛斯（*Pangloss*）。

爱德华·吉本（*Edward Gibbon*）在他的《罗马帝国衰亡史》（Decline and Fall of the Roman Empire）中的第五十二章，提出了历史的重大反事实的（*counterfactual*）问题之一。假如法国在公元732在普瓦捷战役中未能打败入侵的穆斯林军队，那么西欧的所有人都会屈服于伊斯兰教吗？“也许”，吉本以他独特的讽刺推测道，“有关《可兰经》的课程将会在如今的牛津大学研究院里讲授，而它的讲道坛可能会展示给那些神圣的人——割礼的人、真理的化身穆罕默德。”这样的观点，是为了逗他的读者开心，或许是要跟他那古老的大学开个玩笑。然而，今天，牛津大学的新伊斯兰研究中心的建筑差不多快要竣工了，其特点，除了传统的牛津四合院，还有一个圆顶、尖塔的祈祷大厅。吉本那无心的预言的实现，完美地象征着20世纪世界潜在趋势将进行根本性的重新定位。西方的衰弱，并没有采取奥斯瓦尔德·斯宾格勒（*Oswald Spengler*）在第一次世界大战期间写作《西方的没落》（Der Untergang des Abendlandes）所设想的形式。相反，恰恰是斯宾格勒所料到的“新恺撒们”“对血腥权力”的再觉醒——以及他们对“巨大都市（*Megolopolis*）的理性主义”[98]所发起的进攻——

加速了西方在物质方面、但也许更重要的是在道德方面的衰落。

100年前，西方统治世界，欧洲各大帝国之间进行了长达一个世纪之久的经常性自相残杀般的冲突。现在，情况已不再是这样了。100年前，东西方之间的边界位于波斯尼亚和黑塞哥维那附近之间的某个地方。现在，这条边界似乎贯穿着每一座欧洲城市。这并不是说，在这些新的断层线上，冲突不可避免，而是说，如果说20世纪的历史是任何指南性的东西的话，那么，脆弱的文明大厦可能很快就会倒塌，甚至在不同种族群体似乎团结得相当不错的、语言相同但信仰不同或者基因不同的地区。

威尔斯想象了一场发生在20世纪末的“世界大战”——一场由于火星人入侵从而使地球遭到毁灭性破坏的战争。在其后的100年里，人们证明完全有可能在不需要外来干预的情况下进行报复，造成与之有得一比的大破坏。他们所要做的，是要分辨出他们同胞中这个人或那个人是外来人，然后杀死他们。他们在不同的地方，在不同的时间，以不同程度的凶残这样行事。但是，现在将20世纪最血腥的事件连在一起的共同因素，应该是显而易见的。

不同世界之间爆发的大战是一部科幻小说。然而这个世界的大战却是历史事实。或许，就像威尔斯的故事那样，我们的战争会突然由于像流感病毒这样的微生物的干预而终结，但仍会产生比1918年的流感更流行、更糟糕的突变。然而，真到这样的事情发生的时候，我们将继续是我们自己的最大敌人。除非我们看清了导致上一场世纪冲突的力量——导致民族冲突以及为摆脱经济危机帝国之间争斗的黑暗力量，这些黑暗力量否定了我们的共同人性。这些力量，仍然在我们的内心躁动。

注释（下册）

9. 保卫没有防御能力的国家

1. *Londonderry*, Ourselves and Germany, *p*. 140.

2. *Dilks* (*ed.*), Cadogan Diaries, *p*. 102.

3. *Taylor*, Origins, *pp*. 136, 269.

4. *Ibid.*, *p*. 235.

5. *Taylor*, Origins, *p*. 97.

6. *Ibid.*, *p*. 41.

7. *Kershaw*, '*Nazi Foreign Policy*', *pp*. 129-132.

8. *Ferguson*, Pity of War, *passim.*

9. *Wark*, '*British Intelligence*', *p*. 627.

10. *Howard*, Continental Commitment, *p*. 111. *Cf. Overy*, '*Air Power and the Origins of Deterrence Theory*'.

11. *Parker*, Chamberlain and Appeasement, *p*. 20.

12. *Ibid*, *pp*. 30-33; *Kershaw*, '*Nazi Foreign Policy*', *p*. 132.

13. *Parker*, Chamberlain and Appeasement, *p*. 25.

14. *Ferguson*, Pity of War.

15. *Dilks*, '"*Unnecessary War*"'; *Aster*, '"*Guilty Men*"?'; *Carlton*, '*Against the Grain*'; *Charmley*, Chamberlain and the Lost Peace.

16. *Gilbert and Gott*, Appeasers.

17. *Woodward and Butler* (*eds.*), Documents on British Foreign Policy, *series* 1*A*, *vol. I*, *pp*. 846*ff.*

18. *Endicott*, Diplomacy and Enterprise, *p*. 176.

19. *Haigh and Morris*, Munich, *p*. 21.

20. *Kennedy*, Realities behind Diplomacy, *p*. 250.

21. *Ibid.*, *p*. 278.

22. *Howard*, Continental Commitment, *p*. 97; *Dunbabin*, '*British Rearmament*', *p*. 587.

23. *Howard*, Continental Commitment, *p*. 104.

24. *Parker*, Chamberlain and Appeasement, *p*. 37.

25. *Ellis and Cox*, World War I Databook, *pp.* 245*ff*.

26. *Mitchell and Jones*, Second Abstract of British Historical Statistics, *pp.* 130, 136-140.

27. *Cain and Hopkins*, British Imperialism, *p.* 439.

28. *Meyers*, '*British Imperial Interests*', *pp.* 344-347.

29. *Kennedy*, Realities behind Diplomacy, *pp.* 248*ff*.

30. *Howard*, Continental Commitment, *p.* 102.

31. *Bond*, British Military Policy, *p.* 235.

32. *Dilks*, ' "*Unnecessary War*" ', *p.* 103.

33. *Taylor*, English History, *p.* 222.

34. *Parker*, Chamberlain and Appeasement, *pp.* 16-19; *Parker*, '*Economics, Rearmament, and Foreign Policy*', *p.* 639.

35. *Haigh and Morris*, Munich: Peace of Delusion, *p.* 7.

36. *Howard*, Continental Commitment, *pp.* 105*ff*; *Dilks*, ' "*Unnecessary War*" ', *pp.* 109-112.

37. *Howard*, Continental Commitment, *pp.* 106-110, 113*ff*.

38. *Dunbabin*, '*British Rearmament*', *p.* 602.

39. *Howard*, Continental Commitment, *pp.* 116*ff*.

40. *Bond* (*ed.*), Chief of Staff, *pp.* 121*ff*.

41. *Shay*, British Rearmament, *pp.* 199*ff*.

42. *Bond* (*ed.*), Chief of Staff, *pp.* 156*ff*.

43. *Dunbabin*, '*British Rearmament*', *p.* 603.

44. *Charmley*, Chamberlain and the Lost Peace, *p.* 23; *Aster*, ' "*Guilty Men*" ', *pp.* 67*ff*; *Dunbabin*, '*British Rearmament*', *p.* 590.

45. *Howard*, Continental Commitment, *pp.* 107-110; *Lee*, ' "*I See Dead People*" '.

46. *Watt*, '*British Intelligence*', *pp.* 255-258; *Wark*, '*British Intelligence*', *pp.* 627-629, 642*ff*. *Cf. Parker*, Churchill and Appeasement, *p.* 134.

47. *Howard*, Continental Commitment, *pp.* 111*ff*.

48. *Coghlan*, '*Armaments, Economic Policy and Appeasement*', *pp.* 205*ff*.

49. *Howard*, Continental Commitment, *pp.* 102*ff*.; *Kennedy*, Realities behind Diplomacy, *pp.* 283*ff*.

50. *Howard*, Continental Commitment, *p.* 118; *Colville*, Gort, *p.* 108.

51. *Kennedy*, Realities behind Diplomacy, *pp.* 226-230.

52. *Greasley and Oxley*, '*Discontinuities in Competitiveness*'.

53. *Kennedy*, Realities behind Diplomacy, *pp.* 239*ff*.

54. *Mowat*, Britain between the Wars, *p.* 553.

55. *Howard*, Continental Commitment, *p.* 98.

56. *Dilks*, ' "*Unnecessary War*" ', *pp.* 109-112.

57. *Howard*, Continental Commitment, *pp.* 108*ff.*

58. *Newton*, Profits of Peace, *pp.* 67*ff.*

59. *Kennedy*, '*Tradition of British Appeasement*', *p.* 233; *Peden*, British Rearmament and the Treasury.

60. *Shay*, British Rearmament, *p.* 282*ff.*

61. *Coghlan*, '*Armaments*, *Economic Policy and Appeasement*', *p.* 213; *Newton* ' "*Anglo-German*" *Connection*', *p.* 304; *Thomas*, '*Rearmament*', *p.* 560; *Dilks*, ' "*Unnecessary War*" ', *p.* 117.

62. *Parker*, '*Treasury*, *Trade Unions and Skilled Labour*', *p.* 312.

63. *Newton*, Profits of Peace *and Wendt*, Economic Appeasement; *Shay*, British Rearmament.

64. *Shay*, British Rearmament, *pp.* 207, 211-216; *Dunbabin*, '*British Rearmament*', *p.* 600.

65. *Peden*, '*Question of Timing*'. *Cf. Parker*, '*Economics*, *Rearmament*, *and Foreign Policy*', *pp.* 637*ff.*

66. *Coghlan*, '*Armaments*, *Economic Policy and Appeasement*', *pp.* 205-209.

67. *Keynes*, How to Pay for the War.

68. *Parker*, '*Treasury*, *Trade Unions and Skilled Labour*', *p.* 317.

69. *Thomas*, '*Rearmament*', *p.* 562.

70. *Peden*, '*Sir Warren Fisher*', *p.* 34.

71. *Thomas*, '*Rearmament*', *p.* 571.

72. 请参阅下面这段因斯基普（*Inskip*）和联合工程联盟主席 *J. C.* 立特尔（*J. C. Little*）1938 年 4 月的对话。“立特尔：到目前为止，我们几乎看不到什么让我们的会员放松的理由，因为坦率地说我们对你的政策是不满意的。因斯基普：你指的是我们的外交政策。立特尔：是你的外交政策，如果你可以把它叫做政策的话。”这是对西班牙内战期间政府采取“不干预”政策的一个讽刺性暗示，尤其是还在接受其敌国意大利和德国所提供的援助的情况下，许多工会会员有充分的理由认为，这是对这个合法的共和政府的背叛。在现实中，联合工程联盟更加担心人们对第一次世界大战的记忆。战时稀释紧跟着就是战后失业。运输和总工会秘书长厄内斯特·贝文担心联合工程联盟将抵制稀释，“直到炸弹炸过来”。他差不多是对的。

73. *Parker*, '*Treasury*, *Trade Unions and Skilled Labour*', *pp.* 328-343.

74. *Thomas*, '*Rearmament*', *pp.* 564*ff*, 567, 570.

75. *Howard*, Continental Commitment, *p.* 135; *Dunbabin*, '*British Rearmament*', *p.* 598.

76. *Calculated from Mitchell*, Abstract of British Historical Statistics, *pp.* 333*ff.*

77. *Kennedy*, '*Tradition of British Appeasement*', *p.* 205; *Shay*, British Rearmament, *p.* 175; *Dunbabin*, '*British Rearmament*', *p.* 596.

78. *Adamthwaite*, '*France and the Coming of War*', *pp.* 79*ff.*

79. *Parker*, Chamberlain and Appeasement, *pp.* 21-25.

80. *Adamthwaite*, '*France and the Coming of War*', *pp.* 81*ff.*

81. *Lammers*, Explaining Munich, *pp.* 8-24.

82. *Thompson*, Anti-Appeasers, *p.* 39.

83. *Parker*, Chamberlain and Appeasement, *pp.* 22, 29*ff*; *Walker*, '*Appeasement Puzzle*', *p.* 226. *See also Charmley*, Chamberlain and the Lost Peace, *p.* 22; *Dunbabin*, '*British Rearmament*', *pp.* 594*ff*.

84. *Parker*, Chamberlain and Appeasement, *pp.* 60-68; *Walker*, '*Appeasement Puzzle*', *pp.* 230-234.

85. *Goldstein*, '*Chamberlain*', *p.* 279.

86. *Parker*, Churchill and Appeasement, *p.* 156; *Weinberg*, '*French Role*', *pp.* 24*ff*.

87. *Weinberg*, '*French Role*', *p.* 24.

88. 1936年11月，德国和日本签订了《反共产国际协定》，其中包括一个秘密协议，规定万一其中一方卷入到同苏联的战争中，每个国家都不能袖手旁观。1937年11月墨索里尼不再反对并吞奥地利；交换条件，也是希特勒早就设想好的，是意大利要求延续对德国南部蒂罗尔的主权。1938年2月，德国承认了"满洲国"。

89. *Marks*, '*Six between Roosevelt and Hitler*', *pp.* 970*ff*; *Offner*, '*United States and National Socialist Germany*', *pp.* 247*ff*.

90. *Schröder* '*Ambiguities of Appeasement*', *p.* 392; *Offner* '*Appeasement Revisited*', *p.* 375.

91. *Parker*, Chamberlain and Appeasement, *p.* 44.

92. *Dilks*, ' "*Unnecessary War*" ', *p.* 120.

93. *Marks*, '*Six between Roosevelt and Hitler*', *pp.* 973*ff*; *Offner*, '*United States and National Socialist Germany*', *pp.* 251*ff*.

94. *Offner*, '*United States and National Socialist Germany*', *p.* 246.

95. *Offner*, '*Appeasement Revisited*', *pp.* 376*ff*; *Marks*, '*Six between Roosevelt and Hitler*', *pp.* 974*ff*.

96. *Ferguson*, Empire, *ch.* 6.

97. *Shay*, British Rearmament, *p.* 201.

98. 这个短语，人们通常说是拿破仑（他把英国人称为"*une nation de boutiquiers*"）首先说出来的，实际上是起源于亚当·斯密："以提高人民顾客的地位作为唯一目的而建立一个伟大的帝国，可能首先看起来是一个仅适宜于店主的国家的项目；然而，一个伟大的帝国是一个总体上不适宜店主的国家，而尤其适宜于一个其政府受到店主影响的国家。"《国富论》，第4卷第7章。（The Wealth of Nations, *Book IV*, *ch.* 7.）。

99. 1933年2月9日，针对之前的"该众议院，在任何的情况下，都是为国王和国家而战"的议案众议院投票表决，结果以275票赞成、153票反对获得通过。丘吉尔指责它是"可怜的、肮脏的、无耻的誓词"；《星期日时报》把它描述成"不必要的、十分恶劣的味道"，但"绝不代表……牛津的思想"。事实上，结果反映了当时左翼联盟的影响力，被理解为表决反对政府，而不是投票赞成和平主义。在谈到表决时，在他走遍德国不到一年的时间里，帕特里克·利·弗莫（*Patric Leigh Fermor*）"将整件事情描述为仅仅是另外一种对老一代人的挑衅行为。议案的措辞——"为国王和国家而战"只不过是陈旧的、过时的招募海报上的陈词滥调：没有人，哪怕是最强烈的爱国者，也不会用它来描述一种根深蒂固的情绪。我的对话者问："为什么不呢?""为国王和国家而战"

在德国人听来就不同：这是一个已经失去了共振的号角。我到底是什么意思？该议案很可能是"*pour épater les bourgeois*（留下印象深刻的资产阶级）"。我百思不得其解。这里，讲一点法语的人都会尽力提供帮助。"*Um die Bürger zu erstaunen*（要让汉堡惊叹）？唉，这样的！"接下来会有一个暂停。"一种笑话，真的，"我接着说。"*Ein Scherz*（开个玩笑）？"他们会问。"*Ein Spass*（一个有趣的玩笑）？*Ein Witz*（开个玩笑）？"我被愤怒的眼睛和牙齿包围了……我能感觉到周围的眼睛闪烁着蔑视的怜悯，能清楚地宣布他们的确定性，如果我是对的，那么英国在堕落和轻薄方面就走得太远了，以至提不出一个问题。*Fermor*, *Time of Gifts*, *pp.* 115*ff.*

100. *Parker*, Chamberlain and Appeasement, *pp.* 308-315.

101. *Kennedy*, Realities behind Diplomacy, *p.* 244.

102. *Parker*, Chamberlain and Appeasement, *pp.* 45*ff.*, 307*ff.*

103. *Haigh and Morris*, Munich: Peace of Delusion, *p.* 24; *Parker*, Chamberlain and Appeasement, *pp.* 50-55; *Howard*, Continental Commitment, *pp.* 102*ff.*

104. *Parker*, Chamberlain and Appeasement, *pp.* 55*ff.*

105. *Thompson*, Anti-Appeasers, *p.* 47.

106. *Adamthwaite*, '*British Government and the Media*', *p.* 293.

107. *Crowson*, Facing Fascism, *p.* 83.

108. *Adamthwaite*, '*British Government and the Media*', *pp.* 291*ff.*

109. *Parker*, Churchill and Appeasement, *p.* 144.

110. *Henderson to Halifax*, *September* 1, 1938, *in Woodward and Butler* (*eds.*), Documents on British Foreign Policy, *Series* 3, *vol. II*, *p.* 203.

111. *Forbes*, '*London Banks*', *pp.* 574*ff.*, 583*ff.*

112. *Newton*, ' "*Anglo-German*" *Connection*', *pp.* 296-300; *MacDonald*, '*Economic Appeasement and the German* "*Moderates*" '.

113. *Quoted in Schröder*, '*Ambiguities of Appeasement*', *p.* 391.

114. *Wendt*, ' "*Economic Appeasement*" ', *p.* 168; *Forbes*, '*London Banks*', *pp.* 581*ff.*

115. *Newton*, ' "*Anglo-German*" *Connection*', *p.* 298.

116. *Brown and Burdekin*, '*German Debt*'.

117. *Newton*, ' "*Anglo-German*" *Connection*', *pp.* 301*ff*; *Wendt*, ' "*Economic Appeasement*" ', *pp.* 161-165.

118. *Kershaw*, Making Friends, *p.* 228; *Londonderry*, Ourselves and Germany, *pp.* 143*ff.*

119. *Roberts*, Halifax, *p.* 70

120. *Cooper*, Diaries, *p.* 274.

121. 在所有的纳粹领导人中，里宾特洛甫是一个最像亨利希·曼小说中的一个人物。第一次世界大战前经过奋斗在蒙特利尔发财之后，里宾特洛甫与亨克尔·塞克特（*Henkell Sekt*）家族联姻，通过进口香槟和威士忌而发迹，与天主教政治家和犹太商人相勾结，通过给一个在通货膨胀期间损失了钱财的老太太每月提供退休金而采用了她的“冯”这样一个在魏玛时期非常时尚的姓。他于1928年遇见了戈培尔；部队的一些老朋友将他介绍给了希特勒；他在1932年5月在德国巴伐利亚州悄悄地加入了纳粹党；并在几个月内，成了希特勒在战争期间认识的巴本的中间人。导致希特勒在1933年1月任命为总理的一系列重要会议，都是在里宾特洛甫的柏林达尔勒姆别墅举行的。在1936年10月，他被派往英国任大使，让希特勒相信，他认识那里的“高层人物”。戈林反驳说：“麻烦的是，他们也认识里宾特洛甫。”

122. *Bloch*, Ribbentrop.

123. *Rowse*, All Souls and Appeasement, *p.* 42.

124. *Ibid.*, *pp.* 1*ff*, 5-11.

125. *McDonough*, '*Ebbut and the Nazis*', *p.* 413.

126. *Ibid.*, *p.* 418; *ibid.*, *p.* 408.

127. *Lord Lothian*, '*Germany and France*: *The British Task*, *II*: *Basis of Ten Years' Peace*', The Times, *February* 1, 1935.

128. *Rowse*, All Souls and Appeasement, *p.* 30.

129. *McDonough*, '*Ebbut and the Nazis*', *pp.* 419*ff.*

130. *Rowse*, All Souls and Appeasement, *p.* 71.

131. *Rowse*, All Souls and Appeasement, *p.* 85.

132. *Carr*, Twenty Years Crisis, *p.* 272.

133. *Haslam*, Vices of Integrity.

134. *Adamthwaite*, '*British Government and the Media*', *p.* 284.

135. *Ibid.*, *pp.* 282*ff.*

136. *Ibid.*, *p.* 285.

137. *Crowson*, Facing Fascism, *pp.* 84-87.

138. *Parker*, Churchill and Appeasement, *pp.* 31, 117-124, 126, 129-132, 143, 148*ff.*, 165; *Dilks*, ' "*Unnecessary War*" '; *Thompson*, Anti-Appeasers, *pp.* 45-50; *Haigh and Morris*, Munich: Peace of Delusion, *pp.* 29*ff.*

139. *Rowse*, All Souls and Appeasement, *pp.* 27*ff.*

140. *Isaiah Berlin*, *interview with Michael Ignatieff*, *MI Tape* 8, *p.* 1.

141. *Margalit*, '*On Compromise*', *p.* 1.

142. *Margalit*, '*On Compromise*', *p.* 1.

143. *Goldstein*, '*Chamberlain*', *p.* 282.

144. *Isaiah Berlin*, *inter view with Michael Ignatieff*, *MI Tape* 8, *p.* 1.

145. *Hardy* (*ed.*), Berlin Letters, *p.* 290.

10. 可怜的和平

1. *Stewart*, Buring Caesar, *p.* 281.

2. *Parker*, Chamberlain and Appeasement, *pp*. 319*ff*.

3. *Stewart*, Burying Caesar, *p*. 306.

4. *Komjathy and Stockwell*, German Minorities, *pp*. 17-31.

5. 希莱尔·贝洛克（*Hilaire Belloc*）用一首恰当地总结了张伯伦政策的诗来揶揄达夫·库珀（*Duff Cooper*）："亲爱的捷克斯洛伐克/我不认为他们会攻击你/但我不打算支持你。"

6. *Parker*, Churchill and Appeasement, *p*. 128. *Cf*. idem, Chamberlain and Appeasement, *p*. 28; *Thompson*, Anti-Appeasers, *pp*. 33-36; *Bell*, Origins, *pp*. 264*ff*.

7. 外侨（南非荷兰语中对"外国人"的叫法）是由于黄金的发现而被吸引到德兰士瓦的英国定居者。他们被布尔人当作外国人来对待，给英国政府提供了武装干涉该地区的借口。约瑟夫·张伯伦（*Joseph Chamberlain*）——爱尔兰自治的头号敌人，要求"兰德人自治"，这意味着英国侨民在5年居留期满之后应当获得投票权。

8. *Shay*, British Rearmament, *p*. 177.

9. *Bergen*, '*Nazi Concept of* "*Volksdeutsche*"', *p*. 569.

10. German Fifth Column, *pp*. 15-50: *Castellan*, '*Germans of Romania*', *pp*. 56-59; *Paikert*, Danubian Swabians *and idem*, '*Hungary's National Minority Policies*'.

11. *Rezzori*, Snows of Yesteryear, *pp*. 129*ff*.

12. *Hagen*, '*Before the* "*Final Solution*"', *p*. 353.

13. *Seton-Watson*, Eastern Europe, *pp*. 283*ff*.

14. *Lumans*, Himmler's Auxiliaries.

15. *Smelser*, '*Nazi Dynamics*', *p*. 36.

16. *MacDonald*, '*Economic Appeasement and the German* "*Moderates*"', *pp*. 106-115. *Cf*. *Watt*, '*British Intelligence*', *p*. 249; *Newton*, Profits of Peace, *pp*. 76*ff*.

17. *Parker*, Chamberlain and Appeasement, *p*. 68; *Schmidt*, '*Domestic Background*', *pp*. 103-108.

18. *Dunbabin*, '*British Rearmament*', *p*. 597.

19. *MacDonald*, '*Economic Appeasement and the German* "*Moderates*"', *pp*. 106-115. *Cf*. *Watt*, '*British Intelligence*', *p*. 249; *Newton*, Profits of Peace, *pp*. 76*ff*.

20. *Parker*, Chamberlain and Appeasement, *pp*. 1-11.

21. *Parker*, Churchill and Appeasement, *p*. 161.

22. *Shay*, British Rearmament in the Thirties, *pp*. 219*ff*.

23. *Parker*, '*Economics*, *Rearmament*, *and Foreign Policy*', *p*. 642.

24. *Halifax*, Fulness of Days, *pp*. 197*ff*; *Kirkpatrick*, Inner Circle, *p*. 131. *Cf*. *Kissinger*, Diplomacy, *p*. 302.

25. *Bond* (*ed*.), Chief of Staff, *p*. 138.

26. 有趣的是，人们注意到海莱因自己就是一桩混合婚姻的产品，他的母亲是捷克人。

27. *Weinberg*, '*Reflections on Munich*', *p*. 7; *Parker*, Churchill and Appeasement, *pp*. 163*ff*.

28. *Overy*, '*Germany and the Munich Crisis*', *p*. 194.

29. *Henderson to Halifax*, *May* 21, 1938; *Henderson to Halifax*, *May* 22, 1938, *in Woodward and Butler* (*eds.*), Documents on British Foreign Policy, *Series* 3, (*henceforth* DBFP) *vol. I*, *pp*. 329*ff*., 344*ff*. *Cf. Henderson*, Failure of a Mission, *p*. 139; *Bond* (*ed.*), Chief of Staff, *p*. 153.

30. *Runciman to Halifax*, *August* 30, 1938, *in* DBFP, *pp*. 192*ff*.; *Newton to Halifax*, *September* 3, 1938, *in* ibid., *p*. 221. *Cf. Lamb*, Drift to War, *pp*. 239*ff*.

31. *Halifax to Newton*, *August* 31, 1938, *in* DBFP, *pp*. 195*ff*. *Cf. Henderson*, Failure of a Mission, *pp*. 146*ff*.

32. *Parker*, Chamberlain and Appeasement, *pp*. 156-159.

33. *Cooper*, Diaries, *p*. 256.

34. 他们是奥利弗·斯坦利（*Oliver Stanley*，英国贸易理事会主席）、沃尔特·埃利奥特（*Walter Elliot*，卫生部长）、厄尔·温特（*Earl Winterton*，兰开斯特公爵郡大臣）和厄尔·代·拉·沃尔（*Earl de la Warr*，掌玺大臣）。

35. *Stewart*, Burying Caesar, *pp*. 296*ff*.

36. *Dilks* (*ed.*) Cadogan Diary, *pp*. 94*ff*. *Cf. Halifax to Campbell*, *August* 31, 1938, *in* DBFP, *vol. I*, *pp*. 196-198.

37. *Parker*, Churchill and Appeasement, *pp*. 172*ff*.

38. *Henderson to Halifax*, *September* 3, 1938, *in Woodward and Butler* (*eds.*) DBFP, *vol. II*, *pp*. 224*ff*.

39. *Runciman to Halifax*, *September* 5, 1938, *in* DBFP, *vol. II*, *pp*. 248*ff*. *Cf. Lamb*, Drift to War, *pp*. 241*ff*; *Parker*, Chamberlain and Appeasement, *p*. 160.

40. *Halifax to Kirkpatrick*, *September* 9, 1939, *in* DBFP, *vol. II*, *pp*. 277*ff*.

41. *Colvin*, Chamberlain Cabinet, *pp*. 147-151.

42. *Phipps to Halifax*, *May* 22, 1938; *Halifax to Henderson*, *May* 22, 1938; *Halifax to Phipps*, *May* 22, *in Woodward and Butler* (*eds.*), DBFP, *vol. I*, *pp*. 340*ff*., 356.

43. *Halifax to Phipps*, *September* 7, 1938, *Phipps to Halifax*, *September* 8, 1939, *in* DBFP, *vol. II*, *pp*. 262*ff*, 269*ff*.

44. *Halifax to Phipps*, *September* 9, 1938, *in* DBFP, *vol. II*, *pp*. 275*ff*. *Cf. Weinberg*, '*French Role*', *p*. 25.

45. *Dilks* (*ed.*), Cagodan Diaries, *pp*. 97*ff*. *Cf. Colvin*, Chamberlain Cabinet, *pp*. 152*ff*; *Haigh and Morris*, Munich: Peace of Delusion, *p*. 55.

46. *Dilks*, ' "*Unnecessary War*" ', *p*. 124.

47. *Cooper*, Old Men Forget, *pp*. 226*ff*.

48. *Crowson*, Facing Fascism, *pp*. 95*ff*.

49. *Dilks* (*ed.*), Cadogan Diaries, *p*. 97.

50. *Cooper*, Diaries, *p.* 259.

51. *Colvin*, Chamberlain Cabinet, *p.* 153.

52. 波勒对菲普说：“法国为避免战争会接受任何一种解决捷克斯洛伐克的方案，他对我说：‘我们不能牺牲1000万人来阻止350万苏台德人并入第三帝国’”然而，这些发生在哈利法克斯明确地表示法国不会得到英国支持之后。参见：*Phipps to Halifax*, *September* 14, 1938, *in* DBFP, *vol. II*, *pp.* 323, 329. *Cf. Parker*, Chamberlain and Appeasement, *pp.* 160*ff*; *Weinberg*, ‘*French Role*’, *pp.* 25*ff*.

53. *Dilks* (*ed.*), Cadogan Diaries, *p.* 93.

54. *Henderson*, Failure of a Mission, *p.* 150.

55. *Cooper*, Diaries, *p.* 260.

56. *Parker*, Chamberlain and Appeasement, *p.* 162.

57. *Ibid.*, *p.* 163.

58. *Colvin*, Chamberlain Cabinet, *pp.* 156*ff.*; *Lamb*, Drift to War, *p.* 245; *Cooper*, Diaries, *p.* 261; *idem*, Old Men Forget, *p.* 230.

59. *Weinberg*, ‘*French Role*’, *p.* 27.

60. *Masaryk to Halifax*, *September* 18, 1938, *in* BDFP, *vol. II*, *p.* 400; *Newton to Halifax*, *September* 19, 1939, *in ibid.*, *pp.* 406*ff.*, 411*ff.*, 414*ff.*, 416*ff.*; *Phipps to Halifax*, *September* 20, 1939, *in ibid.*, *p.* 422; *Halifax to Newton*, *September* 21, 1938, *in ibid.*, *pp.* 437*ff.*; *Newton to Halifax*, *September* 21, 1938, *in ibid.*, *pp.* 447, 449*ff.*

61. *Kirkpatrick*, Inner Circle, *p.* 115; *Henderson*, Failure of a Mission, *p.* 153.

62. *Phipps to Halifax*, *September* 21, 1938; *September* 22, 1938; *Halifax to Newton*, *September* 22, 1938, *in* DBFP, *vol. II*, *pp.* 451, 456, 461.

63. *Kirkpatrick*, Inner Circle, *pp.* 120*ff.*; *Lamb*, Drift to War, *pp.* 248*ff.*

64. *Parker*, Chamberlain and Appeasement, *p.* 169.

65. *Cooper*, Diaries, *p.* 264; *idem*, Old Men Forget, *pp.* 234*ff.*

66. *Colvin*, Chamberlain Cabinet, *p.* 164; *Lamb*, Drift to War, *pp.* 151*ff*; *Parker*, Chamberlain and Appeasement, *pp.* 170*ff. Cf. Halifax to Chamberlain*, *September* 23, 1938, *in* DBFP, *vol. II*, *pp.* 483*ff.*, 490.

67. *Weinberg*, ‘*French Role*’, *pp.* 30*ff.*

68. *Parker*, Chamberlain and Appeasement, *pp.* 173*ff. Lamb*, Drift to War, *p.* 254.

69. *Cooper*, Diaries, *p.* 267.

70. *Bond* (*ed.*), Chief of Staff, *p.* 163; *Weinberg*, ‘*French Role*’, *p.* 35.

71. *Halifax to Henderson*, *September* 26, 1938, DBFP, *vol. II*, *p.* 550. *Cf. Dilks* (*ed.*), Cadogan Diaries, *p.* 106.

72. *Parker*, Churchill and Appeasement, *pp.* 180*ff.*

73. *Lamb*, Drift to War, *p.* 250.

74. *Parker*, Churchill and Appeasement, *pp.* 196-201, 208; *idem*, Chamberlain and Appeasement,

p. 190; *Crowson*, Facing Fascism, *pp.* 106*ff.*

75. *Stewart*, Burying Caesar, *p.* 303.

76. *Phipps to Halifax*, *September* 26, 1938, *in* BDFP, *vol. II*, *pp.* 546*ff*; *ibid.*, *p.* 558; *Phipps to Halifax*, *September* 27, 1938, *in* BDFP, *vol. II*, *pp.* 579*ff.*; *Phipps to Halifax*, *September* 28, 1938, *in ibid.*, *p.* 588; *Dilks* (*ed.*), Cadogan Diary, *pp.* 104*ff.*

77. *Cooper*, Diaries, *p.* 269.

78. *Parker*, Chamberlain and Appeasement, *p.* 178.

79. *Kirkpatrick*, Inner Circle, *p.* 126.

80. *Lamb*, Drift to War, *p.* 253.

81. *Henderson to Halifax*, *September* 26, 1938, DBFP, *vol. II*, *pp.* 552*ff.*; *Kirkpatrick*, Inner Circle, *p.* 123.

82. 陪同威尔逊的依翁·柯帕特里克（*Ivone Kirpatrick*）都听得入迷了："每隔一段时间，他都要从他的椅子上站起身来，向门口瞟上几眼，仿佛决心离开房间。我迷惑地望着他。在他再次发表他的长篇大论期间，我的眼睛始终无法离开他，我的铅笔一直悬在该文件的上方……有时，特别是当威尔逊谈到首相的和平解决的愿望时，希特勒一把将他坐的椅子推开，一个愤怒的手势沮丧地捶打在他自己的大腿上。"

83. *Henderson to Halifax*, *September* 27, 1938, DBFP, *vol. II*, *p.* 574*ff.* *Weinberg*, '*French Role*', *p.* 32.

84. *Henderson to Halifax*, *September* 26, 1938, DBFP, *vol. II*, *p.* 543.

85. *Parker*, Chamberlain and Appeasement, *p.* 176; *Cooper*, Diaries, *p.* 268.

86. *Henderson*, Failure of a Mission, *p.* 160; *Kirkpatrick*, Inner Circle, *p.* 125; *Lamb*, Drift to War, *p.* 256.

87. *Lamb*, Drift to War, *p.* 257.

88. *Newton to Halifax*, *September* 27, 1938, *in* DBFP, *vol. II*, *p.* 581; *Lamb*, Drift to War, *p.* 257.

89. *Cooper*, Old Men Forget, *p.* 237.

90. *Dilks* (*ed.*), Cadogan Diaries, *p.* 107; *Lamb*, Drift to War, *p.* 262.

91. *Haigh and Morris*, Munich: Peace of Delusion, *p.* 64.

92. *Cooper*, Diaries, *p.* 268; *idem*, Old Men Forget, *pp.* 238*ff.*

93. *Parker*, Chamberlain and Appeasement, *pp.* 179*ff.*

94. *Ibid.*

95. *Stewart*, Burying Caesar, *p.* 310. *Cf. Parker*, Chamberlain, *p.* 184.

96. *Cooper*, Diaries, *p.* 271; Old Men Forget, *pp.* 243*ff.*

97. *Colvin*, Vansittart in Office, *pp.* 277-284.

98. *Ibid.*, *p.* 281.

99. *Colvin*, Chamberlain Cabinet, *pp.* 175*ff.*

100. *Adamthwaite*, '*France and the Coming of War*', *p.* 84; *Parker*, Chamberlain and Appeasement, *pp.* 200*ff.*

101. *Colvin*, Chamberlain Cabinet, *p.* 176.

102. *Parker*, Churchill and Appeasement, *p.* 189.

103. *Stewart*, Burying Caesar, *pp.* 308*ff*, 311.

104. *Kershaw*, '*Nazi Foreign Policy*', *pp.* 133*ff*; *Overy*, '*Germany and the Munich Crisis*', *pp.* 195-197.

105. *Dilks* (*ed.*), Cadogan Diaries, *pp.* 106-109.

106. *Overy*, '*Germany and the Munich Crisis*', *pp.* 204, 207-210.

107. *Henderson*, Failure of a Mission, *pp.* 163*ff.*

108. *Dilks* (*ed.*), Cadogan Diaries, *p.* 109.

109. *Weinberg*, '*French Role*', *pp.* 32*ff.*

110. *Crowson*, Facing Fascism, *pp.* 96-103; *Thompson*, Anti-Appeasers, *pp.* 42*ff.*

111. *Halifax to Perth*, *September* 28, 1938, *in* DBFP, *vol. II*, *pp.* 587*ff. Cf. Lamb*, Drift to War, *p.* 257; *Parker*, Chamberlain and Appeasement, *pp.* 178*ff.*

112. *Perth to Halifax*, *September* 28, 1938, *in* DBFP, *vol. II*, *p.* 600.

113. *Newton to Halifax*, *September* 28, 1938, *in* DBFP, *vol. II*, *p.* 604; *Halifax to Newton*, *September* 29, 1938, *in ibid.*, *pp.* 614*ff. Cf. Lamb*, Drift to War, *pp.* 259-261.

114. *Lammers*, Explaining Munich, *pp.* 3-5.

115. *Lamb*, Drift to War, *p.* 239. *Cf. Bell*, Origins, *pp.* 262-264; *Haigh and Morris*, Munich: Peace of Delusion, *p.* 79.

116. *Bell*, Origins, *p.* 266.

117. *De la Warr to Halifax*, *September* 15, 1938, *in* DBFP, *vol. II*, *p.* 354*ff. Lamb*, Drift to War, *pp.* 263*ff.*

118. *Chilston to Halifax*, *September* 4, 1938; *Newton to Halifax*, *September* 6, 1938, *in* DBFP, *vol. II*, *pp.* 229*ff*, 255*ff. Cf. Newton*, Profits of Peace, *pp.* 81*ff.*

119. *Phipps to Halifax*, *September* 23, 1939; *Geneva delegation to Halifax*, *September* 23, 1938, *in* DBFP, *vol. II*, *pp.* 489, 497*ff.*

120. *Watt*, '*British Intelligence*', *p.* 253; *Lamb*, Drift to War, *p.* 251; *Newton to Halifax*, *September* 27, 1938, *in* DBFP, *vol. II*, *p.* 567; *Murray*, '*War of* 1938', *pp.* 261*ff.*

121. *Newton to Halifax*, *September* 6, 1938 *in* DBFP, *vol. II*, *pp.* 257*ff*; *Phipps to Halifax*, *September* 28, 1938 *in* DPFP, *vol. II*, *pp.* 609*ff.*

122. *Colvin*, Vansittart in Office, *p.* 274; *Wheeler-Bennett*, Nemesis of Power, *p.* 419.

123. *Murray*, '*War of* 1938', *pp.* 263*ff.*

124. *Bond* (*ed.*), Chief of Staff, *p.* 160.

125. *Murray*, '*War of* 1938', *p*. 265.

126. *Ibid.*, *pp*. 268*ff*.

127. *Watt*, '*British Intelligence*', *pp*. 258*ff*.

128. *Ibid.*, *pp*. 259*ff*.

129. *Henderson*, Failure of a *M*ission, *p*. 152. *Cf. Wark*, '*British Intelligence*', *pp*. 642*ff*; *Haigh and Morris*, Munich: Peace of Delusion, *pp*. 76-79.

130. *Murray*, '*War of* 1938', *p*. 267.

131. *Colville*, Gort, *p*. 112; *Lamb*, Drift to War, *p*. 253.

132. *Weinberg*, '*French Role*', *p*. 37.

133. *Reynolds*, Treason was no Crime, *pp*. 148, 151; *Weinberg*, '*German Generals*', *pp*. 34*ff*.

134. *Hoffman*, '*Beck*', *p*. 339; *Weinberg*, '*German Generals*', *pp*. 29-31.

135. *Lamb*, Drift to War, *pp*. 266*ff*.

136. *Hoffman*, German Resistance, *p*. 63; *Ritter*, German Resistance, *p*. 93.

137. *Warner to Halifax*, *September* 5, 1938, DBFP, *vol. II*, *pp*. 242*ff*. *Cf. Hoffman*, German Resistance, *pp*. 63-67; *idem*, '*Question of Western Allied Co-operation*'; *Astor*, '*Revolt against Hitler*', *p*. 7; *Wheeler-Bennett*, *Nemesis of Power*, *pp*. 414*ff*; Ben-Israel, 'Cross-Purposes', *p*. 425; Dilks, *Cadogan Diaries*, *pp*. 94*ff*.

138. Hoffman, 'Question of Western Allied Co-operation', pp. 443ff.

139. Parker, *Churchill and Appeasement*, p. 231.

140. Ogilvie-Forbes to Halifax, September 11, 1938, in *DBFP*, vol. II, p. 289; Kirkpatrick, *Inner Circle*, pp. 111ff.

141. Henderson, *Failure of a Mission*, p. 161.

142. Colvin, *Vansittart in Office*, p. 273.

143. Dilks, ' "Unnecessary War" ', pp. 103, 123; Lamb, *Drift to War*, p. 265; Shay, *British Rearmament*, pp. 226ff.

144. Howard, *Continental Commitment*, p. 122; Colvin, *Vansittart in Office*, p. 270.

145. Phipps to Halifax, September 22, 1938, in *DBFP*, vol. II, pp. 473ff.

146. Ibid., pp. 609ff.

147. Bond, *British Military Policy*, pp. 280ff; Colville, *Gort*, p. 112; Weinberg, 'French Role'.

148. Murray, 'War of 1938'; Haigh and Morris, *Munich*: *Peace of Delusion*, pp. 51ff.

149. Howard, *Continental Commitment*, p. 123.

150. Haigh and Morris, *Munich*: *Peace of Delusion*, pp. 49ff.

151. Colville, *Gort*, pp. 115ff.; Bond (ed.), *Pownall Diaries*, p. 122.

152. Tooze, *Wages of War*, ch. 9.

153. Overy, *Air War*, p. 21.

154. Howard, *Continental Commitment*, pp. 124ff. Cf. Bond (ed.), *Pownall Diaries*, p. 164.

155. Lamb *Drift to War*, pp. 262ff.

156. Haigh and Morris, *Munich: Peace of Delusion*, pp. 80ff.

157. Ibid., p. 60.

158. Aster, '"Guilty Men"', pp. 69ff; Newton, *Profits of Peace*, pp. 83-87; Parker, *Chamberlain and Appeasement*, pp. 183ff.

159. Newton, *Profits of Peace*, pp. 55-57.

160. Tooze, *Wages of War*, table 6.

161. Overy, 'Germany and the Munich Crisis', pp. 194-200.

162. Colvin, *Vansittart in Office*, p. 273.

163. Tooze, *Wages of War*, ch. 8.

164. Smelser, 'Nazi Dynamics', pp. 38ff. Cf. Brown and Burdekin, 'German Debt', p. 665.

165. MacDonald, 'Economic Appeasement and the German "Moderates"', pp. 115ff.

166. Ibid., p. 121.

167. Tooze, *Wages of War*, ch. 9.

168. Parker, 'Economics, Rearmament, and Foreign Policy', p. 643.

169. Newton, *Profits of Peace*, pp. 114-118.

170. Parker, 'Economics, Rearmament, and Foreign Policy', p. 644.

171. Peden, 'A Matter of Timing', pp. 25ff.

172. 'The City - Then and Now', *The Economist*, October 1, 1938.

173. Ibid.

174. 在德国债券方面，我的解释与布朗（Broun）和伯德金（Bardekin）不同。非常感谢他们使得道威斯和杨格债券的周价格数据可资利用。

175. Marshal Kliment Voroshilov: Overy, *Russia's War*, p. 46.

176. Shay, *British Rearmament*, p. 233.

177. Colvin, *Chamberlain Cabinet*, p. 168.

178. Parker, *Chamberlain and Appeasement*, p. 188.

179. Parker, *Churchill and Appeasement*, pp. 201-205.

180. Colvin, *Chamberlain Cabinet*, pp. 172ff.

181. Aster, ' "Guilty men"', pp. 71ff.

182. Shay, *British Rearmament*, pp. 238-242; Colvin, *Chamberlain Cabinet*, pp. 172-175. Cf. Peden, 'A Matter of Timing', pp. 21-24.

183. Shay, *British Rearmament*, pp. 263-271.

184. Shay, *British Rearmament*, pp. 242-245, 277ff; Parker, 'Economics, Rearmament, and Foreign Policy', pp. 645ff.; Peden, 'A Matter of Timing', pp. 18-21.

185. Peden, 'A Matter of Timing', p. 17; Newton, *Profits of Peace*, pp. 119ff.

186. Dilks (ed.), *Cadogan Diaries*, p. 151.

187. MacDonald, 'Economic Appeasement and the German "Moderates"', pp. 118-126; Parker, *Chamberlain and Appeasement*, pp. 196ff.

188. Forbes, 'London Banks', p. 585.

189. Newton, *Profits of Peace*, pp. 91ff, 112ff; MacDonald, 'Economic Appeasement and the German "Moderates"'. pp. 127ff.

190. Newton, ' "Anglo-German" Connection', pp. 305ff; Wendt, 'Economic Appeasement', pp. 157ff.

191. MacDonald, 'Economic Appeasement and the German "Moderates"', pp. 128-131; Parker, 'Economics, Rearmament, and Foreign Policy', p. 642.

192. Parker, *Chamberlain and Appeasement*, pp. 191ff; Watt, 'British Intelligence', pp. 247ff; Dilks, ' "Unnecessary War"', pp. 125ff.

193. Parker, *Churchill and Appeasement*, pp. 206ff; Howard, *Continental Commitment*, pp. 126ff.

194. Newton, *Profits of Peace*, pp. 103ff.

195. Bond, *British Military Policy*, p. 377; Aster, ' "Guilty Men"', pp. 72ff; Parker, *Chamberlain and Appeasement*, pp. 212-215.

196. Bond, *British Military Policy*, p. 378.

197. Bond, *British Military Policy*, pp. 304-306, 310; Howard, *Continental Commitment*, pp. 129ff; Shay, *British Rearmament*, pp. 272ff, 289-294; Parker, *Churchill and Appeasement*, p. 221.

198. Dilks (ed.), *Cadogan Diary*, pp. 166ff.

199. Parker, *Chamberlain and Appeasement*, p. 217. Cf. Foster, '*Times* and Appeasement', pp. 444ff.

200. Parker, *Churchill and Appeasement*, p. 223.

201. Crowson, Facing Fascism, pp. 116-118.

202. Parker, *Churchill and Appeasement*, pp. 212ff. Cf. Howard, *Continental Commitment*, p. 132.

203. Parker, *Chamberlain and Appeasement*, pp. 207, 209-212.

204. Parker, *Chamberlain and Appeasement*, pp. 223-229. Cf. Newton, *Profits of Peace*, pp. 108ff.

205. Overy, *Russia's War*, pp. 45ff.

206. Parker, *Churchill and* Appeasement, p. ix.

207. Howard, *Continental Commitment*, pp. 138ff.

208. Parker, *Chamberlain and Appeasement*, p. 208.

209. Ibid., pp 246ff.; Bond, *British Military Policy*, p. 307.

210. Aster, ' "Guilty men"', pp. 73ff.

211. Overy, *Russia's War*, p. 49.

212. Parker, *Chamberlain and Appeasement*, p. 330.

213. Overy, 'Germany and the Munich Crisis', p. 191.

214. Parker, *Churchill and Appeasement*, p. 256.

215. Newton, ' "Anglo-German" Connection', p. 68.

216. Parker, *Chamberlain and Appeasement*, pp. 331-336.

217. Ibid., pp. 338-342.

218. 当然，假如是合利法克斯而不是张伯伦做了首相，他也可能会致力于谋求和平，尽管人们对希特勒是否会买他的账仍存争议，参见：Roberts, 'Prime Minister Halifax'.

219. Details in Hoffman, 'Question of Western Allied Co-operation', pp. 445-451; Ben-Israel, 'Cross-Purposes', pp. 426ff; Newton, ' "Anglo-German" Connection', pp. 309-312.

220. Nicolson, *Diaries*, p. 58.

221. Marks, 'Six between Roosevelt and Hitler', pp. 969, 976-982; Offner, 'Appeasement Revisited', pp. 384-392; idem, 'United States and National Socialist Germany', pp. 254-257.

222. Nicolson, *Diaries*, p. 72.

223. Charmley, *End of Glory*.

224. Jacobsen (ed.), *Dokumente zur Vorgeschichte*, p. 6.

第三部分　杀戮空间

11. 闪电战

1. Kosiek, *Jenseits der Grenzen*, p. 184.

2. Alanbrooke, *War Diaries*, p. 229.

3. Liddell Hart, *Memoirs*, p. 164.

4. 富勒在 1917 年便是英国坦克进攻康布雷背后的策划者。他当英国公务员时遭受的挫折，使他转而支持奥斯瓦德·莫斯利（Oswald Mosley）的英国法西斯联盟。

5. Haigh and Morris, *Munich: Peace of Delusion*, p. 36.

6. Ibid., p. 39.

7. Guderian, Panzer Leader, p. 20. See idem, *Achtung-Panzer!*

8. Weber, *Hollow Years*, p. 275n.

9. 像古德里安一样，隆美尔也对坦克战争进行过深入思考。他写的两本书《步兵攻击》和《坦克攻击》引起了希特勒的关注，从而被任命为希特勒青年培训营的领导人，后来成为希特勒近卫营的指挥官，陪同希特勒访问德国所占领的捷克斯洛伐克。

10. Horne, *To Lose a Battle*, pp. 411, 479.

11. Weber, *Hollow Years*, p. 282.

12. Horne, *To Lose a Battle*, p. 416.

13. Gayler, *Private Prisoner*, p. 23; Rolf, *Prisoners of the Reich*, p. 30; Folcher, *Marching to Captivity*, pp. 122-131.

14. Durand, *Prisonniers de Guerre*.

15. Echenberg, *Colonial Conscripts*, pp. 92-96; Horne, *To Lose a Battle*, p. 377n.

16. Liddell Hart, *Memoirs*, pp. 280ff.

17. Bloch, *Étrange Défaite*.

18. May, *Strange Victory*.

19. Alanbrooke, *War* Diaries, p. 37; ibid., p. 26. Cf. Horne, *To Lose a Battle*, p. 155; Shirer, *Collapse of the Third Republic*, pp. 739-755; Forty and Duncan, *Fall of France*.

20. Weber, *Hollow Years*, p. 19.

21. Waldeck, *Athene Palace*, pp. 196ff.

22. Gayler, *Private Prisoner*, p. 13.

23. Prysor, 'British Experience of Retreat'.

24. Manstein, *Lost Victories*, p. 124; Durschmied, *Hinge Factor*, ch. 12; Badsey, 'Disaster at Dunkirk'.

25. Alanbrooke, *War Diaries*, pp. 38, 121, 165, 187-191, 207ff.

26. Ibid., pp. 208ff.

27. Alanbrooke, *War Diaries*, p. 231.

28. Stedman, *Life of a British POW*, p. 8; Kydd, *For YOU the War is Over*, pp. 50ff; Kindersley, *For You the War Is Over*, p. 11; Walker, *Price of Surrender*, pp. 31-35.

29. Broadbent, *Behind Enemy Lines*, p. 6.

30. Rolf, *Prisoners of the Reich*, p. 22; Edgar, *Stalag Men*, pp. 1-13; Garrett, *P. O. W.*, pp. 10-15; Cf. Hunter, 'Prisoners of War: Readjustment and Rehabilitation', pp. 743ff.

31. Thorne, *Far Eastern War*, p. 171n.

32. See Ellis, *World War II Handbook*, table 47.

33. 在战争爆发之际，英国有 8 个航母战斗群，德国一个也没有；英国有 12 艘战舰，而德国只有 5 艘；英国有 50 艘巡洋舰，德国只有 6 艘；英国有 94 艘驱逐舰，德国只有 17 艘。只是在潜艇方面，德国领先一步，德国有 57 艘，而英国只有 38 艘。

34. Manstein, *Lost Victories*, pp. 164ff.; Macksey, 'Operation Sea Lion'.

35. Wellum, *First Light*.

36. Overy, *Battle*.

37. Warmbrunn, *Dutch under German Occupation*, p. 25.

38. 两个突出的例子：路易－费迪南·德德图什（席琳狄）［Louis-Ferdinand Destouches (Céline)］和乔治·雷米（埃尔热）［Georges Rémic (Hergé)］。前者在战争之前就被确认为是一个反闪米特人，因为在战争期间他在维希统治期间所起的作用而遭到监禁。后者（他当然是一个比利时人而不是一个法国人），也对犹太人和美国人有点偏见，他强烈地反日，也有一些反德，但肯定相当坚决地反共。他最畅销的《丁丁的故事》中，有些故事是在德国占领期间所写的，《金爪蟹》、《独角兽的秘密》、《红色拉克姆的宝藏》和《七个水晶球式的螃蟹》，都刊登在1940—1944年间的《晚报》上。战争结束后，埃尔热因与纳粹合作而被逮捕，但他在回应时表示，他只是响应国王利奥波德的号召：不要抛弃他的国家。

39. Browning, *Origins*, p. 15.

40. Ibid., p. 24.

41. Housden, *Frank*, p. 113.

42. Browning, *Origins*, p. 17.

43. Ibid., p. 24.

44. Browning, *Origins*, p. 17.

45. 值得注意的是，在25名别动队领导人中就有15人拥有博士学位。与普通人相比，他们是非同一般的人——德国学术精英的成员。别动队的数量后来从5个增加到7个，在但斯克还有一个作战指挥部。

46. Browning, *Origins*, pp. 15ff.

47. Ibid., pp. 17ff., 28; Housden, *Frank*, pp. 79ff.

48. 应当记住，这些领土是根据《凡尔赛条约》的条款而被德国割让的。从技术上讲，他们现在成为了第三帝国的两个新省份：但斯克-西普鲁士（包括但斯克、布朗伯格和马林韦尔德）和窝兹兰（Wartheland）（包括波森和由罗兹更名来的Littmannstadt）。它们在行政上是属于帝国的一部分，但但斯克是个例外，它因旅行的目的而被视为外国的领土。这两个省，在德国是一个党的区域单位，而不是一个州组织。在这里，党组织不受1933年前的行政机构的限制，可以随时采取行动。

49. Kamenetsky, *Secret Nazi Plans*, pp. 52, 55. Cf. Winiewicz, *Aims and Failures*, p. 72.

50. Housden, *Frank*, pp. 79-90.

51. Burleigh, *Third Reich*, p. 434.

52. Housden, *Frank*, p. 113.

53. Browning, *Origins*, pp. 34ff.

54. Aly, '*Final Solution*', table 2.

55. Browning, *Origins*, pp. 19ff.

56. Ibid., pp. 29ff.

57. Browning, *Origins*, pp. 18ff., 25ff., 111, 116, 122ff.

58. Ibid., p. 116.

59. Mazower, *Dark Continent*, pp. 170ff.

60. Browning, *Origins*, p. 27.

61. Burleigh, *Third Reich*, p. 580.

62. Browning, *Origins*, pp. 120ff, 124ff, 153.

63. Rubinstein *et al.*, *Jews in the Modern World*, p. 217.

64. Burleigh, *Third Reich*, pp. 586-596.

65. Housden, *Frank*, pp. 139-153.

66. Browning, *Origins*, p. 139.

67. Ibid., p. 138.

68. Housden, *Frank*, pp. 91-102.

69. Hans Frank, Yad Vashem Archives, JM/21: http://www.jewishvirtuallibrary.org/jsource/Holocaust/Frank.html.

70. Browning, *Origins*, pp. 113, 117, 126ff.

71. Browning, *Origins*, p. 154. See the illuminating photographs in Weber, *Łódź Ghetto Album*.

72. 是乔斯特写了那张著名的一行字，而人们通常误以为是戈林写的："*Wenn ich Kultur höre ... entsichere ich meinen Browning.*（我一听到文化这个字，就想掏出我的手枪。）"该行字出自乔斯特最著名的戏剧《施拉格特》（1933）的开幕词，以赞扬纳粹的"烈士"阿尔贝·利奥·施拉格特。在《帝国的信誉——人民的心声!》（*Ruf des Reiches - Echo des Volkes! Eine Ostfahrt*）（1940）一书中，他描述了他同希姆莱访问波兰的情形。

73. Noakes and Pridham (eds.), *Nazism*, vol. IV, pp. 930ff.

74. Kamenetsky, *Secret Nazi Plans*, pp. 64ff.

75. Kamenetsky, *Secret Nazi Plans*, p. 60.

76. Ibid., pp. 55ff.

77. Röskau-Rydel, *Galizien*, pp. 192ff.

78. Dralle, *Die Deutschen in Ostmitteleuropa*, pp. 231ff.

79. Kamenetsky, *Secret Nazi Plans*, pp. 84-87.

80. Burleigh, *Third Reich*, pp. 447-450, 580.

81. Castellan, *Germans*, p. 64.

82. Kamenetsky, *Secret Nazi Plans*, p. 65; Aly, '*Final Solution*', p. 248.

83. Bergen, 'Nazi Concept of "Volksdeutsche"', pp. 572ff.

84. Noakes and Pridham (eds.), *Nazism*, vol. Ⅲ, pp. 930ff.

85. Ibid., p. 932. Cf. Bergen, 'Nazi Concept of "*Volksdeutsche*"', p. 574.

86. Noakes and Pridham (eds.), *Nazism*, vol. Ⅲ, p. 946.

87. Noakes and Pridham (eds.), *Nazism*, vol. Ⅲ, p. 877.

88. Kamenetsky, *Secret Nazi Plans*, pp. 91ff.

89. Zahra, 'Reclaiming Children', p. 501.

90. Zahra, 'Reclaiming Children', p. 529.

91. Zeman, *Pursued by a Bear*, p. 146.

92. Noakes and Pridham (eds.), *Nazism*, vol. Ⅲ, pp. 946ff.

93. Winiewicz, *Aims and Failures*, p. 72.

94. Ibid., p. 90.

95. Kamenetsky, *Secret Nazi Plans*, pp. 89ff.

96. Ibid., pp. 97, 100.

97. Noakes and Pridham (eds.), *Nazism*, vol. Ⅲ, pp. 977ff.

98. Ibid., p. 942.

99. Ibid., p. 950; Kamenetsky, *Secret Nazi Plans*, p. 95.

100. Hrabar, Tokarz and Wilczur, *Fate of Polish Children*, esp. pp. 52, 63.

101. Kubica, *Zagłada w KL Auschwitz*, p. 196.

102. Johnson, *Nazi Terror*.

103. Evans, *Rituals*, p. 698.

104. Klemperer, *To the Bitter End*; Noakes and Pridham (eds.), *Nazism*, vol. Ⅲ, pp. 1107ff.

105. 该星引入德国，再一次引起了人们对异族通婚地位的辩论。法令规定，该星将不会强制“（1）一个犹太丈夫过一种异族通婚的生活，如果这桩婚姻所生的子女不被认为是犹太人。这也适用于婚姻解除或唯一的儿子在目前的战争中牺牲；（2）一个犹太人的妻子在一桩无子女的婚姻中忍受异族通婚。”

106. Klemperer, *Diaries*, August 17, 1937.

107. Ibid., June 23, 1942.

108. Ibid., June 4, 1943.

109. Klemperer, *Diaries.*

110. National Archives Washington, Office of the Chief Counsel for War Crimes, Document No. NO-844, Oberlandesgerichtspräsident to Minister for Justice, May 16, 1941.

111. Ibid., Document NO. 615-PS, Bishop of Limburg to the Minister for Justice, August 13, 1941.

112. National Archives Washington, Office of the Chief Counsel for War Crimes, Document No. NO-729, Examination of Frederich Dickmann, April 6, 1945; United Nations War Crimes Commission, *Law-Reports*, vol. I, pp. 47-54.

113. Noakes and Pridham (eds.), *Nazism*, vol. Ⅲ, p. 1045.

114. Wippermann, 'Christine Lehmann and Mazurka Rose, pp. 112ff.

115. Burleigh, *Death and Deliverance*, p. 226.

116. Barnard, 'Great Iraqi Revolt'.

117. Hansard, July 8, 1920.

118. Bayly and Harper, *Forgotten Armies*, pp. 247ff.

119. “退出印度”起义的规模常常被人们所遗忘。这次起义，受到了所谓的非暴力甘地所纵容（“比起目前的行政制度，我会更喜欢无政府状态。”），总共有60000多人被逮捕。据官方统计数字，有 1028 人死亡，3125 人受重伤，虽然被击毙总人数可能高达 2500 人。300 多个火车站遭到破坏或严重受损。

120. 在他作为一个马克思主义者期间，克里普斯在战争前因为提议要与英国共产党建立“人民阵线”而被工党开除，丘吉尔因而把他作为派往莫斯科的一个潜在的大使人选。

121. Clark, *Cripps Version*, pp. 292-322.

122. Davis, *Late Victorian Holocausts* and Elkins, *Britain's Gulag*.

123. Thorne, *Far Eastern War*, p. 168.

124. Bayly and Harper, *Forgotten Armies*, pp. 282-291.

125. Knox, *Mussolini Unleashed*, p. 4.

126. Ferguson, *Empire*, ch. 6.

127. Wellum, *First Light*, pp. 23, 186.

128. Tolkein, 'Foreword to the Second Edition', *Lord of the Rings*, pp. xv-xviii. Cf. Shippey, *Tolkein*, p. 163; Friedman, 'Tolkein and David Jones'. 托尔金说他创作《魔戒》的时间为 1936 到 1949 年。这部作品后来分作 6 本。书中描述的场景显示，这部作品显然大部分是在战争时期完成的。

129. Grotta, *Tolkein*, p. 59; Carpenter, *Tolkein*, pp. 90, 176.

130. Alanbrooke, *War Diaries*, pp. 144ff, 166.

131. Colville, *Fringes of Power*, vol. I, p. 480.

12. 透过镜子

1. Cooper, *Dairies*, p. 273.
2. Waugh, *Sword of Honour*, pp. 3ff.
3. Clarke, *Cripps Version*, p. 196.
4. Jesmanowa, *Stalin's Ethnic Cleansing*, pp. 504ff.
5. Bloch, *Ribbentrop*, p. 98.
6. Gross, *Revolution from Abroad*, pp. 28ff.
7. Ibid., pp. 188-192.
8. Gross, *Revolution from Abroad*, p. 230.
9. Ibid, pp. 203-205.
10. Applebaum, *Gulag*, p. 382.
11. Beria to Stalin, March 5, 1940: http://www.geocities.com/Athens/Troy/1791/beria.html.
12. Gross, *Revolution from Abroad*, p. 228; Applebaum, *Gulag*, pp. 377ff.
13. Ibid., pp. 207ff.
14. Applebaum, *Gulag*, pp. 133ff.
15. Gross, *Revolution from Abroad*, p. 209.
16. Ibid., p. 194; Applebaum, *Gulag*, p. 383; http://www.electronicmuseum.ca/Poland-WW2/so-

viet_ deportations/deportations_ 2. html.

17. Ibid. , p. 210.
18. Applebaum, *Gulag*, p. 384.
19. Gross, *Revolution from Abroad*, pp. 218-221; Applebaum, *Gulag*, p. 385.
20. Applebaum, *Gulag*, p. 226.
21. Gross, *Revolution from Abroad*, p. 222.
22. Blumstein, *Little House*, p. 10.
23. Hoffman, *Shtetl*, pp. 201-210; Addison, *Letters*, p. 37.
24. Browning, *Origins*, p. 30.
25. Pinchuk, *Shtetl Jews under Soviet Rule*, pp. 21-26, 65-101.
26. Pinchuk, *Shtetl Jews under Soviet Rule*, p. 98.
27. Bokszanski, 'Representations of the Jews', pp. 253ff.
28. Gross, *Revolution from Abroad*, pp. 35, 201ff.
29. Shochat, 'Jews, Lithuanians and Russians', esp. pp. 306, 308.
30. Shochat, 'Jews, Lithuanians and Russians', esp. pp. 306, 308.
31. Sebag-Montefiore, *Stalin*, p. 116.
32. Golomstock, *Totalitarian Art*, pp. 132ff.
33. Adam, *Art of the Third Reich*, pp. 244ff.
34. Speer, *Inside the Third Reich*, p. 130.
35. Petropoulos, *Faustian Bargain*.
36. Overy, *Dictators*, for a detailed comparative study.
37. Hinz, *Art in the Third Reich*.
38. Taylor, *Art and Literature under the Bolsheviks*, pp. 51ff.
39. Hassell, *Diaries*, p. 62: August 27, 1939.
40. Overy, *Russia's War*, p. 53.
41. Murphy, *What Stalin Knew*, p. 185 and Appendix 2.
42. Anon. , *Eagle's Nest*.
43. Kershaw, 'Nazi Foreign Policy', pp. 138ff.
44. Overy, *Russia's War*, p. 56.
45. Overy, *Russia's War*, pp. 61ff.
46. Applebaum, *Gulag*, p. 383.
47. Glenny, *Balkans*, p. 459; Castellan, *Germans*, pp. 62ff; Waldeck, *Athene Palace*, pp. 51ff.
48. Overy, *Russia's War*, p. 60.
49. Speer, *Inside the Third Reich*, p. 116
50. 感谢牛津大学基督学院的院长和同志们允许我摘引《打赌书》（*The Betting Book*）。

51. Clarke, *Cripps Version*, pp. 214ff.

52. Murphy, *What Stalin Knew*, p. 15.

53. Ibid., p. 65.

54. Whymant, *Stalin's Spy*, pp. 62, 71-87, 99-109, 122-144.

55. Overy, *Russia's War*, pp. 70ff; Burleigh, *Third Reich*, pp. 485ff.

56. Murphy, *What Stalin Knew*, p. 81.

57. Ibid., p. 87. Cf. Whymant, *Stalin's Spy*, pp. 164-184.

58. Gorodetsky, *Grand Delusion.*

59. Overy, *Russia's War*, p. 71.

60. Overy, *Russia's War*, pp. 64ff.

61. Erickson, *Road to Stalingrad*, vol. I, p. 159; Overy, *Russia's War*, pp. 85-89.

62. Beevor, *Stalingrad*, p. 29.

63. Browning, *Origins of the Final Solution*, p. 328.

64. Gorodetsky, *Grand Delusion.*

65. 对于这个感觉论者的假设，见苏沃洛夫（Viktor Suvorov）的《破冰船》和普列沙科夫（Constantine Pleshakov）的《斯大林的愚蠢》。苏沃洛夫的（全部与情况相关的）证据是在1940年和1941年初苏联西部边境沿线的防御性工事遭到了破坏。普列沙诺夫所引用的文件——几个草案都是从1940年和1941年起草的《关于苏联军队部署的主要原则》——正好显示，斯大林正在考虑采取先发制人的进攻方式。他们只是在方案草拟阶段，还没有任何详细的规划，不像德国人那样，从1940年7月以来就已经在做详细的规划了。

66. Overy, *Russia's War*, pp. 71ff.

67. Service, *Stalin*, p. 42.

68. 赫斯似乎已经按照他自己的倡议在行动，希望自己在巴巴罗萨前夕能够与英国单独达成一个和平条约。他飞往苏格兰，显然错误地相信，他曾在1936年奥运会上遇见的汉密尔顿公爵可能会接受这样一个倡议。赫斯从他的ME澳美110跳伞下来，降落在格拉斯哥西南部萧瑟的荒原——伊格尔舍姆附近的佛罗斯农场中。在听到了赫斯被捕的新闻时，丘吉尔宣布："不管有没有赫斯，我都要见见这位马克思的兄弟。"

69. Gorodetsky, *Grand Delusion.*

70. Service, *Stalin*, p. 415; Overy, *Russia's War*, pp. 78ff.

71. 俄罗斯人仍然不愿意承认1941年斯大林的严重渎职行为。在纪念他逝世50周年之际进行的一项调查中，俄罗斯公共舆论中心发现，有53%的俄罗斯人仍然认为他是一位"伟大的"领袖：http://english.pravda.ru/society/2003/03/06/44072.html。一名俄罗斯的老人告诉英国广播公司驻莫斯科的记者，他是"这个家庭的父亲，一个照顾我们的人"。

13. 凶手和通敌者

1. Eksteins, *Walking Since Daybreak*, p. 149.

2. Kacel, *From Hell to Redemption*, pp. 85ff.

3. Beevor, *Stalingrad*, p. 184.

4. Kershaw, *Nemesis*.

5. Klemperer, *Diary*, June, 1941.

6. Lukacs, *Last European War*, pp. 492ff.

7. Mazower, *Dark Continent*, p. 152.

8. Lukacs, *Last European War*, p. 493.

9. Geyl, *Encounters in History*, pp. 331ff; Waldeck, *Athene Palace*, pp. 233-240, 243-247.

10. Lumans, *Himmler's Auxiliaries*, pp. 243-245; Fleischhauer and Pinkus, *Soviet Germans*, pp. 94-100.

11. Gerstenfeld-Maltiel, *My Private War*, p. 53.

12. Addison, *Letters*, p. 48.

13. Beevor, *Stalingrad*, p. 26.

14. Lotnik, *Nine Lives*, p. 16.

15. Burleigh, 'Nazi Europe', pp. 327ff; idem, *Third Reich*, p. 530.

16. 戈培尔在1942年3月16日的日记中写道："民族主义潮流在所有前波罗的海国家变得越来越明显。那里的人明显是在臆断：德国国防军将不惜抛头颅洒热血，要在这些小国家建立新的政府……这是一种幼稚的、天真的想象，没有给我们留下什么印象……在所有这些问题上，国家社会主义更加冷血、更加现实。只做对它自己的人民有用的事，而且在这种情况下，我们人民的利益，无疑在于在这个地区内建立一个严格的德国秩序，而无需注意……生活在那里的少数民族人民的要求。"正如我们所看到的，希特勒希望乌克兰人就像他想象中的英帝国统治下的印度人：温顺的、没有受过教育的、色彩鲜艳的德国制造的纺织品的消费者。

17. Overy, *Russia's War*, p. 62.

18. Burleigh, 'Nazi Europe', pp. 336ff.; Burleigh, *Third Reich*, pp. 546ff.

19. Burleigh, *Third Reich*, p. 518.

20. Förster, *German Army*, p. 20.

21. Kershaw, Nemesis, p. 358.

22. Förster, *German Army*, p. 20.

23. Ibid., p. 21.

24. Bartov, *Hitler's Army*, p. 84.

25. Ibid., p. 83.

26. Burleigh, *Third Reich*, p. 521.

27. Bartov, *Hitler's Army*, p. 84.

28. Browning, *Origins*, pp. 248ff.

29. Welch, *Propaganda*, p. 249

30. Fritz, *Frontsoldaten*, pp. 53ff.

31. Beevor, *Stalingrad*, pp. 58, 60.

32. Browning, *Origins of the Final Solution*, pp. 259ff.

33. Burleigh, *Third Reich*, p. 521.

34. Calvocoressi et al., *Total War*, pp. 278ff; Bartov, *Hitler's Army*, p. 83; Burleigh, *Third Reich*, pp. 512ff.

35. National Archives Washington. Heeresfeldpolizeichef im Oberkommando des Heeres, 'Entwicklung der Partisanenbewegung in der Zeit vom. 1. 1. -30. 6. 1942'.

36. Browning, *Origins of the Final Solution*, pp. 255ff.

37. Ibid., p. 261.

38. Aly, '*Final Solution*', table 2.

39. Browning, *Origins of the Final Solution*, pp. 264, 309ff.

40. Browning, *Origins of the Final Solution*, p. 315.

41. Ibid., pp. 277, 315ff. But see Burleigh, *Third Reich*, p. 630.

42. Ibid., p. 311.

43. Ibid., pp. 323-330.

44. The Work Diary of Hans Frank, Yad Vashem Archives, JM/21: http://www.jewishvirtuallibrary.org/jsource/Holocaust/Frank.html.

45. Burleigh, *Third Reich*, p. 648.

46. Work Diary of Hans Frank, December 16, 1941: http://fcit.coedu.usf.edu/holocaust/resource/document/DocFrank.htm.

47. 别动队 A，在科夫诺、里加和维尔纽斯只能说得出名称的这 3 个地点对犹太人进行了屠杀。别动队 B，活动在白俄罗斯和斯摩棱斯克以西地区，在格罗德诺、明斯克、布列斯特、斯洛尼姆、戈梅利和莫吉廖夫屠杀犹太人。别动队 C，活动的范围包括从东部的波兰到乌克兰，在罗乌、塔诺波尔、哈尔科夫和基辅对犹太人进行了大规模屠杀。别动队 D，活跃在乌克兰南部和克里米亚，特别是在尼古拉耶夫、赫尔松、辛菲罗波尔和塞瓦斯托波尔。由此可以看出，别动队的作用，基本上是消灭犹太人定居点上的犹太人。

48. Browning, *Ordinary Men*, and Goldhagen, *Hitler's Willing Executioners*.

49. Goldhagen, *Hitler's Willing Executioners*.

50. Burleigh, *Third Reich*, p. 529.

51. Browning, *Origins of the Final Solution*, p. 265.

52. Browning, *Ordinary Men*.

53. Browning, *Origins of the Final Solution*, p. 279; ibid., pp. 281ff.

54. Ibid., pp. 311ff.

55. Noakes and Pridham (eds.), *Nazism*, vol. Ⅲ, p. 1100.

56. Browning, *Origins of the Final Solution*, p. 261.

57. Ibid., p. 298.

58. Ibid., pp. 257ff.

59. Ibid., pp. 160ff, 328ff, 350.

60. Browning, *Origins of the Final Solution*, p. 321.

61. Ibid., p. 283.

62. Gross, *Neighbours*, pp. 35-53.

63. Ibid., pp. 16-18.

64. Ibid., p. 20.

65. Gross, *Neighbours*, p. 89.

66. Bikont, *My z Jedwabnego.* 由于不懂波兰语，我只好依靠索玛（Lu Kasz Sommer）翻译的一本缩节本，感谢安娜（Anna）的帮助。

67. Browning, *Ordinary Men*, pp. 155-158.

68. Gross, *Neighbours*, pp. 57-69.

69. Hoffman, *Shtetl*, p. 224.

70. Rosen, *My Lost World*, pp. 88-93, 114ff, 170.

71. Lukas, *Forgotten Holocaust*, pp. 129, 140-145.

72. Levene, 'Frontiers of Genocide', p. 109; Gerstenfeld-Maltiel, *My Private War*, pp. 60ff, 162.

73. Weiss, 'Jewish-Ukrainian Relations', pp. 413ff; Bilinsky, 'Methodological Problems', pp. 375ff.

74. Kacel, *From Hell to Redemption*, pp. 1-8, 65.

75. Ecksteins, *Walking Since Daybreak*, p. 149.

76. Shochat, 'Jews, Lithuanians and Russians', p. 310.

77. Browning, *Origins of the Final Solution*, pp. 270ff.

78. Burleigh, *Third Reich*, p. 605.

79. Noakes and Pridham (eds.), *Nazism*, vol. Ⅲ, pp. 1099ff.

80. Sebastian, *Journal*, February, 1941.

81. Burleigh, *Third Reich*, pp. 621ff.

82. Vago, *Shadow of the Swastika*, p. 52.

83. Burleigh, *Third Reich*, p. 627.

84. Levi, *Cat called Adolf*, p. 22.

85. Gross, 'Themes for a Social History'.

86. Blanke, *Orphans*, pp. 232-236.

87. Browning, *Origins of the Final Solution*, p. 31.

88. Klemperer, *LTI.*

89. Gross, *Polish Society*, pp. 193ff. Cf. Armstrong, 'Collaborationism', p. 409.

90. Lotnik, *Nine Lives*, pp. 59-67.

91. Piotrowski, *Vengeance of the Swallows*, p. 86.

92. Lotnik, *Nine Lives*, pp. 68ff.

93. Piotrowski, *Vengeance of the Swallows*, p. 95. Ibid., pp. 63, 66.

94. Sodol, *UPA*, esp. pp. 16-28.

95. Djilas, *Contested Country*, pp. 109-121, 125ff, 140.

96. Mazower, *Balkans*, pp. 111f.; Glenny, *Balkans*, pp. 474-477, 485, 495.

97. Malcolm, *Bosnia*, p. 174.

98. Martin, 'Soviet Ethnic Cleansing', p. 820.

99. Armstrong, 'Collaborationism', p. 406.

100. Browning, *Origins of the Final Solution*, p. 278.

101. Scurr, *Germany's Spanish Volunteers*, pp. 4-31.

102. Keegan, *Waffen SS*, pp. 93ff.

103. Lumans, *Himmler's Auxiliaries*, pp. 237-241.

104. Bergen, 'Nazi Concept of "Volksdeutsche"', p. 575.

105. Landwehr, *Lions of Flanders*, pp. 7-15; Ardenaes, *Norway and the Second World War*, pp. 72ff, 80ff.

106. Keegan, *Waffen SS*, p. 99.

107. Lundin, *Finland in the Second World War*, pp. 112, 168ff.

108. Armstrong, 'Collaborationism', p. 403.

109. Keegan, *Waffen SS*, p. 104.

110. Davis, *Europe*, pp. 1326ff.

111. Davis, *Europe*, p. 1017.

112. Newland, *Cossacks in the German Army*, pp. 57-164.

113. Beevor, *Stalingrad*, p. 184.

114. Ibid., p. 439.

115. Andreyev, *Vlasov*, p. 7.

116. Beevor, *Stalingrad*, p. 186.

117. 一项估计认为，到战争结束时，总数约为64.7万，其中约三分之一是乌克兰人，17%是高加索人和土耳其人，12%是波罗的海沿岸国家的人，约11%是哥萨克人，5%是鞑靼人，2%是卡尔梅克人和2%是白俄罗斯人。资料来源：Smal-Stocki, *Captive Nations*, pp. 67ff.

118. Andreyev, *Vlasov*, p. 36.

119. Ibid., pp. 62-65. See also Strik-Strikfeldt, *Against Stalin and Hitler*.

120. Ibid., pp. 72-75.

121. Herbert, *Hitler's Foreign Workers*, p. 98.

122. Housden, *Frank*, pp. 102ff.

123. Noakes and Pridham (eds.), *Nazism*, vol. Ⅲ, pp. 908ff.

124. Herbert, *Hitler's Foreign Workers*, pp. 99-103.

125. Noakes and Pridham (eds.), *Nazism*, vol. Ⅲ, p. 985; Herbert, *Hitler's Foreign Workers*, p. 131.

126. Herbert, *Hitler's Foreign Workers*, pp. 125ff.

127. Noakes and Pridham (eds.), *Nazism*, vol. Ⅲ, p. 950.

128. Herbert, *Hitler's Foreign Workers*, p. 132.

129. Evans, *Rituals*, p. 729.

130. Herbert, *Hitler's Foreign Workers*, p. 129.

131. Ibid., p. 132.

132. Ibid., p. 128.

133. Burleigh and Wippermann, *Racial State*, p. 262; Herbert, *Hitler's Foreign Workers*, p. 269.

134. Gordon, *Hitler, Germans and the Jewish Question*, p. 103.

135. Herbert, *Hitler's Foreign Workers*, pp. 270ff.

136. Noakes and Pridham (eds.), *Nazism*, vol. Ⅲ, p. 951.

137. Welch, *Propaganda*, p. 137.

138. Noakes and Pridham (eds.), *Nazism*, vol. Ⅲ, p. 954.

139. Burleigh, *Third Reich*, p. 334.

140. Noakes and Pridham (eds.), *Nazism*, vol. Ⅲ, p. 985ff. Cf. Aly, 'Final Solution', p. 247.

141. Burleigh, *Third Reich*, p. 585.

142. Noakes and Pridham (eds.), *Nazism*, vol. Ⅲ, pp. 1187ff.

143. Hackett, *Buchenwald Report*, pp. 73ff, 235ff.

144. Todorov, *Facing the Extreme*, p. 170.

14. 地狱之门

1. Dower, *War without Mercy*, p. 264.

2. Dr Oscar Elliot Fisher, *Diary of Japanese Invasion of Malaya*, December 11, 1941: http://freespace.virgin.net/sam.campbell/grandpa1a.html.

3. Burleigh, 'Nazi Europe', pp. 344ff.

4. Speer, *Inside the Third Reich*, pp. 119-124.

5. Hitler, *Mein Kampf*, pp. 132ff., 601.

6. Kershaw *Hitler*, vol. II, p. 401.

7. Trevor-Roper (ed.), *Hitler's Table Talk*, pp. 23ff.

8. Ibid., pp. 46ff.

9. Trevor-Roper (ed.), *Hitler's Table Talk*, pp. 198ff.

10. Ibid., p. 615.

11. Trevor-Roper (ed.), *Hitler's Table Talk*, p. 654.

12. Roberts, 'House of Windsor and Appeasement'.

13. Rosenfeld, *World Hitler Never Made.*

14. Trevor-Roper (ed.), *Hitler's Table Talk*, pp. 93, 185, 186-188, 198ff, 236ff.

15. 在第二次世界大战期间，所消灭的欧洲犹太人最精确的数字如下：1939 年的总人口为 9415840 人，按照最低死亡人数估计，为 5596029 人；按照最高死亡人数估计，为 5860129 人。

16. Burleigh, 'Nazi Europe'.

17. Dower, *War without Mercy*, pp 262-268.

18. Ibid., p. 273.

19. Ibid.

20. Dower, *War without Mercy*, p. 281.

21. Lebra (ed.), *Japan's Greater East Asia Co-Prosperity Sphere*, p. 119.

22. Ibid., p. 39.

23. Thorne, *Far Eastern War*, pp. 144ff.

24. Dower, *War without Mercy*, p. 275.

25. Ibid., p. 287.

26. Wan-yao, 'Kōminka Movement', pp. 60ff.

27. Ienaga, *Japan's Last War*, pp. 156ff. Cf. Rhee, *Doomed Empire*.

28. Dower, *War without Mercy*, p. 277.

29. Ibid., p. 283.

30. Young, *Japan's Total Empire*, pp. 368ff.

31. Ibid., p. 372.

32. Doyle, *China and Japan at War*, p. 341.

33. Lebra (ed.), *Japan's Greater East Asia Co-Prosperity Sphere*, pp. 120ff.

34. Lu, *From the Marco Polo Bridge*, p. 111; Minear, *Victors' Justice*, pp. 140ff.

35. 1938 年，墨索里尼政府通过了反犹太人法律，禁止犹太人和非犹太人结婚，并禁止犹太人做学校教师。不过，意大利人一般不愿意协助德国人执行驱逐出境和大屠杀的战时政策。在 1939—1943 年之间，数以千计的犹太人在意大利和意大利占领的领土上寻求避难。但在 1943 年秋天德国人占领了意大利之后，这种情况发生了根本性的变化。然而，尽管德国人竭力搜捕和驱逐意大利的犹太人，但是战前约 5 万人口中，在战争中幸存下来的只有 4 万人。鲜为人知的是，大约有 21000 名犹太人在日本的统治下找到了庇护。例如，1939 年逃到立陶宛的成千上万名难民，就是日本外交官杉原千亩（Sugihara Chiune）提供的出境签证。总之，约 4500 犹太人从纳粹占领的国家采用这种办法向东逃去，但只有 1000 人成功地到达了安全目的地。那些留下来的人被转移到上海，那里已经有大约18000个“无国籍”犹太难民组成的一个大型社区。在1943年2月，犹太人被限制在上海虹口区，这些人尽管承受了德国人要灭绝他们的压力，但总算在战争中幸存下来。

36. Coox, ‘Pacific War’, pp. 323ff.

37. Cell, ‘Colonial Rule’, pp. 232ff.

38. Dreyer, *China at War*, pp. 219ff. Hata, ‘Continental Expansion’, p. 307.

39. Bagish and Conroy, ‘Japanese Aggression’, pp. 328-331.

40. Chang, *Rape of Nanking*, p. 38.

41. Ibid., pp. 56ff.

42. Chang, *Rape of Nanking*, p. 39.

43. Brook (ed.), *Documents*, pp. 224ff.

44. Chang, *Rape of Nanking*, p. 47.

45. Kibata, ‘Japanese Treatment’, p. 141.

46. Chang, *Rape of Nanking*, pp. 50ff.

47. Brook (ed.), *Documents*, pp. 7ff.

48. Rabe, *Good Man of Nanking*, pp. 115, 212.

49. Rabe, *Good Man of Nanking*, pp. 134ff.

50. Brownmiller, *Against Our Will*, p. 58.

51. Ibid.

52. Brook (ed.), *Documents*, p. 212.

53. Brownmiller, *Against Our Will*, p. 58.

54. 李秀英的经历，永久性地陈列在南京历史博物馆。

55. Brownmiller, *Against Our Will*, p. 59ff.

56. Brook (ed.), *Documents*, p. 251.

57. Chang, *Rape of Nanking*, p. 49.

58. Ibid., pp. 49ff.

59. Buruma, *Inventing Japan*, p. 83.

60. Chalker, *Burma Railway Artist*, p. 86.

61. Boyle, *China and Japan at War*, p. 343

62. Ibid., p. 343.

63. Boyle, *China and Japan at War*, p. 341.

64. 中国的兵力大约为290万，分为246个师，44个独立旅。但是，每个师在9500人中只有324挺机枪。中国军队的武器，步枪总共不到100万支，大炮只有800门。

65. Dreyer, *China at War*, pp. 226ff.

66. Ibid, pp. 236ff.

67. Dreyer, *China at War*, pp. 237ff.

68. Ibid. , p. 207.

69. Lu, *From the Marco Polo Bridge*, pp. 25-28; Katsumi, 'Politics of War', pp. 294ff.

70. Dreyer, *China at War*, pp. 249-254; Li, *Japanese Army*, pp. 225-233.

71. Ibid. , pp. 245ff.

72. Boyle, *China and Japan at War*, pp. 336ff; Lu, *From the Marco Polo Bridge*, pp. 127ff. Cf. Dreyer, *China at War*, pp. 247-249; Katsumi, 'Politics of War', pp. 295ff; Hata, 'Continental Expansion', pp. 307ff.

73. Lu, *From the Marco Polo Bridge*, pp. 128ff.

74. Ibid. , pp. 238ff.

75. Li, *Japanese Army*, pp. 12ff; Dreyer, *China at War*, pp. 253ff.

76. Dreyer, *China at War*, p. 255.

77. Ibid. , pp. 227ff.

78. Hata, 'Continental Expansion', pp. 308ff.

79. 由于道路质量差和盗窃猖獗，据估计援华物资离开缅甸腊戌时有 14000 吨，在抵达重庆时只剩下 5000 吨，每月最多获得 30000 吨。

80. Katsumi, 'Politics of War', pp. 303ff.

81. Coox, 'Pacific War', p. 323.

82. Ibid. , p. 321.

83. Ibid. , pp. 120-141. Cf. Coox, 'Pacific War', pp. 321ff; Hata, 'Continental Expansion', p. 308.

84. Coox, *Nomonhan*, vol. II, pp. 911-1032; Hosoya, 'Northern Defense'. Cf. Hata, 'Continental Expansion', p. 313.

85. Jansen, *Japan and China*, pp. 402ff. Cf. Coox, 'Pacific War', pp. 325ff.

86. Hosoya, 'Northern Defense', p. 13; Lu, *From the Marco Polo Bridge*, pp. 132-140.

87. Kennedy, 'Japanese Strategy', p. 183; Hosoya, 'Northern Defense', pp. 7-10; Coox, 'Pacific War', pp. 327ff.

88. Kiyoshi, 'Japanese Strategy', p. 128.

89. Barnhart, 'Japanese Intelligence', p. 442.

90. Coox, 'Pacific War', p. 324.

91. Barnhart, 'Japanese Intelligence', pp. 443ff.

92. Ellis and Cox, *World War II Handbook*, p. 228.

93. Barber and Henshall, *Last War of Empires*, pp. 78-81.

94. Bayly and Harper, *Forgotten Armies*.

95. Lu, *From the Marco Polo Bridge*, pp. 141-144.

96. Ibid. , pp. 145ff.

97. Lu, *From the Marco Polo Bridge*, pp. 151ff.

98. Ibid. , pp. 152ff.

99. Coox, ' Pacific War' , pp. 332ff.

100. See Kinhide, ' Structure of Japanese-American Relations' .

101. Barnhart, *Japan Prepares for Total War*, pp178ff.

102. Jansen, *Japan and China*, p. 397.

103. Scalapino, ' Southern Advance' , p. 117.

104. Graebner, ' Introduction' , pp. xvi-xvii.

105. Barnhart, *Japan Prepares for Total War*, pp. 179ff.

106. Ibid. , pp. 180ff. Cf. Lu, *From the Marco Polo Bridge*, p. 150.

107. Ibid. , pp. 182-197. Cf. Lu, *From the Marco Polo Bridge*, p. 144; Cox, ' Pacific War' , p. 326.

108. Lu, *From the Marco Polo Bridge*, pp. 244ff.

109. Barnhart, *Japan Prepares for Total War*, pp. 263ff. Cf. Barnhart, ' Japanese Intelligence' , p. 445.

110. Lu, *From the Marco Polo Bridge*, pp. 109-113.

111. Barnhart, ' Japanese Intelligence' , pp. 440, 446ff.

112. Coox, ' Pacific War' , p. 325; Fujiwara, ' Role of the Japanese Army' , p. 191.

113. Kiyoshi, ' Japanese Strategy' , pp. 129ff.

114. Coox, ' Pacific War' , pp. 330ff; idem, ' Effectiveness of the Japanese Military Establishment' , p. 17.

115. 联络会议（Daihon'ei Seifu Renraku Kaigi）是一个创举，可以追溯到 1937 年。他们召集政府代表和高级指挥在一起开会。出席的人一般包括：首相、外交大臣、陆军大臣、海军大臣和海陆军的两个参谋长。这些会议都是非正式的，没有正式的主持人。正式决定必须要得到帝国会议（Gozen Kaigi）的批准，其中包括联络会议成员英国枢密院主席和皇帝本人的批准。皇帝坐在一个金屏前，通常是沉默不语。他在这些场合做出的批准决定，都具有约束力，而且不可撤销。

116. Barnhart, ' Japanese Intelligence' , p. 449; Kiyoshi, ' Japanese Strategy' , p. 132.

117. Coox, ' Pacific War' , pp. 333ff.

118. Jansen, *Japan and China*, pp. 404ff.

119. Coox, ' Effectiveness of the Japanese Military Establishment' , p. 14.

120. Coox, ' Pacific War' , p. 336.

121. Buruma, *Inventing Japan*, p. 96; Jansen, *Japan and China*, pp. 405-408.

122. Coox, ' Pacific War' , p. 329.

123. Lu, *From the Marco Polo Bridge*, p. 119.

124. Graebner, ' Introduction' , p. xii.

125. Kimitada, ' Japanese Images' , p. 119.

126. Coox, ' Effectiveness of the Japanese Military Establishment' , p. 13.

127. Coox, ' Pacific War' , pp. 333ff.

128. Coox, 'Effectiveness of the Japanese Military Establishment', p. 14.

129. Lowe, *Great Britain and the Origins of the Pacific War*, pp. 284-287. Cf. Lowe, 'Great Britain and the Coming of the Pacific War', pp. 44ff.

130. Clayton, 'American and Japanese Strategies', p. 709ff.

131. Coox, 'Pacific War', p. 337.

132. Iriye, *Power and Culture*, p. 1.

133. Rasor, 'Japanese Attack', pp. 47-50. Wohlstetter, *Pearl Harbor*; Melosi, *Shadow of Pearl Harbor*; Costello, *Days of Infamy*; and Rusbridger and Nave, *Betrayal at Pearl Harbor.*

134. Lowe, 'Great Britain and the Coming of the Pacific War', pp. 57-61.

135. Coox, 'Pacific War', pp. 341-345; idem, 'Effectiveness of the Japanese Military Establishment', p. 18.

136. Buruma, *Inventing Japan*, p. 89.

137. Neidpath, *Singapore Naval Base*.

138. Bond (ed.), *Pownall Diaries*, vol. II, p. 85.

139. Kennedy, 'Japanese Strategy', pp. 184ff; Coox, 'Pacific War', pp. 345-379.

140. Clayton, 'American and Japanese Strategies', p. 717.

141. Kennedy, 'Japanese Strategy', pp. 185ff.

142. Bayly and Harper, *Forgotten Armies*, p. 130.

143. Bradley, 'The Boys Who Saved Australia'; Bertram, *Shadow of a War*, p. 135; Harrison, *Brave Japanese*, p. 90; Baxter, *Not Much of Picnic*, p. 37.

144. Biggs, *Behind the Barbed Wire*, p. 10.

145. FitzPatrick and Sweetser, *Hike into the Sun*, pp. 54ff; Bilyeu, *Lost in Action*, pp. 64ff, 73ff.

146. Carson, *My Time in Hell*, pp. 8-15.

147. Fenby, *Generalissimo*, pp. 369-381.

148. Dreyer, *China at War*, pp. 268ff.

149. Ibid., pp. 269ff.

150. Coox, 'Pacific War', pp. 354ff.

151. Waterford, *Prisoners of the Japanese*, p. 26.

152. Garrett, *P. O. W.*, pp. 182ff. See also Gilbert, *Second World War*, p. 745.

153. Begg and Liddle (eds.), *For Five Shillings a Day*, pp. 404ff.

154. 日本迫使大约78000巴丹战役的幸存者，从马里韦莱斯步行65英里，到达圣费尔南多。大多数人都在途中由于身体遭受暴力、营养不良和疾病而死亡。

155. Towle, 'Introduction', p. xv; Kinvig, 'Allied POWs'; Symons, *Hell in Five*.

156. Hynes, *Soldier's Tale*, p. 246.

157. Waterford, *Prisoners of the Japanese*, pp. 141-146; Kinvig, 'Allied POW's Tale, p. 246.

158. Towle, ‘Japanese Army’.

159. Murfett et al. , *Between Two Oceans*, pp. 249ff; Harries, *Soldiers of the Sun*, pp. 412ff.

160. Bayly and Harper, *Forgotten Armies*, p. 405. Cf. Dower, *War Without Mercy*, p. 48; Tinker, *New System of Slavery*, pp. 382ff.

161. Hicks, *Comfort Women*, pp. xvii.

162. Korean Society for Solving the Problems of ‘Japanese Comfort Women’, *Enforced Sex Slaves.*

163. Korean Society for Solving the Problems of ‘Japanese Comfort Women’, *Enforced Sex Slaves.* 估计的“慰安妇”人数，最低为8万，最高为20万。张纯如认为慰安妇制度与南京大屠杀相呼应，慰安所建造的目的，就是为了使日军的强奸胃口常规化却又掩人耳目。Chang, *Rape of Nanking*, pp. 52ff.

164. Dower, *War Without Mercy*, p. 46.

165. Thio, ‘Syonan Years’.

166. Thorne, *Experience of War*, p. 159.

167. Kibata, ‘Japanese Treatment’, p. 143.

168. Dunlop, *War Diaries*, pp. 191, 209.

169. Dunlop, *War Diaries*, pp. 191, 209.

170. Buruma, *Inventing Japan*, p. 97.

171. 奥威尔（Orwell）的散文《射杀一只大象》，集中体现了20世纪30年代英国在亚洲所进行的道德沦丧的统治。当大象在奔跑的时候，人们期望奥威尔枪杀它。他发现自己对这项任务非常反感，只是这样做的原因，是担心自己看上去像是“一个傻瓜”：“人们都在看着我……在一般意义上我并没有那么害怕，假如我是一个人，反倒会怕一些。一个白人千万不要在‘本地人’面前露出害怕的样子；而且因此，从总体上，大象并不害怕。我心中唯一的想法是，如果有什么差池，那2000个缅甸人将会看到我被追逐、被践踏，并且在最后被踩成像山上的那个印度人的尸体那样龇牙咧嘴。如果发生这种事，他们有些人很可能会笑。那肯定不行。”

172. Dower, *War Without Mercy*, pp. 3-8.

173. Thorne, *Far Eastern War*, p. 146.

174. Dower, *War Without Mercy*, p. 6.

175. Thorne, *Far Eastern War*, p. 146.

176. Wan-yao, ‘Kōminka Movement’, pp. 63-66.

177. Fay, *Forgotten Army*, pp. 243ff.

178. Silverstein, ‘Importance of the Japanese Occupation’, pp. 5ff.

179. Draper, *Amritsar Massacre*, pp. 269-286.

180. Jeffery, ‘Second World War’, p. 319.

181. Lebra, *Japanese-Trained Armies*, p. 22.

182. Ibid. , pp. 61ff.

183. Thorne, *Far Eastern War*, p. 148.

184. Lebra, *Japanese-Trained Armies*, p. 117.

185. Ibid. , p. 190.

186. Ellis, *World War II Handbook*, pp. 227ff.

187. Dower, *War Without Mercy*, p. 46.

188. Kennedy, 'Japanese Strategy', pp. 185-188; Shirer, 'Pearl Harbor'. See also Rose, 'Missing Carriers'.

189. Dudley, 'Plan Orange'. Cf. Clayton, 'American and Japanese Strategies', p. 710ff.

190. Isby, 'Japanese Raj'. See also Lebra, *Japanese-Trained Armies*, p. 22.

191. Kennedy, 'Japanese Strategy', pp. 191ff.

192. Arnold, 'Coral and Purple'; Cook, 'Midway Disaster'; Burtt, 'Guadalcanal'.

第四部分　一场带有污点的胜利

15. 战争的渗透

1. Waugh, *Sword of Honour*, p. 123.

2. Grossman, *Life and Fate*, p. 216.

3. Mailer, *Naked and the Dead*, p. 320.

4. Gutman and Berenbaum (eds.), *Anatomy of the Auschwitz Death Camp*, pp. 159ff.

5. Noakes and Pridham (eds.), *Nazism*, vol. Ⅲ, pp. 1149ff.

6. 瑞德，就像普里莫·列维一样，是一个训练有素的化学家，他在 1942 年 8 月被驱逐出利沃夫。他曾作为"死亡工作人员"的一员，挖掘坟墓并从毒气室里拖出尸体。4 个月后，他被送往利沃夫，去帮营地拿取一批板材，期间，他趁警卫睡觉的时候逃跑了。

7. Reder, *Bełżech*, p. 141.

8. Noakes and Pridham (eds.), *Nazism*, vol. Ⅲ, pp. 1127ff. Cf. Aly, 'Final Solution', p. 233.

9. National Archives, Washington, RG-238, Office of the Chief Counsel for War Crimes, Deposition of Dr Zdenka Nedvedova-Nejedla, document No. NO-875, December 13, 1946.

10. Meinecke, *Deutsche Katastrophe*.

11. Charles Eade diary, July 24, 1941, *Sunday Telegraph*, February 15, 1998. Cf. Grigg, *1943*, p. 184.

12. 具有讽刺意味的是，希特勒在 1942 年 5 月讲到日本人时也说了同样的话："目前的冲突是生死冲突，而且重要的是要赢——到那时，我们非常愿意同这个魔鬼本身结盟。"

13. Overy, *Russia's War*, pp. 95ff.

14. Ibid. , pp. 114ff.

15. Ibid. , pp. 118ff. Cf. Durschmied, *Hinge Factor*, ch. 14.

16. Hofmann, 'Battle for Moscow', p. 178.

17. Malaparte, *Kaputt*, p. 214.

18. Grossman, *Life and Fate*, p. 195.

19. Burleigh, 'Nazi Europe', pp. 341ff.

20. Overy, *Why the Allies Won*, p. 15.

21. Alanbrooke, *War Diaries*, p. 236.

22. Ibid. , pp. 243ff.

23. Ibid. , pp. 249, 280-283, 355.

24. Keegan, 'How Hitler Could Have Won the War'; Gill, 'Into the Caucasus'.

25. Perrett, 'Operation SPHINX'; Griffith, 'The Hinge'; Tsouras, 'Operation ORIENT'.

26. Howarth, 'Germany and the Atlantic Sea-War'; Dudley, 'Little Admiral'.

27. Alanbrooke, *War Diaries*, p. 305.

28. This is the implication of Kennedy, 'Japanese Strategic Decisions'; Clayton, 'American and Japanese Strategies', p. 715.

29. Milward, *War, Economy and Society*, p. 140, tables 21, 22.

30. Kaser and Radice (eds.), *Economic History of Eastern Europe*, pp. 523-529.

31. 精确地说，是苏联71%的铁矿，2/3 的铝、锰和铜，63%的煤矿，57%的钢产量，40%的电能和1/3 的路网。详见：Overy, *Why the Allies Won*, p. 82; Burleigh, *Third Reich*, p. 498.

32. Noakes and Pridham (eds.), *Nazism*, vol. Ⅲ, pp. 908ff.

33. Overy, *Why the Allies Won*, pp. 198ff, 201-204, 242ff.

34. Coox, 'Effectiveness of the Japanese Military Establishment', p. 39.

35. Goldsmith, 'Power of Victory'.

36. "我们必须不惜一切代价地向美索不达米亚平原推进，从英国手中夺取摩苏尔油田，"希特勒于1942年8月5日宣称，"如果我们在这里取得了成功，整场战争就将结束。"但1944年3/4的世界总石油产量都来自美国，而只有7%来自北非、中东和海湾地区。

37. Ellis, *World War II Data Handbook*, pp. 227ff.

38. McKernan, *All In!*, pp. 37-48.

39. Details in Prasad and Char, *Expansion of the Armed Forces*, appendix 13-16; Chenevix-Trench, *Indian Army*; Barkawi, 'Combat Motivation in the Colonies'.

40. Alexiev and Wimbush, 'Non-Russians in the Red Army', pp. 432ff, 441. Cf. Rakowska-Harmstone, 'Brotherhood in Arms'; Gorter-Gronvik and Suprun, 'Ethnic Minorities'.

41. Beevor, *Stalingrad*, p. 170.

42. Buckley, *American Patriots*, pp. 262-318; Hargrove, *Buffalo Soldiers*, pp. 3-5.

43. Davie, *Refugees*, p. 195; http://www. army. mil/cmh-pg/documents/wwii/minst. htm.

44. Myer, *Uprooted Americans*, pp. 146-153.

45. Hersey, *Bell for Adano*, Foreword.

46. Ibid., p. 215; idem, *Into the Valley*, pp. 74ff.; Cozzens, *Guard of Honor*, pp. 275ff.

47. 在从1940年到行动开始的预定日的大部分时间里，非洲黑人是法国军队的主力。即使迟至1944年9月下旬，他们仍然在北西欧的戴高乐部队中占了1/5。这个事实，很少有人承认。

48. Harrison (ed.), *Economics of World War II*; Ellis, *World War II Data Handbook*, pp. 227ff.

49. Beckman, *Jewish Brigade*, p. 72; Casper, *With the Jewish Brigade*, p. 21; Bentwich, 'I Understand the Risks'.

50. Harrison, 'Overview', p. 17.

51. Ellis, *World War II Data Handbook*, pp. 228, 230.

52. Ibid., pp. 14, 230.

53. Ibid., p. 233.

54. Carruthers (ed.), *Servants of Evil*, p. 257.

55. Nalty, 'Sources of Victory'; Willmott, *Barrier and the Javelin*, pp. 521ff; Coox, 'Pacific War', pp. 377ff.

56. Coox, 'Effectiveness of the Japanese Military Establishment', p. 21.

57. Clayton, 'American and Japanese Strategies', p. 717; Harrison, *Medicine and Victory*.

58. Peattie, 'Japanese Strategy'.

59. Coox, 'Effectiveness of the Japanese Military Establishment', p. 39.

60. Cozzens, *Guard of Honor*, p. 12; ibid., p. 161.

61. Creveld, *Supplying War*, p. 200.

62. Ibid., pp. 216-230 and n23.

63. Overy, *Why the Allies Won*, p. 319.

64. 在参加了诺曼底登陆的四个美国师中，有将近3/4在上岸后7周内伤亡。美国步枪兵的死亡率在16%至19%之间。在英国步枪营中，超过1/4的人被杀。将近一半的轰炸机指挥员最终在行动中丧生或失踪。而在德国，只有潜艇上的船员有较高的致死率（82%）。

65. Marshall, *Men against Fire*, p. 70. Strachan, 'Training'; Wessely, 'Twentieth-century Theories'.

66. Ellis, *World War II Data Handbook*, p. 558.

67. Harrison, 'Resource Mobilization', pp. 182-191; Overy, *Why the Allies Won*, p. 181.

68. Overy, *Why the Allies Won*, pp. 182, 185ff.

69. Nye, 'Killing Private Ryan'.

70. Overy, *Russia's War*, pp. 190-193.

71. Barber and Harrison, 'Patriotic War'.

72. Lindsey, 'Hitler's Bomb'; Gill, 'Operation GREENBRIER'.

73. Price, ‘Jet Fighter Menace’; Isby, ‘Luftwaffe Triumphant’.

74. Speer, *Inside the Third Reich*, p. 412.

75. Coox, ‘Effectiveness of the Japanese Military Establishment’, p. 26.

76. Levine, ‘Was World War II a Near-run Thing?’

77. Frey and Kucher, ‘History as Reflected in Capital Markets’.

78. Arnold, ‘Coral and Purple’; Cook, ‘Midway Disaster’; Lindsey, ‘Nagumo's Luck’; Burtt, ‘Guadalcanal’; Anderson, ‘There Are Such Things as Miracles’.

79. Tsouras, *Disaster At D-Day*; Klivert-Jones, ‘Bloody Normandy’; Ambrose, ‘Secrets of Overlord’; idem, ‘D-Day Fails’; Ruge, ‘Invasion of Normandy’; Anderson, ‘Race to Bastogne’; Tsouras, ‘Ardennes Disaster’; Prados, ‘Operation Herbstnebel’; Campbell, ‘Holding Patton’.

80. Manteuffel, ‘Battle of the Ardennes’.

81. Kahn, ‘Enigma Uncracked’.

82. Clayton, ‘American and Japanese Strategies’, p. 729.

83. Moss, *Ill Met by Moonlight*, p. 99.

84. Arthur, *Forgotten Voices*, p. 260.

85. Ibid., pp. 316, 321.

86. Ibid., p. 351.

87. Ibid., p. 428.

88. Bowlby, *Recollections*, p. 67.

89. 艾伦·布鲁克公开对丘吉尔没有能力“把握各战区彼此之间的关系”表示轻蔑。1943 年，他被首相的木马——占领苏门答腊北部弄得分了心。丘吉尔的“气质像个电影明星，而且乖戾得像个被宠坏的孩子”。1944 年初，他深信，丘吉尔的年龄和酒精消费正在损害他的判断力。他竟然希望他“为了国家的利益和……他自己的声誉，从公众的视线中消失”。“好事情，”他 1944 年 9 月 10 日写道，“是世界人口的四分之三都在想象：温斯顿·丘吉尔是历史上一个伟大的战略家……其他四分之一的人对于他是一个公众的威胁没有什么概念。”诚然，布鲁克是一个刻薄的人。他认为，是他，而不是艾森豪威尔，本来应该领导法国的入侵，但这就低估了美国和英国之间对战争贡献迅速拉大的差距。

90. Alanbrooke, *War Diaries*, pp. 281ff, 284ff, 307, 346-348, 401, 407ff, 437. Cf. Ehrenburg, *Men, Years - Life*, vol. V, p. 77.

91. Barber and Henshall, *Last War of Empires*, pp. 187ff; Kennedy, ‘Japanese Strategic Decisions’, pp. 185ff.

92. Offner, ‘United States and National Socialist Germany’, pp. 256ff.

93. Levine, ‘Was World War II a Near-run Thing?’, p. 42.

94. Kennedy, *Freedom from Fear*, pp. 427, 472; Divine, *Illusion of Neutrality*, pp. 288-333; Berg, *Lindbergh*, esp. pp. 361, 382, 386-393, 425, 435; Lindbergh, ‘Aviation, Geography and Race’. Lower,

Bloc of One.

95. 'As Borah Sees It', *Newsweek*, October 2, 1939.

96. Gallup, *Gallup Poll*; *Princeton Public Opinion Quarterly*.

97. Trevor-Roper (ed.), *Hitler's Table Talk*, Jan. 7, 1942, Aug. 1, 1942.

98. Cole, 'American First and the South'; Dabney, 'South Looks Abroad'; Ratchford, 'South's Stake'. Cf. Trubowitz, *Defining the National Interest*, esp. pp. 131ff.

99. Lubell, 'Who Votes Isolationist?'

100. Davie, *Refugees in America*, Fermi, *Illustrious Immigrants*, and the essays in Fleming and Bailyn (eds.), *Intellectual Migration*.

101. Stember, *Jews in the Mind of America*, tables 8, 12, 23, 39, 53, 56, 57, 59.

102. Gallup, Gallup Poll, p. 128. Cf. Fortune, *Jews in America*; Settle, 'Model-T Anti-Semitism'; Alston, *Menace of Anti-Semitism*.

103. 引自通用汽车公司总裁查尔斯·E. 威尔逊在1943年11月24日美国参议院特别委员会上对国家防御项目进行调查时所作的证词。《向前看》(*Looking Ahead*), pp. 28ff.

104. Nelson, *Arsenal of Democracy*, p. 393.

105. Vetter, *U. S. Economy*, p. 16.

106. Vernon, 'World War II Fiscal Policies'; Rockoff, 'United States'.

107. General Motors Corporation, Press conference by C. E. Wilson, President of General Motors, October 19, 1945 (New York, 1945), p. 3.

108. Nelson, *Arsenal of Democracy*. Cf. McQuaid, *Uneasy Partners*, pp. 13ff.

109. Smith, *Army and Economic Mobilization*, pp. 477ff.

110. Koistinen, *Arsenal of World War II*.

111. Rodgers, *Story of Boeing*, p. 65. Cf. Redding and Yenne, *Boeing*.

112. "多年来，我一直认为，凡对国家有利的就是对通用汽车有利的，并且相反相成。"查尔斯·威尔逊对被任命为国防部长之前的参议院军事委员会的委员说了这番名言。

113. Drucker, *Concept of the Corporation*, pp. 31-81; Field, 'Impact of World War II'.

114. Vetter, *U. S. Economy*, p. 60.

115. Boeing Airplane Co. and Subsidiary Companies, *Reports to Stockholders* (Washington, 1936—1950); Carpenter, *DuPont Company's Part in the National Security Program*.

116. Overy, *Why the Allies Won*, pp. 193-197

117. Jones, *Thin Red Line*, p. 35; Heller, *Catch-22*, pp. 292, 298.

118. Broadberry and Howlett, 'United Kingdom', p. 51.

119. Harrison, 'Soviet Union'.

120. Forsyth, *Peoples of Siberia*, p. 354.

121. Overy, *Russia's War*, pp. 195ff; Burleigh, *Third Reich*, p. 734.

122. Ibid. , p. 197.

123. Ibid. , p. 195.

124. Applebaum, *Gulag*, pp. 187ff, 376-379, 398-401; Overy, *Russia's War*, pp. 82ff.

125. Lumans, *Himmler's* Auxiliaries, pp. 243ff; Fleischhauer and Pinkus, *Soviet Germans*, pp. 99ff. Cf. Applebaum, *Gulag*, pp. 386ff.

126. Martin, 'Origins of Soviet Ethnic Cleansing', p. 820. Cf. Applebaum, *Gulag*, pp. 387ff.

127. Overy, *How the Allies Won*, p. 187.

128. http://www.mishalov.com/Stalin_ 28July42.html.

129. Beevor, *Stalingrad*, pp. 167, 169.

130. Volkoganov, *Stalin*, p. 450.

131. Rees, *War of the Century*, p. 223.

132. Shelden, *Orwell*, pp. 327, 400ff.

133. Applebaum, *Gulag*, pp. 399, 401.

134. Mailer, *Naked and the Dead*, p. 321; Jones, *From Here to Eternity*, p. 316.

135. Speer, *Inside the Third Reich*, p. 215.

136. 真心话大冒险（the moment of truth）：是一种问答游戏。即使全答对了，你的回答也会令你成为大输家，因为代价太大了，付出代价的不光是你自己，还有你的家人。参见 Beevor, *Stalingrad*, p. 398.

137. Vasily Grossman, *Life and Fate*, p. 216; Görlitz, 'Stalingrad'.

138. Erickson, 'New Thinking', p. 286; Overy, *Russia's War*, pp. 198-201.

139. Overy, *Russia's War*, p. 193.

140. Ibid. , p. 203.

141. Burleigh, *Third Reich*, p. 504. Cf. Overy, *Russia's War*, pp. 204-210.

142. Ehrenburg, *Men, Years - Life*, vol. V, p. 107.

143. Overy, *Russia's War*, p. 211.

144. Ehrenburg, *Men, Years - Life*, vol. V, p. 107.

145. Alanbrooke, *War Diaries*, p. 338.

146. Overy, *Why the Allies Won*, p. 62. Cf. Rohwer, 'U-Boat War', pp. 307-311.

147. Coox, 'Effectiveness of the Japanese Military Establishment', p. 29.

148. Willmott, *Barrier and the Javelin*, pp. 513-519; Coox, 'Pacific War', pp. 350-358.

149. Kiyoshi, 'Japanese Strategy', p. 137.

150. Dreyer, *China at War*, pp. 272-311. Cf. Nalty, 'Sources of Victory', p. 261; Sainsbury, *Churchill and Roosevelt*, pp. 167-175; Clayton, 'American and Japanese Strategies', p. 721.

151. Wegner, 'Ideology of Self-Destruction'.

152. Alanbrooke, *War Diaries*, p. 492.

153. Grigg, *1943*, esp. pp. x-xi, 212ff; Jackson, 'Through the Soft Underbelly'.

154. Arnold, 'Patton and the Narrow Thrust'; Carr, 'VE Day - November 11, 1944'; Isby, 'Monty's D-Day'; Tsouras, '"By the Throat"'; Uffindell, 'Backdoor Into Germany'.

155. Overmans, 'German Historiography', p. 153. Cf. Gackenholz, 'Collapse of Army Group Centre'.

156. Zabecki, *World War II*, p. 1249.

157. Maschke et al., *Deutsche Kriegsgefangenen*, pp. 194ff, 200ff.

158. Overmans, 'German Historiography', p. 141.

159. Hata, 'consideration to contempt', p. 269.

160. Kinvig, 'Allied POWs', p. 48.

161. Coox, 'Pacific War', pp. 366ff; Gudmundsson, 'Okinawa', pp. 637ff; Weinberg, *World at Arms*, pp. 848, 877.

162. *You Can't Fight Tanks with Bayonets*, pp. 77ff.

163. Allen and Steeds, 'Burma: The Longest War', pp. 116ff.

164. Onoda, *No Surrender.*

165. 日军仍然有169个步兵师、4个坦克师和15个航空兵师，总共550万人左右，空军有9000名飞机作战人员。

166. Hauser, 'Will to Fight'.

167. Sellers, *For God's Sake Shoot Straight*!, p. 125.

168. Pallud, 'Crime in WWII'.

169. Bidermann, *In Deadly Combat*, p. 9; Bartov, *Hitler's Army*, pp. 71ff; Fritz, *Frontsoldaten*, p. 90.

170. Bartov, *Eastern Front*, pp. 29-36; idem, *Hitler's Army*, pp. 98-101. Cf. Burleigh, *Third Reich*, pp. 524ff.

171. Fritz, *Frontsoldaten*, p. 95.

172. Bartov, *Hitler's Army*, p. 99.

173. Hata, 'Consideration to Contempt', p. 269. Cf. Gilmore, *You Can't Fight Tanks with Bayonets*, p. 97.

174. Hata, 'Consideration to Contempt', pp. 260ff.

175. MacKenzie, 'Treatment of Prisoners of War', pp. 513-517. Cf. Asada, *Night of a Thousand Suicides*, pp. 2, 7.

176. Dower, *War without Mercy*, pp. 52ff.

177. Barber and Henshall, *Last War of Empires*, p. 150.

178. Hata, 'Consideration to Contempt', p. 263. Cf. Aida, *Prisoner*, p. 6; op. cit., p. 50.

179. Dower, *War without Mercy*, p. 45; Barber and Henshall, *Last War of Empires*, pp. 198ff. Cf. Kimitada, 'Japanese Images', p. 136.

180. Lerner, *Psychological Warfare against Nazi Germany*, pp. xvi.

181. Padover, *Psychologist*, p. 169.
182. Ibid. , p. 166.
183. Koschorrek, *Blood Red Snow*, p. 309.
184. Pöppel, *Heaven and Hell*, p. 237.
185. Ambrose, ‘Last Barrier’, p. 548.
186. Fritz, *Frontsoldaten*, pp. 53ff.
187. Beevor, *Stalingrad*, p. 60.
188. Rees, *War of the Century*, p. 67.
189. Forster, ‘German Army’, p. 21.
190. Bartov, *Hitler's Army*, p. 87.
191. Ibid. , p. 88.
192. Ibid. , pp. 85ff.
193. Fritz, *Frontsoldaten*, p. 55.
194. Beevor, *Stalingrad*, p. 59.
195. Dibold, *Doctor at Stalingrad*, pp. 24, 31; Beevor, *Stalingrad*, p. 369.
196. Carruthers and Trew (eds.), *Servants of Evil*, pp. 231ff.
197. Bidermann, *In Deadly Combat*, pp. 282-293.
198. Koschorrek, *Blood Red Snow*, pp. 309ff.
199. Bartov, *Eastern Front*, p. 38.
200. Bartov, *Mirrors of Destruction*, p. 236n.
201. Williams and Wallace, *Unite* 731.
202. Alexiev and Wimbush, ‘Non-Russians in the Red Army’, p. 440.
203. Beevor, *Stalingrad*, p. 125.
204. Applebaum, *Gulag*, p. 390.
205. Rees, *War of the Century*, p. 167.
206. Beevor, *Stalingrad*, p. 384.
207. Op. cit. , p. 369.
208. Beevor, *Stalingrad*, p. 182.
209. Carruthers and Trew (ed.), *Servants of Evil*, p. 232; Ledig, *Stalin Organ*, pp. 101, 105-109.
210. Mackenzie, ‘Treatment of Prisoners of War’, p. 488.
211. Dower, *War without Mercy*, pp. 63ff.
212. Ibid. , p. 68.
213. Dower, *War without Mercy*, p. 70.
214. Bourke, *Intimate History*, p. 184.
215. Ibid. , pp. 185ff.

216. Weinberg, *World at Arms*, p. 695.

217. Arthur, *Forgotten Voices*, pp. 210, 256, 386, 390.

218. Carson, *My Time in Hell*, p. 231.

219. Hersey, *Into the Valley*, p. 55.

220. Dower, *War without Mercy*, p. 64.

221. Bourke, *Intimate History*, pp. 255.

222. Bourke, *Intimate History*, p. 293.

223. Dower, *War without Mercy*, pp. 63, 70.

224. Ibid., p. 68.

225. Bourke, *Intimate History*, p. 184.

226. Dower, *War without Mercy*, p. 71.

227. Arthur, *Forgotten Voices*, p. 386.

228. Dower, *War without Mercy*, pp. 182-290.

229. Dunlop, *Diaries*, p. 231.

230. Dower, *War without Mercy*, pp. x, 33-37, 48-52.

231. *Life*, May 22, 1944, p. 34.

232. Dower, *War without Mercy*, pp. 64ff.

233. Ibid., pp. 53ff.

234. Hart, Hart and Hughes, *German Soldier in World War II*, p. 186.

235. Spiller (ed.), *Prisoners of Nazis*, pp. 87, 149; Rolf, *Prisoners of the Reich*, p. 21; Garrett, *P. O. W.*, p. 142.

236. Bourke, *Intimate History*, p. 183.

237. Spiller (ed.), *Prisoners of Nazis*, p. 11.

238. Moore, 'Unruly Allies', p. 190.

239. Ambrose, *Band of Brothers*, pp. 150, 206, 277.

240. Moore, 'Unruly Allies', p. 191.

241. Bourke, *Intimate History*, p. 183.

242. Ibid., p. 184.

243. Padover, *Psychologist in Germany*, p. 166.

244. W. F. Deeds, 'It's the Saddest Spring I Ever Remember', *Daily Telegraph*, July 7, 2005.

245. Lerner, *Psychological Warfare against Nazi Germany*, pp. 23, 43, 101, 133, 136, 184, 208, 216.

246. Op. cit., pp. 174, 279, 358.

247. Lerner, *Psychological Warfare*, p. 216.

248. Ibid., p. 311; op. cit., chart V. Cf. Weinberg, *World at Arms*, p. 584.

249. Janowitz and Shils, 'Cohesion and Disintegration', esp. pp. 202, 211ff.

250. Koshorrek, *Blood Red* Snow, pp. 309ff.

251. Nawratil, *Die deutschen Nachkriegsverluste*, pp. 36ff.

252. Gilmore, *You Can't Fight Tanks with Bayonets*, p. 60.

253. Ibid., p. 61.

254. Gilmore, *You Can't Fight Tanks with Bayonets*, p. 66.

255. Ibid., p. 137; Coox, 'Pacific War', p. 365.

256. Beevor, *Stalingrad*, p. 408.

257. Ferguson, 'Prisoner Taking and Prisoner Killing'.

258. Bacque, *Other Losses*, esp. pp. 173-203; Mackenzie, 'On the *Other Losses* Debate'; Overmans, 'German Historiography', passim. Cf. the figures in Jordan (ed.), *Conditions of Surrender*, p. 151.

259. Overmans, 'German Historiography', pp. 163ff.

16. 失败

1. Alanbrooke, *War Diaries*, p. 707.

2. Speer, *Inside the Third Reich*, p. 463.

3. Niall Ferguson, 'Twilight of the Devils', *Daily Telegraph*, May 22, 1994.

4. Hitler, *Mein Kampf*, p. 183. See also pp. 172ff.

5. Kershaw, *Hitler*, vol. II, p. 117.

6. Kershaw, *Hitler*, vol. II, p. 217.

7. Wenger, 'Ideology of Self-Destruction', p. 26.

8. Ibid., pp. 32ff.

9. Mommsen, 'Dissolution of the Third Reich', p. 17.

10. Wenger, 'Ideology of Self-Destruction', p. 28.

11. 德国到底死了多少人，要精确地说出来是不容易的。但同盟国军队的死亡数与轴心国军队的死亡数比例为3.0：1，同盟国平民的死亡数与轴心国平民的死亡数比例为5.8:1。

12. Kershaw, *Hitler*, vol. II.

13. Wegner, 'Ideology of Self-Destruction', p. 21.

14. Wegner, 'Ideology of Self-Destruction', p. 27.

15. Ibid., p. 28.

16. Hastings, *Armageddon*, p. 531.

17. Klemperer, *Diary*, October 24, 1944.

18. Burleigh, *Third Reich*, p. 767.

19. Mazower, *Dark Continent*, p. 178.

20. Evans, *Rituals of Retribution*, appendix.

21. Linqvist, *History of Bombing*, n. p. (paragraph 183).

22. Overy, *Why the Allies Won*, p. 107.

23. Ibid., p. 103.

24. Trevor-Roper (ed.), *Hitler's Table Talk*, September 6, 1942, p. 697.

25. Linqvist, *History of Bombing*, n. p. (paragraph 181).

26. Overy, *Why the Allies Won*, pp. 112ff.

27. National Archives, London, S. 46368/D. C. A. S, Air Vice-Marshal Bottomley to Air Officer Commanding-in-Chief, Bomber Command, February 14, 1942.

28. *Why the Allies Won*, p. 129.

29. Dower, *War without Mercy*, p. 38.

30. Linqvist, *History of Bombing*, n. p. (paragraph 177).

31. Nichol and Rennell, *Tail-end Charlies*.

32. Rolfe, *Looking into Hell*, p. 7.

33. Harriman, *Special Envoy*, p. 153.

34. Overy, *Why the Allies Won*, pp. 102ff.

35. Grigg, *1943*, p. 152.

36. Fort, 'Prof'.

37. Alanbrooke, *War Diaries*, October 23, 1942 (p. 332); May 24, 1943 (p. 409); May 25, 1943 (p. 411).

38. Overy, *Why the Allies Won*, p. 110.

39. Ibid., p. 116.

40. 该燃烧弹装满了高度易燃的物质，如镁、磷或凡士林。在目标燃烧后，它上面的热空气开始迅速上升，从周围吸收冷空气。如果风向正确的话，其威力就要大得多，就像在汉堡和德累斯顿这两个城市的情况一样。

41. Overy, *Why the Allies Won*, pp. 118ff.

42. Nossack, *The End*.

43. Calculated from figures in Ellis, *World War II Data Handbook*, pp. 22ff.

44. Overy, *Why the Allies Won*, pp. 122ff.

45. Klemperer, *Diary*, September 15, 1944.

46. Arthur (ed.), *Forgotten Voices*, pp. 403ff.

47. Klemperer, *Diary*.

48. Linqvist, *History of Bombing*, n. p. (paragraph 207).

49. Rolfe, *Looking into Hell*, p. 53.

50. Breitman, *Official Secrets*; Wyman, *Abandonment of the Jews*; Rubenstein, *Myth of Rescue*.

51. Linqvist, *History of Bombing*, n. p. (paragraphs 192, 193).

52. Lindqvist, *History of Bombing*, paragraphs 214, 216, 217; McKee, *Dresden* 1945; Garrett, *Ethics and Airpower*; Vonnegut, *Slaughterhouse-five*.

53. Hastings, *Armageddon*, p. 386.

54. Friedrich, *Der Brand*; Stargardt, 'Victims of Bombing'.

55. Overy, *Why the Allies Won*, p. 105.

56. Stargardt, 'Victims of Bombing', p. 67.

57. Seversky, *Victory through Air Power*, p. 16.

58. Rolfe, *Looking into Hell*, p. 16.

59. Overy, *Why the Allies Won*, p. 122. Cf. Bendiner, *Fall of Fortresses*, pp. 172ff; Arthur (ed.), *Forgotten Voices*, p. 277.

60. Rolfe, *Looking into Hell*, pp. 114, 123.

61. Overy, *Why the Allies Won*, p. 124.

62. Grigg, *1943*, p. 154.

63. Hastings, *Armageddon*, p. 387.

64. Overy, *Why the Allies Won*, pp. 118, 124; Ellis, *World War II Data Handbook*, p. 238.

65. Grigg, *1943*, p. 155.

66. Ellis, *World War II Data Handbook*, p. 236.

67. Overy, *Why the Allies Won*, pp. 128-133, 204ff.

68. Hastings, *Bomber Command*, p. 241.

69. Kirwin, 'Allied Bombing and Nazi Domestic Propaganda'.

70. Stargardt, 'Victims of Bombing', p. 64.

71. Ledig, *Payback*, esp. pp. 119ff.

72. Grigg, *1943*, pp. 152ff.

73. Rolfe, *Looking into Hell*, pp. 56-59.

74. Ibid., p. 47.

75. Hynes, *Soldier's Tale*, p. 134. Cf. Bendiner, *Fall of Fortresses*, p. 101.

76. Rolfe, *Looking into Hell*, pp. 31ff.

77. Begg and Liddle (eds.), *For Five Shillings a Day*, pp. 273ff.

78. Hasegawa, *Racing the Enemy*.

79. Toland, *Rising Sun*, p. 749.

80. Ibid., p. 752.

81. Dower, *War without Mercy*, p. 300.

82. Toland, *Rising Sun*, p. 757.

83. Dower, *War without Mercy*, p. 297.

84. Coox, 'Pacific War', p. 350.

85. 事实上，有一群杜利特尔飞行员被俘和处决，这是电影《紫心》里的剧情。在处决不久之前，其中一个飞行员告诉逮捕他的人：你可以杀死我们——我们所有的人。但如果你认为这会把对上帝的敬畏带入美国，让他们停止派送炸弹给你们，那你就错了—— 大错特错。它们会玷污你的天空，将你的城市烧成平地，让你趴下，让你跪下求饶。而这是你的战争，你想要的战争，你在要求的战争。现在你就要得到它，它不会结束，直到把你那肮脏的小帝国从地球上抹去为止。

86. Dower, *War without Mercy*, p. 41.

87. Coox, 'Pacific War', pp. 368-370.

88. Ellis, *World War II Data Handbook*, p. 235.

89. Coox, 'Pacific War', p. 375; Katsumi, 'Politics of War', p. 289.

90. Hasegawa, *Racing the Enemy*.

91. Sherwin, 'Atomic Bomb and the Origins of the Cold War', pp. 87-91. Cf. Alperovitz, *Atomic Diplomacy*.

92. Broscious, 'Longing for International Control', p. 17.

93. Dower, *War without Mercy*, p. 298.

94. Broscious, 'Longing for International Control', p. 20.

95. J. 罗伯特·奥本海默（J. Robert Oppenheimer），尽管本人出生在纽约，但他是一个德国犹太人的儿子，曾在哥廷根大学学习。爱德华·特勒（Edward Teller），氢弹元老，是一个匈牙利犹太人，在纳粹掌权时，他曾在哥廷根大学学习物理化学。详见：Rhodes, *Making of the Atomic Bomb*. 1933—1941 年间，共大约有 100 位物理学家移民美国。再详见：Fermi, *Illustrious Immigrants*, pp. 174ff.; Wiener, 'A New Site'.

96. Sherwin, 'Atomic Bomb and the Origins of the Cold War', pp. 78ff.

97. Ibid., pp. 81-86.

98. Andrew and Mitrokhin, *Mitrokhin Archive*, p. 173.

99. Zubok, 'Stalin and the Nuclear Age'.

100. Broscious, 'Longing for International Control', p. 24.

101. Zubok, 'Stalin and the Nuclear Age', p. 44.

102. Levi, *If This is a Man*, p. 6.

103. 这一点，在莫斯科的行走者电影院并没有丢失。1993 年，我在那里观看了电影《辛德勒的名单》。当电影演到结局时，一位骑着马的红军战士对着幸存的犯人喊道："你们被苏联军队放了！"观众爆发出一阵嘲笑之声。俄罗斯观众对这一点真是太清楚不过了：自相矛盾。

104. Klemperer, *Diaries*, June 25, 1945.

105. Klemperer, *Diaries*, June 25, 1945.

106. Klemperer, Diarles, July 4, 1945; September 18, 1945; October 26.

107. Ibid., October 22, 1945.

108. Ibid., November 20, 1945.

109. Ibid. , June 1945.

110. Ibid. , September 18, 1945.

111. Minear, *Victors' Justice*, pp. 6-7, 10-11; Bagish and Conroy, 'Japanese Aggression'.

112. Dower, *War without Mercy*, p. 37.

113. Dobson et al. , *Cruellest Night*.

114. 'Schreckenstage voll Angst und Bangen und schwerer seelischer Not, Gnadenstage voll Vetrauen auf Gottes Schutz und Kraft', manuscript in private possession, Berlin.

115. Brownmiller, *Against Our Will*, p. 67; Hastings, *Armageddon*, pp. 524, 552ff, 567, 569.

116. Hastings, *Armageddon*, p. 552.

117. Naimark, *Russians in Germany*, p. 107; Grossman, 'A Question of Silence'.

118. Brownmiller, *Against Our Will*, p. 77.

119. Goeschel, 'Suicide at the End of the Third Reich', p. 155.

120. Ibid. , p. 162ff.

121. Ibid. , p. 166.

122. Hastings, *Armageddon*, p. 520.

123. Ibid. , p. 567.

124. Zayas, *Nemesis at Potsdam*.

125. Schechtman, *Postwar Population Transfers*, p. 183.

126. Burleigh, *Third Reich*, p. 794.

127. Dralle, *Die Deutschen in Ostmittel- und Osteuropa*, p. 243.

128. Schechtman, *Postwar Population Transfers*, p. 66.

129. Ibid. , pp. 36ff.

130. Zeman, *Pursued by a Bear*, pp. 206ff.

131. Dralle, *Die Deutschen in Ostmittel- und Osteuropa*, p. 242; Koseik, *Jenseits der Grenzen*, p. 192.

132. Castellan, 'Germans of Rumania', pp. 67ff.

133. Magocsi, *Historical Atlas of East Central Europe*, p. 165.

134. Fleischhauer and Pinkus, *Soviet Germans*, p. 101ff; Dralle, *Die Deutschen in Ostmittel- und Osteuropa*, p. 238.

135. Castellan, 'Germans of Rumania', pp. 70-73. Cf. Koseik, *Jenseits der Grenzen*, p. 191.

136. Mazower, *Dark Continent*, p. 218.

137. Martin, 'Origins of Soviet Ethnic Cleansing', p. 821.

138. Magocsi, *Historical Atlas of East Central Europe*, p. 164.

139. Taylor, *Course of Germany History*.

140. Ben-Israel, 'Cross-Purposes', p. 430.

141. Carlton, 'Against the Grain', pp. 137ff.

142. Hastings, *Armageddon*, p. 561.

143. Nicolson, *Letters and Diaries*, February 1945, p. 437.

144. Ibid.

145. Maclean, *Eastern Approaches*, pp. 402ff.

146. Schlesinger, 'Hopeful Cynic', p. 13.

147. Gaddis, *Cold War*, p. 21.

148. Foster, 'Times and Appeasement', p. 448ff.

149. Nicolson, *Letters and Diaries*, May 1945, p. 464.

150. Applebaum, *Gulag*, pp. 248, 394ff.

151. Lotnik, *Nine Lives*, pp. 158-160, 172.

152. Hoffman, *Shtetl*, pp. 239ff.

153. Rosen, *My Lost World*, p. 288; Rubinstein et al., *Jews in the Modern World*, pp. 167ff.

154. Lowe, *Origins of the War in Korea*, pp. 12-20.

155. Simmons, 'Korean Civil War', pp. 143-159, 150-159, 172ff.

156. Lowe, *Origins of the War in Korea*, pp. 22ff, 27-37, 42-47, 52-63, 68-74.

157. Fenby, *Generalissimo*, pp. 408-419.

158. Alanbrooke, *War Diaries*, May 13, 1945, p. 690.

159. Ibid., May 24, 1945, p. 693.

160. Alanbrooke, *War Diaries*, July 23, 1945, p. 709.

161. Gaddis, *Cold War*, p. 57.

162. Gaddis, *We Now Know*, pp. 164ff.

163. Ferguson, *Colossus*, ch. 3.

164. Gaddis, 'Korea in American Politics', pp. 278-286.

165. Malkasian, *Korean War*, p. 15.

166. Stueck, *Korean War*, p. 26.

167. Lowe, *Origins of the War in Korea*, pp. 172-179, 183-190.

168. Slusser, 'Soviet Far Eastern Policy', p. 141.

169. Ibid., p. 195ff; Gaddis, 'Korea in America Politics', pp. 288-292; Gaddis, *We Now Know*, pp. 78ff.

170. Malkasian, *Korean War*, p. 9; Lowe, *Origins of the War in Korea*, pp. 195-217, 232-235. Cf. Farrar-Hockley, 'China Factor'.

171. Gaddis, *Cold War*, p. 48.

结语

西方的衰落

1. Stueck, *Korean War*, p. 362.

2. National Security Archive, NSAEBB32, Viron Vaky to Mr Oliver, State Department, March 29, 1968.

3. Schell, *Unconquerable World*, pp. 51ff.

4. Ferguson, *Colossus*, pp. 89-93. Cf. Foot, *Wrong War*.

5. Gaddis, *We Know Now*, pp. 233, 258-261.

6. Gaddis, *Cold War*.

7. “单边综合行动计划” 指通过对苏联的进攻进行报复，计划对整个东欧集团投放全部3267枚美国核武器。

8. Trachtenberg, ‘“Wasting Asset”’, p. 39.

9. Ibid., p. 42.

10. Trachtenberg, ‘“Wasting Asset”’, p. 44.

11. Poundstone, *Prisoner's Dilemma*, pp. 197ff.

12. Ibid., p. 198.

13. Fursenko and Naftali, *One Hell of a Gamble*.

14. Gaddis, *We Know Now*, p. 103.

15. Gaddis, *We Know Now*, p. 264.

16. Fursenko and Naftali, *One Hell of a Gamble*.

17. Gaddis, *We Know Now*, p. 264.

18. Walker, *Cold War*.

19. Poundstone, *Prisoner's Dilemma*, p. 201.

20. 试图揭开一个涉及五角大楼鹰派的阴谋，更不要说黑手党的，都没有成功，尽管克里姆林宫确定存在一些这样的阴谋。其他理论的矛头指向了克格勃自己。

21. Gaddis, *Cold War*, p. 115.

22. Maddison, *World Economy*, table Al-d.

23. Crafts, ‘Is the World a Riskier Place?’, chart 2.

24. http://edition.cnn.com/SPECIALS/cold.war/episodes/14/documents/debate/; Khrushchev, *Khrushchev Remembers*, pp. 364ff.

25. Caute, *Dancer Defects*, p. 47.

26. Caute, *Dancer Defects*, pp. 48ff.

27. 诚然，美国人最喜欢的，莫过于把自己看成勇敢的失败者。当凡·克莱本（Van Cliburn）——一个德克萨斯州的男孩，赢得了1958年莫斯科柴可夫斯基国际钢琴比赛的时候，他们个个欢呼雀跃。1972年，当鲍比·菲舍尔（Bobby Fischer）打败了苏联国际象棋大师鲍里斯·斯帕斯基（Boris Spassky）时，他们个个喜形于色。而九年后，当他们的冰上曲棍球队险胜世界冠军苏联时，他们几乎欢呼雀跃。对于他们来说，苏联在乡村音乐、冲浪或棒球等美国的优势领域，并没有迹象表明它能对美国发出挑战。

28. Andrew and Mitrokhin, *Mitrokhin Archive*; Dorrit, *M16*.

29. Cullather, *Secret History*, pp. 22ff. Cf. Handy, *Revolution in the Countryside*.

30. CIA FOIA, Memo to the Deputy Director, Plans, from Assistant to the Director, November 5, 1951.

31. Gaddis, *We Know Now*, pp. 178-180.

32. Cullather, *Secret History*, p. 26.

33. Ibid., p. 35.

34. CIA FOIA, Memorandum for the Director, 'Guatemalan Situation', July 9, 1952.

35. Cullather, *Secret History*, pp. 84-99, 103; Grandin, *Last Colonial Massacre*, pp. 85ff.

36. Gott, *Rural Guerillas*, pp. 31ff.

37. Campbell, 'Cuito Cuanavale'; Allport, 'Cuito Cuanavale'.

38. Gaddis, *We Know Now*, p. 183.

39. Black, *Good Neighbor*, p. 71.

40. Cullather, *Secret History*, pp. 83ff.

41. Cf. Cullather, *Secret History*, pp. 137-141.

42. National Security Archive, NSAEBB32, Thomas L. Hughes to the Secretary of State, October 23, 1967. Cf. Grandin, *Last Colonial Massacre*, pp. 73ff, 88ff.

43. National Security Archive, NSAEBB32, Thomas L. Hughes to the Secretary of State, October 23, 1967. Cf. Grandin, *Last Colonial Massacre*, pp. 96-98.

44. Grandin, *Last Colonial Massacre*, p. 190.

45. Ibid.

46. Handy, *Revolution in the Countryside*, pp. 13, 127-30; Handy, 'Sea of Indians'; Jonas, *Battle for Guatemala*, p. 16.

47. Schirmer, *Guatemalan Military Project*; esp. p. 40.

48. Schirmer, *Guatemalan Military Project*, p. 55, 61; Jonas, *Battle for Guatemala*, pp. 145ff, 149.

49. Comisión Para el Esclarecimiento Histórico, *Guatemala Memoria del Silencio*, vol. II, p. 229.

50. Ibid., vol. V, pp. 42, 48.

51. 这16个州是：阿拉巴马州、阿肯色州、德达韦尔州、佛罗里达州、佐治亚州、肯塔基州、路易斯安那州、密西西比州、密苏里州、北卡罗来纳州、南卡罗来纳州、田纳西州、德克萨斯州、西弗吉尼亚州。

52. Sollors, *Neither Black nor White*, pp. 395-410.

53. Washington, *Marriage in Black and White*; Golden, ‘Patterns of Negro-White Intermarriage’; Gordon, *Assimilation in American Life*; Monahan, ‘Are Interracial Marriages Really Less Stable?’; idem, ‘Occupational Class’; Albert, ‘Sexual Basis of White Resistance’; Schulman, ‘Race, Sex and Violence’; Bontemps, ‘Startling New Attitudes’; Stember, *Sexual Racism*.

54. Mann, *About Face*, pp. 16-37; Brands, *Devil We Knew*, pp. 121-135; Buckley, *United States in the Asia-Pacific*, pp. 154-163.

55. Kissinger, *White House Years*; Hanhimäki, *Flawed Architect*.

56. Wang, ‘Student Attacks’; idem, ‘Second Wave’.

57. National Archives at College Park, Nixon Presidential Materials, Folder China Notes: Box 7; White House Special Files: Staff Member and Office Files: President's Personal Files.

58. Mann, *About Face*, pp. 13-16.

59. Chang and Halliday, *Mao*.

60. Becker, *When the War Was Over*, p. 253.

61. Kiernan, ‘Genocidal Targeting’, p. 218; Kiernan, ‘Kampuchea's Ethnic Chinese’. Cf. Ponchaud, *Cambodia Year Zero*, p. 153; Becker, *When the War Was Over*, p. 239; Anon. (ed.), *Dossier Kampuchéa*, pp. 28ff.

62. Boua, ‘Genocide of a Religious Group’; Kiernan, *Cambodia: The Eastern Zone Massacres*.

63. Kiernan, ‘Genocidal Targeting’, p. 212.

64. Sethi, *Decisive War*, p. 28; Sisson and Rose, *War and Secession*, esp. pp. 154-160.

65. Fukuyama, *End of History*.

66. Alba and Golden, ‘Patterns of Ethnic Marriage’; Lieberson and Waters, *From Many Strands*; Moran, *Interracial Intimacy*; Kalmijn, ‘Shifting Boundaries’; idem, ‘Trends in Black/White Intermarriage’; Bagley, ‘Interracial Marriage in England’.

67. Malcolm, *Bosnia*, p. 213.

68. Simms, *Unfinest Hour*.

69. Economist Intelligence Unit, ‘Yugoslavia Country Profile’, August 27, 1990.

70. Botev, ‘Where East Meets West’, p. 466.

71. Ibid., p. 463.

72. Glenny, *Balkans*, p. 570.

73. Ed Vulliamy, ‘Bloody Trail of Butchery at the Bridge’, *Guardian*, March 11, 1996.

74. The International Commission on Missing Persons, ‘System-Wide Tracking Chart’, August 19, 2005.

75. Tokaca, ‘Violation of Norms’.

76. 这些数字高度自相矛盾。全程参与这场战争的《每日电讯》的新闻记者罗伯特·福克斯

（Robert Fox）认为没那么多人，要少得多。

77. Shawcross, *Deliver us from Evil*, esp. pp. 106, 118ff, 207ff. Cf. Power, 'Problem from Hell'.

78. Diamond, *Collapse*, pp. 326.

79. Feltz, 'Ethnicité'; Chrétien et al., *Rwanda*, pp. 85ff; Erny, *Rwanda* 1994, pp. 58ff.

80. Gahama, *Burundi sous Administration Belge*, p. 275; Chrétien, *Burundi*, p. 316.

81. Van den Berghe, *Ethnic Phenomenon*, pp. 72ff.

82. Taylor, *Sacrifice as Terror*, pp. 155ff., 167ff.

83. Mazower, *Dark Continent*.

84. 卢森堡外交大臣雅克·普斯（Jacque Poos）宣布，"欧洲的时代"已经到来，似乎布鲁塞尔能以某种方式停止杀害。事实上，在联合国主持下欧洲的外交家们并没有采取任何行动制止种族清洗和派遣欧洲部队采取行动，而是在 1995 年 7 月协助和教唆人们对斯雷布雷尼察（Srebrenica）的 8000 名手无寸铁的穆斯林进行了大屠杀。它动用了美国人的武力，以阻止在波斯尼亚的屠杀，就像是美国用火力阻止、扭转了米洛舍维奇企图在科索沃省实行的种族清洗一样。

85. Einstein and Freud, 'Einstein-Freud Correspondence'.

86. Einstein and Freud, *Thoughts for the Time on War and Death*.

87. Yergin and Stanislaw, *Commanding Heights*, pp. 200-203.

88. Ibid., pp. 200-203.

89. Gasiorowski, '1953 Coup d'état'. Cf. Kinzer, *All the Shah's Men*.

90. Buruma and Margalit, *Occidentalism*, p. 15.

91. http://www.iranchamber.com/government/laws/constitution.php.

92. Nair, 'Fire under plastic'.

93. Ye'or, *Eurabia*.

94. Brown, *Death of Christian Britain*.

95. Organization for Economic Cooperation and Development, 'Trends in Immigration and Economic Consequences', OECD Economic Outlook, 68 (2000), pp. 186-203.

96. Ferguson, 'Sinking Globalization'.

97. Robert D. Kaplan, 'How We Would Fight China', *Atlantic Monthly*, June 2005.

98. Spengler, *Decline of the West*, p. 396.

图书在版编目(CIP)数据

世界战争与西方的衰落/(英)弗格森著;喻春兰译. —广州:广东人民出版社,2015.8

ISBN 978-7-218-10256-6

Ⅰ.①世… Ⅱ.①弗… ②喻… Ⅲ.①世界史-现代史-研究-20世纪 Ⅳ.①K15

中国版本图书馆 CIP 数据核字(2015)第171170号

著作权合同登记号 图字:19-2009-049号

Shijie Zhanzheng Yu Xifang De Shuailuo

世界战争与西方的衰落

(英)尼尔·弗格森 著　　喻春兰 译

出版人: 曾　莹

出版策划: 肖风华
责任编辑: 施　勇　钱　丰　梁　茵　钱飞遥　许春芳

出版发行: 广东人民出版社
地　　址: 广州市大沙头四马路10号(邮政编码:510102)
电　　话: (020)83798714(总编室)
传　　真: (020)83780199
网　　址: http://www.gdpph.com
印　　刷: 三河市鑫金马印装有限公司
书　　号: ISBN 978-7-218-10256-6
开　　本: 787mm×1092mm　1/16
印　　张: 44　**字　数:** 800千
版　　次: 2015年8月第1版　2015年8月第1次印刷
定　　价: 88.00元(全2册)

如发现印装质量问题,影响阅读,请与出版社(020-83795749)联系调换。
售书热线:(020)83795240